de Gruyter Lehrbuch
Kieser / Kubicek · Organisation

Alfred Kieser
Herbert Kubicek

Organisation

mit 68 Abbildungen und 14 Tabellen

Walter de Gruyter · Berlin · New York · 1977

Dr. Alfred Kieser
Ordentlicher Professor für Organisation und Personalwirtschaft an der Freien Universität Berlin

Dr. Herbert Kubicek
Wissenschaftlicher Assistent am Seminar für Allgemeine Betriebswirtschaftslehre und Organisationslehre der Universität zu Köln

CIP-Kurztitelaufnahme der Deutschen Bibliothek

Kieser , Alfred
Organisation / Alfred Kieser ; Herbert Kubicek. – Berlin, New York :
de Gruyter, 1976. ISBN 3-11-006565-7
NE: Kubicek , Herbert :

Vorwort

Moderne Gesellschaften sind in einem hohen Maße von Organisationen geprägt: Die meisten Menschen werden in Organisationen geboren und in Organisationen ausgebildet, sie arbeiten in Organisationen, verbringen einen großen Teil ihrer Freizeit in Organisationen, und schließlich sterben sie in Organisationen und werden von Organisationen zu Grabe getragen. Alle diese Organisationen wie Krankenhäuser, Schulen, Unternehmungen und Vereine sind zweckgerichtete soziale Gebilde. Sie verfügen über ein System von Regeln, das das Verhalten der in ihnen tätigen und mit ihnen in Berührung kommenden Menschen steuert. Wer in Organisationen aktiv wird, von ihnen betroffen wird oder gar an ihrer Gestaltung mitwirkt, sollte daher dieses System von Regeln, das als die formale Struktur von Organisationen bezeichnet wird, verstehen und beurteilen können. Die formale Struktur von Organisationen bildet dementsprechend den Ansatzpunkt dieses Buches, in dem drei Fragen im Vordergrund stehen:

1. Aus welchen Regeln setzt sich die formale Struktur einer Organisation zusammen?
2. Wie lassen sich Unterschiede in den formalen Strukturen von verschiedenen Organisationen erklären?
3. Welche Wirkungen haben formale Organisationsstrukturen auf die Organisationsmitglieder?

Diese Fragen kennzeichnen eine bestimmte Richtung der Organisationstheorie, die in den letzten Jahren ständig an Boden gewonnen hat und als situativer Ansatz bezeichnet wird. Charakteristisch für diesen Ansatz ist die Annahme, daß Unterschiede zwischen den Strukturen verschiedener Organisationen zumindest zum Teil darauf zurückzuführen sind, daß sich die Organisationen in unterschiedlichen Situationen befinden – daß sie unterschiedliche Ziele haben, unterschiedlich groß sind, unterschiedliche Technologien anwenden usw. – und ihre formale Struktur den jeweiligen Situationen anpassen. Diesen Annahmen wie auch den anderen aufgeworfenen Problemen wird in diesem Buch soweit wie möglich auf der Basis empirischer Untersuchungen nachgegangen. Eine empirische Orientierung ist das zweite charakteristische Merkmal des situativen Ansatzes.

Analysiert werden vor allem die Strukturen von erwerbswirtschaftlichen Organisationen, von Unternehmungen. Von ihnen ausgehend wird aber auch die Frage aufgeworfen, inwieweit die festgestellten Zusammenhänge auch auf Organisationen anderer Art – etwa auf öffentliche Betriebe und Verwaltungen oder auf freiwillige Vereinigungen – zutreffen.

Das Buch setzt keine Vorkenntnisse auf dem Gebiet der Organisationslehre voraus. Somit eignet es sich als Begleittext für das Gebiet Organisation in der betriebswirtschaftlichen Grundausbildung an Akademien, Fachhochschulen und Universitäten. Darüber hinaus sollte es vor allem als Einführung in das Gebiet der Organisationslehre dienen können. Es wendet sich aber auch an Organisationspraktiker, die sich die Ergebnisse einer empirisch fundierten Organisationslehre in ihrer Gestaltungsarbeit zunutze machen wollen. Da stets konkrete organisatorische Sachverhalte den Ausgangspunkt der Analyse bilden, dürfte ihnen das Selbststudium dieses Buches keine Schwierigkeiten bereiten. Schließlich richtet sich dieses Buch auch an Studenten der Organisationssoziologie. Ihnen können die für die Struktur von Unternehmungsorganisationen festgestellten Beziehungen als Ausgangshypothesen einer generellen, auf Organisationan anderer Art ausgedehnten Analyse dienen.

Den einzelnen Kapiteln vorangestellte Lernziele, durch Einrückung besonders herausgehobene Fragen im Text und Fragen am Ende eines jeden Kapitels sollen den Leser zur aktiven Mitarbeit anregen. Wir möchten dem Leser empfehlen, diese didaktischen Hilfsmittel etwa so zu nutzen:

1. Prägen Sie sich zunächst zu Beginn eines jeden Kapitels die Lernziele ein, damit Sie jederzeit die Diskussion einzelner Probleme auf die übergeordnete Fragestellung beziehen können.

2. Treffen Sie im Text auf eine eingerückte Frage, so halten Sie bitte inne und versuchen Sie, die Frage zu beantworten. Dieser Versuch, wie er auch ausgehen mag, wird Sie aufnahmebereit für die der Frage folgende Argumentation machen.

3. Am Ende eines Kapitels angelangt, versuchen Sie bitte, alle dort aufgelisteten Kontrollfragen zu beantworten. Gelingt Ihnen dies bei einzelnen Fragen nicht, so sollten Sie noch einmal den Text des Kapitels konsultieren.

Für Leser, die den Stoff der einzelnen Kapitel anhand anderer Literatur vertiefen möchten, sind am Ende eines jeden Kapitels einige Literaturempfehlungen aufgeführt.

Eine erste Fassung des Manuskripts wurde als Vorlesungsunterlage an Studenten der Organisation an der Freien Universität verteilt. Sie löste viele kritische Diskussionen aus, denen wir zahlreiche Anregungen verdanken. Den Herren Dipl.-Kfm. Andreas Budde, Dipl.-Kfm. Raimund Höfer, Dipl.-Kfm. Holger Künzel, Dipl.-Kfm. Michael Kundenreich, Dipl.-Kfm., Dipl.-Soz. Manfred Röber, Dr. Martin K. Welge, Dipl.-Hdl. André Werner und Dipl.-Kfm. Michael Wollnik haben wir ebenfalls für viele wertvolle Hinweise zum ersten Manuskript zu danken. Herr Budde kommentierte darüber hinaus auch noch die Endfassung und half uns, einige Punkte klarer zu formulieren.

Herr Dipl.-Hdl. Hans Stiehl gab uns äußerst hilfreiche Anregungen für die didaktische Gestaltung des Buches. Wir hoffen, daß es uns gelungen ist, sie wenigstens zum Teil erfolgreich umzusetzen. Herr stud. rer. pol. Thomas Hummel überprüfte die Literaturhinweise und erstellte das Stichwortverzeichnis. Frau Irmgard Hoemke, Frau Roswitha Hachmeister, Frau Rosemarie Kalscheuer und Frau Renate Tusche bewiesen eine erstaunliche Geduld beim Entziffern unserer Handschriften und beim Tippen der zahlreichen Manuskript-Versionen. Frau Hoemke erstellte auch die Vorlagen für die Abbildungen. Ihnen allen sei herzlich gedankt.

Berlin und Köln, im Mai 1976   *Alfred Kieser*
                                              Herbert Kubicek

Inhalt

1. Einleitung

Die kritische Lektüre dieses Kapitels soll den Leser dazu anregen und befähigen:
- Widersprüche im Sprachgebrauch des Begriffs „Organisation" aufzulösen,
- den Begriff „Organisation" zu definieren,
- die in diesem Buch näher betrachteten Aspekte der Organisation zu erkennen,
- die Möglichkeiten der Identifizierung verschiedener Arten von Organisationen zu erörtern,
- die Positionsgebundenheit des Interesses verschiedener Personengruppen an dem Phänomen „Organisation" zu erkennen,
- den Adressatenkreis dieses Buches zu bestimmen.

1.1. Was ist „Organisation"?

1.1.1. Hat die Unternehmung eine Organisation oder ist sie eine?

Die Bedeutung des Wortes „Organisation" im wissenschaftlichen wie auch im alltäglichen Sprachgebrauch ist nicht einheitlich. Bevor wir also anfangen, über „Organisation" zu sprechen, muß zunächst eine grobe Klärung des Bedeutungsinhalts erfolgen. Die folgende Frage gibt die vorherrschende begriffliche Verwirrung wieder:

> In welchem Satz wurde das Wort „Organisation" richtig verwendet:
>
> (1) Die Unternehmung *hat* eine Organisation;
> (2) Die Unternehmung *ist* eine Organisation?
>
> *Beide* Verwendungsarten sind richtig!

In der *deutschsprachigen Organisationslehre* nach dem Zweiten Weltkrieg wurde fast nur die erste Formulierung verwendet. Gemeint war damit, daß sich Unternehmungen, Behörden, Parteien usw. *organisieren,* indem sie sich Regeln für die Erfüllung ihrer Aufgaben geben. Als *Ergebnis* dieser Gestaltung *haben* Unternehmungen dann eine Organisation im Sinne eines *Systems von Regeln zur Erfüllung ihrer Aufgaben* (vgl. Grochla 1975a). Die *betriebswirtschaftliche Organisationslehre* beschäftigt sich vor allem mit der Frage, wie man den Aufbau von Betrieben und den Ablauf betrieblicher Prozesse im Hinblick auf die Erreichung *ökonomischer Ziele* organisiert, wie man der Unternehmung eine effiziente Organisation gibt.

In der amerikanischen und im Anschluß daran auch in der deutschen *Organisationssoziologie* wird der Organisationsbegriff hingegen zur Kennzeichnung von bestimmten *Institutionen* wie Unternehmungen, Behörden oder Parteien verwendet. Als Organisationen (organizations) werden zweckgerichtete soziale Gebilde mit einer formalen Struktur bezeichnet. Diese *Organisationsstruktur* (organization structure oder organizational structure), die als ein System von Regeln zu begreifen ist, soll die arbeitsbezogenen Beziehungen zwischen Mitgliedern der Organisation festlegen und ihre Aktivitäten auf die Erreichung des verfolgten Zieles ausrichten. Bei diesem *institutionalen Organisationsbegriff* dient der Tatbestand des Strukturiertseins zur Abgrenzung einer bestimmten Klasse von sozialen Gebilden. Organisationen sind alle diejenigen zielgerichteten sozialen Gebilde, die eine Struktur aufweisen, die also *organisiert* sind.

Nach diesen Erläuterungen erscheint der *Unterschied* zwischen dem funktionalen Organisationsbegriff der betriebswirtschaftlichen Organisationslehre und dem institutionalen Organisationsbegriff der Organisationssoziologie *geringer* als er in der Literatur üblicherweise dargestellt wird. In beiden Fällen richtet sich das Interesse auf den Tatbestand, daß ein soziales Gebilde *organisiert* ist, also auf ein bestimmtes *Merkmal* dieses sozialen Gebildes. Während die betriebswirtschaftliche Organisationslehre dieses Merkmal „Organisation" nennt und den jeweiligen sozialen Gebilden eigene Namen wie Betrieb, Unternehmung, Behörde usw. gibt, verwendet die Organisationssoziologie dieses Merkmal zur Kennzeichnung des gesamten sozialen Gebildes. Eine ähnliche sprachliche Vorgehensweise wenden wir an, wenn wir von „Deutschen" oder „Weißen" sprechen. Auch dann nennen wir jeweils nur ein einzelnes, uns besonders wichtig erscheinendes Merkmal, nämlich die Nationalität oder die Hautfarbe, sprechen dabei aber in der Regel noch eine Reihe anderer Merkmale der jeweiligen Personengruppe an. Die oben aufgeworfene Frage, ob die Unternehmung eine Organisation hat *oder* eine Organisation ist, kann daher wie folgt beantwortet werden: Die Unternehmung *ist* eine Organisation, *weil* sie eine Organisation hat!

Obwohl also bei beiden Organisationsbegriffen dieselben Sachverhalte, nämlich das Organisiertsein von sozialen Gebilden, im Vordergrund stehen und eine exakte begriffliche Analyse keine grundsätzlichen und logisch zwingenden Differenzen erkennen läßt, haben sich bei der *praktischen Verwendung dieser Begriffe* sehr weitgehende Unterschiede im jeweils untersuchten Problemspektrum eingestellt:

(1) Während die betriebswirtschaftliche Organisationslehre häufig *nur* die bewußt gestaltete Struktur von Betrieben betrachtet und nicht geplante

soziale Prozesse bewußt ausklammert (vgl. z. B. Kosiol 1962), betrachtet die Organisationssoziologie das *gesamte Verhalten* von Organisationsmitgliedern in ihrer Organisation. Zwar konzentriert sie sich auf das aus der bewußten Strukturierung, aus der formalen Organisation resultierende Verhalten; darüber hinaus bezieht sie jedoch auch soziale Prozesse, die auf nicht bewußt gestaltete Bedingungen zurückzuführen sind und die als *informale Organisation* bezeichnet werden, in ihre Betrachtungen mit ein (vgl. z. B. Mayntz 1963, S. 147 f.). Wenn man davon ausgeht, daß die Organisationsstruktur das Verhalten der Organisationsmitglieder beeinflußt, und wenn man diese Wirkung der Organisationsstruktur analysieren will, so muß die Beschränkung auf die bewußt gestalteten Verhaltensbedingungen als eine verkürzte Perspektive erscheinen, die der Realität nicht gerecht wird. Wir wissen, daß Regelungen umgangen werden können und daß unser tatsächliches Verhalten in Organisationen neben diesen Regelungen auch von einer Reihe nicht bewußt gestalteter psychologischer und soziologischer Bedingungen abhängt. Auch wenn wir uns im folgenden auf die bewußt gestaltete Struktur konzentrieren, so dürfen wir diese übrigen Verhaltensbedingungen daher nicht von vornherein ausklammern. Die Bezugnahme auf den institutionalen Organisationsbegriff und damit auf die soziologischen Arbeiten, die ihn verwenden, stellt sicher, daß wir diese Aspekte nicht übersehen.

(2) Ein weiterer Grund für die Bezeichnung von Unternehmungen als Organisationen liegt darin, daß mit dem institutionalen Organisationsbegriff auch eine *Vielzahl anderer sozialer Gebilde* wie Behörden, Kirchen, Verbände usw. erfaßt wird, die, wie organisationssoziologische Arbeiten zeigen, eine Reihe von Gemeinsamkeiten mit Unternehmungen aufweisen. Auch wenn wir im folgenden unser Hauptaugenmerk auf erwerbswirtschaftliche Betriebe (Unternehmungen) richten, wollen wir durch die Bezeichnung von Unternehmungen als Organisationen doch die Möglichkeit offenhalten, zu einer *allgemeineren Organisationstheorie* vorzudringen. So wird zumindest begrifflich nahegelegt zu prüfen, inwiefern vorliegende Aussagen über andere Arten von Organisationen auf Unternehmungen übertragen werden können und umgekehrt Aussagen über Unternehmungen für andere Arten von Organisationen Gültigkeit besitzen.

Es sind diese beiden *pragmatischen Gründe*, die uns dazu bewogen haben, in diesem Buch den *institutionalen Organisationsbegriff* zu verwenden.

1.1.2. Eigenschaften von Organisationen

Wenn wir im folgenden von Organisationen sprechen, so meinen wir damit
soziale Gebilde, die
  – dauerhaft ein Ziel verfolgen und
  – eine formale Struktur aufweisen, mit deren Hilfe Aktivitäten der
  Mitglieder auf das verfolgte Ziel ausgerichtet werden sollen.
Um eine präzisere Vorstellung von diesen sozialen Gebilden zu gewinnen,
über die wir in diesem Buch sprechen wollen, muß diese Definition allerdings
noch spezifiziert werden. Dies wollen wir tun, indem wir einige in der
Definition verwendete Begriffe näher erläutern. Vor allem muß geklärt
werden, was wir mit den Begriffen
  – Ziel,
  – dauerhaft,
  – Mitglieder,
  – formale Struktur,
  – Aktivitäten der Mitglieder
genau meinen und welche Probleme sich hinter diesen Begriffen verbergen.

(1) Haben Organisationen überhaupt ein Ziel und welche Bedeutung
      hat dieses Ziel für die Struktur der Organisation?

In fast allen Definitionen von „Organisation" wird die Eigenschaft der
Zielgerichtetheit oder *Zweckbezogenheit* hervorgehoben. In einem solchen
Ziel wird der *Hauptgrund für die Bildung von Organisationen* gesehen (vgl.
Barnard 1938, S. 73). Wenn Menschen bestimmte Ziele verfolgen, die sie
alleine nicht realisieren können, so versuchen sie, diese Ziele mit Hilfe
anderer zu erreichen. Handelt es sich um *dauerhafte Ziele*, die von allen
Beteiligten freiwillig oder aus anderen Gründen verfolgt werden, bezeichnet
man einen solchen Zusammenschluß als Organisation. Erst mit Hilfe eines
solchen Organisationszieles läßt sich eine Organisation aus der Gesamtheit
sozialer Beziehungen als eigenes soziales Gebilde identifizieren, da das Ziel
oft der einzige *gemeinsame Bezugspunkt zwischen allen Beteiligten* ist (vgl.
Parsons 1956 sowie Blau und Scott 1963, S. 2 f.). Wichtig ist, daß die
Beteiligten nicht nur ein gemeinsames Ziel verfolgen, sondern zur Erreichung
dieses Ziels aufeinander angewiesen sind. Die Passagiere in einem Flugzeug
haben alle dasselbe Ziel, nämlich zu einem bestimmten Flughafen zu gelangen. Da die Mitreisenden nicht aufeinander angewiesen sind, sprechen wir
in diesem Falle nicht von einer Organisation.
Die Begriffe „*Ziel*" und „*Zweck*" werden in diesem Zusammenhang in der
Literatur zumeist synonym verwendet (vgl. Mayntz 1963, S. 58 f.). Unter
dem Ziel einer Organisation versteht man dabei „die Vorstellungen von dem

zukünftigen Zustand, den die Organisation herzustellen oder zu erhalten sucht" (Ziegler 1975, Sp. 2889). Wie aus unserer Definition von „Organisation" zu ersehen ist, kommt dem Ziel insofern eine fundamentale Bedeutung zu, als die Aktivitäten der Organisationsmitglieder mit Hilfe der Organisationsstruktur auf die Erreichung eben dieses Organisationszieles ausgerichtet werden sollen. Es ist also letztlich das *Organisationsziel*, das die *Verhaltensmaximen* für die Organisationsmitglieder bildet. Die *Organisationsstruktur* ist ein Mittel, um dieses Ziel in konkretere Verhaltenserwartungen zu übersetzen, sie ist ein *Mittel im Hinblick auf das Organisationsziel.*

So unwidersprochen diese Ausagen sind, so problematisch werden sie bei näherer Betrachtung. Die Zieldiskussion überträgt nämlich Zusammenhänge, die wir aus dem *individuellen menschlichen Verhalten* kennen, unmittelbar auf soziale Gebilde. Individuen haben Ziele, die sie erreichen wollen, und sie richten ihre Aktivitäten darauf aus. Wenn aber Ziele gedankliche Vorstellungen sind und Organisationen auch Ziele haben, so müßten sie ebenso wie Individuen ein Bewußtsein haben, in dem die Vorstellungen über die herzustellenden oder zu erhaltenden Zustände enthalten sind. Betrachtet man nicht nur die *offiziellen* und *publizierten* Ziele mit ihrem sehr globalen Charakter, sondern interessiert man sich für die *tatsächlich angestrebten* Zustände, so lautet die Antwort auf diese Frage in der Regel: „Ein soziales System ist nur insofern zielgerichtet, als es Personengruppen gibt, die bewußte Zielvorstellungen *für das System* besitzen und es in seiner Art und Funktionsweise entsprechend leiten und gestalten" (Mayntz 1963, S. 43; vgl. auch Cyert und March 1963, S. 26 ff.).

Es wird also unterstellt, daß Individuen nicht nur persönliche Ziele *in* der Organisation, sondern auch Ziele *für* die Organisation haben. Erinnern wir uns daran, daß Ziele gedankliche Vorstellungen über anzustrebende Zustände sind, so heißt dies, daß Organisationsmitglieder sowohl Vorstellungen über ihren *eigenen* zukünftigen Zustand in der Organisation als auch über den zukünftigen Zustand der *gesamten* Organisation besitzen. Diese durchaus realistische Annahme von den *doppelten Zielvorstellungen* der Organisationsmitglieder führt uns weiter zu der Frage nach dem Verhältnis dieser beiden Zielvorstellungen untereinander. Da wir annehmen müssen, daß die Ziele eines Individuums *für* die Organisation nicht unabhängig von seinen persönlichen Zielen *in* der Organisation sind, und wir weiter einräumen müssen, daß verschiedene Personengruppen, wie Eigentümer, leitende Angestellte und gewerbliche Arbeitnehmer unterschiedliche Ziele in der Organisation verfolgen können, ist nicht zu erwarten, daß es stets eine *von vornherein einheitliche Zielvorstellung* aller Organisationsmitglieder für die Organisation und damit ein einheitliches Organisationsziel gibt. Ein gemeinsames Organisationsziel wird sich vielmehr erst im Zuge von *Verhandlungsprozessen* zwischen den einzelnen Gruppen herausbilden können, in denen eine

Gruppe oder eine Koalition aus mehreren Gruppen aufgrund der jeweiligen Machtkonstellation und ihrer Verhandlungsführung ihre Zielvorstellungen weitgehend durchsetzt. Diese im Zeitablauf in ihrer personellen Zusammensetzung durchaus variierende Gruppe wollen wir *Kerngruppe* oder *dominierende Koalition* nennen. Wenn wir von einem Organisationsziel sprechen, meinen wir also ein *von der Kerngruppe für die Organisation festgelegtes Ziel*.

Wie sieht nun *das* Organisationsziel aus, das die Kerngruppe als Ergebnis von Verhandlungsprozessen für die Organisation festschreibt? Zunächst einmal müssen wir uns von der Vorstellung lösen, daß es *ein* Organisationsziel gibt, an dem sich alle Aktivitäten ohne weiteres ausrichten lassen. Umfassende Zielformulierungen für Organisationen lauten etwa: „Es ist das Ziel der Freien Universität Berlin, Studenten auszubilden", „Die Volkswagen AG produziert und verkauft Autos, um einen Gewinn zu erzielen, der die Kapitalgeber zufriedenstellt". Aus einer solchen Zielformulierung kann beispielsweise der Einkaufsleiter nicht ersehen, was er konkret zu tun hat. Um zu operationalen Zielen – zu Handlungsanweisungen – zu kommen, ist es notwendig, aus dem obersten Organisationsziel Unterziele abzuleiten. Organisationen sind nun nicht in der Lage, eine völlig widerspruchsfreie Zielhierarchie zu entwickeln. Wie sollten sie auch, wenn dies nicht einmal Individuen schaffen. Oder können Sie von sich behaupten, daß Ihr Ziel- oder Wertsystem völlig widerspruchsfrei ist? Das Zielsystem von Organisationen zeichnet sich vielmehr durch folgende Eigenschaften aus (Cyert und March 1963, Kirsch 1971, 3. Band, S. 110 ff.):

(1) Die Kerngruppe formuliert neben *nicht-operationalen*, äußerst *vagen Oberzielen*, die aber gerade wegen ihrer Vagheit von allen geteilt werden können und damit eine wichtige Funktion der Einigung und der Abgrenzung gegenüber anderen Organisationen erfüllen, eine *begrenzte Zahl von spezifischen Zielen*.

(2) Diese Ziele werden als *Zufriedenheitsniveaus* festgelegt. Damit enthebt sich die Kerngruppe der Notwendigkeit, Konflikte zwischen den einzelnen Zielen bis ins Letzte auszudiskutieren. Die Ziele „Möglichst niedrige Produktionskosten" und „Möglichst viel Umsatz" widersprechen sich beispielsweise. Wird nun aber festgelegt „Ein durchschnittlicher Deckungsbeitrag von X% sollte nicht unterschritten werden" und „Wir wollen eine Umsatzsteigerung von Y% erzielen", so ist der Konflikt zwischen diesen beiden Zielen bereits erheblich geringer.

(3) Die als Zufriedenheitsniveaus formulierten Ziele sind als *Beschränkungen* aufzufassen, innerhalb derer noch Bereichziele und Individualziele verfolgt werden können. Nur wenn die Verfolgung dieser Bereichs- oder Individualziele eine Erreichung der Zufriedenheitsniveaus vereitelt, kommt es zu offenen Konflikten.

Wenn wir von einem Organisationsziel sprechen, so meinen wir also eigentlich ein System von Zielen, das latente und offene Zielkonflikte aufweist. Dieses Zielsystem ist keineswegs stabil, sondern es wandelt sich im Laufe der Zeit. *Zieländerungen* sind etwa zurückzuführen auf Änderungen in der Umwelt von Organisationen, auf Änderungen von internen Bedingungen außerhalb der Kerngruppe oder auf Änderungen der Machtkonstellationen in der Organisation, die zu neuen Kerngruppen mit neuen Zielvorstellungen führen können. Daher ist ein *ständiger Zielbildungsprozeß* mit jeweils nur *temporären Ergebnissen* zu erwarten. Dementsprechend fordern wir in unserer Definition auch nicht, daß Organisationen ein *ganz bestimmtes* Zielsystem *dauerhaft* verfolgen, sondern daß sie *stets irgendein Zielsystem* verfolgen, dessen Inhalt sich im Zeitablauf durchaus ändern kann.

Die bisher angesprochenen Fragen zum Organisationsziel sind in der Organisationssoziologie ausführlich diskutiert worden, und wir haben diese Diskussion nur in einigen Aspekten aufgenommen (zur näheren Analyse vgl. z. B. Perrow 1961; Mayntz 1963, S. 58 ff.; Simon 1964; Wächter 1969). Für unsere folgenden Ausführungen ist es vor allem wichtig zu wissen, welche Konsequenzen sich aus diesen Problemen für den Zusammenhang zwischen Organisationsziel und Verhalten der Organisationsmitglieder ergeben. Wir halten dazu folgendes fest:

> *Ein Organisationsziel ist die aus mehreren, teilweise miteinander konfligierenden Zielelementen bestehende Vorstellung über den für die Zukunft anzustrebenden Zustand der Organisation, die eine Gruppe von Organisationsmitgliedern für einen bestimmten Zeitraum u. U. gegen die Vorstellungen anderer Organisationsmitglieder durchgesetzt hat.*

Dieses Organisationsziel stellt die *Verhaltensmaxime* für die Aktivitäten aller Organisationsmitglieder dar, und im Hinblick auf dieses Ziel wird die Struktur der Organisation gestaltet. Wenn das Organisationsziel nun aber gegen die Vorstellungen eines Teiles der Organisationsmitglieder durchgesetzt worden ist, so wird auch die damit korrespondierende Organisationsstruktur kaum den Vorstellungen aller Organisationsmitglieder gerecht werden. Dann muß sich vielmehr ein Teil der Organisationsmitglieder dem „Organisationsziel" und der im Hinblick auf dieses Ziel gestalteten Struktur *unterordnen*. Häufig wird diese Unterordnung zwar auf irgendeine Weise (im Falle der Arbeitnehmer etwa durch Bezahlung) kompensiert, von einer harmonischen Zielvorstellung und einer von allen Mitgliedern akzeptierten Struktur können wir jedoch auch dann nicht grundsätzlich ausgehen. Organisationsziele reflektieren gesamtgesellschaftliche und innerorganisatorische Machtkonstellationen sowie die damit verbundenen herrschenden Wertvor-

stellungen und spiegeln dementsprechend auch gesamtgesellschaftliche sowie
innerorganisatorische Konflikte wider.

*Organisationsstrukturen sind daher keine abstrakten Mittel, die wertfrei
untersucht werden können; aus gesellschaftlicher Sicht sind sie vielmehr
gerade wegen ihres Mittelcharakters im Hinblick auf die Organisationsziele
ebenso zu hinterfragen wie die Ziele selbst.* Dies wird deutlich, wenn Organisationen und ihre Strukturen im Zusammenhang mit dem allgemeineren
Phänomen der Herrschaft und der Herrschaftsausübung diskutiert werden
(vgl. Weber 1972 und Burisch 1973). Das Interesse an der Struktur rührt
dabei nicht zuletzt daher, daß nicht nur die Ziele die Struktur prägen,
sondern daß eine im Hinblick auf ein bestimmtes Ziel geschaffene Struktur
auch die Chancen für einen Zielwandel beeinflußt, indem sie die für den
Zielbildungsprozeß so entscheidenden Machtkonstellationen mitbestimmt.

(2) Warum ist die dauerhafte Verfolgung von Zielen ein wichtiges
    Kriterium?

Das Kriterium der Zielgerichtetheit ist nicht nur in sich problematisch, es
hilft uns auch nicht sehr bei dem Versuch, Organisationen von anderen
sozialen Gebilden abzugrenzen. Wenn beispielsweise nach einem Deich-
bruch eine Reihe von Menschen zusammenkommt, um Hilfe zu leisten, so ist
auch dies ein Zusammenschluß von Menschen im Hinblick auf ein bestimmtes Ziel. Es ist aber anzunehmen, daß solche *kurzfristigen Zusammenschlüsse*
andere Eigenschaften und andere Probleme aufweisen als *auf Dauer angeleg-
te,* und deshalb ist es ratsam, sie aus der Definition auszuschließen. In auf
Dauer angelegten Zusammenschlüssen stellen wir nämlich oft fest, daß die
Erhaltung des Zusammenschlusses zu einem eigenständigen Ziel einer Reihe
von Mitgliedern wird oder daß das Interesse am *Bestand des Systems* zumindest das Verhalten der Mitglieder beeinflußt und Verfestigungstendenzen
hervorbringt.

Andererseits bedeutet „auf Dauer angelegt" nicht, daß sich Organisationen
nicht ändern. Wir haben schon bei der Diskussion der Organisationsziele
darauf hingewiesen, daß es zu einem Zielwandel kommen kann, und selbst
bei unveränderten Zielen muß sich eine Organisation in einer sich wan-
delnden Umwelt oft ändern, um ihren Bestand zu sichern. Wichtig für unsere
Definition ist daher nur, daß der Bestand eines zielgerichteten Zusammenschlusses von Personen nicht *von vornherein* auf eine relativ kurze Dauer
begrenzt ist.

(3) Wie unterscheidet man Organisationsmitglieder von Nicht-Mitgliedern?

Wir haben ausgeführt, daß eine Organisation aus Mitgliedern besteht, und haben sogar schon verschiedene Gruppen von Mitgliedern unterschieden. Wir haben auch festgestellt, daß mit Hilfe der Organisationsstruktur das Verhalten dieser Mitglieder auf das Organisationsziel ausgerichtet werden soll. Gerade im Hinblick auf diese letzte Festlegung ist es wichtig, genau anzugeben, wie Organisationsmitglieder von Nicht-Mitgliedern unterschieden werden können, d. h. wie die *Grenzen der Organisation* zu bestimmen sind.

Die Bestimmung dieser Grenzen einer Organisation scheint zunächst eine einfache Angelegenheit: Entweder ist eine bestimmte Person Mitglied einer Organisation oder sie ist es nicht. Versucht man aber, strenge Kriterien für die Mitgliedschaft zu finden, so bieten sich gleich mehrere an, die alle recht plausibel erscheinen, aber unglücklicherweise zu unterschiedlichen Ergebnissen führen. Nimmt man die *Arbeitsstunden,* die für die Organisation aufgewendet werden, so gehören neben den regulären Angestellten u. U. auch externe Berater hinzu; nimmt man *Bezahlung* durch die Organisation, so fallen ohne Bezahlung in freiwilligen Organisationen Mitarbeitende heraus; nimmt man den *Einfluß auf Entscheidungen* in der Organisation, so gehören u. U. Kunden und Ressourcenlieferanten (Banken, Rohstofflieferanten) dazu. Es zeigt sich, daß die Grenzen einer Organisation etwa so schwierig festzulegen sind wie die einer Wolke. Man kann eindeutig feststellen „jetzt bin ich in der Wolke" oder auch „jetzt befinde ich mich außerhalb der Wolke", aber die Feststellung „jetzt befinde ich mich genau auf der Grenze der Wolke" dürfce einige Schwierigkeiten aufwerfen (Starbuck 1973, vgl. auch Kubicek und Thom 1976).

Als Folge dieser Definitionsschwierigkeiten kommen verschiedene organisationstheoretische Ansätze zu recht unterschiedlichen Abgrenzungen des Gebildes Organisation. Cyert und March (1963) siedeln beispielsweise die Kunden einer Unternehmung innerhalb der Organisation „Unternehmung" an, während die meisten anderen Organisationstheoretiker diese Personengruppe nach ihrer Definition außerhalb der Organisation sehen.

Solche unterschiedlichen Grenzziehungen sind das Ergebnis unterschiedlicher wissenschaftlicher Fragestellungen. Ist mit diesem Hinweis aber das Grenzproblem bereits gelöst? Zunächst muß auf ein Mißverständnis hingewiesen werden, das die meisten Abgrenzungsversuche sehr leicht hervorrufen: Wenn von Mitgliedern und Nicht-Mitgliedern gesprochen wird, so liegt es nahe zu vermuten, daß damit Personen als psychische und soziale Ganzheiten gemeint sind. Dieser Eindruck ist jedoch falsch. Tatsächlich sind nur *bestimmte Handlungen von Personen* gemeint. Durch den Begriff „Mitglied" ist eine Person nur als Repräsentant eines Handlungskomplexes, als Träger einer bestimmten Rolle charakterisiert. Durch den Begriff „Organisationsmitglied" – oder in der betriebswirtschaftlichen Organisationslehre durch den Begriff „Aufgabenträger" – werden der Organisation daher nicht Personen sondern nur Handlungen von Personen zugeordnet. Wenn wir beispielsweise von gewerblichen Arbeitnehmern, leitenden Angestellten, Eigentümern und Kunden sprechen, so sind damit eben solche Handlungskomplexe, Rollen und Interessen gemeint. Sprechen wir hingegen von Herrn X oder Frau Y, indem wir Namen verwenden, so sind konkrete Individuen mit ihrer gesamten Persönlichkeit und ihrem gesamten Verhalten gemeint. Auf dem Hintergrund dieser Unterscheidung wird sichtbar, daß eine Person auch mehrere Handlungskomplexe repräsentieren, mehrere Rollen wahrnehmen kann. Herr X kann beispielsweise leitender Angestellter der Unternehmung A und Aufsichtsratsmitglied der Unternehmung B sein. Über diese *gleichzeitige Mitgliedschaft in mehreren Organisationen* hinaus kann Herr X auch der Unternehmung A in mehrfacher Hinsicht zugeordnet werden, wenn er etwa aufgrund seines Aktienbesitzes gleichzeitig Miteigentümer ist. Diese Form der *Mehrfachmitgliedschaft* drücken wir dadurch aus, daß wir sagen, ein Individuum gehört einer Organisation an als „. . .", als „. . ." usw.

Aus diesen Ausführungen wird deutlich, daß die Eigenschaft, Mitglied zu sein, sich stets auf eine Beziehung zwischen einem Individuum und einer Organisation erstreckt und weder alleine von dem Individuum her noch alleine von der Organisation her definiert werden kann. Sehr deutlich wird dies bei Vereinen. Wir können uns nicht selbst einfach zu Mitgliedern des 1. FC Köln erklären und ebenso kann uns der Bund Freiheit der Wissenschaften nicht einfach zu Mitgliedern erklären. Zu Mitgliedern würden wir erst dann, wenn *von beiden Seiten Übereinstimmung über die Mitgliedschaft besteht.* Ein gewisses Zugehörigkeitsgefühl auf beiden Seiten kann dann als Kriterium zur Unterscheidung zwischen einer rein formalen und einer faktischen Mitgliedschaft dienen.

Diese auf Vereine bezogenen Beispiele lassen die Abgrenzung noch relativ einfach erscheinen, da Vereine in der Regel durch ihre Satzung detaillierte Verfahren für die Aufnahme von Mitgliedern festlegen. In Unternehmungen und Behörden ist dies oft weitaus weniger klar, da solche Regelungen zumeist nur für die abhängig beschäftigten Arbeitnehmer existieren, während bei „freien Mitarbeitern" der Sachverhalt schon komplizierter wird.

Nun könnte man im Einzelfall die Kerngruppe einer Organisation fragen, welche Individuen die Organisation als Mitglieder betrachtet und anschließend die genannten Individuen fragen, ob sie sich dieser Organisation zugehörig fühlen. Bei größeren Organisationen würde dieses Verfahren nicht nur sehr aufwendig, sondern oft auch nicht konsequent durchführbar sein, da offen bleibt, nach welchen Kriterien die Kerngruppe entschieden hat. Wir brauchen daher ein Merkmal, das uns eine unserer theoretischen Fragestellung entsprechende Zuordnung ermöglicht. Wenn uns formale Organisationsstrukturen als Instrument der Verhaltenssteuerung besonders interessieren, so kann ein solches Auswahlkriterium in der *Existenz von verhaltenssteuernden Regeln in bezug auf bestimmte Handlungen von Individuen* gesehen werden. Nun gibt es aber Regeln der Organisation in bezug auf das Lieferverhalten von Lieferanten und das Kaufverhalten von Kunden, die wir nicht von vornherein und generell mit den Regeln in bezug auf das Arbeitsverhalten von Arbeitnehmern gleichsetzen wollen. Um diese unterschiedlichen Rollen voneinander abzugrenzen, können wir die *Verpflichtungsabsicht* der Organisation einerseits und das *Verpflichtungsgefühl* der Rollenträger andererseits heranziehen. Nur wenn mittels formaler Regelungen bestimmte Aktivitäten von Individuen mit einer Verpflichtungsabsicht gesteuert werden und wenn die Absicht den Individuen grundsätzlich legitim erscheint, wollen wir es als Organisationsmitglied bezeichnen.

Aber auch mit dieser Perspektive gelangen wir noch nicht zu einer wirklich eindeutigen Abgrenzung. Vergleichen wir einen Arbeitnehmer mit einem Lieferanten, der einen Liefervertrag mit einer Unternehmung geschlossen hat, so existieren für beide verpflichtende Regeln, die ihnen grundsätzlich legitim erscheinen dürften.

Aufgrund solcher Beispiele muß die in der Überschrift zu diesem Abschnitt gestellte Frage falsch erscheinen. Es ist müßig, generell entscheiden zu wollen, wer Mitglied einer Organisation ist und wer nicht. Wenn wir davon ausgehen, daß sich die Mitgliedschaft auf bestimmte Handlungen bezieht, so können wir unter Bezugnahme auf diese Handlungen sinnvoller von einer *Intensität der Mitgliedschaft* sprechen und etwa feststellen, daß die Mitgliedschaft des Arbeitnehmers in der Unternehmung stärker ist als die des Lieferanten, da ein größerer Anteil seiner Aktivitäten der Regelung durch die Organisation unterworfen ist und er dieser Regelung auf eine längere Dauer ausgesetzt ist. Zusammenfassend wollen wir daher festhalten:

> *Die Mitgliedschaft eines Individuums in einer Organisation bezieht sich nicht auf seine Person, sondern nur auf bestimmte Handlungen. Und zwar auf solche Handlungen, die in einem Bezug zu den Organisationszielen stehen und für die die Organisation verpflichtende Regeln aufstellt. Wenn diese Regeln von dem Handlungsträger grundsätzlich als legitim angesehen werden, so wird er zu einem Organisationsmitglied. Je größer dabei der Umfang der von den Regeln betroffenen Aktivitäten und je länger die Dauer der Verpflichtungen sind, um so stärker ist die Mitgliedschaft.*

Für unsere weiteren Analysen interessieren uns dabei vor allem relativ starke

Ausprägungen der Mitgliedschaft, wie sie durch Arbeitsverträge geschaffen
werden. Aber auch langfristige Lieferverträge mit einem gewissen Aus-
schließlichkeitscharakter begründen eine vergleichbar starke Mitgliedschaft,
und zwischen einem angestellten Verkaufsagenten sowie einem rechtlich
selbständigen Handelsvertreter bestehen in dieser Hinsicht kaum Unterschiede. Wenn wir im folgenden vereinfachend weiterhin von „Organisationsmitgliedern" sprechen, so meinen wir damit nur die Fälle mit einer solchen
starken Mitgliedschaft.

(4) Wann liegt eine formale Struktur vor?

Jedes soziale Gebilde, dessen Mitglieder über eine längere Zeit hinweg
miteinander interagieren, weist eine Struktur auf. Unter einer solchen *Sozialstruktur* verstehen wir

a) ein relativ stabiles Netzwerk von sozialen Beziehungen, das den einzelnen
   Mitgliedern eine bestimmte Position und einen bestimmten Status zuweist, und

b) ein System gemeinsamer Werte und Orientierungen, das als Standard für
   das Verhalten der Mitglieder des sozialen Gebildes dient (vgl. Blau und
   Scott 1963, S. 5).

In Organisationen als einer speziellen Klasse von sozialen Gebilden, die zur
Erreichung eines bestimmten Zweckes geschaffen werden, beziehen sich die
gemeinsamen Werte und Orientierungen vor allem auf das Organisationsziel.
Um diesen Zweck möglichst rational zu erreichen, werden die sozialen
Beziehungen zwischen den Mitgliedern bewußt geordnet und institutionali-
siert. Während sich Sozialstrukturen evolutorisch entwickeln und den meisten Mitgliedern oft gar nicht bekannt sind, benötigen Organisationen zur
Erreichung ihrer Ziele eine bewußt geschaffene Struktur. Diese Struktur
verteilt die zur Zielerreichung notwendigen Aktivitäten auf die einzelnen
Mitglieder, indem sie ihnen aufeinander abgestimmte Positionen zuweist,
und sie gibt Regeln für die Interaktion zwischen den Mitgliedern vor, die die
Einzelaktivitäten so koordinieren, daß sie insgesamt zur Zielerreichung
führen. Auf diese Weise wird jedem Organisationsmitglied eine Rolle in
einem rational strukturierten zweckbezogenen Handlungssystem zugewiesen. Die einzelnen *Verhaltensregeln zur Rationalitätssicherung* werden im
Hinblick auf das verfolgte Organisationsziel *bewußt geschaffen* und haben
offiziellen Charakter.
Strukturen, die sich aus solchen Regeln zusammensetzen, werden *formale
Strukturen* genannt (vgl. Selznick 1948 sowie Blau und Scott 1963, S. 5 f.).
Diejenigen, die die Organisationsziele festlegen, verlassen sich nicht einfach
darauf, daß sich unter den Organisationsmitgliedern eine soziale Struktur
evolutorisch entwickelt, sondern greifen bewußt in den Strukturbildungspro-

zeß ein. Der Umfang dieser Eingriffe kann dabei erheblich variieren, je nachdem, wie genau die Rollen eines jeden Mitgliedes definiert werden. Im Extremfall kann die so geschaffene formale Struktur mit dem Konstruktionsplan einer Maschine verglichen werden, der jedem Element eine bis in das letzte Detail vorgeschriebene Funktion zuweist, die auf die maximale Gesamtleistung der Maschine ausgerichtet ist. Dieses „*Maschinen-Modell*" der Organisation (March und Simon 1958) ist sicherlich nie in vollem Umfang realisierbar, da keine noch so gründlich geplante Struktur die Gesamtheit der Verhaltensrealität erfassen kann. Ihrer Intention nach ist die formale Struktur jedoch stets ein *Instrument* zur maschinenähnlichen *Rationalitätssicherung,* mit dessen Hilfe zumindest in Grenzen das Verhalten der Organisationsmitglieder *kalkulierbar* gemacht und *manipuliert* werden soll (Selznick 1948). Die Merkmale formaler Strukturen, die *bewußte Schaffung* und ihr *offizieller Charakter,* bedürfen noch einiger Erläuterungen.

> Bedeutet „bewußte Schaffung", daß die gesamte formale Struktur von einem Konstrukteur in einem einzigen Akt geplant wird?

Diese Art der Entstehung von formalen Organisationsstrukturen, die dem „Maschinen-Modell" entspricht, ist eher die Ausnahme als die Regel. Da formale Organisationsstrukturen aus einer ganzen *Reihe von einzelnen Regelungen* bestehen, kommt es häufig vor, daß die einzelnen Regelungen von verschiedenen Individuen geschaffen werden. Sie sind dann „*bewußt*" geschaffen, wenn sie auf *Zweckmäßigkeitsüberlegungen im Hinblick auf das Organisationsziel oder daraus abgeleitete Teilziele* beruhen. Dann leisten sie einen partiellen Beitrag zur Rationalitätssicherung, und dies ist allein entscheidend. Wenn ein Arbeiter an einer Werkbank von selbst auf eine bestimmte Reihenfolge von Handgriffen kommt, *weil* er so seine Arbeit schneller erledigen kann, und nach dieser Vorgehensweise in Zukunft regelmäßig verfährt, so handelt es sich auch hier um die *bewußte* Schaffung einer Regel.

Organisatorische Regelungen und damit auch formale Strukturen können insgesamt auf drei Wegen entstehen:

a) Ein „*Konstrukteur*" gestaltet alleine oder unter Beteiligung anderer Organisationsmitglieder planvoll die formale Struktur, indem er Regeln entwirft und durchsetzt, die ihm zur Zielerreichung geeignet erscheinen.

b) Einzelne Mitglieder einigen sich aufgrund eines Abwägens von Vor- und Nachteilen unterschiedlicher möglicher Regelungen darauf, wie *ihr* gemeinsamer Bereich strukturiert werden soll.

c) Die Struktur ist das Resultat eines *kollektiven Lernprozesses;* Organisationsmitglieder entwickeln mit der Zeit für bestimmte wiederkehrende Aufgaben „Routineprogramme" – sie wiederholen Handlungsmuster, die sich in der Vergangenheit als zweckmäßig erwiesen haben. Wenn die Aktivitäten eines Organisationsmitgliedes von den Aktivitäten anderer abhängen, so können sich solche Routineprogramme nur stabilisieren, wenn sich auch Interaktionsmuster herausbilden und die individuellen Routineprogramme aufeinander abgestimmt werden. Solche aufeinander abgestimmten Routineprogramme und Interaktionsmuster geben den individuellen Handlungen dann ebenfalls eine Struktur, die sich jedoch im Verlauf von Trial- and Error-Prozessen entwickelt, ohne daß die Beteiligten in eine offene Diskussion über ihre Zweckmäßigkeit eintreten. Es herrscht jedoch ein *stillschweigender Konsens* über die Zweckmäßigkeit, da anderenfalls einige der Betroffenen die Muster durchbrechen und ändern würden.

In allen drei Fällen wollen wir von einer *bewußt geschaffenen Struktur* sprechen, wenn sich die *individuellen Überlegungen auf den Zusammenhang zwischen Handlungen und Erreichung der Organisationsziele* erstrecken. Haben die so entstandenen Regelungen gleichermaßen offiziellen Charakter?

Offiziellen Charakter erhalten organisatorische Regelungen, wenn sie von der Kerngruppe *autorisiert* sind. Die Kerngruppe ihrerseits leitet das Recht zur verbindlichen Aufstellung von Verhaltensregelungen in erwerbswirtschaftlichen Organisationen aus dem dem Eigentümer gesetzlich zugesprochenen *Direktionsrecht* und in freiwilligen Vereinigungen aus den von der Mitgliederversammlung beschlossenen Satzungen ab. Organisatorische Regelungen *basieren* also auf bestimmten *Rechten*. Ihr offizieller Charakter innerhalb einer Organisation entspricht dem des Rechts in der gesamten Gesellschaft.

Ebenso wie das gesamte Recht einer Gesellschaft nicht nur aus kodifizierten Gesetzen besteht, die von der Legislative verabschiedet worden sind, werden auch nicht alle organisatorischen Regeln von den legitimierten Organen einer Organisation (Eigentümer, Vorstand, Geschäftsführer usw.) verabschiedet. Im *rechtlichen Bereich* finden wir neben den Gesetzen verbindliche Gerichtsurteile sowie Richtlinien und Durchführungsverordnungen von einzelnen autorisierten Behörden und schließlich auch ein Gewohnheitsrecht. Diese zusätzlichen rechtlichen Regelungen interpretieren die Gesetze und passen sie an unvorhergesehene oder veränderte Bedingungen an. Entscheidend ist, daß sie dem Sinn der Gesetze nicht widersprechen.

Sehr ähnlich verhält es sich mit dem offiziellen Charakter organisatorischer Regelungen.

a) Die *Kerngruppe* legt zumeist nur grundsätzliche Regelungen fest, die oft wie Gesetze kodifiziert sind. Sie beziehen sich auf die Autorisierung bestimmter Organisationsmitglieder für bestimmte Handlungen, auf die Abgrenzung von Verantwortungsbereichen und den Ablauf wichtiger

Prozesse. Der offizielle Charakter dieser Regelungen resultiert unmittelbar aus dem Direktionsrecht.

b) So wie einzelne autorisierte Behörden zusätzliche Regeln erlassen können, sind oft auch *einzelne Organisationsmitglieder* (z. B. Abteilungsleiter) dazu berechtigt, *in ihren Verantwortungsbereichen* ergänzende und präzisierende organisatorische *Regeln aufzustellen*, die den grundsätzlichen Regeln allerdings nicht widersprechen dürfen. Die Kerngruppe delegiert hier ihr Direktionsrecht an andere Organisationsmitglieder, und diese handeln dann im Namen der Kerngruppe.

c) Parallelen zum Gewohnheitsrecht finden wir schließlich, wenn organisatorische Regelungen nicht aufgrund expliziter Vorgaben, sondern aufgrund kollektiver Lernprozesse entstehen und sich verfestigen. Sie erhalten dadurch offiziellen Charakter, daß sie *von der Kerngruppe und den anderen legitimierten Instanzen geduldet* werden. Wenn diese legitimierten Instanzen die durch Lernprozesse, Nachahmung und Überlieferung entstandenen Regelungen als Teil der Struktur ihrer Organisationen betrachten und dulden, so rechnen wir auch diese Regelungen zur formalen Struktur.

Die gesamte formale Struktur einer Organisation setzt sich stets aus allen drei Arten von Regelungen zusammen. Der Anteil jeder Art kann allerdings erheblich variieren. An dieser Stelle kommt es für uns vor allem darauf an festzuhalten, daß formale Strukturen nicht ausschließlich dadurch offiziellen Charakter erhalten, daß sie von den herrschenden Instanzen in einem *offiziellen Akt* verkündet werden und daß sie auch nicht *schriftlich fixiert* sein müssen.

Unter Berücksichtigung dieser Ausführungen können wir nun folgende Definition aufstellen:

> *Unter einer formalen Struktur verstehen wir die Menge von Regelungen für die Aktivitäten der Organisationsmitglieder, die auf am Organisationsziel orientierten Zweckmäßigkeitsüberlegungen beruhen und von der Kerngruppe durch einen offiziellen Akt oder durch Duldung autorisiert sind.*

Auf zwei Konsequenzen dieser Definition soll hier noch hingewiesen werden:

Während sich die *Sozialstruktur* auf die im *tatsächlichen Verhalten* von Individuen zum Ausdruck kommenden sozialen Beziehungen bezieht, erstreckt sich die *formale* Organisationsstruktur auf *angestrebte Verhaltensweisen* der Organisationsmitglieder. Sie kann dabei jedoch nie diese Verhaltensweisen bis in das letzte Detail vorschreiben, und dies wäre auch sicherlich nicht sinnvoll, da kaum alle zukünftigen Bedingungen vorhergesehen werden können. Da außerdem die offiziell vorgegebenen Verhaltensregeln teilweise gegen die individuellen Interessen der jeweiligen Organisationsmitglieder durchgesetzt werden, kann auch nicht davon ausgegangen werden, daß sie sich immer an diese Regeln halten. *Die formale Struktur erfaßt also weder die Gesamtheit der Aktivitäten der Organisationsmitglieder noch sind die durch die Regelungen angestrebten Verhaltensmuster zwangsläufig identisch mit den tatsächlich vorzufindenden Verhaltensweisen.* Formale Strukturen ersetzen also die Sozialstruktur nicht, sondern versuchen mehr oder weniger erfolgreich, ihr eine bestimmte auf Zweckmäßigkeitsüberlegungen beruhende Form zu geben. Wenn wir Aussagen über das Verhalten in einer Organisation machen wollen, so dürfen wir uns daher nicht auf die formale Organisationsstruktur beschränken, sondern müssen diese mit dem tatsächlichen Verhalten der Organisationsmitglieder kontrastieren.

Die zweite Konsequenz bezieht sich auf die Tatsache, daß Organisationsstrukturen in ihrer Gesamtheit zumeist nicht zentral geplant und auch nicht schriftlich festgehalten sind. Daraus ergeben sich *Schwierigkeiten für die vollständige Erfassung der formalen Struktur einer konkreten Organisation.* Wir können sie nur vollständig erfassen, wenn wir neben einer Analyse von Dokumenten auch Gespräche mit einer größeren Anzahl von Organisationsmitgliedern führen. Da die Kerngruppe oft nicht über alle Regelungen informiert ist, müssen wir unsere Gespräche über diese Gruppe hinaus ausdehnen. Dann treten jedoch neue Schwierigkeiten auf! Zwar wissen die meisten Organisationsmitglieder, welche Regelungen in ihrem Bereich gelten; wenn sie sich diesen Regelungen aber unterordnen mußten, so ist damit zu rechnen, daß ihre eigenen Vorstellungen ihre Antworten auf unsere Fragen mitbestimmen. Wir stehen somit vor einem *Dilemma:* Die schriftlich fixierten Regelungen sind zwar einfach festzustellen, umfassen jedoch selten die Menge aller verhaltensrelevanter Regelungen, und diese wiederum ist zumeist nicht vollständig und/oder eindeutig zu bestimmen.

> (5) Sind nur die den Regeln entsprechenden, die regelkonformen Aktivitäten der Organisationsmitglieder für eine Organisationstheorie relevant?

Zunächst ist zu konstatieren, daß Organisationsmitglieder nicht nur Aktivitäten entfalten, die von Regeln inhaltlich vorgegeben sind. Sie führen auch Aktivitäten durch, die keinen unmittelbaren Bezug zu den Regeln aufweisen – beispielsweise diskutieren sie während der Arbeit über das Fernsehprogramm vom Abend vorher – und mitunter auch solchen Aktivitäten, die den Regeln direkt widersprechen – sie überschreiten beispielsweise ihre Kompetenzen und halten Verfahrensrichtlinien nicht ein. Eine Organisationstheorie sollte natürlich auch erklären können, unter welchen Bedingungen Organisationsmitglieder Regeln einhalten beziehungsweise gegen sie verstoßen. Im Hinblick auf diese Fragestellung ist eine Analyse des von den Regeln abweichenden Verhaltens notwendig. Auch die nicht unmittelbar mit den Regeln in einem Zusammenhang stehenden Aktivitäten könnten sich für die Beantwortung dieser Frage als wichtig erweisen. Vielleicht akzeptieren bestimmte Organisationsmitglieder Regeln nur dann, wenn diese Regeln es ihnen gestatten, während der Arbeit über das Fernsehprogramm vom Abend vorher zu diskutieren. Gegenstand einer Organisationstheorie sollten unserer Meinung nach vor allem Aktivitäten sein, die von den Bedingungen der Organisation, d. h. insbesondere von der formalen Organisationsstruktur geprägt sind, und Aktivitäten, die die Gestaltung der formalen Struktur beeinflussen. Wir schlagen also vor, das Verhältnis von formaler Organisationsstruktur und Verhalten der Organisationsmitglieder zum Ausgangspunkt einer generellen Analyse des Verhaltens in Organisationen zu machen. Es ist allerdings unmöglich, ex ante anzugeben, welche Klassen von Aktivitäten für eine solche Analyse relevant sind. Wie sich Freundschaften entwickeln scheint zunächst eine allgemeine soziologische Frage zu sein, wenn wir aber einräumen, daß Freundschaften in Organisationen Regelkonformität fördern oder reduzieren können, so wird Freundschaft und die damit verbundenen Aktivitäten auch zu einem organisationstheoretischen Problem. Fassen wir zusammen: Mit den vorangegangenen Erörterungen wollten wir unsere *Definition* von Organisation *präzisieren*. Dafür war es notwendig, jeden in dieser Definition enthaltenen Begriff durch mehrere Worte zu ersetzen, denn wir haben gesehen, daß die meisten Bestandteile dieser Definition nur *verkürzte Formulierungen* für die Eigenschaften sind, die wir eigentlich meinen. Da wir aus Gründen der sprachlichen Vereinfachung diese verkürzten Formulierungen auch im folgenden verwenden, ist es für den Leser sehr wichtig, dann stets die *vollständige Bedeutung* zu erkennen. Um diesen Lernprozeß zu erleichtern, und nicht etwa aus Bequemlichkeit, verzichten wir an dieser Stelle auf eine ausführlichere Zusammenfassung und bitten den Leser nun noch einmal, zu unserer Ausgangsdefinition zurückzugehen und sie selbst – am besten schriftlich – entsprechend der vorangegangenen Diskussion zu präzisieren.

1.1.3. Die untersuchten Aspekte von Organisationen

Die Diskussion der in unserer Definition angesprochenen Eigenschaften von Organisationen hat uns zu einer ganzen *Fülle von Aspekten* geführt, auf die sich eine Analyse von Organisationen beziehen kann. Obwohl noch lange nicht alle interessanten Aspekte angesprochen worden sind, dürfte aber schon deutlich geworden sein, daß in einem einzigen Buch nicht allen aufgeworfenen Fragen intensiv nachgegangen werden kann. Es ist vielmehr erforderlich, daß wir uns auf die Verfolgung eines bestimmten Fragenkomplexes konzentrieren und nur die damit zusammenhängenden Aspekte von Organisationen näher betrachten. Dem aufmerksamen Leser dürfte schon bei der Lektüre des vorangegangenen Abschnitts nicht entgangen sein, um welche Fragestellung es sich dabei handelt, denn natürlich mußten wir uns dort schon beschränken, und wir haben vor allem die für unsere Fragestellung wichtigen Aspekte hervorgehoben sowie die damit zusammenhängenden Probleme erörtert.

Unser Interesse in diesem Buch gilt den *Strukturen von Organisationen*, und unsere Fragestellung setzt sich aus *drei Teilfragen* zusammen. Sie lauten:

(1) Welche Eigenschaften weisen Organisationsstrukturen in der Realität auf?

(2) Auf welche Faktoren sind Unterschiede zwischen realen Organisationsstrukturen zurückzuführen?

(3) Welche Wirkungen haben Organisationsstrukturen auf das Verhalten der Organisationsmitglieder?

Diese drei Teilfragen zusammenfassend können wir sagen, daß wir die *Eigenschaften und Wirkungen realer Organisationsstrukturen unter Bezugnahme auf ihre Einflußfaktoren erklären* wollen.

Damit beschränken wir uns auf ein Teilgebiet der Organisationstheorie, das man als *Theorie der Organisationsstruktur* oder als *Makrotheorie der Organisation* bezeichnen kann. Um ein vollständiges Bild des Phänomens Organisation zu gewinnen, müßte diese Teiltheorie ergänzt werden um eine Theorie des kollektiven Verhaltens *von* Organisationen, die sich mit den Beziehungen zwischen Organisationen sowie zwischen Organisation und Gesellschaft beschäftigt, und um eine Theorie des individuellen Verhaltens *in* Organisationen, die sich auf die sozialen Prozesse in Organisationen konzentriert. Daraus folgt, daß der Leser mit der Lektüre dieses Buches nicht das *gesamte Gebiet der Organisationstheorie* im weiteren Sinne kennenlernen wird. Da die Struktur von Organisationen jedoch ihr wichtigstes Charakteristikum ist und sowohl bei der Analyse des kollektiven Verhaltens von Organisationen als auch bei der Analyse des individuellen Verhaltens in Organisationen eine entscheidende Rolle spielt, glauben wir, daß mit den folgenden Ausführungen gleichzeitig eine Basis geschaffen wird, von der aus diese hier nicht ausführlich behandelten Fragenkomplexe gut angegangen werden können. Insofern stellt dieses Buch trotz seiner thematischen Begrenzung eine *Einführung in die gesamte Organisationstheorie* dar.

1.1.4. Die untersuchten Arten von Organisationen

Unter die bisher aufgestellte Definition passen sehr viele Arten von Organisationen – beispielsweise Gefängnisse, Heere, Fußballclubs, Krankenhäuser, Ministerien, Universitäten und Unternehmungen.

Eine *umfassende Organisationstheorie,* die alle Besonderheiten der verschiedenen Arten von Organisationen berücksichtigt, existiert noch nicht. Das bedeutet, daß man gut daran tut, wenn man Aussagen über Organisationen vorfindet oder solche formulieren möchte, sich Gedanken über deren *Geltungsbereich* zu machen. Hätten wir eine Klassifikation von Organisationen, wie die Biologen eine Systematik der Lebewesen nach Linné haben, dann könnten wir dieses Abgrenzungsproblem recht elegant lösen. Wir könnten dann bestimmte Aussagen bestimmten Klassen zuordnen, so wie bei der Biologie bestimmte Aussagen nur für die Klasse der Insekten oder der Säugetiere gelten.

Auf welchen Merkmalen könnte eine Klassifikation von Organisationen basieren?

Es gibt in der Literatur eine Reihe von Versuchen, solche *Klassifikationssysteme für Organisationen* zu entwickeln (Parsons 1960, S. 45–46; Etzioni 1961, S. 23–67; Blau und Scott 1963, S. 40–58. Katz und Kahn 1966, S. 111–128). Es erübrigt sich, hier alle diese Klassifikationssysteme zu diskutieren, denn sie leisten nicht das, was wir von ihnen erwarten. Sie stellen nicht sicher, daß die einzelnen Klassen wirklich weitgehend übereinstimmende Eigenschaften aufweisen, die sie von anderen Klassen trennen (Hall 1972, S. 42 ff.). Nehmen wir nur ein Beispiel. Eine häufige Trennung ist die nach *Zielen* oder *Zwecken* von Organisationen. Sportvereine verfolgen gemeinnützige Zwecke und Unternehmungen privatwirtschaftliche. Nun spricht aber einiges dafür, daß der Fußballclub Bayern München mit einer mittleren Unternehmung mehr gemein hat als mit dem Fußballclub Hinterdorfer Kickers oder mit einem Schachverein. Prinzipiell die gleichen Probleme ergeben sich bei anderen Klassifikationskriterien, wie etwa den Machtgrundlagen, dem „Verarbeitungsobjekt" (Menschen oder Sachen), der Technologie u. a. m. Welche Organisationen sich sinnvoll zu Klassen zusammenfassen lassen, kann erst auf der Basis empirischen Wissens über alle möglichen Arten von Organisationen entschieden werden. Erste Versuche zu solchen empirisch fundierten Klassifikationen gibt es bereits (Haas u. a. 1966; Pugh u. a. 1969b), aber ein abgesichertes Klassifikationsschema liefern sie noch nicht.

Bei dem Versuch, den Geltungsbereich unserer Aussagen abzustecken, können wir also leider nicht auf bewährte Klassifikationen zurückgreifen. Grenzen werden der in diesem Buch durchgeführten Analyse vor allem durch das

Bemühen gesetzt, Aussagen so weit wie möglich durch *Ergebnisse empiri-scher Untersuchungen* abzusichern. Streng genommen können unsere Aussa-gen nur auf solche Arten von Organisationen angewendet werden, die bei diesen empirischen Untersuchungen erfaßt wurden. Schauen wir uns im Vorgriff schon mal die Stichproben der Untersuchungen an, die von uns ausgewertet wurden, so stellen wir fest, daß vor allem *erwerbswirtschaftliche Betriebe (Unternehmungen)* bisher unter organisationstheoretischen Frage-stellungen empirisch erfaßt wurden. Viel Interesse fanden jedoch auch *Behör-den* und *öffentliche Betriebe* – etwa Arbeitslosenversicherungsanstalten und Krankenhäuser. Soweit sich an diese Gruppen von Organisationen dieselben Fragestellungen herantragen lassen, ergibt sich eine hohe Übereinstimmung in den Ergebnissen. Dennoch kommt man, da sich andererseits auch gewisse Besonderheiten abzeichnen, um eine gewisse Gewichtung nicht herum. *In diesem Buch wurden nun die Gewichte so gelegt, daß die Analyse erwerbs-wirtschaftlicher Betriebe (Unternehmungen) im Vordergrund steht.* Wo die getroffenen Aussagen auch auf öffentliche Betriebe oder Verwaltungen zu-treffen, wird das deutlich gemacht oder geht aus den Stichproben der ausgewerteten Untersuchungen hervor. Es spricht vieles dafür, daß eine Reihe von Aussagen über diese Organisationen auf Organisationen ausge-dehnt werden kann, die bisher noch nicht einer derartigen Analyse unterzo-gen wurden, beispielsweise auf Schulen, Kirchen, militärische oder Freizeit-organisationen. Solange die empirische Bestätigung aber noch aussteht, kön-nen solche Übertragungsversuche jedoch nur *hypothetischen Charakter* haben.

1.2. Wer interessiert sich aus welchen Gründen für die Struktu-ren von Organisationen?

> Unterscheiden sich die Interessen, die die folgenden Personen dem Phänomen „Organisationsstruktur der Unternehmung" entgegenbrin-gen: Kunde, Hausbank, Top-Manager, mittlerer Manager, Sachbear-beiter, Organisator, Meister, Facharbeiter, ungelernter Arbeiter?
> Wie äußern sich diese Interessen in der Realität?

Das *Interesse einer Person an dem Phänomen Organisationsstruktur ist abhängig von der Position, die diese Person gegenüber der Organisation einnimmt.* Mit anderen Worten: Verschiedene Personen beschäftigen sich aus ganz unterschiedlichen Gründen mit Organisationen und ihren Strukturen. Mit diesen Gründen müssen wir uns auseinandersetzen, um angeben zu können, an welche Interessenten sich dieses Buch wendet.

Zunächst sind wir alle in unserer Rolle als Empfänger von organisatorischen Leistungen an Organisationen interessiert. Wie sehr moderne Gesellschaften von Organisationen abhängen, geht aus folgendem Zitat hervor:

„Wir leben in einer organisatorischen Welt. Geburt und Tod finden gewöhnlich in Organisationen statt. Wir benutzen Organisationen, um Kriege zu führen (to make war). Manchmal benutzen wir auch Organisationen der Liebe wegen (to make love). Bei fast allen menschlichen Aktivitäten zwischen diesen spielen Organisationen eine zentrale oder wichtige Rolle. In einer industrialisierten, urbanisierten und technologischen Gesellschaft sind Organisationen Stätten der Beschäftigung, der Erziehung und Kreativität wie auch der Erholung. Sie sind sowohl Förderer als auch Hinderer sozialer Veränderungen" (Hall 1972, S. xi).

Organisationen bestimmen weitgehend, welche Leistungen uns zur Verfügung stehen, und sie legen auch fest, zu welchen Bedingungen wir diese Leistungen in Anspruch nehmen können. Dies hat sowohl ganz konkrete, unmittelbare Konsequenzen für unser persönliches Verhalten als auch weiterreichende gesamtgesellschaftliche Implikationen.

Auf der *persönlichen Ebene* wird die Problematik besonders deutlich, wenn wir uns als Kunden, Klienten oder Patienten in sog. menschentransformierende Organisationen (people-processing organizations) wie Behörden, Krankenhäuser, Hotels, Schulen oder Universitäten begeben, um ihre Leistungen in Anspruch zu nehmen. Oft können wir diese Leistungen nur deswegen nicht ohne Schwierigkeiten erhalten, *weil wir die Strukturen dieser Organisationen nicht kennen,* weil wir beispielsweise nicht wissen, welche Stelle für welche Fragen zuständig ist und nach welchen Regeln sie handelt. Ähnliches gilt auch, wenn wir an industrielle Unternehmungen, Handelsunternehmungen oder Versicherungsunternehmungen mit Fragen herantreten, die den Routinebereich verlassen. So hat die Tatsache, daß es oft unmöglich war, Schadenersatzansprüche gegen Unternehmungen durchzusetzen, die fehlerhafte Produkte ausgeliefert haben, eben weil ihre Organisationsstruktur unbekannt war, den Gesetzgeber veranlaßt, im Falle dieser Produktenhaftung die Beweislast umzukehren.

Aus *gesellschaftlicher Sicht* ist darüber hinaus festzustellen, daß Unternehmungen, indem sie bestimmen, welche Leistungen wir zu welchen Bedingungen erhalten, bewußt oder unbewußt *Macht* ausüben. Daher sind wir alle als externe passiv Betroffene über ein bloßes Informationsbedürfnis hinaus daran interessiert, wie weit diese Macht reicht und was wir tun können, um diese Macht zu kontrollieren. Da Organisationen jedoch stets ein hohes Maß an gesellschaftlichen Funktionen erfüllen, sind wir andererseits natürlich auch daran interessiert, daß solche Machtkontrollen ihre Effizienz nicht zu stark beeinträchtigen.

Diesen Interessen der externen passiv Betroffenen wird das Buch nur *partiell* gerecht. Es versucht aufzuzeigen, *wie die Strukturen von Organisationen beschaffen sind,* und entspricht somit dem Informationsbedürfnis dieses

Personenkreises. Da die Kenntnis der Beschaffenheit dieser Strukturen auch relevant ist, wenn aus gesellschaftlicher Sicht das Verhalten von Organisationen gegenüber den externen passiv Betroffenen durch Gesetzgebung oder auf andere Weise (etwa durch Bildung von Verbraucherorganisationen) kontrolliert werden soll, wird damit auch eine von mehreren Voraussetzungen zur Diskussion dieser Fragen geschaffen. Konkrete Implikationen in dieser Richtung werden in diesem Buch allerdings nicht aufgezeigt (vgl. z. B. Blau und Scott 1963, J. K. Galbraith 1968, Perrow 1972, Davis und Blomstrom 1975).

Ein besonderes Interesse an Organisationen haben natürlich auch ihre Mitglieder. Dieses Interesse ist aber nicht einheitlich. Zumindest läßt sich das Interesse derjenigen Mitglieder, die von der Organisationsstruktur *passiv betroffen* sind, unterscheiden von dem Interesse derjenigen, die Organisationsstrukturen *aktiv gestalten*.

Das *passiv betroffene Organisationsmitglied* erlebt in der Organisationsstruktur vor allem *eine Begrenzung seines Handlungsspielraumes durch organisatorische Regelungen.* Sein Interesse ist nun zumindest latent darauf gerichtet, diese Begrenzungen zu reduzieren, da sie seinen Bedürfnissen nach sozialer Anerkennung und Selbstverwirklichung tendenziell entgegenstehen. Daß dieses Interesse oft nicht geäußert wird, berechtigt uns nicht, es als nicht existent oder nur als in wenigen Einzelfällen vorhanden zu betrachten. Einsicht in die spezifische Lage oder auch das Erleben einer Arbeitssituation, die eine Befriedigung dieser Bedürfnisse gestattet, können dieses Interesse durchaus wecken. Um dieses Interesse jedoch konkretisieren zu können, ist eine Kenntnis organisatorischer Zusammenhänge erforderlich. Für die passiv betroffenen Organisationsmitglieder ist so vor allem die Frage interessant, inwieweit *die Bregrenzung ihrer Handlungsspielräume durch die Organisationsstruktur bedingt* ist. Dieser Frage geht dieses Buch nach, indem gezeigt wird, welche Wirkungen Strukturen auf das Verhalten der Organisationsmitglieder ausüben und welche Faktoren die konkrete Ausgestaltung von Organisationsstrukturen beeinflussen.

Gestaltet werden Organisationsstrukturen in der Regel von den Organisationsmitgliedern an der Spitze der Organisation, von der *Kerngruppe,* die manchmal auf die Hilfe von Experten zurückgreifen. So bedient sich das Top-Management von Unternehmungen oft einer Organisationsabteilung oder einer Beratungsfirma, um seine Vorstellungen über Organisationsstrukturen zu entwickeln und zu realisieren. Das Hauptinteresse dieser Organisationsgestalter liegt in der *Effizienz von Organisationsstrukturen.* Indem in diesem Buch untersucht wird, welche Organisationsstrukturen unter welchen Bedingungen effizient sind, wird auch diesem Interesse Rechnung getragen. Allerdings gehen wir hier nur auf die *Problemlösungs- oder Planungsphase des Gestaltungsprozesses* ein. Techniken des Organisierens wie

Ist-Analysen, Zeitstudien, Gestaltung von Stellenbeschreibungen, Durchsetzungsstrategien usw. werden nicht behandelt (siehe hierzu etwa Hill u. a. 1974, S. 449 ff.; Schmidt 1974, Siemens 1974).
Bei der Verfolgung des Gestaltungsaspektes möchten wir insbesondere dem *Organisator* in der Praxis das Wissen an die Hand geben, mit dem er bei der Konzipierung neuer globaler organisatorischer Lösungen eine aktivere Rolle einnehmen kann. Die dominierende Rolle des Organisators in der Praxis ist zur Zeit noch die des Implementierers. Er gießt die organisatorischen Vorstellungen der „Kerngruppe" der Organisation in konkrete Struktur, d. h. in Stellenbeschreibungen, Organisationshandbücher, Organigramme usw., so wie der Bauunternehmer dem Plan des Architekten Gestalt verleiht. Innovative Planung führt der Organisator meist nur für eng begrenzte Teilprobleme durch. Im Gegensatz zu dieser Praxis sind wir der Ansicht, daß auch die *Planung der Gesamtorganisation eine Aufgabe für Experten* ist. Für die Erfüllung dieser Aufgabe will dieses Buch Information bereitstellen.
Wenn wir hier darauf hinweisen, daß dieses Buch sowohl dem Interesse der passiv Betroffenen als auch dem Organisationsgestalter entgegenkommt, so heißt das nicht, daß wir von einer Identität dieser beiden „Interessen" ausgehen. Die Bedürfnisse der passiv Betroffenen nach sozialer Anerkennung und Selbstverwirklichung und das Streben der Organisationsgestalter nach Effizienz können durchaus in Konflikt geraten. Die Lösung dieses Konflikts, d. h. die Festlegung der Gestaltungsziele, ist dann ein *politischer Prozeß*, der nicht nur die Organisationsmitglieder, sondern auch externe Institutionen wie Gewerkschaften, Arbeitgebervereinigungen, Parteien, die Legislative usw. tangiert. In diesem Buch versuchen wir vor allem, Informationen für die Diskussion der Implikationen der verschiedenen Zielsetzungen bereitzustellen. Da wir unsere Aussagen auf empirische Befunde aus existierenden Organisationen stützen und das Effizienzkriterium bei der Gestaltung ihrer Organisationsstrukturen eine dominierende Rolle gespielt haben dürfte, ist dieses Kriterium in unseren Aussagen „überrepräsentiert". Auf die passiv Betroffenen abstellende Kriterien wie etwa „Selbstverwirklichung" können deshalb weitgehend nur in der Form berücksichtigt werden, daß auf negative Konsequenzen für diese Kriterien bei effizienzorientierter Gestaltung hingewiesen wird. Aus unserem Wissenschaftsverständnis heraus sehen wir uns nicht in der Lage, Organisationsutopien zu entwickeln, auf der anderen Seite fühlen wir uns aber auch verpflichtet, auf Konsequenzen hinzuweisen, die aus der Anwendung bestimmter Kriterien der Organisationsgestalter (beispielsweise Effizienzkriterien) für die Interessen der passiv Betroffenen erwachsen. Zumindest werden dadurch Richtungen für eine Weiterentwicklung von Organisationsstrukturen im Hinblick auf soziale Kriterien aufgezeigt (vgl. hierzu auch Child 1969, S. 84 ff. und 1973b).
Zusammenfassung: Setzen wir anstelle von Interessengruppen konkrete Be-

rufsgruppen, so können wir unter Berücksichtigung des Tatbestandes, daß vor allem Unternehmungen und Behörden Gegenstand der nachfolgenden Analysen sind, folgende Adressaten dieses Buches nennen: *Organisatoren, Unternehmer, leitende Angestellte und Betriebsräte* und natürlich auch diejenigen, die diese Positionen anstreben, d. h. *Studenten der Betriebs- und Volkswirtschaftslehre.* An den weitaus größeren Kreis der passiv betroffenen Organisationsmitglieder richten sich diese Ausführungen insofern, als sie die Wirkungsweise organisatorischer Regelungen aufzeigen und die hinter ihnen stehenden Prinzipien und Intentionen offenlegen wollen. Die Kenntnis der gegenwärtigen Situation ist eine der Voraussetzungen für die Möglichkeit ihrer Kritik und der Mitsprache bei Strukturveränderungen. Wenn wir als Wissenschaftler mit einem Buch auch nicht die häufig bestehende „Machtlücke" zwischen den heutigen Organisationsgestaltern und den passiv Betroffenen schließen können, so hoffen wir, zumindest einen Beitrag zur Schließung der ebenfalls bestehenden „Wissenslücke" zu leisten und eine allen Organisationsmitgliedern gemeinsame Artikulations- und Argumentationsbasis zu schaffen.

Fragen

1. Welche Vorteile bieten sich bei Verwendung des institutionellen Organisationsbegriffes?
2. Welches sind die Elemente der hier verwendeten Definition der „Organisation"?
3. Welche Aspekte der Organisation sollen im Vordergrund dieses Buches stehen?
4. Welche Schwierigkeiten treten bei der Bildung von Klassifikationssystemen für Organisationen auf?
5. Welche Interessen an der Organisation lassen sich unterscheiden?
6. Warum ist in empirischen Untersuchungen das Effizienzkriterium überrepräsentiert?

Literatur

Eine gute Einführung in den institutionellen Organisationsbegriff und in die wichtigsten Ansätze zur Analyse von Organisationen bieten Mayntz (1963) sowie Mayntz und Ziegler (1968).

2. Einordnung, Entwicklung und Fragestellung des situativen Ansatzes

Die kritische Lektüre dieses Kapitels soll den Leser anregen und befähigen:
- die Vorgehensweise verschiedener Ansätze der Organisationstheorie bei der Analyse der Organisationsstruktur zu erkennen und zu kritisieren,
- aufzuzeigen, aus welchen dieser Ansätze und in welcher Weise sich eine „situative Denkweise" entwickelt hat,
- die grundlegende Fragestellung und die methodische Vorgehensweise des situativen Ansatzes zu erkennen.

2.1. Die Analyse formaler Organisationsstrukturen in ausgewählten organisationstheoretischen Ansätzen

Wie bereits erwähnt, konzentriert sich dieses Buch auf drei Fragen:

(1) Welche Eigenschaften weisen Organisationsstrukturen auf?
(2) Auf welche Faktoren sind Unterschiede zwischen realen Organisationsstrukturen zurückzuführen?
(3) Welche Wirkungen haben Organisationsstrukturen auf das Verhalten der Organisationsmitglieder?

Zunächst muß geklärt werden, von welcher begrifflichen und methodischen Basis bei der Verfolgung dieser Fragen ausgegangen werden kann. Diese Klärung ist deshalb notwendig, weil es noch keine geschlossene Organisationstheorie gibt. Vielmehr stehen mehrere organisationstheoretische Ansätze zur Verfügung, die mit unterschiedlichen Begriffen und Methoden arbeiten. Die meisten jungen Wissenschaften, und die Organisationslehre ist eine von ihnen, sind durch einen solchen Zustand charakterisiert. Da die Organisationsstruktur in der von uns aufgeworfenen Problematik eine zentrale Stellung einnimmt, wollen wir uns bei der Überprüfung verschiedener Ansätze auf die Frage konzentrieren, ob eine befriedigende Beschreibung der Organisationsstruktur geliefert wird. Im einzelnen wollen wir die folgenden Ansätze der Organisationstheorie betrachten:

(1) den Bürokratieansatz Max Webers,
(2) den Ansatz der Managementlehre und der betriebswirtschaftlichen Organisationslehre,

(3) den Human-Relations-Ansatz und neuere verhaltensorientierte
Ansätze,
(4) die verhaltenswissenschaftliche Entscheidungstheorie,
(5) den entscheidungslogischen Ansatz.

Es ist ziemlich unumstritten, daß diese Ansätze die wichtigsten Entwick-
lungslinien der Organisationstheorie repräsentieren (Grochla 1969 und
1975a, Hoffmann 1976; zu einer detaillierten Analyse dieser Ansätze vgl.
Kieser und Kubicek 1977).

2.1.1. Der Bürokratieansatz Max Webers

Weber war an der Frage interessiert, wie *Gesellschaften* beherrscht und
verwaltet werden. Neben die charismatische und die traditionale Herrschaft
stellt er die legale, die sich auf *Bürokratien* oder Organisationen stützt.
Bürokratien sind bei ihm durch folgende Bedingungen charakterisiert (1972,
S. 551 f.):
(1) Es besteht eine „feste Verteilung der für die Zwecke des bürokratisch
beherrschten Gebildes erforderlichen, regelmäßigen Tätigkeiten als amtli-
cher Pflichten" *(Arbeitsteilung)*. Jedes Mitglied hat feste Zuständigkeiten
(Kompetenzen, moderner: Entscheidungsbefugnisse), d. h. einen sachlich
abgegrenzten Bereich von Leistungspflichten (ein *Amt* bzw. einen *Aufgabenbereich* oder eine *Stelle*) und die zur Erfüllung dieser Pflichten notwendige *Befehlsgewalt* (moderner: *Weisungs- oder Leitungsbefugnisse*).
Die Kompetenzen werden dabei nicht individuell und im Einzelfall auf
die persönlichen Eigenschaften der Mitglieder hin konzipiert, sondern
durch Regeln (Gesetze oder Verwaltungsreglements) personenunabhän-
gig und *generell* festgelegt, und es werden dann solche Personen gesucht
und eingestellt, die geeignet erscheinen, ein derart vorgegebenes Aufga-
bengebiet zu übernehmen. So wird eine Struktur geschaffen, in der
einzelne Mitglieder ausgetauscht werden können, ohne daß sich diese
Struktur dadurch ändert.
(2) Es besteht eine *Amtshierarchie* (ein Instanzenzug), „d. h. ein fest geord-
netes System von Über- und Unterordnung . . . unter Beaufsichtigung
der unteren durch die oberen", um eine Abstimmung zwischen den
einzelnen Aufgabenbereichen zu bewirken. Die Kompetenzen sind auch
in dieser vertikalen Sicht voneinander abgegrenzt. Die obere Instanz
verfügt nicht über das Recht, „die Geschäfte der ‚unteren' einfach an sich
zu ziehen". Ebenso sind die Befehlsgewalten fest verteilt und „in den
ihnen etwa zugewiesenen . . . Zwangsmitteln durch Regeln fest begrenzt". Treten Konflikte zwischen Aufgabenbereichen auf oder über-

schreiten einzelne Aufgaben die Kompetenzen eines Bereiches, so wird die nächst höhere Instanz eingeschaltet. Dahinter steht die Annahme, daß höhere Instanzen nicht nur einen größeren Bereich überschauen, sondern zudem auch über höhere Qualifikationen verfügen, so daß sie in der Lage sind, auftretende Konflikte und Sachprobleme zu lösen. Schließlich sieht der hierarchische Instanzenzug neben dem Befehlsweg auch einen fest geregelten Appellationsweg (Berufung und Beschwerden) von unten nach oben vor.

(3) Die Amtsführung (modern: Aufgabenerfüllung) erfolgt „nach generellen mehr oder minder festen und mehr oder minder erschöpfenden, erlernbaren Regeln" in Form *technischer Regeln* oder *Normen* (S. 126). Sie beziehen sich auf die mit den Leistungen zu erzielenden Erfolge, die Festlegung von Kompetenzen und Verfahren zur individuellen Aufgabenerfüllung sowie auf den sog. *Dienstweg,* der Regelungen darüber enthält, wer mit wem kommunizieren darf oder muß. Die Anwendung dieser Regeln wird entweder durch Normen festgelegt oder beruht auf einer Abwägung von Zielen und Mitteln (S. 565).

(4) Die Aufgabenerfüllung basiert auf Schriftstücken (Akten). Neben der schriftlichen Fixierung der meisten Regeln (Kodifizierung der Verwaltungsordnung) wird vor allem die *„Aktenmäßigkeit"* aller Vorgänge betont. Die Kommunikation zwischen den einzelnen Mitgliedern erfolgt – über den Dienstweg – zumeist schriftlich durch Briefe, Formulare, Aktennotizen usw., und auch die individuellen Überlegungen zu einzelnen Fragen und erst recht die getroffenen Entscheidungen sollen schriftlich festgehalten werden. Diese Akten, die aufzubewahren sind und ein Büro konstituieren, sollen die Kontrollierbarkeit der in der Bürokratie vorgenommenen Maßnahmen und einen kontinuierlichen Fortlauf der Geschäfte bei einem Wechsel der Amtsinhaber sicherstellen.

Diese vier strukturellen Bedingungen kennzeichnen den *reinen Typ der Bürokratie* („legale Herrschaft mit bürokratischem Verwaltungsstab").

Wir wollen das theoretische Gerüst Webers hier nicht weiter untersuchen, können aber feststellen, daß er unsere im ersten Kapitel gegebene Beschreibung der Organisation wesentlich erweitert. Wir werden darauf hingewiesen, *welche typischen Ausprägungen die formale Struktur einer Organisation aufweist.* Wenn wir Webers Strukturdefinition auf unsere Fragestellung anwenden wollen, so zeigt sich aber eine Schwierigkeit: *Die Struktureigenschaften sind als Konstanten und nicht als Variablen definiert.* Es ist aber anzunehmen, daß es Organisationen mit vielen und Organisationen mit wenigen Regeln gibt, solche mit einer umfassenden Fixierung der Vorgänge in Akten und solche, die nur wenig in Akten festhalten usw. Wenn wir an Unterschieden in Organisationsstrukturen interessiert sind und an den Faktoren, die sie herbeiführen, so erweist sich der Begriffsapparat Webers als

relativ sperrig. Wir können nur feststellen, ob eine bürokratische Organisationsstruktur vorliegt oder nicht; graduelle Unterschiede sind nicht be-
schreibbar und daher auch nicht erklärbar. Es ist aber anzunehmen, daß das
Verhalten der Organisationsmitglieder nicht nur von dem Umstand geprägt
wird, daß sie in einer Organisationsstruktur arbeiten, sondern auch von den
spezifischen Ausprägungen dieser Struktur.

> Ein Beispiel mag diese Schwierigkeiten mit Definitionen, die auf Konstanten aufbauen,
> verdeutlichen:
> Wenn wir erfahren, daß jeder Mensch über eine Leber, eine Lunge, ein Herz, ein
> Nervensystem usw. verfügt, so wird durch diese Information zweifelsohne unser Wissen
> über den Menschen verbessert. Wenn wir aber daran interessiert sind, warum einige
> Menschen zu höheren Leistungen imstande sind als andere, warum einige Menschen
> gesund, andere krank sind usw., so müssen bestimmte Eigenschaften des Menschen in
> ihren Ausprägungen und in ihren Beziehungszusammenhängen erfaßt werden; sie sind
> nicht als Konstanten, sondern als Variablen zu definieren. Es sind solche Größen wie
> Herzrhythmus, Blutdruck oder Blutzuckergehalt zu messen.

Die Schwierigkeiten, die bei dem Versuch auftreten, reale Organisationen mit
Webers Bürokratiebegriff zu beschreiben, sind im übrigen nicht Weber
anzulasten. Er wollte nicht ein exaktes Bild der Realität entwerfen, sondern
durch die Herausarbeitung von extremen Typen ein Instrumentarium zum
besseren Verständnis der Realität entwickeln („verstehende Soziologie“,
Weber 1972, S. 1–11). Die *Idealtypen* sollen die Unterschiede zwischen
Herrschaftsformen deutlicher hervortreten lassen (Mayntz 1971). Wenn wir
Webers Begriffe für andere Fragestellungen einsetzen, so ist es unsere
Aufgabe, diese Begriffe in Variablen zu überführen.

2.1.2. Der Ansatz der Managementlehre und der betriebs-
wirtschaftlichen Organisationslehre

Managementlehre und betriebswirtschaftliche Organisationslehre, die wir
hier zusammenfassend als *Organisationslehre* bezeichnen, wollen Richtlinien
für die Gestaltung effizienter Organisationsstrukturen erarbeiten. Als ihr
Begründer kann Taylor (1919) angesehen werden, der eine Methodik, das
Scientific Management, zur Gestaltung der Arbeit in der Produktion entwik-
kelte. Das Scientific Management sah seine Aufgabe darin, jede Arbeit bis in
ihre letzten Elemente hinein zu studieren, um den „one best way“ ihrer
Ausführung ausfindig zu machen. Aus diesem Ansatz heraus entwickelten
sich Bestrebungen, Richtlinien auch für die effiziente Gestaltung der Verwal-
tungsarbeit zu entwickeln, d. h. eine effiziente Organisationsstruktur zu
konstruieren.
Die „Konstruktionsanleitungen“ werden vorwiegend in Form von *Prinzi-*

pien gegeben. Während die frühen Vertreter der Organisationslehre, beispielsweise Fayol (1925), mit Prinzipien arbeiteten, die für *alle* Organisationen Gültigkeit beanspruchten – allgemeingültige Richtlinien des Organisierens waren – stellen neuere Organisationslehren (vor allem Kosiol 1962, vgl. auch die Übersichten bei Massie 1965, Lehmann 1969, Janowsky 1969 und Perridon 1969) mehrere Gestaltungsprinzipien für einzelne Merkmale nebeneinander.

> Einige Beispiele sollen dies verdeutlichen: Für die Verteilung von Aufgaben wird u. a. das Prinzip der Verrichtung neben das Prinzip des Objektes gestellt. Eine Verteilung von Aufgaben nach dem Verrichtungsprinzip führt zur Zusammenfassung von gleichartigen Tätigkeiten. Es entstehen dann Stellen, die nur Fräsverrichtungen, nur Schreibarbeiten, nur Planungsarbeiten ausführen und Abteilungen wie Fräserei, Schreibbüro, Planung, Verkauf usw. Eine Verteilung von Aufgaben nach dem Objektprinzip führt zur Zusammenfassung aller verschiedenartigen Tätigkeiten, die für bestimmte Objekte – Produkte oder Kunden – erforderlich sind. Bei Anwendung dieses Prinzips entstehen dann Stellen, die Aufgaben für bestimmte Objekte erfüllen – Vertreter für die Kunden des Gebietes A, Einkäufer für Kautschuk – und auf Objekte bezogene Abteilungen, wie Bohrmaschinenfertigung, Verkauf Süddeutschland usw. Dem Prinzip der Entscheidungszentralisation – der Konzentration der Entscheidungsbefugnisse an der Spitze der Unternehmung – wird das Prinzip der Entscheidungsdezentralisation gegenübergestellt – die weitgehende Delegation von Entscheidungsbefugnissen an die unteren Ebenen der Organisationshierarchie. Neben das Prinzip der Einlinienorganisation – jedes Organisationsmitglied erhält nur von einem anderen Organisationsmitglied Weisungen – wird das Prinzip der Mehrlinienorganisation gestellt – Organisationsmitglieder empfangen Weisungen von mehreren anderen Organisationsmitgliedern.

Oft werden auch Kombinationen unterschiedlicher Ausprägungen einzelner Organisationsmerkmale zu Typen der Organisationsstruktur zusammengefaßt, die dann als mögliche Gestaltungsformen oder Strukturierungskonzepte begriffen werden (vgl. Grochla 1972, 1973 und 1975b). Divisionale Organisationsstruktur, funktionale Organisationsstruktur, Projektmanagement und Produktmanagement sind solche Strukturtypen, die wir weiter unten noch beschreiben werden. Diese Strukturtypen können auch als komplexe Gestaltungsprinzipien interpretiert werden.

Reiht man die verschiedenen Gestaltungsprinzipien aneinander, so erhält man eine umfangreiche *Checkliste von Gestaltungsalternativen*. Diese Alternativen sind entweder auf einzelne Eigenschaften der Organisationsstruktur bezogen oder sie fassen mehrere Eigenschaften in Form von Typen zusammen.

Die Organisationslehre wäre dann eine theoretische Basis für unsere Fragestellung, wenn sie

(1) aufzeigen würde, *unter welchen Bedingungen welche Alternativen zu realisieren sind* und

(2) die *Wirkungen der Alternativen auf die Organisationsmitglieder
deutlich machen würde.*

Die Organisationslehre erfüllt jedoch keine dieser Voraussetzungen. Die
Methodik, die sie entwickelt, um die Wahl der Prinzipien bei der konkreten
Gestaltungsarbeit zu steuern, erweist sich als nicht exakt: Wird sie von
verschiedenen Personen eingesetzt, so führt sie zu unterschiedlichen Ergebnissen, weil notwendigerweise subjektive Wertungen einfließen müssen.
Über die Wirkungen der Struktur auf das Verhalten der Organisationsmitglieder kann die Organisationslehre nichts aussagen: Sie klammert das Individuum sogar explizit aus ihrer Betrachtung aus (zu einer ausführlichen Kritik
vgl. Kieser und Kubicek 1977).
Die *Methodik* der Organisationslehre können wir also *nicht* zur Klärung
unserer Fragen einsetzen. Bleibt die Frage, ob dann nicht wenigstens die
Definition der Organisationsstruktur, die aus den Prinzipien abzuleiten ist,
ein Begriffssystem abgibt, auf dem wir bei unseren weiterführenden Fragestellungen aufbauen können. Indem sie unterschiedliche Ausprägungen der
Organisationsstruktur aufzeigt, geht die Organisationslehre in ihrer Definition der Organisationsstruktur über die von Weber formulierte hinaus: Sie
gibt nicht nur an, daß Organisationsstrukturen Aufgabenbereiche abgrenzen,
sondern weist auch auf unterschiedliche Möglichkeiten der Aufgabenverteilung hin; sie sagt nicht nur, daß Organisationen durch Hierarchien gekennzeichnet sind, sie behandelt auch unterschiedliche Erscheinungsformen der
Hierarchie – die Einlinienform und die Mehrlinienform etwa.
Dennoch können mit den Begriffen der Organisationslehre Unterschiede in
realen Strukturen nur recht ungenau eingefangen werden. Dies liegt vor allem
daran, daß meist nur *zwei extreme Ausprägungen* für die Strukturgrößen
angegeben werden: Entscheidungszentralisation oder Entscheidungsdezentralisation, generelle Regelung oder fallweise Regelung usw. Oder es wird mit
sich gegenseitig ausschließenden Typen, wie funktionale und divisionale
Struktur, gearbeitet. In der Realität herrschen aber Organisationsstrukturen
vor, deren strukturelle Eigenschaften eine mittlere Position zwischen den
Extremen einnehmen oder die sich keinem der Strukturtypen eindeutig
zuordnen lassen; es sind *Mischtypen.* Das bedeutet, daß die von der Organisationslehre gegebene Definition der Organisationsstruktur sich für die
Klärung unserer Fragen noch einer weiteren Differenzierung bedarf.

2.1.3 Der Human-Relations-Ansatz und neuere
verhaltensorientierte Ansätze

Gegenstand des Human-Relations-Ansatzes, der mit den berühmten Haw-
thorne Experimenten begründet wurde (Roethlisberger u. Dickson 1939),

sind vor allem *Zufriedenheit und Motivation der Individuen in der Organisation*. Als Beeinflussungsfaktoren von Zufriedenheit und Motivation werden nun aber nicht Eigenschaften der Organisationsstruktur gesehen, sondern in erster Linie das Verhalten des Vorgesetzten, Beziehungen innerhalb der Arbeitsgruppe und materielle Anreize. Kennzeichnend für die verhaltensorientierten Ansätze ist, daß sie ihre Aussagen durch Laborexperimente und Feldstudien empirisch zu untermauern versuchen (zu Entstehungsgeschichte, Erkenntnisinteresse und Methodik des Human-Relations-Ansatzes vgl. Perrow 1972, Hoffmann 1976, S. 87 ff., Kieser und Kubicek 1977). Auch neuere verhaltensorientierte Studien beziehen, wenn überhaupt, nur einzelne Eigenschaften der Organisationsstruktur in ihre Betrachtungen mit ein. Eine umfassende Definition der Organisationsstruktur erarbeiten sie nicht.

Verhaltensorientierte Ansätze geben also weder Auskunft darüber, wie Organisationsstrukturen zu definieren sind, noch sagen sie etwas über die Einflußfaktoren aus. Für die Analyse der Wirkungen formaler Organisationsstrukturen auf die Organisationsmitglieder stellen sie aber einmal Instrumente zur Erfassung von relevanten Verhaltensgrößen – Motivation, Zufriedenheit, Konflikt – zur Verfügung und zum anderen zeigen sie auf, wie Beeinflussungen dieser Verhaltensgrößen empirisch erfaßt werden können. Von allen organisationstheoretischen Ansätzen ist der verhaltensorientierte der *methodisch* am weitesten entwickelte. Eigenschaften der Organisationsstruktur hat er wohl deshalb für eine lange Zeit nicht als Bestimmungsgrößen des Verhaltens gesehen, weil er sich ursprünglich als eine Art Gegenbewegung zur Organisationslehre verstand. Während die Organisationslehre die Organisation als eine Struktur ohne Menschen konzipierte, sah der Human-Relations-Ansatz Organisationen als Ansammlungen von Individuen und Gruppen ohne Organisationsstruktur. Es ist aber anzunehmen, daß eine befriedigende Erklärung des Verhaltens in Organisationen nur unter Berücksichtigung interindividueller Beziehungen *und* Eigenschaften der formalen Struktur erreicht werden kann.

2.1.4. Der Ansatz der verhaltenswissenschaftlichen Entscheidungstheorie

Der organisationstheoretische Ansatz der verhaltenswissenschaftlichen Entscheidungstheorie wurde von Barnard (1938) begründet und von Simon (1957a), March und Simon (1958), Cyert und March (1963) und Kirsch (1971a) weiterentwickelt. *Organisationen werden von ihnen als Systeme definiert, in denen die Entscheidungen von Individuen zur Erreichung der Organisationsziele koordiniert werden müssen.* Der Schwerpunkt des Interesses liegt auf der Frage, wie Individuen in der Organisation zu Entscheidungen oder Aktivitäten veranlaßt werden, die die Erreichung der Organisationsziele und die ständige Anpassung der Organisationsziele an geänderte Umweltverhältnisse sicherstellen.

Drei *Möglichkeiten der Koordination* werden gesehen, zu deren Beschreibung ein umfangreicher Begriffsapparat vorliegt:

(1) Koordination kommt durch die routinemäßige Anwendung von Regeln zustande, die aufeinander abgestimmt sind;

(2) Vorgesetzte koordinieren die Arbeit ihrer Nachgeordneten durch entsprechende Anweisungen, die mittels geeigneter Vorgehensweisen durchgesetzt werden;

(3) Organisationsmitglieder legen aufeinander abgestimmte Aktivitäten in einem Verhandlungsprozeß fest.

Die verhaltensorientierte Entscheidungstheorie beschäftigt sich also mit bestimmten Beziehungen zwischen Organisationsstruktur und Organisationsmitgliedern. Dabei problematisiert sie vor allem, inwieweit die Organisationsmitglieder die verschiedenen Koordinations- oder Beeinflussungsversuche akzeptieren – ihren Entscheidungen die durch die Struktur oder durch andere Organisationsmitglieder gesetzten Entscheidungsprämissen zugrunde legen – und wie rational das so gesteuerte Verhalten im Hinblick auf die Erreichung der Organisationsziele ist. Die Charakterisierung des Verhaltens umfaßt somit eine Reihe von Begriffen, die in der vom Human-Relations-Ansatz begründeten Richtung nicht verwendet werden. Im Gegensatz zu den Studien dieses Ansatzes sind aber die *Aussagen der verhaltensorientierten Entscheidungstheorie zumeist nicht empirisch fundiert.*

Organisatorische und andere Beeinflussungsfaktoren werden möglichen Verhaltensreaktionen in Entscheidungsprozessen gegenübergestellt. Es wird auch auf Faktoren hingewiesen, die auf die Beziehungen zwischen Beeinflussungsfaktoren und Verhalten einwirken (beispielsweise die Ausbildung der Organisationsmitglieder, ihre bisherigen Erfahrungen, ihr Status in der Organisation usw.). Welches Verhalten aus unterschiedlichen Konstellationen dieser Faktoren resultiert, wird nicht aufgezeigt. Dies ist letztlich eine Frage, die nur aufgrund von empirischen Untersuchungen geklärt werden kann.

Die verhaltensorientierte Entscheidungstheorie gibt uns somit bestenfalls Hinweise darauf, welche Faktoren wir bei der Analyse der Auswirkungen der Organisationsstruktur zu beachten haben, sie sagt uns nicht, welche Auswirkungen in der Realität konkret festzustellen sind. Für die Verfolgung dieser Fragestellung wird unsere Definition der Organisationsstruktur jedoch erweitert.

Mögliche Wirkungen organisatorischer Bedingungen auf die Koordination werden wesentlich präziser als bei Weber oder in der Organisationslehre herausgearbeitet. Andererseits erhalten wir von der verhaltensorientierten Entscheidungstheorie keine Aufschlüsse darüber, welche Faktoren Unterschiede in realen Organisationsstrukturen herbeiführen. Da sie Organisationsstrukturen in erster Linie als Umfelder für Individuen konzipiert, liefert sie nicht einmal eine für diese Fragestellung brauchbare Definition des *Gesamtbildes* der Organisationsstruktur.

2.1.5. Der entscheidungslogische Ansatz

Entscheidungslogische Ansätze entwerfen *Kalküle für die Gestaltung von Organisationen*. Diese Kalküle sind entweder als mathematische Algorithmen angelegt, die unter bestimmten Prämissen eine optimale Lösung herbeiführen (eine Übersicht über solche Ansätze findet sich bei Hoffmann 1976, S. 124 ff.), oder sie haben die Form verbaler Entscheidungsmodelle ohne stringentes Lösungskriterium. Das Schwergewicht liegt auf dem *Entwurf eines Verfahrens für die Entscheidung*. Die Gestaltungsalternativen werden weitgehend mit dem Begriffsapparat der Managementlehre und betriebswirtschaftlichen Organisationslehre dargestellt. Die mathematischen Kalküle stellen dabei ganz bestimmte Anforderungen an den Dateninput. Ansätze, die auf einem mathematischen Algorithmus aufbauen, können nur wenige Variablen berücksichtigen, die zudem noch bestimmten Bedingungen genügen müssen. Es werden entweder Teilprobleme abgebildet, die unrealistisch sind, weil sie von Faktoren, die auf den erfaßten Zusammenhang ebenfalls noch einwirken, abstrahieren, oder es werden größere Problemkomplexe so vereinfacht wiedergegeben, daß sie ebenfalls keine Entsprechungen in der Realität haben dürften. Aus einem Algorithmus, der ein unrealistisch abgebildetes Problem optimal löst, kann der Praktiker aber keinen großen Nutzen ziehen (zu einer ausführlichen Kritik dieser Verfahren siehe Kieser und Kubicek 1977). Da die algorithmisierten Entscheidungsmodelle in ihrer Definition der Organisationsstruktur hinter den Realitätsgehalt der Definitionen der Organisationslehre zurückfallen, sind sie für unsere Problemstellungen uninteressant.
Verbale Entscheidungsmodelle setzen zwar weitgehend auch nur die Definitionen der Organisationslehre ein, sie versuchen aber, *Kriterien für die Bewertung verschiedener Alternativen in Abhängigkeit von spezifischen Bedingungen der Organisation* zu entwickeln. Insoweit gehen sie über das Konzept der Organisationslehre hinaus. Der Ansatz von Ansoff und Brandenburg (1971) entwickelt beispielsweise verschiedene Flexibilitätskriterien, mit denen die strukturellen Grundformen der funktionalen Organisation, divisionalen Organisation und Projektmanagement sowie bestimmte Modifikationen dieser „reinen" Typen zu bewerten sind. Der notwendige Flexibili-

tätsgrad der zu gestaltenden Struktur wird im Entscheidungsmodell von Ansoff und Brandenburg in Abhängigkeit vom Angebotsprogramm, von der Dynamik der Umwelt und von den vorhandenen Ressourcen – Zahl und Qualifikation der vorhandenen Mitarbeiter, materielle Ressourcen usw. – bestimmt (ein erweitertes Entscheidungsmodell zur Bestimmung von Organisationsstrukturen bieten Fuchs-Wegner und Welge 1974).

Wir erhalten aus diesen Entscheidungsmodellen also *Hinweise darauf, welche Faktoren für die Wahl bestimmter Strukturen ausschlaggebend sein können.* Kann man aber darauf vertrauen, daß die in den Entscheidungsmodellen angenommenen Beziehungen zwischen diesen Faktoren und der Organisationsstruktur die in der Realität vorherrschenden Beziehungen korrekt wiedergeben?

Die Entscheidungsmodelle enthalten Annahmen der Art „wenn die Bedingungskonstellation X vorliegt, dann führt Organisationsstruktur Y zu Effizienz". Das Gestaltungsziel – Effizienz – ist mit Entscheidungsmodellen nur zu erreichen,

(1) wenn in den Definitionen der verschiedenen Bedingungskonstellationen keine Faktoren vergessen wurden, die die Effizienz von Organisationsstrukturen entscheidend beeinflussen können;

(2) wenn in den Definitionen der alternativen Organisationsstrukturen keine Variablen vergessen wurden, die für die Erreichung von Effizienz relevant sind;

(3) wenn die Einführung von Organisationsstruktur Y in der Bedingungskonstellation X tatsächlich zu Effizienz führt.

Ob diese Voraussetzungen vorliegen, kann nur durch empirische Untersuchungen festgestellt werden. Solange eine empirische Fundierung aussteht, sind solche Modelle *spekulative Entwürfe.* Diese Feststellung trifft auf verbale und algorithmisierte Modelle gleichermaßen zu.

Im Grunde wollen Entscheidungsmodelle Probleme der Gestaltung von Organisationsstrukturen in der Weise lösen wie Ingenieurmodelle Konstruktionsprobleme: Erfahrungsregeln der Praxis werden zu komplexeren Aussagensystemen zusammengefaßt. Nur: Ingenieurmodelle umfassen zumeist auch noch Testverfahren, mit denen die entstehenden Konstruktionen auf ihre Zielwirksamkeit hin überprüft werden können. Die Anwendung dieser Testverfahren führt langfristig zu einer empirischen Untermauerung der Konstruktionsempfehlungen. Für Konstruktionsmodelle der Organisationsgestaltung wurden solche Testverfahren bisher noch nicht vorgelegt. Bei dem derzeitigen Wissensstand erscheint auch eine von den Ingenieurwissenschaften abweichende Vorgehensweise eher angebracht: Bestehende Organisationsstrukturen unter Berücksichtigung von Effizienzkriterien auf ihre Abhängigkeit von Bedingungskonstellationen hin empirisch zu untersuchen und erst dann Konstruktionsregeln zu entwerfen. Die Ingenieure gehen beim

Entwurf von Konstruktionsregeln auch von physikalischen Gesetzen aus.
Gesetze müssen für Organisationsstrukturen erst noch gefunden werden.

2.1.6. Zusammenfassende Beurteilung

Machen wir eine Bestandsaufnahme der Definitionen und Methoden, mit
denen uns die verschiedenen Ansätze für die Klärung unserer Fragen ausstat-
ten: Kein Ansatz liefert eine befriedigende Definition der Organisationsstruktur. Um sie zu erhalten, müssen wir Konzepte aus verschiedenen
Ansätzen integrieren. Weber und die Organisationslehre bieten Ansatzpunkte zu einer umfassenden Beschreibung der Organisationsstruktur. Die Begriffe dieser Ansätze sind jedoch nicht geeignet, Unterschiede zwischen realen
Organisationsstrukturen genau einzufangen, weil sie nur extreme Ausprägungen und Typen wiedergeben. Entscheidungslogische Ansätze geben Hinweise auf mögliche Einflußfaktoren der Organisationsstruktur. Die verhaltensorientierte Entscheidungstheorie enthält Konzepte für die Beschreibung
der Beziehungen zwischen Organisationsstruktur und Individuum, und die
vom Human-Relations-Ansatz begründete Richtung zeigt weitere relevante
Aspekte des Verhaltens von Organisationsmitgliedern auf. Eine kritische
Analyse von Aussagen der verschiedenen Ansätze macht die Notwendigkeit
deutlich, unsere Fragestellungen empirisch zu untersuchen.
Dieser kurze Überblick zeigt, was bei der Klärung unserer Fragen zu leisten
ist:
(1) Wir müssen ein Konzept der Organisationsstruktur erarbeiten, das die
    relevanten Eigenschaften einfängt. Dabei können wir aber auf begriffliche
    Vorarbeiten einiger Ansätze zurückgreifen.
(2) Dieses Konzept der Organisationsstruktur muß in der Lage sein, graduel-
    le Unterschiede der strukturellen Eigenschaften wiederzugeben.
(3) Beziehungen zwischen der Organisationsstruktur und ihren Einflußgrö-
    ßen sowie Beziehungen zwischen der Organisationsstruktur und Organi-
    sationsmitgliedern sind auf der Basis empirischer Untersuchungen zu
    klären.

2.2. Entwicklung und Fragestellung des situativen Ansatzes

Der situative Ansatz, dem wir uns jetzt zuwenden wollen, versucht die
Forderungen, die als Resümée unseres Überblicks über verschiedene Ansätze
der Organisationstheorie anfielen, zu verwirklichen (vgl. Abb. 2.1.):
(1) Er versucht, Unterschiede in realen Organisationsstrukturen zurückzu-
    führen auf Unterschiede in den Situationen, in denen sich die jeweiligen
    Organisationen befinden.

(2) Er untersucht die Auswirkungen der Organisationsstruktur auf die Individuen.

(3) Bei seinen Definitionen und Überlegungen greift er soweit wie möglich auf vorhandene Ansätze zurück.

(4) Er ist bestrebt, die Zusammenhänge zwischen Situation, Organisationsstruktur und Verhalten der Organisationsmitglieder auf der Basis empirischer Forschung zu interpretieren.

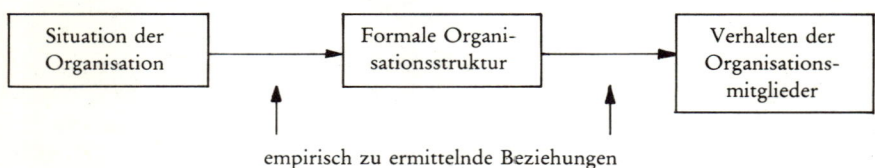

empirisch zu ermittelnde Beziehungen

Abb. 2–1. Das Grundmodell des situativen Ansatzes

Der situative Ansatz ist demnach kein neuer Ansatz, der *neben* den bisherigen Ansätzen steht. Er greift Konzepte dieser Ansätze auf, formt sie so um, daß sie empirisch überprüfbar werden, und führt dann diese empirischen Überprüfungen durch. Die teilweise sehr engen Beziehungen zu anderen Ansätzen werden deutlich, wenn wir die Entwicklungsgeschichte des situativen Ansatzes kurz skizzieren.

Den entscheidenden Anstoß erhielt der situative Ansatz *durch Webers Bürokratiekonzept.* Verschiedene Autoren wiesen darauf hin, daß der Idealtyp der Bürokratie sich nicht eignet, unterschiedliche Ausprägungen der Bürokratie in Abhängigkeit von der Situation wiederzugeben. Weber selbst hatte bereits aufgezeigt, daß kleine, freiwillige Zusammenschlüsse keine bürokratischen, sondern kollegialen Strukturen aufweisen (Weber 1972, S. 169) und daß das Ausmaß der Bürokratisierung mit der Größe der Organisation zunimmt (S. 825). Große Organisationen stehen einer *anderen Situation* gegenüber als kleine und benötigten entsprechend auch eine *andere Organisationsstruktur.* Einige Forscher versuchten nun, diese unterschiedlichen Beziehungen zwischen der Situation und der Organisationsstruktur dadurch wiederzugehen, daß sie neben den Typ der „reinen" Bürokratie noch andere Typen stellten. Schauen wir uns, da sie für die Entwicklung des situativen Ansatzes recht aufschlußreich sind, zwei dieser Versuche einmal an:

Litwak (1961) wollte zeigen, „daß es verschiedene Organisationsmodelle gibt, deren jeweilige Effizienz von der Natur der Arbeit und den jeweiligen Aufgaben, die auszuführen sind, abhängt" (deutsche Übersetzung 1971, S. 121). Zu diesem Zweck stellte er dem Bürokratiemodell ein auf dem Human-Relations-Ansatz basierendes alternatives Strukturmodell gegenüber und argumentierte, daß das Bürokratiemodell nur dann effizient sei, wenn eine

Organisation es mit *gleichförmigen Aufgaben* zu tun habe (z. B. Fließbandfertigung von Massengütern, öffentliche Verwaltung). Bei ungleichförmigen
Aufgaben erweist sich seiner Ansicht nach das zweite Modell als effizienter,
da es wesentlich weniger starr ist und eine Anpassung an sich ständig
ändernde Aufgabenstellungen erlaubt. Das Besondere an Litwaks Ansatz
besteht nun darin, daß er davon ausgeht, daß die meisten Organisationen in
der Realität es *gleichzeitig* mit gleichförmigen *und* ungleichförmigen Aufgaben zu tun haben (z. B. Laboruntersuchungen und chirurgische Operationen
in einem Krankenhaus, Fertigung und Forschung in einem Industriebetrieb)
und daher *in einzelnen Teilbereichen* das eine Modell, *in anderen Teilberei-*
chen jedoch das andere Modell angebracht sein kann. Bei seinen Strukturtypen handelt es sich also nicht um sich gegenseitig ausschließende Formen,
und Bezugseinheiten sind nicht nur Gesamtorganisationen, sondern auch
einzelne Teilbereiche.

Eine typenmäßige Relativierung des Bürokratiemodells nahmen auch die
Engländer *Burns* und *Stalker* (1961) vor. Sie gingen davon aus, daß das
Bürokratiemodell zwar lange Zeit eine ausreichende Effizienz garantierte,
daß die Unternehmungen jedoch im Hinblick auf den technischen Fortschritt
in den Produktionsverfahren und die häufiger notwendigen Produktinnova-
tionen eine Flexibilität benötigen, die das bürokratische Modell nicht sichert,
sondern eher verhindert. Daher stellten sie die These auf, „daß die wirksame
Organisation industrieller Mittel . . . nicht einem einzigen Idealtypus eines
Managementsystems entspricht, sondern sich im Zusammenhang mit der
Veränderung äußerer Faktoren in jeweils wichtigen Punkten verändert"
(deutsche Übersetzung 1971, S. 147). Unter diesen äußeren Faktoren verstehen sie „verschieden schnelle Veränderungen der Technologie und des
Marktes" bzw. die Notwendigkeit zu Neuerungen (Innovationen) durch
„neue wissenschaftliche Entdeckungen oder technische Erfindungen und
Nachfrage nach Produkten, wie sie zuvor nicht vorhanden waren und auch
nicht verlangt wurden" (ebenda). Um diese Frage nach dem Einfluß der
„Umwelt" auf die Organisationsstruktur zu klären, führten sie eine *empiri-*
sche Untersuchung in der elektronischen Industrie durch, die sich ihrer
Meinung nach durch einen besonders hohen Innovationsgrad auszeichnete.
Ihre Analyse der Strukturen dieser Unternehmungen führte sie zu der
Unterscheidung zwischen zwei alternativen Strukturtypen, die sie „*mechani-*
stisch" und „*organisch*" nannten und durch eine Reihe von gegensätzlichen
Eigenschaften charakterisierten (vgl. Abb. 2.2.). Dabei entspricht der mechanistische Typ dem Bürokratiemodell, und der organische Typ ist als in allen
Einzelpunkten gegensätzlich konzipiert. Ihre Forschungsergebnisse zeigten,
daß in dynamischen Umweltsituationen Unternehmungen mit einer organischen Struktur erfolgreicher waren als solche mit einer mechanistischen

Struktur. Hingegen konnte keiner der beiden Strukturtypen als für stabile Umweltsituationen grundsätzlich effizienter herausgestellt werden.

Die Untersuchung von Burns und Stalker kommt den aufgestellten Forderungen an situative Untersuchungen schon recht nahe: Sie zeigt Unterschiede in den Strukturen auf, und sie führt diese Unterschiede empirisch fundiert auf Variationen in der Situation zurück. Für die weitere Entwicklung des situativen Ansatzes hat sich aber die Verwendung von Typen zur Charaktierisierung der Organisationsstruktur als hinderlich erwiesen.

Warum sind Typen zur Erfassung realer Organisationsstrukturen relativ schlecht geeignet?

Typen vereinfachen die Realität und darin liegt ihr großer *didaktischer Wert*. Sie sind recht brauchbar, um erste Einsichten in die Zusammenhänge der Realität zu gewinnen. Wenn man aber die Realität etwas genauer *beschreiben* oder *erforschen* will, so stößt man bald an die *Grenzen der Aussagefähigkeit solcher Typenbegriffe*. Sie vereinfachen oder – in Webers Worten – idealisieren die Wirklichkeit. Mit dem Weberschen Bürokratiemodell kann die Vielfalt an Ausprägungen der Organisationsstruktur nicht eingefangen werden; genausowenig wie mit dem Typenbegriff „Kapitalistisches System" die Vielfalt an Ausprägungen westlicher Gesellschaften. Versucht man nun, der Wirklichkeit durch die Formulierung mehrerer Typenbegriffe gerecht zu werden, so liegt dieser Typenbildung immer eine *wesentliche Annahme* zugrunde. Nämlich die, daß *reale Fälle immer eindeutig den herausgearbeiteten Typen zugeordnet werden können.* Für die von Burns und Stalker gebildeten Organisationstypen, die organische und die mechanistische Struktur, trifft dies bestimmt nicht zu. Sicherlich gibt es Organisationsstrukturen, die wir nicht eindeutig als mechanistisch oder organisch etikettieren können. Nun könnte dieses Problem vielleicht durch Bildung von „Zwischentypen" gelöst werden. Dieser Vorschlag ist grundsätzlich richtig, führt aber zu einer Reihe von Schwierigkeiten. Betrachten wir, um diese deutlich machen zu können, einmal einige Merkmale der mechanistischen und der organischen Organisationsstruktur (Abb. 2–2):

	organische Organisationsstruktur	mechanistische Organisationsstruktur
Zahl der Hierarchieebenen	wenige	viele
Ausmaß an formalen Regelungen	gering	hoch
Genauigkeit formaler Regelungen	gering	hoch
Unterschiede in der Qualifikation	gering	hoch

Abb. 2–2. Ausprägung einiger Variablen in der organischen und mechanistischen Struktur

Anhand dieser Gegenüberstellung kann aufgezeigt werden, daß es *zwei Arten von Zwischentypen* gibt. Einmal gibt es Zwischentypen, in denen alle Variablen eine mittlere Ausprägung einnehmen. Für diese Typenbildung entsteht die Schwierigkeit festzulegen, was „nicht gering und nicht hoch" konkret bedeutet. Um Zwischentypen in diesem Sinne bilden zu können, müßte man also die *Strukturvariablen etwas genauer erfassen oder messen* als es durch eine Einteilung in „wenige" und „viele" oder in „gering" und „hoch" geschieht. Was relativ „hoch" oder „niedrig" ist, kann man auf der Basis einer subjektiven Einschätzung noch ganz gut entscheiden. Werden Zwischenklassen gebildet, so ist man, wenn nicht genauere *Meßvorschriften* vorliegen, bei der Zuordnung realer Organisationsstrukturen zu diesen Strukturtypen überfordert.

Bisher sind wir bei der Bildung von Zwischentypen davon ausgegangen, daß die Strukturvariablen sich alle in dieselbe Richtung verändern. Wir haben beispielsweise angenommen, daß Organisationen, die wenige Hierarchieebenen aufweisen, auch immer nur über wenige formale Regelungen verfügen. Wenn wir nun aber auf reale Fälle mit wenigen Hierarchieebenen und einem hohen Ausmaß an formalen Regelungen treffen, so haben wir keinen Typus parat, dem wir diese Fälle zuordnen können. Daß solche Fälle vorkommen, haben empirische Untersuchungen gezeigt. *Die Annahme, daß sich Strukturvariablen immer gemeinsam in eine Richtung – hin zur Bürokratie oder weg von ihr – verändern, ist nicht aufrecht zu halten.* Wenn wir nun auch noch für diese Variationen Zwischentypen vorsehen wollen, so erhalten wir eine sehr große Zahl von Typen. Die bei der Gegenüberstellung der organischen und der mechanistischen Struktur berücksichtigten Merkmale stellen ja nur eine Auswahl dar. Nehmen wir an, daß wir 10 Variablen zur Kennzeichnung von Organisationsstrukturen benötigen und daß diese Variablen jeweils drei Ausprägungen – „gering", „mittel" und „hoch" – einnehmen, so kommen wir schon auf $10^3 = 1000$ Typen. *Damit entfällt der didaktische Vorteil der Typenbildung:* die Reduzierung der Realität auf wenige typische Fälle.

Wie kommt man nun aber zu einer Erfassung realer Organisationsstrukturen, die Unterschiede einfängt, Typenbildung aber vermeidet?

Ganz einfach: man definiert die Merkmale der Organisationsstruktur als *Variablen* und verzichtet darauf, bestimmte Merkmalskonstellationen von vornherein zu Typen zu erklären. In der Psychologie kennzeichnet man heute ja auch nicht mehr Persönlichkeiten nur auf der Basis der Kretschmer-Typen als Leptosomen, Pykniker oder Athletiker; vielmehr werden Tests eingesetzt, um verschiedene Merkmale einer Person zu messen. Die Meßergebnisse – Intelligenzquotient, Konzentrationsvermögen, Kreativität usw. – werden dann wiedergegeben, ohne daß man sie in einen Typus einzupassen versucht. Genau dieses Vorgehen kann man auch auf Organisationsstrukturen anwenden. Wenn dann noch untersucht wird, in welcher Weise diese Merkmale oder Variablen von bestimmten Merkmalen der Situation abhängen, dann liegt ein situativer Ansatz vor, der ohne Typenbildungen auskommt.

Einen solchen Ansatz wählte bereits 1953 die Engländerin Joan Woodward, als sie ihre empirische Untersuchung der Organisationsstrukturen von 100 Fertigungsunternehmungen in Mittelengland begann (Woodward 1958, 1965). Sie konzentrierte sich auf *Merkmale der Organisationsstruktur, wie sie von der Managementlehre hervorgehoben* werden – Größe der Leitungsspannen, Zahl der Hierarchieebenen, Relationen von Leitungsstellen zu ausführenden Stellen usw. –, und zeigte auf, daß diese Merkmale von der Art der Fertigungstechnologie abhängen. So wiesen erfolgreiche Unternehmungen mit Fließfertigung andere Ausprägungen dieser Variablen auf als Unternehmungen mit Einzelfertigung. Die Situation einer Unternehmung war bei ihr also vor allem durch die *Fertigungstechnologie* geprägt.

Ein anderer früher situativer Ansatz, der auf Typenbildung verzichtet, stammt von Udy. Er analysierte eine Stichprobe von 150 Organisationen der Sachgüterproduktion aus nicht-industrialisierten Ländern, deren Daten aus ethnologischen Untersuchungen stammten. Für diese Organisationen ermittelte er, in welchem Umfang sieben Strukturvariablen (hierarchische Autoritätsstruktur, Trennung von Verwaltung und Produktion, differenzierte Belohnung u. a.) stark oder schwach ausgeprägt waren bzw. vorlagen oder nicht vorlagen. Diese Analyse zeigte sehr unterschiedliche Kombinationen der Ausprägung der einzelnen Strukturvariablen, die Udy u. a. auf die „technologische Natur der auszuführenden Aufgabe" zurückführte (Udy 1959). In späteren Untersuchungen (1961, 1964) nahm er in seine Definition der Situation noch weitere Einflußgrößen auf, beispielsweise Eigentumsverhältnisse und die Gesellschaftsstruktur, und erklärte mit jedem dieser situativen Faktoren einen Teil der Unterschiede in den Organisationsstrukturen.

Einen relativ frühen situativen Ansatz zur Analyse der *Beziehungen zwischen Organisationsstruktur und Verhalten der Organisationsmitglieder* legte Fiedler (1967) vor. Er zeigte in einer Reihe empirischer Untersuchungen auf, daß die Effizienz des Führungsstils u. a. von der Strukturiertheit der von der Arbeitsgruppe zu bewältigenden Aufgabe abhängt. Der Mangel dieser Untersuchung liegt darin, daß sie die Organisationsstruktur in ihren möglichen Auswirkungen auf die Individuen nur unvollständig erfaßt.

Diese Beispiele machen deutlich, was mit der Forderung nach situativen Analysen gemeint ist:

(1) Die betrachteten Größen müssen gedanklich zunächst nach *Einflußfaktoren* (situative Faktoren, unabhängige Variablen) und *Wirkungen* (abhängige Variablen) unterschieden werden. Umfassende Analysen sollten

dabei von einer dreigliedrigen Beeinflussungskette Situation – Struktur – Verhalten der Organisationsmitglieder ausgehen.

(2) Strukturelle Größen, Einflußfaktoren und Verhaltenswirkungen sollten nicht von vornherein als Typen definiert, sondern in einezlne Merkmale zerlegt werden, die als *echte Variablen* zu konzipieren und für empirische Untersuchungen zu *operationalisieren* sind.

(3) Die Beeinflussungsbeziehungen zwischen den operationalisierten Größen müssen sodann in *empirischen Untersuchungen* analysiert werden, die sich auf einen Vergleich einer größeren Anzahl von Organisationen in unterschiedlichen Situationen erstrecken.

Charakterisiert man die situative Vorgehensweise durch diese Forderungen, dann sind *mehrere situative Ansätze* möglich: situative Ansätze auf der Basis des Bürokratiemodells von Weber wie die von Litwak und Burns und Stalker, situative Ansätze auf der Basis der Managementlehre wie der von Woodward und situative Ansätze auf der Basis der verhaltensorientierten Organisationstheorie wie der von Fiedler.

Eine derartige Trennung von Problembereichen ist zwar im Anfangsstadium der empirischen Erforschung eines komplexen Phänomens meist unvermeidlich, langfristig muß aber eine *Integration der verschiedenen Aspekte* angestrebt werden, da die in Einzeluntersuchungen jeweils betrachteten Variablen in starkem Maße voneinander abhängen. Inzwischen verfügen wir auch schon über Untersuchungen, die einen höheren Integrationsgrad aufweisen als die in diesem Kapitel geschilderten Pionier-Studien. Keine dieser Untersuchungen erreicht aber einen so hohen Integrationsgrad, daß sie die uns interessierenden Zusammenhänge vollständig erfaßt. Wir könnten nun versuchen, diese Untersuchungen, eine nach der anderen, zu referieren, um zu sehen, was sie zur Klärung unserer Fragen beitragen können. Bei einem solchen Vorgehen hätten wir aber große Schwierigkeiten, das sich aus diesen Einzeluntersuchungen herausschälende Gesamtbild zu zeichnen bzw. festzustellen, ob sich überhaupt eines herausschält. In den letzten Jahren sind einige Sammelwerke erschienen, die die wichtigsten Einzeluntersuchungen nach Problemkreisen geordnet wiedergeben (vgl. vor allem Mayntz 1971, Heydebrand 1973, Neghandi 1973,). Betrachtet man die dort abgedruckten Beiträge, so werden die Integrationsschwierigkeiten offensichtlich.

Eine bessere Auswertung der Einzeluntersuchungen können wir erzielen, wenn wir *zuerst ein übergreifendes theoretisches Konzept erstellen und dann versuchen, die in diesem Konzept aufgezeigten Beziehungen so weit wie möglich mit empirischen Befunden auszufüllen.*

Diesen Weg wollen wir in den folgenden Kapiteln einschlagen. Bei der Entwicklung des übergreifenden Konzeptes gehen wir dabei von den Untersuchungen aus, die bisher den höchsten Integrationsgrad erreicht haben. Neben Untersuchungen von Hall (1962, 1963), Hage und Aiken (1967, 1970;

Aiken und Hage 1968b), Blau und Schoenherr (1971) sowie Khandwalla (1972, deutsche Übersetzung 1975, 1973, 1976) sind dies vor allem die von der Forschergruppe um Pugh und Hickson durchgeführten konzeptionellen und empirischen Arbeiten (vgl. Pugh u. a. 1963, 1968, 1969a, Child 1972, 1973a und c sowie den Überblick bei Kubicek und Wollnik 1975). Da sich alle diese Untersuchungen im Gegensatz zu den Einzelfallstudien und Laborexperimenten der verhaltenswissenschaftlichen Organisationstheorie auf einen Vergleich einer größeren Anzahl von Organisationen erstrecken, werden sie unter der Bezeichnung *vergleichende Organisationsforschung (,,comparative organizational analysis)* zusammengefaßt (zum konkreten methodischen Vorgehen vgl. Udy 1965, Kieser 1971, Kubicek 1975a).

Da der Definition der Organisationsstruktur in unserer Problemstellung zentrale Bedeutung zukommt, wollen wir uns im nächsten Kapitel zunächst diesem Teil des umfassenden Konzeptes zuwenden. Die beiden folgenden Kapitel werden sich dann mit den Beziehungen zwischen der Organisationsstruktur und ihren Einflußfaktoren sowie mit den Auswirkungen der Organisationsstruktur auf das Verhalten der Organisationsmitglieder beschäftigen.

Fragen

1. Warum können die folgenden Ansätze nicht unmittelbar zur Klärung der in diesem Buch verfolgten Ansätze herangezogen werden:
   – der Bürokratieansatz Max Webers,
   – der Ansatz der Managementlehre und der betriebswirtschaftlichen Organisationslehre,
   – der Human-Relations-Ansatz und neuere verhaltensorientierte Ansätze,
   – die verhaltenswissenschaftliche Entscheidungstheorie,
   – der entscheidungslogische Ansatz?
2. Welche Eigenschaften weist die Bürokratie nach Max Weber auf?
3. Bietet die betriebswirtschaftliche Organisationslehre Erweiterungsmöglichkeiten für die Definition Webers?
4. Warum eignen sich Typen nur schlecht für eine empirische Analyse?
5. Welchen Forderungen muß eine situative Analyse der Organisationsstruktur genügen?
6. Gibt es nur einen situativen Ansatz?

Literatur

Eine Gegenüberstellung von betriebswirtschaftlicher Organisationslehre und dem situativen Ansatz bringt Kieser (1974a). Ein Überblick über verschiedene situative Ansätze findet sich bei Staehle (1973). Das hier zugrunde gelegte Konzept des situativen Ansatzes ist in seinen Hauptzügen erläutert in Pugh u. a. (1963).

3. Die Beschreibung formaler Organisationsstrukturen

Die kritische Lektüre dieses Kapitels soll den Leser dazu anregen und befähigen:
- ein Konzept der Organisationsstruktur zu entwickeln,
- Spezialisierung und Koordination als Grunddimension der Organisationsstruktur zu begreifen,
- Probleme der Messung der in diesem Konzept enthaltenen Größen zu diskutieren,
- die Aussagefähigkeit verschiedener Maße der Organisationsstruktur zu überprüfen,
- Zusammenhänge zwischen strukturellen organisatorischen Größen zu analysieren.

3.1. Anforderungen an eine Beschreibung der Organisationsstruktur für empirische Analysen

Eine Analyse von Organisationsstrukturen auf der Basis des situativen Ansatzes ist nur möglich, wenn wir *Begriffe und Maße zur empirischen Erfassung von Organisationsstrukturen* entwickeln. Dabei sind zwei Probleme zu bewältigen: Zuerst muß geklärt werden, *welche Eigenschaften* der Organisationsstruktur für unsere Fragestellungen *relevant* sind (Begriffsbildung, Konzeptualisierung). Als zweites ist festzulegen, *wie* – mit welchen Maßen – diese Eigenschaften *erfaßt* werden sollen (Operationalisierung).
Wenden wir uns zunächst dem Problem der *Begriffsbildung* oder *Konzeptualisierung* zu (zur Konzeptualisierung vgl. z. B. Friedrichs 1973, S. 112 ff.):
Jedes komplexe Gebilde weist unendlich viele Eigenschaften oder Dimensionen auf, von denen *für eine bestimmte Problemstellung* immer nur eine begrenzte Anzahl wichtig ist. Entscheidend ist daher, daß aus der Vielzahl vorhandener oder möglicher Eigenschaften die für den jeweiligen Untersuchungszweck *relevanten Eigenschaften oder Dimensionen* ausgewählt werden. Soll beispielsweise geklärt werden, welcher Parkraum für eine Universität zu schaffen ist, so sind wahrscheinlich u. a. folgende Eigenschaften der Studenten dieser Universität relevant: Autobesitz, Anzahl der besuchten Veranstaltungen, zeitliche Verteilung der Veranstaltungsbesuche. Es liegt auf der Hand, daß demgegenüber für eine Untersuchung des Sexualverhaltens von Studenten zusätzliche oder andere Eigenschaften wichtig sind (Autobe-

sitz und Veranstaltungsbesuch können natürlich auch bei dieser Fragestellung relevante Eigenschaften sein!).

In gleicher Weise müssen wir Dimensionen der formalen Organisationsstruktur (kurz: *Strukturdimensionen*) auswählen, die im Zusammenhang mit der Analyse der Einflußgrößen und Wirkungen von Organisationsstrukturen relevant sein können. Obwohl wir aufgrund der bisherigen Ausführungen in den beiden ersten Kapiteln dieses Buches bereits eine gewisse Vorstellung davon haben, was unter dem Begriff „Organisationsstruktur" zu verstehen ist, gewinnen wir erst durch die Auswahl von solchen Strukturdimensionen eine präzise Definition. Da es uns um die Analyse verhaltenssteuernder Regelungen geht, sind Strukturdimensionen als *unterschiedliche Arten von organisatorischen Regelungen* zu begreifen, deren jeweilige Kombination die Organisationsstruktur ausmacht. Aufgrund der Analyse verschiedener Ansätze der Organisationstheorie im vorangegangenen Kapitel, in deren Verlauf wir verschiedene Regelungsarten kennengelernt haben, ist nun zu entscheiden, welche Arten von Regelungen wir im einzelnen betrachten wollen.

Durch eine solche Festlegung von Strukturdimensionen schaffen wir einen *Möglichkeitsraum* oder *Merkmalsraum,* in dem die entsprechenden Eigenschaften realer Organisationsstrukturen abgebildet und diese Strukturen insgesamt eingeordnet werden können (vgl. Barton 1955, Friedrichs 1973, S. 91 ff., Kubicek 1975a, S. 86 f.). Abb. 3–1 gibt einen solchen Möglichkeitsraum für ein auf drei Dimensionen beruhendes Konzept der Organisationsstruktur wieder, das sich graphisch als Würfel darstellen läßt. In diesem Beispiel wurde davon ausgegangen, daß vor allem drei Arten von organisatorischen Regelungen im Zusammenhang mit der Analyse von Einflußgrößen und Wirkungen der Organisationsstruktur relevant sind und daß sich reale Organisationsstrukturen im Hinblick auf die Art oder den Umfang des Einsatzes dieser drei Regelungsarten unterscheiden lassen. Mit Hilfe dieses Merkmalsraumes müßten wir daher reale Organisationsstrukturen beschreiben, mehrere Strukturen als gleich oder ungleich charakterisieren sowie Art und Ausmaß der Unterschiede konkret angeben können.

Am Beispiel von drei konkreten Organisationen wollen wir dies verdeutlichen:
Organisation A (O_A) ist eine Unternehmungsberatungsgesellschaft. Alle Mitarbeiter außer dem Eigentümer und Direktor sind hierarchisch gleichgestellt (Berater). Sie erfüllen weitgehend die gleichen Aufgaben bei jeweils unterschiedlichen Klienten und ihnen sind kaum konkrete Arbeitsverfahren vorgegeben. Bei der Beratung kommt es vielmehr auf die Besonderheiten des jeweiligen Falles und die Erfahrung des Beraters an.
Organisation B (O_B) ist ein Großhandelsbetrieb für Textilien mit mehreren Filialen. Die Mitglieder sind in mehrere hierarchische Ebenen untergliedert (Filialleiter, Abteilungsleiter, Verkäufer) und auf einzelne Warengruppen spezialisiert. Arbeitsverfahren sind ihnen in Form von Kalkulationsgrundsätzen, Abrechnungssystemen, Verhaltensgrundsätzen gegenüber Kunden u. ä. vorgegeben.

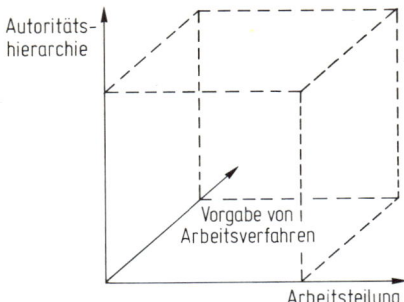

Abb. 3–1. Beispiel eines dreidimensionalen Möglichkeitsraumes zur Abbildung realer Organisationsstrukturen

Organisation C (O_C) ist eine Import-Export-Unternehmung. Auch ihre Mitglieder sind in mehrere hierarchische Ebenen untergliedert und auf einzelne Produktgruppen sowie einzelne Länder spezialisiert. Auch ihnen sind Arbeitsverfahren in Form von Kalkulationsgrundsätzen, Bedarfsplänen, Vertragsgrundsätzen u. ä. vorgegeben.

Die Unterschiede und Gemeinsamkeiten zwischen diesen drei Organisationen lassen sich dadurch verdeutlichen, daß sie an entsprechenden Stellen in dem dreidimensionalen Merkmalsraum aus Abb. 3–1 abgetragen werden.

Welche Punkte im Merkmalsraum der Abb. 3–1 entsprechen den geschilderten Eigenschaften der Organisationen O_A, O_B und O_C?

Exakt können diese Punkte noch nicht bestimmt werden, weil wir bisher nur die Merkmale, nicht aber die *Merkmalsausprägungen* festgelegt haben. Wir haben unsere Dimensionen noch nicht operationalisiert, d. h. wir haben die Merkmale noch nicht so definiert, daß wir Art und Umfang der drei Eigenschaften exakt und eindeutig feststellen können. Wir besitzen weder Maße noch konkrete Meßergebnisse aus unseren drei Beispielen. Daher können wir nur die Teilräume innerhalb des Würfels bestimmen, in denen die gesuchten Punkte wahrscheinlich liegen werden. Wenn wir jeweils zwischen starker und schwacher Ausprägung der drei Merkmale unterscheiden und die schwachen Ausprägungen näher am Ursprung unseres Koordinatensystems ansiedeln als die starken Ausprägungen, so ergibt sich die in Abb. 3–2 wiedergegebene Zuordnung.

Soweit erscheint die Festlegung von Dimensionen relativ unproblematisch. Dieser Schein trügt jedoch! Die Auswahl von Dimensionen ist deswegen ein *kritisches Problem*, weil durch sie der *Realitätsausschnitt* festgelegt wird, der in die anschließenden Analysen eingeht. Eigenschaften von realen Organisationen, die bei der Festlegung der Dimensionen nicht erfaßt worden sind, können bei nachfolgenden empirischen Analysen nicht mehr als wichtig erkannt werden, und ihre Auswirkungen auf die Organisationsmitglieder können nicht diskutiert werden, unabhängig davon, ob sie „objektiv" relevant sind oder nicht.

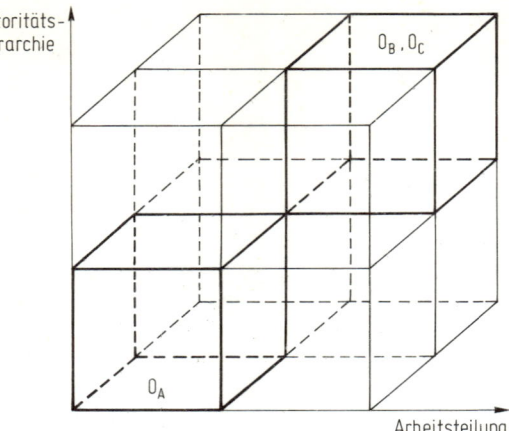

Abb. 3–2. Teilräume innerhalb eines Merkmalraumes

In unseren Beispielen haben wir beispielsweise nicht erfaßt, wie die Entscheidungsbefugnisse auf die Organisationsmitglieder verteilt sind, da eine entsprechende Dimension
nicht vorgesehen war. Modifizieren wir unsere Konzeptualisierung und betrachten die
Fälle noch einmal, so ist festzustellen, daß in dieser Hinsicht ein Unterschied zwischen
den Organisationen O_B und O_C besteht. Hinsichtlich des Preises, der Zahlungsbedingun-
gen und Lieferbedingungen haben die Verkäufer und Abteilungsleiter im Großhandelsbetrieb keine Entscheidungsbefugnisse. Sie müssen sich bei jedem Kunden an die
vorgegebenen Preise und Konditionen halten. Die Agenten im Import-Exportbetrieb
(Organisation O_C) verfügen demgegenüber über weitreichende Handlungsvollmachten.
Wenn sie mit Kunden und Lieferanten verhandeln, können sie Preise, Termine und
Konditionen innerhalb nur grob festgelegter Spannen den jeweiligen Erfordernissen
entsprechend selbst bestimmen.

Aus diesem Beispiel wird nicht nur ersichtlich, daß die zusätzliche Betrachtung einer weiteren Strukturdimension zweifellos unsere Möglichkeiten zur
Analyse von Einflußgrößen und Wirkungen von Organisationsstrukturen
verbessert. Außerdem wird deutlich, daß zwei Organisationen, die wir zuvor
als gleich charakterisiert haben, nun nicht mehr als gleich anzusehen sind, da
sie sich hinsichtlich einer vierten Dimension unterscheiden. Wenn wir davon
sprechen, daß Organisationen *gleich* oder *ungleich* sind, so müßten wir daher
genaugenommen immer hinzufügen: „*hinsichtlich der Dimensionen D_1, D_2
. . .D_n*".
Um einen möglichst umfassenden Analyserahmen zu schaffen, könnte man
daran denken, stets *alle* bekannten Eigenschaften des jeweils untersuchten
Phänomens zu berücksichtigen und die Anzahl der Dimensionen so groß wie
möglich zu halten. Für uns würde das bedeuten, daß wir alle Hinweise zur

Beschreibung von Organisationsstrukturen aus den im zweiten Kapitel dargestellten organisationstheoretischen Ansätzen aufgreifen und für jedes auftauchende Merkmal eine eigene Strukturdimension bilden. Dies geht jedoch nicht, weil sich diese Hinweise teilweise überschneiden, und vor allem ist dieses Vorgehen deshalb nicht angebracht, weil die bei der Analyse zu bewältigenden Probleme mit der Zahl der betrachteten Dimensionen überproportional zunehmen. Bei der Festlegung von Merkmalsräumen ist also auch zu beachten, daß die *Komplexität der betrachteten Phänomene so weit wie möglich reduziert wird.* In dieser Komplexitätsreduktion liegt die eigentliche Bedeutung wissenschaftlicher Analysen. Es geht nicht darum, die Realität in ihrer gesamten Vielfalt und Komplexität wiederzugeben, sondern das für die jeweils verfolgte Fragestellung Wesentliche soll in systematischer Weise herausgestellt werden. Daher ist *stets* ein Auswahl erforderlich, und stets bleibt das Risiko, daß wichtige Aspekte vernachlässigt worden sind. Aus diesem Zwang zur Auswahl oder *Selektivität* heraus wird auch verständlich, warum die Konzeptualisierung der Organisationsstruktur verschiedener Autoren oft so unterschiedlich ist: Zunächst verfolgen sie oft verschiedene Fragestellungen, und auch bei prinzipiell gleichen Fragestellungen treffen sie die stets von subjektiven Erwartungen geleiteten Auswahlentscheidungen in unterschiedlicher Weise.

Die aufgezeigte Problematik führt zu der Erkenntnis, daß die *Konzeptualisierung* der jeweils untersuchten Phänomene auf keinen Fall oberflächlich und voreilig erfolgen darf. Bevor empirische Untersuchungen gestartet werden, empfiehlt es sich vielmehr, die interessierenden Zusammenhänge unter Ausnutzung des Erfahrungswissens und bisher vorliegender Untersuchungen gedanklich zu analysieren, um bei der notwendigen Begrenzung auf einige Dimensionen auch mit möglichst großer Wahrscheinlichkeit die besonders relevanten Aspekte herausstellen zu können (vgl. Friedrichs 1973, S. 112 ff.).

Auch wenn man vorliegende empirische Untersuchungen auswerten will – und das ist ja das Anliegen dieses Buches –, ist eine Konzeptualisierung angebracht. Erst wenn man über ein umfassendes Konzept verfügt, kann die Aussagefähigkeit vorliegender Ergebnisse *kritisch* analysiert werden. Erst dann können Aspekte identifiziert werden, die in den betrachteten Untersuchungen nicht berücksichtigt worden sind. Auch können widersprüchliche Ergebnisse verschiedener Untersuchungen auf dieser Basis oft aufgelöst werden.

Sowohl um zukünftige Untersuchungen entsprechend vorzubereiten als auch um bisherige Arbeiten kritisch diskutieren zu können, benötigen wir also ein *Konzept der Organisationsstruktur,* das die für unsere Fragen relevanten Eigenschaften (Strukturdimensionen) beinhaltet, dabei insgesamt jedoch noch überschaubar bleibt. An die Auswahl der Dimensionen schließt sich dann die *Entwicklung von Maßen* an, durch die die einzelnen Dimensionen erst operational definiert werden. Es ist festzulegen, welche *Ausprägungen die Dimensionen* haben sollen und wie diese Ausprägungen im Einzelfall ermittelt werden können.

Durch die *Festlegung von Merkmalsausprägungen* wird in dem Möglichkeitsraum ein mehr oder weniger feines Netz oder Raster gespannt. Mit Hilfe dieses Rasters ist es dann möglich, die Positionen der einzelnen realen Fälle innerhalb des Raumes zu bestimmen (Kubicek 1975a). Zu diesem Zweck werden für die einzelnen Dimensionen *Skalen* gebildet, *die Dimensionen werden operationalisiert.* Je mehr Werte eine Skala aufweist, um so mehr Unterschiede der untersuchten Fälle können identifiziert werden. Ob wir zwei Objekte als gleich oder ungleich *erkennen*, hängt nämlich davon ab, wie fein unser Raster zur Erfassung der Realität ist. Wenn wir beispielsweise die Größe von Menschen in Zentimetern erfassen, so erweisen sich relativ viele Menschen als gleich groß. Wenn wir die Größe jedoch in Millimetern definieren, verringert sich die Anzahl gleich großer Menschen bereits erheblich, und wenn wir schließlich mit sehr vielen Stellen hinter dem Komma arbeiten, so finden wir kaum noch zwei gleich große Menschen. Aus diesem Beispiel wird ersichtlich, daß neben der Auswahl von Dimensionen die Definition von Skalen die weiteren Untersuchungsmöglichkeiten entscheidend festlegt.

Bei der Kritik von Typisierungsversuchen im vorangehenden Kapitel haben wir schon betont, daß es nicht ausreicht, Organisationen nur danach zu kennzeichnen, *ob* sie z. B. eine Autoritätshierarchie aufweisen, und daß es ebenfalls nicht ausreicht, nur zwischen starker und schwacher Autoritätshierarchie, großer oder geringer Arbeitsteilung usw. zu unterscheiden. In solchen Fällen, in denen für eine Dimension nur zwei Merkmalsausprägungen definiert werden, sprechen wir von *dichotomen* (zweiwertigen) *Merkmalen.* Sie führen zu einer Schwarzweißmalerei bei der Betrachtung der Realität und sind nicht in der Lage, feinere Unterschiede aufzudecken. In der Sprache der empirischen Sozialforschung sagt man, daß die Merkmale nicht genügend scharf *diskriminieren.* Aus diesem Grund haben wir gefordert, die einzelnen Strukturdimensionen als Variablen mit mehrfach abgestuften Ausprägungen zu definieren. Es sind *Skalen* zu konstruieren, die die wichtigsten Unterschiede in den Ausprägungen der einzelnen Strukturdimensionen erfassen.

Wir wollen nun zunächst ein *Konzept der Organisationsstruktur* entwickeln. In diesem Konzept kann es nicht nur darum gehen, die verschiedenen Dimensionen der Organisationsstruktur aufzuzählen. Vielmehr sind auch die Beziehungen zwischen ihnen herauszuarbeiten. Diese Aufgabe wird einigen Raum in Anspruch nehmen. Anschließend sind dann auf der Basis dieses Konzeptes die in empirischen Untersuchungen eingesetzten *Maße* zu diskutieren.

3.2. Ein Konzept der Organisationsstruktur

Wie die meisten vorliegenden empirischen Untersuchungen knüpfen auch wir bei unserer Konzeptualisierung der Organisationsstruktur am *Bürokratie-Modell Max Webers* an. Darüber hinaus hat unsere Analyse der einzelnen organisationstheoretischen Ansätze im vorangegangenen Kapitel gezeigt, daß vor allem die *Organisationslehre* (Managementlehre und betriebswirtschaftliche Organisationslehre) wichtige zusätzliche Aspekte formaler Organisationsstrukturen betont, die in Webers Konzeption nicht enthalten sind. Daher wollen wir auch diese Dimensionen in unser Konzept einbeziehen.

Vor diesem Hintergrund erscheinen uns insgesamt *fünf Strukturdimensionen* erforderlich und ausreichend, um die für unsere Fragestellung wichtigen Aspekte von Organisationsstrukturen erfassen und vorliegende empirische Untersuchungen kritisch analysieren zu können. Jede dieser fünf Dimensionen besteht selbst allerdings wiederum aus mehreren Teildimensionen, mit deren Hilfe sich ein differenzierteres Bild ergibt. Die fünf *Hauptdimensionen*, auf die wir in diesem Abschnitt ausführlich eingehen (zu mehr oder weniger abweichenden Konzepten vgl. Lawrence u. Lorsch 1967a und 1969, Grochla 1972 und 1975b, Hill u. a. 1974), sind:

(1) Spezialisierung (Arbeitsteilung),
(2) Koordination,
(3) Konfiguration (Leitungssystem),
(4) Entscheidungsdelegation (Kompetenzverteilung),
(5) Formalisierung.

Als *Ausgangsproblem* jeder organisatorischen Strukturierung wird das Phänomen der *Arbeitsteilung* oder *Spezialisierung* angesehen. Die in den Zielen fixierte Gesamtaufgabe einer Organisation ist zu umfangreich, als daß sie von einer Person ausgeführt werden könnte. Sie ist auf mehrere Personen zu verteilen, und daher ist festzulegen, welche Teilaufgaben von welchen Organisationsmitgliedern zu erledigen sind. Diese Festlegungen *zur Arbeitsteilung* oder *Spezialisierung* bilden die erste Menge von Regeln der Organisationsstruktur. Wird die Gesamtaufgabe der Organisation aber in mehrere Teilaufgaben aufgespalten, so entsteht das *Problem der Koordination*. Die Aktivitäten der einzelnen Organisationsmitglieder sind im Hinblick auf das Gesamtziel der Organisation aufeinander abzustimmen. Um diese Koordination bewerkstelligen zu können, benötigt die Organisation weitere Regeln. Spezialisierung und Koordination bilden somit die *Grundprinzipien*, auf denen Organisationsstrukturen beruhen, und die beiden ersten Dimensionen sollten es uns ermöglichen, Unterschiede in der Art und Weise sowie dem Umfang der Anwendung dieser Prinzipien in der Realität zu erfassen.

Nimmt man Weisungsbefugnisse – das Recht, anderen Anordnungen geben zu können – zum Kriterium, dann bilden die spezialisierten Aufgaben und die Organisationsmitglieder, denen sie übertragen wurden, eine Ordnung. Die Aufgaben und die sie durchführenden Personen sind einander über-, unter- oder nebengeordnet. Die Gesamtheit der Regelungen, die diese Ordnung schaffen, wird mit der Dimension *Konfiguration* (Leitungssystem) erfaßt. Außer den Weisungsbeziehungen werden in Organisationen auch die *Entscheidungsbefugnisse* oder *Entscheidungskompetenzen* festgelegt, die es einzelnen Mitgliedern erlauben, für die Organisation nach innen und/oder außen verbindliche Entscheidungen zu fällen. Auf diese Regelungen zur Verteilung von Entscheidungsbefugnissen bezieht sich die vierte Strukturdimension, die wir *Entscheidungsdelegation* oder *Kompetenzverteilung* nennen. Die fünfte und letzte Dimension, die wir als *Formalisierung* bezeichnen, bezieht sich schließlich auf die Regelungen, die die Form und die Medien der Kommunikation zwischen den Organisationsmitgliedern spezifizieren, wobei unter Formalisierung die schriftliche Fixierung solcher Beziehungen verstanden wird.

3.2.1. Spezialisierung

Organisationen gliedern die zur Erreichung ihrer Ziele notwendigen Aktivitäten auf und verteilen sie auf die einzelnen Mitglieder. Dieser Tatbestand der *Arbeitsteilung* (zum Begriff vgl. Schwarz 1969a sowie Udy 1969) wird sowohl im Bürokratie-Ansatz als auch in der Organisationslehre als strukturelles Grundprinzip herausgestellt, das eine rationale (i. S. v. wirtschaftlicher) Zielerreichung sichern soll.

3.2.1.1. Grundlagen der Spezialisierung

Die Spezialisierung ist eine bestimmte Form der Arbeitsteilung und umfaßt selbst mehrere Aspekte. Sie lassen sich am Beispiel einer wachsenden Organisation recht gut aufzeigen:

> Gehen wir aus von einem Schreiner, der in einem Ein-Mann-Betrieb Stühle herstellt. Die Nachfrage ist so groß, daß er eines Tages beschließt, seinen Betrieb um fünf Gesellen zu erweitern. Die Gesamtaufgabe – Herstellung und Verkauf von Stühlen – muß nun auf fünf Personen verteilt werden. Nehmen wir zunächst an, daß sich unser Schreiner selbst auf Einkaufs-, Vertriebs- und Verwaltungsaufgaben beschränkt, so stehen ihm mehrere Möglichkeiten für die Verteilung der verbleibenden Fertigungsaufgaben zur Verfügung, von denen wir einige betrachten wollen:
> a) Alle Gesellen fertigen ganze Stühle.

b) *Zwei* Gesellen fertigen Stuhlbeine, einer Sitzflächen und Stuhllehnen, einer fügt die Teile zusammen, und einer lackiert oder beizt die fertigen Stühle.

c) Ein Geselle verrichtet alle Sägearbeiten, einer alle Hobelarbeiten, einer alle Drechslerarbeiten, einer alle Leimarbeiten und einer alle Lackier- und Beizarbeiten.

d) Ein Geselle fertigt Stuhlbeine, einer Sitzflächen, einer Stuhllehnen, einer fügt die Teile zusammen, und einer führt alle Lackier- und Beizarbeiten aus.

Bei welcher der vier beispielhaft wiedergegebenen Möglichkeiten der Arbeitsteilung handelt es sich um eine Spezialisierung?

Vergleichen wir die verschiedenen Möglichkeiten, so können wir zunächst feststellen, daß bei allen bis auf die erste eine *Spezialisierung* vorliegt: Jeder Geselle und auch der Schreiner selbst verrichtet eine *andere* Arbeit, jeder ist auf eine bestimmte Tätigkeit *spezialisiert*. Nur bei der ersten Möglichkeit unterscheiden sich die Aufgaben der Gesellen nicht; lediglich der Schreiner verrichtet dann eine andere Aufgabe. Die Unterschiede zwischen dem zweiten, dritten und vierten Beispiel liegen in der *Art* und dem *Umfang der Spezialisierung*. Der Unterschied zwischen dem zweiten und dem vierten Fall ist darin zu sehen, daß die Spezialisierung im vierten Fall größer ist (vier verschiedene Aufgaben im zweiten Fall gegenüber fünf verschiedenen Aufgaben im vierten Fall). Der Unterschied zwischen dem dritten und dem vierten Fall liegt hingegen in der *Art der Spezialisierung*. Auf diesen Aspekt kommen wir später noch einmal ausführlich zurück. Zunächst halten wir fest:

Als Spezialisierung bezeichnen wir die Form der Arbeitsteilung, bei der Teilaufgaben unterschiedlicher Art entstehen. In diesem Sinne spricht man auch von einer Artenteilung, die der im ersten Beispiel realisierten Mengenteilung gegenübergestellt wird.

(1) Spezialisierung und Stellenbildung

Da Regeln zur Spezialisierung die Aufgaben der einzelnen Organisationsmitglieder *auf Dauer* festlegen, gehören sie zur formalen Organisationsstruktur. Sie schaffen ein Gefüge von Rechten und Pflichten, das auf die Erfüllung der Organisationsziele ausgerichtet ist und unabhängig von einzelnen konkreten Personen existiert. In unserem Beispiel *kann* der Schreinermeister die Festlegungen zur Spezialisierung treffen, *bevor* er die Gesellen einstellt. Er legt gedanklich einen wesentlichen Teil der künftigen Struktur seines Betriebes fest. Würde es sich um kompliziertere Aufgaben handeln, so *müßte* er diese Entscheidungen über die Arbeitsteilung sogar vor der Einstellung von Mitarbeitern treffen, um überhaupt zu wissen, welche besonderen Fähigkeiten diese neuen Mitarbeiter besitzen sollen. Schon an unserem einfachen Beispiel wird sichtbar, daß die verschiedenen Möglichkeiten der Arbeitsteilung zu unterschiedlichen Anforderungen an die neuen Mitglieder der Organisation führen.

Der Schreiner verteilt also die Aufgaben zunächst auf *gedachte Organisationsmitglieder*. Das Ergebnis dieser Überlegungen sind *Stellen* oder *Positionen*. Bei ihnen handelt es sich um die auf die Fähigkeiten und Leistungen eines gedachten Mitarbeiters zugeschnittenen Teilaufgaben (vgl. z. B. Acker 1969). Bei der Stellenbildung ist daher darauf zu achten, daß die zu einer Stelle zusammengefaßten Aufgaben von Personen mit einer bestimmten Ausbildung innerhalb der regelmäßigen Arbeitszeit auch erfüllt werden können. Außerdem muß die Aufgabenverteilung so erfolgen, daß sich die Leistungen der einzelnen Stelleninhaber zeitlich und umfangmäßig einigermaßen entsprechen. In unserem Beispiel darf es etwa nicht dazu kommen, daß im Laufe einer Arbeitswoche 100 Sitzflächen, aber nur 200 Stuhlbeine gefertigt werden. Wenn die Fertigung einer Sitzfläche doppelt so lange dauert wie die Fertigung eines Stuhlbeines und beide Teilaufgaben gesonderten Stellen zugewiesen werden sollen, so sind für die Fertigung von Stuhlbeinen doppelt so viele Stellen einzurichten wie für die Fertigung von Sitzflächen.

Bei der Stellenbildung ist also zunächst stets zu entscheiden, *welche* Stellen gebildet werden sollen und *wieviele* Stellen erforderlich werden. Dabei entstehen grundsätzliche Erwartungen an die Personen, die in Zukunft diese Stellen einnehmen sollen. Erst auf ihrer Basis kann der Schreiner die Stellen ausschreiben (z. B. Stellenanzeigen aufgeben) und die eingehenden Bewerbungen sichten. Er wird dann die Bewerber auswählen, die den Anforderungen der von ihm zuvor geplanten Stellen am besten entsprechen. An diesem Punkt wird noch einmal besonders deutlich, daß Aufgaben in der Regel nicht auf bestimmte Personen, sondern auf Stellen verteilt werden, die anschließend erst mit geeigneten Personen besetzt werden. Dies gilt grundsätzlich auch dann, wenn der Schreiner bereits früher fünf Gesellen eingestellt hätte, die nach dem Fall (c) unseres Beispieles spezialisiert sind, und er sich dann entschließt, die Spezialisierung zu ändern und den Fall (d) zu realisieren. Obwohl die neuen Teilaufgaben dann unmittelbar konkreten Personen zugeordnet werden und die Eigenschaften dieser Personen u. U. sogar für die neue Zuordnung maßgeblich gewesen sind, entstehen dabei automatisch neue Stellen. Scheidet eine Person, ein Stelleninhaber, aus dem Betrieb aus, dann bleibt die Stelle bestehen und muß mit einem Nachfolger besetzt werden.

(2) Vor- und Nachteile der Spezialisierung

Nach diesen grundsätzlichen Ausführungen wollen wir nun untersuchen, *warum* Organisationen in der Regel die Arbeitsteilung nach dem Prinzip der

Artenteilung vornehmen und spezialisierte Stellen bilden. Auf unser Beispiel
bezogen lautet diese Frage:

Warum realisiert der Schreiner höchstwahrscheinlich die Fälle (b), (c)
oder (d) und nicht den Fall (a)?

Durch Spezialisierung soll eine *Erhöhung der Wirtschaftlichkeit der Auf-*
gabenerfüllung erreicht werden. Adam Smith hat bereits 1776 in seinem
bekannten Stecknadelbeispiel gezeigt, daß die Produktivität der Arbeit erheblich steigt, wenn in einer Gruppe von mehreren Arbeitern nicht jeder
einzelne Arbeiter sämtliche Arbeitsgänge ausführt, sondern sich jeder auf
einen bestimmten Arbeitsgang konzentriert: Ein Arbeiter kann alleine an
einem Tag einige Dutzend schlechte Nadeln herstellen; eine auf einzelne
Arbeitsgänge spezialisierte Gruppe ist jedoch in der Lage, Tausende von
perfekten Nadeln zu fertigen. Diese Überlegungen bildeten die Ausgangsbasis für das von Taylor (1919) entwickelte Scientific Management. Auch dem
Fertigungssystem der Fließfertigung liegt es zugrunde. Lange Zeit wurde
angenommen, daß eine zunehmende Spezialisierung in der Produktion wie
auch in allen anderen Arbeitsbereichen die Produktivität der Arbeit kontinu-
ierlich verbessert. Diese Annahme schlug sogar auf den Ausbildungsbereich
durch: Im Dienste der Produktivität der Wirtschaft wurde der Auszubilden-
de auf die Ausübung immer engerer Teilaufgaben in arbeitsteiligen Organisationen vorbereitet (zum Zusammenhang der historischen Entwicklung der
Arbeitsteilung und der beruflichen Ausbildung siehe Daheim 1970, S.
29 ff.).
Die *These von der Wirtschaftlichkeit größtmöglicher Arbeitsteilung* gründet
sich im einzelnen auf folgende *Annahmen:*
- Hoch spezialisierte Stellen erfordern nur eine kurze Einarbeitungszeit.
- Stellen, die nur wenige einfache Tätigkeiten umfassen, können mit Personen besetzt werden, die eine geringe Qualifikation aufweisen und die
  deshalb billiger auf dem Arbeitsmarkt zu haben sind.
- Müssen nur wenige Tätigkeiten ausgeführt werden, so ist dies weniger
  anstrengend und ermüdend – die Arbeitsleistung steigt.
- Werden die Organisationsmitglieder mit einer ständig wiederkehrenden,
  engen Aufgabenstellung konfrontiert, so entwickeln sie eine sehr hohe
  Geschicklichkeit. Die mengenmäßige Leistung und die Qualität der Ausführung können durch diesen Lerneffekt weiter gesteigert werden.
Darüber hinaus wird eine Spezialisierung auch deswegen als sinnvoll angesehen, weil sie eine *eindeutige Zuordnung von Verantwortlichkeiten* erlaubt.
Wenn jeder Stelleninhaber ein breites Spektrum von Verrichtungen ausführen darf, so ist es bei komplizierteren Aufgaben oft schwierig, dem Einzelnen
einen Fehler bei einer bestimmten Verrichtung nachzuweisen. Wenn den

Stellen jedoch enge, exakt definierte Teilaufgaben zugeweisen werden, so können die Ursachen für ein schlechtes Gesamtergebnis leichter auf Fehler bei bestimmten Teilaufgaben zurückgeführt und die mit ihnen betrauten Organisationsmitglieder zur Verantwortung gezogen werden.

Aus mehreren Gründen erweisen sich die genannten Annahmen als nur beschränkt gültig (vgl. auch Friedmann 1956):

- Die Organisationsmitglieder akzeptieren zu enge Aufgabenstellungen oft nicht und verlassen die Organisation. Bei hoher *Fluktuation* – in Unternehmungen mit extrem hoher Spezialisierung treten Fluktuationsraten von über 50% im Jahr auf – werden sogar minimale Einarbeitungskosten pro Mann erheblich. Hinzu kommen die Einstellungskosten durch die anfallenden Verwaltungsarbeiten. Man schätzt, daß die Einstellung eines Organisationsmitgliedes ungefähr das Fünffache seines Monatslohns kostet (Lawler 1973, S. 150).
- Die mit einer starken Spezialisierung verbundene psychische Belastung führt auch zu einem hohen *Krankheitsstand*. Ein hoher Personalausfall aufgrund tatsächlicher oder vorgeschobener Krankheit bedeutet aber, daß eine große Zahl zusätzlicher Arbeitskräfte angestellt werden muß, um die zeitweise freistehenden Stellen besetzen zu können.
- Da hochspezialisierte Arbeit wenig attraktiv ist, müssen Unternehmungen – zumindest bei Vollbeschäftigung – für diese Stellen oft *höhere Löhne* bieten als für Stellen, die eine höhere Qualifikation verlangen.
- Die Monotonie der Arbeit verringert die *Konzentration*, und damit sinkt die Qualität der Arbeit.
- Bereits von der Managementlehre wurde betont, daß jede Spezialisierung gleichzeitig koordinierende Maßnahmen erfordert, durch die die Erfüllung der Teilaufgaben auf das Gesamtziel ausgerichtet wird. Diese koordinierenden Maßnahmen verursachen Kosten, die den möglichen Produktivitätsgewinn der Spezialisierung schmälern (vgl. Emery 1969, S. 28 ff. und Frese 1972). Zwar lassen sich diese *Koordinationskosten* (Managementgehälter, Planungsabteilungen, Erarbeitung von Richtlinien usw.) kaum exakt messen, grundsätzlich gilt jedoch, daß mit zunehmender Spezialisierung der Koordinationsbedarf steigt, Spezialisierung also auch in dieser Hinsicht teuer wird.

Spezialisierung ist allerdings nicht immer mit einer *Dequalifizierung der Arbeit* verbunden. In vielen Organisationen gibt es Stellen, die hoch spezialisiert sind, aber dennoch eine hohe Qualifikation erfordern: juristische Beratung in Unternehmungen, Marktforschungsstellen, Stellen für Planungsexperten, Stellen für Fertigungsorganisation usw. Die Bildung hochqualifizierter, spezialisierter Stellen und die Einrichtung von Stellen mit niedriger Qualifikation bedingen sich zum Teil sogar gegenseitig, so paradox das klingen mag. Die Einrichtung von Fließbändern mit vielen dequalifizierten

Stellen ist eine Aufgabe, die hochqualifizierte Experten verlangt. Planung, die den Meistern und Vorarbeitern Koordinationsaufgaben abnimmt und ihre Arbeit damit u. U. auch dequalifiziert oder ihre Zahl reduziert, macht den Einsatz von Planungsexperten notwendig. Damit die Qualifikation für eine größere Zahl von Stellen vermindert werden kann, wird die Einrichtung einer geringeren Zahl hochqualifizierter Stellen erforderlich. Die Schaffung von Stellen, die eine spezifische Berufsausbildung verlangen, wird als *Professionalisierung* der Organisation bezeichnet.

Nur die Professionalisierung und nicht die Spezialisierung schlechthin führt zum Einsatz von *Spezialisten*. Noch lange nicht jedes spezialisierte Organisationsmitglied ist daher ein Spezialist. Wenn man von spezialisierten Organisationsmitgliedern oder spezialisierten Stellen spricht, so meint man damit das Ergebnis der Aufgabenverteilung in einer Organisation. Ein Arbeiter, der alle Fräsarbeiten in einem Betrieb ausführt, ist dabei ebenso spezialisiert wie ein Sozialwissenschaftler, der Marktanalysen durchführt. Wenn man hingegen von Spezialisten spricht, so meint man damit Organisationsmitglieder mit besonderen Fähigkeiten, die zumeist auch qualifizierte berufliche Bildungsabschlüsse aufzuweisen haben. Der mit Fräsarbeiten betraute Arbeiter ist in diesem Sinne kein Spezialist, wohl aber der mit Marktforschungsaufgaben betraute Sozialwissenschaftler (zum Unterschied zwischen Spezialisierung und Spezialisteneinsatz vgl. Friedmann 1956 und Tyler 1973).

(3) Spezialisierung und Abteilungsbildung

Wir haben uns bei unserer bisherigen Diskussion der Spezialisierung auf einzelne *Stellen*, d. h. auf Aufgabenkomplexe für einzelne Organisationsmitglieder, konzentriert. Solange man nur sehr kleine Organisationen wie den Schreinereibetrieb in unserem Beispiel betrachtet, ist dies ausreichend. In größeren Organisationen bezieht sich die Spezialisierung jedoch nicht nur auf einzelne Stellen, sondern auch auf *größere organisatorische Einheiten,* die mehrere Stellen umfassen. Solche organisatorischen Einheiten oder Stellenkomplexe werden in der Praxis je nach ihrer Größe *Gruppen, Abteilungen, Hauptabteilungen, Bereiche* usw. genannt. Ohne zunächst auf diese Unterschiede im einzelnen einzugehen, wollen wir die mit der Bildung größerer organisatorischer Einheiten grundsätzlich zusammenhängenden Fragen diskutieren und dabei von der *Abteilungsbildung* sprechen. Unter dem englischen Begriff „*Departmentalization*" sind diese Fragen schon frühzeitig in der anglo-amerikanischen Managementlehre behandelt worden.

Wenn in unserem Schreinereibeispiel der Auftragseingang ständig steigt, so wird der Schreinermeister bald feststellen, daß er und seine fünf Gesellen wiederum überlastet sind. Er wird dann zusätzliche Stellen für die Fertigung

bilden und auch für die von ihm bisher selbst wahrgenommenen Aufgaben
eigene Stellen schaffen. Wenn sich der Auftragseingang beispielsweise ver-
dreifacht, so wird er etwa jeder Stelle im Fertigungsbereich zwei weitere
Stellen hinzufügen, drei Stellen für Vertriebsaufgaben und jeweils eine Stelle
für Einkaufsaufgaben und eine für Verwaltungsaufgaben (Kalkulation, Rech-
nungserstellung, Buchhaltung usw.) schaffen (vgl. Abb. 3-3a und 3-3b).
Selbst wenn diese Stellen vor ihrer Festlegung kapazitätsmäßig aufeinander
abgestimmt worden sind, so ergeben sich für den Schreinermeister nun einige
Probleme, da mit zunehmender Anzahl der Stellen die Ausrichtung aller
Arbeiten auf das Organisationsziel immer schwieriger wird. Für den Schreiner wird es schwieriger, die Arbeiten der einzelnen Stelleninhaber entsprechend zu steuern und zu überwachen, und ebenso wird es für die einzelnen
Stelleninhaber schwieriger, sich untereinander abzustimmen, wenn Material
fehlt, wenn Maschinen ausfallen, wenn Aufträge geändert oder storniert
werden oder wenn andere Störungen auftreten.

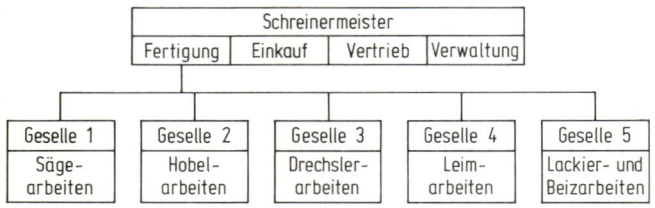

Abb. 3–3a. Spezialisierung im 6-Mann-Betrieb

Eine Möglichkeit, diese Probleme zu verringern, besteht darin, mehrere
Stellen zu größeren organisatorischen Einheiten zusammenzufassen und
ihnen eine Vorgesetztenstelle oder Leitungsstelle zuzuordnen, deren Rechte
und Pflichten sich jeweils auf den gesamten Aufgabenkomplex dieser Stellen
beziehen. Solche Stellen werden in der Organisationslehre *Instanzen* genannt
(vgl. zum Begriff etwa Schwarz 1969b), und die so gebildeten größeren
organisatorischen Einheiten werden zumeist als *Abteilungen* bezeichnet
(zum Begriff vgl. Bleicher 1969a). In unserem Beispiel würde der Schreinermeister etwa die jeweils drei gleichen Stellen in der Fertigung zu Fertigungsabteilungen zusammenfassen, die drei Stellen für Vertriebsaufgaben zu einer
Vertriebsabteilung und vielleicht auch die Stelle für Einkauf und die Stelle für
Verwaltung zu einer kaufmännischen Abteilung und ihnen jeweils eine
Instanz zuordnen. Auf diese Weise entsteht durch die Abteilungsbildung der
für Organisationen typische *pyramidenförmige, hierarchische Aufbau des
Stellengefüges* (vgl. Abb. 3-3c).

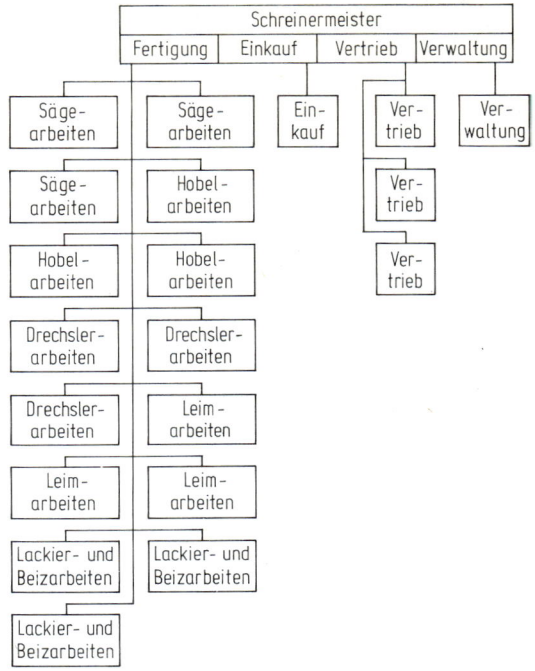

Abb. 3–3b. Spezialisierung nach der Expansion

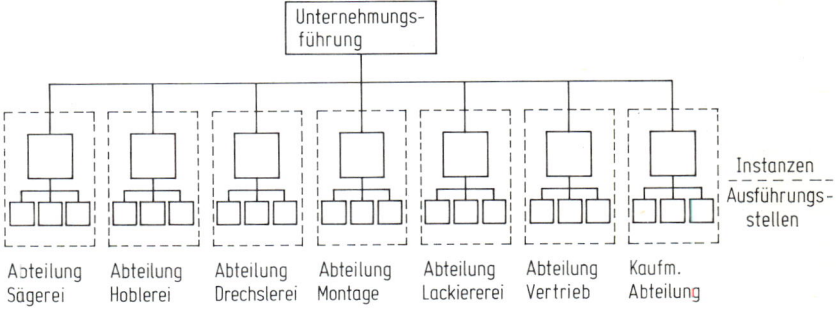

Abb. 3–3c. Abteilungsbildung in der Schreinerei

Wodurch unterscheiden sich Instanzen von anderen Stellen?

Instanzen zeichnen sich dadurch aus, daß sie *Entscheidungs-* und *Leitungs-aufgaben* beinhalten, während die übrigen Stellen vorwiegend *Ausführungs-aufgaben* durchführen. Wenn auch die Abgrenzung zwischen Entschei-dungsaufgaben und Leitungsaufgaben sowie ihre gemeinsame Unterschei-dung von Ausführungsaufgaben nicht immer leicht ist, so wollen wir diesen Unterschied doch grob skizzieren. Instanzen sind Stellen, die mit *besonderen Rechten und Pflichten* ausgestattet sind und daher auch besondere Anforde-rungen an ihre Inhaber stellen. Bei diesen Rechten und Pflichten handelt es sich um:
a) Entscheidungsbefugnisse,
b) Weisungsbefugnisse,
c) Verantwortung.

Entscheidungsbefugnisse oder *Entscheidungskompetenzen* beziehen sich auf das Recht, für die Organisation nach innen oder außen verbindliche Ent-scheidungen fällen zu dürfen. So erhält die Instanz in der Vertriebsabteilung etwa das Recht, mit Kunden verbindliche Verträge über die Lieferung von Stühlen abzuschließen und den Fertigungsabteilungen gegenüber entspre-chende Fertigungsaufträge zu erteilen, deren Mengen-, Qualitäts- und Ter-minangaben für diese Abteilung verbindlich sind, oder die Instanz in der kaufmännischen Abteilung erhält das Recht, verbindliche Verträge über den Einkauf von Holz abzuschließen und den Kunden Kredite zu gewähren.

Weisungsbefugnisse oder *Anordnungsrechte* beziehen sich demgegenüber auf das Recht, anderen Stellen bzw. ihren Inhabern vorzugeben, welche Aktivitä-ten im Rahmen der jeweiligen Stellenaufgaben konkret durchzuführen sind. So verfügen die Instanzen in den fünf Fertigungsabteilungen etwa über das Recht, den ihnen zugeordneten Arbeitern vorzuschreiben, in welcher Rei-henfolge die vorliegenden Aufträge bearbeitet werden sollen.

In beiden Fällen *delegiert* der Schreinermeister, der diese Rechte aufgrund der *Rechtsordnung in unserer Gesellschaft* ursprünglich ausschließlich selbst besaß und daher die oberste Instanz war, im Zuge der Abteilungsbildung Rechte an die neu geschaffenen Instanzen. Bei der Ausstattung der Instanzen mit Entscheidungsbefugnissen delegiert er seine *Geschäftsführungs-* und *Vertretungsrechte*, die ihm das Handels- und Gesellschaftsrecht verleihen, und bei der Ausstattung der Instanzen mit Weisungsbefugnissen delegiert er sein *Direktionsrecht*, das ihm das Arbeitsrecht zuweist.

Gleichzeitig mit diesen Rechten werden den Instanzen auch bestimmte *Pflichten* übertragen. Die Instanzen übernehmen die *Verantwortung* für die Aktivitäten innerhalb des Aufgabenbereiches *des gesamten Stellenkomplexes*, der eine Abteilung bildet. In einer Abteilung ist mit jeder Stelle die Verant-wortung für bestimmte Teilaufgaben verbunden, während die Instanz die

Verantwortung für die Gesamtheit dieser Aufgaben trägt. Die Verantwortlichkeiten richten sich dabei nach den Befugnissen, da niemand für etwas verantwortlich gemacht werden kann, auf das er wegen fehlender Befugnisse keinen Einfluß hat. Wenn die Instanzen in den Fertigungsabteilungen etwa die Kompetenz besitzen, verbindliche Entscheidungen über die Liefertermine zu fällen und den Inhabern der ihnen zugeordneten Ausführungsstellen Weisungen über die Bearbeitungsreihenfolge von Aufträgen zu geben, so tragen sie gleichzeitig auch die Verantwortung dafür, daß die Liefertermine eingehalten werden. Die Verantwortung einer Instanz erstreckt sich somit nicht nur auf die Folgen der eigenen Entscheidungen des jeweiligen Stelleninhabers, sondern auch auf die Arbeitsergebnisse der Inhaber der der Instanz zugeordneten Ausführungsstellen, d. h. auf die Aktivitäten der gesamten Abteilung. In diesem Sinne schließt die Verantwortung auch *Aufsichtspflichten* ein, die den Weisungsrechten entsprechen.

Welchen organisatorischen Zwecken dienen die Abteilungsbildung und die Einrichtung von Instanzen?

Aus organisatorischer Sicht dient die Bildung von Abteilungen als größere Verantwortungsbereiche und die Zuweisung dieser Verantwortlichkeiten zu besonderen Stellen zwei Zwecken:

a) Die Delegation von Entscheidungs- und Weisungsbefugnissen an Instanzen *entlastet die oberste Instanz unmittelbar von ihren eigenen Entscheidungs- und Leitungsaufgaben.* Die Instanzen fällen Entscheidungen, die die oberste Instanz ursprünglich selbst getroffen hat, und sie geben die zur Aufgabenerfüllung notwendigen Anweisungen an die ihnen zugeordneten Ausführungsstellen. Auch wenn die oberste Instanz ihre Gesamtverantwortung nicht vollkommen delegieren kann und daher auch weiterhin in die Entscheidungsprozesse eingeschaltet bleiben muß, so vereinfacht sich ihre Leitungsaufgabe, weil sie selbst nur noch den Instanzen gegenüber Anweisungen erteilt, die diese dann in ihren Verantwortungsbereichen weiterleiten.

b) Die Zusammenfassung von Stellen zu Abteilungen *vereinfacht die Abstimmung* zwischen den einzelnen Stellen. Durch die Abteilungsbildung entstehen *relativ geschlossene Verantwortungsbereiche*, und die Abstimmung muß nicht mehr zwischen allen einzelnen Stellen erfolgen. Abstimmungsprobleme zwischen Stellen innerhalb einer Abteilung werden von der Instanz gelöst, die für diesen Komplex verantwortlich ist, und Abstimmungsprobleme, die Stellen aus verschiedenen Abteilungen berühren, können unter den Instanzen gelöst werden, die die jeweiligen Verantwortungsbereiche repräsentieren. Insofern erfüllen die Instanzen in bezug auf die Abteilungen, für die sie die Verantwortung tragen, sowohl die Funktion eines „Innenministers" als auch die eines „Außenministers".

Da der Aspekt der Vereinfachung von Abstimmungsproblemen bereits in den *Koordinationszusammenhang* hineingreift, werden wir im nächsten Abschnitt hierauf noch ausführlicher eingehen. An dieser Stelle ist jedoch noch auf einen anderen Gesichtspunkt hinzuweisen: Bisher haben wir die Abteilungsbildung als die Zusammenfassung von Stellen zu größeren organisatorischen Einheiten gekennzeichnet, die dazu führt, daß zwischen den Ausführungsstellen und der obersten Instanz *eine* weitere hierarchische Ebene geschaffen wird. Die Grundgedanken, die hinter der Abteilungsbildung stehen, können mit zunehmender Größe von Organisationen jedoch auch dazu führen, daß insgesamt mehr als drei Ebenen entstehen. Wenn sehr viele Stellen gegeben sind, so kann es sinnvoll werden, diese Stellen zunächst zu kleineren Einheiten zusammenzufassen und diese selbst wiederum zu mehreren größeren Einheiten zusammenzufassen usw. *Der Prozeß der Abteilungsbildung beschränkt sich also nicht auf einen einzigen Akt der Zusammenfassung.* Der Schreinermeister mag etwa mit der Zeit feststellen, daß die Koordination der ihm unterstellten fünf Fertigungsabteilungen untereinander sowie mit den übrigen Abteilungen für Vertrieb und kaufmännische Verwaltung dadurch vereinfacht werden kann, daß er diese fünf Abteilungen selbst wiederum zu einem einzigen großen Verantwortungsbereich zusammenfaßt, dem eine Instanz vorsteht, die für die Gesamtheit aller Fertigungsaufgaben verantwortlich ist. Diese Umstrukturierung kann dadurch erfolgen, daß die bisherigen fünf Abteilungen nunmehr *Gruppen* genannt und zu einer neuen, größeren Fertigungsabteilung zusammengefaßt werden (vgl. Abb. 3-3d). Auf diese Weise wird der Fertigungsbereich tiefer untergliedert als die anderen Abteilungen. Wir halten also fest, daß Abteilungen nicht nur durch die Zusammenfassung von Stellen, sondern auch durch die Zusammenfassung von Stellenkomplexen entstehen können. Die Abteilungsbildung kann also auch eine *mehrstufige hierarchische Gliederung des Stellengefüges* ergeben.

Der in diesem Zusammenhang verwendete Begriff „*Hierarchie*" bedarf dabei noch einer Erläuterung, da er sehr leicht mißverstanden werden kann. Es geht um die Frage, ob die Spezialisierung in Form der Abteilungsbildung zwangsläufig zu einer hierarchischen Struktur führt.

Wenn die Aufgaben auf Stellen verteilt und diese Stellen zu Stellenkomplexen (Gruppen, Abteilungen usw.) zusammengefaßt werden, so entstehen durch diese Zusammenfassung unterschiedlich große Verantwortungsbereiche, die hierarchisch strukturiert sind. Das Stellengefüge ist dann insofern hierarchisch strukturiert, als größere Verantwortungsbereiche (wie z. B. Abteilungen) kleinere Verantwortungsbereiche (wie z. B. Gruppen) *umschließen* und diese kleineren Verantwortungsbereiche selbst wiederum aus mehreren noch

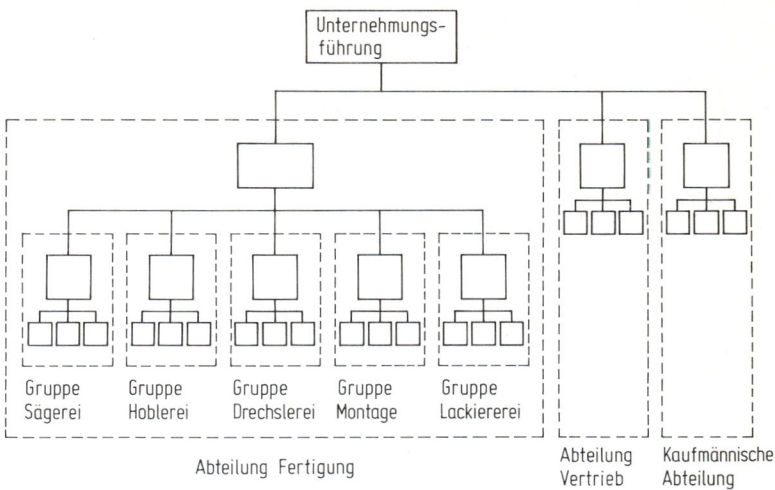

Abb. 3–3d. Mehrstufige Abteilungsbildung in der Schreinerei

kleineren Verantwortungsbereichen (Stellen) zusammengesetzt sind. Soweit liegt lediglich eine *Hierarchie von Stellenaufgaben* vor. Daran ändert auch die Tatsache nichts, daß die größeren Verantwortungsbereiche nicht einfach durch die Summe ihrer Elemente gebildet werden, sondern zusätzlich noch eine besondere Stelle, eine Instanz, beinhalten, die den jeweiligen Verantwortungsbereich insgesamt repräsentiert.

Erst wenn diese Instanzen auf Dauer mit bestimmten Personen besetzt werden, die berechtigt sind, den einzelnen Stelleninhabern innerhalb des Stellenkomplexes Anweisungen zu geben und ihre Aufgaben zu beaufsichtigen, entsteht eine *Personenhierarchie,* in der einzelne Organisationsmitglieder grundsätzlich und dauerhaft *Vorgesetztenpositionen* und andere *Untergebenenpositionen* einnehmen. Erst durch die Art der *Stellenbesetzung* entstehen die Unter- und Überordnungsbeziehungen zwischen Stelleninhabern, die oft allein mit dem Begriff „Hierarchie" gemeint werden. In unseren vorangegangenen Ausführungen haben wir jedoch fast ausschließlich die *hierarchische Struktur des Stellengefüges* behandelt. Der dabei möglicherweise entstandene Eindruck, daß diese Stellen auch auf Dauer mit Abteilungsleitern oder Gruppenleitern besetzt werden, die ihren Untergebenen Weisungen erteilen und sich untereinander abstimmen, muß daher korrigiert werden. Die Besetzung der Instanzen kann auch dadurch erfolgen, daß die Gesamtheit der Stelleninhaber innerhalb einer Gruppe oder Abteilung diese Funktionen wahrnimmt. Die Organisationslehre spricht bei der Besetzung

einer Instanz mit mehreren Personen von *Pluralinstanzen*. Oder die Besetzung erfolgt dadurch, daß der Inhaber einer einzelnen Stelle innerhalb der
jeweiligen Gruppe oder Abteilung für eine bestimmte Zeit zum Stelleninhaber der Instanz gewählt wird und die Funktionen der Instanz entweder neben
seinen sonstigen Aufgaben wahrnimmt oder für die Dauer dieses Amtes von
seinen ursprünglichen Aufgaben entlastet wird. Mit diesen Möglichkeiten
sind Fragen der *Willensbildung* (insbesondere Mitbestimmung und Demokratisierung) und der *Koordinationsmechanismen* angesprochen, auf die wir
im nächsten Abschnitt ausführlicher eingehen werden. Hier gilt es festzuhalten, daß Abteilungsbildung zunächst nur zu einem *hierarchisch strukturierten
Stellengefüge* führt, das in der Realität zwar häufig, aber nicht zwangsläufig
auch mit einer Personenhierarchie verbunden ist, sondern auch demokratischen Formen der Willensbildung und -durchsetzung grundsätzlich zugänglich ist.

3.2.1.2. Der Umfang der Spezialisierung

Nach diesen grundsätzlichen Ausführungen zur Spezialisierung wollen wir
uns nun der Frage zuwenden, inwiefern sich Organisationen hinsichtlich
ihrer Spezialisierung unterscheiden können. Wie die bisher angesprochenen
Beispiele gezeigt haben, besteht ein wesentlicher Unterschied in dem jeweils
realisierten *Umfang* oder *Ausmaß der Spezialisierung*. Da sich die Spezialisierung sowohl auf die Gesamtmenge der einzelnen Stellen als auch auf die
Anzahl der größeren organisatorischen Einheiten (Abteilungen, Gruppen
usw.) bezieht, müssen wir bei der konkreten Feststellung des Umfanges der
Spezialisierung zwischen der *Stellenspezialisierung* und der *Abteilungsspezialisierung* unterscheiden. In beiden Fällen verstehen wir unter Spezialisierung
den Tatbestand, daß organisatorische Einheiten ausschließlich bestimmte
Aufgaben wahrnehmen, die sonst von keiner anderen Einheit wahrgenommen werden. Der Umfang der Spezialisierung ergibt sich dann als die Anzahl
der in einer Organisation existierenden spezialisierten organisatorischen Einheiten.
So wie wir in unseren bisherigen Beispielen die einzelnen Entwicklungsstufen
der Schreinerei durch einen unterschiedlichen Umfang in der Stellen- und
Abteilungsspezialisierung kennzeichnen können, ist es auch möglich, verschiedene Organisationen zu einem Zeitpunkt durch solche Unterschiede
voneinander abzugrenzen. Dann muß allerdings von den konkreten Aufgabeninhalten der einzelnen Stellen oder Abteilungen abstrahiert werden.
Wenn wir unsere Schreinerei mit ihren fünf Fertigungsabteilungen einem
Betrieb gegenüberstellen, der Maschinen herstellt und ebenfalls über fünf
Fertigungsabteilungen für die einzelnen Fertigungsabschnitte verfügt, so ist

festzustellen, daß beide Organisationen in dieser Hinsicht den gleichen Umfang an Spezialisierung aufweisen.

Eine solche Aussage ist aber unvollständig. Wir müssen auch die *Art der Spezialisierung* bei Vergleichen zwischen Organisationen berücksichtigen.

3.2.1.3. Die Art der Spezialisierung

Kehren wir noch einmal zu den vier beispielhaft genannten Möglichkeiten der Bildung von Stellen für die fünf Schreinergesellen zurück, die am Anfang von Abschnitt 3.2.1.1. skizziert worden sind. Den Unterschied zwischen dem Fall (b) und dem Fall (d) können wir nun als einen *Unterschied im Umfang der Spezialisierung* kennzeichnen. Im Fall (b) entstehen insgesamt vier verschiedene Stellen – ohne die des Meisters –, im Fall (d) hingegen fünf verschiedene Stellen. Zwischen den Fällen (c) und (d) besteht in dieser Hinsicht *kein Unterschied*, und dennoch ist festzustellen, daß die Spezialisierung in beiden Fällen sehr voneinander abweicht.

Worin besteht der Unterschied in der Spezialisierung der Fälle (c) und (d)?

Der Unterschied zwischen den beiden Möglichkeiten besteht nicht im Umfang, sondern in der *Art der Spezialisierung*. Wenn alle Sägearbeiten, Hobelarbeiten usw. zu jeweils einer Stelle zusammengefaßt werden, so spricht man von einer *Spezialisierung auf Verrichtungen* oder einer *Verrichtungszentralisation;* wenn hingegen alle Tätigkeiten, die sich auf einzelne Produktteile oder Produkte wie Stuhlbeine, Sitzflächen bzw. Stühle, Tische usw. beziehen, jeweils zu einer Stelle zusammengefaßt werden, so liegt eine *Spezialisierung auf Objekte* oder eine *Objektzentralisation* vor.

Diese beiden Arten der Spezialisierung finden nun nicht nur Anwendung bei der Zusammenfassung von Teilaufgaben zu Stellen *(Stellenspezialisierung)*, sondern auch bei der Zusammenfassung von Stellen zu größeren organisatorischen Einheiten *(Abteilungsspezialisierung)*. Die Abteilungen, die in der Schreinerei im Zuge ihres Wachstums gebildet wurden, sind dadurch entstanden, daß Stellen, die sich auf gleiche *Verrichtungen*, wie Fertigung, Vertrieb sowie Einkauf und Verwaltung, beziehen, zu jeweils einer Abteilung zusammengefaßt worden sind (vgl. Abb. 3-3c). Innerhalb des Fertigungsbereiches hat das Verrichtungsprinzip sogar mehrfach Anwendung gefunden. Die Fertigungsabteilung selbst ist aufgrund einer Verrichtungszentralisation entstanden, und auch die einzelnen Gruppen innerhalb dieser Abteilung sind nach diesem Prinzip geschaffen worden, d. h. auch sie beziehen sich auf bestimmte Verrichtungen. Eine Alternative hätte darin bestanden, nicht

Gruppen für Sägearbeiten, für Hobelarbeiten, für Drechslereiarbeiten usw.
zu bilden, sondern Gruppen für die Fertigung von Stuhllehnen, von Sitzflächen, von Stuhlbeinen zu schaffen. Die in solchen Gruppen zusammengefaßten Stellen hätten dann vielleicht auf einzelne Verrichtungen spezialisiert
werden können.

Aus diesem Beispiel wird deutlich, daß beide Arten der Spezialisierung *auf
jeder Gliederungsebene* angewendet werden können. Wenn die Schreinerei
nicht nur Stühle, sondern auch Tische, Polstermöbel, Gartenmöbel und
Büromöbel herstellen würde, so könnten sogar die Abteilungen als größte
organisatorische Einheiten nach dem Objektprinzip gebildet werden.

(1) Spezialisierungsart und Strukturtypen

Die beiden herausgestellten Arten der Spezialisierung sind schon in den
frühen Ansätzen der Organisationslehre als organisatorische Gliederungsprinzipien unterschieden worden (vgl. Gulick und Urwick 1939, die von
einer Spezialisierung nach *Prozessen* und *Zwecken* sprechen). Auf ihrer Basis
sind in neueren Ansätzen auch *Strukturtypen* gebildet worden, die Organisationsstrukturen durch die Art der Spezialisierung bei der Bildung der größten
organisatorischen Einheiten kennzeichnen. Wenn die Unternehmensführung
aus einer einzelnen Instanz besteht, so werden diese Strukturtypen nach der
Spezialisierung auf der *zweitobersten Hierarchieebene des Stellengefüges*
gebildet. Wenn sie hingegen wie in einer Aktiengesellschaft aus mehreren
Instanzen besteht, so setzt die Unterscheidung oft bereits auf der obersten
Ebene an. Der erste Typ wird *funktionale Organisationsstruktur* genannt und
liegt vor, wenn die größten organisatorischen Einheiten nach dem Verrichtungsprinzip gebildet werden. Sind sie hingegen nach dem Objektprinzip
gebildet, so liegt der zweite Typ vor, der *divisionale Organisationsstruktur*
oder *Spartenorganisation* genannt wird. Im ersten Fall heißen die größten
organisatorischen Einheiten *Funktionsbereiche*, im zweiten Fall heißen sie
Divisionen oder *Sparten*.

Abb. 3–4 verdeutlicht die Unterscheidung zwischen diesen beiden Strukturtypen am Beispiel einer Unternehmung aus der Nahrungsmittelindustrie.

Aufgrund unserer Ausführungen zum Schluß des zweiten Kapitels müßten
Sie bei der Erwähnung von Struktur-*Typen* an dieser Stelle kritisch aufmer-
ken. Wir müssen uns ja stets fragen, ob Typen wirklich wichtige Unterschiede in der Realität herausstellen und ob sie die Realität nicht allzu sehr
vereinfachen.

> Kennzeichnet die Unterscheidung zwischen einer funktionalen und
> einer divisionalen Struktur die Art der Spezialisierung in der gesamten
> Organisation vollständig und eindeutig?

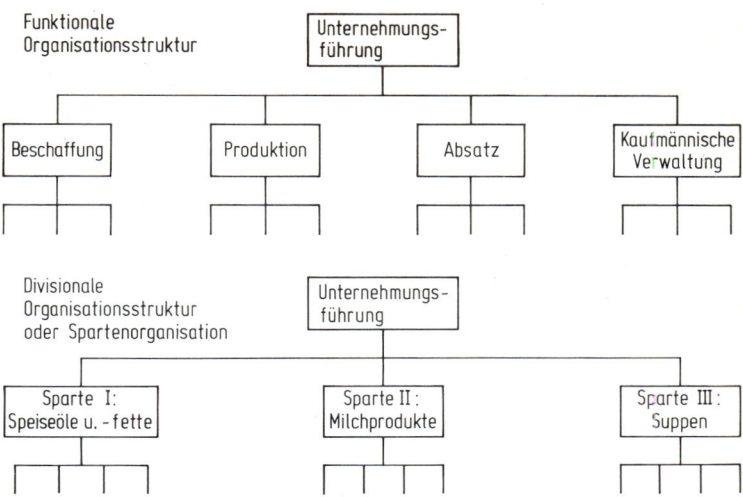

Abb. 3–4. Strukturtypen auf der Basis der Spezialisierungsart

Die Unterscheidung zwischen einer funktionalen und einer divisionalen Organisationsstruktur ist eine *idealtypische Unterscheidung*. Sie kennzeichnet die Art der Spezialisierung in der gesamten Organisation nur unvollkommen und keineswegs eindeutig.

– Da sich die Unterscheidung nur auf die Bildung der größten organisatorischen Einheiten, d. h. in der Regel auf die Aufgabeninhalte der Instanzen auf der zweiten hierarchischen Ebene, bezieht, bleibt die Aufgabenverteilung von der dritten Ebene an abwärts dabei undefiniert. Insofern wird die Spezialisierung in der gesamten Organisation durch diese Unterscheidung nur unvollständig erfaßt. Mit ihrer Hilfe kann bestenfalls etwas über die *Abteilungsspezialisierung,* nicht aber etwas über die *Stellenspezialisierung* ausgesagt werden. Wenn die Verantwortungsbereiche auf der nächst tieferen Ebene nach dem jeweils alternativen Merkmal gebildet werden, so ergeben sich dort insgesamt identische Stellen oder Stellenkomplexe, die nur unterschiedlich zusammengefaßt sind. Die *Abteilungsspezialisierung* ist dann unterschiedlich, die *Stellenspezialisierung* hingegen gleich (vgl. Abb. 3–5).

– Hinzu kommt, daß die Ausprägungen der Kriterien nicht definiert sind. Für welche Funktionen und Objekte eigene Stellen oder Abteilungen gebildet werden sollen, bleibt unbestimmt. Das Objektprinzip ist sogar mehrdimensional, da jedes Objekt der Leistungserstellung *gleichzeitig*

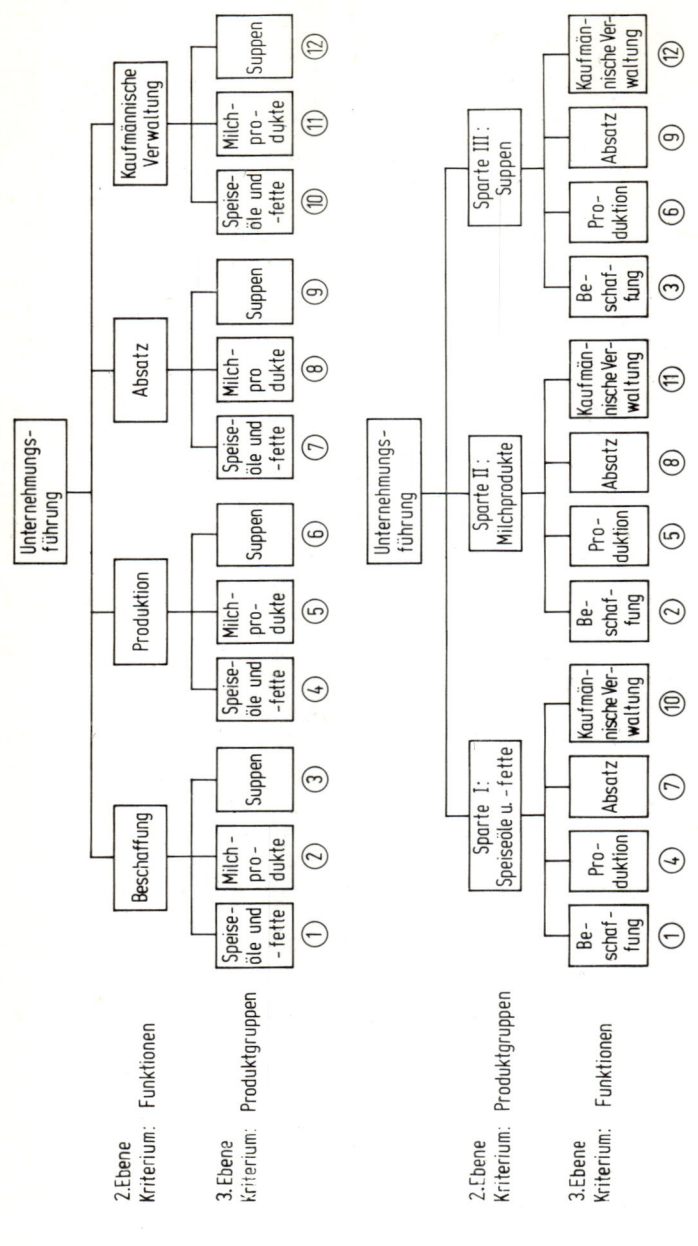

Abb. 3–5. Identität der Stellenaufgaben bei unterschiedlicher Gliederung

durch eine bestimmte *Produktart,* eine bestimmte *Kundengruppe* und eine
bestimmte *Region* gekennzeichnet ist. Wie das in Abb. 3–6 wiedergegebene Beispiel zeigt, kann daher kaum von einer *einheitlichen Objektgliede-
rung* gesprochen werden.

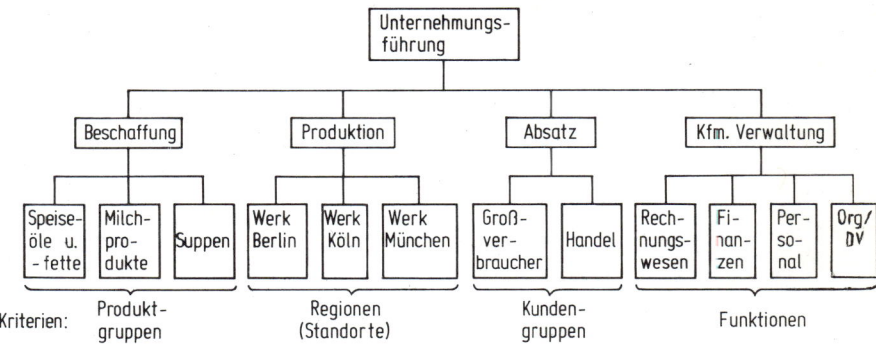

Abb. 3–6. Kombination unterschiedlicher Dimensionen des Objektprinzips

– Schließlich beruht die Typenbildung auf der Annahme, daß auf jeder
Gliederungsebene stets nur *ein Prinzip* (Verrichtung *oder* Objekt) konsequent angewendet wird. Viele Unternehmungen wenden jedoch auf der
zweiten Ebene und erst recht auf der dritten Ebene *beide* Prinzipien
nebeneinander an, so daß in der Praxis *Mischformen* dominieren (vgl. Abb.
3–6 und 3–7). Damit wird eine eindeutige Zuordnung konkreter Organisationsstrukturen zu einem der beiden Typen erschwert und oft sogar
unmöglich.

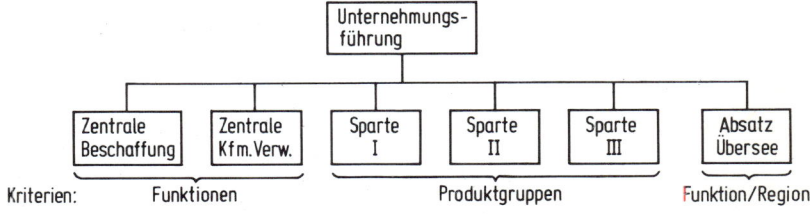

Abb. 3–7. Anwendung mehrerer Kriterien auf derselben Gliederungsebene

Trotz dieser Einwände ist die idealtypische Unterscheidung zwischen funktionalen und divisionalen Strukturtypen nicht unwichtig. Die Aussagen müssen nur entsprechend *relativiert* werden: Die Unterscheidung spiegelt *die Tendenz der Art der Spezialisierung bei der Bildung der größten organisatorischen Einheiten* wider. Khandwalla (1976) bezeichnet diesen Aspekt dementsprechend als *Suprastruktur*. Wohlgemerkt handelt es sich dabei nur um einen Teilaspekt der Art der Spezialisierung in der gesamten Organisation. Wenn wir weiter unten die Möglichkeiten der Messung von Strukturdimensionen behandeln, so müssen wir diesem Umstand Rechnung tragen und auch versuchen, die in der Praxis existierenden Mischformen mit unseren Instrumenten zu erfassen. Um die Entwicklung geeigneter Maße vorzubereiten, wollen wir hier noch näher auf die *Gründe* und *Kriterien* für die Bildung unterschiedlicher Suprastrukturen eingehen. Eine solche Analyse vermag wichtige Aspekte aufzuzeigen, die hinter der Wahl für die eine oder andere Spezialisierungsart stehen und an denen die Entwicklung von Maßen vielleicht ansetzen kann.

(2) Gründe und Kriterien für die Wahl zwischen Strukturtypen

In der Diskussion der Gründe und Kriterien für die Wahl der Spezialisierungsart in Form der beiden genannten Strukturtypen lassen sich in der Literatur drei Richtungen unterscheiden:
- die Wahl der Spezialisierungsart aufgrund genereller Vor- und Nachteile der Strukturtypen;
- die Wahl der Spezialisierungsart nach dem Kriterium der Ähnlichkeit zwischen den gebildeten organisatorischen Einheiten;
- die Wahl der Spezialisierungsart nach dem Kriterium der Interdependenzen zwischen den gebildeten organisatorischen Einheiten.
Mit diesen drei Richtungen wollen wir uns nun etwas näher beschäftigen

a) Die Diskussion genereller Vor- und Nachteile verschiedener Spezialisierungsarten

Die Diskussion von Vor- und Nachteilen verschiedener Spezialisierungsarten setzt vornehmlich bei den *Typen* der funktionalen und divisionalen Organisationsstruktur an. Eine Auflistung von Vor- und Nachteilen der divisionalen Struktur gegenüber der funktionalen gibt Tab. 3–1 (nach Hill u. a. 1974, S. 233; eine detaillierte Diskussion findet sich bei Walker und Lorsch 1968, Grochla 1972 und 1975b, Fuchs-Wegner und Welge 1974 sowie Welge 1975).

	Vorteile der divisionalen Struktur	Nachteile der divisionalen Struktur
Kapazitäts-aspekt	– Entlastung der Leitungsspitze – Entlastung der Kommunika-tionsstruktur (zwischen den Divisionen)	– Größerer Bedarf an qualifi-zierten Leitungskräften
Koordina-tions-aspekt	– Geringe Interdependenz der Subsysteme – Klar getrennte Verantwor-tungsbereiche – Transparenz der Struktur – Leichte Anpassung der Subsy-steme	– Bedarf nach aufwendigen Koordinationsmechanismen – Notwendigkeit zusätzlicher zentraler Koordinationsstellen – Notwendigkeit getrennter Er-folgskontrollen
Aspekt der Entschei-dungs-qualität	– Nach Produkten, Abnehmern oder Regionen spezifisch ange-paßte Entscheidungen – Kenntnis der spezifischen Um-weltbedingungen – Schnellere Anpassungsentscheidungen an Marktveränderungen – Mehr integrierte, problem-orientierte Entscheidungen	– Mehrfachaufwand in bezug auf Zweckbereiche – Gefahr des Verlustes einer ein-heitlichen Politik des Gesamt-systems – Gefahr der Suboptimierung der Subsysteme (Eigeninteresse, kurzfristiger Erfolgsausweis)
Personen-bezogener Aspekt	– Bessere Entfaltungsmöglich-keiten für Nachwuchskräfte, da weniger funktional speziali-siert – Ganzheitliche Leitungsauf-gaben, direktere Beziehung zum eigenen Beitrag – Personelle Autonomie der Sub-systeme	– Geringere Integration des Ge-samtpersonals – Geringere Beziehung zum Ge-samtsystem und seinen Zielen

Tab. 3-1. Vor- und Nachteile der divisionalen Organisationsstruktur (nach Hill u. a. 1974, S. 187).

Ist eine solche Gegenüberstellung von generellen Vor- und Nachteilen in der Lage, praktische Gestaltungshilfe zu leisten?

Hill u. a., von denen die obige Tabelle stammt, weisen selbst darauf hin, daß das Ausmaß, in dem die Vor- und Nachteile in realen Organisationsstruktu-ren zur Geltung kommen, von den *spezifischen Bedingungen* der jeweiligen

Organisation abhängt (1974, S. 186). Hinzu kommt, daß die Strukturtypen, wie bereits betont, in der Realität höchst selten in reiner Form auftreten. In der Praxis dominieren *Mischtypen,* und der Praktiker muß daher die Vor- und Nachteile in bezug auf Mischtypen *und* Bedingungen relativieren. Für diese Relativierung wird keine exakte Vorgehensweise geliefert.

b) Das Kriterium der Ähnlichkeit zwischen den gebildeten organisatorischen Einheiten

Hinter der Empfehlung, das *Kriterium der Ähnlichkeit* bei der Wahl der Spezialisierungsart anzuwenden, steht die folgende Überlegung: Je größer die Verschiedenartigkeit der Aufgaben ist, die eine Person oder eine Abteilung auszuführen hat, um so mehr Probleme muß sie bewältigen, um so höher ist die Komplexität ihrer Aufgabe. Weder das Objekt- noch das Verrichtungskriterium kann für sich in Anspruch nehmen, *von vornherein* auf die Aufgabenverteilung hinzuweisen, die mit der geringsten Komplexität verbunden ist.

Zwei Beispiele, eines auf die Stellenbildung, das andere auf die Abteilungsbildung bezogen, sollen dieses Problem illustrieren:

> An zwei Arten von Werkstücken sind sowohl Bohr- als auch Fräsverrichtungen vorzunehmen. Die anfallenden Arbeiten füllen auf jeden Fall zwei Stellen aus. Die beiden Möglichkeiten der Stellenbildung sind: ein „Fräser" und ein „Bohrer", die jeweils für beide Werkstücke zuständig sind, oder eine Stelle, die am Werkstück 1 sowohl Fräs- als auch Bohrverrichtungen vornimmt, und eine Stelle, die diese beiden Verrichtungen am Werkstück 2 ausführt. Die Lösung, bei der die Unterschiede der Verrichtungen für die einzelne Stelle am geringsten sind, wird als die günstigste angesehen. Das muß nicht die erste der beiden vorgeschlagenen Lösungen sein. U. U. sind die beiden Werkstücke so unterschiedlich, daß mit der zweiten Lösung eine weniger komplexe Aufgabenverteilung herbeigeführt wird.

Auf die *Abteilungsbildung* bezogen, kann sich etwa das folgende Problem ergeben:

> Die bereits erwähnte Unternehmung der Nahrungsmittelindustrie stellt drei Produktgruppen her und verkauft diese an Einzelhändler, Handelsketten, Großhändler und Großverbraucher (Kantinen, Krankenhäuser, Gefängnisse usw.) im gesamten Bundesgebiet. Wenn nun der Absatzbereich untergliedert werden soll, indem umsatzverantwortliche Verkaufsleiter eingesetzt werden sollen, so kann dies nach den Kriterien Produktgruppe, Kundengruppe oder Region erfolgen. Im ersten Fall wäre ein Verkaufsleiter für den Absatz einer Produktgruppe an alle Kundengruppen im gesamten Bundesgebiet verantwortlich, im zweiten Fall für den Absatz aller Produkte an eine bestimmte Kundengruppe im gesamten Bundesgebiet und im dritten Fall für den Absatz aller Produkte an alle Kundengruppen in einer bestimmten Region. Welche Verteilung von Aufgaben und Verantwortlichkeiten würde zur Zusammenfassung der einander am

meisten ähnlichen Teilaufgaben führen? Bei welcher Art der Abteilungsbildung entstehen Abteilungen, deren Aufgaben in sich homogen sind, die möglichst gleichartige Anforderungen an die Abteilungen stellen?

Konkret: Ist es schwieriger, gleiche Produkte an unterschiedliche Kunden in unterschiedlichen Regionen zu verkaufen, oder ist es schwieriger, unterschiedliche Produkte an die gleichen Kunden in unterschiedlichen Regionen zu verkaufen, oder fallen letztlich die regionalen Unterschiede entscheidend ins Gewicht? – In unserem Beispiel waren Praktiker der Meinung, daß die Unterschiede zwischen den einzelnen Kundengruppen die entscheidenden seien. Die Produkte seien relativ ähnlich, und die verschiedenen Regionen des Bundesgebietes würden keine unterschiedlichen Absatzprobleme aufwerfen. Handelsketten müßten jedoch ganz anders behandelt werden als Einzelhändler und diese wiederum ganz anders als Großverbraucher. Daher unterteilte man den Absatzbereich nach Kundengruppen.

Das Kriterium der Ähnlichkeit ist auf den ersten Blick einleuchtend; bei näherer Betrachtung stellen sich jedoch *zwei Probleme* heraus: Das Streben nach möglichst homogenen organisatorischen Einheiten *kann* dazu führen, daß die Arbeit der entsprechenden Stelleninhaber tendenziell *monoton* wird. Dies gilt insbesondere dann, wenn die Zusammenfassung von Teilaufgaben zu *Stellen* nach diesem Kriterium erfolgt. In dem ersten der beiden angeführten Beispiele wird dies deutlich: Die Bearbeitung unterschiedlicher Werkstücke durch eine Stelle würde dem Kriterium der Ähnlichkeit widersprechen, sie würde die Arbeit des Stelleninhabers jedoch abwechslungsreicher und damit vielleicht auch interessanter machen. Wenn diese Tendenz zur Erzeugung monotoner Arbeit bei der Bildung von größeren organisatorischen Einheiten wahrscheinlich auch geringer ist als bei der Stellenbildung, so ist auf jeden Fall festzuhalten, daß die Anwendung des Kriteriums der Ähnlichkeit auf der nicht näher hinterfragten Annahme beruht, daß die Zusammenfassung gleicher Tätigkeiten *grundsätzlich* zweckmäßig ist. Das zweite Problem besteht darin, daß die Ähnlichkeit innerhalb verschiedener organisatorischer Einheiten bisher nicht exakt bestimmt werden kann. Oft mag dies zwar evident sein, das Kriterium ist gegenwärtig jedoch noch *nicht operational*.

c) Das Kriterium der entstehenden Interdependenzen zwischen den geschaffenen organisatorischen Einheiten

Wenn wir davon ausgehen, daß die Bildung von organisatorischen Teilbereichen auch der Abgrenzung klarer *Verantwortungsbereiche* dienen soll, so kommt es entscheidend darauf an, daß die jeweils verantwortlichen Organisationsmitglieder ihre Handlungsergebnisse auch weitgehend *beeinflussen* können. Die Beeinflußbarkeit von Ergebnissen hängt stark davon ab, inwieweit die eigenen Handlungen von den Handlungen anderer bestimmt werden. Dadurch, daß alle Teilaufgaben aus der Gesamtaufgabe abgeleitet sind, bestehen grundsätzlich zwischen allen Teilaufgaben *Abhängigkeiten* oder *Interdependenzen*. Die Intensität oder das Ausmaß dieser Interdependenzen zwischen den einzelnen Teilaufgaben und den für sie zuständigen organisatorischen Einheiten kann jedoch in Abhängigkeit von der gewählten Spezialisierungsart erheblich variieren. Gulick und Urwick (1937) haben schon sehr früh darauf hingewiesen, daß bei einer Abteilungsbildung nach dem Objektprinzip die Abhängigkeiten zwischen den geschaffenen Abteilungen tendenziell geringer sind als bei einer Abteilungsbildung nach dem Verrichtungsprinzip. March und Simon sprechen davon, daß eine Gliederung nach Produktgruppen zu relativ selbständigen, *quasiautonomen* organisatorischen Einheiten führt (vgl. March und Simon 1958, S. 28; Galbraith 1973, S. 16 f.). Die Sparten in einer divisional gegliederten Gesamtorganisation sind mit den wichtigsten Funktionen ausgestattet und nehmen oft nur noch wenige zentrale Dienstleistungen in Anspruch. Ansonsten handelt es sich bei ihnen um weitgehend selbständige Gliedbetriebe in der Gesamtorganisation. Interdependenzen, die sich in einer funktional gegliederten Unternehmung zwischen den großen betrieblichen Teilbereichen ergeben, bleiben in einer divisional gegliederten Gesamtorganisation auf die einzelnen Divisionen beschränkt. Die Einrichtung solcher relativ autonomen Einheiten ist die Voraussetzung dafür, daß Spartenleiter für die Umsatz- und Gewinnergebnisse ihrer Sparte verantwortlich gemacht werden können. Bei funktionaler Gliederung ist dies nicht möglich, da sich der Absatzleiter beispielsweise darauf berufen kann, die Produktion habe nicht termingerecht geliefert oder der Einkauf habe nicht rechtzeitig bestellt.

> Wie können die Auswirkungen der Spezialisierungsart auf die Stärke der Interdependenzen zwischen den entstehenden Teilbereichen erfaßt werden?

Die bekannteste Definition *verschiedener Arten von Interdependenzen* stammt von Thompson (1967, S. 54 f.). Er unterscheidet drei Arten, die in der Reihenfolge ihrer Nennung an Intensität zunehmen:

- *Gepoolte Interdependenzen,* die immer dann entstehen, wenn mehrere Einheiten auf eine begrenzte Menge von Ressourcen angewiesen sind; ein solcher Pool erzeugt *mittelbare Abhängigkeiten,* da ein höherer Anteil für eine Einheit zwangsläufig die Anteile der übrigen Einheiten reduziert. Betrachtet man das Kapital einer Unternehmung als begrenzte Ressource, so bestehen zumindest in dieser Hinsicht zwischen *allen* betrieblichen Einheiten gepoolte Interdependenzen.
- *Sequentielle Interdependenzen,* die immer dann gegeben sind, wenn organisatorische Einheiten im Leistungsprozeß hintereinander geschaltet wer-

den. Mit Ausnahme der ersten Einheit sind alle übrigen Einheiten auf Vorleistungen anderer Einheiten angewiesen, da der Output einer jeden Einheit zum Input für die jeweils nächste Einheit wird. Die nachgelagerten Einheiten sind davon abhängig, daß die Vorleistungen zeitlich und qualitativ so erstellt werden, daß ihre eigene Aufgabenerfüllung nicht beeinträchtigt wird.

– *Reziproke Interdependenzen*, die vorliegen, wenn zwischen zwei Einheiten ein gegenseitiger Leistungsaustausch besteht; wenn jede Einheit Input für die andere Abteilung produziert.

Mit dieser Unterscheidung erhalten wir zwar einen ersten Einblick in die Abhängigkeiten zwischen organisatorischen Teilbereichen; die Unterscheidung ist jedoch noch relativ global, und die einzelnen Merkmalsausprägungen sind auch nicht operational definiert. Ein Ansatz zur Operationalisierung der Interdependenzen in bereits bestehenden Organisationen besteht darin, die einzelnen Stelleninhaber nach dem Ausmaß ihrer materiellen, informationellen und zeitlichen Abhängigkeit von anderen bereichsinternen und bereichsexternen Stellen zu fragen (vgl. Kubicek 1975b, S. 41 und 310 ff.) oder die materiellen und informationellen Austauschbeziehungen direkt zu erfassen. Diese Operationalisierungen können zwar auch noch nicht recht befriedigen, weil die Austauschbeziehungen den verschiedenen Interdependenzen nicht ohne weiteres zugeordnet werden können, grundsätzlich sind wir jedoch der Überzeugung, daß die Bestimmung der Art der Arbeitsteilung über die Interdependenzen eher möglich ist als über die Ähnlichkeit oder Unterschiedlichkeit zwischen den Teilaufgaben. Im Hinblick auf die Analyse des Zusammenhanges zwischen Arbeitsteilung und Koordination ist der Interdependenzaspekt zweifelsohne auch wichtiger.

Zusammenfassend wollen wir festhalten, daß es gegenwärtig nicht möglich ist, die Art der Arbeitsteilung unter Hervorhebung der inhaltlichen Differenzierung von Teilaufgaben in allgemeingültiger Weise festzuhalten und daß eine Erfassung über organisatorische Wirkungen (Ähnlichkeiten bzw. Interdependenzen) noch weiterer Operationalisierungsbemühungen bedarf.

3.2.2. Koordination

Die Arbeitsteilung erzeugt einen *Koordinationsbedarf*. Durch die Aufteilung der Gesamtheit der zur Leistungserstellung notwendigen Aktivitäten auf eine größere Anzahl von Mitgliedern überblickt der Einzelne in der Regel nicht mehr alle Aktivitäten. Andererseits dient seine individuelle Leistung nur dann voll der Erreichung des Organisationszieles, wenn andere ihm in bestimmter Weise zuarbeiten, mit ihm zusammenarbeiten, und wenn er selbst wiederum anderen in einer bestimmten Weise zuarbeitet. Aus der

Arbeitsteilung resultieren *arbeitsbezogene Abhängigkeiten (Interdependenzen)* zwischen den auf Teilaktivitäten spezialisierten Organisationsmitgliedern. Die Leistungen der einzelnen Organisationsmitglieder müssen auf die Organisationsziele ausgerichtet werden – sie sind zu koordinieren. Regelungen, die sich auf die Abstimmung arbeitsteiliger Prozesse und die Ausrichtung von Aktivitäten auf das Organisationsziel beziehen, nennen wir *Koordinationsmechanismen* oder *Koordinationsinstrumente*.

Neben der Arbeitsteilung stellt die Koordination das *zweite organisatorische Grundprinzip* dar, das alle Organisationen charakterisiert. In allen Ansätzen der Organisationstheorie spielt das Koordinationsproblem daher eine große Rolle. Manche Autoren setzen sogar Koordination und Organisation gleich (vgl. Urwick 1963, S. 35 ff.). So einig sich Organisationstheoretiker darüber sind, daß Organisationsstrukturen Regelungen zur Koordination umfassen, so groß sind die Unterschiede bei der Definition konkreter Koordinationsmechanismen (vgl. hierzu Wollnik und Kubicek 1976).

Wir wollen in diesem Abschnitt zu einer Beschreibung der Koordination gelangen, die die Voraussetzung für eine empirische Analyse des Koordinationssystems von Organisationen liefert. Dabei soll wie folgt vorgegangen werden: Zuerst wird eine generelle Schilderung von Koordinationsprozessen gegeben. In einem zweiten Schritt ist zu klären, wie diese Koordinationsprozesse konkret durch Einsatz verschiedener Koordinationsinstrumente gestaltet werden können. Diese Diskussion schafft die Voraussetzungen für eine Beurteilung von Maßen, die das Koordinationssystem der Organisation erfassen.

3.2.2.1. Grundlagen der Koordination

Bei der Diskussion der *Abteilungsbildung* haben wir darauf hingewiesen, daß Abteilungen und andere größere organisatorische Einheiten auch zu dem Zweck gebildet werden, die Koordination der arbeitsteilig verteilten Aktivitäten zu erleichtern. Diese *Vereinfachung der Koordination* wird durch zwei eng zusammenhängende Maßnahmen bewirkt.

(1) Der hierarchische Charakter der Koordination

Abteilungsbildung bedeutet zum einen, daß jeweils bestimmte Stellen zu einem Verantwortungsbereich zusammengefaßt und damit von anderen Stellen getrennt werden. Diese Trennung bezeichnet Emery (1969, S. 21 ff.) als *Entkupplung*. Sie führt dazu, daß die Abstimmung nicht mehr individuell zwischen allen möglicherweise betroffenen Stellen erfolgen muß, sondern daß die *Abstimmungsprobleme gebündelt und auf der Ebene größerer Ver-*

antwortungsbereiche gelöst werden. Dadurch sinkt der Koordinationsaufwand. An unserem Schreinereibeispiel soll dies auf der Grundlage der Abb. 3–3c verdeutlicht werden.

> Die zur Abteilung Sägerei zusammengefaßten drei Stellen fertigen Holzplatten, die in den übrigen Abteilungen weiterbearbeitet werden, damit schließlich Möbelstücke entstehen. Daher müssen die Holzplatten bestimmte Maße aufweisen, und von jeder Größe ist nur eine bestimmte Anzahl herzustellen. Auch die zeitliche Reihenfolge der Fertigung einzelner Teile in den verschiedenen Abteilungen muß aufeinander abgestimmt sein. Nehmen wir an, die Schreinerei würde Stühle und Tische herstellen. Es wäre nun sicher nicht zweckmäßig, wenn die Sägerei zunächst eine größere Menge von Platten für Sitzflächen von Stühlen herstellen und erst einige Tage später Tischplatten sägen würde, während die Drechslerei zuerst Tischbeine und dann erst Stuhlbeine fertigt. In der Montageabteilung häufen sich dann die Sitzflächen und Tischbeine, ohne daß ein einziges Möbelstück montiert werden kann.
>
> Diese Abstimmungsprobleme werden aufgrund der Abteilungsbildung insofern *gebündelt,* als sich nicht mehr jede Stelle mit jeder anderen Stelle über jedes einzelne Möbelstück abstimmt, sondern indem nun der Bedarf hinsichtlich Art, Menge und Zeitpunkt für jede Abteilung festgelegt wird und es den einzelnen Abteilungen überlassen bleibt, welche Teilarbeiten von welcher Stelle innerhalb der Abteilung ausgeführt werden sollen.

Es ist also festzustellen, daß die Abteilungsbildung die Koordinationsprobleme dadurch vereinfacht, daß zwischen einer *abteilungsübergreifenden* und einer *abteilungsinternen Koordination* unterschieden wird. *Auch die Koordinationsprobleme werden somit hierarchisch gegliedert:* Umfassendere Probleme werden auf einer höheren Eben nur global gelöst und in Teilprobleme aufgegliedert, die dann zur Lösung an die nächst tiefere Ebene weitergegeben werden.

Eine weitere Vereinfachung der Koordination wird dadurch herbeigeführt, daß *spezielle Stellen für die Wahrnehmung von Koordinationsaufgaben* eingerichtet werden. Die Bildung solcher Stellen, die wir *Instanzen* genannt haben, ist das zweite Merkmal der Abteilungsbildung. Damit Instanzen Koordinationsfunktion wahrnehmen können, werden sie, wie wir gesehen haben, mit Entscheidungs- und Weisungsbefugnissen ausgestattet. Da die Instanzen bei der Abstimmung die jeweilige organisatorische Einheit insgesamt vertreten, tragen sie auch die Verantwortung für den gesamten Bereich. Instanzen haben also das Recht und die Pflicht, für den ihnen zugeordneten Bereich mit anderen Instanzen Entscheidungen über die Abstimmung zwischen ihren Bereichen zu treffen und diese Entscheidungen dann innerhalb ihres jeweiligen Bereichs durchzusetzen. Betont werden muß dabei ausdrücklich, daß es sich um *Stellen* handelt, deren Besetzung zunächst noch offen bleibt.

In kleineren Organisationen ist es durchaus möglich, daß die Instanzen *nicht* mit speziellen Personen (Abteilungsleitern, Führungskräften, Managern) besetzt werden, sondern daß sie als *Pluralinstanzen* eingerichtet werden, deren Aufgaben von *allen Stelleninhabern der jeweiligen organisatorischen Einheit gemeinsam* wahrgenommen werden. Dies könnte etwa der Fall sein, wenn in unserem Beispiel nicht von Anfang an ein Schreinermeister existiert hätte, der seinen Betrieb vergrößern wollte, sondern wenn sich fünf Gesellen zusammengetan hätten, um gemeinsam einen Betrieb zu gründen. Auch sie würden spezialisierte Stellen bilden und jedem Gruppenmitglied eine solche spezialisierte Stelle zuweisen. Die Instanz der Unternehmungsleitung, der die Aufgabe der Koordination grundsätzlich zufällt, würde von ihnen gemeinsam wahrgenommen. Jeder Geselle wäre dann für die ihm zugewiesenen Ausführungsaufgaben unmittelbar und alleine verantwortlich und zusätzlich gemeinsam mit den anderen Gruppenmitgliedern für die Gesamtaufgabe und die Koordination der Teilaufgaben. Dies könnte – überspitzt gesehen – darin zum Ausdruck kommen, daß alle fünf Gesellen zu bestimmten Terminen oder bei bestimmten Anlässen ihre Arbeitskittel ausziehen, sich zusammensetzen, als Gruppe Koordinationsentscheidungen treffen und jedem Gruppenmitglied entsprechende Weisungen erteilen. An diesem Beispiel wird noch einmal deutlich, wie wichtig es ist, die Beziehungen zwischen Stellen von den Beziehungen zwischen Personen zu unterscheiden. Das *Stellengefüge* oder *Entscheidungssystem* weist auch in diesem Beispiel eine hierarchische Struktur auf, die Organisationsmitglieder sind jedoch alle gleichberechtigt. Es liegt eine *Stellenhierarchie* oder *Entscheidungshierarchie*, aber keine *Personenhierarchie* vor.

Ist in großen Organisationen die Koordination durch gemeinsame Entscheidungen von Gleichberechtigten unmöglich?

Wenn die Organisation wächst und die Anzahl der Stellen zunimmt, so werden Stellen zu Gruppen, Gruppen zu Abteilungen, Abteilungen zu Hauptabteilungen (Funktionsbereichen oder Sparten) zusammengefaßt, und jedes Mal entstehen Instanzen, die für die einzelnen organisatorischen Einheiten verantwortlich sind. Diese Instanzen *müssen* nicht mit besonderen Personen besetzt werden. Die Bildung hierarchisch gestufter organisatorischer Einheiten vereinfacht auch die Koordination zwischen gleichberechtigten Organisationsmitgliedern. Sie führt dazu, daß Abstimmungsprobleme, die nur eine Gruppe betreffen, von den Mitgliedern dieser Gruppe gemeinsam gelöst werden und daß übergreifende Abstimmungsprobleme gelegentlichen Zusammenkünften aller betroffenen Stellen oder bestimmter *Gremien* überlassen bleiben. Je nach dem Umfang der betroffenen Bereiche können diese Gremien auch unterschiedlich groß sein. Probleme, die mehrere Gruppen in einer Abteilung betreffen, würden von der Abteilungsversammlung gelöst, Probleme, die mehrere Abteilungen betreffen, von der Bereichsversammlung usw. Die Abteilungsbildung ermöglicht es, den Umfang von Problemen zu bestimmen und entsprechend den Kreis der Beteiligten festzulegen. Ohne Zweifel ist ein solches Vorgehen zweckmäßiger als die Einberufung aller Organisationsmitglieder bei jedem einzelnen Abstimmungsproblem.

Obwohl diese Möglichkeit grundsätzlich besteht, besetzen die meisten Unternehmungen in unserer Gesellschaft Instanzen mit speziellen Personen und machen aus der Stellenhierarchie damit auch eine Personenhierarchie, in der einzelne Organisationsmitglieder grundsätzlich Vorgestztenpositionen und andere grundsätzlich Untergebenenpositionen einnehmen. Dieses Verhalten von Unternehmungen kann nicht ausschließlich damit begründet werden, daß in der Gesellschaft generell ein entsprechendes hierarchisches Denken vorherrscht und daß die Rechtsordnung den Eigentümern des Vermögens einer Unternehmung besondere Rechte einräumt, die diese nach ihrem Gutdünken delegieren können. Das skizzierte Modell einer Koordination zwischen gleichberechtigten Organisationsmitgliedern in Form von Gruppenentscheidungen ist auch mit mehreren Schwierigkeiten verbunden, die als Argumente gegen seine Anwendung angeführt werden.

> Welche Schwierigkeiten treten auf, wenn die Koordination in hierarchischen Entscheidungssystemen mit mehreren Ebenen nur von Gleichberechtigten in Form von Gruppenentscheidungen erfolgt?

Entscheidungen auf den höheren Ebenen des hierarchischen Entscheidungssystems aktivieren große Gruppen. Eine Koordination zwischen den Hauptbereichen kann nur von der Versammlung *aller* Organisationsmitglieder durchgeführt werden. Ein solches System ist somit sehr *zeitaufwendig.* Demokratische Organisationen lösen dieses Problem durch ein System von *Delegiertengruppen:* Übergreifende Koordinationsentscheidungen werden nicht von allen Betroffenen durchgeführt, sondern von *gewählten Repräsentanten.* Die Instanzen, die den einzelnen organisatorischen Einheiten vorstehen, werden dann also mit einem Stelleninhaber aus dem jeweiligen Bereich besetzt, der diese Aufgaben entweder neben seinen bisherigen Aufgaben wahrnimmt oder für eine bestimmte Zeit freigestellt wird. Dieses Vorgehen hebt die *Gleichberechtigung* aller Organisationsmitglieder jedoch auf: Die Delegierten haben mehr Entscheidungsbefugnisse als die anderen Organisationsmitglieder. Durch *Abwählbarkeit* versucht man, der Idee der Gleichberechtigung auch in solchen Delegiertensystemen möglichst weitgehend Rechnung zu tragen. Michels (1925) konstatierte trotz solcher demokratischen Kontrollen in sozialistischen Parteien Europas vor dem ersten Weltkrieg bei den nur auf Zeit gewählten Delegierten eine Tendenz, ihre Positionen auf

Dauer abzusichern. Er formulierte daraufhin das *„eherne Gesetz der Oligar-*
chie": Die Notwendigkeit von Organisationen, hierarchische Entscheidungs-
systeme einzurichten, führt zwangsläufig dazu, daß sich eine Hierarchie von
Personen herausbildet, weil die Repräsentanten ihre begrenzte Amtszeit zu
verlängern suchen oder sich zumindest dadurch einen Einfluß sichern, daß sie
Leute ihres Vertrauens als Nachfolger in ihre Funktionen einzuschleußen
versuchen. Aus demokratischen Organisationen werden so oligarchische.

Koordinationssysteme, die durch Gruppen gleichberechtigter Organisationsmitglieder oder durch Delegiertengruppen getragen werden, sehen sich noch
einer anderen Schwierigkeit gegenüber: Koordinationsentscheidungen erfordern andere *Qualifikationen* als Ausführungsarbeiten. An Organisationsmitglieder, die sowohl Ausführungsaufgaben als auch Koordinationsaufgaben
übernehmen, sind extrem hohe Qualifikationsanforderungen zu stellen. Eine
Spezialisierung in Stellen, die vornehmlich Ausführungsaufgaben verrichten,
und in solche, die Koordinationsaufgaben durchführen, reduziert tendenziell
die Personalkosten, da für die Ausführungsstellen nur noch begrenzte Qualifikationen erforderlich sind und die Anzahl qualifizierter Stellen geringer
ist.

Das Ergebnis dieser kurzen Analyse läßt sich dahingehend zusammenfassen,
daß das *Ausmaß an Demokratisierung* innerhalb eines stets hierarchisch
strukturierten Stellengefüges, das in der Besetzung der Instanzen zum Ausdruck kommt, sowohl mit einem *höheren Zeitbedarf* für Koordinationsaufgaben als auch mit höheren *Personal- und Ausbildungskosten* erkauft werden
muß. Ob diese Kosten in Kauf genommen werden, hängt davon ab, in
welchem Verhältnis die Bewertung wirtschaftlicher Ziele und demokratischer
Werte zueinander steht. Gegenwärtig dominieren in erwerbswirtschaftlichen
Organisationen eindeutig die wirtschaftlichen Ziele. Diese Organisationen
besetzen die Instanzen mit speziell dafür ausgewählten Personen, die ihre
Rechte aus den gesetzlich verankerten Rechten der Eigentümer ableiten und
das Vertrauen der Kerngruppe genießen. Die aktuelle Diskussion um Fragen
der *Mitbestimmung* (vgl. z. B. die Überblicke bei Herbst 1973, Budäus 1975,
Steinmann 1975) und *„industriellen Demokratisierung"* (vgl. Worthy 1949,
Herbst 1962, Blumenberg 1968, Emery und Thorsrud 1969, Naschold 1972, v.
Alemann 1975) läßt für die Zukunft in dieser Hinsicht einen gewissen
Wandel erwarten. Hinzuweisen ist in diesem Zusammenhang schließlich
auch darauf, daß die Besetzung von Instanzen mit speziellen Personen zwar
grundsätzlich zu einer Personenhierarchie führt, daß das *Ausmaß an Demokratisierung der Willensbildung und Willensdurchsetzung* dabei jedoch noch
sehr vielfältig sein kann. Daher kommt es entscheidend darauf an, über die
Diskussion dieser grundsätzlichen Möglichkeiten hinaus die *Koordinationsinstrumente oder Koordinationsmechanismen* zu analysieren, die im Rahmen
von Personenhierarchien eingesetzt werden. Bevor wir dies tun, wollen wir

jedoch noch zwei grundsätzliche Arten von Koordinationsproblemen unterscheiden.

(2) Vorauskoordination und Feedbackkordination

Koordination erfolgt einmal als vorausschauende Abstimmung *(Vorauskoordination)* und zum anderen als Reaktion auf Störungen *(Feedbackkoordination)*. Betrachten wir zunächst den Prozeß der Vorauskoordination: Globale Ziele der Organisation erfahren dabei in einem schrittweisen Prozeß eine zunehmende Konkretisierung, bis ausführungsreife, aufeinander abgestimmte Aktivitäten vorliegen.

> Ein Beispiel soll diesen Prozeß verdeutlichen: Auf der Ebene der Unternehmungsführung wird u. a. beschlossen, im nächsten Monat 500 Stück des Produkts A herzustellen und zu verkaufen. Der Leiter der Produktion entscheidet, 200 davon im Werk A und 300 im Werk B zu produzieren. Die Werksleiter verteilen ihre jeweiligen Produktionsmengen auf die einzelnen Wochen, und die Meister legen fest, welche Mengen in den einzelnen Wochen auf welchen Maschinen von welchen Arbeitern zu fertigen sind. Der Leiter des Verkaufs entscheidet, welche Mengen des Produkts in welchen Regionen zu verkaufen sind, und er legt ein Marketingbudget fest, von dem er annimmt, daß es die angepeilten Verkaufsmengen ermöglicht. Die ihm unterstellten regionalen Verkaufsmanager teilen nun die regionalen Verkaufsziffern in Verkaufsquoten für ihre Vertreter auf. Der ihm gleichfalls unterstellte Werbeleiter entscheidet darüber, für welchen Marketing-Mix das Marketingbudget eingesetzt werden soll. Auch im Einkauf entwickelt sich eine Abfolge von Entscheidungen über die Ebenen hinweg. Es entstehen so unter der Voraussetzung, daß keine Störungen auftreten, aufeinander abgestimmte Aktivitäten: Für die Produktion stehen ausreichende Mengen an Rohmaterialien, Hilfs- und Betriebsstoffen zur Verfügung, und die Produktion wird auch verkauft.

Wir sehen an diesem Beispiel, wie durch die hierarchisch gestaffelte Abfolge von Entscheidungen globale Organisationsziele in konkrete Handlungsanweisungen transformiert werden. Jede Ebene legt Bedingungen für die nächste fest und übermittelt diese durch Weisungen. Unter der *Voraussetzung, daß keine Störungen auftreten*, reicht dieser Prozeß zur Koordination aus. Nun ist die Realität aber durch Störungen unterschiedlicher Art gekennzeichnet: Verkäufer erreichen ihre Verkaufsquote nicht oder verkaufen mehr als vorgesehen; die beschlossenen Produktionszahlen können nicht eingehalten werden, weil Rohstoffe nicht rechtzeitig angeliefert wurden, Maschinen ausfallen usw. „Störungen" dieser Art lösen dann neue Koordinationsprozesse aus, die im Gegensatz zu den zuerst beschriebenen die Hierarchie tendenziell zunächst *von unten nach oben* durchlaufen. Es müssen Entscheidungen getroffen werden, die sicherstellen, daß trotz der Störungen eine weitgehende Abstimmung der Einzelleistungen möglich ist. Von der Stärke der Störung und von den Ausgleichsmöglichkeiten innerhalb der einzelnen

Bereiche hängt es ab, wie weit hinauf in die Hierarchie diese „Korrektur-koordination" oder *Feedbackkoordination* reicht. Kann ein Meister Produktionsausfälle innerhalb seiner Arbeitsgruppe durch bestimmte Entscheidungen und Weisungen (Mehrproduktionen durch Überstunden, bessere Ausnutzung der Ressourcen usw.) ausgleichen, so wird die durch die Störung erforderliche Koordination in seinem Bereich bewerkstelligt. Ist dies nicht möglich, so sind u. U. Entscheidungen im Verkauf und im Einkauf zu treffen.

Eine Vorauskoordination ist nicht unbedingt erforderlich. Zielgerichtetes Verhalten kommt auch zustande, wenn die einzelnen Organisationsmitglieder im Ausführungsbereich die ihnen zugewiesenen Aktivitäten verfolgen und auftretende Diskrepanzen zwischen den erzielten Ergebnissen in nachträglichen Koordinationsprozessen aufeinander abgestimmt werden. Die Verkäufer verkaufen, was sie können, die Produktion produziert, was sie kann. Treten Abweichungen auf, so werden diese durch Überstunden, Verstärkung der Verkaufsanstrengungen, Zukäufe usw. ausgeglichen. Starke Diskrepanzen zwischen den Bereichen kommen bei Feedbackkoordination automatisch bis zur Spitze der Organisation. Diese bewirkt dann eine Abstimmung, indem sie den Bereichen bestimmte Bedingungen setzt oder das Organisationsziel verändert. Unter Umständen werden im Rahmen einer solchen Feedbackkoordination sogar die Ressourcen in der Organisation neu verteilt, was zu einer Revision der Organisationsstruktur führen kann: Neue Stellen werden geschaffen, andere Stellen werden aufgelöst, neue Maschinen werden angeschafft usw. Eine konsequent durchgeführte Feedbackkordination kann also durchaus zielgerichtetes Verhalten sicherstellen. Dennoch versuchen die meisten Organisationen, stets einen Teil der Abstimmungsprobleme durch Vorauskoordination zu lösen und einen Rahmen für die zukünftigen Aktivitäten festzulegen. Ob der Schwerpunkt insgesamt auf eine Vorauskoordination oder auf eine Feedbackkoordination gelegt wird, hängt letztlich davon ab, welcher Aufwand mit beiden Strategien verbunden ist und wie gut die zukünftigen Aktivitäten vorausgesehen werden können.

(3) Möglichkeiten zur Reduzierung des Koordinationsbedarfs

Bevor wir uns nun den einzelnen Instrumenten zuwenden, die im Rahmen der Vorauskoordination und/oder Feedbackkoordination zum Einsatz gelangen, muß noch herausgestellt werden, daß Organisationen auch über verschiedene Möglichkeiten verfügen, den *Koordinationsbedarf* zwischen den einzelnen organisatorischen Einheiten zu *reduzieren* (vgl. hierzu vor allem Emery 1969, S. 21 ff.).

Auf die Abteilungsbildung als eine dieser Möglichkeiten haben wir oben bereits hingewiesen. Sie reduzierte den Koordinationsbedarf dadurch, daß sie zu einer gewissen *Entkupplung* der einzelnen organisatorischen Einheiten und einer *Bündelung der Abstimmungsaktivitäten* führt. Diese Entkupplung wird noch verstärkt, wenn zwischen den einzelnen Einheiten sog. *Puffer* eingerichtet werden. Die bekanntesten Puffer sind die im Rahmen der Güterbewegung eingerichteten *Zwischenläger*. Gibt es Fertigwarenläger, so können Diskrepanzen und Schwankungen zwischen Fertigung und Verkauf durch einen Aufbau oder Abbau des Lagerbestandes an Fertigprodukten ausgeglichen werden. Ebenso reduzieren Rohstoffläger die Interdependenz zwischen Fertigung und Einkauf und damit auch den entsprechenden Koordinationsbedarf.

Der *Einsatz flexibler Ressourcen* und die *Bereitstellung von Überschußressourcen* bieten weitere Möglichkeiten zur Reduzierung der notwendigen Koordination. Je geringer die Flexibilität der eingesetzten Ressourcen (Maschinen, Verfahren, Menschen) und je knapper ihre Kapazität ist, um so anfälliger ist ein Bereich für Schwankungen und Stockungen in anderen Bereichen. Durch den Einsatz möglichst universell verwendbarer Ressourcen – Universalmaschinen und breit ausgebildete Mitarbeiter – und durch „Slack" im Sinne von Reserveressourcen sinkt diese Abhängigkeit. Wenn die Kapazitätsauslastung von insgesamt vier Maschinen mit jeweils 100% angesetzt wird, so besteht keine Möglichkeit der Anpassung nach oben. Wenn jedoch von einer Normalleistung von 80% ausgegangen wird und dementsprechend fünf Maschinen eingesetzt werden, so sind Spitzenbelastungen gut aufzufangen, und nachgelagerte Stellen können ohne Verzögerung beliefert werden.

Der Koordinationsaufwand wird auch verringert, wenn die *Abstimmung sich nur auf eine begrenzte Zahl von Größen erstreckt*: Eine solche *Entkupplung* im Hinblick auf einzelne Aspekte oder Größen findet beispielsweise statt, wenn nur die Menge, nicht aber die Qualität zwischen Verkauf und Fertigung abgestimmt wird. Oft werden Größen nicht völlig aus der Koordination ausgeklammert; es wird lediglich ein Bereich geschaffen, innerhalb dessen sie schwanken können, ohne Koordinationsmaßnahmen auszulösen. Die Festlegung geschieht mit Hilfe von *Standards* oder *Bandbreiten*. Nur wenn der Standard nicht erreicht wird oder die Bandbreite nach unten oder oben überschritten wird, ist eine solche Abstimmung notwendig. Auch die Vereinbarung solcher Standards reduziert die Koordination bereits erheblich, denn nur *Ausnahmen* führen zu Koordinationsprozessen. Diese Technik zur Reduzierung der Koordination wird als „*Management by Exception*" bezeichnet (Frese 1969). Schließlich wird die erforderliche Koordination noch verringert, wenn die *Anforderungen an das Gesamtergebnis* zurückgeschraubt werden. Will eine Unternehmung 10% Rendite erwirtschaften, so muß sie die Einzelbereiche besser aufeinander abstimmen, als wenn sie nur

5% Rendite erreichen will. Je höher die Toleranz im Hinblick auf das Gesamtergebnis ist, um so niedriger sind die Anforderungen an die Koordination. Der gesamte Koordinationsbedarf einer Organisation wird also durch die Spezialisierung und durch die Gesamtheit aller den Koordinationsaufwand reduzierenden Maßnahmen bestimmt.

(4) Zur Systematisierung von Koordinationsinstrumenten

Im folgenden wollen wir nun untersuchen, mit Hilfe welcher organisatorischer Regelungen die Koordination zwischen organisatorischen Einheiten bewirkt werden kann. Im einzelnen wird zwischen vier verschiedenen Koordinationsmechanismen oder Koordinationsinstrumenten unterschieden (zu anderen Systematisierungsversuchen vgl. z. B. March u. Simon 1958, Lawrence und Lorsch 1967a, Thompson 1968, Kirsch 1971b, Frese 1972 und 1975, Galbraith 1973):
a) Koordination durch persönliche Weisungen
b) Koordination durch Selbstabstimmung
c) Koordination durch Programme
d) Koordination durch Pläne.
Diese Gliederung setzt an den *Medien* an, mit deren Hilfe die Koordination erfolgt, und unterscheidet diese Medien aus der Sicht der von Koordinationsentscheidungen betroffenen Organisationsmitglieder. Das maßgebliche Merkmal ist dabei die *Institutionalisierung von Koordinationsmedien.* Da Organisationen und ihre Strukturen von Menschen geschaffen werden, beruhen grundsätzlich alle Koordinationsmechanismen auf Gestaltungsentscheidungen bestimmter Personen. Bei den Mechanismen (a) und (b) wird dies für die Betroffenen jedoch wesentlich deutlicher als bei den Mechanismen (c) und (d) (vgl. zu diesem Aspekt Gouldner 1963). Die beiden ersten Mechanismen beruhen auf einer *unmittelbaren persönlichen Kommunikation* zwischen Organisationsmitgliedern. Im Fall (a) handelt es sich um eine vorwiegend vertikale, im Fall (b) um eine vorwiegend horizontale Kommunikation. Die betroffenen Organisationsmitglieder erfahren die Koordinationsentscheidungen abei als das sichtbare Ergebnis der Handlungen genau identifizierbarer Personen, als einen sozialen Prozeß, in dem Macht, Konflikte und ähnliche Kategorien eine Rolle spielen. Daher werden diese beiden Koordinationsinstrumente auch als *personenorientiert* bezeichnet.
Die Mechanismen (c) und (d) beruhen demgegenüber auf bestimmten Medien, die zwar auch verbindliche Festlegungen enthalten, deren Urheber oft jedoch nicht unmittelbar identifiziert werden können und die von den Betroffenen in der Regel auch nicht als das Ergebnis von Entscheidungen einzelner Personen aufgefaßt werden. In diesem Sinne *verselbständigen* sich

hier die Medien der Koordination. Sie werden in den Augen der Betroffenen zu einer *Institution*. Dementsprechend werden sie als *unpersönlich* (Blau und Schoenherr 1971) oder *technokratisch* (Khandwalla 1972) bezeichnet.

Wenn wir bei unserer Gliederung von der Wahrnehmung der Betroffenen ausgehen, so liegt dies daran, daß ein Ziel dieses Buches darin besteht, die Wirkungen formaler Organisationsstrukturen auf die Organisationsmitglieder zu analysieren. Zu der weiter oben getroffenen Unterscheidung zwischen den grundsätzlichen Strategien einer *Vorauskoordination* und einer *Feedbackkordination* lassen sich nur tendenzielle Beziehungen herstellen: Während Programme und Pläne *ausschließlich* einer Vorauskoordination dienen, können Anweisungen und Gruppenentscheidungen (Selbstabstimmung) sowohl zum Zwecke einer Vorauskoordination als auch einer Feedbackkordination eingesetzt werden. Hinzuweisen ist auch darauf, daß sich die hier unterschiedenen vier Koordinationsinstrumente nicht dadurch unterscheiden, daß einige grundsätzlich *schriftlich fixiert* sind und andere nicht. Persönliche Weisungen können ebenso mündlich wie schriftlich erteilt werden, und Programme können gleichermaßen in Handbüchern wie im Bewußtsein der Organisationsmitglieder „festgeschrieben" sein. Die Frage der schriftlichen Fixierung von organisatorischen Regelungen wird durch die Dimension „*Formalisierung*" erfaßt und ist bei der Unterscheidung verschiedener Koordinationsinstrumente nicht maßgeblich.

Nach diesen generellen Vorbemerkungen können wir uns nun den vier Koordinationsinstrumenten im einzelnen zuwenden.

3.2.2.2. Koordination durch persönliche Weisungen

Liegt eine Personenhierarchie vor, so können Koordinationsprozesse allein *auf der Basis persönlicher Weisungen* durchgeführt werden. Betrachten wir zuerst die *Feedbackkoordination*: Treten Diskrepanzen in den Aktivitäten verschiedener Einheiten auf, so erhält der jeweilige Vorgesetzte eine Information über diesen Tatbestand. Zunächst sucht er nach Maßnahmen, die einen Ausgleich in seinem Bereich herbeiführen. Kann er solche Maßnahmen nicht ausfindig machen, gibt er die Information an die nächsthöhere Instanz weiter. Stehen ihm aber Möglichkeiten für einen internen Ausgleich zur Verfügung, so trifft er eine *Entscheidung* über die zu ergreifende Maßnahme und gibt entsprechende *Weisungen* an seine Nachgeordneten.

Auch die *Vorauskoordination* kann durch eine Abfolge von Entscheidungen und Weisungen im hierarchischen Stellensystem bewerkstelligt werden. Die Organisationsspitze fällt Entscheidungen über globale Ziele und gibt sie als Prämissen durch Weisungen an die nächste Ebene weiter. Diese trifft dann Entscheidungen, die eine weitere Konkretisierung bedeuten, und gibt sie als

Weisungen an die folgende Ebene. Der Prozeß wird fortgesetzt, bis die Ausführungsebene erreicht ist.

In beiden Fällen spielen also *Weisungen* als Medien der Koordination die entscheidende Rolle. Da es sich bei Weisungen um einen Informationsfluß von oben nach unten in der Hierarchie handelt, wird dieses Koordinationsinstrument durch einen *vertikalen Kommunikationsfluß* gekennzeichnet. Das organisatorische Moment einer Koordination durch persönliche Weisungen besteht darin, daß zunächst entsprechende Instanzen im Zuge der Abteilungsbildung geschaffen und mit Entscheidungs- und Weisungsbefugnissen ausgestattet werden, die ihren Inhabern die Wahrnehmung von Koordinationsaufgaben ermöglichen. Durch die Organisationsstruktur wird dabei jedoch nur der *Rahmen* geschaffen, in dem die einzelnen Koordinationsprozesse oder koordinativen Handlungen ablaufen. Die detaillierte Ausgestaltung der Koordinationsfunktion bleibt den einzelnen Stelleninhabern überlassen, die Entscheidungen fällen und weiterleiten. Die betroffenen untergeordneten Stelleninhaber können diese Entscheidungen dabei unmittelbar mit konkreten Personen verbinden. Dies ist sogar notwendig, weil nur so festgestellt werden kann, ob einzelne Instanzen innerhalb ihrer Kompetenzen gehandelt haben oder ob sie ihre Kompetenzen überschritten haben. Davon hängt es nämlich ab, ob Weisungen verbindlich sind oder nicht. Die *Identifizierung der Träger von Koordinationsentscheidungen* erfolgt bei mündlicher unmittelbarer Kommunikation durch den direkten Kontakt mit dem weisungserteilenden Vorgesetzten, bei einer mehrstufigen Kommunikation dadurch, daß sich der Übermittler von Weisungen auf seinen Auftraggeber beruft, und bei schriftlicher Erteilung von Weisungen dadurch, daß die Schriftstücke mit dem Namen und/oder der Positionsbezeichnung der jeweiligen Instanz unterzeichnet werden.

> Welche Nachteile für die Organisation können entstehen, wenn die Koordination *nur* mit Hilfe persönlicher Weisungen erfolgt?

Stützt sich die Koordination nur auf das Koordinationsinstrument persönlicher Weisungen, so führt dies leicht zur *Überlastung der Instanzen und der „Dienstwege"* (vgl. Abb. 3-10a auf S. 109). Die Folge ist eine *mangelhafte Koordination*, eine *Starrheit der Organisation* in der Reaktion auf Störungen. Hinzu kommt, daß Instanzen oft Koordinationsentscheidungen treffen müssen, deren Konsequenzen sie nicht überblicken, da sie vom Ort, an dem die Störungen ursprünglich auftraten, u. U. weit entfernt sind. Die erforderlichen Klärungen belasten dann die *vertikalen Kommunikationskanäle* zusätzlich. Eine Vorauskoordination auf der Basis persönlicher Anweisungen wird sich auch nur auf einen relativ kurzen Zeitraum erstrecken und auch nur jeweils wenige Variablen umfassen können. Denn nur unter diesen Voraussetzungen sind die Instanzen in der Lage, zukünftige Aktivitäten in ihren gegenseitigen Abhängigkeiten „vorauszudenken". Eine Organisation, die ihre Koordination nur auf Weisungen stützt, kann demnach lediglich eine einfache Art der Vorauskoordination leisten. Ein *Vorteil* dieses Koordinationsinstruments liegt hingegen darin, daß es *leicht zu gestalten* ist. Lediglich die Entscheidungskompetenzen sind vorzugeben, während über die Inhalte der Koordinationsentscheidungen bei der Einrichtung dieses Koordinationsinstrumentes keine Festlegungen getroffen werden müssen; sie werden *ad-hoc* bestimmt. Dadurch wird die Koordination äußerst *flexibel*. Allerdings müssen die Organisationsmitglieder, mit denen die verschiedenen Instanzen besetzt werden, eine relativ hohe Qualifikation aufweisen – sie müssen jederzeit in der Lage sein, die erforderlichen Koordinationsentscheidungen zu treffen.

Kaum eine Organisation verläßt sich *ausschließlich* auf eine Koordination durch persönliche Weisungen. Vielmehr versuchen die meisten Organisationen, die oben beschriebenen Nachteile dadurch zu vermeiden, daß *zusätzlich* noch andere Koordinationsinstrumente eingesetzt werden.

3.2.2.3. Koordination durch Selbstabstimmung

Koordination kann auch durch eine Selbstabstimmung der Stellen, deren Aktivitäten voneinander abhängig sind, erfolgen. Wie wir oben gesehen haben, können die Koordinationsaufgaben der hierarchisch übergeordneten Instanz auch von der Gesamtheit der nachgeordneten Stellen wahrgenommen werden. Die Instanz ist dann nicht mit einem zusätzlichen Organisationsmitglied besetzt, sondern sie wird von der Versammlung der Organisationsmitglieder der jeweiligen organisatorischen Einheit (Gruppe, Abteilung usw.) gebildet, und die Koordinationsentscheidungen werden als *Gruppenentscheidungen* gefällt. Da sich die betroffenen Stellen somit selbst abstimmen, wird auch von einer *Selbstkoordination* gesprochen (vgl. Brown 1947, S. 108 ff. sowie Simon 1957a, S. 104). Je höher die Ebene ist, um so mehr Organisationsmitglieder bilden dabei die Instanzen. Die Unternehmungsführung wird in diesem Gedankenmodell von der Gesamtheit aller Organisationsmitglieder gebildet. In der Realität scheitert dieses *reine* Modell der Selbstabstimmung, wie oben aufgezeigt, an Zeit- und Qualifikationsrestriktionen. Die Organisationsmitglieder müßten in einem solchen Koordinationssystem so viele Entscheidungsaufgaben durchführen, daß sie u. U. nicht mehr zu ihren Ausführungsaufgaben kämen. Außerdem müßten sie Qualifikationen für Ausführungsaufgaben und Entscheidungsaufgaben aufweisen.

Während das *reine* Selbstabstimmungsmodell für größere Organisationen kaum Realisationschancen besitzt, wird in jeder Organisation doch ein Teil der Koordination durch Selbstabstimmung geleistet. So geben beispielsweise Arbeiter in der Fertigung nicht jedes Abstimmungsproblem an ihre Meister weiter; in einem gewissen Umfang richten sie sich in ihren Aktivitäten selbst aufeinander ein – sie betreiben Selbstabstimmung. Auch die Fertigungs- und Verkaufsleiter einer Unternehmung werden nicht alle ihre Probleme der Unternehmungsführung oder der nächsthöheren Instanz vorlegen, sondern u. U. versuchen, zunächst eine Abstimmung durch gegenseitige Verständigung zu erreichen. Von einer *Koordination* durch Selbstabstimmung sprechen wir dann, wenn solche Gruppenentscheidungen *offiziell* vorgesehen sind und die Entscheidungen der Gruppe für alle Gruppenmitglieder auch *verbindlich* sind. Selbstabstimmung als Koordinationsinstrument ist daher von einem letztlich unverbindlichen Informationsaustausch zu unterscheiden, wie er schon alleine zur Sicherung eines guten persönlichen Verhältnisses unter Organisationsmitgliedern fast immer zu beobachten ist.

Nun kann die Organisation die Selbstabstimmung der Eigeninitiative ihrer Mitglieder überlassen; sie kann aber auch strukturelle Regelungen zur Unterstützung der Selbstkoordination vorsehen. Solche Regelungen erstrecken sich auf die Einrichtung von *Kommunikationskanälen*, auf die *Ausstattung von bestimmten Gremien mit Entscheidungskompetenzen* und auf die *Vorgabe von Anlässen für Koordinationsmaßnahmen bzw. die Spezifikation von abstimmungsbedürftigen Fragen*. Bei Berücksichtigung solcher strukturellen Regelungen kann man folgende Arten der Selbstabstimmung unterscheiden:

(1) Fallweise Interaktion nach eigenem Ermessen

Sind *keine spezifizierten strukturellen Regelungen* für die Selbstabstimmung getroffen, so bleibt die Selbstabstimmung dem eigenen Ermessen der Betroffenen überlassen. Innerhalb von Arbeitsgruppen ist auf jeden Fall damit zu rechnen, daß Selbstabstimmung stattfindet. Eine Selbstabstimmung über Arbeitsgruppen oder Bereiche hinweg setzt jedoch nur dann ein, wenn die *Einhaltung der hierarchischen Dienstwege nicht streng vorgeschrieben* ist, wenn es nicht gegen die organisatorischen Regeln verstößt, daß sich beispielsweise ein Meister der Fertigung direkt mit einem Sachbearbeiter des Einkaufs abstimmt.

Überläßt man sie der Eigeninitiative, so wird eine Selbstabstimmung nur dann einsetzen, wenn die einzelnen Organisationsmitglieder stark im Hinblick auf die Erreichung der Gesamtziele der Organisation motiviert sind. Ein *Konkurrenzdenken* zwischen Gruppen und Abteilungen sowie ein auf individuelle Erfolge gerichtetes Denken verhindern dann eine erfolgreiche Selbstabstimmung. Darüber hinaus erfordert diese Form eine *umfassende Information jedes einzelnen über den Gesamtaufbau der Organisation und die Zuständigkeiten aller Organisationsmitglieder;* nur wenn jeder weiß, wer für welche Fragen zuständig ist, kann er selbst den Kontakt aufnehmen.

Die Koordination zwischen Vorstandsmitgliedern folgt fast immer diesem Muster, da Fragen der Gesamtverantwortung und der Information hier nicht problematisch erscheinen. Praktische Versuche, wie sie in der Porst-Gruppe durchgeführt wurden (vgl. Wirtschaftswoche vom 17. 11. 1972), zeigen, daß eine derartige offene koordinative Interaktion auch über mehrere hierarchische Ebenen hinweg durchaus möglich und erfolgreich ist.

Ein offenes Koordinationssystem, d. h. eine formale Struktur, die nicht auf Einhaltung der hierarchischen Dienstwege besteht, erfordert allerdings bestimmte *Vorgaben zur Konfliktlösung* bei Meinungsverschiedenheiten zwischen den sich abstimmenden Stellen. Zwar kann man grundsätzlich vorsehen, daß eine Abstimmung *zunächst* stets durch Diskussion und Überzeugungsversuche herbeigeführt werden soll. Oft erweist es sich aber als notwendig, solche Überzeugungsversuche abzukürzen, damit nicht gegen Zeitbeschränkungen verstoßen wird. Das Ausmaß der realisierten Selbstabstimmung hängt dann entscheidend davon ab, *wie schnell Probleme aus der Hand der direkt Betroffenen genommen werden* und *wie die Einigung dann herbeigeführt wird.* Im Falle des Porst-Modells wird die Entscheidung dadurch herbeigeführt, daß die Beteiligten nach einem gescheiterten Überzeugungsversuch ihre unterschiedlichen Standpunkte dem gemeinsamen Vorgesetzten vortragen, der dann eine verbindliche Entscheidung trifft. Gegen diese Entscheidung kann jeder der Betroffenen Beschwerde bei dem nächst höheren Vorgesetzten einlegen, und dieser Prozeß wird erst durch Entscheidungen der Unternehmungsleitung beendet. Zu beachten ist, daß im Konfliktfall also letztlich auch hier eine Koordination durch hierarchische Autorität erfolgt.

(2) Themenspezifische Interaktion

Einen etwas höheren Strukturierungsgrad weist die Koordination durch Selbstabstimmung auf, wenn für bestimmte Stellen festgelegt ist, bei welchen Problemen sie sich mit welchen anderen Stellen abstimmen müssen. Ob ein koordinationsbedürftiges Problem vorliegt oder nicht, hängt also nicht mehr vom Ermessen des Einzelnen, sondern von generellen Regeln ab. Durch diese Regeln wird die Selbstabstimmung zu einer *Pflicht*, und wenn sie unterbleibt, kann der Einzelne wegen der Verletzung dieser Pflicht zur Verantwortung gezogen werden. Auf diese Weise nimmt zwar das Risiko ab, daß notwendige Abstimmungen unterbleiben, weil einzelne Organisationsmitglieder sie subjektiv nicht für notwendig halten, andererseits hängt der Koordinationserfolg jedoch davon ab, daß die Organisationsgestalter die koordinationsbedürftigen Probleme auch vorhergesehen und entsprechende Kontaktwege spezifiziert haben. Im übrigen gelten für diese Variante die vorangegangenen Ausführungen: Da die Abstimmung auch hier zunächst den Verhandlungen der Beteiligten überlassen ist, müssen ebenfalls Wege zur Herbeiführung von Entscheidungen und Konfliktlösung eingerichtet werden.

(3) Institutionalisierte Interaktion

Um eine Abstimmung zwischen mehreren Stellen herbeizuführen, kann die Kommunikation zwischen Stellen, die sich selbst abstimmen sollen, auch noch stärker strukturiert werden. Es werden dann *Komitees, Ausschüsse, Arbeitskreise, Besprechungen, Konferenzen* u. ä. eingerichtet, in denen die Abstimmung erfolgen soll. Solche Gremien werden in der Organisationslehre *Koordinationsorgane* oder *Kollegien* genannt (vgl. Bleicher 1969b und 1975), und die so institutionalisierte Form der Koordination durch Selbstabstimmung wird in der englisch-sprachigen Literatur als „*coordination by committees*" bezeichnet (vgl. Learned and Sproat 1966, S. 31). Diese Gremien variieren in ihrer *Form* erheblich: Sie können regelmäßig oder auf Antrag einzelner Stellen fallweise zusammentreten; sie können auf die Behandlung bestimmter übergreifender Fragen (beispielsweise Neuproduktplanung, Marketingkonzepte, Investitionsplanung) ausgerichtet sein oder als offenes Forum zur Diskussion und Klärung beliebiger abstimmungsbedürftiger Probleme dienen; der Teilnehmerkreis kann generell festgelegt sein oder in Abhängigkeit von den jeweils zur Diskussion stehenden Fragen variieren. Abb. 3–8 gibt zwei institutionalisierte Gremien auf zwei Arten graphisch wieder. Bei konsequenter Anwendung dieser Koordinationsform, die heute oft als *teamorientierte Struktur* bezeichnet wird (vgl. die Darstellung einzelner Modelle bei Grochla 1972 und 1975b), erfolgt die Koordination über ein ganzes System sich teilweise überlappender Gremien.
Inwieweit solche Gremien tatsächlich einer Selbstabstimmung dienen, hängt auch hier von dem *Modus der Entscheidungsfindung* und der *Konfliktlösung* ab. Solange die einzelnen Mitglieder eines solchen Gremiums gleichberechtigt sind und die Entscheidung durch einstimmige Beschlüsse oder Mehrheitsbeschlüsse erfolgen muß, kann von einer Selbstabstimmung gesprochen werden. Wenn die Gleichstellung jedoch dadurch aufgehoben wird, daß einzelne Mitglieder ein Vetorecht besitzen und ohne ihre Zustimmung keine Entscheidung getroffen werden kann, liegt nicht unbedingt Selbstabstimmung vor. Es kommt dann darauf an, auf welche Weise diese privilegierten Mitglieder ihre Stellung erlangt haben. Ist das Vetorecht an die hierarchische Stellung gebunden, so handelt es sich genau genommen um eine Koordination durch hierarchische Autorität mit erweiterten Informationsmöglichkeiten und nicht um Selbstabstimmung.

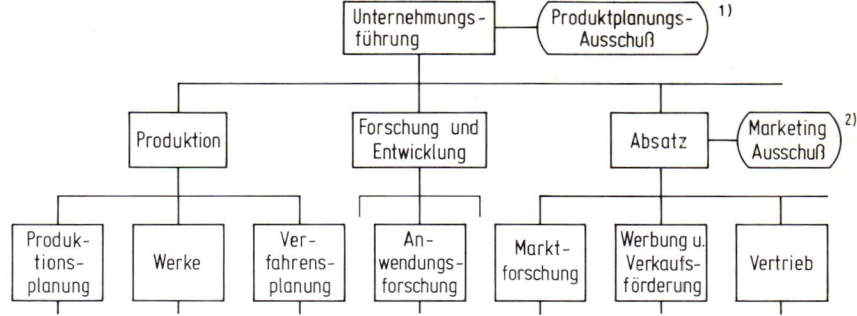

Ausschußmitglieder: 1) Absatzleiter, Leiter Marktforschung, Leiter Verfahrensplanung,
Leiter Forschung und Entwicklung
2) Leiter Marktforschung, Leiter Werbung und Verkaufsförderung,
Leiter Anwendungsforschung

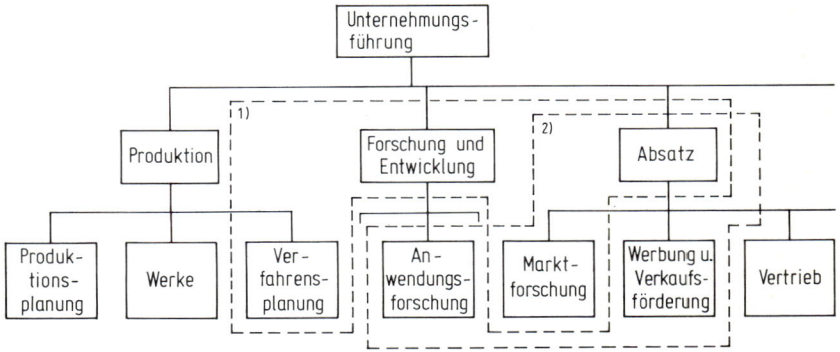

1) Produktplanungsausschuß
2) Marketingausschuß

Abb. 3–8. Darstellungen von institutionalisierten Gremien zur Selbstabstimmung in Organisationen

Welche Vor- und Nachteile sind mit der Selbstabstimmung verbunden?

Eine Koordination durch Selbstabstimmung *entlastet die hierarchische Koordination durch persönliche Anweisungen.* Sie reduziert vor allem auch die
vertikale Kommunikation entlang der Dienstwege. Darüber hinaus kann

Selbstabstimmung auch die *Motivation* der Organisationsmitglieder erhöhen. Beide Vorteile können zu einer *Erhöhung der Flexibilität* der Organisation führen. Als Nachteile dieser Koordinationsform wird oft der hohe Zeitbedarf der Gruppenarbeit ins Feld geführt, der allerdings durch entsprechendes *Gruppentraining* gesenkt werden kann. Auf das Demokratisierungspotentiel dieses Koordinationsmechanismus muß nicht mehr besonders hingewiesen werden.

3.2.2.4. Koordination durch Programme

In den meisten Organisationen wird eine Reihe von Aktivitäten auf der Basis von festgelegten *Verfahrensrichtlinien* oder *Programmen* durchgeführt. Programme sind einmal das *Ergebnis von Lernprozessen:* Der Arbeiter, der immer wieder eine bestimmte Aufgabe ausführt, entwickelt mit der Zeit ein Handlungsmuster, das sich festigt, nach dem er verfährt und das er u. U. neuen Kollegen weitergibt, Auch der Angestellte, der nur Anträge einer bestimmten Art zu bearbeiten hat, entwickelt zur Steuerung seiner Aufgabenerfüllung ein Programm oder mehrere Programme. Solche Programme hatten die Befürworter einer hohen Spezialisierung letzlich im Auge, wenn sie auf den Trainingseffekt einer gleichbleibenden begrenzten Aufgabenstellung hinwiesen. Programme können zum anderen aber auch *verbindlich vorgegeben* werden: Organisationsmitglieder werden angehalten, die ihnen zugewiesenen Aktivitäten in einer bestimmten Art und Weise, nach einem bestimmten Verfahren durchzuführen. Eine solche Vorgabe von Programmen kann mündlich oder schriftlich erfolgen. Sind Programme komplex oder umfassen sie mehrere Stellen, so werden sie in der Regel schriftlich in *Verfahrensrichtlinien* oder in *Handbüchern* fixiert.

Programme unterscheiden sich weiterhin im Hinblick auf die *Detaillierung,* mit der sie die Aktivitäten festlegen – sie können nur einige Richtlinien global vorgeben oder Verfahren sehr detailliert festlegen – und im Hinblick auf ihre *Flexibilität.* Starre Programme geben nur eine bestimmte Handlungsabfolge an, *flexible Programme* enthalten demgegenüber *konditionale Verzweigungen,* sie sehen unterschiedliche Verfahrensfortsetzungen in Abhängigkeit von bestimmten Bedingungen vor (zu den verschiedenen Arten von Programmen vgl. Hill u. a. 1974, S. 270 ff., zu der Funktion von Programmen in Organisationen siehe ausführlich March und Simon 1958, S. 137 ff.; Luhmann 1968, S. 257 ff.). Programme beinhalten also *generelle* Handlungsvorschriften, die Anweisungen von Vorgesetzten verringern oder ersetzen können (vgl. Gouldner 1963, Blau und Schoenherr 1971): Entweder kann sich der Vorgesetzte bei der Erteilung von Weisungen darauf beschränken, nur noch bestimmte Programmeinheiten aufzurufen, indem er die Weisung erteilt, nun nach Programm X zu verfahren; oder seine Mitwirkung wird dadurch sogar vollkommen ersetzt, daß Programme mit konditionalen Verzweigungen ein einziges Mal als verbindlich vorgegeben werden und ihre Anwendung dann von einzelnen auftretenden Ereignissen ausgelöst wird. Diese Steuerungsfunktion von Programmen kann sich sowohl auf die Aufgabenerfüllung einer einzelnen Stelle als auch auf die Koordination zwischen organisatorischen Einheiten beziehen. Koordinierende Wirkungen besitzen Programme immer dann, wenn sie sich nicht isoliert auf einzelne Aktivitäten beziehen, sondern wenn bei ihrer Erstellung eine Abstimmung mehrerer Aktivitäten verfolgt wurde. Da die Abstimmung dabei vorausschauend erfolgen muß, können Programme nur zur *Vorauskoordination* eingesetzt werden.

Um die koordinativen Wirkungen von Programmen zu analysieren, wollen wir zunächst ein Beispiel betrachten:

> Ein Lagerist im Rohwarenlager hat die Vorratsmengen mehrerer Rohstoffe zu überwachen und dafür zu sorgen, daß den einzelnen Fertigungsabteilungen jederzeit das benötigte Material zur Verfügung steht. Um diese Koordination zwischen Beschaffung, Lagerhaltung und Fertigung zu bewirken, wurde dem Lageristen eine Reihe von Programmen vorgegeben. Für jeden Rohstoff wurde eine Bestellmenge festgelegt, und die Unterschreitung dieser Mindestmenge ist der auslösende *Stimulus* für die Anwendung eines Programms: Der Lagerist füllt bei Unterschreitung der Mindestmenge ein Formular aus, in dem er den Rohstoff spezifiziert und nach Maßgabe des Verbrauchs in den letzten Monaten nach einer festgelegten Formel eine zu bestellende Menge festlegt. Das ausgefüllte Formular schickt er dann an den Einkauf, in dem die Bestellung abgewickelt wird.
>
> Nehmen wir nun an, dieses Programm stände nicht zur Verfügung und die Koordination wäre durch persönliche Anweisungen oder Selbstabstimmung zu bewältigen. Der Lagerist müßte dann sowohl die Fertigung als auch den Einkauf ständig über die noch vorhandene Menge unterrichten. In dem Moment, in dem die Fertigungsstellen den Eindruck gewännen, daß die vorhandenen Rohstoffe knapp werden, müßten sie entweder über den Dienstweg oder durch direkte Interaktion mit dem Einkauf in Verbindung treten und eine Bestellung nahelegen. Die Einkäufer hätten dann zu recherchieren, welche Menge in nächster Zeit wahrscheinlich benötigt wird, und könnten aufgrund dieser Information schließlich die Bestellung tätigen.

Dieses Beispiel zeigt die Entlastung der Vorgesetzten durch Programme unmittelbar auf: Der *Austausch von Information* zwischen organisatorischen Einheiten wird *erheblich vermindert;* außerdem wird für die von dem Programm abhängigen Stellen *Unsicherheit reduziert.* Die Fertigung in unserem Beispiel kann sich darauf verlassen, daß die nötigen Rohstoffmengen zur Verfügung stehen, und die Einkäufer haben keine großen Ungewißheitsprobleme zu lösen, um die Zeitpunkte und Mengen der zu bestellenden Rohstoffe festzulegen. Verfügt die Organisation über eine große Menge von Programmen, die aufeinander abgestimmt sind, so wird die Koordination durch persönliche Abweisungen erheblich entlastet.

Welche Voraussetzungen müssen erfüllt sein, damit in einer Organisation Programme zur Koordination eingesetzt werden können?

Ein Programm besteht genau genommen aus zwei Komponenten. Zum einen beinhaltet es ein *Klassifikationsschema* oder *Kategorienschema*, das die möglicherweise auftretenden Probleme definiert und zu einzelnen Problemklassen zusammenfaßt, und zum anderen beinhaltet es *Verfahren zur Lösung der einzelnen Problemklassen.* Die Klassifikationsschemata bestimmen die Kategorien, in denen sich die Aufgabenerfüllung vollzieht, und spezifizieren gleichzeitig die Ausgangsbedingungen für die Problemlösungen. Durch sie wird die Realität strukturiert und in bestimmte Bahnen gelenkt. Die Komplexität der Realität wird reduziert. Selbst wenn aus externer Sicht zehn oder zwanzig verschiedene Probleme auftreten können, kann ein Programm nur zwei oder drei Kategorien definieren, denen alle auftretenden Fälle zuzuordnen sind. Obwohl also sehr viel mehr unterschiedliche Probleme existieren, gibt es in diesem Falle für die Organisation nur zwei oder drei verschiedene Klassen und dementsprechend auch nur zwei oder drei verschiedene Lösungsverfahren. Von den bestehenden Unterschieden zwischen den Problemen innerhalb jeder Klasse wird dann abstrahiert. Je geringer die Anzahl vorgegebener Kategorien ist, um so gleichförmiger erfolgt die Aufgabenerfüllung. In diesem Sinne führen Programme zu einer *Standardisierung der Aufgabenerfüllung.* Die organisatorische Standardisierung durch Programme erfolgt also nicht nur durch die Vorgabe von Lösungsverfahren, sondern auch oder sogar vor allem durch die *Standardisierung von Problemen* auf dem Wege ihrer Klassifikation. Manche Autoren betonen diesen Standardisierungsaspekt von Programmen so sehr, daß sie anstelle von Programmierung gleich von Standardisierung sprechen (vgl. Pugh u. a. 1968).

Bei der Behandlung von Bürgern durch die öffentliche Verwaltung wird die standardisierende Wirkung von Kategorienschemata besonders deutlich. Die organisatorische Standardisierung in der Verwaltung wird von den einzelnen Bürgern, die die Verwaltung in Anspruch nehmen, oft als Vernachlässigung ihrer individuellen Situation empfunden. Dies liegt daran, daß die Verwaltung, die zur Gleichbehandlung aller Bürger verpflichtet ist, in der Regel nur über relativ wenige Kategorien verfügt, in die sie die einzelnen Fällen der Bürger einordnet. Von dem Moment der Einordnung an werden dann alle Fälle derselben Kategorie nach dem entsprechend vorgegebenen Verfahren gleich behandelt. Aus der Sicht der Bürger wäre hingegen im Extremfall für jeden einzelnen Klienten eine eigene Kategorie zu bilden. Es kommt daher stets darauf an, bei der Programmierung die Zahl von Kategorien zu finden, die der Unterschiedlichkeit der Fälle noch gerecht wird und dennoch insgesamt eine Vereinheitlichung und Zusammenfassung bewirkt, da erst auf dieser Grundlage generelle Regelungen vorgegeben werden können.

Die gleiche standardisierende Wirkung von Programmen finden wir auch in Unternehmungen. Am Beispiel der Investitionsrechnungen in zwei Unternehmungen läßt sich dies gut verdeutlichen:

Unternehmung A kennt nur zwei Kategorien von Investitionen: Investitionen im Fertigungsbereich und Investitionen im Verwaltungsbereich. Für die erste Problemklasse muß ein technischer und wirtschaftlicher Angebotsvergleich auf der Basis der statischen Investitionsrechnung erfolgen, für die zweite Problemklasse reicht eine verbale Begründung der Vorteile und eine Übersicht über die wahrscheinlichen Kosten aus.

Unternehmung B sieht das Investitionsproblem differenzierter. Sie hat insgesamt acht Kategorien gebildet. Ihre Programme unterscheiden zwischen Ersatz-, Rationalisierungs-, Erweiterungs- und Sozialinvestitionen, und innerhalb jeder Klasse wird unterschieden zwischen Investitionen, denen ein quantifizierbarer Erfolg zugerechnet werden kann, und Investitionen, bei denen dies nicht der Fall ist. Für jede dieser acht Kategorien wird ein spezielles Verfahren vorgeschrieben.

Ohne Zweifel existieren auch in Unternehmung A diese acht verschiedenen Arten von Investitionsproblemen. Unternehmung A hält eine solche Differenzierung nur nicht für notwendig. Aufgrund dieser unterschiedlichen Betrachtungsweise und entsprechend unterschiedlicher Kategorienschemata ergibt es sich, daß das Gesamtprogramm für Investitionsrechnungen in Unternehmung A insgesamt relativ simpel ist, während es in Unternehmung B zumindest acht konditionale Verzweigungen aufweist und dadurch viel komplexer wird.

Voraussetzung für die Programmierung ist also, daß die auftretenden Probleme vorausgesehen und klassifiziert und entsprechende Problemlösungsverfahren für jede Klasse vorgegeben werden können. Dann bilden die einem Organisationsmitglied vorgegebenen Programme sein Repertoire an fertigen Problemlösungen. Stellt sich einem Organisationsmitglied ein Problem, so muß es dieses Problem einer Klasse zuordnen und das entsprechende Programm ausführen. Ist für ein auftretendes Problem kein Programm vorhanden, so muß eine *innovative* – im Gegensatz zur *routinehaften* – *Problemlösung* erfolgen.

Ist es möglich, die gesamte in einer Organisation erforderliche Koordination durch Programme zu bewerkstelligen?

Nur bei einer völlig statischen Umwelt kann sich die Koordination *ausschließlich* auf Programme stützen. Die Umwelten aller Organisationen ändern sich aber im Zeitablauf und bringen so neue Problemstellungen mit sich, für die keine Programme verfügbar sind. Die aus diesen neuen Problemstellungen erwachsenen Koordinationsanforderungen müssen zumindest zunächst durch persönliche Anweisungen, durch Selbstabstimmung oder durch andere Koordinationsinstrumente bewältigt werden. Wird von neuen Problemstellungen angenommen, daß sie für eine gewisse Zeit immer wiederkehren, werden möglicherweise neue Programme für sie entwickelt. Programme, die nicht mehr gebraucht werden, weil infolge von Umweltveränderungen die Probleme, für die sie konzipiert wurden, nicht mehr auftreten, können umgekehrt aus dem Repertoire genommen werden. Keine Organisation kann *ausschließlich* durch Programme koordinieren. Der Umfang, in dem die Programmierung in organisatorischen Einheiten eingesetzt werden kann, hängt ab von der Stabilität der Aufgabenstellungen.

Welche Nachteile können mit dem Einsatz von Programmen verbunden sein?

Werden Programme nur auf Probleme angewendet, auf die sie passen, so entstehen keine Nachteile. Die Gefahr von Programmen liegt darin, daß sie auch für Probleme eingesetzt werden, die eigentlich eine innovative Problemlösung erfordern. Die Ursachen für einen falschen Einsatz von Programmen sind zum einen in der menschlichen Bequemlichkeit zu suchen: Routinemäßiges Verhalten fordert weniger Energien als innovatives. Zum anderen wird eine fehlerhafte Anwendung von Programmen aber auch durch eine *Beurteilung der Organisationsmitglieder nach der Korrektheit der angewendeten Verfahren* herbeigeführt. So zählt in Behörden oft nicht das erzielte Ergebnis; das einzelne Organisationsmitglied wird vielmehr danach beurteilt, ob es die Verfahrensregeln – Programme – buchstabengetreu eingesetzt hat. Nicht die *Zahl* von Programmen ist also ausschlaggebend für die Starrheit oder Inflexibilität, sondern die Art, wie die Programme eingesetzt werden. (Zu einer kritischen Analyse der Anwendung von Programmen vgl. Merton 1940, Selznick 1949, Gouldner 1954 und die Zusammenfassung dieser Analysen bei March und Simon 1958, S. 36–47).

3.2.2.5. Koordination durch Pläne

Die Koordination in Organisationen kann schließlich auch dadurch erfolgen, daß die zukünftigen Aktivitäten systematisch geplant und innerhalb dieser Planung aufeinander abgestimmt werden. Entscheidend ist dann, daß die Ergebnisse dieser Planung den einzelnen organisatorischen Einheiten auch verbindlich vorgegeben werden, daß die Planung in *Plan-* oder *Sollvorgaben* mündet. Nur dann können wir Planung als Koordinationsinstrument begreifen. Es gibt nämlich auch Planungen, die die Aktivitäten nicht steuern, sondern ihrer nachträglichen Begründung und Rechtfertigung dienen und die daher nicht als Koordinationsmechanismen aufgefaßt werden können.
Eine gewisse Schwierigkeit besteht darin, das Koordinationsinstrument Planung von den bisher behandelten Instrumenten abzugrenzen, da letztlich alle Instrumente zukunftsbezogene Entscheidungen beinhalten, die zu Sollvorga-

ben werden (dementsprechend bezeichnet Frese alle Koordinationsentscheidungen als Planung, vgl. Frese 1972). Ebenso wie ein Absatzplan die Umsätze für die einzelnen Verkaufsbezirke vorgeben kann, können auch persönliche Weisungen oder Gruppenentscheidungen zu solchen Vorgaben führen.

> Worin liegt der Unterschied zwischen Plänen, persönlichen Weisungen
> und Gruppenentscheidungen?

Pläne als *technokratische Koordinationsinstrumente* unterscheiden sich von
den personenorientierten Instrumenten dadurch, daß Planvorgaben von den
Betroffenen *nicht als die Entscheidung oder Weisung bestimmter Personen
aufgefaßt werden,* sondern als das Ergebnis eines institutionalisierten, anonymen Entscheidungsprozesses. Äußerlich kommt dieser Unterschied darin
zum Ausdruck, daß Pläne nicht von einzelnen Instanzen unterzeichnet
werden, während dies bei persönlichen schriftlichen Weisungen oder schriftlich fixierten Gruppenentscheidungen stets der Fall ist. Ein weiterer Unterschied besteht darin, daß Pläne zumeist *komplexer* sind, in ihnen werden
mehr Variablen in ihren Interdependenzen berücksichtigt als bei persönlicher
Koordination oder bei der Programmierung. Auch ist der *informationelle
Input* von Plänen meist *spezifiziert,* während der Input für Weisungen und
Gruppenentscheidungen zumeist von Fall zu Fall bestimmt wird. Schließlich
beruht die Umwandlung dieses Inputs zur Sollvorgabe bei der Planung auf
einem *identifizierbaren und nachvollziebaren Verfahren,* während für Weisungen und Gruppenentscheidungen solche Verfahren oft nicht ersichtlich
sind. Die Erstellung von Plänen erscheint insgesamt als ein *unpersönlicher,
komplexer und von der Inputseite sowie der Verfahrensseite her strukturierter
Prozeß der Bildung von Koordinationsentscheidungen.* In der Regel ist
Planung ein institutionalisierter Prozeß, der nach vorgegebenen Regeln erfolgt. Pläne werden meist *schriftlich fixiert;* sie können grundsätzlich aber
auch mündlich formuliert und weitergegeben werden (generell zur Planung
vgl. Wild 1974).
Der Hinweis auf festgelegte Verfahren macht eine zweifache Abgrenzung
gegenüber Programmen notwendig.

> Inwiefern unterscheidet sich das Koordinationsinstrument Planung
> von dem Koordinationsinstrument Programmierung?

Wichtig für die Unterscheidung ist auch hier wieder die Vorgabe für das
einzelne Organisationsmitglied. Programme legen den Ablauf von Aktivitäten *auf Dauer* fest. Wenn bestimmte Probleme auftauchen, so hat das mit
Programmen ausgestattete Organisationsmitglied diese *immer* mit dem im
Programm festgelegten Verfahren zu lösen. Pläne enthalten dagegen *Vorga-*

ben für eine bestimmte Periode oder für eine bestimmte, einmalige Aufgabe.
Der Inhalt von Plänen kann von Periode zu Periode oder von Aufgabe zu
Aufgabe wechseln, der Inhalt von Programmen ist hingegen auf Dauer
angelegt. Programme spezifizieren Verfahren, keine Ziele. *Pläne enthalten
dagegen immer Ziele,* können aber auch Verfahren vorgeben. Ein Plan kann
beispielsweise spezifizieren, daß in der 14. Arbeitswoche 50 Einheiten des
Produktes A zu fertigen sind. *Wie* Produkt A zu fertigen ist, kann durch
Programme festgelegt sein, u. U. ist dies aber auch im Plan vorgegeben.
Ein weiterer Aspekt ist wichtig, um die Beziehungen zwischen Planung und
Programmierung zu klären: *Pläne können auf der Basis von Programmen
erstellt werden.* Programme können festlegen, welche Informationen in
welcher Art und Weise zu Plänen zu verarbeiten sind. Die in vielen Unter-
nehmungen anzutreffenden *Planungshandbücher,* die die anzuwendenden
Verfahren der Planung beschreiben, sind Sammlungen von Programmen.

> Warum erfolgt die Koordination durch Pläne einmal direkt und einmal
> nur indirekt durch Programme, die den Planungsprozeß determi-
> nieren?

Im Vergleich zur unmittelbaren Programmierung von Ausführungsaufgaben
ist eine Steuerung über die Programmierung von Planungsprozessen wesentlich flexibler. Das in dem weiter oben angeführten Beispiel betrachtete
Programm für einen Laseristen ist nicht in der Lage, auf eine außergewöhnliche Verknappung der Rohstoffe auf dem Einkaufsmarkt zu reagieren. Eine
Planung, die entsprechende Informationen berücksichtigt, wird jedoch dafür
Sorge tragen, daß in einer solchen Situation mehr Rohstoffe eingekauft
werden. Programme für den Laseristen, mit denen sich dieselbe Flexibilität
erreichen ließe, müßten vorschreiben, daß der Laserist selbst Informationen
über die Rohstoffmärkte, über den Auftragsbestand und über weitere wichtige Einflußgrößen nach einem bestimmten komplexen Verfahren, das die
erforderliche Bestellmenge ermittelt, auswertet. Ein solches Programm
würde ihn sicherlich überlasten. Deshalb gibt man solche Programme in die
Hände der Planer. Die Ergebnisse der in den Planungsprogrammen festgelegten Verfahren werden den ausführenden Organisationsmitgliedern in Form
von periodischen Plänen übermittelt. Der Laserist oder der Einkäufer bestellt
dann nur die in den Plänen aufgeführten Mengen, mit der Ermittlung werden
beide nicht belastet.
Im Vergleich zur relativ unstrukturierten Erstellung von Plänen bewirkt eine
Programmierung der Planungsprozesse eine hohe Transparenz der Entstehung von Sollvorgaben, und sie ermöglicht die *Delegation von Planungsaufgaben an Spezialisten.* Das Recht, Sollvorgaben zu erstellen, ist wie alle
Weisungsbefugnisse grundsätzlich Instanzen vorbehalten. Da Pläne zumeist

jedoch einen relativ umfangreichen informationellen Input aufweisen und ihre Erstellung teilweise sehr komplizierte Planungsmethoden erfordert, sind die Instanzen mit der detaillierten Erstellung von komplexeren Plänen oft zeitlich und teilweise auch von ihrem methodischen Wissen her überfordert. Durch die Erstellung von Programmen für den Planungsprozeß – und die Vorgabe oder Genehmigung bestimmter kritischer Werte – können Instanzen die Grundlagen für die Planung selbst festlegen, die detaillierte Ausarbeitung jedoch Spezialisten überlassen. Durch die Planungsprogrammierung ziehen sich die Instanzen dann weitgehend aus der periodischen Vorauskoordination zurück und beschränken sich auf eine Koordination dieser Koordination. Aber auch dann, wenn die Planungsaktivitäten nicht an Spezialisten delegiert werden, hat ihre Programmierung noch einen Sinn. Da Pläne zumeist periodisch erstellt werden, wird durch die Programmierung eine Kontinuität gesichert. Man muß nicht jedes Mal auf die Erinnerung an die letzte Planung zurückgreifen, und möglicherweise auftretende Konflikte zwischen den planenden Instanzen über die Vorgehensweise können mit dem Hinweis auf das Programm einfacher und schneller gelöst werden.

Erfolgt die an Spezialisten delegierte Planung ausschließlich durch eine Planungsabteilung?

Wie wir soeben gesehen haben, kann die Planerstellung – vor allem wenn sie programmiert ist – von den verantwortlichen Instanzen an Spezialisten delegiert werden. Liegt ein umfassendes und komplexes Planungsproblem vor, das die Aktivitäten mehrerer großer Verantwortungsbereiche über einen längeren Zeitraum festlegt (z. B. integrierte Absatz-, Produktions-, Investitions- und Finanzplanung für drei Jahre), so werden diese Pläne in aller Regel von Spezialisten erstellt. Selten wird jedoch eine umfassende und detaillierte periodische Planung von nur *einer* Planungsabteilung realisiert. Genauso selten ist der Fall, daß den Instanzen jeweils eigene Planungsstellen beigeordnet sind und der Planungsprozeß streng der Linienhierarchie von Stellen folgt, also jede Instanz auf der Basis eines eigenen Teilplanes vorauskoordiniert, wobei die Pläne von Hierarchieebene zu Hierarchieebene konkreter werden. Vielmehr werden in der Regel Teilpläne erstellt, die jeweils größere organisatorische Bereiche umfassen und sich auch auf unterschiedliche Zeiträume erstrecken können.

Die Planung einer industriellen Unternehmung kann beispielsweise, grob skizziert, die folgende Form aufweisen: Eine Abteilung „Langfristplanung", die der Unternehmungsführung zugeordnet ist, erstellt für eine Reihe von Größen – Absatzmengen der verschiedenen Produkte, Investitionen, Personalbestand usw. – einen Langfristplan, der diese Größen auf drei Jahre hinaus projiziert. Um diese Größe festlegen zu können, benötigt die Langfristplanung bestimmte Informationen aus den verschiedenen Bereichen – Absatzprognosen, Angaben über vorhandene Kapazitäten usw. U. U. gehen der Festlegung dieses Langfristplanes ein oder mehrere Abstimmungszyklen voraus: Ein erster Vorschlag wird erarbeitet, der von den Bereichen korrigiert wird; die Korrekturen führen zu einem neuen Vorschlag, der möglicherweise einem erneuten Korrekturprozeß unterzogen wird usw. Diese Korrekturprozesse sind notwendig, weil die zentrale Planung, um Diskrepanzen zwischen den Aufgaben der verschiedenen Bereiche ausgleichen zu können, immer Festlegungen treffen muß, die unbestätigte Annahmen enthalten. Stimmen beispielsweise die Absatzschätzungen und die Kapazitätsangaben der Fertigung nicht überein, so muß die zentrale Planung einen Ausgleich herbeiführen, indem sie von den Angaben abweicht: Absatzschätzungen werden nach oben oder unten korrigiert, Kapazitäten werden höher oder niedriger angesetzt als die betroffenen Bereiche angegeben haben. In dem Korrekturprozeß prüfen nun die Bereiche, ob die abweichenden Festlegungen auch realisierbar sind, ob höhere Absatzzahlen durch verstärkte Verkaufsanstrengungen, höhere Produktionsmengen durch bessere Auslastung der Anlagen, durch weitere Investitionen oder durch Überstunden erbracht werden können. Verkaufsanstrengungen, Investitionen und Überstunden verursachen aber Aufwand und so können Abweichungen zu der ursprünglichen Finanzplanung auftreten, die einen erneuten Abstimmungsprozeß erforderlich machen. Mit jedem Abstimmungszyklus werden die Abweichunven aber geringer. Ist ein Dreijahresplan festgelegt, so werden darauf aufbauend vom Leiter des Absatzes und den regionalen Verkaufsmanagern jährliche Absatzpläne erstellt. Diese legen fest, welche Mengen der verschiedenen Produkte in welchen Zeitabschnitten zu verkaufen sind. Ein Marketingplan spezifiziert beispielsweise, welche Marketinginstrumente wann eingesetzt werden sollen. Während der Langfristplan nur ein Marketingbudget festlegt, wird mit dem Marketingplan eine weitere Spezifizierung der Marketingaktivitäten erreicht. Der Produktionsplan wird in einem monatlichen Rhythmus von der Abteilung Fertigungsplanung erstellt. Er legt fest, welche Produkte in welchen Mengen wann gefertigt werden müssen, damit der Absatz planmäßig erfolgen kann. Die Abteilung Arbeitsvorbereitung erstellt, von den Vorgaben der Fertigungsplanung ausgehend, wöchentliche Pläne, die für jede Ausführungsstelle festlegen, welche Aktivitäten zu welchen Zeiten durchzuführen sind. Die Planung der anderen Bereiche – Beschaffung, Entwicklung, Finanzierung usw. – wollen wir nicht weiter betrachten. Es ist deutlich geworden, daß sich die Planungen der verschiedenen Bereiche in bezug auf die Fristen, die Personen, die sie erstellen, und die Zahl der erfaßten Größen stark unterscheiden können.

Kann die in einer Organisation notwendige Koordination ausschließlich mit Plänen oder ausschließlich mit Plänen und Programmen bewältigt werden?

Pläne und Programme sind Instrumente der *Vorauskoordination*. Ihre Koordinationswirkung hängt davon ab, daß zukünftige Entwicklungen vollständig erfaßt und korrekt prognostiziert wurden. Wie wir gesehen haben, ist diese Voraussetzung in nichtstatischen Umwelten nicht zu erfüllen. Störungen sind unvermeidlich und somit ist ein gewisses Maß an Feedbackkoordination immer zu leisten. Je umfassender und korrekter jedoch die Vorauskoordination erfolgt, um so weniger Feedbackkoordination ist zu erbringen.

3.2.2.6. Exkurs: Koordination durch Lenkpreise

Besteht eine Unternehmung aus weitgehend autonomen Divisionen oder handelt es sich um Konzerne mit juristisch selbständigen Betrieben, die aber untereinander Leistungen austauschen, so ist eine Planung, die diesen Leistungsaustausch koordiniert, wegen ihrer Komplexität nur schwer durchzuführen. Ein Alternative bietet hier die Schaffung eines internen Marktes und die Koordination über die Preise der ausgetauschten Leistungen. Da die Funktion der Preise in einem solchen System darin besteht, die Zuteilung von Ressourcen auf die einzelnen Bereiche zu lenken, wird auch von *Lenkpreisen* gesprochen. Unter der Bezeichnung *„Pretiale Lenkung"* hat bereits Schmalenbach (1948) diese Koordinationsform anderen Koordinationsformen gegenübergestellt.

Damit das Marktsystem funktionieren kann, müssen die Teilbereiche mit Gewinnverantwortung ausgestattet werden, sie werden zu *Profit-Centers* (vgl. Welge 1975). Die Koordination soll vor allem durch das Gewinnstreben dieser Profit-Centers bewirkt werden. Der *Kooperationsgedanke,* der hinter den anderen Koordinationsformen – etwa hinter einer Koordination durch Selbstabstimmung – steht, wird hier durch den *Konkurrenzgedanken* ersetzt. Bei sequentiellen Interdependenzen müssen die einzelnen Profit-Centers für die empfangenen Leistungen bezahlen und erhalten Zahlungen für die von ihnen weitergegebenen Leistungen, so als würde der Leistungsaustausch mit Stellen außerhalb der Organisation erfolgen.

Bei gepoolten Interdependenzen, die sich auf von mehreren Bereichen gemeinsam genutzte Leistungen beziehen, wird oft durch Kostenbelastungen geregelt, wer wieviele zentrale Leistungen in Anspruch nehmen kann. Die Bereiche fragen Service-Leistungen, beispielsweise EDV-Leistungen, ähnlich wie auf einem externen Markt nach. Über die knappen finanziellen Ressourcen und den Preis der Serviceleistungen wird so eine Koordination herbeigeführt. Der Markt regelt auch die gepoolte Interdependenz im Hinblick auf finanzielle Mittel: Die Verteilung kann sich nach den erzielten Gewinnen richten, indem etwa vorgesehen wird, daß die Bereiche, die die höchsten Gewinne erzielt haben, auch die meisten finanziellen Mittel bekommen, die sie dann für Investitionen einsetzen können.

Es ist fraglich, ob das *Konkurrenzdenken* tatsächlich zur Ausrichtung aller Aktivitäten auf die Gesamtziele der Organisation führt und ob eine Koordination allein durch die *Konzentration auf ökonomische Größen* erfolgen kann, die zudem noch vergangenheitsbezogen sind. Darüber hinaus wirft die

Findung der Lenkpreise Probleme auf. Eine Festlegung von am Angebot außerhalb der Unternehmung orientierten Marktpreisen kann dann oft nicht vorgenommen werden, wenn es sich um Halbfabrikate oder um Verwaltungsleistungen handelt, für die es keinen Markt gibt. Liegen Marktpreise vor, so dürfen sie oft nicht eingesetzt werden, um die Beschäftigung von organisationseigenen Stellen zu sichern. In diesen Fällen werden Kostenpreise vorgegeben, die jedoch manipulierbar sind und das „freie Spiel der Kräfte" nicht mehr sicherstellen. Werden solche Kosten geplant, so handelt es sich auch bei einer Koordination durch Lenkpreise letztlich um eine *Koordination durch Planvorgaben*, da zumindest wichtige Prämissen vorgegeben werden. Werden die Preise hingegen ausgehandelt, so liegt eine *auf ökonomische Größen reduzierte Koordination durch Selbstabstimmung* vor.

Die Vorteile einer Koordination durch Lenkpreise werden seit Schmalenbach mit dem Hinweis auf die Vorteile einer gesamtwirtschaftlichen Koordination durch Preise gegenüber einer gesamtwirtschaftlichen Koordination durch Pläne begründet. Es fragt sich jedoch, ob Probleme und Lösungen ohne weiteres von der gesamtwirtschaftlichen Ebene auf die innerorganisatorische Ebene übertragen werden können. In großen, heterogenen Konzernen, die quasi aus Einzelorganisationen bestehen, mag eine Koordination durch Lenkpreise in gewissem Rahmen sinnvoll sein. Berücksichtigt man die Gesamtheit aller Koordinationsinstrumente über alle Bereiche hinweg, so kann eine Koordination durch Lenkpreise nur unwesentlich zu einer Reduzierung der anderen Koordinationsinstrumente beitragen. Innerhalb der Bereiche kann sie ohnehin kaum zur Anwendung kommen. Aus diesem relativ geringen Beitrag zur Erfüllung der gesamten Koordinationsanforderungen kann auch auf eine relativ geringe Auswirkung dieses Koordinationsinstrumentes auf die Organisationsstruktur geschlossen werden. Aus diesen Gründen klammern wir die Koordination durch Lenkpreise aus unseren weiteren Betrachtungen aus.

3.2.2.7. Nicht-strukturelle Koordinationsinstrumente

Die bisher behandelten Koordinationsinstrumente beruhen jeweils auf bestimmten organisatorischen Regelungen und sind Teil der formalen Organisationsstruktur. Daher können wir sie auch als *strukturelle Koordinationsinstrumente* bezeichnen. Daneben gibt es noch eine Reihe weiterer Maßnahmen, die ebenfalls dem Zweck dienen, das Verhalten der Organisationsmitglieder auf das Organisationsziel hin auszurichten, die aber nicht in Form organisatorischer Regeln gefaßt sind. Da es sich von der Funktion her auch um Koordinationsinstrumente handelt, diese Instrumente jedoch nicht Bestandteil der formalen Organisationsstruktur sind, wollen wir sie als *nicht-*

strukturelle Koordinationsinstrumente bezeichnen. Aus unserer Systematik haben wir sie dementsprechend ausgeklammert. Da sie jedoch die strukturellen Instrumente stets ergänzen und teilweise sogar ersetzen, sollen sie hier noch kurz Erwähnung finden.

Die nicht-strukturellen Koordinationsinstrumente sind auf den Grundgedanken zurückzuführen, daß eine Ausrichtung der Aktivitäten von Organisationsmitgliedern auf das Organisationsziel letztlich dann am ehesten gewährleistet ist, *wenn sich alle Organisationsmitglieder mit dem Organisationsziel identifizieren.* Nun haben wir im ersten Kapitel aber gesehen, daß die Organisationsziele in erwerbswirtschaftlichen Organisationen in der Regel nur von einer privilegierten Gruppe von Organisationsmitgliedern, von der Kerngruppe, festgelegt werden und daß diese Ziele nicht zwangsläufig den Vorstellungen aller Organisationsmitglieder über den zukünftigen Zustand der Organisation und die dahin führenden Wege entsprechen. Eine Identifikation der nicht an der Zielbildung beteiligten Organisationsmitglieder kann dann dadurch erreicht werden, daß die Kerngruppe versucht, die Vorstellungen dieser Organisationsmitglieder entsprechend zu beeinflussen. Solche Maßnahmen zur Beeinflussung der Vorstellungen der Organisationsmitglieder werden unter dem Begriff *Indoktrination* zusammengefaßt (vgl. Mooney 1947, S. 8 ff.). Im Hinblick auf die koordinativen Wirkungen einer solchen Beeinflussung sprechen andere Autoren auch von einer *Koordination durch Ideen* (vgl. Learned und Sproat 1966, S. 30 f.).

Die koordinativen Wirkungen einer erfolgreichen Indoktrination sind offensichtlich: Wenn alle Organisationsmitglieder dieselben Ziele verfolgen, entsteht automatisch ein starkes Engagement für die Abstimmung aller Aktivitäten auf diese Ziele hin. Stellenbezogene oder persönliche Ziele werden dabei weitgehend zurückgedrängt. In sogenannten *ideologischen Organisationen* wie politischen Parteien oder religiösen Gemeinschaften wird diese Übereinstimmung durch die Einschwörung aller Mitglieder auf bestimmte Leitgedanken oder Ideen bewirkt und auch in erwerbswirtschaftlichen Organisationen finden wir eine solche Einschwörung der Organisationsmitglieder auf die Organisationsziele sowie das Image oder Prestige der Organisation, die ein *ganzheitliches Denken* bei allen schaffen soll. Ganzheitlich heißt dabei zumeist: den von der Kerngruppe vorgegebenen Zielen entsprechend.

Im einzelnen steht der Kerngruppe ein differenziertes Instrumentarium zur Indoktrination oder Koordination durch Ideen zur Verfügung, das in zwei Gruppen untergliedert werden kann. Auf der einen Seite stehen die *Maßnahmen der unmittelbaren, psychologischen Beeinflussung der Organisationsmitglieder.* Reden von Mitgliedern der Unternehmungsführung auf Betriebsversammlungen, Artikel in Betriebszeitschriften u. ä. sind häufig genutzte Mittel. Sie versuchen, durch wertbehaftete Worte wie „Familie", „Gemeinschaft" usw. an die Einstellung der Organisationsmitglieder zu appellieren.

Auch Lehrgänge, Kurse, Seminare und ähnliche Veranstaltungen gehören zum Teil hierher. Diesen direkten Beeinflussungsmaßnahmen stehen die *indirekten Maßnahmen* gegenüber, die vor allem auf dem Wege der *Stellenbesetzung* dazu führen sollen, daß nur auf das Organisationsziel eingeschworene Personen Schlüsselpositionen erlangen. Im einzelnen wird zu diesem Zweck darauf geachtet, daß freiwerdende Stellen auf höheren Ebenen nur mit bewährten Inhabern unterer Positionen besetzt werden *(interne Rekrutierung)* und daß die *Personalfluktuation* generell so niedrig wie möglich gehalten wird.

Diese *personalpolitischen Maßnahmen* dienen allerdings *nicht nur* einer Beeinflussung der Organisationsmitglieder im Sinne der Kerngruppe. Koordination ist stets auch ein *Informationsproblem.* Organisationsmitglieder, die viele Jahre in einer Organisation zugebracht haben, finden sich in aller Regel leichter zurecht, kennen die jeweils kürzesten Wege und übersehen die Auswirkungen ihrer Handlungen auf andere Stellen besser. Die Koordination wird bei niedrigerer Fluktuation und begrenzter interner Rekrutierung daher grundsätzlich einfacher. Organisationen sind soziale Systeme, und in jedem sozialen System ist der Zusammenhalt – die *Kohäsion* – tendenziell um so größer, je länger die Mitglieder miteinander interagieren. Eine lange Mitgliedschaft aller Mitglieder in einer Organisation führt daher in aller Regel nicht nur zu besserer Information, sondern auch zu einem besonderen *Vertrauensverhältnis,* das die Koordination vereinfacht und formale Regelungen teilweise ersetzen kann (vgl. auch Selznick 1957, S. 104 ff.).

Alle strukturellen Koordinationsinstrumente setzen ein gewisses Maß an Identifikation der Organisationsmitglieder mit den Organisationszielen und ein gewisses Vertrauensverhältnis zwischen den Beteiligten voraus. Bei der Koordination durch Selbstabstimmung haben wir auf diesen Aspekt bereits ausdrücklich hingewiesen. Alle Organisationen verfolgen daher Maßnahmen zur Förderung der Identifikation mit den Organisationszielen und zur Stärkung des gegenseitigen Vertrauens. Ob es sich dabei im Einzelfall um eine gezielte und manipulative Indoktrination durch eine einzelne Gruppe oder um die für den Zusammenhalt eines sozialen Systems erforderlichen und von einer breiten Mehrheit getragenen Stabilisierungsbemühungen handelt, ist oft nur schwer zu entscheiden. Mit Sicherheit gilt jedoch, daß diese Aspekte unbedingt beachtet werden müssen, wenn das Verhalten von Organisationsmitgliedern erklärt werden soll.

3.2.3. Konfiguration

Die beiden bisher behandelten Strukturdimensionen Spezialisierung und Koordination bilden die allen formalen Organisationsstrukturen zugrundeliegenden Hauptprinzipien. Sie spiegeln die Hauptmechanismen wider, auf denen formale Organisationsstrukturen beruhen. Um formale Strukturen möglichst umfassend zu beschreiben, dürfen wir uns mit der Diskussion dieser Mechanismen jedoch nicht zufrieden geben. Wichtig ist es auch, die *äußere Form des Stellengefüges* zu erfassen, zu dem diese Mechanismen führen. Diese äußere Form des Stellengefüges bezeichnen wir in Anlehnung an Pugh u. a. (1968) als *Konfiguration* und betrachten sie als dritte Hauptdimension formaler Organisationsstrukturen. Da bei der Analyse der äußeren Form des Stellengefüges den mit Entscheidungs- und Weisungskompetenzen ausgestatteten *Instanzen* besondere Beachtung geschenkt wird, können wir diese Dimension auch *Leitungssystem* nennen (vgl. Lehmann 1969).

Oft werden Konfiguration oder Leitungssystem als die Zusammenfassung von Merkmalen definiert, die in *Organisationsschaubildern* (sog. *Organigrammen*) zum Ausdruck kommen. Dies ist solange richtig, wie Organisationen ihr aktuelles Stellengefüge selbst genau abbilden und über ein entsprechendes Schaubild verfügen. Organisationsschaubilder sind ein *Mittel*, um das Stellengefüge graphisch festzuhalten. Wenn ein solches Schaubild den tatsächlichen Stand wiedergibt, können wir uns bei der Analyse der Konfiguration darauf beziehen. Wenn jedoch kein Schaubild oder kein aktuelles Schaubild existiert, so müssen wir unmittelbar von dem Stellengefüge ausgehen und gegebenenfalls selbst ein Schaubild erstellen. *Ob* eine Organisation über ein Schaubild *verfügt* oder nicht, ist eine Frage des *Formalisierungsgrades* und nicht der Konfiguration.

Bei der Analyse der Konfiguration geht es uns also um Merkmale des Stellengefüges, die unter anderem in einem Organisationsschaubild abgebildet werden *können*. Während die Organisationslehre versucht, Leitungssysteme aufgrund eines einzigen Merkmals in *Typen* zu unterscheiden und sich dabei auf die *Struktur der Leitungs- oder Weisungsbeziehungen* konzentriert, wollen wir hier darüber hinaus noch einige zusätzliche Merkmale des Stellengefüges betrachten. Diese zusätzlichen Merkmale münden in Kennzahlen über die *Gliederungstiefe* des Stellengefüges und die *Breite der einzelnen Ebenen* sowie in Kennzahlen über die *Relation zwischen verschiedenen Arten von Stellen.*

3.2.3.1. Struktur der Weisungsbeziehungen: Einlinien- und Mehrliniensystem

Bei der Diskussion der Abteilungsbildung haben wir gesehen, daß aus Gründen der Zurechnung von Verantwortlichkeiten und der Koordination neben den reinen Ausführungsstellen zusätzlich Leitungsstellen *(Instanzen)* gebildet werden, die mit Entscheidungs- und Weisungsbefugnissen ausgestattet sind. In größeren Organisationen erfolgt dabei in aller Regel eine mehrstufige Gliederung in Verantwortungsbereiche, denen jeweils eine Instanz vorsteht. Auf diese Weise kommt es zu einem mehrstufigen System von Instanzen, die auch untereinander durch Weisungsbeziehungen miteinander verknüpft sind. Die Struktur dieser Weisungsbeziehungen *zwischen Instanzen* sowie zwischen *Instanzen und Ausführungsstellen* wollen wir hier betrachten.

Weisungsbeziehungen zwischen Stellen führen zu Unter- und Überordnungsverhältnissen, die im Organisationsschaubild zumeist durch eine vertikale Unterscheidung verschiedener Ebenen und eine entsprechende Einordnung der Stellen auf den einzelnen Ebenen ausgedrückt werden. In diesem Sinne haben wir in Abb. 3–3d die Instanzen der einzelnen Fertigungsgruppen *oberhalb* der Ausführungsstellen abgebildet und die Instanz für die gesamte Fertigungsabteilung oberhalb der Instanzen für die einzelnen Gruppen eingezeichnet. Weisungsbeziehungen kommen dann in den *Verbindungslinien zwischen Kästchen auf verschiedenen Ebenen* zum Ausdruck: Eine Linie zwischen zwei auf unterschiedlichen Ebenen eingeordneten Stellen bedeutet, daß die höhere Stelle der niedrigeren Weisungen geben darf.

In allen unseren bisherigen Beispielen sind wir davon ausgegangen, daß die Weisungsbeziehungen stets so gestaltet sind, daß zwar eine höhere Stelle *mehreren* niedrigeren Stellen Weisungen erteilen darf, daß jedoch jede niedrigere Stelle nur von *einer* höheren Stelle Weisungen empfängt. Hierbei handelt es sich aber nur um eine bestimmte Struktur von Weisungsbeziehungen, die als *Einliniensystem* bezeichnet wird. Es beruht auf dem *Prinzip der Einheit der Auftragserteilung,* das von dem Franzosen Henri Fayol (1919) formuliert wurde. Dieses Prinzip fordert, daß jeder Stelle (Ausführungsstelle oder Instanz) nur eine weisungsberechtigte Instanz übergeordnet sein soll. Die konsequente Anwendung dieses Prinzips führt zu dem *Idealtyp* des Einliniensystems im Rahmen der von der betriebswirtschaftlichen Organisationslehre diskutierten Leitungssysteme. Diesem Typ wird ein *alternativer Idealtyp* gegenübergestellt. Er wird als *Mehrliniensystem* bezeichnet und beruht auf dem von F. W. Taylor entwickelten *Funktionsmeistersystem* (Taylor 1919). Dieses System oder Prinzip fordert, daß die Leitungsfunktion für eine organisatorische Einheit aufgegliedert und auf *mehrere* Instanzen verteilt wird und daß dementsprechend einer organisatorischen Einheit mehrere spezialisierte Instanzen vorgesetzt werden *(Mehrfachunterstellung).*

In Abb. 3–9 sind die beiden idealtypischen Formen des Leitungssystems gegenübergestellt. Von den ihnen zugrundeliegenden Ideen her sind sie nicht unmittelbar vergleichbar. Auch hat Fayol sein Prinzip vorwiegend für den Verwaltungsbereich aufgestellt, während Taylor sein Prinzip zunächst nur für die Beziehungen zwischen Meistern und Arbeitern in der Fertigung formulierte. Erst später wurde der Anwendungsbereich dieser Prinzipien auf das gesamte Stellengefüge ausgedehnt. Wir wollen daher prüfen, inwieweit es sich bei den beiden idealtypischen Grundmodellen des Leitungssystems um echte *Alternativen* handelt.

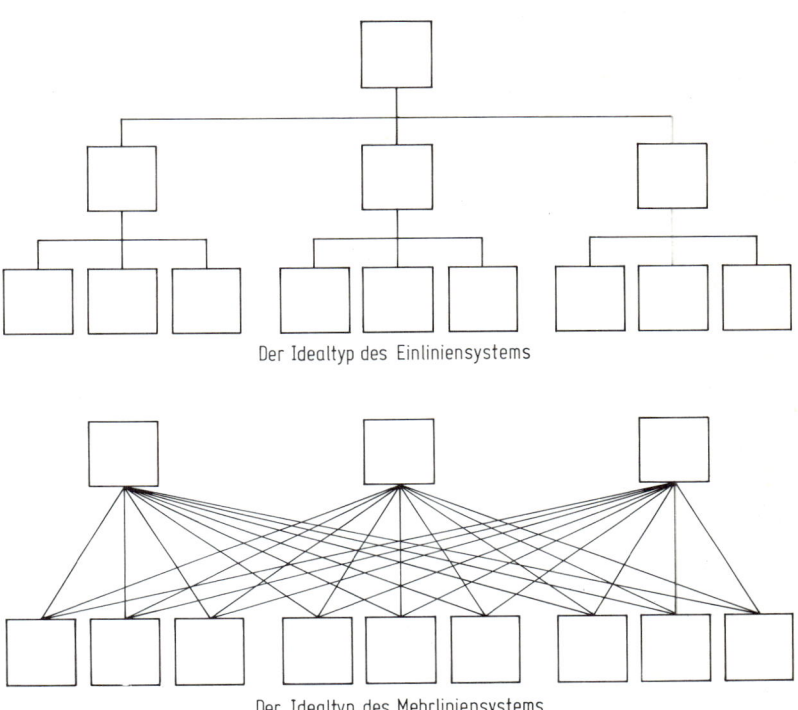

Der Idealtyp des Einliniensystems

Der Idealtyp des Mehrliniensystems

Abb. 3–9. Idealtypische Strukturen von Weisungsbeziehungen

(1) Die beiden Grundmodelle

In der letzten Stufe unseres Schreinereibeispiels sind wir davon ausgegangen, daß jeweils drei Stellen zu einer Fertigungsgruppe Sägerei, Hoblerei, Drechslerei, Montage bzw. Lackiererei zusammengefaßt werden, daß diesen Gruppen jeweils eine Instanz vorsteht und daß diese Gruppen selbst wiederum zu einer Abteilung Fertigung zusammengefaßt werden, der ebenfalls eine Instanz zugeordnet wird (vgl. Abb. 3–3d). Die Weisungsbeziehungen werden dabei – wie die Verbindungslinien zwischen den Kästchen zeigen – nach dem *Prinzip der Einheit der Auftragserteilung* gestaltet. Mit dieser Gestaltung des

Stellengefüges sollte eine klare *Zuordnung von Verantwortlichkeiten* und eine *bessere Koordination* der einzelnen Aktivitäten bewirkt werden: Werden die Instanzen mit speziellen Personen besetzt – und davon gehen *beide* Grundmodelle aus – sind die Voraussetzungen für eine Koordination durch persönliche Anweisungen geschaffen. In unserem Schreinereibeispiel würde den Gruppen ein Geselle oder Vorarbeiter und der gesamten Abteilung wahrscheinlich ein Meister vorgesetzt werden. Eine solche *Stellenbesetzung* entspricht der Forderung, daß eine Koordination durch persönliche Weisungen besondere Qualifikationen von den Inhabern der koordinierenden Instanzen erfordert. Je größer dabei der zu koordinierende Bereich, desto höher sollte diese Qualifikation sein.

Als Taylor das *Funktionsmeistersystem* vorschlug, hatte er weniger den Aspekt der Verantwortungszurechnung und der Koordination im Auge als vielmehr das *Problem der Besetzung von Instanzen.* Im Gegensatz zu Europa mit seiner langen handwerklichen Tradition gab es in den Vereinigten Staaten zu Beginn dieses Jahrhunderts keine *Meister* in unserem Sinne. Meister werden in ihrer Ausbildung darauf vorbereitet, alle in der Fertigung anfallenden Probleme zu lösen. Sie erhalten sowohl die für eine Abstimmung zwischen Gruppen oder Stellen notwendigen Kenntnisse größerer Zusammenhänge als auch die detaillierten Kenntnisse der einzelnen Werkzeuge und Maschinen. Sie sollen nicht nur koordinieren, sondern auch im Detail stets besser Bescheid wissen als die Arbeiter. Sie sollen Arbeiter anlernen und Lehrlinge ausbilden, sie sollen bei Störungen konkrete Anweisungen geben und notfalls auch selbst eingreifen können. Da entsprechend qualifizierte Personen zur Zeit Taylors in den Vereinigten Staaten nicht in ausreichendem Maße verfügbar waren, forderte er, daß die *Gesamtfunktion eines Meisters aufgegliedert und auf mehrere Vorgesetzte verteilt werden sollte.* Eine solche Spezialisierung in den Leitungsaufgaben ermöglicht seiner Meinung nach – wie jede andere Form der Spezialisierung (vgl. S. 52 ff.) – ein kurzfristiges Anlernen entsprechender Stelleninhaber. Mit einem Blick auf komplizierte Fertigungsaufgaben, wie sie im Maschinenbau etwa vorliegen, schlug er eine Aufgliederung in insgesamt acht Funktionen und damit die Bildung von *acht Funktionsmeisterstellen* vor. Ihnen gab er folgende Namen:

a) Arbeitsverteiler (route clerk)
b) Unterweisungsbeamter (instruction card clerk)
c) Kosten- und Zeitbeamter (cost and time clerk)
d) Verrichtungsmeister (gang boss)
e) Geschwindigkeitsmeister (speed boss)
f) Prüfmeister (inspector)
g) Instandhaltungsmeister (repair boss)
h) Aufsichtsbeamter (shop disciplinarian).

Dieser Vorschlag zur Spezialisierung von Leitungsfunktionen hat die Organisation des Fertigungsbereichs in allen westlichen Ländern bis in die Gegenwart hinein nachhaltig geprägt. Besonders weitreichende Konsequenzen hat die Herausstellung der ersten drei Teilfunktionen gehabt, die sich auf die Vorbereitung der eigentlichen Fertigungsaufgaben beziehen. Durch sie wurde aus heutiger Sicht eine *Koordination durch Planung* im Fertigungsbereich eingeleitet. Entsprechende Stellen finden wir unter den Bezeichnungen Arbeitsvorbereitung, Fertigungsplanung und/oder Fertigungssteuerung heute in fast allen größeren Industriebetrieben. Ebenso finden wir oft spezielle Stellen für die Qualitätskontrolle und die Instandhaltung. Allerdings sind die Weisungsbefugnisse selten nach der von Taylor vorgeschlagenen Form verteilt, und die einzelnen Instanzen haben nur selten vollkommen gleichrangige Weisungsbefugnisse. Dies gilt vor allem für den „Aufsichtsbeamten", der nach Ansicht späterer Autoren den übrigen „Meistern" übergeordnet sein sollte (vgl. Lehmann 1969). Für uns ist in diesem Zusammenhang die konkrete Art der Aufgliederung der Leitungsfunktionen weniger wichtig als die Grundidee, die hinter dem Vorschlag Taylors steht. Der Vorschlag selbst sollte hier vor allem der Illustration dienen.

In unserem Schreinereibeispiel würde die Anwendung des Mehrliniensystems dazu führen, daß die insgesamt fünfzehn Ausführungsstellen in der Fertigung *gemeinsam* acht „Meistern" unterstellt wären. Vielleicht würden wegen der geringen Größe der gesamten Fertigungsabteilung einige Meisterfunktionen zusammengefaßt, auf jeden Fall würde es aber zu einer *Mehrfachunterstellung* kommen, deren Hauptzweck es ist, qualifizierte Entscheidungen und Weisungen der Vorgesetzten zu gewährleisten.

Aus der vorangegangenen kurzen Schilderung ergibt sich, daß die beiden Grundformen des Leitungssystems aus *unterschiedlichen Blickrichtungen* heraus und mit *unterschiedlichen Zwecksetzungen* entwickelt worden sind. Das Prinzip der Einheit der Auftragserteilung und das daraus resultierende *Einliniensystem* sollen eine *klare Zuordnung von Verantwortung* und eine *reibungslose Koordination* sicherstellen. Das Funktionsmeistersystem und das daraus resultierende *Mehrliniensystem* sollen hingegen *qualifizierte Entscheidungen* und Weisungen der Vorgesetzten *durch eine Spezialisierung* bewirken. Für eine Organisation sind ohne Zweifel *beide Zwecksetzungen* wichtig, und es kann daher nicht um eine Wahl zwischen Alternativen gehen, indem grundsätzlich alle Weisungsbefugnisse nach dem einen oder dem anderen Prinzip gestaltet werden. Offensichtlich ist das Problem der Sicherung qualifzierter Entscheidungen und Weisungen auch nicht auf den Fertigungsbereich beschränkt, so daß beide Aspekte bei der Gestaltung sämtlicher Weisungsbeziehungen in Organisationen zu berücksichtigen sind. Wenn wir nun entscheiden sollen, wo und wann die eine oder andere Form der Weisungsbeziehungen angewendet werden soll, müssen wir ihre Vor- und Nachteile noch besser kennenlernen.

a) Das Problem der Länge der Informationswege

Ein *Nachteil des Einliniensystems* ist die *starke Beanspruchung von Instanzen mit Koordinationsaufgaben*. Wenn das Prinzip der Einheit der Auftragserteilung streng eingehalten wird, so sind die Instanzen nicht nur damit beschäftigt, die ihnen *unmittelbar* unterstellten Organisationsmitglieder zu koordinieren, sondern sie müssen auch abstimmungsbedürftige Fragen und Störungsmeldungen nach oben weiterleiten sowie Entscheidungen und Weisungen nach unten weitergeben, da der *hierarchische Dienstweg* stets einzuhalten ist. Wenn zwischen zwei Stellen aus verschiedenen Gruppen eine Abstimmung erforderlich wird, so muß der Informationsfluß über die beiden Gruppenleiter bis zu deren nächstem gemeinsamen Vorgesetzten und von dort wieder die Hierarchie hinab verlaufen (vgl. Abb. 3–10a). Die Gruppenleiter sind dann also zweimal mit der bloßen Weitergabe von Informationen befaßt, ohne selbst auf den Koordinationsprozeß Einfluß nehmen zu dürfen. Dieser Aufwand ist erforderlich, damit die Gruppenleiter von allen Entscheidungen stets Kenntnis erlangen und ihrer Verantwortung gerecht werden können. Würden sich die Mitglieder verschiedener Gruppen unmittelbar selbst abstimmen oder sich direkt an ihren nächsten gemeinsamen Vorgesetzten wenden, so könnten die Gruppenleiter die Verantwortung für ihre Gruppen nicht tragen.

Natürlich hat Fayol diesen Nachteil selbst gesehen. Seiner Meinung nach rechtfertigt das Ziel klarer Verantwortungsbeziehungen diesen Aufwand jedoch. Für genau spezifizierte Fälle hat er allerdings auch einen *direkten Kontakt* zwischen Stellen aus verschiedenen Bereichen vorgesehen. Eine solche direkte Beziehung, die in Abb. 3–10b wiedergegeben ist, wird *Fayolsche Brücke* genannt. Solche Regelungen stellen im Einliniensystem aber die Ausnahme dar, so daß es grundsätzlich dabei bleibt, daß die Instanzen stark mit Übermittlungsaufgaben belastet sind.

Das Mehrliniensystem hilft dagegen, das *Prinzip des kürzesten Weges* zu realisieren. Wie aus Abb. 3–10c hervorgeht, könnte das Abstimmungsproblem zwischen Stellen aus verschiedenen Gruppen von dem „Gruppenleiter" gelöst werden, der die Kompetenz für die zur Abstimmung anstehende Frage besitzt.

b) Das Problem der Zurechnung von Verantwortlichkeiten

Das Einliniensystem garantiert ohne Zweifel eine eindeutige Zuordnung von Verantwortlichkeiten. Wenn jedes Organisationsmitglied nur einen Vorgesetzten besitzt, über den alle Informationen laufen müssen, kann dieser Vorgesetzte jederzeit zur Verantwortung herangezogen werden. Die mit dem

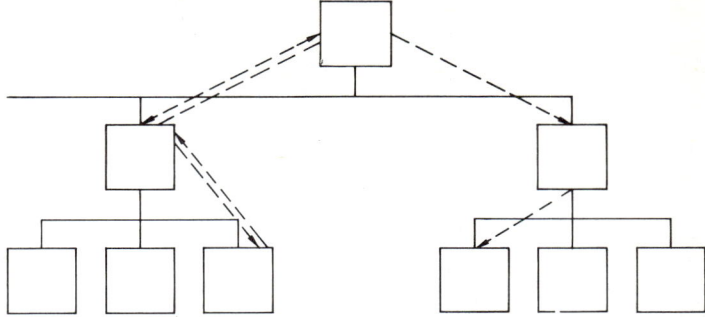

Abb. 3–10a. Informationsfluß im strengen Einliniensystem

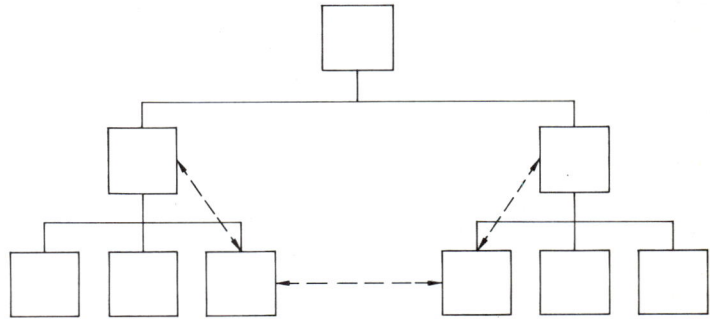

Abb. 3–10b. Fayolsche Brücke

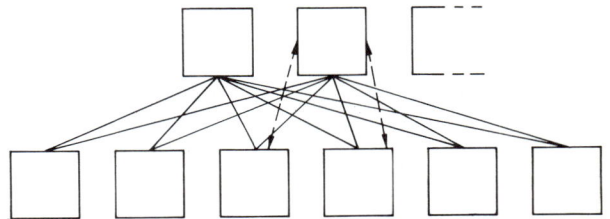

Legende
————— Weisungsbeziehungen
————— Informationsfluß (Meldungen und Anweisungen)
Abb. 3–10c. Informationsfluß im Mehrliniensystem

Mehrliniensystem verbundene *Mehrfachunterstellung* erschwert hingegen die Zurechnung von Verantwortlichkeiten. Eine Spezialisierung innerhalb der Leitungsfunktion stößt zunächst auf die Schwierigkeit, daß sich die einzelnen *Teilfunktionen leicht überschneiden können*. Dann tritt die Frage auf, welche Instanz in einem konkreten Fall weisungsberechtigt ist. Die Inhaber niedrigerer Stellen wissen u. U. nicht genau, an welche Instanz sie eine Meldung weiterleiten sollen, und zwischen den Instanzen kann es leicht zu *Kompetenzstreitigkeiten* kommen. Aber selbst wenn diese Kompetenzabgrenzung eindeutig erfolgt, bleibt ein weiteres Problem: Die Weisungsrechte der einzelnen Instanzen sind, dem Gedanken der Qualitätssicherung entsprechend, auf bestimmte Sachgebiete oder Funktionen begrenzt. Jede Instanz ist nur innerhalb eines bestimmten Sachgebietes oder einer bestimmten Funktion zuständig und kann auch nur hierfür die Verantwortung tragen. Wenn sich in der gesamten organisatorischen Einheit nun ein schlechtes Arbeitsergebnis einstellt, so ist nicht immer eindeutig zu klären, in *welchem Sachgebiet die Ursachen liegen* und *welche Instanz somit verantwortlich ist*.

An diesem Punkt wird deutlich, daß die Begriffe „Weisungsbefugnisse" und „Verantwortlichkeiten" in den beiden Grundformen des Leitungssystems *unterschiedliche Bedeutungen haben*. Im Einliniensystem sind Weisungsbefugnisse und Verantwortlichkeiten einer Instanz auf die *Gesamtheit* der ihr unterstellten Stellen bezogen. Sie erstrecken sich auf das Gesamtergebnis der jeweiligen organisatorischen Einheit und das Verhalten aller Organisationsmitglieder in dieser Einheit. Der Vorgesetzte im Einliniensystem ist in aller Regel auch für die Leistungsbeurteilung, die Beförderung und andere personalpolitische Maßnahmen in bezug auf seine Untergebenen zuständig oder hat zumindest ein Mitsprache- oder Vorschlagsrecht. Diese Kompetenzen entstehen dadurch, daß die oberste Unternehmensführung an die Instanzen auch ihr aus dem Arbeitsrecht abgeleitetes *Direktionsrecht* delegiert. Die Beziehung, die daraus zwischen einer Instanz und den ihr untergeordneten Stellen resultiert, nennt man *disziplinarisches Unterstellungsverhältnis*.

Im Mehrliniensystem sind Weisungsbefugnisse und Verantwortlichkeiten für die Gesamtaufgaben einer organisatorischen Einheit hingegen auf mehrere *gleichberechtigte Instanzen* verteilt. Solange auftretende Probleme und Fehlerursachen eindeutig einem Sachgebiet zugerechnet werden können, entstehen keine Probleme. Wenn zum Beispiel eine Maschine in der Fertigung wegen mangelnder Instandhaltung ausfällt, so trägt der Instandhaltungsmeister hierfür die Verantwortung, denn er mußte sich um diese Fragen kümmern und konnte den Arbeitern auch entsprechende Weisungen geben. Weisungsbefugnisse und Verantwortlichkeiten sind auf bestimmte Sachgebiete oder Funktionen begrenzt. Man spricht daher auch von *funktionalen Weisungsbefugnissen* oder einem *funktionalen* oder *fachlichen Unterstellungsverhältnis*.

Entspricht die Gesamtheit der funktionalen Weisungsbefugnisse und Verantwortlichkeiten der Gesamtbefugnis und -verantwortung der Instanzen im Einliniensystem?

Auf den ersten Blick könnte man meinen, daß im Mehrliniensystem die Aufteilung der gesamten Leitungsfunktion einer Instanz nur *umfassend* und *eindeutig* erfolgen muß, um das Gegenstück zur Instanz im Einliniensystem herzustellen. Dies ist jedoch nicht der Fall, da – wie bereits betont – eine Zuordnung von Fehlerursachen oft nicht eindeutig möglich ist. Daher fehlt im Mehrliniensystem ein *Träger der Gesamtverantwortung* für die Arbeitsergebnisse einer organisatorischen Einheit. Die funktionalen oder fachlichen Vorgesetzten können sie *insgesamt* nicht tragen, da jeder nur für ein Fachgebiet weisungsberechtigt ist, und *einer* von ihnen kann sie offensichtlich auch nicht tragen. Und ebenso kann – im Gegensatz zu Taylors Vorschlag – keine der gleichberechtigten Instanzen die personalpolitischen Kompetenzen alleine übernehmen, da bei jeder Beurteilung das gesamte aufgabenbezogene Verhalten herangezogen werden muß, das ein einzelner, fachlich spezialisierter Vorgesetzter jedoch nicht einschätzen kann. Und die Untergebenen würden ihrem disziplinarischen Vorgesetzten stets mehr Beachtung schenken als den übrigen, formal gleichgestellten Vorgesetzten. Es fehlt also auch eine Instanz, der die *disziplinarischen Kompetenzen* übertragen werden können. Aus einer vorwiegend technischen oder mechanistischen Sicht erschwert das Mehrliniensystem daher ohne Zweifel einen reibungslosen Betriebsablauf. Dem kann man jedoch entgegenhalten, daß die Mehrfachunterstellung andererseits die im Einliniensystem leicht auftretende *Machtkonzentration* in den Händen der Vorgesetzten verhindert, die nicht zuletzt in der Vereinigung von fachlicher und disziplinarischer Kompetenz auf eine Person begründet ist. Wenn mehrere Instanzen weisungsberechtigt und verantwortlich sind, so verringert sich das Risiko, daß ein einzelner Vorgesetzter seine Kompetenzen überschreitet, da die anderen stets einen gewissen Einblick besitzen. Auch ist aus heutiger Sicht keineswegs sicher, daß sich die möglicherweise auftretenden Konflikte zwischen den weisungsberechtigten Instanzen im Mehrliniensystem stets nachteilig für die Organisation auswirken. Von verhaltenswissenschaftlich orientierten Vertretern der Organisationstheorie wurde gezeigt, daß Konflikte auch zu *qualitativ besseren Ergebnissen* führen können, da sie bei den Beteiligten einen stärkeren Einsatz hervorrufen und Reserven mobilisieren. Für bestimmte Situationen sind daher Organisationsformen entwickelt worden, die bewußt auf dem Prinzip der Mehrfachunterstellung aufbauen, um Konflikte zu institutionalisieren und ihre produktiven Wirkungen zu nutzen. Auf diese unter dem Begriff „*Matrix-Organisation*" zusammengefaßten Formen des Leitungssystems werden wir weiter unten in diesem Abschnitt zurückkommen. An dieser Stelle ist festzuhalten, daß beide

Grundformen Gedanken beinhalten, die für ihre Anwendung sprechen. Und tatsächlich finden sich in der Praxis viele Fälle, in denen Momente beider Prinzipien realisiert sind.

(2) Funktionale Unterstellungsverhältnisse in der Praxis

In der Praxis kombinieren die meisten Organisationen beide Prinzipien miteinander. In der Regel wird dabei auf *eindeutige disziplinarische Unterstellungsverhältnisse* geachtet, und auch die *Gesamtverantwortung* wird stets einer Instanz übertragen. Die Verbindungslinien zwischen Stellen in Organisationsschaubildern der Praxis geben dementsprechend zumeist die disziplinarischen Unterstellungsverhältnisse und die Regelungen der Gesamtverantwortung wieder. Die einer Stelle übergeordnete Instanz hat dabei in aller Regel das letzte Wort in allen Fragen, die die ihr unterstellten Stellen betreffen – es sei denn, ihre Kompetenzen sind grundsätzlich durch eine ihr in gerader Linie übergeordnete Stelle begrenzt. Für bestimmte Fragen, die ein besonderes Fachwissen erfordern oder die aus anderen Gründen aus der Kompetenz der jeweiligen Vorgesetzten zumindest teilweise herausgenommen werden sollen, kommt es zu einer *zusätzlichen* fachlichen oder funktionalen Unterstellung. In der Praxis geht es also nicht um ein „entweder – oder", sondern jeder Stelleninhaber hat *einen* disziplinarischen Vorgesetzten und eventuell zusätzlich noch einen oder mehrere fachliche Vorgesetzte. Diese fachlichen oder funktionalen Unterstellungsverhältnisse werden in Organisationsschaubildern durch zusätzliche *gestrichelte Linien* ausgedrückt, wenn sie überhaupt ausgewiesen werden (vgl. Abb. 3–11).

Typisch ist die Einrichtung solcher zusätzlicher funktionaler Unterstellungsverhältnisse für Industriebetriebe mit mehreren räumlich auseinanderliegenden Produktionsstätten (Werken). Oft sind die Werke dann mit einigen Stellen für Verwaltungstätigkeiten ausgestattet, die am Ort ständig anfallen, wie z. B. Personalangelegenheiten oder Buchhaltungsaufgaben. Die Werksleiter sind *allen* Werksangehörigen disziplinarisch vorgesetzt. Für bestimmte Funktionen liegt die *fachliche Kompetenz* jedoch bei Instanzen in der Hauptverwaltung. So empfangen die Stellen für Personalangelegenheiten und Buchhaltung in den Werken ihre Richtlinien und Anweisungen für die Aufgabenerfüllung oft von entsprechenden Instanzen in der Zentrale und kommunizieren mit diesen in fachlichen Fragen auch direkt. Über bestimmte Vorgänge wird der Werksleiter als disziplinarischer Vorgesetzter dabei informiert, über andere jedoch nicht.

Eine solche Konzentration funktionaler Kompetenzen auf die Zentrale erfolgt in der Praxis nicht nur im Hinblick auf die Sicherung einer besseren Qualität von Entscheidungen und Weisungen, sondern auch oder sogar vor

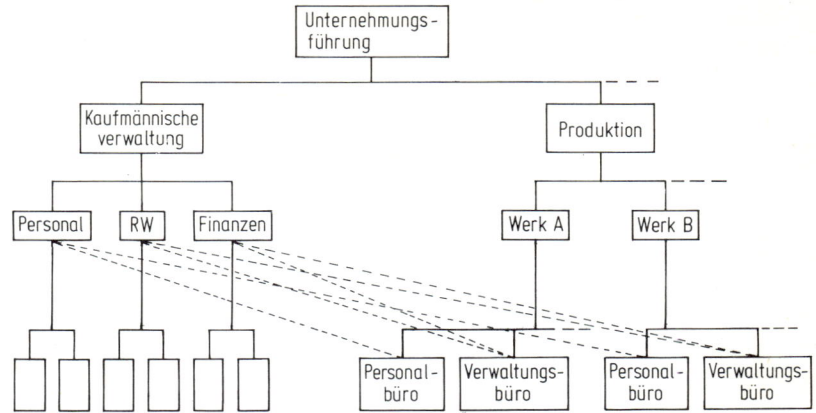

Legende: ——— Disziplinarische Weisungsbefugnisse und Gesamtverantwortung
         – – – – Funktionale Weisungsbefugnisse und fachliche Verantwortung

Abb. 3–11. Disziplinarische und funktionale Weisungsbefugnisse

allem zum Zweck einer *Vereinheitlichung* der Aufgabenerfüllung in regional verstreuten Einheiten und zum Zweck ihrer besseren Kontrolle. Wenn die erwähnten Stellen für Personalangelegenheiten und Buchhaltung ausschließlich den Werkleitern unterstellt wären, so könnten sich in den einzelnen Werken leicht unterschiedliche Verfahren und Wertansätze in der Buchhaltung oder unterschiedliche Kriterien bei der Einstellung und Einstufung von Mitarbeitern einstellen.

In multinationalen Unternehmungen und auch in anderen Konzernen sind die Leiter der Finanzabteilungen der Konzerntöchter oft nicht der Unternehmungsführung der jeweiligen Tochtergesellschaften sondern dem Finanzchef der Muttergesellschaft fachlich und teilweise sogar disziplinarisch unterstellt. Diese Maßnahme erfolgt vor allem zum Zwecke einer besseren *Kontrolle* der Tochterunternehmungen durch die Konzernmutter.

Aber nicht nur in regional oder international aufgegliederten Unternehmungen finden wir funktionale Unterstellungsverhältnisse. In fast jeder Unternehmung sind einzelne Sachgebiete oder Funktionen ganz oder teilweise aus der Kompetenz der grundsätzlich weisungsberechtigten und verantwortlichen Instanzen herausgenommen. „Teilweise" bedeutet dabei, daß die Instanz noch ein Mitsprache- oder ein Vorschlagsrecht besitzt oder auch nur informiert wird.

Die so herausgenommenen fachlichen Kompetenzen sind dann stets auf eine spezialisierte Stelle konzentriert. Typische Beispiele für die Einrichtung solcher funktionaler Unterstellungsverhältnisse sind z. B. Entscheidungen über die Stellenbesetzung sowie die Lohn- und Gehaltsfestsetzung durch eine Personalabteilung, die Entscheidung über Arbeitsverfahren im Verwaltungsbereich durch eine Organisations- und/oder Datenverarbeitungsabteilung, die Entscheidung in allen oder nur in problematischen juristischen Fragen durch ein Justiziariat.

Wenn wir also Leitungssysteme konkreter Organisationen betrachten, so ist es wenig sinnvoll zu versuchen, sie der einen oder anderen idealtypischen Grundform zuzuordnen. Sinnvoller ist es festzustellen, bei welchen fachlichen Fragen die Kompetenzen der hauptverantwortlichen Instanzen begrenzt und andere Stellen mit funktionalen Weisungsrechten ausgestattet sind. Dabei müßte auch festgestellt werden, wie die Beziehungen zwischen der hauptverantwortlichen und der oder den funktional verantwortlichen Instanzen geregelt sind und vor allem wie mögliche Konflikte gelöst werden.

(3) Linien- und Stabsstellen

Im Zusammenhang mit der Analyse von Weisungsbeziehungen in Organisationen ist auf eine Unterscheidung zwischen zwei Arten von Stellen einzugehen, der in der Organisationslehre eine große Bedeutung beigemessen wird und die vielfältige Diskussionen ausgelöst hat, nämlich die Unterscheidung zwischen Linienstellen und Stabsstellen. Der Begriff *Linienstellen* umfaßt dabei die von uns bisher ausschließlich behandelten Ausführungsstellen und Instanzen. Der Begriff der *Stabsstelle* kommt aus dem *militärischen Bereich* (vgl. Petry 1959 sowie Höhn 1969). Der obersten Leitung der einzelnen Waffengattungen sind dort in gerader Linie über mehrere hierarchische Ebenen hinweg Divisionen, Brigaden, Regimenter, Bataillone und Kompanien unterstellt. Daneben verfügen die leitenden Instanzen der größeren organisatorischen Einheiten über sog. *Generalstäbe*, die heute teilweise Führungsstab oder Kommandostab genannt werden. Sie sollen die leitenden Instanzen beraten und teilweise unterstützende Funktionen für die „kämpfende Truppe" übernehmen. Ihnen obliegt zum Beispiel das Nachrichtenwesen, das Transportwesen und die Versorgung. Die Stabsstellen größerer Einheiten sind dabei den Stabsstellen kleinerer Einheiten fachlich vorgesetzt oder verfügen zumindest über eine Richtlinienkompetenz, durch die sie indirekt auch die unteren Linienstellen beeinflussen.

Nach diesem Vorbild wurde in der *englischsprachigen Organisationslehre* die Unterscheidung zwischen „*line*" und „*staff*" getroffen. Linienstellen in diesem Sinne sind diejenigen Stellen, die unmittelbar mit der Erfüllung der Hauptaufgabe einer Organisation befaßt sind, in der Industrie also die

Produktion und der Vertrieb und im Handel nur der Vertrieb. Alle übrigen Stellen, die diese Linienstellen unterstützen und damit nur indirekt der Erfüllung der Hauptaufgabe dienen, werden unter dem Begriff „staff" zusammengefaßt. Sie können dadurch identifiziert werden, daß sie über keine direkte oder indirekte vertikale Verbindung zu den Ausführungsstellen in der Produktion und dem Vertrieb verfügen. In diesem Sinne gehört eine Rechtsabteilung in einem Industriebetrieb ebenso zum „Stab" wie das Rechnungswesen und der Einkauf.

Wesentlich enger wird der Stabsbegriff hingegen in der *deutschsprachigen Organisationslehre* verwendet. Hier hat man die Beratungsfunktion des militärischen Generalstabes besonders hervorgehoben und Stäbe allgemein als *Leitungshilfsstellen* gekennzeichnet. Stäbe sollen Instanzen in allen Bereichen bei der Erfüllung ihrer Leitungsfunktionen beraten und unterstützen. Von den Instanzen unterscheiden sie sich nach der Definition der deutschen Organisationslehre dadurch, daß sie *keine Entscheidungsbefugnisse und keine Weisungsbefugnisse besitzen*. Während der „staff" also die Stellen umfaßt, die die mit der Leistungserstellung und -verwertung direkt befaßten *Ausführungsstellen* unterstützen, bezieht sich der deutsche Stabsbegriff nur auf diejenigen Stellen, die *Instanzen* unterstützen. Um Mißverständnisse mit dem deutschen Stabsbegriff zu vermeiden, wollen wir alle Stellen, die in keiner vertikalen Verbindung mit den ausführenden Stellen in Produktion und/oder Vertrieb stehen („staff"), als *unterstützende Stellen* bezeichnen. Wenn wir im letzten Teil dieses Abschnittes die Relationen zwischen verschiedenen Arten von Stellen diskutieren, werden wir auf diese Definition zurückkommen. An dieser Stelle wollen wir uns dem deutschen Stabsbegriff näher zuwenden und prüfen, ob seine Definition überhaupt praktisch sinnvoll ist.

Stabsstellen, so haben wir referiert, sind Leitungshilfsstellen, die keine Entscheidungs- und Weisungsbefugnisse besitzen, sondern Instanzen unterstützen sollen. Diese Unterstützung kann sich auf alle Teilaufgaben einer bestimmten Instanz beziehen und einer rein mengenmäßigen Entlastung dienen. Solche Stabsstellen werden als *generalisierte Stabsstellen* oder *Assistentenstellen* bezeichnet. Die Unterstützung kann sich jedoch auf bestimmte Teilaufgaben einer Instanz oder mehrerer Instanzen erstrecken und in erster Linie fachlicher Art sein. Solche Stabsstellen werden mit Spezialisten besetzt und *spezialisierte Stabsstellen* genannt. Ist die Beratungsaufgabe so umfangreich, daß sie die Kapazität einer einzelnen Person überschreitet, so tritt an die Stelle der Stabsstelle die *Stabsabteilung*. Ein typisches Beispiel für eine generalisierte Stabsstelle ist der Assistent eines Direktors (Direktionsassistent); Beispiele für spezialisierte Stabsstellen sind etwa ein der Unternehmungsleitung zugeordneter Justitiar oder ein Steuerfachmann. Aber auch Aufgaben wie Revision, Organisation, Personalwesen, Public Relations,

Werbung, Datenverarbeitung werden in der Praxis Stellen oder Abteilungen zugewiesen, die als Stabsstelle bzw. Stabsabteilungen bezeichnet werden (vgl. im einzelnen Stärkle 1961, S. 56 ff., Hill u. a. 1974, S. 196 ff. sowie Schwarz 1976).

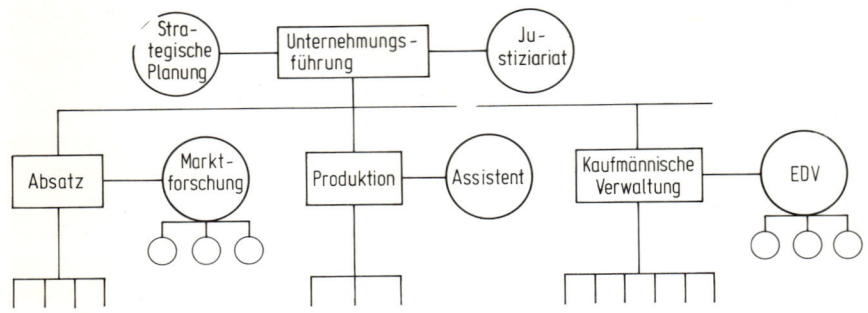

Abb. 3–12. Darstellung von Stabsstellen und Stabsabteilungen in Organigrammen

In Organisationsschaubildern werden Stabsstellen von Instanzen dadurch unterschieden, daß Instanzen als *Rechtecke* und Stäbe als *Kreise* dargestellt werden (vgl. Abb. 3-12). Dadurch soll zum Ausdruck kommen, daß sie keine Entscheidungsbefugnisse besitzen. Das Fehlen von Weisungsbefugnissen geht daraus hervor, daß entsprechende Verbindungslinien zu anderen Stellen fehlen. Von anderen einer Instanz untergeordneten Stellen werden Stabsstellen schließlich dadurch unterschieden, daß sie nicht *unterhalb* sondern *neben* der Instanz eingezeichnet werden. Damit soll zum Ausdruck kommen, daß die Stabsstellen vor allem beratende Funktion haben und mit ihrer Instanz in einem *Dialog* stehen und nicht wie andere untergeordnete Instanzen oder Ausführungsstellen vorwiegend *weisungsempfangene Ausführungsorgane* sind. An dieser Stelle dürften schon einige problematische Punkte der Stabsdefinition deutlich werden!

Worin liegt die Problematik der Stabsdefinition der deutschen Organisationslehre?

Wenn eine *Stabsabteilung* vorliegt, so muß das Definitionsmerkmal fehlender Weisungsbefugnisse relativiert werden. Der Leiter einer Stabsabteilung besitzt den ihm untergeordneten Stabsstellen gegenüber selbstverständlich Entscheidungs- und Weisungsbefugnisse. Nur gegenüber Stellen außerhalb seines Bereiches besitzt er nach der Definition keine Kompetenzen. Aber auch bei dieser Relativierung ist die Identifizierung von Stabsstellen in der Praxis schwierig: Bei den Beispielen, die wir weiter oben für praktische Stabsabteilungen angeführt haben, sind Sie wahrscheinlich schon stutzig geworden. Einige der dabei erwähnten Abteilungen haben wir im vorangegangenen Abschnitt auch als Beispiel für Stellen oder Abteilungen mit *funktionalen Weisungsrechten* genannt. Dieselbe Verwirrung herrscht auch in der Praxis. Einige Unternehmungen bezeichnen die Personalabteilung, die Datenverarbeitungsabteilung oder die Marktforschungsabteilung als Stabsabteilungen, andere als Linienabteilungen. Dies liegt daran, daß diese Abteilungen keineswegs nur Beratungsfunktionen erfüllen, sondern auch *Aufgaben selbständig durchführen.* Grochla unterscheidet daher zwischen Stabsstellen (im eigentlichen Sinne), die an der Entscheidungsvorbereitung beteiligt sind, indem sie Alternativen ausarbeiten und den Instanzen vorlegen, und *Dienstleistungsstellen,* die Informationen sammeln und verarbeiten (Grochla 1972, S. 69 ff.). Auch diese Unterscheidung löst unser Problem nicht ganz, sie wird der Praxis jedoch schon etwas gerechter. Marktforschungsabteilungen und Datenverarbeitungsabteilungen erfüllen tatsächlich Dienstleistungsfunktionen für andere Abteilungen und werden in der Praxis auch *Dienstleistungsabteilungen* oder *Serviceabteilungen* genannt.

Problematisch bleibt nach wie vor die Annahme, daß derartige Stellen keine Entscheidungs- und Weisungsbefugnisse besitzen. Jede einer Instanz untergeordnete Stelle erhält ihre Entscheidungsbefugnisse, indem ihr diese von der übergeordneten Instanz delegiert werden. Innerhalb der delegierten Kompetenzen treffen Datenverarbeitungsabteilungen, Personalabteilungen und andere als Stabs- oder Dienstleistungsstellen bezeichnete Abteilungen vielfältige Entscheidungen. Von der Tatsache, daß Stäbe aufgrund ihrer fachlichen Qualifikation oft Empfehlungen geben, die von der vorgesetzten Instanz ohne weiteres übernommen werden und somit die Stäbe *de facto* entscheiden, können wir hier ganz absehen (zu den damit verbundenen verhaltensbezogenen Problemen vgl. Golembiewski 1967 sowie Kieser 1969a und 1969b). Es macht in der Praxis überhaupt keinen Unterschied, ob wir die Datenverarbeitungsabteilung oder die Personalabteilung als eine dem kaufmännischen Direktor unterstellte Linienabteilung oder eine ihm zugeordnete Stabsabteilung darstellen. Der Beratungsaspekt kann dabei auch kein Kriterium sein, weil sich die meisten Instanzen auch mit den ihnen unterstellten Organisationsmitgliedern beraten und diese keineswegs nur Weisungsempfänger sind. Und wie wir im vorangegangenen Abschnitt gesehen haben, verfügen Personalabteilungen und Datenverarbeitungsabteilungen oft über funktionale Weisungsrechte, die in viele Linienbereiche hineinreichen. Nur ganz wenige Stellen, wie etwa für Strategische Planung oder Public Relations, entsprechen dem Bild, das die deutsche Organisationslehre von Stäben entwirft.

(4) Projektmanagement, Produktmanagement und Matrixorganisation

Von zunehmender praktischer Bedeutung sind hingegen Stellen, denen zeitlich begrenzte oder unbegrenzte Weisungsrechte und Verantwortlichkeiten für bestimmte Fragen übertragen werden, die sich aber von den bisher betrachteten Instanzen unterscheiden. Die Inhaber dieser Stellen werden *Projektmanager* oder *Produktmanager* genannt. Teilweise werden auch sie als Stabsstellen eingestuft. Der Begriff „Manager" erscheint unserer Meinung nach jedoch unvereinbar mit der deutschen Stabsdefinition, so daß wir den Stabsbegriff in diesem Zusammenhang nicht verwenden wollen. Die Hauptaufgabe dieser Stellen besteht in der *Koordination* von Aktivitäten im Hinblick auf bestimmte Teilziele. In der englischsprachigen Organisationstheorie werden sie daher auch *Integrationsstellen* genannt (vgl. Lawrence und Lorsch 1967b und 1969).

a) Projektmanagement und Projekt-Matrix-Organisation

Projekte sind *zeitlich begrenzte Aufgaben,* wie z. B. die Entwicklung eines neuen Produktes, die Übernahme von Aufgaben auf einen Computer oder die Errichtung eines neuen Werkes. Solche Projekte erfordern in der Regel die Zusammenarbeit zwischen Stellen aus verschiedenen Bereichen, so daß Koordinationsprobleme auftreten, die aus dem Rahmen der laufenden Koordinationsprozesse fallen. Eine Möglichkeit zur Koordination solcher besonderen und zeitlich begrenzten Aufgaben besteht in einer *institutionalisierten Selbstabstimmung auf Zeit.* Wenn zur Entwicklung eines neuen Produktes eine Zusammenarbeit zwischen Absatz, Produktion und Forschung und Entwicklung erforderlich wird, so kann ein Ausschuß gebildet werden, der sich aus Instanzen dieser drei Bereiche zusammensetzt (vgl. Abb. 3–8). Wenn die Produktentwicklung jedoch sehr umfangreich ist und vielfältige Analysen, Versuche und Tests erfordert, die laufend abgestimmt werden müssen, so beansprucht dies die Instanzen sehr stark und überfordert sie zumeist auch bei der fachlichen Beurteilung von Detailfragen. Eine andere Möglichkeit der Koordination besteht dann darin, für die laufende Projektkoordination eine eigene Stelle, einen *Projektmanager,* zu schaffen.

Manchmal werden beide Möglichkeiten miteinander *kombiniert:* Die Instanzen der betroffenen organisatorischen Einheiten bilden einen *Steuerungs-* oder *Leitungsausschuß ("steering committee")* und beschränken sich auf die Vorgabe von Richtlinien und die Entscheidung grundsätzlicher Fragen, zumeist in der Form von Genehmigungen vorbereiteter Vorschläge. Der Projektmanager sorgt hingegen für die laufende Abstimmung zwischen allen beteiligten Stellen, sammelt Informationen, arbeitet Vorschläge aus, legt sie dem Ausschuß vor und dient anschließend wieder als Verbindungsstelle zu den einzelnen beteiligten Stellen. Entscheidungs- und Weisungsbefugnisse besitzt er jedoch nur im Rahmen der Kompetenzen, die ihm der Ausschuß von Fall zu Fall überträgt.

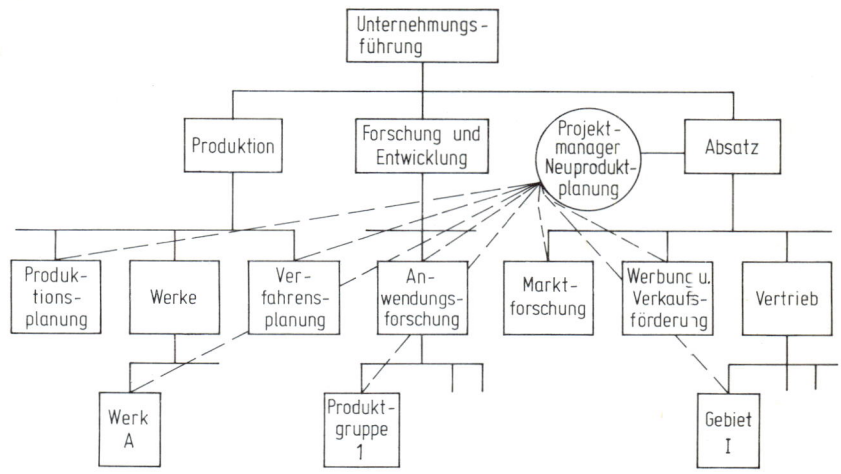

Erläuterung:
——— = Gesamtkompetenz und -verantwortung
– – – = projektbezogene Kompetenz und Verantwortung

Abb. 3–13a. Projektmanagement in einer funktional gegliederten Organisation

Wenn in größeren Projekten laufend Entscheidungen zu fällen sind und die Mitarbeit der einzelnen Stellen relativ umfangreich ist, so wird zumeist eine *Projektgruppe* gebildet, und dem Projektmanager werden für die Dauer der Projekte funktionale Weisungsbefugnisse erteilt (vgl. Abb. 3–13a). Die Mitglieder der Projektgruppe bleiben den ihnen ursprünglich übergeordneten Instanzen grundsätzlich und vor allem disziplinarisch unterstellt. Nur in bezug auf die mit dem Projekt zusammenhängenden Fragen ist ihnen gegenüber der Projektleiter *zusätzlich* weisungsberechtigt. Dies ist die Voraussetzung dafür, daß der Projektmanager seine Koordinationsaufgabe erfüllen und die Verantwortung für das Projekt übernehmen kann. Bei besonders großen und langfristigen Projekten kann es sogar dazu kommen, daß dem Projektleiter einzelne Stellen voll und ganz unterstellt werden. Innerhalb des Projektes entsteht dann im Extremfall sogar eine zeitlich begrenzte Parallelstruktur zur Grundstruktur der gesamten Organisation. Man spricht dann von einem

„reinen" Projektmanagement (vgl. Abb. 3–13b). (Zum Projektmanagement
vgl. im einzelnen Cleland und King 1968, Schröder 1970, Thom 1974 sowie
Hill u. a. 1974, S. 102 ff.).

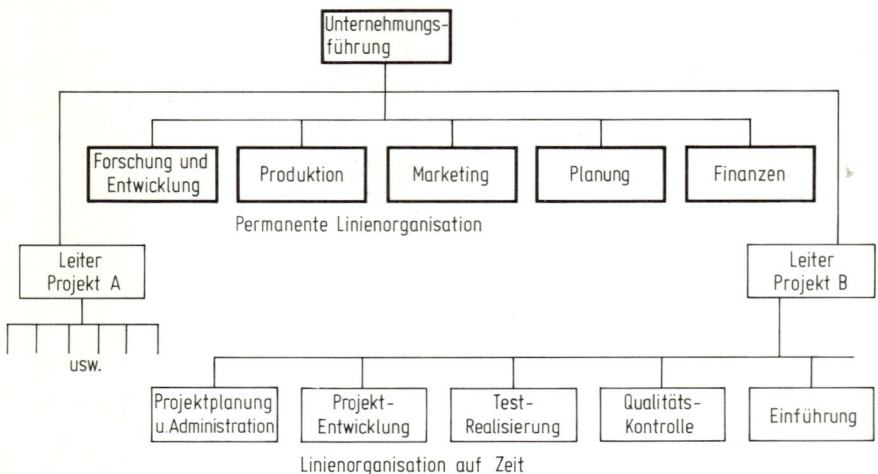

Abb. 3–13b. Reines Projektmanagement

Organisationen, die *ständig* mit innovativen Aufgaben befaßt sind, wie
Unternehmungen des Großanlagenbaus oder Architekturbüros, führen zumeist mehrere große und langfristige Projekte nebeneinander durch, die nicht
mehr neben der hauptsächlichen Aufgabenerfüllung stehen. Die *Hauptaufgabe* solcher Organisationen besteht vielmehr in erster Linie in der Abwicklung
von Projekten. Eine solche Organisation könnte sich nach dem *Objektprinzip* gliedern, wobei an die Stelle von Spartenmanagern eben Projektmanager
treten würden. Mit dieser Lösung sind jedoch mehrere Probleme verbunden:
Zunächst sind Projekte zeitlich begrenzt und erfordern im einzelnen eine
quantitativ und qualitativ unterschiedliche Zusammensetzung der Projektgruppen. Gäbe es nur Projektgruppen und keine auf Dauer angelegten
organisatorischen Einheiten, so hingen die Mitarbeiter langfristig gesehen
stets „in der Luft". Oft wäre der Projektmanager auch fachlich überfordert.
Projekte erfordern in aller Regel den Einsatz hochqualifizierter Spezialisten
aus unterschiedlichen Fachgebieten. Ihnen kann der Projektmanager oft
keine letztverbindlichen Anweisungen geben, und diese Mitarbeiter selbst
benötigen den Kontakt mit Kollegen, die auf den gleichen Spezialgebieten
tätig sind, bei einer reinen Projektgliederung jedoch anderen Projekten

zugeordnet wären. Bei einer reinen Projektgliederung der gesamten Organisation würde ihnen eine dauerhafte und auf ihre Fachgebiete zugeschnittene
Position in einer organisatorischen Einheit fehlen.

Um diese Probleme zu lösen, wurde in der Praxis eine Form des Leitungssy-
stem entwickelt, die *Projekt-Matrix-Organisation* genannt wird und auf dem
Prinzip der Mehrfachunterstellung aufbaut (zur Matrix-Organisation vgl.
Mee 1964, Galbraith 1971, Grochla 1972, S. 205 ff., Thom 1973). Entschei-
dungs- und Weisungsbefugnisse werden hier zwischen *Projektmanagern* und
Funktionsmanagern aufgegliedert. Die Funktionsmanager bilden das stabile
Fundament der Organisation. Ihnen sind die einzelnen Mitarbeiter auf Dauer
gesehen fachlich und zumeist auch disziplinarisch unterstellt. Da die Projekte
jedoch quer durch alle Funktionsbereiche hindurchgreifen, werden zusätzlich Projektmanager eingesetzt, denen *funktionale Weisungsrechte* in bezug
auf einzelne Stellen aus jedem Funktionsbereich für die Dauer des Projektes
eingeräumt werden. Sie sind für die Koordination des Projektes, nicht jedoch
für die fachliche Qualität der Leistungen der einzelnen Stellen verantwortlich. Ist ein Projekt abgeschlossen und wird ein neues Projekt begonnen, so
sind lediglich die funktionalen, nicht aber die disziplinarischen Weisungsbefugnisse neu zu verteilen. Die Gliederung der Verantwortung erfolgt also
gleichzeitig nach Verrichtungen (Funktionen) *und* Objekten (Projekten) (vgl.
Abb 3–13c). Die sich dabei ergebenden matrixförmigen Überschneidungen in
der Verantwortung haben dieser Form des Leitungssystems ihren Namen
gegeben. Da gleichzeitig zwei Gliederungskriterien angewendet werden,
bezeichnet Hoffmann die Matrix-Organisation im Gegensatz zu den Gliede-
rungsformen, die wir in Abschnitt 3.2.1.3 behandelt haben, als eine *zweidi-
mensionale Kompetenzgliederung* (Hoffmann 1976, S. 322).

b) Produktmanagement und Produkt-Matrix-Organisation

Der Gedanke einer Koordination durch spezielle Stellen, die mit funktionalen Weisungsrechten ausgestattet sind, hat über die auf Zeit eingerichtete
Projektorganisation hinaus in der Praxis Anwendung gefunden. In der
Markenartikelindustrie stellen die meisten Unternehmungen mehrere Produkte oder Marken her, die jeweils ein spezielles Marketing erfordern. Nicht
nur um neue Marken einzuführen, sondern auch um die Marktanteile bereits
etablierter Marken zu halten oder auszubauen, sind ständig Werbekampag-
nen, Rabattaktionen und andere Maßnahmen der Verkaufsförderung notwendig. Marketingbewußte Unternehmungen haben ihren Absatzbereich
daher sehr stark ausgebaut und stark spezialisiert. Neben den Vertriebsabteilungen, die sich um den Absatz im technischen Sinne kümmern, gibt es
Werbeabteilungen, Marktforschungsabteilungen, Abteilungen für die Vertre-

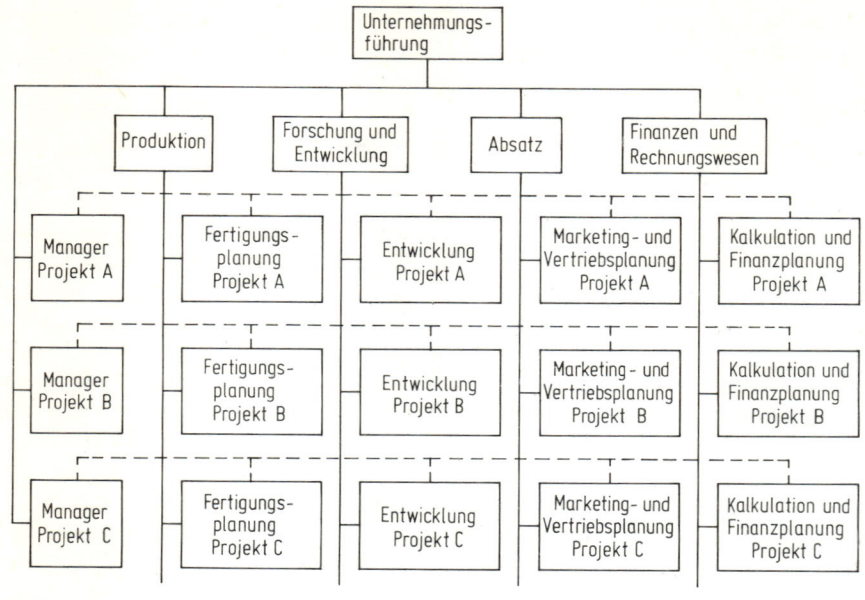

Legende:

──────── = fachliche sowie disziplinarische Kompetenz und Verantwortung

– – – – = projektbezogene Kompetenz und Verantwortung

Abb. 3–13c. Projekt-Matrix-Organisation

ter- und Verkäuferschulung, die Produktgestaltung u. a. m. Das Marketing einer jeden Produktgruppe oder sogar eines jeden Produkts erfordert dabei stets die Mitwirkung aller dieser Abteilungen, und jedes Produkt konkurriert mit den anderen Produkten um ihre Leistungen. Um eine gezielte Verteilung der Mittel auf die einzelnen Produkte zu realisieren und eine in sich geschlossene Marketingkonzeption für jede Marke sicherzustellen, setzen diese Unternehmungen oft *Produktmanager* ein, die die Marketingaktivitäten für einzelne Produktgruppen oder Produkte koordinieren sollen. Sie erhalten ein Marketingbudget und erarbeiten – u. U. gemeinsam mit einer Werbeagentur – ein Marketingkonzept, das zumeist von höheren Instanzen genehmigt werden muß. Bei der Erarbeitung des Konzeptes kann sich der Produktmanager von den Spezialisten für Marktforschung, Werbung, Produktgestaltung usw. beraten lassen, und er muß die Realisierung des Konzeptes durch diese und andere Stellen überwachen. Bei ihm laufen auch sämtliche Informationen, die „sein" Produkt betreffen, zusammen, so daß er etwa auf Umsatzrückgänge schnell mit einer Modifikation des Marketingkonzeptes reagieren kann. Der Produktmanager hat also genau definierte Entscheidungsbefugnisse, ist anderen Stellen im Absatzbereich gegenüber mit funktionalen Weisungsbefugnissen ausgestattet und trägt die Verantwortung für den Umsatz der jeweiligen Produkte. Oft werden Produktmanager in Organisationsschaubildern als *Stabsstellen* eingezeichnet, die mit funktionalen Weisungsrechten ausgestattet sind (vgl. Abb. 3–14a).

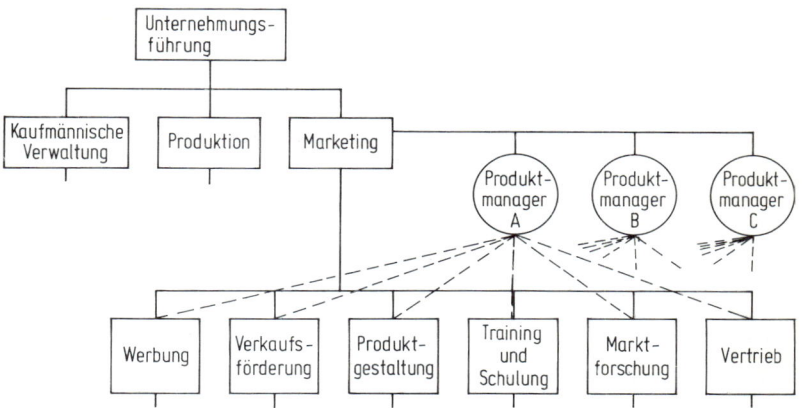

Abb. 3–14a. Produktmanager als Stäbe der Marketing-Leitung

Diese Charakterisierung ist jedoch in zweifacher Hinsicht willkürlich: Zum einen werden ja auch Werbeabteilungen, Marktforschungsabteilungen u. a. generell als Stabsabteilungen bezeichnet, die hier auf einmal als Linienstellen dargestellt werden. Zum anderen kann man die Organisation des Absatzbereiches ebenso als Matrix-Organisation darstellen (vgl. Abb. 3–14b). Im Gegensatz zur zeitlich begrenzten Projekt-Matrix-Organisation spricht man dann von einer *Produkt-Matrix-Organisation*. Dies ist jedoch – wie gesagt – eine letztlich willkürliche Frage der Darstellung. Ein sachlicher Unterschied wäre nur dann gegeben, wenn in der Produkt-Matrix-Organisation die Mitarbeiter der einzelnen funktionalen Abteilungen auf Produkte spezialisiert und den entsprechenden Produktmanagern voll und ganz fachlich unterstellt wären. Dies ist jedoch nur selten der Fall, da die Arbeiten für die einzelnen Produkte zeitlich verteilt werden können und nur selten die ganze Arbeitszeit eines Spezialisten erfordern. Von einer umfassenden Produkt-Matrix-Organisation kann erst dann gesprochen werden, wenn sich die funktionalen Kompetenzen der Projektmanager nicht nur auf den Absatzbereich beschränken, sondern sich auch auf den Forschungs- und Entwick-

lungsbereich, den Produktionsbereich und eventuell sogar auf den Einkaufsbereich erstrecken. Erst dann kann der Produktmanager eine umfassende
Produktverantwortung übernehmen und wirklich alle für das Produkt maßgeblichen Aktivitäten koordinieren (vgl. zum Produktmanagement insgesamt
Wild 1972 und zur Produkt-Matrix-Organisation Galbraith 1971).

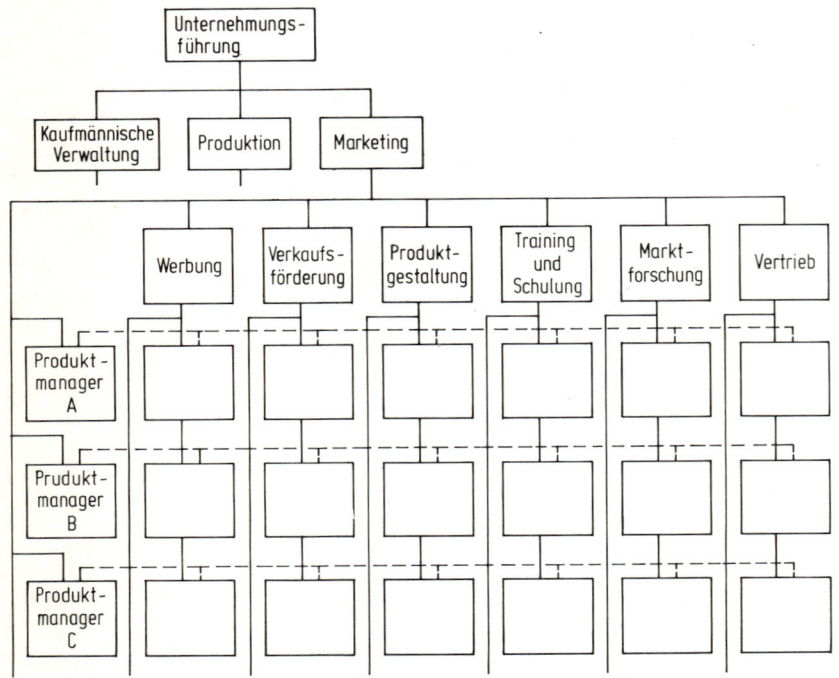

Abb. 3–14b. Produkt-Matrix-Organisation

(5) Zusammenfassung

Der vorangegangene Überblick sollte zeigen, daß eine Kennzeichnung von
Leitungssystemen durch die Struktur von Weisungsbeziehungen äußerst
schwierig ist, weil in der Praxis vielfältige Möglichkeiten miteinander kombiniert werden. Weder die idealtypische Unterscheidung zwischen Ein- und
Mehrliniensystem noch die zumeist nur schlagwortartig verwendeten Begriffe Projektmanagement, Produktmanagement und Matrix-Organisation sind
geeignet, die gesamte Struktur der Weisungsbeziehungen in einer Organisa-

tion umfassend und eindeutig zu kennzeichnen. Diese Prinzipien und Möglichkeiten werden nicht nur innerhalb einer einzigen Organisation häufig miteinander kombiniert, sondern jede einzelne Möglichkeit tritt selbst in vielfältigen Variationen auf. Projektmanagement, Produktmanagement und Matrix-Organisation unterscheiden sich im einzelnen erheblich hinsichtlich der Verteilung von Entscheidungs- und Weisungsbefugnissen zwischen den beteiligten Stellen. Gegenwärtig erscheint es daher nicht möglich, eindeutige Merkmalsausprägungen für eine Dimension „Struktur der Weisungsbefugnisse" zu definieren. Diesem Wissensstand entsprechend konnten wir hier nur einige Tendenzen und Schwerpunkte aufzeigen. Die dabei sichtbar gewordenen Schwierigkeiten dürften im übrigen auch der Grund dafür sein, daß die Dimension „Struktur der Weisungsbefugnisse" in der vergleichenden empirischen Organisationsforschung bisher vollkommen vernachlässigt worden ist.

3.2.3.2. Gliederungstiefe, Leitungsspannen und Stellenrelationen

Wesentlich klarer und in empirischen Untersuchungen weitaus häufiger erfaßt sind Merkmale, die sich auf das *äußere Gesamtbild des Stellengefüges* beziehen. Sie erstrecken sich auf die Gliederungstiefe und die Breite des Stellengefüges. Darüber hinaus kann das äußere Gesamtbild des Stellengefüges auch durch Kennzahlen charakterisiert werden, die sich auf die Relation zwischen verschiedenen Arten von Stellen (Ausführungsstellen, Instanzen, unterstützende Stellen) beziehen.

(1) Gliederungstiefe

Wie wir gesehen haben, verfügen alle Organisationen über ein hierarchisch strukturiertes, pyramidenförmiges Stellengefüge. In Abhängigkeit von der Tiefe der Gliederung in einzelne Verantwortungsbereiche wird diese Pyramide steiler oder flacher. Konkret kommt die Gliederungstiefe in der Anzahl der unterschiedenen hierarchischen Ebenen zum Ausdruck, die Pugh u. a. als *vertikale Spanne* bezeichnen (vgl. Pugh u. a. 1968).
Soziologisch interessierte Organisationsforscher heben dieses Merkmal von Organisationsstrukturen sehr häufig hervor. Sie interessieren sich jedoch weniger für die Gliederung des Stellengefüges als für die Gliederungstiefe der *Personenhierarchie.* Wenn alle Instanzen mit speziellen Personen besetzt werden, so führt die hierarchische Gliederung des Stellengefüges zu einer *rangmäßigen Differenzierung zwischen den Organisationsmitgliedern.* In Abhängigkeit von der Höhe der hierarchischen Einordnung einer Stelle

verfügen die Stelleninhaber nicht nur über unterschiedlich große Weisungs-
und Entscheidungsbefugnisse, sondern auch über einen unterschiedlichen
Status. Die Positionen auf den einzelnen Hierarchieebenen unterscheiden
sich oft erheblich hinsichtlich der Ausstattung der Arbeitsplätze sowie der
persönlichen Rechte der Stelleninhaber und verleihen ihren Inhabern nicht
zuletzt dadurch ein unterschiedliches Ansehen. Erst von einer gewissen
Ebene an aufwärts haben Organisationsmitglieder beispielsweise Anspruch
auf eine „eigene" Sekretärin, eine Polstergarnitur im Büro, einen Dienstwa-
gen; erst von einer gewissen Ebene an dürfen sie im „Casino" essen, den
Schnellaufzug benutzen u. a. m.; und „natürlich" steigt auch das Gehalt mit
der Höhe der hierarchischen Position. Je mehr Ebenen das Stellengefüge
aufweist, als um so größer werden diese rang- und statusmäßigen Unterschiede zwischen den Organisationsmitgliedern angesehen.
Diese Aussage ist deswegen nicht ganz unproblematisch, weil zumindest in
jüngerer Zeit viele „moderne" Organisationen damit begonnen haben, die
Statushierarchie abzubauen. Aus Gründen der Koordination und der Zurechnung von Verantwortlichkeiten verfügen sie aber nach wie vor über ein
hierarchisches Stellengefüge. Von der Anzahl der Hierarchieebenen kann
dann nicht mehr unmittelbar auf die rangmäßige Differenzierung zwischen
den Organisationsmitgliedern geschlossen werden, da diese in den „modernen" Organisationen schwächer ausgeprägt oder zumindest verdeckter ist
(zur Analyse hierarchisch bedingter Unterschiede zwischen Organisationsmitgliedern vgl. Porter und Lawler 1964, Tannenbaum u. a. 1974 sowie
Bartölke 1975).

(2) Leitungsspannen

Als Leitungsspanne wird allgemein die Anzahl der einer Instanz direkt
untergeordneten Stellen bezeichnet. Man spricht daher teilweise auch von
Subordinationsspannen und – aufgrund einer falschen Übersetzung des engli-
schen Ausdrucks „span of control" – von *Kontrollspannen*. Bei gleicher
Größe einer Organisation besteht offensichtlich eine *Beziehung zwischen der
Anzahl der Hierarchieebenen und den Leitungsspannen:* Je größer die Lei-
tungsspannen sind, um so weniger Ebenen müssen gebildet werden (vgl.
Abb. 3–15).
In der Organisationslehre wird die Schaffung einer größeren Zahl von
Ebenen oft damit begründet, daß ein Vorgesetzter schon allein aus zeitlichen
Gründen nur eine begrenzte Zahl von Untergebenen koordinieren und
überwachen kann. Wenn eine Abteilung wächst und die Zahl der Mitglieder
diese Kapazitätsgrenze des Vorgesetzten überschreitet, so wird es notwendig,
die Abteilung aufzugliedern und eine weitere Hierarchieebene zu schaffen.

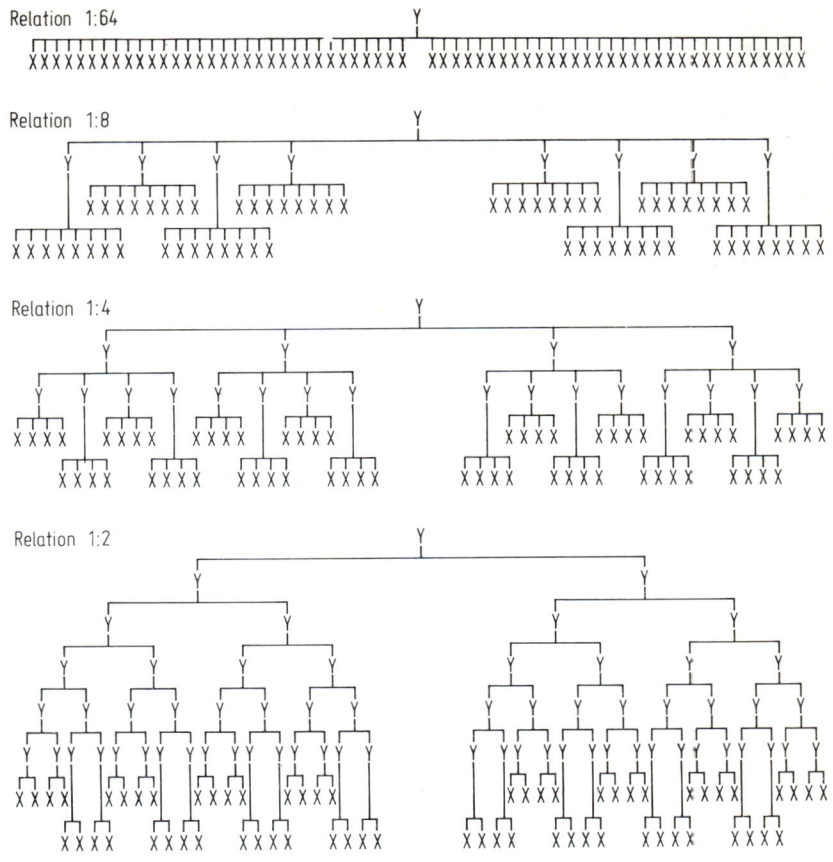

Legende:
Y = Instanz
X = Ausführungsstelle

Abb. 3–15. Der Zusammenhang zwischen Leitungsspanne und Ebenenzahl

Inwiefern ist diese Argumentation problematisch?

Die Argumentation basiert auf der Annahme, daß die Koordination *ausschließlich* auf dem Instrument persönlicher Weisungen basiert. Wenn auch oder vor allem technokratische Koordinationsinstrumente eingesetzt werden, so kann die Leitungsspanne ohne Zweifel größer sein als bei einer Koordination durch persönliche Weisungen. Eine alternative Reaktion auf das Wachstum einer Abteilung kann daher auch in einer Veränderung der Koordinationsmechanismen bestehen. Die Schaffung einer neuen Hierarchieebene ist keineswegs zwingend.

Die Argumentation ist jedoch auch insofern problematisch, als die Grenze, von der ab die Leitungsspanne zu groß wird, nicht exakt bestimmt werden kann. In den Anfängen der Organisationslehre wurde versucht, Prinzipien über die Größe der „*optimalen Leitungsspanne*" aufzustellen. Einige Autoren hielten eine Leitungsspanne von drei Stellen für „optimal", andere nannten sechs oder neun Stellen. Wie groß eine Leitungsspanne sein kann oder sein soll, läßt sich aus heutiger Sicht jedoch nicht generell sagen. Die Größe der Leitungsspannen hängt vielmehr von einer Reihe situativer Bedingungen ab. So kann die Leitungsspanne zum Beispiel tendenziell um so größer sein, je gleichförmiger die Aufgaben sind, je mehr technokratische Koordinationsinstrumente eingesetzt werden und je belastungsfähiger der Vorgesetzte ist. Wie schwierig es ist, eindeutige Zahlen zu nennen, geht auch daraus hervor, daß die Leitungsspannen in der Praxis zwischen 1 und 90 variieren (vgl. Woodward 1965, S. 32).

Ein Blick auf die Praxis zeigt auch, daß die Leitungsspannen auf den einzelnen hierarchischen Ebenen derselben Organisation sowie auf den gleichen Ebenen verschiedener organisatorischer Teilbereiche erheblich variieren. Organisationen sind im äußeren Aufbau ihres Stellengefüges keineswegs so *symmetrisch*, wie es die Beispiele in Abb. 3–15 unterstellen. Aufgrund dieser Asymmetrie kann man nicht von *der* Leitungsspanne einer Organisation sprechen, sondern muß verschiedene Teilmaße wie die *Leitungsspanne der obersten Instanz* oder die *Leitungsspanne der Meister in der Fertigung* unterscheiden. Aber selbst bei einer solchen Differenzierung variiert die Größe einzelner Leitungsspannen in der Realität noch erheblich. So wurde in empirischen Untersuchungen etwa festgestellt, daß die Leitungsspanne der obersten Instanz zwischen 1 und 13 oder sogar zwischen 1 und 20 variiert und die Leitungsspanne von Meistern in der Fertigung zwischen 1 und 90 liegt (vgl. die Zusammenfassung empirischer Ergebnisse bei Schneider 1972, S. 127 ff.).

Ein weiteres Problem der Bestimmung der Leitungsspannen liegt schließlich darin, daß sich die Definition auf die einer Instanz *direkt* untergeordneten Stellen bezieht und somit von einem strengen *Einliniensystem* ausgeht. Wie wir gesehen haben, gibt es in der Praxis jedoch vielfältige funktionale Unterstellungsverhältnisse, die die weisungsberechtigte Instanz ebenfalls kapazitätsmäßig belasten. Um die Belastung solcher Instanzen zu ermitteln, müssen die ihr funktional unterstellten Stellen ebenfalls berücksichtigt werden. Es ist daher sinnvoll, zwischen *Leitungsspannen im engeren Sinne* und *funktionalen Weisungsspannen* zu unterscheiden. Wenn wir im dritten Teil dieses Kapitels die konkrete Messung der Strukturdimensionen behandeln, werden wir hierauf noch einmal zurückkommen.

(3) Stellenrelationen

Im Zusammenhang mit der Diskussion konkreter Maße werden wir auch näher auf die Kennzahlen eingehen, die das *Verhältnis zwischen bestimmten Arten von Stellen* charakterisieren. Solche Stellenrelationen, wie etwa die *Relation zwischen Instanzen und Ausführungsstellen*, charakterisieren ebenfalls die äußere Form des Stellengefüges. Darüberhinaus vermitteln sie auch einen Einblick in die Anwendung der organisatorischen Grundprinzipien der Spezialisierung und Koordination im Hinblick auf die *Wirtschaftlichkeit oder Zweckmäßigkeit des Leitungssystems*. Große Popularität hat in diesem Zusammenhang das „*Parkinsonsche Gesetz*" erlangt. In diesem „Gesetz" behauptet Parkinson, daß die Anzahl der Instanzen in der Verwaltung überproportional zur Anzahl der Ausführungsstellen steigt (vgl. Parkinson 1957). In der exakteren Organisationsforschung wird diese Relation zwischen Instanzen und ausführenden Stellen als *Leitungsintensität* bezeichnet und ist Gegenstand vieler empirischer Untersuchungen gewesen (vgl. den Überblick und die kritische Diskussion bei Budde i. v.). Hierauf und auf andere Relationen werden wir – wie gesagt – im dritten Teil dieses Kapitels näher eingehen.

3.2.4. Entscheidungsdelegation

Im Zuge der Abteilungsbildung werden – wie wir gesehen haben – Instanzen geschaffen, die mit Entscheidungs- und Weisungsbefugnissen ausgestattet sind. Im vorangegangenen Abschnitt haben wir die sich aus der Abteilungsbildung ergebende Struktur der Weisungsbeziehungen diskutiert und dabei des öfteren auch die Verteilung von Entscheidungsbefugnissen angesprochen. Der Leser kann daher mit Recht an dieser Stelle fragen, warum wir nun noch eine zusätzliche Strukturdimension behandeln, die sich offensichtlich auf die Entscheidungsbefugnisse von Instanzen beziehen soll. Wir wollen diese Frage mit einer Gegenfrage beantworten:

Welche Beziehung besteht zwischen den Weisungsbefugnissen und den Entscheidungsbefugnissen einer Instanz?

Weisungsbefugnisse – so haben wir gesagt – beinhalten das Recht, anderen Organisationsmitgliedern im Namen der Organisation verbindliche Weisungen oder Anordnungen zu erteilen und sie damit zu bestimmten Handlungen aufzufordern oder ihnen auch bestimmte Handlungen zu untersagen. Jede Weisung basiert auf Entscheidungen des Vorgesetzten. Er muß entscheiden, wem er die Weisung erteilt, wann er sie erteilt und wie er sie erteilt. Solche „Entscheidungen" meinen wir hier jedoch nicht! Wenn wir von *Entscheidungsbefugnissen* sprechen, so meinen wir damit das Recht, zukünftige Sachverhalte für die Organisation nach innen und/oder außen verbindlich festzulegen (zum Entscheidungsbegriff vgl. z. B. Szyperski und Winand 1974, S. 3 ff.). Solche Entscheidungen sind *fast jeder Weisung vorgelagert.* Um diesen Zusammenhang zu klären, wollen wir zwischen *zwei Arten von Entscheidungen* unterscheiden (vgl. Szyperski und Winand 1974, S. 2).

(1) Bei der ersten Art handelt es sich um *Entscheidungen über Aktionen.* Die Instanz fragt sich hier, was in einem konkreten Fall zu tun ist, um das Organisationsziel oder ein daraus abgeleitetes Teilziel zu erfüllen. Sie zieht in der Regel mehrere Alternativen in Betracht, bewertet diese und entscheidet sich für eine. Entscheiden heißt dabei, daß die Instanz für sich selbst verbindlich festlegt, daß ein bestimmter Zustand erreicht oder eine bestimmte Maßnahme ergriffen werden soll, und von dieser Festlegung bei ihren weiteren Überlegungen ausgeht. Hat sich die Instanz in diesem Sinne für eine Maßnahme entschieden, so kann sie diese entweder selbst ausführen oder eine ihr untergeordnete Stelle mit der Ausführung beauftragen, indem sie ihr eine entsprechende Weisung erteilt. Die Entscheidung ist hier auf einen konkreten Fall und eine bestimmte Maßnahme bezogen und geht der Weisung zumeist unmittelbar voraus.

(2) Bei der zweiten Art handelt es sich um eine *Entscheidung über Entscheidungsregeln (Regelentscheidung).* Die Instanz fragt sich hier, wie in bestimmten wiederkehrenden Fällen *generell* entschieden werden soll und stellt für diese Fälle eine Regel auf. Solche Entscheidungsregeln können relativ einfach sein und nur einen bestimmten Standard, ein Entscheidungskriterium beinhalten. So kann ein Vertriebsleiter zum Beispiel die Regel aufstellen, daß ein neuer Auftrag von einem Kunden nur dann angenommen und bestätigt wird, wenn dieser Kunde seine Rechnungen beglichen hat. Oder er kann Kreditgrenzen festlegen, die für die Annahme eines neuen Auftrages maßgeblich sind. Entscheidungsregeln können jedoch auch komplizierter sein und ein Verfahren beinhalten. Ein Beispiel hierfür ist etwa die Festlegung eines Verfahrens für die Genehmigung von Investitionsanträgen. Die Regel mag etwa vorschreiben, welche Informationen zu berücksichtigen sind, welche Kennzahlen aus diesen Informationen zu erstellen sind und von welchem Wert dieser Kennzahlen an eine Investition genehmigt wird. Solche Regelentscheidungen binden zunächst die entscheidende Instanz selbst. Sie binden jedoch auch die ihr direkt und funktional unterstellten organisatorischen Einheiten, wenn die In-

stanz eine entsprechende Weisung erteilt, durch die die Regel verbindlich wird. Im Gegensatz zum ersten Fall ist die Entscheidung hier jedoch genereller Art, und die ihr folgende Weisung stellt keine unmittelbare Aufforderung zu einer Handlung dar. Durch die einmalige Weisung wird die Entscheidung zur *Prämisse* für die zukünftigen Handlungen aller der Instanz direkt oder fachlich unterstellten organisatorischen Einheiten. Aufgrund unserer Unterscheidung zwischen verschiedenen Koordinationsinstrumenten können wir auch sagen, daß in diesem Fall die Instanz über ein *Programm* entschieden hat, das sie mit Hilfe ihrer Weisung den untergeordneten Stellen als verbindlich vorgibt und dadurch Anweisungen im Einzelfall ersetzt. In der Praxis werden solche Entscheidungsbefugnisse auch als *Richtlinienkompetenz* bezeichnet.

Wenn wir von Entscheidungsbefugnissen sprechen, so meinen wir damit Rechte zum Fällen *beider* Arten von Entscheidungen. Nicht eingeschlossen ist hingegen eine dritte Art von Entscheidungen, die Szyperski und Winand *Strukturentscheidungen* nennen und die sich auf die grundsätzliche Gestaltung von Entscheidungsprozessen beziehen. Durch Strukturentscheidungen wird die gesamte Organisationsstruktur einschließlich der Verteilung von Weisungs- und Entscheidungsbefugnissen festgelegt.

Aus den obigen Beispielen geht nicht nur hervor, daß jeder Weisung eine Entscheidung vorgelagert ist, sondern daß eine Instanz offensichtlich nur innerhalb der ihr durch Strukturentscheidungen übertragenen Entscheidungsbefugnisse Weisungen erteilen darf. Wenn die Befugnis zur Entscheidung über die Annahme oder Ablehnung eines Auftrages nicht dem Vertriebsleiter sondern einer Instanz im Finanzbereich übertragen ist, so kann der Vertriebsleiter auch keine diesbezüglichen Weisungen erteilen. Würde der Vertriebsleiter abweichende Weisungen erteilen, so wären diese „illegal".

Wir halten also fest, daß Entscheidungen den Weisungen sowohl zeitlich als auch sachlich vorgeschaltet sind und daß sich die Weisungsbefugnisse aus den Entscheidungsbefugnissen ableiten. Wenn jedoch ein derart enger Zusammenhang zwischen der Verteilung von Entscheidungsbefugnissen und Weisungsbefugnissen besteht, so muß begründet werden, warum wir neben einer auf die Weisungsbeziehungen bezogenen Strukturdimension nun noch zusätzlich eine Dimension behandeln wollen, die sich auf die Entscheidungsbefugnisse bezieht.

Zunächst könnte man feststellen, daß Entscheidungen nicht immer in Weisungen münden, sondern auch *hierarchisch gleichgestellte Instanzen* binden und sich teilweise direkt auf *organisationsexterne Stellen* beziehen. Wenn ein Absatzleiter die Befugnis besitzt, das Absatzvolumen für den nächsten Monat festzulegen, so bindet diese Entscheidung auch den Produktionsleiter; und wenn ein Einkäufer die Befugnisse besitzt, Material oder Maschinen zu bestellen, so bindet diese Entscheidung große Teile der Organisation. In solchen Fällen spricht man normalerweise nicht von Weisungsbefugnissen. Bei näherer Betrachtung lassen sich solche Festlegungen jedoch durchaus als funktionale Weisungen begreifen, da die entscheidenden Instanzen ebenso in die Aufgabenerfüllung anderer organisatorischer Einheiten eingreifen, wie wir es bei der Diskussion funktionaler Weisungsbeziehungen geschildert haben. Daß man in solchen Fällen nicht von Weisungsbefugnissen spricht, liegt daran, daß Weisungsbeziehungen nach der herrschenden Definition nur zwischen Stellen auf unterschiedlichen hierarchischen Ebenen auftreten können. Damit wird jedoch nur ein definitorischer und kein sachlicher Unterschied getroffen zwischen bindenden Entscheidungen, die als „Entscheidung", und anderen, die als Weisung übermittelt werden. Wird der Begriff der Weisung entsprechend erweitert, so ergibt sich hieraus keine Notwendigkeit zur Betrachtung einer zusätzlichen Strukturdimension.

Wichtiger ist hingegen ein anderer Grund, der die Betrachtung von Entscheidungsbefugnissen in einer eigenen Dimension unbedingt erforderlich macht: Bei der Analyse der Weisungsbeziehungen innerhalb der Dimension „Konfiguration" haben wir uns auf die *Struktur der Weisungsbeziehungen* konzentriert. Den *inhaltlichen Umfang* der Entscheidungsbefugnisse im einzelnen haben wir dabei nicht berücksichtigt. Es wurde lediglich deutlich, daß dieser Umfang der Rechte innerhalb der gleichen Weisungsstruktur sehr unterschiedlich geregelt sein kann. Daher ist es im Sinne einer möglichst vollständigen Beschreibung organisatorischer Strukturen notwendig, diesen Aspekt nun zusätzlich herauszustellen.

Wie unterschiedlich der Umfang der Entscheidungsbefugnisse und der daraus resultierenden Weisungsbefugnisse bei der gleichen Struktur der Weisungsbefugnisse sein kann, soll das folgende Beispiel zeigen:

> Wir wollen zwei Arbeitsgruppen in einem Automobilwerk vergleichen. Jede Gruppe besteht aus acht Arbeitern und einem ihnen übergeordneten Meister. Die Aufgabe der ersten Gruppe erstreckt sich auf die Instandhaltung von Maschinen und Werkzeugen in der Fertigung. Der Meister empfängt die Störmeldungen von den Fertigungsstellen, vereinbart Termine für vorbeugende Instandhaltungsarbeiten mit den Leitern der einzelnen Fertigungsabschnitte, verteilt die Arbeiten auf seine acht Mitarbeiter, überwacht den Arbeitsfortschritt und die Arbeitsqualität und greift mitunter auch selbst ein. Er koordiniert die Arbeiten der Instandhaltung nach ihnen und außen und fällt alle hierfür notwendigen Entscheidungen.
> Die zweite Gruppe befindet sich in einem Fertigungsabschnitt am Fließband der PKW-Produktion. Ihre Aufgabe besteht in der Montage von Armaturenbrettern. Verfahrensingenieure haben die Teilaufgaben für jeden der acht Arbeiter bis zum letzten Handgriff festgelegt. Der Meister hat auf die Verteilung der Arbeiten keinen Einfluß. Er ist für die Qualität der Arbeiten verantwortlich und kontrolliert daher jedes Fahrzeug, das den Fertigungsabschnitt verläßt. Bei Fehlern versieht er das Fahrzeug mit einem roten Kontrollzettel, der den Endkontrolleur darauf aufmerksam macht, daß noch Fehler

zu beheben sind. Neben dieser Kontrolltätigkeit ist der Meister dafür verantwortlich, daß alle Arbeitsplätze stets besetzt sind. Zu diesem Zweck verfügt er über einen Springer, den er einsetzen kann, wenn ein Arbeiter seinen Platz kurzfristig verläßt oder morgens nicht erscheint. Obwohl dieser Meister seinen acht Arbeitern ebenso vorgesetzt ist wie der Instandhaltungsmeister, hat er keinen Einfluß auf die Abstimmung der Arbeiten innerhalb seiner Gruppe und auf die Abstimmung mit den vor- und nachgelagerten Gruppen. Es ist offensichtlich, daß die Entscheidungsbefugnisse der beiden Meister nicht nur inhaltlich, sondern auch umfangmäßig höchst unterschiedlich sind.

Wir halten also fest, daß wir unter der Dimension „Entscheidungsdelegation" die *umfangmäßige Verteilung der Entscheidungsbefugnisse* in einer Organisation betrachten. Der Begriff „Delegation" bedarf dabei noch einiger Erläuterungen.

Hinter dem Begriff „*Delegation*" steht die Annahme, daß in unserer Gesellschaft grundsätzlich nur die Eigentümer des Vermögens einer Organisation die Befugnis für sämtliche mit der Organisationsaufgabe in einem Zusammenhang stehenden Entscheidungen besitzen. Eigentümer kann eine einzelne Person oder eine unbegrenzt große Anzahl von Personen sein, die Eigentumsanteile (z. B. Aktien) besitzen. Die Eigentümer können in der Organisation selbst tätig sein, wie etwa der klassische Unternehmer oder die das Eigentum auf sich vereinigenden Mitarbeiter. Sie können jedoch auch außerhalb der Organisation stehen. In allen Fällen kommt es dazu, daß die Eigentümer nicht in der Lage sind, sämtliche Entscheidungen selbst zu fällen. Daher delegieren sie ihre Entscheidungsbefugnisse teilweise an ihnen unterstellte Instanzen, und in einem mehrstufigen, hierarchisch gegliederten System delegieren diese Instanzen Teile der empfangenen Kompetenzen weiter. Auf diese Weise erhält die Verteilung von Entscheidungsbefugnissen ebenfalls eine hierarchische Struktur.

Bei der gerade gelieferten Beschreibung der Delegation von Entscheidungsbefugnissen kann leicht der Eindruck entstehen, es stünde im Ermessen der *einzelnen Instanzen*, welche ihrer eigenen Kompetenzen sie delegieren. Dies ist, außer bei den Eigentümern, grundsätzlich jedoch nicht der Fall. Die Verteilung der Entscheidungsbefugnisse beruht auf generellen Entscheidungen der obersten Instanzen. Es handelt sich um *Strukturentscheidungen* in dem weiter oben definierten Sinne. Sind die Kompetenzen auf dieser Grundlage verteilt, so ist eine Instanz grundsätzlich nicht befugt, Entscheidungsbefugnisse der ihr untergeordneten Stellen an sich zu ziehen oder eigene Kompetenzen an diese zu delegieren. Tut sie dies doch, so weicht sie von den offiziellen organisatorischen Regelungen ab und kann sich höheren Stellen gegenüber nicht auf die Delegation berufen (vgl. Ulrich 1969). Nur wenn eine offizielle und generelle Regelung zur Verteilung der Entscheidungsbefugnisse fehlt, hängt das Ausmaß der Delegation weitgehend von dem Ermessen der Instanz und zumeist auch von der Zustimmung der ihr übergeordneten

Instanz ab. Obwohl dies in der Praxis relativ häufig der Fall ist, wollen wir festhalten, daß grundsätzlich einer Stelle Entscheidungsbefugnisse nicht von der ihr direkt übergeordneten Instanz sondern von der Organisation bzw. den Instanzen, die sie vertreten, delegiert werden. Nur dann kann diese Stelle verbindliche Festlegungen für die Organisation treffen und in dem von uns definierten Sinne offiziell entscheiden.

Im einzelnen beinhaltet die Delegation von Entscheidungsbefugnissen als organisatorische Regelung die Zuweisung von Aufgaben, die Vorgabe von erwarteten Ergebnissen, die Ausstattung mit den zur Aufgabenerfüllung notwendigen Rechten (Weisungsrechten nach innen und Vertretungsrechten nach außen) und die Zuweisung von Verantwortung. Manche Autoren betonen diesen letzten Aspekt besonders und sprechen statt von einer Delegation von Entscheidungsbefugnisse auch von *Delegation von Verantwortung* (Höhn 1961).

> Wem gegenüber wird eine untergeordnete Instanz aufgrund der Delegation verantwortlich?

Wir haben gesagt, daß die Entscheidungsbefugnisse einer Stelle nicht von der ihr unmittelbar übergeordneten Instanz sondern von den die Organisation vertretenden Instanzen delegiert werden. Daher wird die untergeordnete Stelle auch auf jeden Fall diesen Instanzen gegenüber verantwortlich. Verantwortung bezieht sich dabei letztlich stets auf Belohnungen und Bestrafungen sowie auf die Haftung für entstandene Schäden. Organisationen haben aber die entsprechenden Sanktionsrechte zumeist in einem ebenfalls hierarchisch strukturierten System disziplinarischer Weisungsrechte verteilt. Anstelle der Organisation entscheiden jeweils einzelne Instanzen darüber, ob die ihnen untergeordneten Stellen bzw. deren Inhaber zur Verantwortung gezogen werden sollen und wie sie im einzelnen belohnt und bestraft werden sollen. Dadurch kommt es, daß untergeordnete Stellen zwar der Organisation verantwortlich sind, von der sie ihre Kompetenzen erlangt haben, daß sie jedoch *gleichzeitig ihren Vorgesetzten gegenüber verantwortlich werden*, die die Organisation in dieser Hinsicht vertreten. Teilweise sind die Disziplinarrechte in bezug auf einen Stelleninhaber sogar über mehrere höhere Ebenen verteilt, so daß dieser Stelleninhaber im Extremfall allen ihm in gerader Linie übergeordneten Instanzen verantwortlich sein kann.

> Verlieren übergeordnete Stellen aufgrund der Delegation von Verantwortung die Verantwortung für die Arbeitsergebnisse der ihnen untergeordneten Stellen?

Häufig wird in der Organisationstheorie die Auffassung vertreten, daß der Vorgesetzte auch für die Handlungen seiner Untergebenen gegenüber der

Organisation – und seinem eigenen Vorgesetzten – verantwortlich bleibt (vgl. Ulrich 1969). Hiervon sind wir auch ausgegangen, als wir bei der Diskussion der Abteilungsbildung gesagt haben, daß die einer Abteilung vorstehende Instanz die Gesamtheit der ihr unterstellten Stellen bei Koordinationsentscheidungen vertritt und daher auch die Verantwortung für die Konsequenzen dieser Entscheidungen tragen muß. Wie Hauschildt ausführt, ist dies jedoch ein im einzelnen zu regelnder Tatbestand. Im Falle der *Fremdverantwortung* ist der Vorgesetzte auch für die Handlungen seiner Untergebenen verantwortlich, während er im Fall der *Eigenverantwortung* nur für seine eigenen Handlungen verantwortlich ist (vgl. Hauschildt 1969).
Diese Unterscheidung ist jedoch nicht ganz eindeutig, da der Vorgesetzte mit seinen eigenen Handlungen in der Regel in die Handlungen seiner Untergebenen eingreift und damit die Arbeitsergebnisse indirekt beeinflußt. Der Vorgesetzte bindet die ihm unterstellten organisatorischen Einheiten durch Koordinationsentscheidungen sowie durch Entscheidungen über Entscheidungsregeln. Er besitzt die Richtlinienkompetenz und muß für die Konsequenzen dieser Entscheidungen aufkommen. Eigenverantwortung bedeutet daher, daß der Vorgesetzte zwar nicht mehr für jede einzelne Handlung seiner Untergebenen verantwortlich ist, wohl aber für die Ergebnisse der gesamten organisatorischen Einheit, soweit diese von seinen grundsätzlichen Entscheidungen beeinflußt werden. Er wird also nicht vollkommen aus der Verantwortung für die Handlungen seiner Untergebenen entlassen. Er ist dafür verantwortlich, daß seine Vorgaben richtig sind. Und zusätzlich wird dem Vorgesetzten oft auch eine Aufsichtspflicht übertragen. Dann ist er auch dafür verantwortlich, daß seine eigenen Vorgaben und die generellen organisatorischen Regelungen von seinen Untergebenen eingehalten werden. De facto bestehen daher fließende Übergänge zwischen den beiden von Hauschildt unterschiedenen Modellen. Da schließlich oft eine eindeutige Zurechnung von Fehlern zu einzelnen Stellen nicht möglich ist, können wir davon ausgehen, daß im Zweifel stets auch der Vorgesetzte zur Verantwortung gezogen wird.
Die vorangegangenen Ausführungen können wir dahingehend zusammenfassen, daß Entscheidungsbefugnisse und ihnen entsprechende Verantwortlichkeiten innerhalb von Organisationen hierarchisch verteilt sind, indem Instanzen auf höheren Ebenen stets größere Befugnisse besitzen als Instanzen auf niedrigeren Ebenen. „Größer" ist dabei in der Regel sowohl im Sinne von *umfassender* als auch qualitativ im Sinne von *grundsätzlicher* zu verstehen. Dieser qualitative Unterschied kommt vor allem in der Ausstattung höherer Instanzen mit einer *Richtlinienkompetenz* zum Ausdruck, die diese berechtigt, Entscheidungen über *Entscheidungsregeln* zu treffen und diese Regeln anderen Stellen verbindlich vorzugeben.
Will man die konkrete Verteilung von Entscheidungsbefugnissen in einer

Organisation analysieren, so müßte man genaugenommen die Verteilung von *Kompetenzen über Regelentscheidungen* und die Verteilung von *Kompetenzen über Aktionsentscheidungen* voneinander trennen. Die meisten empirischen Untersuchungen beschränken sich auf die Kompetenzen für Aktionsentscheidungen, und daher wollen wir uns ebenfalls auf diese Art von Entscheidungen konzentrieren, wenn wir die Delegation von Entscheidungsbefugnissen näher betrachten.

Vielfach wird anstelle von Entscheidungsdelegation auch von *Entscheidungsdezentralisation* bzw. – aus entgegengesetzter Sicht – von Entscheidungszentralisation gesprochen (vgl. vor allem Simon u. a. 1954). Als *Entscheidungszentralisation* wird dabei der idealtypische Grenzfall bezeichnet, bei dem alle Entscheidungsbefugnisse bei der obersten Instanz, der Unternehmungsführung liegen. Eine einzige Instanz besitzt dann *alle* Entscheidungsbefugnisse, und die übrigen Stellen verfügen über *keine* Kompetenzen.

Entscheidungsdezentralisation, so könnte man meinen, liegt demgegenüber vor, wenn alle Organisationsmitglieder *gleich große Entscheidungsbefugnisse* besitzen. Diese Vorstellung ist jedoch nicht zutreffend: Aufgrund der Spezialisierung der einzelnen Stellen erstrecken sich die einzelnen Entscheidungsbefugnisse auf inhaltlich unterschiedliche Gegenstände und sind nicht ohne weiteres vergleichbar. Es gibt bis heute kein befriedigendes Verfahren, die Entscheidungsbefugnisse von Instanzen im Absatzbereich, im Produktionsbereich und im Rechnungswesen miteinander zu vergleichen und als gleich oder ungleich einzustufen. Hinzu kommt, daß die Verteilung der Entscheidungsbefugnisse in der Praxis, wie gesagt, stets hierarchisch strukturiert ist. Würde man Dezentralisation als Gleichverteilung begreifen, so hieß dies, an der hierarchischen Struktur der Entscheidungskompetenzen vollkommen vorbeizugehen. Daher wird unter Entscheidungsdezentralisation die Tendenz zu einer Verteilung von Entscheidungsbefugnissen auf *Stellen der unteren Hierarchieebenen* verstanden. Eine Dezentralisation liegt dann vor, wenn die Entscheidungen an der Stelle getroffen werden, an der die Entscheidungsprobleme auch auftreten. Bezugspunkt für die Analyse der Verteilung von Entscheidungsbefugnissen ist dann also die Hierarchie. Zentralisation bedeutet Zusammenfassung in der Spitze, Dezentralisation Verteilung auf die Basis. In diesem Sinne sprechen Pugh u. a. (1968) von einer *Konzentration der Entscheidungsbefugnisse* (auf die obersten Instanzen). Um die angedeutete Problematik der Begriffe Zentralisation und Dezentralisation zu umgehen, die zudem ja auch im Zusammenhang mit der Unterscheidung verschiedener Spezialisisierungsarten (Verrichtungszentralisation und Objektzentralisation) verwendet werden, wollen wir hier von *Entscheidungsdelegation* sprechen. Die Entscheidungsdelegation ist um so größer, je mehr Entscheidungsbefugnisse aufgrund genereller Regelungen offiziell auf die unteren Hierarchieebenen verteilt werden.

Betrachten wir beispielsweise den Einkaufsbereich eines Warenhauskonzern mit 20 Einkäufern, die zu fünf Gruppen zusammengefaßt sind und gemeinsam einem Einkaufsleiter unterstehen. Eine geringe Entscheidungsdelegation liegt vor, wenn die Einkäufer nur Angebote einholen, sich mit ihren Gruppenleitern beraten, die Einkaufsentscheidung jedoch nur von dem Einkaufsleiter getroffen werden darf. Von einer starken Entscheidungsdelegation sprechen wir hingegen, wenn die Einkäufer Standardartikel bis zu einem Einkaufsvolumen von beispielsweise 10 000 DM selbst bestellen dürfen, wenn die Gruppenleiter neue Varianten bis zu einem Einkaufsvolumen von 30 000 DM selbst bestellen dürfen und wenn der Einkaufsleiter nur bei grundlegend neuen Artikeln sowie besonders großen Posten entscheiden muß.

Der Umfang der Entscheidungsbefugnisse einer Stelle wird oft im Zusammenhang mit den Begriffen *Macht* und *Einfluß* diskutiert. Daher müssen wir abschließend auch noch diese Begriffe voneinander abgrenzen.

Welcher Unterschied besteht zwischen der Verteilung von Entscheidungsbefugnissen und der Verteilung von Macht und Einfluß in Organisationen?

Entscheidungsbefugnisse, so haben wir gesehen, werden aufgrund *offizieller Regelungen* verteilt und nicht an Personen sondern an *Stellen* delegiert. Bei der Verteilung von Entscheidungsbefugnissen handelt es sich daher um einen Aspekt der formalen Organisationsstruktur. *Wie* innerhalb dieser offiziellen Festlegungen konkrete Entscheidungen zustande kommen, welche anderen Stellen wichtige Informationen liefern, auf welche anderen Stellen der Entscheidende Rücksicht nimmt, dies bleibt aus der formal-strukturellen Betrachtung ausgeklammert. Dies sind Fragen des *Einflusses* und der *Macht*, die sich in organisationsinternen Prozessen der gegenseitigen Beeinflussung manifestieren und das Ergebnis von Entscheidungen sicherlich beeinflussen. Einfluß und Macht hängen zwar auch von den hierarchischen Positionen und den offiziellen Kompetenzen ab, werden darüber hinaus jedoch auch von Persönlichkeitsmerkmalen bestimmt und sind letztlich das Ergebnis sozialer Interaktionsprozesse. Daher ist der Aspekt der Macht oder des Einflusses von der durch die formale Organisationsstruktur bestimmten Verteilung von Entscheidungsbefugnissen zu trennen. Die Verteilung von Einfluß und Macht innerhalb einer Organisation kann natürlich ebenfalls empirisch gemessen werden (vgl. vor allem Tannenbaum 1956 und 1961), und man kann auch hier von einer *Zentralisation* oder *Dezentralisation* sprechen. In diesem Zusammenhang wird der Begriff „Dezentralisation" dann im Sinne einer tendenziellen *Gleichverteilung* verwendet: Die *Einflußdezentralisation* ist um so größer, je geringer das Machtgefälle zwischen Organisationsmitgliedern auf den oberen und auf den unteren Hierarchieebenen ist.
Wir müssen daher noch einmal ausdrücklich betonen, daß wir mit der

Strukturdimension „Entscheidungsdelegation" nur die Verteilung der offiziellen Kompetenzen, nicht jedoch die tatsächliche Einflußnahme auf Entscheidungen erfassen. Daher können wir von einer starken Entscheidungsdelegation auch nicht auf eine hohe *Partizipation* der Organisationsmitglieder an wichtigen Entscheidungen schließen. Es handelt sich bestenfalls um eine *formale Partizipation*. Über die materielle Partizipation wird nichts ausgesagt, da wir nicht wissen, inwieweit delegierte Entscheidungen durch Vorgaben vorstrukturiert sind und welchen Einfluß die untergeordneten Stellen besitzen (vgl. auch Hill u. a. 1974, S. 235 ff., die Partizipation neben der Delegation als eigenständige Strukturdimension herausstellen und mit dieser Dimension vor allem verschiedene *Führungsstile* erfassen; im Zusammenhang mit Führungsstilen gehen wir in Abschnitt 5.4.3.2 noch einmal kurz auf den Partizipationsaspekt ein).

3.2.5. Formalisierung

Als *Formalisierung* bezeichnet man in der Organisationsliteratur allgemein den Einsatz *schriftlich fixierter organisatorischer Regeln* in Form von Organisationsschaubildern, -handbüchern, Richtlinien, Stellenbeschreibungen usw. Eine solche Formalisierung wird als ein typisches *Merkmal starker Bürokratisierung* angesehen. Erinnern wir uns jedoch an die Definition der Bürokratie durch Max Weber, so ist festzustellen, daß er eine andere Art von Schriftstücken in Bürokratien hervorgehoben hat: Wenn Weber von der *„Aktenmäßigkeit aller Vorgänge"* spricht, so meint er nicht die Formalisierung von organisatorischen Regelungen, sondern den schriftlichen Vollzug von Arbeitsabläufen und die schriftliche Fixierung der Ergebnisse aus Kontrollgründen. Beiden Aspekten der Formalisierung ist gemeinsam, daß sie sich auf die in einer Organisation vorhandenen und offiziell vorgesehenen Schriftstücke beziehen, und wir wollen in diesem Abschnitt auch beide Aspekte behandeln.

Grundsätzlich ist anzumerken, daß wir den Aspekt der Formalisierung von unserem Begriff formaler organisatorischer Regeln trennen müssen. Wenn wir von einer *formalen* Organisationsstruktur sprechen, so meinen wir damit nicht, daß alle Regeln schriftlich fixiert, also *formalisiert* sind. Formale Regeln sind aktiv gesetzt im Hinblick auf die Erreichung bestimmter Ziele, unpersönlich in dem Sinne, daß sie unabhängig von einzelnen Individuen gültig sind, und offiziell in dem Sinne, daß sie von der Kerngruppe autorisiert worden sind (vgl. Abschnitt 1.1.2). Formale Regelungen *können* mithin formalisiert sein, müssen es aber nicht.

Bei der Aufgliederung der Dimension „Formalisierung" knüpfen wir an eine von Pugh u. a. (1968) getroffene Unterscheidung zwischen *drei Teildimensio-*

nen an. Neben dem Aspekt der schriftlichen Fixierung organisatorischer Regeln und der Formalisierung des Informationsflusses in Organisationen im Sinne der Aktenmäßigkeit stellen sie als dritten Aspekt die Formalisierung der Leistungserfassung und -beurteilung von Organisationsmitgliedern heraus.

(1) Schriftliche Fixierung organisatorischer Regeln
    (Strukturformalisierung)

Die erste Teildimension bezieht sich auf den Umfang, in dem organisatorische Regeln in Form von Schaubildern, Handbüchern, Richtlinien u. ä. schriftlich fixiert sind. Pugh u. a. nennen diesen Teilaspekt *Stellendefinition* („role definition"); da Handbücher und Richtlinien jedoch nicht nur der Definition und Abgrenzung einzelner Stellen dienen, sondern auch Verfahren – Programme – festlegen, wollen wir diesen Aspekt als *Strukturformalisierung* bezeichnen. Bei diesem Teilaspekt der Formalisierung handelt es sich nicht um eine zusätzliche Strukturdimension, die konzeptionell gleichrangig neben den bisher behandelten Dimensionen einzuordnen ist, sondern um die Feststellung der *Form*, die diese anderen Strukturdimensionen annehmen. Da es jedoch im Hinblick auf die Beschaffenheit der Organisationsstruktur und im Hinblick auf das Verhalten der Organisationsmitglieder einen Unterschied macht, ob organisatorische Regeln zur Spezialisierung, Konfiguration, Entscheidungsdelegation usw. schriftlich fixiert sind oder nicht, ist es sinnvoll, diesen Aspekt gesondert hervorzuheben.

Zur Formalisierung organisatorischer Regelungen hat die Organisationslehre eine Fülle von Instrumenten entwickelt, von denen wir die wichtigsten in diesem Abschnitt kurz darstellen wollen (vgl. auch die ausführlichen Darstellungen bei Berger 1961 und Schmidt 1974).

Das bekannteste und am weitesten verbreitete Instrument ist das *Organisationsschaubild* oder *Organigramm*. Bei den vorangegangenen Ausführungen haben wir des öfteren solche Schaubilder verwendet, um einzelne Regelungen darzustellen.

Welche organisatorischen Regelungen kommen in einem Organisationsschaubild zum Ausdruck?

Vorausgesetzt, daß ein Organisationsschaubild alle Stellen erfaßt und nicht – wie es in der Praxis oft der Fall ist – nur die Stellen auf den oberen Hierarchieebenen ausweist, kommen darin auf jeden Fall folgende Arten von Regelungen zum Ausdruck:
– die Art der Spezialisierung der größten organisatorischen Einheiten (Suprastruktur),

- der Umfang der Abteilungsspezialisierung und der Stellenspezialisierung nach Funktionen und nach Produkten,
- die Struktur der generellen Weisungsbefugnisse und Verantwortungsbereiche,
- die Gliederungstiefe, die Leitungsspannen und die Relationen zwischen verschiedenen Arten von Stellen.

Und durch die bloße Existenz eines solchen Schaubildes kommt natürlich auch ein gewisses Maß an Strukturformalisierung zum Ausdruck. Darüber hinaus besteht, wie wir gesehen haben, die *Möglichkeit,* in einem Organisationsschaubild noch weitere Arten von Regelungen zu fixieren. Ausgewiesen werden können:

- institutionalisierte Gremien zur Selbstabstimmung und
- funktionale Weisungsbeziehungen und etwaige spezielle Koordinationsstellen (z. B. Projektmanager und Produktmanager).

Nicht sichtbar hingegen werden der konkrete Einsatz einzelner Koordinationsinstrumente, das Ausmaß der Entscheidungsdelegation sowie die Formalisierung des Informationsflusses und der Leistungserfassung. Daher verwenden Organisationen über Schaubilder hinaus noch andere Darstellungen.

Zunehmende Verbreitung finden *Stellenbeschreibungen* oder Arbeitsplatzbeschreibungen (vgl. Schwarz 1968 sowie Schmidt 1974). Sie legen den Umfang der Weisungs- und Entscheidungsbefugnisse fest, nennen die vorgesetzten und nachgeordneten Stellen, spezifizieren einzelne Rechte und Pflichten und enthalten oft auch Hinweise auf die anzuwendenden Programme und die maßgeblichen Pläne (vgl. Abb. 3–16). Liegen für alle Stellen oder zumindest für alle Instanzen und unterstützenden Stellen solche Stellenbeschreibungen vor, so drücken sie in ihrer Gesamtheit weitgehend die von Organisationsschaubildern nicht erfaßten Regelungen aus. Dies erfordert jedoch, daß die Beschreibungen für die einzelnen Stellen sorgfältig aufeinander abgestimmt werden, daß ihnen eine klare Vorstellung von der Gesamtheit aller Regelungen zugrunde liegt und daß sie bei der Änderung einzelner Regelungen stets aktualisiert werden. Da dies in der Praxis häufig als zu aufwendig empfunden wird, begnügen sich viele Organisationen mit der Fixierung der Kompetenzen und Verantwortlichkeiten, die eine vergleichsweise größere Beständigkeit aufweisen als etwa die von einer Stelle anzuwendenden Programme.

Programme selbst werden oft – wenn in Stellenbeschreibungen auf sie Bezug genommen wird sogar immer – ebenfalls schriftlich fixiert. In der Praxis werden sie auch *Richtlinien* genannt, und die öffentliche Verwaltung verfügt sogar über ein abgestuftes System von Gesetzen, Durchführungsverordnungen und Richtlinien und anderen generellen Festlegungen. Während die Programme der öffentlichen Verwaltung strengen Formvorschriften genügen und in bestimmten Medien veröffentlicht werden müssen, sind die Programme in erwerbswirtschaftlichen Organisationen zumeist formlos in fortlaufendem Text niedergeschrieben; oft handelt es sich auch nur um ein Formular und kurze Erläuterungen zu seiner zukünftigen Anwendung (vgl. Abb. 3–17, die ein Beispiel eines Programmes für die Erstellung und Genehmigung von Investitionsanträgen wiedergibt). Lediglich zu Zwecken der Systematisierung erhalten die Programme in manchen Unternehmungen Namen wie Organisationsrichtlinie, Investitionsrichtlinie, Planungsrichtlinie und werden teilweise fortlaufend numeriert. Da Programme von verschiedenen Instanzen für ihren jeweiligen Verantwortungsbereich „erlassen" werden und sich relativ häufig ändern, fassen Organisationen die Gesamtheit der für die einzelnen organisatorischen Bereiche maßgeblichen Programme teilweise mit den entsprechenden Organisationsschaubildern und Stellenbeschreibungen in sog. *Organisationshandbüchern* zusammen. Diese Handbücher sind in der Regel als Loseblattsammlungen gestaltet, so daß einzelne Blätter jederzeit ohne Schwierigkeit ausgetauscht werden können.

(2) Formalisierung des Informationsflusses (Aktenmäßigkeit)

Von den schriftlich fixierten Programmen, die generelle Regelungen beinhalten und damit Teil der formalen Organisationsstruktur werden, sind die auf den Einzelfall bezogenen *schriftlichen Weisungen* zu unterscheiden. Sie heißen in der Praxis Dienstanweisungen, Mitteilungen, Vorstandsbeschlüsse u. ä. Oft handelt es sich auch nur um Protokolle, die die Entschlüsse eines Gremiums wiedergeben und sowohl den Mitgliedern dieses Gremiums als auch anderen Stellen zugeleitet werden. Im Gegensatz zu Programmen beinhalten solche Schriftstücke jedoch *keine* organisatorischen Regelungen, sondern Weisungen einer konkreten Instanz mit einem bestimmten auf Einzelfälle bezogenen Inhalt. Zwar stehen hinter diesen Schriftstücken organisatorische Regelungen, die ihnen erst den Charakter verbindlicher Weisungen verleihen; bei den einzelnen Schriftstücken handelt es sich dann aber um die *Ausführung* genereller Regelungen und nicht um ihre Aufstellung.

Unter der Teildimension Informationsflußformalisierung fassen wir dementsprechend die Regelungen zusammen, die vorsehen, daß bestimmte Kommunikationsprozesse schriftlich zu erfolgen haben. Vor allem zu Kontrollzwekken, d. h. zum Zweck einer möglichst eindeutigen Feststellung von Fehlern, und zur Erleichterung eines Personalwechsels legen manche Organisationen großen Wert auf schriftliche Kommunikation. Diesen Aspekt hat Weber als *Aktenmäßigkeit* bezeichnet. Sie kommt nicht nur in der schriftlichen Übermittlung direkter Weisungen, sondern auch in der Übermittlung von schriftlichen Anfragen, Aktennotizen, Memos, dem Gebrauch von vielfältigen Formularen und im Extremfall in einer ausschließlich schriftlichen Kommu-

Stellenbeschreibung für den Leiter der Hauptabteilung Fertigungsstraßen eines Walzwerkes

I. Stellenbezeichnung
Leiter der Hauptabteilung Fertigungsstraßen des Walzwerkes I.

II. Dienstrang
Hauptabteilungsleiter.

III. Unterstellung
Der Stelleninhaber ist dem Walzwerksdirektor unterstellt. In Disziplinarangelegenheiten ist er dem Werksleiter unterstellt.

In Personalangelegenheiten (Lohnempfänger) ist der Stelleninhaber hinsichtlich Einstellungen und Entlassungen sowie Kündigungen dem Leiter der Personalabteilung als Fachvorgesetztem unterstellt.

IV. Überstellung
Dem Stelleninhaber sind folgende Mitarbeiter unterstellt:

a) In Linienfunktion:
Der Betriebsleiter der Fertigungsstraße 1
Der Betriebsleiter der Fertigungsstraße 2
Der Betriebsleiter der Fertigungsstraße 3

b) In Stabsfunktion:
Der Betriebsassistent

c) In Dienstleistungsfunktion:
Der Leiter des Betriebsbüros

V. Ziel der Stelle
Ziel der Stelle ist es, das vorgesehene Programm an Stabstahl, Formstahl und Walzdraht zu walzen. Dabei ist auf einwandfreie Qualität, Wirtschaftlichkeit, Einhaltung der Termine und einen störungsfreien Produktionsablauf unter Wahrung der Sicherheit zu achten. Kundenwünsche sind – soweit walztechnisch und qualitativ möglich – zu berücksichtigen.

Bei der Erfüllung seiner Aufgaben hat er seine Mitarbeiter so zu führen, daß er deren Initiative und Mitdenken dem Unternehmen nutzbar macht (im einzelnen wird auf die „Allgemeine Führungsanweisung" verwiesen).

VI. Stellvertretung
a) Der Stelleninhaber wird nebenamtlich durch den Betriebsleiter der Fertigungsstraße 1 vertreten.
b) Der Stelleninhaber vertritt nebenamtlich den Betriebsleiter der Fertigungsstraße 1.

Abb. 3–16. Beispiel für eine Stellenbeschreibung (aus Höhn 1973, S. 312 f.)

VII. Aufgabenbereich im einzelnen

Der Stelleninhaber hat folgende fachliche Aufgaben selbst wahrzunehmen:

A. In Linienfunktion:

1. Walzprogramm
   a) Er entscheidet über die Walzmöglichkeit eines neuen Profils.
   b) Er entscheidet über die Durchführung des ihm vorgeschlagenen Walzprogramms und über Änderungen der vorgegebenen Reihenfolge.
   c) Er entscheidet über die Belegschaftsstärke und deren Arbeitsweise in den einzelnen Betriebsabteilungen (42-Stunden-Woche).
   d) Er entscheidet über die Einführung neuer Produktionsverfahren.

2. Einkauf
   Er entscheidet über den Einkauf von Instandhaltungsmaterial für Betriebseinrichtungen im Rahmen seines Budgets bis zur Höhe von DM ....

3. Reklamationen, Reparaturen
   a) Er entscheidet, ob eine Reklamation berechtigt ist und ob ein Kundenbesuch (Walzwerkfehler) notwendig ist.
   b) Er entscheidet über Abwertung fehlerhaften Materials.
   c) Er entscheidet über große Reparaturen und Investitionen bis zu einem Betrag von DM ....

4. Personal
   a) Er entscheidet über die ihm vorgeschlagenen Beförderungen von Belegschaftsmitgliedern bis zum Vorarbeiter.
   b) Er entscheidet über den Urlaubsplan seiner ihm unterstellten Mitarbeiter.
   c) Er legt bei längeren Stillständen den Einsatz der Arbeiter fest.

B. In Stabsfunktion:

Er hat dem Walzwerksdirektor Vorschläge zur Investitionsplanung, Produktionsplanung und zur Aufstellung des Budgets zu machen.

C. Aufgaben nach außen:
   1. Er besucht Großkunden bei Reklamationsfällen.
   2. Er vertritt die Firma im technischen Ausschuß der Fachverbände.
   3. Er pflegt Kontakt mit Konkurrenzunternehmen.

VIII. Besondere Befugnisse

Der Stelleninhaber unterschreibt seine Post.

Betr.: Richtlinien zur Erstellung der Investitionsanträge für die Aufsichtsratsbewilligungen

Das Verfahren der Investitionsplanung, -abwicklung und -kontrolle ist in der Verwaltungs-
anweisung . . ., Inland . . . vom . . . generell festgelegt und hinsichtlich der besonderen
Belange des Vorstandsgeschäftsbereiches . . . in den . . . Rundschreiben Nr. . . . vom . . . und
Nr. . . . vom . . . ergänzend geregelt.
Soweit die nachfolgenden Richtlinien die oben angeführten Anweisungen ergänzen oder
verändern, sind die Anweisungen entsprechend zu korrigieren.

1. *Investitionsanträge*
   Investitionsanträge sind zu stellen für:
   1.1 Alle Anschaffungen und Eigenerstellungen von Gegenständen des Sachanlagevermö-
       gens sowie artändernde Umbauten mit Einzelwert ab DM 800,–.
       Zum Einzelwert zählen Auswärtskosten, Lagermaterial, Fertigungslöhne und Ferti-
       gungsgemeinkostenzuschläge (zur Zeit auf Löhne für selbsterstellte Anlagen – ausge-
       nommen Betriebsmittel – . . .%, auf Löhne für typengebundene Betriebsmittel
       . . .%).
   1.2 Alle Anschaffungen und Eigenerstellungen von Anlagegütern, auch unter DM 800,–,
       wenn sie Erstausstattung im Rahmen eines Investitionsvorhabens sind.
   1.3 Alle Kosten, die im Zusammenhang mit einem Investitionsvorhaben oder als Folge
       eines Investitionsvorhabens entstehen.
   1.4 Reparaturen an Gegenständen des Anlagevermögens mit einem Gesamtwert ab DM
       50 000,– je Anlagegegenstand. Zum Gesamtwert gehören Auswärtskosten, Lagerma-
       terial, Fertigungslöhne und Fertigungsgemeinkostenzuschläge von . . .% bzw.
       . . .%.
   1.5 Reparaturen an Gegenständen des Anlagevermögen mit einem Gesamtwert unter DM
       50 000,– je Anlagegegenstand nur, soweit es sich um aktivierungspflichtige General-
       überholungen, Großreparaturen, artändernde Umbauten und Substanzvermehrun-
       gen handelt (ist für den Antragsteller die Entscheidung über die Aktivierungspflicht
       nicht möglich, ist Rückfrage bei . . ., erforderlich).
       Reparaturen an Gegenständen des Anlagevermögens mit einem Gesamtwert unter
       DM 50 000,– je Anlagegegenstand, soweit es sich nicht um aktivierungspflichtige
       Reparaturen gemäß Punkt 1.5 handelt, sowie Erstmieten bei Neuanmietungen und
       Mieterhöhungen unterliegen mit Inkrafttreten dieser Richtlinie demnach nicht mehr
       der Investitionsantragspflicht, sondern sind ausschließlich im Gemeinkostenbudget
       zu berücksichtigen. Erstmieten bei Neuanmietungen und nicht vertraglich festgelegte
       Mieterhöhungen ab DM 1000,– monatlich bedürfen vor Abschluß nach wie vor der
       Genehmigung durch . . . und . . .
2. *Aufnahme der Investitionsanträge zur Vorlage beim Aufsichtsrat*
   In die jeweils im November dem Aufsichtsrat vorzulegende Zusammenstellung aller
   Investitionsanträge sind aufzunehmen:

Abb. 3–17. Beispiel für eine Verfahrensrichtlinie

2.1 Investitionsvorhaben, die der Kapazitätsausweitung, der Rationalisierung, der Modernisierung der Produkte oder der Schaffung neuer Produkte dienen, sowie sonstige Vorhaben, die in dem der Bewilligung folgenden Geschäftsjahr in Angriff genommen werden, mit den Gesamtkosten des Projektes, auch wenn sich die Abwicklung über mehrere Jahre erstreckt. Zu den Gesamtkosten des Projektes gehören auch die Kosten für vorbereitende Maßnahmen (z. B. Projektierung) und die Kosten, die im Zusammenhang mit einem Investitionsvorhaben oder als Folge des Investitionsvorhabens entstehen (z. B. Umzugskosten).

2.2 Ersatzbeschaffungen, Reparaturen gemäß Punkt 1.4 und 1.5 und sonstige Beschaffungen, die zur allgemeinen Inganghaltung erforderlich sind, sowie alle kleineren Einzelrationalisierungsprojekte für den Zeitraum des der Bewilligung folgenden Geschäftsjahres (z. B. sind in die 43. Bewilligung demnach die Ersatzbeschaffungen und Reparaturen einzuplanen, die in 1974 zur Beschaffung aufgegeben werden müssen).

2.3 Voraussetzungen für die Einplanung aller Rationalisierungsmaßnahmen und Rationalisierungsvorhaben ist eine als Folge der Investition bedingte Kostensenkung von mindestens 16% bezogen auf den Investitionswert (Rentabilität vor Steuer). Die Abschreibungen und die Kapitalverzinsung mit dem jeweils festgelegten Kapitalzins (zur Zeit 9%) sind in die Rechnung einzubeziehen. Soweit es sich um Fertigungsanlagen handelt, ist in der Rechnung grundsätzlich eine Kapazitätsauslastung von 80% der bei Wirksamwerden des Projektes installierten Kapazität anzusetzen. Liegen das gültige Bauprogramm und die mittelfristigen Absatz-Planzahlen unter 80% der installierten Kapazität, so ist zusätzlich der Effekt unter Ansatz dieser kurz- und mittelfristigen Programmzahlen zu ermitteln. Das Schema für die zu erstellenden Wirtschaftlichkeitsrechnungen ist in den auf Seite 1 angeführten Anweisungen und im Formular „Wirtschaftlichkeitsrechnung" . . . festgelegt.

2.4 Zusätzlich ist ab der 44. Bewilligung für alle Ausweitungs-, Modernisierungs- und Rationalisierungsvorhaben, soweit es sich nicht um Einzelmaßnahmen handelt, eine Rentabilitätsrechnung, bezogen auf die Lebensdauer des Produktes, für das die Investition getätigt wird, zu erstellen. Die erforderlichen Angaben über die Lebensdauer des Produktes und die in diesem Zeitraum erwarteten Absatz- und Umsatzzahlen sind von den betreffenden Konstruktions- und Vertriebsabteilungen bekanntzugeben. Das Rechenverfahren wird bis zum 31. 12. 1973 in Zusammenarbeit der Hauptabteilungen . . . und den Planungsabteilungen der Vertriebs- und Konstruktionsbereiche erarbeitet und im Januar 1974 dem Vorstand zur Genehmigung vorgelegt.

2.5 Soweit in Einzelfällen nicht ausdrücklich durch den Vorstand anders entschieden wird, können Vorhaben nur dann zur AR-Bewilligung eingeplant und damit im jeweiligen Folgejahr realisiert werden, wenn zum Abgabetermin die *detaillierten Planungsunterlagen und die Wirtschaftlichkeits-, Kosten- und Amortisationsrechnungen vorliegen.*

nikation zwischen Organisationsmitgliedern zum Ausdruck. Da diese Schriftstücke nur dann ihren Zweck erfüllen, wenn sie über einen längeren Zeitraum hinweg aufbewahrt werden und bei Bedarf wieder herangezogen werden können, ist die Informationsflußformalisierung stets auch mit umfangreichen Ablagen in Aktenordnern, Karteien u. ä. verbunden. Bei der Informationsflußformalisierung geht es also generell um das Ausmaß der „*Papierflut*" in Organisationen. Dabei darf der Begriff „Papier" heute nicht mehr allzu wörtlich genommen werden, da moderne technische Hilfsmittel wie Datenbanken in Computersystemen und Mikrofilmdateien die Funktion von Aktenordnern und Karteien in zunehmendem Maße übernehmen – teilweise trägt aber auch gerade der Computereinsatz zur Erhöhung der Papierflut im wörtlichen Sinne bei.

Zu einem gewissen Grad ist eine solche Informationsflußformalisierung gesetzlich vorgeschrieben. Alle Belege aus Geschäftsbeziehungen mit anderen Organisationen (Rechnungen, Überweisungsbelege u. ä.) und alle Unterlagen zur Erstellung von Jahresabschlüssen müssen zum Beispiel mehrere Jahre aufbewahrt werden. Da den Organisationen dennoch ein sehr großer Spielraum bei der Wahl zwischen mündlicher und schriftlicher interner Kommunikation bleibt, ist es sinnvoll, diesen Aspekt als eigenständige Dimension formaler Organisationsstrukturen zu betrachten. Sie spiegelt zum Teil auch das Vertrauen oder Mißtrauen der Organisation zu ihren Mitgliedern wider.

(3) Leistungsdokumentation

Bei der Diskussion der Verteilung von Weisungs- und Entscheidungsbefugnissen wurde verschiedentlich auf die *disziplinarischen Rechte* von Vorgesetzten und die damit zusammenhängenden personalpolitischen Maßnahmen eingegangen. Dabei dürfte deutlich geworden sein, welch erheblichen Einfluß Vorgesetzte mittels dieser Rechte auf das Verhalten ihrer Untergebenen nehmen können. Wenn ein Vorgesetzter in mündlicher Kommunikation mit höheren Instanzen die Leistungen seiner Untergebenen darstellt und beurteilt sowie über die daraus zu ziehenden Konsequenzen für die Gehaltshöhe, die Beförderung u. a. m. Vorschläge macht oder an Entscheidungen mitwirkt, so ist dieser für die Untergebenen ungeheuer wichtige Prozeß nur wenig transparent. Um in dieser Hinsicht eine gewisse Versachlichung zu bewirken, formalisieren Organisationen diese Prozesse der Leistungserfassung und -beurteilung. Da das Ziel entsprechender Einrichtungen eine möglichst gerechte und transparente Gehaltsfindung und Beförderungsregelung ist, die die einzelnen Organisationsmitglieder maßgeblich beeinflußt, erscheint es sinnvoll, die diesbezüglichen Regelungen als eigene Teildimension herauszustellen. Von der allgemeinen Informationsflußformalisierung heben sie sich dadurch ab, daß sie sich nicht auf die Aufgabenerfüllung sondern auf den disziplinarischen Bereich beziehen.

Diese Teildimension, die wir in Anlehnung an Pugh u. a. Leistungsdokumentation nennen wollen, erstreckt sich auf den Umfang der Regelungen, die eine schriftliche Leistungserfassung und -beurteilung vorschreiben. Zu den im einzelnen dabei angewendeten Instrumenten gehören beispielsweise Arbeitszeitkarten in Verbindung mit Stechuhren, Arbeits- und Lohnzettel in der Fertigung, Arbeitsstatistiken, Klassifikationsschemata für die analytische Arbeitsbewertung oder Fragebogen, die als Grundlage für periodische Mitarbeitergespräche dienen.

3.3. Die Messung formaler Organisationsstrukturen

Nachdem wir ein Konzept der Organisationsstruktur entwickelt haben, das relevante Dimensionen formaler Organisationsstrukturen aufzeigt, sind wir nun in der Lage, das Problem aufzuwerfen, wie diese Eigenschaften für eine empirische Analyse gemessen werden können. Da wir jedoch von vorliegenden Untersuchungen ausgehen, lautet unsere Fragestellung etwas anders: Wir untersuchen, inwieweit die in empirischen Untersuchungen eingesetzten Maße die von uns aufgezeigten wichtigen Eigenschaften der Organisationsstruktur erfassen. Bevor wir diese Aufgabe angehen, sind jedoch einige Vorbemerkungen über die Messung struktureller Eigenschaften erforderlich.

3.3.1. Vorbemerkung: quantitative und qualitative Skalen

Ohne ausführlich auf die einzelnen Skalenarten und Skalierungstechniken einzugehen (vgl. hierzu Scheuch 1967, Mayntz u. a. 1971, Friedrichs 1973, S. 193 ff.), wollen wir auf ein Problem hinweisen, daß für das Verständnis des situativen Ansatzes und die Aussagefähigkeit seiner Ergebnisse fundamental ist. Es handelt sich um den *Unterschied zwischen qualitativen und quantitativen Skalierungen.*

Qualitative Skalierungen (Nominalskalen) definieren in Form von Klassifikationen *inhaltliche* Unterschiede zwischen den erfaßten Objekten. Eine solche Skalierung liegt der betriebswirtschaftlichen Organisationslehre zugrunde, wenn sie Strukturen großer Industriebetriebe danach unterscheidet, ob die betrieblichen Hauptbereiche nach Funktionen (Beschaffung, Produktion, Absatz usw.) oder nach Produktgruppen gegliedert sind. Um solche Unterschiede in der Art der Arbeitsteilung erfassen zu können, müssen wir *Klassen* definieren, die alle realisierten Arten der Arbeitsteilung umfassen und eindeutig voneinander abgrenzen. Die Definition der Arbeitsteilung erfolgt dann durch *klassifikatorische Merkmale*. Jede reale Organisationsstruktur wird einer und nur einer dieser Klassen zugewiesen.

Der Vorteil klassifikatorischer Merkmale besteht darin, daß wir relativ konkrete Informationen über den *Inhalt* der Arbeitsteilung erlangen. Dieser Vorteil wird jedoch mit dem Nachteil erkauft, daß die einzelnen Klassen nebeneinander stehen und sich ein Vergleich mehrerer Organisationsstrukturen darauf beschränken muß, ihre Art der Arbeitsteilung als *gleich oder ungleich* zu bestimmen. Stoßen wir auf mehrere ungleiche Strukturen, so können wir nicht bestimmen, ob manche sich ähnlicher sind als andere, da eine Rangfolge zwischen den einzelnen Klassen nicht besteht.

Eine solche *Rangfolge* können wir hingegen aufstellen, wenn wir nicht nach der Art, sondern nach dem *Umfang* der Arbeitsteilung fragen. Dann müssen wir unsere Dimension mit Hilfe einer quantitativen Skala definieren. Die Dimensionen werden dann zu *Variablen*. So könnten wir beispielsweise die Anzahl unterschiedlicher Positionsbezeichnungen in einer Organisation als Maßstab für die Bestimmung des Umfanges der Arbeitsteilung wählen. Der Vorteil einer quantitativen Skalierung besteht darin, daß wir sehr feine Unterschiede im *Ausmaß der Arbeitsteilung* erfassen und Beziehungen dieser Variablen mit jeder anderen quantitativ definierten Variablen (etwa der Größe der Organisation, gemessen an der Zahl der Beschäftigten) aufzeigen können. Der Nachteil einer solchen quantitativen Skala der Arbeitsteilung besteht darin, daß sie vom Inhalt der einzelnen Positionen und der Arbeitsteilung insgesamt abstrahiert. Wir erfahren nicht, ob eine Organisation ihre Hauptbereiche nach Funktionen und/oder nach Produkten gegliedert hat. Solange zwei Organisationen dieselbe Anzahl von unterschiedlichen Positionsbezeichnungen aufweisen, müssen wir ihre Arbeitsteilung als gleich ansehen.

Eine *dritte Art* der Skalierung *kombiniert* die Vorteile der beiden bisher beschriebenen Vorgehensweisen. Sie erfaßt eine bestimmte Dimension (beispielsweise Formalisierung im Sinne der schriftlichen Fixierung von Regeln und der Aktenmäßigkeit aller Vorgänge) durch eine Reihe von inhaltlich definierten Einzelmerkmalen, die insgesamt jedoch eine *kumulative Struktur* aufweisen und sich zu einem bestimmten quantitativen Wert für die Gesamtskala addieren lassen. Ein Wert auf einer solchen Skala gibt an, *wieviele und welche Regelungen* in einer Organisation schriftlich fixiert werden.

> Bei der Erfassung des Umfanges der Strukturformalisierung kann beispielsweise festgestellt werden, ob eine Organisation ein Organigramm besitzt, ob Stellenbeschreibungen existieren und ob schriftliche Verfahrensrichtlinien vorliegen. Diese Merkmale sind nicht klassifikatorisch, da sie sich gegenseitig nicht ausschließen. Eine reale Organisation kann keines, eines, zwei oder alle drei Merkmale aufweisen. Der Formalisierungsgrad ergibt sich dann aus der Summe der jeweils vorliegenden Merkmale, er variiert also zwischen 0

und 3. Aus dem Wert 2 kann man allerdings noch nicht auf die Art der Formalisierung schließen. Dies ist erst möglich, wenn die einzelnen Merkmale eine kumulative Struktur aufweisen. Eine solche Struktur liegt vor, wenn die Merkmale in der Realität stets *in derselben Reihenfolge* auftreten. Inwieweit dies der Fall ist, kann durch empirische Untersuchungen festgestellt werden, indem mit Hilfe der von L. Guttman entwickelten *Skalogrammanalyse* die einzelnen Merkmale nach ihrer Häufigkeit in eine Rangfolge gebracht werden und untersucht wird, ob diese Rangfolge in einer signifikant großen Zahl von Fällen eingehalten worden ist. Kommt das seltenste Merkmal nur dann vor, wenn auch die beiden anderen Merkmale vorgekommen sind usw., dann liegt eine kumulative Struktur vor. Eine Organisation mit dem Formalisierungswert 2 weist dann immer die beiden häufigsten, nicht aber das seltenste Merkmal auf. Dieses liegt nur in den Organisationen mit einem Formalisierungswert von 3 vor. Ist also eine solche kumulative Struktur gegeben, kann aus dem quantitativen Wert unmittelbar auf die inhaltliche Ausprägung geschlossen werden.

Der Vorteil solcher *Guttman-Skalen* liegt darin, daß mit ihrer Hilfe inhaltliche und umfangmäßige Aspekte simultan erfaßt werden können. Daß die Aufstellung der Gesamtskala hier erst nach der Durchführung empirischer Analysen erfolgt und der Realität angepaßt werden kann, ist ebenfalls vorteilhaft. Leider ist diese in der Psychologie zuerst angewendete Vorgehensweise in der vergleichenden Organisationsforschung bisher nur selten praktiziert worden. Eine der wenigen Ausnahmen findet sich im Aston-Programm (Levy und Pugh 1969; Pugh und Hickson 1971). Die meisten Autoren sahen nur die Möglichkeiten einer qualitativen oder einer quantitativen Skalierung und entschieden sich für quantitative. Dies führt dazu, daß die meisten Definitionen von Strukturdimensionen nur den Umfang oder die Intensität bestimmter organisatorischer Regeln erfassen und von ihrem Inhalt abstrahieren. Für ein vollständiges Verständnis der organisatorischen Realität und erst recht für die Ableitung von Gestaltungshilfen sind solche inhaltlichen Angaben jedoch unerläßlich. Da wir in diesem Buch jedoch den gegenwärtigen Stand der Forschung darstellen wollen, müssen wir die von uns betrachteten Strukturdimensionen auch weitgehend quantitativ definieren. Auf diese Weise kann der *Strukturierungsgrad* von Organisationen bestimmt werden. Hierbei handelt es sich jedoch stets nur um einen ersten Schritt der Organisationsanalyse, der um inhaltliche Aspekte ergänzt werden muß.

3.3.2. Spezialisierungsmaße

(1) Der Umfang der Spezialisierung

Als Umfang oder Ausmaß der Spezialisierung haben wir oben die Zahl an spezialisierten Stellen definiert. Weisen zwei Organisationen inhaltlich und umfangmäßig dieselbe Gesamtaufgabenstellung auf, so ist diejenige stärker spezialisiert, die zur Realisation dieser Aufgabenstellung mehr *Stellen mit unterschiedlichen Spezialisierungen* einsetzt.

Die einfachste Vorgehensweise zur Bestimmung des Ausmaßes oder des Umfangs der Spezialisierung besteht darin, die *Anzahl unterschiedlicher Stellenbezeichnungen* festzustellen (Blau und Schoenherr 1971, Hage und Aiken 1967b). Dieses einfache Maß kann jedoch nur dann sinnvoll angewendet werden, wenn alle betrachteten Organisationen grundsätzlich die gleichen Kategorien von Stellenbezeichnungen verwenden. In den zitierten Untersuchungen war dies der Fall: Blau und Schoenherr untersuchten Arbeitsämter, Hage und Aiken Gesundheitsämter. In diesen Organisationen sind die Stellen, die eine Organisation grundsätzlich einrichten kann, in verbindlichen Richtlinien definiert. Werden dagegen Organisationen verglichen, die nicht dieselben verbindlichen Richtlinien über die Schaffung von Stellen und ihre Beziehungen erfüllen müssen, so können sich Verzerrungen aufgrund unterschiedlicher Praktiken bei der Bezeichnung von Stellen ergeben.

> So ist beispielsweise folgender Fall denkbar: Eine Unternehmung weist nur Buchhalter-stellen auf, eine andere dagegen Debitoren- und Kreditorenbuchhalter. Eine genauere Überprüfung ergibt, daß auch die erste Organisation Aufgaben von Debitorenbuchhaltung und Aufgaben der Kreditorenbuchhaltung unterschiedlichen Personen zugewiesen hat, sie führte für diese Stellen nur keine besonderen Bezeichnungen ein.

Diese Verzerrungen können nur ausgeschaltet werden, wenn die Erfassung nicht auf die jeweiligen Bezeichnungen sondern auf bestimmte Inhalte der Spezialisierung abstellt. Wie wir gesehen haben, gibt es zwei Möglichkeiten: verrichtungsorientierte (funktionale) und objekt-(produkt-)bezogene Spezialisierung. Die Erfassung muß sich auf beide Aspekte erstrecken.

a) Der Umfang der verrichtungsorientierten Spezialisierung

Zunächst könnte man auch bei der Erfassung der verrichtungsorientierten Spezialisierung daran denken, die Anzahl der Stellen zu bestimmen, die jeweils auf bestimmte Verrichtungen oder Funktionen spezialisiert sind. Bei einem solchen Vorgehen würden Unterschiede in der Praxis der Stellenbezeichnung aber auch wieder zu Verzerrungen führen.

Die von Pugh u. a. (1968) entwickelten Maße zur Erfassung der Spezialisierung gehen deshalb von einer vorgegebenen Liste von Spezialisierungs*möglichkeiten* aus. Jede Spezialisierungsmöglichkeit, die die Organisation tatsächlich wahrgenommen hat, erhöht ihren Meßwert um den Wert 1. Ein Maß, das Pugh u. a. *funktionale Spezialisierung* nennen, gibt die in Abb. 3–18 aufgeführten Spezialisierungsmöglichkeiten vor. Für jede der aufgeführten

Aufgaben wird geprüft, ob die Organisation *eine oder mehrere* Stelle(n) aufweist, die *ausschließlich* mit dieser Aufgabe betraut ist bzw. sind. Die Gesamtzahl der nach dieser Liste festgestellten Spezialisierungen ergibt den Gesamtwert der funktionalen Spezialisierung. Die Feststellung einer Spezialisierung ist *unabhängig von den in der Organisation verwendeten Stellen-*

	Funktionale Spezialisierung	
Nummer der Spezialität	Tätigkeiten, um:	Anzahl der Teilspezialisierungen
1	die Organisation „aufzubauen", zu rechtfertigen und sie zu symbolisieren (Öffentlichkeitsarbeit und Werbung)	6
2	die Leistung zu verkaufen, zu verteilen und zu warten (Verkauf und Service)	6
3	Produkte und Hilfsmittel von Ort zu Ort zu schaffen (Transport)	7
4	Arbeitskräfte zu gewinnen und einzusetzen (Personalwesen)	6
5	Arbeitskräfte zu schulen und umzuschulen (Ausbildung)	6
6	die Arbeitskraft der Mitglieder zu erhalten und ihre Identifikation mit der Organisation zu fördern (Sozialpolitische Abteilungen)	10
7	Materialien und Ausrüstungsgegenstände zu erwerben und zu überwachen (Einkauf und Lagerhaltung)	8
8	Gebäude und Anlagen zu errichten und zu erhalten	10
9	finanzielle Mittel zu erfassen und zu überwachen (Rechnungswesen)	11
10	den Fertigungsprozeß zu steuern (Produktionskontrolle)	5
11	die Qualität der Materialien, Anlagen und Produkte zu überwachen (Revision)	7
12	Produktionsverfahren zu entwickeln und zu beurteilen (Fertigungsvorbereitung)	8
13	neue Produkte, Anlagen und Prozesse zu entwerfen (Konstruktion und Entwicklung)	7
14	Verwaltungsverfahren zu entwickeln und durchzuführen	5
15	juristischen und versicherungstechnischen Anforderungen zu genügen (Rechtsabteilung)	4
16	Informationen über das Tätigkeitsfeld zu erlangen (Marktforschung)	3
		109

Abb. 3–18. Aston-Skala zur Erfassung der funktionalen Spezialisierung (Quelle: Pugh und Hickson 1971, S. 84)

oder Abteilungsbezeichnungen. Sie orientiert sich an den feststellbaren Tatbe-
ständen.

Da die in dem Maß der funktionalen Spezialisierung aufgeführten Spezialisierungsmöglichkeiten sehr umfassend sind, sprechen sie in der Regel ganze
Abteilungen an. Wenn eine Organisation sich beispielsweise entschließt, die
Funktion Transport nicht von anderen Organisationen durchführen zu lassen, sondern selbst zu übernehmen, so braucht sie in der Regel mehrere
Stellen oder eine Abteilung für diese Funktion. *Tendenziell* gibt diese Skala
also den *Grad der Abteilungsspezialisierung* wieder. Allerdings wird die Skala
auch dann angesprochen, wenn für die aufgeführten Spezialisierungsmöglichkeiten jeweils nur einzelne Stellen eingerichtet wurden.

Da Organisationen für die in der Liste der funktionalen Spezialisierung
enthaltenen Spezialisierungen in der Regel nicht nur eine Stelle, sondern
mehrere einrichten, die selbst wiederum spezialisiert sein können, beinhaltet
ein zweites Maß für jede Spezialisierung zwischen 3 und 11 *Unterspezialisie-
rungen,* für die ebenfalls festzustellen ist, ob in einer Organisation Mitglieder
mit der ausschließlichen Erfüllung dieser Teilaufgaben betraut sind (vgl.
Pugh u. a. 1968, S. 93 ff.). Da dieses Maß „feinere" Spezialisierungsmöglichkeiten vorgibt, wird tendenziell der *Spezialisierungsgrad in bezug auf die
einzelnen Stellen* erfaßt. Diese weitere Differenzierung jeder Funktion, die
Pugh u. a. als *Rollenspezialisierung* bezeichnen, haben wir *Stellenspezialisierung* genannt. Ein Nachteil dieser Maße liegt darin, daß die Listen wahrscheinlich verschiedenen Arten von Organisationen (Industriebetrieben, Behörden, Dienstleistungsbetrieben) in unterschiedlichem Maße gerecht werden. Sie können jedoch als eine gute Annäherung an die interessierenden
Größen betrachtet werden.

b) Der Umfang der produktbezogenen Spezialisierung

Neben dem auf eine verrichtungsorientierte Spezialisierung abzielenden Maß
hat Kieser (1973, S. 81) zusätzlich ein Maß zur Messung der produktbezoge-
nen Stellenspezialisierung entwickelt, das er *Divisionalisierungsgrad* nennt.
Im Gegensatz zu dem üblichen Divisionalisierungsbegriff, der sich auf die
Bildung der größten organisatorischen Einheiten bezieht, erfaßt dieses Maß
auch die Existenz produktbezogener Spezialisierungen für einzelne Funktionen im gesamten Stellengefüge. Die Messung setzt bei der Ermittlung der
funktionalen Spezialisierungen an, die *getrennt* für einzelne Produkte oder
Produktgruppen existieren. Unternehmungen, die nur eine funktionale Abteilung für alle Produktarten aufweisen, erhalten dabei den Wert Null,
Unternehmungen, die hingegen etwa zwei Verkaufsabteilungen für unterschiedliche Produkte besitzen, den Wert 1, bei drei produktspezifischen

Verkaufsabteilungen erhöht sich der Wert auf 2. Existieren zusätzlich noch zwei produktspezifische Produktionsabteilungen, so erhöht sich der Wert um eins auf 3. Für jede funktionale Spezialisierung wird also ermittelt, ob *produktbezogene Unterteilungen* vorliegen. Die Zahl aller solcher Unterteilungen ergibt den Gesamtumfang der Divisionalisierung. Dieses Maß ist insofern ungenau, als es die Hierarchieebene, auf der die produktbezogene Spezialisierung einsetzt, nicht berücksichtigt. Es macht aber durchaus einen Unterschied, ob die Produktorientierung schon auf der zweiten Ebene nach der Unternehmensführung oder weit darunter beginnt. Daher kann dieses Maß die übliche Unterscheidung zwischen funktionalen und divisionalen Gesamtstrukturen nicht ersetzen. Beide Maße ergänzen sich jedoch gut. Die klassifikatorische Unterscheidung zwischen funktionalen und divisionalen Gesamtstrukturen zeigt, wie die großen Verantwortungsbereiche gebildet werden, während das Maß für die produktbezogene Stellenspezialisierung deutlich macht, in welchem Umfang produktbezogene Verantwortungsbereiche bei den Einzelfunktionen bestehen. Unberücksichtigt bleibt bei diesem Maß für die produktbezogene Stellenspezialisierung auch die Anzahl der für ein Produkt eingerichteten funktionalen Stellen.

Da, wie aufgezeigt wurde, neben Produkten auch Kundengruppen oder Regionen alternative Spezialisierungsmöglichkeiten bilden, müßten eigentlich auch diese Aspekte erfaßt werden.

Zusammenfassend bleibt festzustellen, daß alle bisher verwendeten Einzelmaße ihre jeweiligen Probleme haben und daß kein Maß existiert, das alle wichtigen Aspekte der Spezialisierung in befriedigender Weise erfaßt. Betrachtet man hingegen die Gesamtheit dieser Einzelmaße, so geben sie zusammen doch einen recht guten Einblick in die inhaltliche Differenzierung von Positions- und Stellengefügen.

(2) Die Art der Spezialisierung

Die aufgeführten Maße des Ausmaßes der Spezialisierung unterscheiden zwar verrichtungsorientierte und objektorientierte Spezialisierungen, sie können aber nicht das jeweils dominierende dieser beiden Gliederungsprinzipien kenntlich machen. Soweit es um die Art der *Spezialisierung der größten organisatorischen Einheiten*, also um die Kennzeichnung der *Suprastruktur,* geht, bleibt als Maß für diesen Aspekt der Spezialisierung nur die Kategorisierung in die Typen funktionale und divisionale Struktur. Scott (1973) fügt diesen Typen noch einen dritten hinzu: die *Konglomerat-Organisation,* die aus weitgehend selbständigen Einzelunternehmungen besteht. Wie wir gesehen haben, bleibt bei einer solchen Charakterisierung die Art der Bildung kleinerer organisatorischer Einheiten, d. h. von der zweiten oder dritten

Hierarchieebene an abwärts, vollkommen undefiniert. Andererseits wurde deutlich, welche Bedeutung die Art der Spezialisierung auch auf diesen Ebenen für den Koordinationsbedarf einer Organisation hat. Eine grundsätzliche Möglichkeit, die Art der Spezialisierung von kleineren organisatorischen Einheiten im Hinblick auf diesen speziellen Aspekt zu ermitteln, besteht darin, sich auf das *Ausmaß der Ähnlichkeit* oder die *Intensität der Interdependenzen* zwischen den gebildeten Teilbereichen zu beziehen, die wir als Kriterien für die Wahl zwischen verschiedenen Spezialisierungsarten diskutiert haben. Bei dieser Diskussion wurde allerdings auch deutlich, daß eine Messung dieser Aspekte heute erst in Ansätzen vorliegt (vgl. S. 68 ff.).

3.3.3. Koordinationsmaße

Aufgrund unserer Unterscheidung zwischen insgesamt vier strukturellen Koordinationsinstrumenten können wir das in der Organisationsstruktur zum Ausdruck kommende *Koordinationssystem* einer Organisation dadurch kennzeichnen, daß wir feststellen, welche Instrumente *vorwiegend* zur Anwendung gelangen. Wenig sinnvoll ist dabei eine Zuordnung zu *Typen,* da die einzelnen Instrumente stets miteinander kombiniert werden. Eine globale Erfassung könnte mit Hilfe einer *Liste* erfolgen, die die vier Koordinationsinstrumente enthält und die Organisationsmitgliedern mit der Bitte vorgelegt wird, das Ausmaß der Anwendung jedes einzelnen Instruments anhand einer fünf- oder siebenstufigen Skala einzuschätzen. Die Angaben der einzelnen Organisationsmitglieder können dann zu einem Gesamtmaß für die Organisation aggregiert werden, das direkt das Verhältnis der einzelnen Koordinationsinstrumente zueinander wiedergibt. Eine solche Messung hat den Nachteil, daß sie die subjektiven Einschätzungen der Befragten in bezug auf die Koordinationsprozesse wiedergibt, an denen diese selbst beteiligt sind. Da jedoch anzunehmen ist, daß verschiedene Prozesse auf unterschiedliche Weise geregelt werden, ist ein solches Maß wenig aussagefähig. In gewissem Umfang kann dieser Nachteil dadurch behoben werden, daß die Fragen nach dem Umfang des Einsatzes der einzelnen Koordinationsinstrumente getrennt für wichtige Entscheidungsprozesse, wie etwa die Neuproduktplanung, die Investitionsplanung oder die Aufstellung einzelner Budgets gestellt werden. Es bleibt jedoch auch dann das Problem, daß die Befragten bei einer bloßen Nennung der einzelnen Koordinationsinstrumente diese sehr unterschiedlich verstehen können, so daß ihre Antworten nicht vergleichbar sind. Um diesen Nachteil auszuschalten, müssen ausführlichere Maße für jedes einzelne Koordinationsinstrument entwickelt werden, die es ermöglichen, die Gesamtstruktur des Koordinationssystems durch die Relation zwischen diesen Einzelmaßen zu kennzeichnen.

(1) Die Messung der Koordination durch persönliche Weisungen

Eine Koordination durch persönliche Weisungen ist durch einen intensiven *vertikalen Informationsfluß* gekennzeichnet. Ein erstes grobes Maß besteht daher in der Bestimmung der Intensität der Kommunikation zwischen Vorgesetzten und Untergebenen (vgl. Kieser 1973, Kubicek 1975b). Der Nachteil eines solchen Maßes liegt darin, daß nicht genau festgestellt werden kann, inwieweit es sich bei dieser Kommunikation um die Ausübung offizieller Weisungsrechte und nicht um einen bloßen Informationsaustausch, um beratende oder motivierende Aktivitäten oder um eine eigenmächtige Kontrolle durch den Vorgesetzten handelt. Falls *Stellenbeschreibungen* vorliegen, die Angaben über Weisungsrechte beinhalten, sollten sie nach Möglichkeit als zusätzliche Informationsquellen herangezogen werden. Dadurch wird die Messung allerdings sehr aufwendig. Dieser Aufwand kann vermieden werden, wenn man sich mit einer Näherungslösung zufrieden gibt. Eine solche Näherungslösung besteht darin, die *Gliederungstiefe* des Stellengefüges als Indikator für den Umfang einer Koordination durch persönliche Weisungen anzusehen. Dahinter steht die Annahme, daß Organisationen um so mehr hierarchische Ebenen schaffen müssen, je mehr sie sich auf eine Koordination durch persönliche Anweisungen stützen. Aufgrund der gleichen Überlegungen kann auch die *Leitungsintensität,* d. h. die Relation zwischen Instanzen und ausführenden Stellen, als Indikator gewählt werden.

(2) Die Messung der Selbstabstimmung

Die formale Organisationsstruktur kann lediglich offizielle Regeln für die Selbstabstimmung vorsehen. Inwieweit diese Regeln tatsächlich genutzt werden – inwieweit Selbstabstimmung praktiziert wird – ist eine Frage des Verhaltens der Organisationsmitglieder und nicht der Beschaffenheit der Organisationsstruktur.

Wenn also Organisationsmitglieder befragt werden, inwieweit sie an Entscheidungen, die sie betreffen, gewöhnlich partizipieren (Hall 1963, Hage und Aiken 1967a und b) oder welches Ausmaß die horizontale Kommunikation gegenüber der vertikalen einnimmt (Kieser 1973), so sind dies Feststellungen über die Häufigkeit fallweiser Selbstabstimmung, die jedoch keinen sicheren Schluß darüber zulassen, in welchem Ausmaß Selbstabstimmung offiziell geduldet oder gefördert wird.

Maße zur Erfassung der *themenspezifischen Selbstabstimmung* könnten von einer inhaltlichen und umfangmäßigen Analyse entsprechender Regeln ausgehen. Solche Maße wurden bisher noch nicht eingesetzt.

Aspekte der Selbstabstimmung versucht Kieser (1973) zu erfassen, wenn er in strukturierten Interviews Organisationsmitgliedern die Fragen vorlegt, in welchem Ausmaß ihre Arbeitszeit von *nicht vororganisierten Besprechungen und Gesprächen* und in welchem Ausmaß sie von *offiziellen Besprechungen* – Sitzungen, Konferenzen usw. – in Anspruch genommen wird. Selbst wenn wir annehmen, daß diese Fragen allen Organisationsmitgliedern vorgelegt werden – was in der erwähnten Untersuchung nicht geschehen ist – liefern sie nur ein höchst unzureichendes Bild von der *offiziellen* Selbstabstimmung. Sie berücksichtigen nicht die *Bedeutung der in diesen Besprechungen diskutierten Entscheidungen* und auch nicht den *Entscheidungsmodus*, der, wie wir oben gesehen haben, durchaus hierarchischer Natur sein kann.

(3) Programmierungsmaße

Zur Erfassung der „Standardisierung" im Sinne des Programmierungsgrades erstellten Pugh u. a. (1968, S. 74, 96 ff.) eine Liste mit 68 Aktivitäten, von denen sie annahmen, daß sie in allen betrieblichen Organisationen vorkommen und daß sie programmierbar sind. Einige dieser Aktivitäten sind nach unserer Definition eher Planungsaktivitäten, so daß das Maß der „Standardisierung" Planung und Programmierung zugleich erfaßt. Überwiegend handelt es sich aber um Programmierungsaktivitäten. Jeder dieser Aktivitäten wurde eine Skala beigegeben, die unterschiedliche Grade der Standardisierung zum Ausdruck bringt. Die Messung der Programmierung läuft wie folgt ab: Kompetente Personen in der Organisation werden gebeten, auf den Skalen anzukreuzen, in welchem Ausmaß die auf der Liste angeführten Aktivitäten programmiert sind. Das Gesamtmaß für die Organisation ergibt sich aus der Addition der Meßwerte für die einzelnen Items.
Aus mehreren Gründen ist es fraglich, ob die Operationalisierung von Pugh u. a. ein adäquates Maß für den Programmierungsgrad liefert. Zunächst ist einzuwenden, daß die einzelnen Items durch die unterschiedlichen Spannen der beigegebenen Skalen unterschiedliche Gewichte erhalten, die nicht konzeptionell begründet sind. Durch die Vorgabe von Skalen mit gleichen Spannen könnte zwar eine gleiche Gewichtung für alle Items erreicht werden, aber auch eine gleiche Gewichtung ist konzeptionell nicht zu rechtfertigen. Die Bedeutung der einzelnen Aktivitäten für eine Organisation hängt sehr stark von ihrer spezifischen Aufgabenstellung ab. Es ist nun aber anzunehmen, daß in einer Organisation solche Aktivitäten programmiert werden, die für die Aufgabenerfüllung als besonders relevant erachtet werden und die sich nicht als zu komplex für eine Programmierung erweisen (March und Simon 1958, S. 145). Ist ein Teilbereich zu komplex für eine Programmierung, so ist zu erwarten, daß sich die Programmierungsaktivitäten auf andere Teilbereiche konzentrieren.
Problematisch ist in dem Maß von Pugh u. a. auch der hohe Anteil von

Aktivitäten der Personalverwaltung. Von größerem Interesse als die Programmierung von Verwaltungsaktivitäten ist vor allem die Programmierung von Ausführungsaktivitäten. Da aber Ausführungsaktivitäten von Organisation zu Organisation inhaltlich verschieden sind, können sie nicht in eine Liste aufgenommen werden, die für alle Organisationen Gültigkeit beansprucht. Aufgaben der Personalverwaltung haben dagegen alle Organisationen zu bewältigen.

Programmierungsmaße, die bei den einzelnen Stellen ansetzen, vermeiden dieses Dielmma, werfen dafür aber andere Probleme auf. So wird die Programmierung oft erfaßt, indem die Organisationsmtiglieder befragt werden, inwieweit sie bei ihrer Arbeit Regeln einsetzen oder wie routinisiert ihre Arbeit ist (Hall 1963, Hage und Aiken 1967a, Kieser 1973). Bei einem solchen Vorgehen können offizielle Regeln nicht von nicht-offiziellen getrennt werden. Bei der Erfassung der formalen Organisationsstruktur interessieren aber nur die offiziellen Regelungen, nicht die Verhaltensweisen der Organisationsmitglieder bei der Aufgabenerfüllung.

(4) Planungsmaße

Obwohl unsere konezptionellen Überlegungen und auch die anderer Autoren (March und Simon 1958, S. 198) eine Trennung von Planung und Programmierung nahelegen, wurde bisher nur selten ein spezifisches Maß zur Erfassung des Ausmaßes der Planung eingesetzt (vgl. Khandwalla 1972, Kieser 1973). Pugh u. a. (1968) unterscheiden, wie bereits ausgeführt, Programmierung und Planung nicht als verschiedene Koordinationsformen, sondern subsumieren sie unter ihrem Maß der Standardisierung. Kiesers Maß der Planung (1973) geht von einer Liste von 8 möglichen Planungsbereichen aus. Diese Liste ist nur auf Fertigungsunternehmungen bezogen. In ihnen wurden kompetente Personen danach befragt, ob für die aufgeführten Bereiche – u. a. Bestände, Forschung und Entwicklung, Fertigung – kurzfristig, mittelfristig und langfristig eine Planung erfolgt. Für jeden Planungsbereich sind also drei mögliche Planungsaktivitäten vorgegeben. Für jede der insgesamt 24 möglichen Planungsaktivitäten, die eine Unternehmung tatsächlich wahrnimmt, erhält sie einen Punkt. Die Summe aller dieser Punkte ergibt den Skalenwert der untersuchten Unternehmung für die Größe „Planung".

Der Mangel dieses Maßes liegt darin, daß es nicht berücksichtigt, wieviele Entscheidungsgrößen in die Pläne eingehen und mit welcher Präzision sie festgelegt werden. Eine Fertigungsplanung, die lediglich Mengen für die verschiedenen Produkte nach Maßgabe des Auftragsbestandes vorgibt, erhöht den Skalenwert ebenso um einen Punkt wie eine Fertigungsplanung, die mit Hilfe von Modellen des Operations Research Losgrößen bestimmt und den Weg der Produkte durch die einzelnen Fertigungsstellen vorgibt.

3.3.4. Konfigurationsmaße

Bei der Konzeptionalisierung der Dimension „Konfiguration" sind wir ausführlich auf die Struktur der Weisungsbeziehungen eingegangen und haben illustriert, wie vielfältig die damit zusammenhängenden Aspekte sind. Eine Zuordnung konkreter Organisationsstrukturen zu den Grundtypen des Einlinien- und Mehrliniensystems sowie den aus der Praxis stammenden Typen des Projektmanagements, des Produktmanagements und der Matrix-Organisation haben wir als unbefriedigend erkannt. Da exaktere Maße gegenwärtig jedoch fehlen, scheint dies momentan jedoch die einzige Möglichkeit zu sein. Die aus empirischen Untersuchungen stammenden Konfigurationsmaße klammern, wie bereits erwähnt, diesen Aspekt ganz aus. Sie beziehen sich ausschließlich auf die Gliederungstiefe, die Leitungsspannen und verschiedene Stellenrelationen.

(1) Die Gliederungstiefe

Die Gliederungstiefe wird generell durch die Anzahl der hierarchischen Ebenen gemessen. Dieses Maß wird in fast allen Analysen formaler Organisationsstrukturen verwendet, lediglich die Bezeichnungen variieren. So spricht Udy (1959) beispielsweise von der *Autoritätsstruktur*, Pugh u. a. (1968) sprechen von der *vertikalen Spanne*, und Porter und Lawler (1964) unterscheiden *steile* und *flache Strukturen*.

Ein Problem bei der Erfassung der Zahl der Hierarchieebenen liegt darin, daß die Ebenenzahl in verschiedenen Bereichen einer Organisation erheblich variiert. In Industrieunternehmungen ist beispielsweise der Produktionsbereich meistens wesentlich tiefer gegliedert als die übrigen Bereiche. In Handelsunternehmungen trifft dies auf den Vertriebsbereich zu. Wenn die einzelnen Teilbereiche jedoch unterschiedlich tief gegliedert sind, so ist die Bestimmung der Anzahl der Ebenen nicht mehr unproblematisch. Wir können dann die Anzahl der Ebenen in dem am weitesten untergliederten Bereich betrachten *(maximale Gliederungstiefe)*; wir können jedoch auch den Durchschnitt über alle Bereiche bilden *(durchschnittliche Gliederungstiefe)*, oder auch für jeden Bereich die jeweilige Gliederungstiefe angeben *(bereichsspezifische Gliederungstiefe)*. Für welche Vorgehensweise man sich entscheidet, hängt von der jeweils verfolgten Fragestellung ab. Unter dem Aspekt der hierarchischen Differenzierung ist die maximale Gliederungstiefe sicherlich relevant. Bei Durchschnittswerten besteht die Gefahr, daß viele Teilbereiche mit wenigen Ebenen den Mittelwert zu stark beeinflussen und damit wenig aussagefähig für die Gesamtorganisation machen.

Ein weiteres Problem der Ermittlung der Ebenenzahl besteht darin, daß die

Unternehmungsführung vieler Unternehmungen eine Pluralinstanz ist. Die Unternehmungsführung setzt sich in diesen Fällen meist aus den auf der zweiten Ebene ausgewiesenen Funktions- und/oder Spartenleitern zusammen. So sind beispielsweise die meisten Vorstandsmitglieder auch für eine Funktion oder Sparte zuständig. *Ressortlose Vorstandsmitglieder* findet man hingegen selten. Bei kollegialer Unternehmensführung ist aber zu entscheiden, ob die im Organisationsschaubild ausgewiesene *„fiktive“ Position einer allgemeinen Unternehmungsführung* als eigene Ebene betrachtet werden soll. Dies hängt davon ab, ob die Stellenhierarchie oder die Personenhierarchie im Mittelpunkt des Interesses steht. Wenn es um die Differenzierung von Funktionen, Positionen und Stellen geht, erscheint ein gesonderter Ausweis sinnvoll, wobei allerdings durch Wiederholung der Namen der Stelleninhaber die Doppelbesetzung sichtbar gemacht werden sollte. Geht es hingegen um die rang- und statusmäßige Differenzierung in Organisationen, so erscheint ein gesonderter Ausweis der obersten Instanz nicht sinnvoll. In diesem Fall wäre dann auch eine andere Darstellungsweise angebracht (vgl. Abb. 3–19).

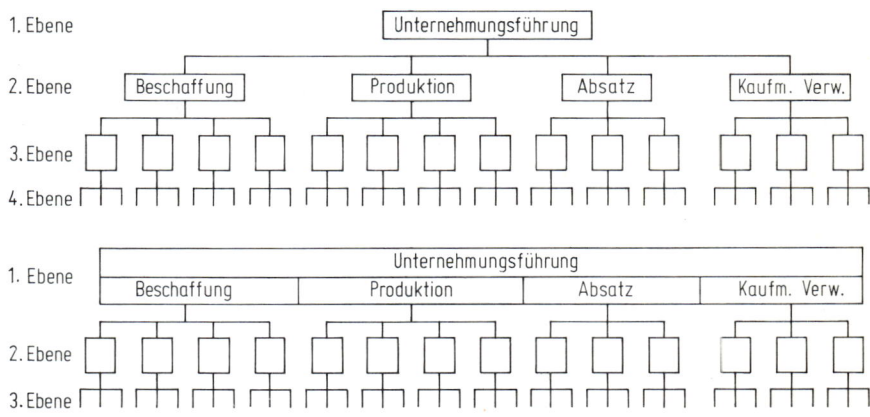

Abb. 3–19. Anzahl der hierarchischen Ebenen bei kollegialer Leitung

(2) Leitungsspannen

In realen Organisationen variieren die Leitungsspannen von Instanz zu Instanz. Dies macht es schwierig, ein Maß zu definieren, das die Leitungsspannen der gesamten Organisation charakterisiert. Auf mehrere Vorschläge kann zurückgegriffen werden:

a) Leitungsspanne der obersten Instanz

Von besonderem Interesse ist die Leitungsspanne der obersten Instanz, d. h. die Anzahl der der Unternehmungsführung direkt unterstellten Instanzen. Bei einer kollegialen Leitung, wie in Abb. 3–19 dargestellt, entspricht dem die Anzahl der Mitglieder der Unternehmungsführung. Manche Autoren sehen in dieser Größe einen Indikator für das Ausmaß an *Spezialisierung* (beispielsweise Klatzky 1970a). Dieser Auffassung wollen wir uns nicht anschließen, da wir den Begriff Spezialisierung bereits wesentlich differenzierter definieren konnten. Wir müssen jedoch erkennen, daß die Leitungsspanne der obersten Instanz tatsächlich das Ausmaß der Differenzierung in gewisser Weise prägt, da sie Bedingungen für die weiteren Untergliederungsmöglichkeiten setzt.

b) Die durchschnittliche Leitungsspanne

Unterhalb der zweiten hierarchischen Ebene beginnen die Leitungsspannen der einzelnen Instanzen zu variieren. Daher werden häufig Durchschnittswerte berechnet. Es fragt sich jedoch, ob solche Durchschnittswerte bei der Unterschiedlichkeit der einzelnen Teilbereich sinnvoll interpretiert werden können und ob nicht gerade die Unterschiede in den Leitungsspannen zwischen den verschiedenen Bereichen besonders relevant sind. So erscheint es durchaus sinnvoll, die durchschnittliche Leitungsspanne von Meistern in unterschiedlichen Produktionsabschnitten zu berechnen und den Werten vergleichbarer Unternehmungen gegenüberzustellen. Die Fragestellung lautet dann etwa: Realisieren verschiedene Unternehmungen bei vergleichbaren Fertigungsverfahren unterschiedliche zahlenmäßige Relationen zwischen Meistern und Arbeitern? Demgegenüber dürfte es kaum sinnvoll sein, einen Durchschnitt von Leitungsspannen auf unterschiedlichen hierarchischen Ebenen zu berechnen, und auch die Zusammenfassung von Leitungsspannen aus unterschiedlichen organisatorischen Teilbereichen, wie etwa Produktion, Absatz und Verwaltung, dürfte zumeist wenig aussagefähig sein. Erst recht gilt dies für einen Mittelwert aus den Leitungsspannen aller Instanzen einer Organisation.

c) Funktionale Weisungsspannen

Leitungsspannen beziehen sich nach der üblichen Definition nur auf die einer Instanz *direkt* untergeordneten Stellen. Wie wir gesehen haben, sind viele Instanzen zusätzlich auch mit funktionalen, d. h. auf bestimmte Aufgaben begrenzten, fachlichen Weisungsrechten ausgestattet. Da es wenig sinnvoll erscheint, die verschiedenen Unterstellungsverhältnisse von vornherein in einer einzigen Kennzahl zusammenzufassen, sollte *zusätzlich* zu den Leitungsspannen auch die funktionale Weisungsspanne ermittelt werden, die sich auf die Anzahl der einer Instanz fachlich unterstellten Stellen bezieht. Ein entsprechendes Maß ist, soweit wir wissen, bisher in empirischen Untersuchungen jedoch noch nicht verwendet worden.

(3) Stellenrelationen

Wie bereits oben festgestellt, lassen sich unterschiedliche Kategorien von Stellen unterscheiden: Linieninstanzen, Ausführungsstellen, unterstützende Stellen usw.
Organisationen können nun auch danach charakterisiert werden, wieviele Stellen einer bestimmten Kategorie sie aufweisen. Da bei unterschiedlicher Mitgliederzahl absolute Zahlen schlecht vergelichbar sind, werden meist Relationen gebildet.
Wählt man die folgenden Definitionen:

I – Linieninstanzen (Instanzen, die in einer vertikalen Verbindung zu den Ausführungsstellen in der Linie stehen)
U – unterstützende Stellen (Instanzen außerhalb der Linie, Stabsstellen, Dienstleistungsstellen u. ä.)
A – ausführende Stellen (Stellen auf der untersten Ebene der Linie)
G – Gesamtheit der Organisationsmitglieder
$L = I + U$ – Leitungs- und unterstützende Stellen

so sind die folgenden die in empirischen Analysen am häufigsten untersuchten Relationen (Blau und Schoenherr 1971):

$$\frac{L}{A}, \quad \frac{L}{G}, \quad \frac{U}{G}, \quad \frac{I}{G}.$$

Wir haben weiter oben festgestellt, daß die Konfiguration das äußere strukturelle Erscheinungsbild der Spezialisierung und des Koordinationszusammenhanges einer Organisation wiedergibt.

Welche Aspekte der Koordination sind dies?

Die Ebenenzahl und die Leitungsspanne, zwei Größen, die – wie oben gezeigt – eng zusammenhängen, geben tendenziell wieder, *in welchem Ausmaß persönliche Weisungen als Koordinationsinstrument eingesetzt werden.* Organisationen, die dieses Koordinationsinstrument in den Vordergrund stellen, müßten, da die Instanzen nicht durch andere Koordinationsinstrumente entlastet werden, im Schnitt kleinere Leitungsspannen und mehr Ebenen aufweisen – durch eine „steile" Hierarchie gekennzeichnet sein. Da auf die Leitungsspannen viele Faktoren einwirken – die Komplexität der zu bewältigenden Aufgaben, die Zeit, die der Instanz für die Koordination durch Weisungen zur Verfügung steht, die Führungsqualifikation der Instanz, die Qualifikation der Nachgeordneten usw. – ist dieser Schluß jedoch alles andere als zwingend.

Da nicht-ausführende Stellen in erster Linie mit Koordinationsaufgaben betraut sind, geben die gewählten Stellenrelationen tendenziell den Koordinationsaufwand einer Organisation besser wieder. Die Relationen $\frac{L}{G}$ oder $\frac{L}{A}$ sind als Maßgrößen für den gesamten Koordinationsaufwand zu betrachten. Die Relation $\frac{U}{G}$ gibt tendenziell den Aufwand für die technokratischen Koordinationsinstrumente Planung und Programmierung an, denn die Aufgaben unterstützender Stellen beziehen sich zum Teil auf die Planung und die Erstellung von Programmen bzw. auf vorgelagerte Aufgaben der Informationssammlung und -auswertung. Die Relation $\frac{I}{G}$ gibt tendenziell den Aufwand für Koordination durch persönliche Anweisung wieder. Sie dürfte mit den Leitungsspannen und mit der Ebenenzahl korrelieren: Bei hoher Ebenenzahl und kleinen Leitungsspannen müßte auch die $\frac{I}{G}$ Relation hoch sein. Allerdings erfassen auch die Stellenrelationen die interessierenden Aspekte der Koordination vor allem aus zwei Gründen ungenau: Linieninstanzen und unterstützende Stellen übernehmen auch Ausführungsaufgaben – Absatzleiter führen Verkaufsgespräche mit Großkunden, die Meister und Vorarbeiter legen in der Fertigung mit Hand an –, und Ausführungsstellen führen auch Koordinationsaufgaben durch – die Arbeiter treffen Entscheidungen über den Fertigungsablauf, die Verkäufer über die Durchführung ihrer Aktivitäten. Hinzu kommt, daß die unterstützenden Stellen nicht nur Aufgaben der Koordination abwickeln. Sie berechnen auch Löhne, führen Buch, bezahlen Rechnungen usw. Solche Aufgaben haben nur in einem sehr weitläufigen Sinne etwas mit Koordination zu tun.

3.3.5. Delegationsmaße

Wir haben Entscheidungsdelegation als das Ausmaß definiert, in dem Entscheidungsbefugnisse in bezug auf Aktionsentscheidungen offiziell auf untere hierarchische Ebenen verteilt sind. Das konkrete Ausmaß der Entscheidungsdelegation ist nach Dale (1952, S. 107) dabei um so größer,

– je größer die Anzahl von Entscheidungen ist, die auf unteren Ebenen getroffen werden dürfen;
– je wichtiger die auf den unteren Ebenen getroffenen Entscheidungen sind;

wobei die Wichtigkeit etwa über die Höhe finanzieller Beträge gemessen werden kann, über die eine untere Stelle verbindlich entscheiden darf (je größer dieser Betrag, um so stärker die Delegation);

- je mehr andere Stellen von den auf unteren Ebenen getroffenen Entscheidungen berührt werden (Reichweite der Entscheidungen); als Beispiel nennt Dale hier einen Werksleiter, der nur Produktionsentscheidungen treffen darf, und einen anderen, der auch finanzielle und personelle Entscheidungen treffen darf);

- je weniger Abstimmung mit übergeordneten Stellen gefordert wird; die Delegation ist am größten, wenn keinerlei Abstimmung mit Vorgesetzten erfolgen muß; sie ist geringer, wenn der Vorgesetzte nachträglich informiert werden muß, und sie ist noch geringer, wenn der Vorgesetzte vorher konsultiert werden muß; je weniger andere Stellen zu konsultieren sind und je niedriger deren hierarchische Position ist, um so größer ist das Ausmaß der Delegation.

Diese Hinweise machen deutlich, daß man bei dem Vergleich unterschiedlicher Organisationen hinsichtlich ihres Ausmaßes an Entscheidungsdelegation eine Reihe von Faktoren berücksichtigen muß. Manche Autoren versuchen daher, den Delegationsgrad auf *indirekte Weise* zu bestimmen. Evan (1963) sowie Whisler u. a. (1967) sehen beispielsweise in der Leitungsspanne einen Indikator für die *Delegation;* sie gehen davon aus, daß ein Vorgesetzter bei einer großen Anzahl von Untergebenen nicht in der Lage ist, ihnen ständig Anweisungen zu geben und ihre Handlungen zu kontrollieren, so daß er Kompetenzen delegieren muß (vgl. zu dieser Argumentation auch Janger 1960, S. 9 f). Abgesehen davon, daß mit einem solchen Indikator der Delegationsgrad einer Organisationsstruktur nur über die durchschnittliche Leitungsspanne bestimmt werden kann und solche Durchschnitte sehr problematisch sind, bestehen auch Zweifel daran, ob man von der Leitungsspanne zwingend auf das Ausmaß der Delegation schließen kann, da die Leitungsspannen selbst von einer Vielzahl von Faktoren abhängen. Ebenso fragwürdig ist der Versuch von Whisler, das Ausmaß an Entscheidungsdelegation über die *anteilige Gehaltssumme* auf den einzelnen hierarchischen Ebenen zu bestimmen (Whisler u. a. 1967 sowie Whisler 1970a). Eine dritte Vorgehensweise besteht schließlich darin, die Länge des Zeitraumes zwischen einer Handlung und der Kontrolle durch den Vorgesetzten zu betrachten, die als *zeitliche Kontrollspanne* oder Leitungsspanne (maximal time span of discretion) bezeichnet wird (Jaques 1956 und Evan 1963).

Bei dem Versuch einer *direkten Messung* stellt sich die Frage, ob von den Entscheidungsträgern oder den Entscheidungen ausgegangen werden soll. Diese Frage stellt sich deswegen, weil die meisten Instanzen Kompetenzen in bezug auf mehrere Entscheidungen besitzen und umgekehrt an einer Entscheidung oft mehrere Stellen beteiligt sind. Bei einer *stellenbezogenen*

Vorgehensweise wird zunächst festgestellt, wie groß die Kompetenzen der einzelnen Organisationsmitglieder sind. Eine solche Feststellung der *individuellen Entscheidungskompetenzen* kann beispielsweise mit Hilfe der von Stogdill und Shartle (1955) entwickelten und zwischenzeitlich in vielen Untersuchungen verwendeten „RAD"-Skala (Responsibility, Authority and Delegation-Scale) erfolgen. Da es sich hierbei jedoch um die Selbsteinschätzung der Befragten handelt, werden auf diese Weise nur die *perzipierten Entscheidungskompetenzen* erfaßt. Für Analysen auf der Individualebene ist diese zweifelsohne sinnvoll (vgl. Kapitel 5), für die Beschreibung formaler Organisationsstrukturen ist eine solche Vorgehensweise hingegen kaum zuverlässig genug, obwohl ein Gesamtmaß für die Struktur auf jeden Fall grundsätzlich gebildet werden könnte, indem die Durchschnittswerte für die Organisationsmitglieder auf jeder Ebene miteinander verglichen oder Konzentrationsmaße bestimmt werden.

Pugh u. a. (1968) knüpfen demgegenüber an einzelnen Entscheidungen an. Sie stellten eine Liste mit 37 generellen, in allen erwerbswirtschaftlichen Organisationen anzutreffenden Entscheidungen auf und ermittelten jeweils die niedrigste hierarchische Ebene, die die offizielle Kompetenz zur Fällung der vorgegebenen Entscheidung besitzt. Das Gesamtmaß für die Konzentration der Entscheidungsbefugnisse in einer Organisation ergibt sich dann aus der Summe der Ebenenangaben. Je niedriger diese Summe ist – je höher die Ebenen im Durchschnitt sind –, um so stärker ist die Konzentration, um so geringer entsprechend die Delegation. Um unterschiedlich tief gegliederte Stellengefüge vergleichbar zu machen, werden die Ebenenangaben dabei nicht aufgrund der individuellen Unterscheidungen bestimmt, sondern auf ein Standardschema bezogen, das die Position der Entscheidungsträger nach vier Hierarchieebenen differenziert (Pugh u. a. 1968, S. 77).

Gegen eine solche Bezugnahme auf hierarchische Ebenen wendet Zannetos (1965) ein, daß dabei vernachlässigt werde, wie stark Entscheidungsspielräume durch Vorgaben eingeschränkt seien. Dieser Einwand trifft unsere Konzeption deswegen nicht, weil wir Vorgaben in Form von Anweisungen oder Programmen unter der Dimension Koordination erfassen und die dimensionale Vorgehensweise ja gerade darauf beruht, komplexe Phänomene in Dimensionen aufzulösen, die erst in ihrer Gesamtheit die realen Zustände charakterisieren. Problematisch erscheint an der von Pugh u. a. entwickelten und inzwischen von vielen Forschern übernommenen Vorgehensweise, daß die von Dale genannten Unterschiede hinsichtlich der Bedeutung und der Reichweite einzelner Entscheidungen nicht erfaßt werden, sondern alle Entscheidungen gleich gewichtet werden. Um solche qualitativen Unterschiede zu erfassen, müßten die einzelnen Entscheidungen mit Gewichtungsfaktoren versehen werden. Solche Operationalisierungen liegen bisher jedoch noch nicht vor.

3.3.6. Formalisierungsmaße

Um den Formalisierungsgrad einer Organisation zu bestimmen, beziehen sich die meisten Autoren auf die jeweils vorliegenden schriftlich fixierten Regeln. So fassen Samuel und Mannheim unter dem Begriff Formalisierung „alle formalen, auf Dauer angelegten und schriftlich fixierten Regeln und Verfahren" zusammen (1970, S. 21) und unterscheiden zwischen technischen Verfahren und Verhaltensregeln. Für beide Arten der Formalisierung bestimmen sie den Umfang und konstruieren daraus ein Gesamtmaß für die Formalisierung. Demgegenüber beschränkt sich Klatzky (1970b) in ihrer Untersuchung von amerikanischen Arbeitsämtern auf ein für die in diesen Organisationen zu treffenden Entscheidungen maßgebliches Handbuch und wählt die Anzahl der Worte in diesem Handbuch als Indikator für den Formalisierungsgrad. Andere Autoren verzichten hingegen auf eine Feststellung der vorliegenden Schriftstücke und interessieren sich mehr für den Eindruck, den die einzelnen Organisationsmitglieder vom Ausmaß der Formalisierung in ihrer Organisation haben (Hall 1963 sowie Hage und Aiken 1967b).

Geht man davon aus, daß zur Bestimmung von Aspekten der formalen Organisationsstruktur einer Orientierung an *objektiven Fakten* nach Möglichkeit der Vorzug zu geben ist vor einer Bezugnahme auf die subjektive Einschätzung der Organisationsmitglieder und daß eine solche „objektive" Messung bei keiner anderen Strukturdimension so gut möglich ist wie bei der Formalisierung, so ist ein Anknüpfen an den jeweils vorliegenden Schriftstücken wohl der geeignete Weg zur Bestimmung des Formalisierungsgrades. Zu entscheiden ist allerdings, in *welcher Weise* diese Schriftstücke berücksichtigt werden. Ein bloßes Zählen aller Schriftstücke ist sicherlich eine ungeeignete Vorgehensweise. Zum einen bestehen erhebliche Unterschiede in der Funktion eines Briefes und einer Stellenbeschreibung, und zum anderen kommt es auch darauf an, ob gleiche Schriftstücke, die in einer Organisation mehrfach vorhanden sind, nur einmal oder entsprechend oft gezählt werden sollen. Schließlich ist zu berücksichtigen, daß Stellenbeschreibungen nur globale Ziele oder aber auch konkrete Rechte und Pflichten beinhalten, so daß ein unmittelbarer Vergleich problematisch sein kann.

Aufgrund dieser Unterschiede zwischen den in einer Organisation existierenden Schriftstücken haben wir in Anlehnung an Pugh u. a. (1968) drei Teildimensionen der Formalisierung unterschieden, auf deren Messung nun eingegangen werden soll.

(1) Strukturformalisierung

Um das Ausmaß der Strukturformalisierung in vergleichbarer Weise zu bestimmen, haben Pugh u. a. eine Liste entwickelt, die die in Organisationen typischerweise verwendeten Schriftstücke enthält. Der Formalisierungsgrad hängt dann davon ab, ob Schriftstücke dieser Art überhaupt existieren und an wieviele Mitglieder sie gegeben werden. Die Anzahl der Mitglieder, die diese Schriftstücke erhalten und für die diese gelten, dient dabei gewissermaßen als Gewichtungsfaktor. Der unterschiedliche Spezifizierungsgrad der einzelnen Schriftstücke und der Umfang der von ihnen erfaßten Regelungen bleiben dabei unberücksichtigt.

Während Pugh u. a. die einzelnen Schriftstücke und deren Anwendungsbreite erfassen, geht Kieser von den einzelnen Stellen aus und ermittelt, welche Schriftstücke für jede einzelne Stelle vorliegen, um durch Aggregation den Gesamtformalisierungsgrad zu bestimmen (Kieser 1973).

Die Tatsache, daß der Inhalt der Schriftstücke nicht erfaßt wird, wiegt deswegen nicht schwer, weil diese Inhalte ja in den übrigen Strukturdimensionen erfaßt werden. Problematischer ist schon, daß nicht berücksichtigt wird, welchen Geltungsmodus diese Schriftstücke haben – ob sie nur zur Erfüllung formaler Dokumentationserfordernisse dienen und bei der praktischen Aufgabenerfüllung keine Rolle spielen oder ob sie zur Lösung von Konflikten und zur Erfolgsbeurteilung tatsächlich herangezogen werden. Oft unterbleibt in der Praxis ein kontinuierlicher Änderungsdienst für Handbücher und Stellenbeschreibungen, so daß diese nicht den neuesten Stand der Verfahrenspraxis wiedergeben und eher historische Bedeutung haben. In solchen Fällen ist es wenig sinnvoll, bei der Beschreibung realer Organisationsstrukturen alleine von den schriftlich fixierten Regelungen auszugehen. Bei dem Aspekt der Strukturformalisierung geht es daher auch weniger um solche Details, sondern vor allem um die Feststellung der grundsätzlichen *Bedeutung, die einer schriftlichen Fixierung gegenüber mündlicher Mitteilung beigemessen wird.* Zusätzliche Indikatoren in dieser Hinsicht sind auch die Einrichtung spezieller Stellen zur Erstellung solcher Schriftstücke und die Intensität des Änderungsdienstes.

(2) Formalisierung des Informationsflusses (Aktenmäßigkeit)

Während sich die Strukturformalisierung auf die schriftliche Fixierung organisatorischer Regelungen und damit auf die Formalisierung der Verhaltenssteuerung bezieht, erstreckt sich die Formalisierung des Informationsflusses ("information passing") auf die Regelungen, die vorsehen, daß bestimmte Kommunikationsvorgänge schriftlich erfolgen und daß die entsprechenden Schriftstücke für eine bestimmte Zeit aufbewahrt werden müssen.

Pugh u. a. (1968) haben auch den Umfang der Informationsflußformalisierung aufgrund einer Liste vorgegebener Schriftstücke erfaßt. Bei diesen Schriftstücken handelt es sich z. B. um schriftliche Aufträge und Anträge, um Memos, Tagesordnungen für Sitzungen, Protokolle u. a. m. Man könnte hier noch genauer unterscheiden, ob diese Schriftstücke beliebige Formen haben dürfen oder ob es sich um vorgegebene Formulare handelt. Anstelle einer Bezugnahme auf konkrete Schriftstücke könnte man auch das Verhältnis von schriftlicher zu mündlicher Kommunikation bestimmen (Kieser 1973). Zusätzlich wäre auch der Umfang von Ablagen, Karteien u. ä. zu berücksichtigen, um den von Weber gemeinten Sachverhalt der Aktenmäßigkeit voll zu erfassen.

(3) Leistungsdokumentation

Als dritte Teildimension des Formalisierungsgrades betrachten Pugh u. a. schließlich das Ausmaß schriftlicher Leistungserfassung und -beurteilung („recording of role performance"). Auch hier verwenden sie eine Liste vorgegebener Schriftstücke, die beispielsweise Arbeitsfortschrittskarten in der Produktion und Arbeitszeitkarten (in Verbindung mit Stechuhren) umfaßt. Der Umfang der diesbezüglichen Formalisierung ergibt sich ebenfalls aus der Anzahl der existierenden Schriftstücke und dem Umfang ihres Einsatzes.

3.3.7. Die Aussagefähigkeit von Maßen der Organisationsstruktur

Eine Konfrontation unseres Organisationskonzeptes mit den in empirischen Untersuchungen bisher eingesetzten Maßen ist geeignet, Zweifel an der Aussagefähigkeit dieser Maße aufkommen zu lassen. Eigenschaften, die wir in unserer Konzeption als relevant herausgestellt haben, werden von den Maßen nur unvollkommen erfaßt. Allerdings ist diese Feststellung zu differenzieren: Die vorgestellten Spezialisierungsmaße geben den Sachverhalt der Spezialisierung sicherlich besser wieder als die für die Selbstabstimmung eingeführten Maße den Sachverhalt der Selbstabstimmung. Generell fällt auf, daß viele Koordinationsaspekte von den diskutierten Maßen nicht oder unvollständig erfaßt werden. Dies hat vor allem zwei Gründe:
(1) Koordination ist als das Resultat einer Menge von *Prozessen* anzusehen (vgl. Kirsch 1971a, Bd. 3 und 1971b). Die Organisationsstruktur stellt für diese Prozesse Vorkehrungen oder Einrichtungen in Form von Regeln zur Verfügung. In welchem Umfang diese Einrichtungen in Anspruch genommen werden, hängt von auftauchenden Koordinationsproblemen

und von dem Verhalten der Organisationsmitglieder ab. Die Betrachtung von Organisationsstrukturen kann also nur ein unvollkommenes Bild der ablaufenden Koordinationsprozesse liefern. Dies ist *keine methodische Schwäche* der Strukturmaße. Wenn wir Organisationsstrukturen untersuchen wollen – und das ist unser erklärtes Interesse – müssen wir zunächst strukturelle Aspekte von anderen Aspekten konzeptionell trennen. Natürlich ist es zur Ableitung von Aussagen über die Wirkungen von Organisationsstrukturen dann erforderlich, strukturelle und Verhaltensaspekte in ihrer gegenseitigen Beeinflussung zu analysieren. Der Einfluß der *Struktur* kann in solchen Analysen jedoch nur isoliert werden, wenn bei der Erfassung der interessierenden Phänomene strukturelle Größen streng von Größen des Verhaltens getrennt wurden. Um die Bedeutung struktureller Größen herausarbeiten zu können, mußten wir bei der Entwicklung unseres Konzepts verschiedentlich auf Aspekte des Verhaltens eingehen. Dadurch ist möglicherweise ein falscher Eindruck über die Intention der Messung von Koordinationsaspekten der Struktur entstanden, den es nun zu korrigieren gilt: Es geht um die „*Koordinationseinrichtungen*“, nicht um ihre Nutzung.

(2) Es gibt zwei Arten von offiziellen Regeln: schriftlich fixierte und nicht schriftlich fixierte. Beide sind Bestandteile der Organisationsstruktur. Während die schriftlich fixierten Regeln durch eine Auswertung der entsprechenden Dokumente objektiv ermittelt werden können, stehen zur Erfassung der nicht schriftlich fixierten Regeln nur die Erhebungsinstrumente Beobachtung und Interview zur Verfügung. Die festgelegten Spezialisierungen sind noch relativ einfach festzustellen. Bei der Erfassung von Koordinationsregeln lassen diese Methoden jedoch viel Spielraum für subjektive Verzerrungen durch den Beobachter oder durch den Interviewten. Die Gefahr für solche Verzerrungen ist bei der Dokumentenanalyse geringer. Koordinationsaspekte werden zumeist jedoch nicht vollständig in Dokumenten festgelegt oder ihre Fixierung verteilt sich auf eine kaum überschaubare Anzahl von Einzeldokumenten, so daß die Koordinationsaspekte auf diesem Weg wesentlich schwieriger erfaßt werden können als Spezialisierungsaspekte.

Grundsätzlich ist auch festzustellen, daß Fragen der Messung in der vergleichenden Organisationsforschung bisher wesentlich weniger Bedeutung beigemessen worden ist als in anderen sozialwissenschaftlichen Disziplinen. Die meisten hier erwähnten Maße sind kurzfristig und ad-hoc gebildet worden. Ohne Zweifel stehen wir bei der Messung formaler Organisationsstrukturen vor einer ganzen Reihe methodischer Schwierigkeiten, für die momentan noch keine Lösungen vorliegen. Die behandelten Maße beinhalten jedoch auch viele Mängel, die sich durchaus beheben ließen. Wir haben auf solche Verbesserungsmöglichkeiten verschiedentlich hingewiesen. Daß wir solche

Hinweise geben konnten, liegt zu einem großen Teil daran, daß die mangelhaften Maße Ergebnisse produzierten, die auf ihre eigenen Mängel hinwiesen. Die Entwicklung von Maßen ist ein *Lernprozeß*. Nur wenn wir bereit sind, empirische Analysen mit Maßen zu beginnen, die wegen unseres begrenzten Erkenntnisstandes zwangsläufig mangelhaft sein müssen, können wir diesen Lernprozeß in Gang setzen. Trotz aller Mängel lassen sich mit den Strukturmaßen bereits Tendenzen aufzeigen, die zur Erklärung von Organisationsstrukturen und zu ihrer Gestaltung herangezogen werden können.

3.4. Der Zusammenhang zwischen den Dimensionen der Organisationsstruktur

Maße der Organisationsstruktur erlauben es uns, Beziehungen zwischen den Dimensionen der Organisationsstruktur einer empirischen Analyse zu unterziehen. Eine solche Analyse sollten wir aus zwei Gründen durchführen:

(1) Sie führt zu einer *Überprüfung unserer Konzeption*. Die erstellte Konzeption der Organisation enthält eine ganze Reihe von Annahmen über Beziehungen zwischen strukturellen Dimensionen. Lassen sich diese Beziehungen in empirischen Untersuchungen nicht feststellen, so liegt der Schluß nahe, daß das Konzept nicht stimmt (vgl. generell hierzu Kubicek 1975a, S. 104 ff.).

(2) Wenn wir im nächsten Kapitel Organisationsstrukturen in ihrer Abhängigkeit von der Situation untersuchen, so wollen wir in der Lage sein, *direkte Effekte der Situation von indirekten*, d. h. solchen, die durch den internen Zusammenhang der Strukturdimensionen ausgelöst wurden, *trennen* zu können. Dazu ist die Kenntnis der internen Zusammenhänge notwendig.

Beziehungen, die unsere Konzeption nahelegt, sind in Abb. 3–20 wiedergegeben. Der Übersichtlichkeit halber sollen die aufgeführten Beziehungen noch einmal kurz erläutert werden. An einigen Stellen legen empirische Ergebnisse auch eine über unser Ausgangskonzept hinausgehende Konzeptualisierung nahe.

Unser Konzept geht von der Annahme aus, daß mit zunehmender Spezialisierung der Koordinationsbedarf der Organisation zunimmt: Je mehr spezialisierte Stellen eine Organisation aufweist, um so mehr Aktivitäten muß sie aufeinander abstimmen. Allerdings verfügt die Organisation über einige Maßnahmen, einem steigenden Koordinationsbedarf entgegenzuwirken. Sie kann zunächst eine Struktur – eine bestimmte Art der Spezialisierung – wählen, die zu relativ autonomen Einheiten führt (siehe S. 74 ff.). Sie kann weiterhin *Maßnahmen zur Reduzierung des Koordinationsbedarfs*, wie Ein-

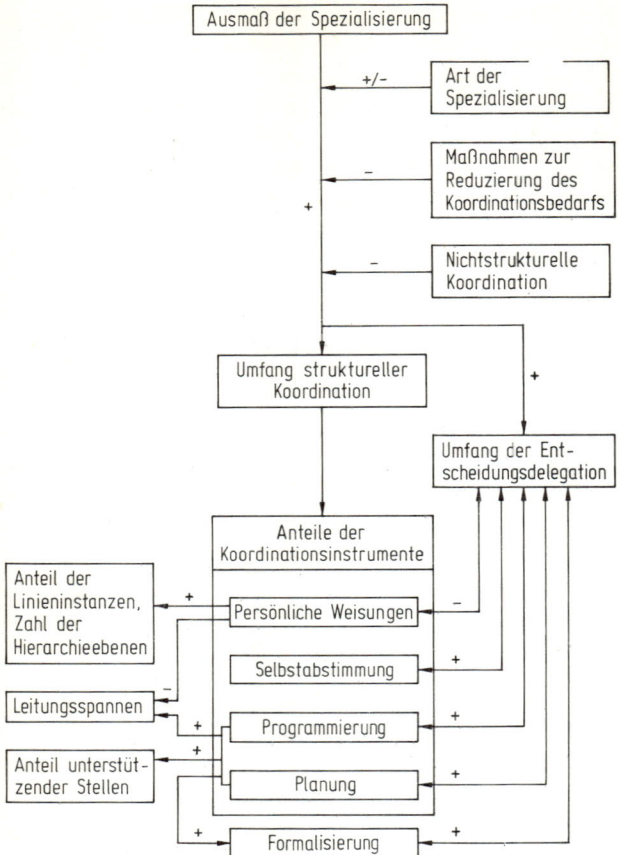

Abb. 3–20. Der Zusammenhang zwischen den Strukturdimensionen

richtung von Puffern, Vernachlässigung einiger Beziehungen zwischen den zu koordinierenden Einheiten, Verwendung flexibler Ressourcen usw. einsetzen (S. 80 ff.). Zu berücksichtigen ist auch, daß die Organisation über *nicht-strukturelle Koordinationsinstrumente* verfügt. Zum einen kann sie durch Trainingsprogramme, durch eine gezielte Beförderungspolitik, durch entsprechende finanzielle Anreize, durch Job-Rotation und durch eine umfangreiche Informationspolitik sicherstellen, daß die Organisationsmitglieder die Organisationsziele weitgehend verinnerlichen und ihre Aktivitäten an ihnen ausrichten. In dem Maße, in dem Koordination durch die Motivation der einzelnen Organisationsmitglieder bewirkt wird, werden strukturelle Koordinationsinstrumente entbehrlich.

Zum anderen können auch *computergestützte Informationssysteme* den Umfang der notwendigen strukturellen Koordination reduzieren. Die bessere Informationsversorgung, die durch ihren Einsatz möglich wird, kann bewirken, daß die Organisationsmitglieder ihre Aktivitäten von vornherein besser aufeinander abstimmen. Aber auch eine Erhöhung der Effizienz der Koordinationsinstrumente ist durch computergestützte Informationssysteme zu erreichen. Eine bestimmte Koordinationsleistung ist unter den Bedingungen computergestützter Informationssysteme mit einem geringen Aufwand an strukturellen Regelungen zu erzielen. Beide Verwendungsmöglichkeiten der Computertechnologie führen zu einer Reduzierung des Einsatzes struktureller Koordinationsinstrumente (J. R. Galbraith 1968, Kieser und Kubicek 1974, Kubicek 1975b, S. 230 ff.).

Diese Einflüsse dürften den Zusammenhang zwischen Ausmaß der Spezialisierung und Einsatz struktureller Koordinationsinstrumente schwächen. Allerdings weisen alle Untersuchungen, die diesen Zusammenhang überprüfen, immer noch *positive signifikante Korrelationen zwischen dem Spezialisierungsgrad und dem Einsatz von strukturellen Koordinationsinstrumenten* auf (vgl. Blau und Schoenherr 1971, S. 297 ff., Pugh u. a. 1969a und die Analyse verschiedener empirischer Untersuchungen bei Child 1973a).

Das Ausmaß, in dem die verschiedenen Koordinationsinstrumente zum Einsatz kommen, dürfte von der *Situation der Organisation* und von der *Managementphilosophie* abhängen. Bei der Betrachtung der einzelnen Koordinationsinstrumente haben wir gesehen, daß sich die Koordinationsinstrumente im Hinblick auf ihre Flexibilität unterscheiden; Programmierung setzt eine relativ stabile Aufgabenstellung voraus, die Planung erweist sich als flexibler, geht aber auch von vordefinierten Situationen aus. Da eine Koordination durch Weisungen und durch Selbstabstimmung Festlegungen dieser Art grundsätzlich nicht treffen muß, ist sie am flexibelsten. Die Instabilität der Aufgabenstellung ist aber keine Größe der Organisationsstruktur. Sie ist eine Größe der Situation. Auf der anderen Seite müssen wir davon ausgehen, daß die Koordinationsinstrumente sich in einem gewissen Ausmaß gegenseitig ersetzen können, daß also bestimmte *Koordinationsanforderungen* sowohl durch persönliche Weisungen, durch Selbstabstimmung, durch Programmierung als auch durch Planung zu erfüllen sind. Es ist nun anzunehmen, daß die Auswahl der Koordinationsinstrumente in diesem Rahmen der Substituierbarkeit durch persönliche *Präferenzen der Organisationsgestalter* gesteuert wird. Technokratisch orientierte Organisationsgestalter werden eine Koordination durch Programmierung oder Planung vorziehen, demokratisch orientierte die Selbstabstimmung und autoritäre die Koordination durch persönliche Weisungen. Letztlich lassen sich Präferenzen der Organisationsgestalter für bestimmte Koordinationsformen auf ihre Menschenbilder zurückführen (Staehle 1973). In welchem Ausmaß die Wahl der Koordinationsinstrumente von der Situation determiniert ist, bzw. wieviel Spielraum für die Managementphilosophie bleibt, können wir nur durch eine Analyse der Beziehungen zwischen Organisationsstruktur und Situation herausfinden. Dagegen handelt es sich bei den *Beziehungen zwischen den Koordinationsinstrumenten und der Konfiguration* zum Teil um interne Beziehungen.

Es ist anzunehmen, daß eine Koordination durch persönliche Weisungen mit einer tendenziell stärkeren *Hierarchisierung* verbunden ist. Bei gleicher Anzahl von Basisstellen benötigt eine Organisation, die vor allem Koordination durch persönliche Weisungen einsetzt, eine relativ *größere Zahl von Instanzen*. Da jeder Manager nur eine begrenzte Anzahl von Untergebenen koordinieren kann, dürfte eine solche Organisation auch *mehr hierarchische Ebenen* aufweisen als andere. Umgekehrt erlaubt eine Koordination durch Programme aufgrund der größeren Standardisierung der Aufgabenerfüllung größere *Leitungsspannen*, so daß in diesem Fall bei gleicher Anzahl von Basisstellen weniger Ebenen erforderlich sein dürften. Aus beiden Gründen dürfte eine Koordination durch persönliche Weisungen und persönliche Anweisungen mit einer größeren Leitungsintensität (L/A-Relation) verbunden sein. Bei einer Koordination durch Programme oder Planung ist hingegen mit einem größeren *Anteil unterstützender Stellen* zu rechnen, da diese Koordinationsinstrumente spezielle Planungs- und Organisationsstellen erfordern.

Der erwartete positive Zusammenhang zwischen Programmierung und Größe der Leitungsspanne der Organisationsspitze konnte zwar in einer Reihe von Untersuchungen bestätigt werden, gleichzeitig finden sich jedoch noch höhere positive Korrelationen zwischen dem Ausmaß der Programmierung und der Anzahl hierarchischer Ebenen (vgl. z. B. Hall 1963 und 1968, Pugh u. a. 1968, Hinings und Lee 1971, Child 1972 und 1973a).

Zwischen den Koordinationsinstrumenten und der *Formalisierung* legt unser Konzept die folgenden Beziehungen nahe: Auch wenn Programme nicht unbedingt schriftlich fixiert sein müssen, so ist doch anzunehmen, daß Organisationen, die dieses Koordinationsinstrument bevorzugt anwenden, dazu neigen, die Regeln auch zu formalisieren und darüber hinaus der Aktenmäßigkeit aller Vorgänge eine große Bedeutung beimessen. Bei der Koordination durch Planung ist der Zusammenhang zur Formalisierung noch zwingender: Komplexe Planungssysteme lassen sich ohne Formalisierung kaum handhaben. Insgesamt ist daher damit zu rechnen, daß der Formalisierungsgrad um so höher ist, je größer der Anteil technokratischer Koordinationsinstrumente an den gesamten Koordinationsbemühungen ist.

Diese Erwartungen werden in mehreren empirischen Untersuchungen bestätigt. In der deutschen Untersuchung von Kieser (1973) ergab sich eine

positive Korrelation zwischen Planung und Formalisierung und regelmäßig wurde eine hohe *positive Korrelation zwischen Programmierung (Standardisierung) und Formalisierung* gefunden (vgl. z. B. Pugh u. a. 1968, Hinings und Lee 1971, Child 1973a). In einer Untersuchung von Hage und Aiken (1971) korrelieren demgegenüber sowohl Koordination durch Selbstabstimmung (horizontale Kommunikation) als auch eine Koordination durch hierarchische Autorität und persönliche Anweisungen (vertikale Kommunikation) negativ mit dem Formalisierungsgrad.
Komplizierter ist der Zusammenhang zwischen Koordination und *Entscheidungsdelegation.* Manche Autoren betrachten den Grad der Konzentration der Entscheidungsbefugnisse unmittelbar als einen Indikator für eine Koordination durch persönliche Weisungen (vgl. Child 1973c). Dieser Auffassung können wir uns jedoch nicht anschließen. Zwischen der Entscheidungsdelegation und den Koordinationsinstrumenten erwarten wir auf der Basis unserer konzeptionellen Überlegungen die folgenden Beziehungen: Planung und Programmierung grenzen den Entscheidungsspielraum ab. Bei relativ starker Koordination durch Planung oder Programmierung geht die Kerngruppe wenige Risiken ein, daß die delegierten Entscheidungen den globalen Unternehmungszielen widersprechen. Wir nehmen also an, daß die *Entscheidungsdelegation mit dem Einsatz technokratischer Koordinationsinstrumente zunimmt.* Selbstabstimmung in größerem Umfang ist nur möglich, wenn die unteren Ebenen über Entscheidungsbefugnisse verfügen, auf die sich die Selbstabstimmung beziehen kann. Diese Überlegung führt zu der *Annahme, daß die Entscheidungsdelegation positiv mit der Selbstabstimmung korreliert ist.*
In mehreren empirischen Untersuchungen werden diese Annahmen empirisch untermauert. Ohne Ausnahme konstatieren Untersuchungen, die die entsprechende Strukturdimension erfassen, einen *positiven Zusammenhang zwischen Programmierung und Delegation* (Pugh u. a. 1968, Hinings und Lee 1971, Blau und Schoenherr 1971, S. 128 ff., Child 1972 und 1973a, Khandwalla 1972) oder zwischen der *Planung und Delegation* (Kieser 1973).
Delegation, so wie sie von unseren Maßen erfaßt wird, ist also nicht die Abgabe von Macht der oberen Instanzen an Untergebene, sondern in erster Linie eine *Verlagerung der Entscheidungstatbestände der Organisationsspitze.* Die oberen Instanzen entscheiden nicht mehr über Einzelfälle, sondern über generelle Regeln, nach denen die Untergebenen in diesen Einzelfällen entscheiden sollen (vgl. auch Mansfield 1973). Vom Entscheidungsspielraum her gesehen, werden Entscheidungen also erst strukturiert, bevor sie delegiert werden. Daher gibt die Organisationsspitze durch eine Erhöhung der Entscheidungsdezentralisation nicht notwendigerweise Macht ab. Durch die Gestaltung der Entscheidungsregeln und -spielräume der Untergebenen be-

hält sie nach wie vor die Steuerung der Aktivitäten in ihrer Hand. Nur erfolgt diese Steuerung jetzt nicht mehr direkt, sondern *indirekt*.

Zwischen Delegation und Selbstabstimmung wurden ebenfalls positive Korrelationen ermittelt (Hage und Aiken 1971, Kieser 1973). Da Hage und Aiken gleichzeitig eine *negative Korrelation zwischen Selbstabstimmung und Formalisierung* feststellten, kann geschlossen werden, daß Organisationen bei einer Koordination durch Selbstabstimmung ebenfalls Entscheidungskompetenzen delegieren, dabei jedoch auf eine Absicherung der Entscheidungen durch indirekte Steuerung verzichten. Dieser Zusammenhang wird verständlich, wenn wir uns an die Anwendungsbedingungen der verschiedenen Koordinationsinstrumente erinnern. Eine Koordination durch Selbstabstimmung wird vor allem dann notwendig, wenn die zu koordinierenden Aktivitäten nicht vorhersehbar sind. Unter diesen Bedingungen ist eine Absicherung der delegierten Entscheidungsbefugnisse kaum möglich. Wir müssen uns jedoch fragen, ob die Delegation von Entscheidungen an eine Gruppe nicht auch einen Mechanismus zur Risikominderung darstellt. Bedenkt man, daß in einer Gruppe häufig eine gegenseitige Kontrolle der Gruppenmitglieder stattfindet, so ist vor allem in der institutionalisierten Selbstabstimmung in Form von Ausschüssen, Komitees u. ä. aus der Sicht der delegierenden Instanzen auch ein risikomindernder Ausgleichsprozeß zu sehen. Sollte diese Annahme zutreffen, so ist die Koordination durch Selbstabstimmung nicht mehr unbedingt ein Indiz für Demokratisierungsbestrebungen. Sie wird u. U. für solche Koordinationsprobleme als Instrument zur Minderung von Delegationsrisiken eingesetzt, für die sich die Programmierung nicht eignet.

Die Richtungen der in empirischen Untersuchungen festgestellten Korrelationen zwischen den Dimensionen der Organisationsstruktur sind in Tab. 3–2 wiedergegeben.

Tab. 3–2. Die Richtung von Korrelationen zwischen den Strukturdimensionen

	5.	6.	7.	8.
Koordinationsinstrumente				
1. Persönliche Weisungen (vertikale Kommunikation)	+/−	−	−	
2. Selbstabstimmung (horizontale Kommunikation)	+	+/−		
3. Programmierung	+	+	+	+
4. Planung	+	+		
Sonstige Dimensionen				
5. Entscheidungsdelegation		+	+	−
6. Formalisierung	+		+	+
7. Gliederungstiefe	+	+		+
8. Leitungsspanne der Organisationsspitze	−	+	+	

Fragen

1. Was ist bei der Auswahl von Dimensionen für die empirische Analyse eines Phänomens zu beachten?
2. Welche Wirtschaftlichkeitsargumente liegen einer starken verrichtungsbezogenen Spezialisierung zugrunde?
3. Aus welchen Gründen können diese Wirtschaftlichkeitsargumente nur begrenzt Gültigkeit beanspruchen?
4. Welcher Unterschied besteht zwischen Spezialisierung und Professionalisierung?
5. Welche Arten der Spezialisierung lassen sich unterscheiden?
6. Mit Hilfe welcher Kriterien wird versucht, Aussagen zur Wahl der Spezialisierungsart zu formulieren, und welche Problematik ist mit den einzelnen Kriterien verbunden?
7. Warum ist die Koordination in der Regel mit der Schaffung eines hierarchischen Systems verbunden, und welche Arten von Hierarchien müssen in diesem Zusammenhang unterschieden werden?
8. Über welche Maßnahmen zur Reduzierung des Koordinationsbedarfs verfügen Organisationen?
9. Auf welchen Überlegungen basiert die Unterscheidung zwischen den Koordinationsinstrumenten persönlicher Weisungen, Selbstabstimmung, Programmierung und Planung, und zu welchen beiden Gruppen lassen sich diese vier Instrumente zusammenfassen?
10. Welche Voraussetzungen müssen für die Anwendung der einzelnen Koordinationsinstrumente gegeben sein, und mit welchen Vor- und Nachteilen sind sie behaftet?
11. Welche strukturellen Regelungen kann eine Organisation zur Unterstützung einer Koordination durch Selbstabstimmung vorsehen?
12. Wie definiert die deutsche Organisationslehre Stabsstellen, und welche Probleme sind mit dieser Definition verbunden?
13. Wie haben wir unterstützende Stellen definiert?
14. Aus welchen Gründen schaffen Organisationen Mehrliniensysteme?
15. Welche Unterschiede bestehen zwischen einem Produktmanagement aufgrund funktionaler Weisungsbeziehungen, einer Produkt-Matrix-Organisation und einer divisionalen Organisationsstruktur?
16. Welcher Zusammenhang besteht zwischen der Verteilung von Weisungsbefugnissen und der Verteilung von Entscheidungsbefugnissen?
17. Von welcher Stelle werden Entscheidungsbefugnisse an Instanzen delegiert, und wem sind diese Instanzen verantwortlich?
18. Welcher Unterschied besteht zwischen der Verteilung von Entscheidungsbefugnissen und der Verteilung von Einfluß und Macht in Organisationen?
19. Was ist der Unterschied zwischen formalen Regelungen und formalisierten Regelungen?
20. Welche Teildimensionen der Formalisierung sind zu unterscheiden?
21. Wie unterscheiden sich qualitative und quantitative Skalierungen?
22. Welche Eigenschaften zeichnen Guttman-Skalen aus?
23. Skizzieren Sie kurz die Messungen der Spezialisierung, der vier Koordinationsinstrumente, der Konfiguration, der Entscheidungsdelegation und der Formalisierung.
24. Aus welchen Gründen sind die Korrelationen zwischen Spezialisierungsmaßen und Maßen der strukturellen Koordination relativ schwach?
25. Von welchen Faktoren dürfte das Ausmaß abhängen, in dem die einzelnen Koordinationsinstrumente zum Einsatz kommen?

26. Welche Zusammenhänge bestehen zwischen dem Einsatz der verschiedenen Koordinations-
    instrumente und der Konfiguration?
27. Welche Zusammenhänge bestehen zwischen dem Einsatz der verschiedenen Koordinations-
    instrumente und der Entscheidungsdelegation?
28. Was würden Sie auf das Argument antworten, daß empirische Analysen von Organisations-
    strukturen wegen der Problematik aller verwendeten Maße grundsätzlich zwecklos sind?
29. Dient die Messung von Organisationsstrukturen nur wissenschaftlichen Zwecken oder hat
    sie auch Bedeutung für die Praxis?
30. Kann man aus den in empirischen Untersuchungen ermittelten Beziehungen zwischen
    einzelnen Strukturdimensionen unmittelbar Gestaltungsempfehlungen für die Praxis ab-
    leiten?

Literatur

Eine ausführliche Diskussion von Dimensionen der Organisationsstruktur findet sich in Hill
u. a. (1974, S. 170–318); allerdings ist die etwas andere Terminologie zu beachten.
Eine Diskussion des Koordinationszusammenhanges findet sich bei Frese (1972). Darüber
hinaus ist auch auf zwei englischsprachige Publikationen hinzuweisen, die den Zusammenhang
zwischen Koordination und Organisationsstruktur ausführlich erörtern: Thompson (1967) und
Galbraith (1973).
Praxisorientierte Ausführungen zur Art der Spezialisierung und der Konfiguration auf der
methodischen Basis der Organisationslehre finden sich bei Grochla (1975b).
Die meisten angesprochenen Maße sind wiedergegeben in Pugh u. a. (1968). Einen breiten
Überblick über die in empirischen Untersuchungen verwendeten Maße gibt Price (1972).

4. Einflußgrößen formaler Organisationsstrukturen

Die kritische Lektüre dieses Kapitels soll den Leser dazu anregen und befähigen, die konzeptionelle und methodische Vorgehensweise des situativen Ansatzes bei der Erklärung formaler Organisationsstrukturen zu erkennen sowie die wichtigsten vorliegenden empirischen Ergebnisse kritisch zu würdigen. Im einzelnen sollen folgende Fragen beantwortet werden können:
- Was ist unter der Situation einer Organisation zu verstehen?
- Auf welche Weise beeinflußt die Situation die formale Struktur von Organisationen?
- Welche methodischen und darstellungstechnischen Schwierigkeiten sind bei der Analyse der Einflüsse der Situation auf die Organisationsstruktur zu bewältigen?
- Wie werden die einzelnen Einflußgrößen in empirischen Untersuchungen gemessen?
- Welche Zusammenhänge lassen vorliegende empirische Untersuchungen erkennen?
- Welche Grenzen weist der gegenwärtige Stand der Forschung auf und in welcher Richtung sollte sich die Forschung weiterbewegen?

4.1. Konzeptionelle und methodische Grundlagen

Das Hauptziel des situativen Ansatzes besteht nach unseren Ausführungen im zweiten Kapitel darin, Unterschiede zwischen den formalen Strukturen verschiedener Organisationen durch Unterschiede in ihrer Situation zu erklären. Die Ausrichtung auf diesen Zusammenhang zwischen Situation und formaler Struktur hat dem gesamten Ansatz seinen Namen gegeben. Seine grundlegende Idee ist in Abb. 4–1 wiedergegeben.

Die Vertreter dieses Ansatzes sind der Überzeugung, daß es nicht eine einzige Strukturform gibt, die allen Organisationen gleichermaßen empfohlen werden kann. *Welche Kombination der einzelnen Arten organisatorischer Regelungen für eine Organisation zweckmäßig ist, hängt ihrer Meinung nach von der Situation dieser Organisation ab.* Diese Überzeugung steht in Übereinstimmung mit den Ergebnissen empirischer Untersuchungen, die aufzeigen, daß erfolgreiche Organisationen erhebliche Unterschiede in ihren formalen Strukturen aufweisen. Um diese Unterschiede erklären und Organisationsgestaltern Orientierungshilfen für die Gestaltung

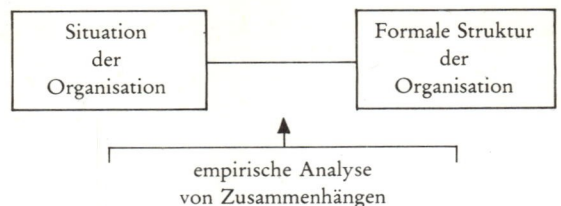

Abb. 4–1. Fragestellung des situativen Ansatzes bei der Erklärung von Unterschieden zwischen
         formalen Organisationsstrukturen

Strukturen geben zu können, analysieren Vertreter des situativen Ansatzes in
empirischen Untersuchungen die Situation von Organisationen und suchen
nach Zusammenhängen zwischen bestimmten Situationen und bestimmten
Strukturformen.

Bei aller Übereinstimmung hinsichtlich dieses grundsätzlichen Programms
bleibt zunächst offen, was im einzelnen unter der „Situation" einer Organisation zu verstehen ist und auf welche Weise diese Situation die formale
Struktur beeinflußt. Sobald diese konkreteren Fragen beantwortet werden,
zeigen sich teilweise erhebliche konzeptionelle und methodische Unterschiede zwischen den einzelnen Autoren. Da die Leistungsfähigkeit des situativen
Ansatzes aber entscheidend von der konzeptionellen und methodischen
Vorgehensweise abhängt, wollen wir uns diesen Fragen zunächst zuwenden,
bevor wir auf die vorliegenden empirischen Ergebnisse näher eingehen.

4.1.1. Die Definition der Situation

Die Vertreter des situativen Ansatzes versuchten anfangs, die Situation von
Organisationen durch *einen einzigen Faktor* zu definieren, der geeignet
erschien, Unterschiede zwischen formalen Strukturen zu erklären. Einzelne
Autoren stellten jedoch unterschiedliche Faktoren heraus, so daß *verschiedene Schulen* entstanden, die miteinander in Konkurrenz traten. Da alle diese
Schulen jeweils einen einzigen Faktor als Ursache für Strukturunterschiede
ansahen, bezeichnen wir ihr Vorgehen als *monokausal*. Auch wenn mono-
kausale Vorgehensweisen heute als unrealisitsch angesehen werden, so haben
diese frühen Arbeiten die Entwicklung des situativen Ansatzes doch maßgeblich geprägt und spielen heute noch eine große Rolle, nachdem sie in
umfassendere Konzepte eingebettet worden sind. Daher wollen wir sie etwas
näher betrachten.

4.1.1.1. Monokausale Ansätze

In seiner kritischen Analyse des situativen Ansatzes unterscheidet Child (1970 und 1972b) insgesamt vier Schulen, die jeweils einen Faktor als maßgeblich für die formale Organisationsstruktur herausstellen. Bei diesen Faktoren handelt es sich um:
- die Größe der Organisation,
- die Technologie der Organisation,
- die Umwelt der Organisation,
- die Bedürfnisstruktur der Organisationsmitglieder.

Die Argumente dieser vier Schulen wollen wir anhand eines fiktiven Beispiels verdeutlichen. Nehmen wir an, in einer empirischen Untersuchung werden die formalen Strukturen eines *Finanzamtes* und einer *Werbeagentur* erfaßt. Die Ergebnisse zeigen, daß sich beide Organisationen in bezug auf fast alle Strukturdimensionen erheblich unterscheiden. Das Finanzamt weist eine hohe Spezialisierung und eine große Gliederungstiefe auf, die Koordination erfolgt vorwiegend über das technokratische Instrument der Programmierung, die Entscheidungsbefugnisse sind teilweise delegiert, und der Formalisierungsgrad ist hoch. Die Werbeagentur weist demgegenüber eine geringe Spezialisierung und Hierarchisierung auf, die Koordination erfolgt in erster Linie durch das personenorientierte Instrument der Selbstabstimmung und der Grad der Entscheidungsdelegation sowie der Formalisierungsgrad sind gering. Diese Unterschiede lassen sich dahingehend zusammenfassen, daß das Finanzamt wesentlich stärker bürokratisiert ist als die Werbeagentur.

Wie würden die Vertreter der einzelnen Schulen diese Unterschiede erklären?

(1) Erklärung durch die Größe

Vertreter der ersten Schule würden argumentieren, daß Organisationen, die groß sind (viele Mitglieder haben, ein großes Aufgabenvolumen bewältigen), stets stärker bürokratisiert sind als kleine Organisationen. Sie würden auf entsprechende empirische Untersuchungen verweisen, die positive Korrelationen zwischen der Organisationsgröße und den Strukturdimensionen, die eine Bürokratisierung repräsentieren, feststellten und die in unserem Beispiel aufgezeigten Unterschiede als weitere Bestätigung dieses generellen Zusammenhanges verstehen, da das Finanzamt mit 300 Beschäftigten wesentlich größer ist als die Werbeagentur mit ihren 20 Mitarbeitern.

Bereits Max Weber hat bei seiner Analyse der Bürokratisierung in den 20er Jahren darauf hingewiesen, daß zunehmende Größe die Bürokratisierung fördere (Weber 1972, S. 825), und die ersten empirischen Untersuchungen im

Rahmen des situativen Ansatzes beschäftigten sich mit diesem Zusammenhang (vgl. Caplow 1956, Rushing 1966). Sie konnten den positiven Zusammenhang zwischen Größe und Bürokratisierung ebenso bestätigen wie neuere empirische Untersuchungen (vgl. unten Abschnitt 4.2.2.). Die Argumentation ist auch äußerst plausibel: Da jeder Vorgesetzte nur eine begrenzte Leitungsspanne realisieren kann, sind große Organisationen gezwungen, mehr hierarchische Ebenen zu bilden. Da es erst von einem gewissen Aufgabenvolumen an ökonomisch vertretbar ist, Organisationsmitglieder auf Teilaufgaben zu spezialisieren, weisen große Organisationen ebenfalls einen höheren Spezialisierungsgrad auf. In einer großen Organisation kann sich die Organisationsspitze nicht alle Entscheidungen vorbehalten, die Größe zwingt zur Delegation von Entscheidungsbefugnissen. Da eine Koordination durch Selbstabstimmung in großen Organisationen wesentlich schwieriger ist und eine Programmierung das Risiko der Delegation mindert, verwundert es auch nicht, daß in den beiden Organisationen unseres Beispiels unterschiedliche Koordinationsinstrumente eingesetzt werden.

Es scheint also alles dafür zu sprechen, daß die im Beispiel genannten Strukturunterschiede auf die unterschiedlichen Größen der beiden Organisationen zurückzuführen sind. Kann man daraus schließen, daß die Organisationsgröße generell mit der „Situation" einer Organisation gleichzusetzen ist?

(2) Erklärung durch die Technologie

Häufig wird der Begriff Technologie auf die Mechanisierung und Automatisierung in Produktion und Verwaltung oder auf die Fertigungsverfahren (Einzelfertigung, Serienfertigung, Massenfertigung) in der Industrie bezogen. Mit diesem Technologiebegriff arbeitete Woodward, die in den 50er Jahren zeigte, daß erfolgreiche Unternehmungen mit unterschiedlichen Technologien auch unterschiedliche Konfigurationen aufweisen (Woodward 1958). Die einzelnen Fertigungsverfahren charakterisieren die Variabilität und Komplexität der Aufgaben. Von diesen Eigenschaften hängt es ab, inwieweit standardisierte Verfahren der Aufgabenerfüllung eingesetzt werden können. Versteht man unter Technologie generell die Verfahren zur Aufgabenerfüllung, so kann man auch Dienstleistungsbetriebe und andere Organisationen nach der angewandten Technologie unterscheiden. Ein solcher allgemeiner Technologiebegriff wurde u. a. von Litwak (1961) und von Perrow (1970) gebildet. Perrow versteht unter Technologie die Variabilität der Aufgabenstellung (Anzahl der „Ausnahmen") sowie das Ausmaß, in dem standardisierte Verfahren routinemäßig zur Lösung der anfallenden Aufgaben angewendet werden können. Unterschiede in der so definierten Technologie sind

seiner Meinung nach für Unterschiede in den formalen Strukturen verantwortlich. Die *Technologie* ist für ihn der *einzige und entscheidende Faktor
der Situation.*
Die Strukturunterschiede in unserem Beispiel zwischen dem Finanzamt und
der Werbeagentur würde er damit begründen, daß beide Organisationen eine
unterschiedliche Technologie besitzen. Das Finanzamt erledigt routinemäßig
immer die gleichen Aufgaben und wendet dabei standardisierte Verfahren an,
während jeder Klient der Werbeagentur seine eigenen Probleme aufwirft und
eine Standardbehandlung aller Kunden gerade nicht erwünscht ist. Auch hier
sind die Argumente einleuchtend: Nur bei stabilen Aufgaben, die in gleicher
Form immer wiederkehren, ist eine starke Spezialisierung sinnvoll. Eine
Unternehmung für Rennwagenbau produziert in Einzelfertigung und spezialisiert ihre Arbeiter wesentlich weniger als eine Unternehmung, die in
Massenfertigung Personenwagen am Fließband herstellt. Stabile Aufgaben
ermöglichen auch erst den Einsatz technokratischer Koordinationsinstrumente und machen allein eine Formalisierung sinnvoll. Empirische Ergebnisse stützen die Annahme, daß die Technologie der Haupteinflußfaktor formaler Organisationsstrukturen sei, nicht einheitlich (vgl. Abschnitt 4.2.3.).
Dennoch gibt es auch heute noch im Zusammenhang mit der Diskussion um
die Auswirkungen der Automation Untersuchungen, die die Technologie als
einzigen Einflußfaktor betrachten.

(3) Erkärung durch die Umwelt

Eine Erklärung formaler Organisationsstrukturen durch die Umwelt haben
vor allem Burns und Stalker (1961) sowie Lawrence und Lorsch (1969)
vorgenommen. Für diese Autoren wird die *Situation einer Organisation
entscheidend durch deren Umwelt geprägt.* Bestimmend für unterschiedliche
Umweltsituationen sind *Häufigkeit und Ausmaß an Veränderungen* in den
Märkten der Produzenten und Verfahren oder das Ausmaß an Ungewißheit,
das sich aus der Umwelt für eine Organisation ergibt. Die Vertreter dieses
Ansatzes würden in unserem Beispiel darauf hinweisen, daß die Umwelt der
Werbeagentur wesentlich dynamischer ist als die des Finanzamtes und weitaus mehr Ungewißheit mit sich bringt. Während die „Kunden" des Finanzamtes in regelmäßigen Abständen mit den gleichen Problemen kommen und
die Steuerarten und Veranlagungsverfahren weitgehend gleichbleiben, wird
eine Werbeagentur ständig mit neuen Kunden konfrontiert, und oft sind neue
Verfahren erforderlich, um Erfolg zu haben.
Auch hier ist die Argumentation plausibel, und empirische Untersuchungen
bestätigen diese Argumente weitgehend (vgl. Abschnitt 4.2.6.). Je dynamischer die Umwelt einer Organisation, um so wichtiger ist es für die Organisa-

tion, eine Struktur zu besitzen, die eine schnelle und leichte Anpassung an Umweltveränderungen nicht nur erlaubt, sondern sicherstellt. Starke Spezialisierung, eine große Gliederungstiefe, starke Programmierung, Konzentration von Entscheidungsbefugnissen und Formalisierung kennzeichnen eine starre Struktur, die nur in einer stabilen Umwelt erfolgreich eingesetzt werden kann. Dynamische Umwelten erfordern tendenziell gegensätzlich ausgeprägte Organisationsstrukturen.

(4) Erklärung durch die Bedürfnisstruktur der Organisationsmitglieder

Die vierte Schule, die Child die „motivators" nennt (1970, S. 384), betont, daß der Erfolg einer Organisation davon abhängt, daß ihre Struktur den Bedürfnissen ihrer Mitglieder entspricht. Die Argumentation läuft letztlich darauf hinaus, daß jede Organisation auf Beiträge ihrer Mitglieder angewiesen ist und die Mitglieder diese Beiträge nur dann leisten, wenn ihnen die Organisation entsprechende Anreize bietet (vgl. March und Simon 1958). Zu diesen Anreizen gehören nicht nur Entgelt und Statussymbole, sondern auch den Bedürfnissen entsprechende Arbeitsbedingungen (Argyris 1964, Lawler 1973). Wenn die meisten Vertreter dieser Richtung auch stärker von Sollvorstellungen ausgehen und weniger reale Strukturunterschiede erklären wollen, so kann doch angenommen werden, daß sich die Bedürfnisse der Mitglieder verschiedener Organisationen unterscheiden und daß eine Berücksichtigung dieser Bedürfnisse zu unterschiedlichen Strukturen führt. Bezogen auf unser Beispiel ist die Annahme plausibel, daß die Personen, die Werbefachleute werden, andere Bedürfnisstrukturen aufweisen als Personen, die eine Behördenlaufbahn einschlagen. Es kann davon ausgegangen werden, daß die Mitglieder der Werbeagentur tendenziell mehr nach Selbstverwirklichung und Autonomie in ihrer Arbeit streben als die Mitglieder des Finanzamtes und die Werbeagentur daher Aktivitäten nur schwach strukturieren darf, wenn sie diesen Bedürfnissen entsprechen will.

4.1.1.2. Multikausale Ansätze

Weil jede der genannten Schulen über plausible Argumente verfügt, zeigt der Überblick, daß die Charakterisierung der Situation einer Organisation durch nur einen einzigen Faktor unzureichend ist. Jede Organisation steht in der Realität allen genannten Faktoren *gleichzeitig* gegenüber. Sie hat eine bestimmte Größe, setzt eine bestimmte Technologie ein, bewegt sich in einer bestimmten Umwelt, und ihre Mitglieder haben bestimmte Bedürfnisse. Wenn jeder dieser Faktoren zur Erklärung der formalen Struktur beitragen kann, so folgt daraus, daß die Situation einer Organisation jeweils durch *alle* diese Faktoren gekennzeichnet werden muß. Ebenso wie wir die formale Organisationsstruktur durch mehrere Dimensionen charakterisieren, müssen wir auch die *Situation als mehrdimensional* begreifen und *jede dieser Dimensionen als einen Einflußfaktor neben anderen sehen.* Unsere Frage lautet dann nicht mehr, welcher Faktor die Struktur bestimmt, sondern *welchen relativen Beitrag* jeder Faktor im Vergleich zu den übrigen bei der Erklärung von Strukturunterschieden leistet.

Auf diese Weise gehen wir von einem monokausalen Ansatz zu einem *multikausalen Ansatz* über. Dabei untersuchen wir zunächst den Zusammenhang zwischen jedem einzelnen Einflußfaktor und allen Strukturdimensionen und versuchen anschließend, die relative Bedeutung der einzelnen Einflußgrößen zu bestimmen. Bei einem multikausalen Ansatz geht es also um die Analyse des Zusammenhanges zwischen Dimensionen der Situation S als unabhängige Variablen und Dimensionen der formalen Organisationsstruktur OS als abhängige Variablen (vgl. Abb. 4–2).

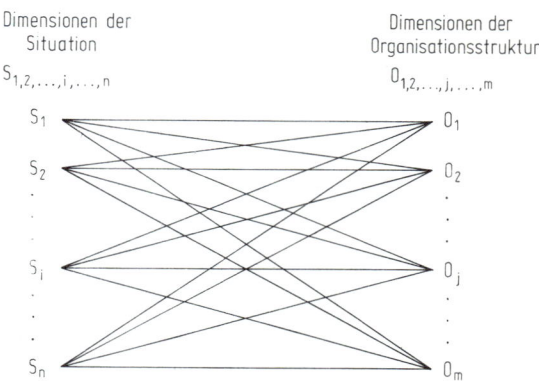

Abb. 4–2. Multikausaler Ansatz zur Erklärung von Strukturunterschieden durch die Situation

Erst bei einer solchen multikausalen Fragestellung wird die *Notwendigkeit empirischer Untersuchungen* und anschließender *statistischer Analysen* vollkommen deutlich. Während die Einflüsse einzelner Dimensionen der Situation aufgrund von Plausibilitätsüberlegungen und unserer Alltagserfahrung zumeist gut eingeschätzt werden können, versagen diese Mittel, wenn der *relative Einfluß* eines Faktors in einem multikausalen Konzept geschätzt werden soll. Bei diesem relativen Einfluß handelt es sich gewissermaßen um *Nettoeffekte.* Vor allem, wenn zwei Einflußfaktoren auf eine Strukturdimension mit unterschiedlichem Vorzeichen einwirken – der eine wirkt verstärkend, der andere abschwächend –, kann der Nettoeffekt nicht ohne weiteres geschätzt werden. Es ist plausibel, daß große Organisationen stärker spezialisiert und tiefer gegliedert sind als kleine, und es ist ebenso plausibel, daß Organisationen in einer dynamischen Umwelt weniger spezialisiert und weniger tief gegliedert sind als Organisationen in einer stabilen Umwelt. Welches Ausmaß der Spezialisierung und Gliederungstiefe erwarten wir aber für große Organisationen in dynamischen Umwelten? Welcher Einfluß ist stärker, der der Größe oder der der Umwelt? Diese Frage können wir nur aufgrund der statistischen Analyse empirischer Daten beantworten.

Wenn wir uns nun für einen multikausalen Ansatz entscheiden und nicht mehr lediglich einen einzigen Einflußfaktor betrachten, so stellt sich die Frage, was wir denn genau unter der Situation einer Organisation zu verstehen haben. Können wir sagen, die Situation habe vier Dimensionen und lasse sich dadurch vollständig beschreiben? Man kann nicht ausschließen, daß neben den bisher genannten Faktoren nicht auch noch andere Faktoren die formale Struktur beeinflussen. Daher wäre es voreilig, die Situation endgültig durch eine bestimmte Anzahl von Dimensionen zu definieren. *Der Begriff der Situation ist ein offenes Konzept, das wir in Abhängigkeit von unserer Fragestellung und unserem jeweiligen Wissen mit konkretem Inhalt füllen.*

Dimensionen der Situation sind zunächst alle die Faktoren, die dazu beitragen, Unterschiede zwischen formalen Organisationsstrukturen zu erklären. Der Begriff „Situation" ist ein Sammelname für die Menge dieser Erklärungsfaktoren; er kennzeichnet die Menge der Bedingungen, die im Hinblick auf die formale Struktur einer Organisation *relevant* sind. Ob und in welchem Ausmaß ein Faktor relevant ist, das entscheiden wir dabei aufgrund seines Erklärungsbeitrages in multikausalen statistischen Analysen (vgl. Anhang A und B sowie Kubicek 1975a).

Der *Vorteil* einer solchen Definition besteht darin, daß wir uns gegenüber neuen Erkenntnissen offenhalten und unsere Analysen nicht durch zu enge vorgegebene Definitionen behindern. Immer wenn es uns nicht gelingt, die Unterschiede zwischen realen Organisationsstrukturen mit einem bestimmten Situationskonzept zu erklären, so bedeutet dies, daß es noch andere wichtige Einflußgrößen gibt, die wir nicht betrachtet haben und daß wir unser Situationskonzept modifizieren und erweitern müssen. Diesem Vorteil im Hinblick auf den Erkenntnisfortschritt steht der *Nachteil* gegenüber, daß der Situationsbegriff u. U. sehr heterogene Dimensionen umfaßt. So könnte man der Situation neben den genannten vier Dimensionen auch die Organisationsziele, die Managementphilosophie, den Standort, das Alter der Mitglieder u. a. m. zurechnen. Dann würden objektiv beobachtbare Gegebenheiten (Standort) mit subjektiven Einstellungen und Überzeugungen (Managementphilosophie) vermischt, und Eigenschaften der Organisation als kollektive Merkmale (Größe) stünden auf einer Ebene mit Eigenschaften der Organisationsmitglieder (Alter) als Merkmale auf der Individualebene. Um in dieser Hinsicht eine gewisse Ordnung zu schaffen, ist es sinnvoll, den Situationsbegriff zu untergliedern.

4.1.1.3. Kontextuelle und reduktionistische Erklärungen

Betrachten wir zunächst den Unterschied zwischen Merkmalen der Organisation als Kollektiv und Merkmalen der Organisationsmitglieder. Schon bei der Darstellung der vier monokausalen Schulen zu Anfang dieses Abschnittes dürfte aufgefallen sein, daß zwischen den Argumenten der ersten drei Schulen (Größe, Technologie und Umwelt) und der vierten Schule (Bedürfnisse der Organisationsmitglieder) ein Unterschied in der Art der Erklärung besteht. Während die ersten drei Faktoren eine Anpassung der Organisationsstruktur an kollektive und tendenziell objektive Bedingungen in den Vordergrund stellen, bezieht sich die vierte Schule auf eine Anpassung an Bedingungen des Individuums. Wenn wir verschiedene Systemebenen wie etwa die Umwelt einer Organisation, die Organisation selbst und ihre Mitglieder unterscheiden und diese drei Ebenen als hierarchisch aufgebaut begreifen, so wird ein weiterer Unterschied sichtbar (vgl. Abb. 4–3).

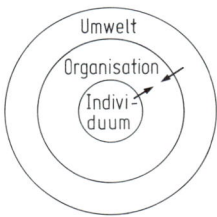

Abb. 4–3. Systemebenen der Situation

Die formale Organisationsstruktur gehört neben Faktoren wie Größe oder Technologie auf die mittlere Ebene. Die ersten drei Ansätze versuchen nun, Unterschiede in den formalen Strukturen gewissermaßen *von außen nach innen* zu erklären, indem sie Merkmale der gleichen oder einer höheren Ebene als Erklärungsfaktoren betrachten. Da bei einer Unterscheidung mehrerer Systemebenen die jeweils höhere Ebene auch als *Kontext* der nächst niedrigeren Ebene bezeichnet wird, spricht man auch von einer *kontextuellen Erklärung.* Demgegenüber versucht der vierte Ansatz eine Erklärung *von innen nach außen*, indem er sich auf die jeweils niedrigere Ebene konzentriert. Diese nächst niedrigere Ebene umfaßt die *Elemente,* die in ihrer

Gesamtheit die nächst höhere Ebene bilden. Da bei einer solchen Erklärung Aspekte einer Ebene praktisch auf ihre Elemente auf der nächst niedrigeren Ebene reduziert werden, spricht man auch von einer *reduktionistischen Erklärung.*

In vielen wissenschaftlichen Disziplinen konkurrieren kontextuelle Erklärungen mit reduktionisten Erklärungen. Am bekanntesten dürfte der Streit in der älteren Psychologie darüber sein, ob das Verhalten von Individuen durch ihre Umwelt oder ihre Prädispositionen (Erbanlagen u. ä.) bestimmt wird. Vieles spricht dafür, daß beide Ansätze miteinander kombiniert werden müssen, wenn das menschliche Verhalten befriedigend erklärt werden soll. Und in ähnlicher Weise wird auch der Gegensatz zwischen der Erklärung formaler Organisationsstrukturen durch den Kontext einerseits und Eigenschaften der Organisationsmitglieder andererseits zu entscheiden sein. Lorsch (1973) spricht in diesem Zusammenhang davon, daß Organisationen mit ihren formalen Strukturen eine *doppelte Kongruenz* oder einen *doppelten „Fit"* herstellen müssen, um erfolgreich zu bestehen. Ihre Struktur muß die Leistungsprozesse so steuern, daß einerseits die Anforderungen der Umwelt erfüllt werden, an die die Organisation ihre Leistungen abgeben will, und andererseits die Anforderungen der Mitglieder befriedigt werden, die diese Leistungen erbringen sollen (vgl. Abb. 4–4).

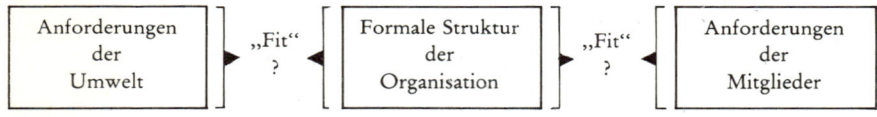

Abb. 4–4. Doppelter „Fit" der Organisationsstruktur

Es mag einiges dafür sprechen, daß Organisationen die beiden Anpassungsprobleme unterschiedlich gewichten. Vor allem gewerbliche Organisationen sehen ihr *Hauptziel* heute selten darin, die Bedürfnisse ihrer Mitglieder zu befriedigen. Sie wollen Leistungen an die Umwelt abgeben, um wirtschaftliche Erfolge zu erzielen, und zu diesem Zweck müssen sie sich in erster Linie an ihre Umwelt anpassen. Die Anpassung an die Bedürfnisse der Mitglieder stellt dabei insofern ein Mittel zum Zweck dar, als die Mitglieder motiviert werden müssen. Die Befriedigung von Bedürfnissen der Mitglieder erfolgt vor allem zu dem Zweck der Motivation, und oft nur in dem Rahmen, den der Kontext zuläßt. Um festzustellen, ob und in welchem Ausmaß eine solche Schwerpunktbildung im Anpassungsverhalten von Organisationen vorliegt, und um mögliche Veränderungen der Organisationsstruktur diskutieren zu können, ist die Trennung der Situation in zwei Kategorien und die gedankliche Vorstellung von einem doppelten Fit ohne Zweifel sehr fruchtbar.

In den vorliegenden empirischen Arbeiten zur situativen Erklärung formaler Organisationsstrukturen wird die Situation allerdings fast ausschließlich durch Eigenschaften der Organisation und ihrer Umwelt definiert. Die meisten Autoren sprechen daher auch nicht von der Situation, sondern vom *Kontext der Organisationsstruktur* (vgl. Pugh u. a. 1963 und 1969a). Bedeutet dies, daß die Eigenschaften der Organisationsmitglieder trotz aller plausiblen Argumente anderer Organisationswissenschaftler vernachlässigt werden?

Sie werden berücksichtigt, aber nicht als Bestandteile der Situation, sondern durch die Einführung von zusätzlichen *Rückkopplungsbeziehungen* (vgl. Abb. 4–5). In gesonderten Analysen, die die Untersuchungen des Zusammenhanges zwischen Kontext und Organisationsstruktur ergänzen, wird die Frage verfolgt, ob Strukturen, die bestimmten Kontextkonstellationen entsprechen, *dysfunktionales Verhalten* bei den Organisationsmitgliedern auslösen. Daß Eigenschaften der Organisationsmitglieder nicht in die Definition der Situation mit aufgenommen werden, hat zunächst methodische Gründe. Um die Organisationsstruktur als Ganzes in ihrer Abhängigkeit von den Bedürfnissen der Organisationsmitglieder analysieren zu können, müßte ein aggregiertes Maß der Bedürfnisse aller Organisationsmitglieder erstellt werden. Nun ist nicht anzunehmen, daß die Mitglieder einer Organisation so homogen in ihren Bedürfnissen sind, daß dies sinnvoll wäre. Sinnvoller ist es, die Wechselwirkung zwischen dem Verhalten einzelner Individuen und den sie direkt betreffenden Komponenten der Organisationsstruktur zu untersuchen. Bei einer solchen Untersuchung kann dann festgestellt werden, ob Strukturen, die bestimmte globale Ausprägungen haben, zu dysfunktionalem Verhalten bei Mitgliedern mit bestimmten Bedürfnisstrukturen führen. Liegt ein solches Verhalten vor, so ist daraus zu folgern, daß entweder eine Korrektur der Struktur oder ein Austausch der Mitglieder erforderlich ist.

Dieses methodische Vorgehen gewinnt an Bedeutung, wenn man unterstellt, daß Organisationsgestalter in der Praxis so ähnlich verfahren, daß sie die globale Struktur unter Berücksichtigung des Kontextes festlegen und dann bei auftretendem dysfunktionalem Verhalten partielle Korrekturen durchführen. Es spricht einiges dafür, daß diese Annahme der Organisationspraxis entspricht.

Dieses schrittweise Vorgehen lag unseren Überlegungen von Anfang an zugrunde, als wir die Hauptfragen dieses Buches formuliert haben. Die Frage nach den *Einflußgrößen* formaler Organisationsstrukturen bezieht sich auf den *Zusammenhang zwischen Kontext und Struktur,* während sich die Frage nach den *Auswirkungen* formaler Organisationsstrukturen auf den Zusammenhang zwischen *Struktur und individuellem Verhalten* erstreckt.

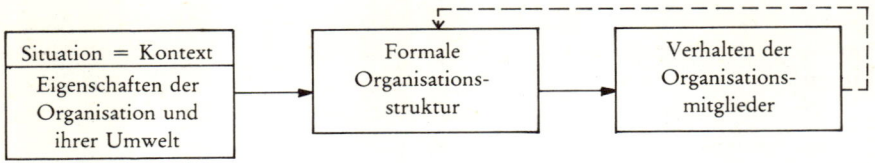

Abb. 4–5. Direkte und indirekte Einflußgrößen der Organisationsstruktur

Unsere Analyse von *Einflußgrößen* der formalen Organisationsstruktur beschränken wir also zumindest zunächst auf die Einflüsse von Eigenschaften
der Organisation und ihrer Umwelt. Wir setzen die relevante Situation mit
dem Kontext der Organisationsstruktur gleich und wenden eine kontextuelle
Erklärung an. Dabei handelt es sich um eine analytisch und didaktisch
sinnvolle Betrachtung eines Teilproblems. Mögliche Einflüsse, die aus einer
Anpassung der Struktur an die Bedürfnisse der Mitglieder resultieren, sollen
damit keineswegs geleugnet werden, sondern separaten Analysen vorbehalten bleiben.

4.1.1.4. Dimensionen der internen und externen Situation

Bei unserer Unterscheidung verschiedener Systemebenen (vgl. Abb. 4–3)
haben wir die Organisation von ihrer Umwelt abgehoben. Organisationen
sind soziale Systeme, die sich in einem größeren sozialen System befinden,
das wir als ihre *Umwelt* bezeichnen. Auch wenn es oft schwierig ist, eine
exakte Grenze zwischen der Organisation und ihrer Umwelt zu ziehen (vgl.
Starbuck 1973 sowie Kubicek und Thom 1976), so besteht doch offensichtlich ein Unterschied zwischen der Größe einer gewerblichen Organisation
und den Konkurrenzverhältnissen auf ihren Absatzmärkten. Die Größe
betrachten wir als *Eigenschaft der Organisation*, die Konkurrenzverhältnisse
hingegen als *Eigenschaften der Umwelt*.

> Aus welchen Gründen könnte es sinnvoll sein, diese Unterscheidung
> zwischen Eigenschaften der Organisation und ihrer Umwelt bei der
> Analyse von Einflußgrößen formaler Organisationsstrukturen einzu-
> führen und zu betonen?

Wir haben den Zusammenhang zwischen Kontext und Struktur bereits als ein
Problem der Anpassung an die Situation der Organisation charakterisiert.
Nun kann eine Anpassung auch erreicht werden, indem die Situation verän-

dert wird. Unter diesem Aspekt gewinnt die *Beeinflußbarkeit der Kontextfaktoren* an Bedeutung.

Die Größe einer Organisation, ihre Technologie, ihre Rechtsform u. ä. Aspekte können von der Organisation weitgehend beeinflußt werden. Die technische Entwicklung bei Produktionsverfahren, die Konkurrenzverhältnisse auf den Absatzmärkten u. ä. ergeben sich hingegen stets aus dem Verhalten einer größeren Anzahl von Organisationen und können von einer einzelnen Organisation zumeist nicht unmittelbar beeinflußt werden.

Viele situationsbezogene Ansätze in den Wirtschafts- und Sozialwissenschaften unterscheiden in diesem Sinne zwischen *einer internen und einer externen Komponente der Situation* in Abhängigkeit von ihrer Beeinflußbarkeit (vgl. vor allem Parsons 1949 sowie den Überblick bei Frese 1968, S. 30 f.). Diese Perspektive wollen wir hier aufgreifen und zwischen der internen und der externen Situation einer Organisation unterscheiden. Zur *internen Situation* gehören alle diejenigen Eigenschaften von Organisationen, die geeignet sind, Unterschiede zwischen formalen Strukturen zu erklären, und die von der Organisation selbst beeinflußt werden können. Zur *externen Situation* gehören alle diejenigen Kontextfaktoren, die geeignet sind, Unterschiede zwischen formalen Strukturen zu erklären, die jedoch nicht von der Organisation allein beeinflußt werden können, sondern auch aus dem Verhalten anderer Organisationen resultieren. Diese Faktoren bezeichnen wir als Eigenschaften der Umwelt von Organisationen.

Beide Gruppen von Einflußfaktoren beziehen sich auf die *Gegenwart* der jeweils betrachteten Organisationen. Wie jedes andere soziale Phänomen müssen Organisationsstrukturen jedoch auch als ein Produkt ihrer *Vergangenheit* begriffen werden. Die Ergebnisse verschiedener Fallstudien sprechen dafür, daß das Alter einer Organisation, die Art und Weise ihrer Gründung sowie die verschiedenen Entwicklungsstadien, die eine Organisation durchlaufen hat, ihre gegenwärtige und zukünftige Struktur beeinflussen. So konnten wir in einer eigenen, noch nicht abgeschlossenen Studie feststellen, daß Industriebetriebe, die aus einem Handwerksbetrieb hervorgegangen sind, bei gleicher Größe, gleicher Technologie und gleicher Umwelt weniger technokratische Koordinationsinstrumente einsetzen und weniger formalisiert sind als Unternehmungen, die gleich als Großbetriebe gegründet worden sind (vgl. hierzu auch Stinchcombe 1965).

In den bisherigen vergleichenden Untersuchungen konnten diese historischen Faktoren zwar wesentlich weniger Varianz in den formalen Organisationsstrukturen erklären als die gegenwartsbezogenen Faktoren (vgl. Pugh u. a. 1969a). Da dies teilweise an den verwendeten Maßen liegen dürfte, wollen wir jedoch grundsätzlich auch diese Faktoren als Bestandteile der Situation betrachten. Wo sollen wir sie dann aber einordnen?

Historische Faktoren sind aus der Sicht der Gegenwart nicht (mehr) beeinflußbar, sie unterliegen jedoch auch nicht dem Verhalten anderer Organisationen. Um diese sicherlich wichtigen Aspekte in unsere Definition der Situation aufnehmen zu können, wollen wir die *interne Situation* in eine *gegenwartsbezogene* und eine *vergangenheitsbezogene Komponente* untergliedern und die historischen Einflußgrößen der vergangenheitsbezogenen Komponente der internen Situation zurechnen.

Eine konzeptionelle Untergliederung erscheint auch für die Dimensionen der externen Situation sinnvoll. Extern ist alles, was sich dem unmittelbaren Einflußbereich einer einzelnen Organisation deswegen entzieht, weil es gleichzeitig durch das Verhalten anderer Organisationen mitbestimmt wird. Während viele Autoren vor allem Aspekte betonen, die mit den *Leistungen* und *Technologien* der jeweiligen Organisation zusammenhängen, betrachten andere Autoren *globalere Aspekte* der Umwelt und heben *gesellschaftliche* und *kulturelle Bedingungen* hervor. Fragen kultureller Einflüsse auf die Organisationsstruktur standen am Anfang der vergleichenden Organisationsforschung (vgl. Udy 1959, 1961, 1965), und heute beschäftigt sich eine ganze Forschungsrichtung unter dem Namen „*Comparative Management*" mit diesen Fragen (vgl. Webber 1969, Davis 1971, Kapoor und Grub 1972, Neghandi und Prasad 1975, Lammers und Hickson i. v.).

Um diese unterschiedlichen Schwerpunkte herauszustellen, können wir in Anlehnung an Osborn und Hunt zwischen der *aufgabenspezifischen* Umwelt (task-environment) und der *globalen* Umwelt (macro-environment) einer Organisation unterscheiden (vgl. Osborn und Hunt 1974 sowie Kubicek und Thom 1976). Dabei ist jedoch festzustellen, daß die meisten vorliegenden empirischen Untersuchungen, die sich detailliert mit der formalen Organisationsstruktur auseinandersetzen, die Einflüsse der aufgabenbezogenen Umwelt betrachten, während die Analysen kultureller Einflüsse (globale Umwelt) mit weniger ausgefeilten Strukturkonzepten arbeiten. Vor allem wurden beide Komponenten bisher kaum simultan berücksichtigt. Wenn wir in diesem Zusammenhang daher auch nicht auf zahlreiche empirische Ergebnisse verweisen können, so dürfte diese Unterscheidung im Hinblick auf zukünftige Untersuchungen jedoch sinnvoll sein.

Zusammenfassung

Mit unseren bisherigen Überlegungen haben wir den Begriff der Situation trotz seiner prinzipiellen Offenheit gegenüber der Einbeziehung neuer Dimensionen etwas zu systematisieren versucht. Die Übersicht in Abb. 4–6 gibt die Unterscheidung in die *Hauptkomponenten der Situation* wieder und ordnet den einzelnen Komponenten jeweils konkrete Dimensionen zu, die sich aufgrund unseres gegenwärtigen Wissensstandes als relevant erwiesen

haben oder sich noch als relevant erweisen könnten. Bei der im weiteren
Verlauf dieses Kapitals folgenden Darstellung empirischer Ergebnisse über
den Zusammenhang zwischen Dimensionen der Situation und Dimensionen
der formalen Organisationsstruktur können wir dem Stand der gegenwärtigen Forschung entsprechend nicht auf alle diese Dimensionen der Situation
eingehen. Die näher betrachteten Dimensionen sind daher mit einem Stern
gekennzeichnet.

Dimensionen der internen Situation

– *Gegenwartsbezogene Faktoren*
  ○ Leistungsprogramm*
  ○ Größe*
  ○ Fertigungstechnologie*
  ○ Informationstechnologie*
  ○ Rechtsform und Eigentumsverhältnisse*

– *Vergangenheitsbezogene Faktoren*
  ○ Alter der Organisation
  ○ Art der Gründung
  ○ Entwicklungsstadium der Organisation

Dimensionen der externen Situation

– *Aufgabenspezifische Umwelt*
  ○ Konkurrenzverhältnisse*
  ○ Kundenstruktur
  ○ Technologische Dynamik*

– *Globale Umwelt*
  ○ Gesellschaftliche Bedingungen
  ○ Kulturelle Bedingungen

---

* Auf diese Dimensionen wird im zweiten Teil dieses Kapitels näher eingegangen.

Abb. 4–6. Hauptkomponenten der Situation von Organisationen

Bevor wir jedoch auf die empirischen Einzelergebnisse eingehen, müssen wir
noch zwei grundsätzliche Fragen klären. Zum einen geht es um die konzeptionelle Frage, inwieweit wir die Dimensionen der Situation als *Einflußgrößen* der Organisationsstruktur begreifen können, und zum anderen geht es
um die methodische Frage, wie das Problem der *Mehrdimensionalität* von
Situation und Struktur bei empirischen Analysen und bei der Darstellung der
Untersuchungsergebnisse zu bewältigen ist.

4.1.2. Die Situation als Determinante oder Restriktion formaler Organisationsstrukturen

In der Psychologie und vor allem in der Sozialpsychologie, in der die Erklärung des individuellen Verhaltens durch die Situation eine große Rolle spielt (vgl. vor allem Lewin 1963), wird die Situation als maßgebliche Determinante des Verhaltens begriffen. Was aus einem Menschen wird und wie er sich verhält, hängt nach der Auffassung vieler Autoren davon ab, in welche Situation er hineingeboren wird und in welche weiteren Situationen er in seinem Leben gerät. Wenn wir nun sagen, die Situation *determiniere* das Verhalten, so nehmen wir an, daß die Situation ein unentrinnbares Schicksal sei und daß sich alle Menschen, die sich in der gleichen Situation befinden, auch gleich verhalten. Wir unterstellen, daß es irgendwelche Mechanismen gibt, die in der gleichen Situation *zwangsläufig* und *automatisch* auch die gleichen Verhaltensweisen erzeugen. Wenn wir die Situation, in der sich mehrere Individuen befinden, kennen und richtig erfaßt haben, so dürften die Erklärung und Prognose ihrer Verhaltensweisen nicht mehr problematisch sein.

> Können wir in diesem Sinne auch davon sprechen, daß die Situation die Organisationsstruktur determiniert?

Manche Kritiker des situativen Ansatzes werfen ihm vor, daß er zumindest implizit eine solche Vorstellung von einer Determinierung der Struktur durch die Situation in sich berge (vgl. z. B. Argyris 1972, Clegg 1975, Abell 1975). Sollte dies zutreffen, dann würde der situative Ansatz offensichtlich auf recht unrealistischen Prämissen aufbauen. Von einer Determinierung der Struktur durch die Situation kann nämlich aus mehreren Gründen nicht die Rede sein:

– Zunächst werden Organisationen nicht in eine Situation ohne eigenes Zutun hineingeboren. Sie werden bewußt gegründet und dadurch in eine Situation *hineingesetzt.* Erst durch die Gründung und die Formulierung der Organisationsziele wird es überhaupt möglich, von einer Situation der Organisation zu sprechen.
– Die Situation ist mit Ausnahme der vergangenheitsbezogenen Dimensionen der internen Situation beeinflußbar. Die gegenwartsbezogenen Dimensionen der internen Situation können von der Organisation unmittelbar beeinflußt und gestaltet werden. Und die externe Situation kann einmal dadurch indirekt beeinflußt werden, daß eine Organisation andere Organisationen – ihre Konkurrenten beispielsweise – zu einem bestimmten Verhalten veranlaßt und zum anderen dadurch, daß sie ihre Ziele und

damit ihre Beziehungen zur Umwelt ändert, sich gewissermaßen eine *neue Umwelt sucht.*

– Die formale Struktur ist das Ergebnis von Gestaltungsentscheidungen der dominierenden Koalition. Bis heute sind keine Mechanismen bekannt, die automatisch und zwangsläufig dazu führen, daß diese Organisationsgestalter in der gleichen Situation auch dieselben Gestaltungsentscheidungen treffen. Vielmehr spricht vieles dafür, daß sie persönliche Präferenzen für bestimmte Arten organisatorischer Regeln bei diesen Entscheidungen mit ins Spiel bringen.

Bei dem Zusammenhang zwischen Situation und Organisationsstruktur handelt es sich also *nicht* um die *deterministischen Wirkungen irgendwelcher Mechanismen,* sondern um einen *Anpassungsprozeß,* in dessen Verlauf die Kerngruppe die Situation zu beeinflussen und die Organisationsstruktur an der Situation auszurichten sucht. Es wäre ein Mißverständnis, dem situativen Ansatz eine andere Sichtweise zu unterstellen. Der Vorwurf der Kritiker ist jedoch insofern berechtigt, als die Vertreter des situativen Ansatzes sich mit diesen Anpassungsprozessen bisher nicht näher beschäftigt haben. Eine Hinwendung zu diesen Fragen nach der Art und Weise der Situationseinflüsse hat erst in jüngster Zeit eingesetzt (vgl. Child 1972b, Pugh u. a. 1975, Kubicek 1973 und 1975b, Abell 1975).

Bisher begnügte man sich damit, *Korrelationen* zwischen der Ausprägung von Situationsdimensionen und Strukturdimensionen zu ermitteln. Hohe Korrelationen deuteten darauf hin, *daß* ein Zusammenhang besteht (vgl. zur Berechnung und Interpretation von Korrelationskoeffizienten Anhang A.). Entweder war man mit dieser Feststellung zufrieden oder man versuchte *nachträglich,* diesen Zusammenhang zu begründen und zu interpretieren. Korrelationskoeffizienten sagen unmittelbar nur etwas über die Häufigkeiten bestimmter Merkmalskombinationen aus. *Warum* bestimmte Merkmalsausprägungen mit anderen besonders häufig auftreten, ist eine Frage, die über die Aussagefähigkeit statistischer Kennzahlen hinausgeht. Begriffe wie abhängige und unabhängige Variable oder Ursache und Wirkung beruhen auf gedanklichen Annahmen, die der Forscher an seine empirischen Daten heranträgt (vgl. Simon 1957b sowie Kubicek 1975a). Was meinen wir dann aber, wenn wir die Situation als unabhängige Variable oder Ursache in bezug auf formale Strukturen charakterisieren?

Wir gehen zumindest implizit von einer *funktionalen* oder zweckbezogenen Betrachtungsweise aus. Wir nehmen an, daß sich die Kerngruppe bei den Entscheidungen über die formale Struktur daran orientiert, inwieweit diese Struktur in einer gegebenen oder angestrebten Situation die Erreichung der Organisationsziele sicherstellt. Sie wählt prinzipiell die Organisationsstruktur aus, die unter Berücksichtigung der Situation funktional in bezug auf die Organisationsziele erscheint. Daß nicht alle Organisationen in gleichen Situationen auch gleiche Strukturen realisieren, hat dabei verschiedene Gründe. Zunächst verfolgen nicht alle Organisationen in gleichen Situationen gleiche Ziele, und verschiedene Organisationsgestalter nehmen die gleiche Situation oft unterschiedlich wahr. Da es außerdem keine gesicherte Basis dafür gibt, die Wirkungen der Organisationsstruktur auf das Organisationsziel zu prognostizieren, können sich die Gestalter bei ihren Überlegungen durchaus irren. Zudem spielen, wie bereits erwähnt, auch stets Präferenzen für bestimmte organisatorische Regelungen eine Rolle, da Organisationsstrukturen trotz ihrer grundsätzlichen Betrachtung als zweckbezogene Mittel stets wertbehaftet sind und aus ideologischen Perspektiven gesehen werden. Und schließlich mögen viele Organisationsgestalter bei allen Überlegungen in bezug auf das Organisationsziel auch stets darauf achten, daß sich bei Strukturänderungen ihre eigene Position in der Organisation nicht zu ihrem Nachteil ändert.

Würden sich Organisationsgestalter *rational* verhalten, d. h. hätten sie vollkommenes Wissen und würden sie rein zweckbezogen vorgehen, so könnten wir diese Fragen bei der Diskussion des Zusammenhanges zwischen Situation und Struktur vernachlässigen. Wir müßten als weiteren Einflußfaktor lediglich die Organisationsziele berücksichtigen und könnten Strukturunterschiede vollständig erklären. Organisationsgestalter verhalten sich wie alle anderen Entscheidungsträger jedoch bestenfalls *begrenzt rational* (vgl. zum Begriff der begrenzten Rationalität Simon 1957a, March und Simon 1958 sowie Cyert und March 1963).

Welche Bedeutung kommt vor diesem Hintergrund dann aber der *Situation* zu? – Die Situation kann als *Orientierungsrahmen, Restriktion* oder *Stimulus* angesehen werden. Sie geht in die Überlegungen der Organisationsgestalter bewußt oder unbewußt ein. Korrelationen zwischen Situation und Struktur geben dann an, *in welchem Umfang Organisationsgestalter auf die gleiche Situation mit den gleichen Maßnahmen reagieren.* Die Gestaltungsentscheidungen werden dabei durch ihre *Ergebnisse* beurteilt und nicht als Prozesse betrachtet. Die Analyse solcher Regelmäßigkeiten in den Entscheidungsergebnissen sollte allerdings nur den *ersten Schritt* einer Analyse des konkreten Zusammenhanges zwischen Situation und Struktur darstellen. Auf der Basis dieser Korrelationen müssen anschließend die *Prozesse,* die zu diesen Zusammenhängen geführt haben, ebenfalls empirisch analysiert werden, wenn Organisationsstrukturen befriedigend erklärt werden sollen.

Wenn die Situation die Organisationsstruktur „nur" dadurch beeinflußt, daß sie als Restriktion oder Stimulus in Gestaltungsentscheidungen eingeht, warum betrachtet man dann diese Entscheidungen nicht direkt? – Für ein stufenweises Vorgehen, das mit einer Analyse der Entscheidungsergebnisse beginnt und sich erst anschließend den Prozessen zuwendet, sprechen mehrere Gründe:

– Je stärker die Regelmäßigkeiten bei den Entscheidung*sergebnissen* sind, um so eher kann auf eine Analyse der Entscheidung*sprozesse* verzichtet werden. Dies käme nicht nur unserem Bedürfnis nach relativ simplen theoretischen Modellen entgegen, sondern würde auch den Forschungsaufwand reduzieren. Daher ist es auf jeden Fall sinnvoll, *zuerst* mit den globaleren Zusammenhängen zu beginnen und sich erst dann den detaillierteren prozessualen Aspekten zuzuwenden, wenn dies notwendig erscheint.

– Organisationsstrukturen werden nicht durch eine *einmalige Entscheidung* geschaffen, sondern sind das Ergebnis einer größeren Anzahl von Entscheidungen, die zu unterschiedlichen Zeitpunkten und von unterschiedlichen Personen getroffen werden. Eine Analyse all dieser Entscheidungen würde eine detaillierte Untersuchung der gesamten Entwicklungsgeschichte einer Organisation erfordern. Aufgrund dieser Schwierigkeiten konzentriert sich die Analyse von Gestaltungsentscheidungen heute noch auf Änderungen einzelner Strukturdimensionen (vgl. etwa die Analyse von Gestaltungsentscheidungen über die Divisionalisierung bei Gabele und Mayer 1974, Mayer 1974 sowie Kirsch u. a. 1975). Für eine zusammenhängende Analyse der Gesamtheit der Gestaltungsprozesse fehlen uns heute noch sowohl der konzeptionelle Unterbau als auch das methodische Instrumentarium.

– Die Situation geht nicht immer *bewußt* als Restriktion oder Stimulus in Gestaltungsentscheidungen ein. Befragt man mehrere Organisationsgestalter, die in der gleichen Situation die gleichen organisatorischen Regeln eingesetzt haben, nach ihren Gründen, so ist mit erheblichen Unterschieden zu rechnen. Ein Vergleich der „objektiven" Situation mit den realisierten Strukturen ist daher in der Lage, auch solche Regelmäßigkeiten im Gestaltungsverhalten aufzudecken, die den Gestaltungsträgern nicht bewußt sind. Wenn sie jedoch einmal aufgedeckt sind, besteht die Möglichkeit, sie in anschließenden Prozeßanalysen von der Seite der Forschung ins Spiel zu bringen und entsprechend gezielte Analysen durchzuführen.

Mit diesen Überlegungen sind wir etwas über den Stand der gegenwärtigen empirischen Untersuchungen hinausgegangen. Sie sind aber notwendig, um die vorliegenden empirischen Untersuchungen kritisch würdigen und die Entwicklungstendenzen des situativen Ansatzes gebührend berücksichtigen zu können. Der situative Ansatz ist noch relativ jung und sollte nicht allein an den heute vorliegenden empirischen Daten gemessen werden. Nach einer ersten Phase, in der man sich weitgehend auf die Sammlung von Daten konzentrierte, setzt gegenwärtig eine Phase der *konzeptionellen Konsolidierung* ein. Die weiter unten wiedergegebenen empirischen Zusammenhänge sind daher nur als das Ergebnis eines ersten Schrittes innerhalb der Entwicklung zu einer umfassenderen und gleichzeitig detaillierteren Theorie der Einflußgrößen formaler Organisationsstrukturen zu verstehen.

4.1.3. Auswertungs- und Darstellungsprobleme bei der multikausalen Analyse der Einflußgrößen formaler Organisationsstrukturen

Bei der empirischen Analyse der Einflußgrößen formaler Organisationsstrukturen suchen wir nach Regelmäßigkeiten zwischen der Situation, in der sich eine Organisation befindet, und ihrer formalen Struktur. Regelmäßigkeiten liegen dann vor, wenn bestimmte Merkmalsprägungen der Situation mit bestimmten Merkmalsausprägungen der Struktur häufig gemeinsam auftreten und diese Variablen in empirischen Untersuchungen daher hoch miteinander korrelieren. Als Ergebnis solcher Analysen streben wir Aussagen der folgenden Form an:

Organisationen in der Situation S_1 weisen regelmäßig eine Struktur der Form O_1 auf.

Organisationen in der Situation S_n weisen regelmäßig eine Struktur der Form O_n auf.

Einzelne Vertreter des situativen Ansatzes untersuchen zu diesem Zweck unmittelbare Zusammenhänge zwischen bestimmten *Situationstypen* und bestimmten *Strukturtypen*. Dies gilt sowohl für die ersten Arbeiten dieses Ansatzes (vgl. z. B. die auf S. 36 ff. aufgeführten Beispiele) als auch für jüngere Arbeiten (vgl. z. B. Hill u. a. 1974). Der *Vorteil* einer solchen typologischen Vorgehensweise liegt in der Einfachheit der gewonnenen Aussagen. Diese Einfachheit kann jedoch, wie wir gesehen haben (S. 38 ff.), nur auf Kosten der Realitätsnähe der Aussagen erreicht werden. Deshalb haben wir uns für eine dimensionale Definition formaler Organisationsstrukturen entschieden (vgl. Abschnitt 3.1.). Ob bestimmte Kombinationen der Ausprägungen der einzelnen Strukturdimensionen häufiger vorkommen als andere, wurde nicht durch Definitionen von vornherein festgelegt, sondern als Frage an die Realität gestellt. Die bisherigen Versuche, solche empirisch fundierten *Taxonomien* von Organisationsstrukturen zu bilden (vgl. z. B. Haas u. a. 1966, Pugh u. a. 1969b), lassen noch keinen endgültigen Schluß auf die Existenz eindeutiger Strukturtypen zu. Mit Sicherheit zeigen sie jedoch, daß sich die Zahl relativ häufiger Kombinationen von Merkmalsausprägungen nicht auf zwei oder wenige Strukturtypen zurückführen läßt. Strukturtypen können als gedankliche Fiktion daher gegenwärtig nur zu didaktischen Zwecken verwendet werden. Wenn wir die Einflüsse der Situation auf die Organisationsstruktur empirisch untersuchen wollen, so können wir dabei nicht Strukturtypen betrachten, sondern müssen den *Einfluß der Situation auf die einzelnen Strukturdimensionen* analysieren. Wir fragen also beispielsweise:

Wie wirkt die Situation auf den Spezialisierungsgrad?
Wie wirkt die Situation auf den Grad der Entscheidungszentralisation?

Die Situation selbst besteht nun, wie wir gesehen haben, ebenfalls aus mehreren Dimensionen, die nicht von vornherein zu Situationstypen zusammengefaßt werden sollten. Große Organisationen können ebenso wie kleine Organisationen eine komplexe und variable Technologie oder eine simple, standardisierte Technologie einsetzen, sie können sich gleichermaßen auf Märkten mit hoher oder niedriger Konkurrenzintensität befinden. Alle diese Kombinationen sind von vornherein gleichermaßen möglich und realistisch.

Ein erhebliches Auswertungs- und Darstellungsproblem entsteht nun dadurch, daß Organisationen gleichzeitig alle Strukturdimensionen aufweisen und ihre Situation gleichzeitig durch alle Situationsdimensionen gekennzeichnet ist (vgl. Abb. 4–2). Wir haben in diesem Zusammenhang von der Notwendigkeit eines *multikausalen Erklärungsansatzes* gesprochen. Als geeignetes Analyseinstrument stehen uns heute Verfahren der sog. multivariaten Datenanalyse wie partielle Korrelationsrechnungen oder multiple Regressionsrechnungen zur Verfügung (vgl. Clauss-Ebner 1970, Kriz 1973, S. 248 ff. sowie Anhang A und B). Mit Hilfe dieser Verfahren können wir untersuchen, wie sich eine Situationsdimension unter Berücksichtigung anderer Situationsdimensionen auswirkt und ihren „Nettoeffekt" bestimmen. Dennoch verhelfen uns diese Verfahren nicht dazu, alle die Fragen zu beantworten, die konzeptionell wichtig sind.

Zunächst erfordert die Anwendung multivariater Auswertungsverfahren einen hohen Preis. Dabei meinen wir weniger die umfangreichen Rechenarbeiten und Computerkosten, sondern einen gewissen *Erkenntnisverlust*. Multivariate Analysen können nur mit Variablen, d. h. mit quantifizierten Merkmalen durchgeführt werden. Wie wir bei der Definition der Strukturdimensionen schon gesehen haben, können wir die meisten organisatorisch relevanten Merkmale nur dadurch quantifizieren, daß wir von konkreten Inhalten abstrahieren und uns auf *formale Merkmale* beschränken, die den *Umfang* oder die *Intensität* erfassen, in dem ein bestimmter Aspekt vorliegt. In diesem Sinne sprechen wir von dem Ausmaß der Spezialisierung und Programmierung, ohne dabei zu berücksichtigen, welche Positionen im einzelnen gebildet und welche Programme im einzelnen eingesetzt werden. Zwar vermag die Bildung von sog. *Guttmanskalen* grundsätzlich inhaltliche und umfangmäßige Aspekte miteinander zu verbinden (vgl. Abschnitt 3.3.1.), wegen der sehr

restriktiven Voraussetzungen dieser Vorgehensweise liegen jedoch solche
Skalen kaum vor.

Aufgrund der Notwendigkeit, sowohl die Struktur als auch die Situation
durch formale Merkmale zu definieren, müssen wir uns mit einer *umfangs-*
oder *intensitätsmäßigen Analyse des Zusammenhanges zwischen Situation
und Struktur* begnügen. Wir suchen also Zusammenhänge zwischen dem
Ausmaß oder der Intensität von Dimensionen der Situation ($S_{1,2,...,i,...,n}$)
und dem Ausmaß oder der Intensität von Dimensionen der Organisationsstruktur ($O_{1,2,...,j,...,m}$) (vgl. Abb. 4–7).

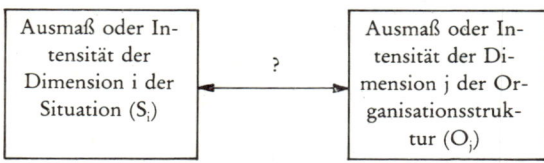

Abb. 4–7. Umfangs- oder intensitätsmäßiger Zusammenhang zwischen Situations- und Strukturdimensionen

So fragen wir z. B. nach dem Zusammenhang zwischen
– dem Ausmaß der Produktiversifikation und dem Ausmaß an formaler
  Planung,
– dem Ausmaß der Komplexität der Fertigungstechnologie und dem Ausmaß an Koordination durch Selbstabstimmung,
– der Intensität des Konkurrenzdrucks und dem Ausmaß an Delegation von
  Entscheidungsbefugnissen.

Die Antworten, die der empirisch ausgerichtete situative Ansatz auf diese
Fragen gibt, beziehen sich auf *positive und negative Korrelationen* zwischen
den jeweils betrachteten Variablen.

Diese Antworten lauten z. B.:
– Je größer das Ausmaß der Produktdiversifikation, desto größer das
  Ausmaß an formaler Planung (positive Korrelation);
– je größer das Ausmaß der Komplexität der Fertigungstechnologie, desto
  geringer das Ausmaß an Koordination durch Selbstabstimmung (negative
  Korrelation);
– je größer die Intensität des Konkurrenzdrucks, desto größer das Ausmaß
  an Delegation von Entscheidungsbefugnissen (positive Korrelation).

Wir erfahren also beispielsweise, daß Organisationen, die viele verschiedene
Produkte anbieten, mehr Gebrauch von dem Koordinationsinstrument
Planung machen als Organisationen mit wenigen Produkten. Wir erfahren
jedoch nicht, *welche* Produkte die Unternehmungen anbieten und *welche*

Pläne erstellt werden. Der Verzicht auf diese *inhaltlichen* Informationen ist der Preis für die größere Allgemeingültigkeit einer umfangmäßigen oder intensitätsmäßigen Betrachtung. Diese Allgemeingültigkeit wird möglich, indem von nicht direkt vergleichbaren inhaltlichen Details abstrahiert wird und sich die Betrachtung auf die umfang- und intensitätsmäßigen Aspekte beschränkt.

Erst durch die Definition aller betrachteten Dimensionen als echte Variablen und die Analyse von Korrelationen können generelle Zusammenhänge aufgezeigt werden, die über den Einzelfall hinausgehen. Gleichzeitig führt diese Konzentration auf umfang- und intensitätsmäßige Aspekte dazu, daß Korrelationen zwischen Situations- und Strukturdimensionen stets nur *globale* und teilweise recht *abstrakte* Beziehungen aufzeigen, unter denen man sich nicht mehr unmittelbar konkrete Situationen vorstellen kann. Oft befriedigen sie unser Bedürfnis, bestimmte Zusammenhänge zu *verstehen*, nicht vollkommen. Solche Korrelationen schaffen jedoch einen unverzichtbaren Ausgangspunkt für die Erklärung von Unterschieden in den realen Organisationsstrukturen. Die in dem *Umfang* und der *Intensität* einzelner Arten von organisatorischen Regelungen gefundenen Unterschiede müssen in einem *zweiten Schritt* dann jedoch *inhaltlich* präzisiert werden, wenn sie vollständig verstanden und bei organisatorischen Gestaltungsentscheidungen im Einzelfall angewendet werden sollen. Dies ist grundsätzlich möglich, da die Datenerhebung zumeist an den inhaltlichen Aspekten ansetzt. So wird zur Erfassung des Ausmaßes an formaler Planung beispielsweise festgestellt, welche Pläne wie oft erstellt werden, und zur Bestimmung der Konkurrenzintensität wird nach der Preisempfindlichkeit, nach der Bedeutung von Produktqualitäten, Serviceleistungen u. ä. gefragt. Erst bei der Datenaufbereitung (der Skalierung) erfolgt die Abstraktion und Umformung auf umfangmäßige und intensitätsmäßige Aspekte, damit die Einzelfälle in eine bestimmte Ordnung gebracht werden können.

> *Für die in diesem Kapitel folgenden Analysen wollen wir festhalten, daß uns die umfangmäßige oder intensitätsmäßige Betrachtung wichtige Anhaltspunkte für die Identifizierung regelmäßiger Beziehungen zwischen Situations und Strukturdimensionen erlaubt und eine erste Erklärung von Unterschieden zwischen realen Organisationsstrukturen ermöglicht, daß diese Zusammenhänge in den meisten Fällen jedoch noch einer inhaltlichen Präzisierung bedürfen, bevor die Zusammenhänge wirklich verstanden und praktisch genutzt werden können.*

Das zweite Problem ist weniger grundsätzlicher Art, sondern einerseits durch den gegenwärtigen Stand statistischer Auswertungsverfahren und andererseits dadurch bedingt, daß man auch komplexe simultane Zusammenhänge immer nur der Reihe nach darstellen kann. Da sowohl die Situation als auch die Struktur mehrdimensional sind, müssen wir bei der Analyse des Zusammenhanges zwischen Situation und Struktur stets die Einflüsse aller Situationsdimensionen auf alle Strukturdimensionen untersuchen, wie wir es in Abb. 4–2 bereits angedeutet haben.

Bei der Auswertung dieser Beziehungszusammenhänge zeigt sich zwar stets, daß nicht alle Situationsdimensionen alle Strukturdimensionen beeinflussen, in der Regel wirkt jede Situationsdimension jedoch auf *mehrere* Strukturdimensionen und jede Strukturdimension wird von *mehreren* Situationsdimensionen beeinflußt. Diesen *multiplen Beziehungen* ist bei der Auswertung durch multivariate Verfahren Rechnung zu tragen. Da es jedoch keine allgemein anerkannten Verfahren gibt, die es erlauben, *simultan* die Einflüsse mehrerer unabhängiger Variablen auf mehrere abhängige Variablen zu ermitteln, muß die Analyse *in mehreren Schritten* erfolgen. Dabei kommen zwei verschiedene Vorgehensweisen in Betracht:

a) Man geht von den *Situations*dimensionen aus und untersucht schrittweise, auf welche Strukturdimensionen ($O_{1,2, \ldots ,j, \ldots ,m}$) die Variable S_1 wirkt, auf welche Strukturdimensionen die Variable S_2 wirkt usw. Solche Wirkungen oder Einflüsse liegen dann vor, wenn sich für eine Kombination $S_i O_j$ ein Korrelationskoeffizient ergibt, den wir für ausreichend hoch und signifikant erachten. Aufgrund dieser Analysen kommen wir zu Aussagen, die sich wie folgt darstellen lassen:

$$S_1 \rightarrow O_1 \quad , O_3 \quad , O_5$$
$$S_2 \rightarrow O_1, O_2 \quad , O_4$$
$$S_3 \rightarrow \quad O_2, O_3 \quad , O_5$$
$$\vdots$$

b) Man geht von den *Struktur*dimensionen aus und untersucht, welche Situationsdimensionen ($S_{1,2, \ldots ,i, \ldots ,n}$) auf die Dimension O_1 wirken, welche auf die Dimension O_2 wirken usw. Auf diese Weise gelangt man zu Aussagen über jeweils sämtliche Einflußgrößen einer einzelnen Strukturdimension, die in die Form funktionaler Abhängigkeiten gebracht werden können:

$$O_1 = f (S_1, S_2 \quad , S_4 \quad)$$
$$O_2 = f (\quad S_2, S_3 \quad , S_5)$$
$$O_3 = f (\quad S_3, S_4 \quad)$$
$$\vdots$$

Die Vorgehensweise (a) zeigt, auf welche Strukturdimension jede einzelne Situationsdimension wirkt. Aus jeder einzelnen Zeile sieht man, welche Arten organisatorischer Regelungen betroffen sind, wenn sich die betreffende Situationsdimension ändert. Aus dem Vergleich mehrerer Zeilen wird darüber hinaus sichtbar, welche Strukturdimensionen von mehreren Situationsdimensionen beeinflußt werden (in unserem Beispiel wird O_1 von S_1 und S_2, O_2 von S_2 und S_3, O_3 von S_1 und S_3, O_5 von S_1 und S_3, O_4 aber nur von S_2 beeinflußt). Man sieht jedoch *nicht*, ob sich die Einflüsse mehrerer Situationsvariablen auf dieselbe Strukturdimension *verstärken* oder *gegenseitig aufheben* (*Nettoeffekte* der Situationsdimensionen).

Die Vorgehensweise (b) macht demgegenüber deutlich, welche Situationsvariablen insgesamt eine einzelne Strukturdimension beeinflussen. Mit Hilfe partieller Korrelationsanalysen können davon ausgehend die Nettoeffekte bestimmt werden, und mit Hilfe multipler Regressionsanalysen kann festgestellt werden, welcher der stärkste Einflußfaktor, der zweitstärkste Einflußfaktor usw. für jede Strukturdimension ist (vgl. zu diesen Verfahren Anhang A und B).

Von der *Aussagefähigkeit* her ist die Vorgehensweise (b) daher vorzuziehen. Hinsichtlich des *didaktischen Vorgehens* bei der Wiedergabe von Ergebnissen hat sie jedoch den Nachteil, daß in den einzelnen Abschnitten über jede Strukturdimension einige Situationsdimensionen wiederholt beschrieben werden müssen, während andere neu einzuführen sind. Auf diese Weise wird der Überblick über die einzelnen Situationsdimensionen sehr erschwert. Da diese Situationsdimensionen jedoch den Kernpunkt des situativen Ansatzes darstellen, wollen wir sie in diesem Kapitel in den Vordergrund stellen. Daher gehen wir von den Situationsdimensionen aus (Vorgehensweise (a)). Um die aufgezeigten Nachteile der Vorgehensweise (a) zu überwinden, werden wir in den einzelnen Abschnitten jeweils wichtige zusätzliche Situationsdimensionen durch die Berechnung partieller Korrelationen berücksichtigen, und zum Abschluß dieses Kapitels erfolgt eine Zusammenfassung, die die multiplen Beziehungen noch einmal aus der Gesamtschau sichtbar macht. Auf diese Weise können wir die didaktischen Vorteile der Vorgehensweise (a) mit den Vorteilen der höheren Aussagefähigkeit der Vorgehensweise (b) verbinden (zur Anwendung der zweiten Vorgehensweise für die Erklärung ausgewählter Strukturdimensionen vgl. Pugh u. a. 1969a, Child 1973b und Kieser 1973).

4.2. Die Einflüsse der wichtigsten Situationsdimensionen auf die Organisationsstruktur

Nach den vorangegangenen konzeptionellen und methodischen Ausführungen wollen wir uns nun den gegenwärtig vorliegenden empirischen Forschungsergebnissen zuwenden. Dabei konzentrieren wir uns auf die Diskussion der Einflüsse derjenigen Situationsdimensionen, die in jeweils mehreren Untersuchungen erfaßt und analysiert worden sind. Wie wir in Abschnitt

4.1.1.4. bereits betont haben, gibt es sicherlich noch weitere Dimensionen der Situation, die auf die formalen Organisationsstrukturen einwirken. Die Auswahl, die wir getroffen haben, bezieht sich nur auf die *nach dem gegenwärtigen Erkenntnisstand als besonders relevant einzustufenden Situationsdimensionen*. Diese Dimensionen charakterisieren in erster Linie *gewerbliche Organisationen* und dabei vor allem *Industriebetriebe*. Nur vereinzelt werden Behörden berücksichtigt, und freiwillige private Vereinigungen bleiben fast unberücksichtigt. In dieser Schwerpunktbildung liegt also eine weitere Begrenzung unserer Darstellung.

Bei der Darstellung der Einflüsse der einzelnen Situationsdimensionen müssen wir berücksichtigen, daß die als abhängige Variablen betrachteten Strukturdimensionen nicht unabhängig voneinander sind. In Abschnit 3.4. wurde herausgestellt, daß vor allem die Art und der Umfang der Spezialisierung als Einflußfaktoren der übrigen Strukturdimensionen zu begreifen sind. Berücksichtigt man diesen Umstand, so ist davon auszugehen, daß die Situationsdimensionen die Koordinationsinstrumente *direkt* und *indirekt*, d. h. über den Spezialisierungsgrad, beeinflussen können (vgl. Abb. 4–8). Daher wollen wir bei jeder Situationsdimension zuerst untersuchen, wie sie den Spezialisierungsgrad beeinflußt, und anschließend ihre direkten und indirekten Auswirkungen auf die übrigen Strukturdimensionen (Koordination, Entscheidungsdelegation und Formalisierung) analysieren, wobei uns der Koordinationszusammenhang besonders interessiert.

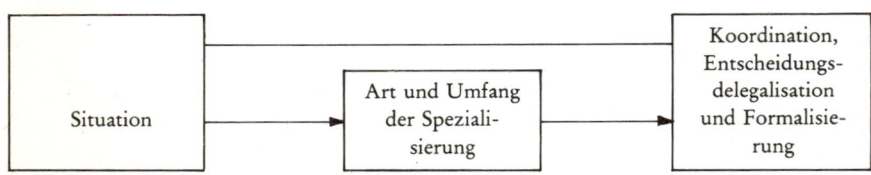

Abb. 4–8. Direkte und indirekte Einflüsse der Situation auf einzelne Strukturdimensionen

4.2.1. Leistungsprogramm

Die interne Situation einer Organisation wird nach herrschender Auffassung am stärksten durch die Leistungen bestimmt, die die Organisation erbringen soll *(Leistungsprogramm)* bzw. die sie der Umwelt und/oder ihren Mitgliedern anbietet *(Angebotsprogramm)*. Da die Organisationsstruktur ein Mittel ist, um die Aktivitäten der Organisationsmitglieder auf die gemeinsame Erstellung dieser Leistungen auszurichten, liegt es auch nahe, in den jeweils zu erstellenden Leistungen einen wichtigen Einflußfaktor auf die Form der Organisationsstruktur zu sehen. In diesem Sinne untersucht die Organisationssoziologie den Zusammenhang zwischen *Organisationszielen* und -strukturen; die betriebswirtschaftliche Organisationslehre spricht von der *Betriebsaufgabe* oder dem *Sachziel* und sieht hierin den Ausgangspunkt der organisatorischen Gestaltung. Die Unterschiede und Gemeinsamkeiten dieser beiden Definitionen des Leistungsprogramms sind geeignet, die Beziehungen zwischen den „klassischen" soziologischen und betriebswirtschaftlichen Ansätzen aufzuzeigen. Sie sollen deshalb einer kurzen Analyse unterzogen werden.

4.2.1.1. *Zum Zusammenhang zwischen Leistungsprogramm, Organisationsziel und Aufgabe*

Wie wir im ersten Kapitel ausgeführt haben, sind Organisationen *zweckgerichtete* soziale Gebilde. Der Zweck besteht generell in der Erbringung bestimmter *Leistungen*, die von einzelnen Individuen nicht oder nur mit wesentlich größerem Aufwand erbracht werden können. In freiwilligen Vereinigungen handelt es sich dabei um unmittelbare Leistungen *für die Mitglieder* (z. B. Meinungsaustausch und gemeinsame Interessenvertretung im Verein der Kaninchenzüchter, dem Bundesverband der Eisen- und Stahlindustrie oder der IG-Metall). In erwerbswirtschaftlichen Organisationen handelt es sich hingegen um die Bereitstellung von Sachgütern oder Dienstleistungen für die Umwelt (den Markt) gegen Entgelt. Auf diese Leistungen sind die Tätigkeiten der Organisationsmitglieder – sei es durch freiwillige Vereinbarung oder durch „Herrschaft" – ausgerichtet, und ihrer Erreichung dient die Organisationsstruktur. Diese Gedanken finden wir in hoher Übereinstimmung in der Organisationssoziologie und in der betriebswirtschaftlichen Organisationslehre.

– Die *Organisationssoziologie* spricht in diesem Zusammenhang von dem *Organisationsziel* (vgl. Abschnitt 1.1.2.). Auf die Erreichung des Organisationszieles werden die Aktivitäten der Organisationsmitglieder mittels der Organisationsstruktur ausgerichtet, und unterschiedliche Organisationsziele bedingen dabei in der Regel unterschiedliche Organisationsstrukturen. Diesen Zusammenhang haben Organisationssoziologen zumeist entweder konzeptionell oder anhand von Einzelfallstudien herausgearbeitet (vgl. z. B. Selznick 1949 und 1957, Clark 1956, Parsons 1956, Eisenstadt 1959, Wilson 1962). Auf den generellen Zusammenhang hat auch schon Max Weber hingewiesen. Er zeigte, daß Organisationen mit erwerbswirtschaftlichen Zielen zumeist bürokratische Strukturen aufweisen, während freiwillige Verbände, deren Leistungen den Mitgliedern

unmittelbar zugute kommen sollen, in der Regel nichtbürokratische Strukturen (Wahl der Leitung für relativ kurze Zeiträume, kollegiale Führung,
strenge Kontrolle durch die Mitgliederversammlung u. a. m.) besitzen
(Weber 1972, S. 169 f.) Solche generellen Zusammenhänge sind von einigen Autoren aufgegriffen worden, indem *Taxonomien von Organisationszielen* entwickelt und den einzelnen Zieltypen jeweils bestimmte Strukturtypen zugeordnet wurden. Da es diesen Autoren jedoch darum ging, die
Gesamtheit aller Organisationen (vom Skatclub bis zu supranationalen
Organisationen wie der UNO) zu ordnen, sind die einzelnen Klassen oder
Typen sehr breit angelegt. In der Regel wird nur eine einzige Klasse für
Unternehmungen gebildet. So sprechen z. B. Blau und Scott (1963, S.
42 ff.) von „business concerns" und Katz und Kahn (1966, S. 111 ff.) von
„production or economic organzations". Auf diese Weise werden zwar
Unterschiede zwischen Unternehmungen einerseits und privaten Vereinigungen oder staatlichen Behörden andererseits herausgestellt. Die vielfältigen Variationen innerhalb der Klasse der Unternehmungen, die uns hier in
erster Linie interessieren, werden dabei jedoch vernachlässigt.

– Die *betriebswirtschaftliche Organisationslehre*, die sich auf Unternehmungen konzentriert, verzichtet darauf, einzelne Zieltypen zu unterscheiden
und ihnen bestimmte Strukturtypen zuzuordnen. Zwar betont auch sie,
daß die Organisationsstruktur auf das *Sachziel* oder die Betriebs-*Aufgabe*
ausgerichtet werden soll (vgl. Abschnitt 2.1.2.). Sie zeigt jedoch in erster
Linie, *wie* diese Ausrichtung grundsätzlich erfolgen kann. Die *Aufgabe*
eines Betriebes als sachlich-inhaltliche Komponente seines Zielsystems, die
im Gegensatz zu dem verfolgten Anspruchsniveau (Formalziel) auch als
Sachziel bezeichnet wird (vgl. Kosiol 1966, S. 212 f. oder Grochla 1972, S.
38 f.), soll den Ausgangspunkt aller organisatorischen Überlegungen darstellen (vgl. Kosiol 1969 sowie Nordsieck und Nordsieck-Schröer 1969).
Die Betriebsaufgabe wird solange in Teilaufgaben zerlegt, bis den einzelnen Organisationsmitgliedern Stellenaufgaben zugewiesen werden können
(Arbeitsteilung), und anschließend werden Regeln aufgestellt, die sicherstellen sollen, daß die einzelnen Stellenaufgaben auch so erfüllt werden,
daß die Gesamtaufgabe einem bestimmten Anspruchsniveau (Formalziel)
gemäß erfüllt wird. Zwar kommt auf diese Weise zum Ausdruck, daß
unterschiedliche Aufgaben auch zu unterschiedlichen Strukturen führen
können; welche Strukturen mit welchen Aufgaben zu verbinden sind, wird
jedoch nicht ausgeführt.

Diese Gegenüberstellung zeigt, daß zwar einheitlich die Auffassung vertreten
wird, daß die Ziele einer Organisation einen oder gar den wesentlichen
Bezugspunkt für ihre Struktur darstellen. Aus unterschiedlichen Gründen
wird dieser Zusammenhang in seinen Einzelheiten jedoch nicht befriedigend
geklärt. Der auf alle Arten von Organisationen bezogene typologische An-

satz der Organisationssoziologie läßt die vielfältigen Variationen in der
Klasse der Unternehmungen unberücksichtigt, und der mehr methodisch
ausgerichtete Ansatz der betriebswirtschaftlichen Organisationslehre legt
sich nicht auf bestimmte Zielinhalte und ihnen zuzuordnende Strukturen
fest.

Der Grund dafür, daß solche detaillierten Zuordnungen nicht vorgenommen
werden, liegt vor allem darin, daß die Begriffe Ziel und Aufgabe selbst
äußerst vage sind. Ein Zusammenhang zwischen einem Ziel und der zu seiner
Erreichung geeigneten Struktur kann erst hergestellt werden, wenn neben
den zu erbringenden *Leistungen* im Sinne eines angestrebten Outputs auch
die *Bedingungen* spezifiziert werden, unter denen das Ziel zu erreichen ist,
und wenn die Strategien festgelegt sind, die zu seiner Realisierung führen.
Die Bedeutung dieser ergänzenden Informationen soll an einem Beispiel
erläutert werden:

> Zwei Unternehmungen verfolgen das Ziel, Automobile zu produzieren.
> Unternehmung A befindet sich in einem hochentwickelten Industrieland. Die Nachfrage
> nach Automobilen ist groß, der Markt wird jedoch von vielen miteinander konkurrieren-
> den Anbietern bedient. Um die Preise niedrig zu halten, kommt nur eine stark mechani-
> sierte Fertigung infrage, und die starke Konkurrenz erfordert auch intensive Marketing-
> bemühungen. Um Marktanteile ausbauen und den staatlichen Sicherheitsbestimmungen
> genügen zu können, sind große Forschungsbemühungen zur Verbesserung der Produkte
> erforderlich.
> Unternehmung B befindet sich in einem durch Rohstoffvorkommen reichen Entwick-
> lungsland. Sie ist der einzige nationale Anbieter und beliefert in erster Linie die
> Regierung. Die Regierung ist stolz auf die eigene nationale Automobilproduktion und
> schützt sie durch hohe Zölle vor Importkonkurrenz. Alle Automobile werden aufgrund
> von Aufträgen der Regierung gefertigt, so daß Marketingbemühungen nicht notwendig
> sind. Da nur relativ wenige Aufträge eingehen, erfolgt eine Einzelfertigung mit einem
> hohen Anteil von Handarbeit.

Obwohl also beide Unternehmungen das gleiche Sachziel im Sinne der
Organisationslehre verfolgen (die gleiche Aufgabe besitzen), unterscheiden
sie sich ohne Zweifel ganz erheblich in ihrer Struktur. Die Erklärung liegt
darin, daß sie zwar *gleiche Ziele* verfolgen, sich aber dennoch in einer
unterschiedlichen Situation befinden.

Welche Beziehung besteht nun zwischen dem Ziel und der Situation
einer Organisation?

Das *Ziel* im Sinne der angebotenen oder zu erstellenden Leistungen (outputs)
ist nur ein *einzelner,* wenn auch der *wichtigste* Bestandteil der Situation einer
Organisation. Wenn feststeht, welche Leistungen zu erbringen sind, so
müssen in einem weiteren Schritt die marktlichen, technologischen, gesell-

schaftlichen und politischen *Bedingungen* ermittelt werden, unter denen das Ziel erreicht werden soll, und es sind die *Strategien* zur Zielerreichung (Fertigungstechnologie, Vertriebssystem, Forschung und Entwicklung usw.) festzulegen. Diese Bedingungen und Strategien können allerdings erst dann bestimmt werden, wenn ein Ziel vorgegeben ist. Das Ziel ist somit eine *notwendige erste* Fixierung der Situation, die jedoch um Bedingungen und Strategien ergänzt werden muß, damit die Situation vollständig beschrieben werden kann.

Diese Auffassung von Organisationszielen als notwendigen, aber nicht hinreichenden Elementen der organisatorisch relevanten Situation liegt dem empirisch fundierten *situativen Ansatz* zugrunde. Er betrachtet daher das Ziel im Sinne des Leistungsprogramms als einen wichtigen Bestandteil der Situation. Neben dem Leistungsprogramm untersucht er jedoch noch die Einflüsse weiterer Bestandteile der internen und externen Situation.

> *Daher können wir festhalten, daß der situative Ansatz die in der Organisationssoziologie und in der betriebswirtschaftlichen Organisationslehre verwendeten vagen Begriffe Ziel und Aufgabe präzisiert, indem er sie auf einen engeren konkreten Inhalt (Zusammensetzung des Leistungsprogramms) begrenzt und durch eine Reihe weiterer Situationsbestandteile ergänzt, die insgesamt die organisatorisch relevante Situation bilden.*

4.2.1.2. Die Erfassung des Leistungsprogramms

Wie alle im situativen Ansatz enthaltenen Variablen kann das Leistungsprogramm grundsätzlich unter inhaltlichen oder unter formalen Aspekten betrachtet werden (vgl. Abschnitt 3.4.1. und 4.1.3.). Da dieser Unterschied im Zusammenhang mit dem Leistungsprogramm ganz besondere Bedeutung hat, wollen wir ihn in diesem Zusammenhang noch einmal kurz analysieren.

(1) Inhaltliche und formale Aspekte des Leistungsprogramms

Wir haben bisher stets herausgestellt, daß es darauf ankommt, *welche* Leistungen eine Organisation anbietet oder erbringen soll. Dabei handelt es sich ohne Zweifel um die Frage nach den *Zielinhalten*.

> Wie könnte eine inhaltliche Beschreibung von Leistungsprogrammen aussehen?

Eine inhaltliche Beschreibung von Leistungsprogrammen läuft auf die Angabe der *Art* der angebotenen oder zu erstellenden Leistungen hinaus. Will man dabei nicht jeden Einzelfall mit eigenen Worten skizzieren, sondern generelle Aussagen machen, so benötigt man ein *Klassifikationsschema* der in der Realität von Betrieben gebotenen Leistungen, in das man die Einzelfälle einordnen kann. Eine solche Klassifikation der Leistungen („outputs") von Betrieben verwendet Khandwalla (1976, Kapitel 8) in seiner Darstellung des situativen Ansatzes (vgl. Abb. 4–9).

Klasse	*Beispiele*
– *Sachgüter*	
○ kurzlebige Konsumgüter	Lebensmittel, Textilien
○ dauerhafte Konsumgüter	Elektrogeräte, Automobile
○ Investitionsgüter	Maschinen, Gebäude
○ Rohstoffe	Baumwolle, Kohle, Stahl
– *Dienstleistungen*	
○ Leistungen gegen Einzelbezahlung	Banken, Versicherungen, Verkehr
○ Leistungen gegen pauschale Bezahlung	Gewerkschaften
○ Leistungen ohne Bezahlung	Caritative Organisation

Abb. 4–9. Klassifikation betrieblicher Leistungen („outputs") nach Khandwalla (1976)

Solche Klassifikationen laufen letztlich auf eine Unterscheidung zwischen verschiedenen *Branchen* heraus, wie wir sie in der Amtlichen Statistik in einer sehr detaillierten Gliederung finden.

Es kann kein Zweifel daran bestehen, daß sich in den einzelnen Branchen unterschiedliche typische Organisationsstrukturen herausgebildet haben und daß die Branchenzugehörigkeit daher organisatorisch relevant ist. Schon Schmalenbach (1959, S. 9 ff.) hat auf die organisatorische Bedeutung unterschiedlicher „Geschäftszweige" hingewiesen (vgl. hierzu Grochla 1973a). Es ist jedoch zu fragen, ob der Branchenbegriff nicht ähnlich vage ist wie die Begriffe „Aufgabe" und „Ziel". Einzelne Branchen sind zumeist auch durch bestimmte Technologien, bestimmte Konkurrenzverhältnisse u. ä. gekennzeichnet.

Sind Unterschiede in den Organisationsstrukturen von Unternehmungen verschiedener Branchen dann *nur* auf die jeweiligen Leistungsprogramme zurückzuführen, die den Branchen ihren Namen geben, oder auf die gesamte branchentypische Situation?

Bei einem Branchenvergleich vermischen sich stets die verschiedenen Situationsdimensionen, die der situative Ansatz gerade auseinanderhalten will. Dies ist jedoch nicht der einzige Nachteil einer Bezugnahme auf Branchen. Zwar gibt es für viele Branchen typische Technologien, Konkurrenzverhältnisse usw., aber dennoch zeigen sich stets auch Variationen zwischen Unternehmungen der gleichen Branche. Außerdem hat Child gezeigt (1973a), daß es unabhängig von der Branche größenspezifische Unterschiede in den Organisationsstrukturen gibt. Und ein weiteres Problem besteht darin, daß vor allem größere Unternehmungen in zunehmendem Maße in mehreren Branchen tätig sind und daher einzelnen Klassen gar nicht mehr zugeordnet werden können.

Neben diesen konzeptionellen Schwierigkeiten bringt eine Bezugnahme auf Branchenklassifikationen auch eine erhebliche Begrenzung in den anwendbaren statistischen Auswertungsverfahren mit sich. Wenn wir die Unternehmungen einer Stichprobe einzelnen Branchen zuordnen und einen Strukturvergleich zwischen verschiedenen Branchen vornehmen, können wir z. B. nur feststellen, daß Unternehmungen der Nahrungsmittelindustrie die gleiche Struktur haben wie Unternehmungen der Waschmittelindustrie und andere Strukturen als Unternehmungen des Maschinenbaus. Wir können aber nicht untersuchen, ob etwa das Ausmaß an Delegation von Entscheidungsbefugnissen *stärker* von der Branche, der Größe, dem Alter der Unternehmungen oder der Streuung der Eigentumsanteile beeinflußt wird, da qualitative Merkmale wie die Branchenzugehörigkeit nicht mit solchen quantitativen Merkmalen in einer einzigen Funktionsgleichung gemeinsam berücksichtigt werden können (vgl. Abschnitt 4.1.3.).

Diese konzeptionellen und auswertungstechnischen Probleme einer inhaltlichen Erfassung des Angebotsprogramms durch eine Branchenklassifikation haben dazu geführt, daß im situativen Ansatz vorwiegend *formale* Merkmale zur Erfassung des Leistungsprogramms verwendet werden. Formale Merkmale abstrahieren entweder von den inhaltlichen Aspekten der angebotenen Leistungen oder übersetzen diese Inhalte in skalierbare Merkmale, die für jedes Programm ermittelt werden können. Eine solche Abstraktion liegt vor, wenn solche Größen wie *Anzahl* und *Verschiedenartigkeit* (Heterogenität) der in den Programmen enthaltenen Leistungen oder *Distanz der Produkte von den Endverbrauchern* erfaßt werden.

Die Erfassung formaler Merkmale bietet sich vor allem für solche Unternehmungen an, die in mehreren Branchen tätig sind. Da sie umfangmäßig formuliert sind, können sie auch mit den übrigen umfangmäßig definierten Situationsdimensionen gemeinsam in ihren Auswirkungen auf die Organisationsstruktur analysiert werden. Und sie sind organisatorisch relevant, da beispielsweise die Heterogenität des Leistungsprogramms die Arbeitsteilung und damit auch die Koordination beeinflußt.

Daher wollen wir uns diesen und anderen Merkmalen zur Erfassung des Leistungsprogramms nun zuwenden, indem wir zwei Ansätze näher betrachten. Auf der einen Seite handelt es sich um den von Pugh u. a. (1969a) unternommenen Versuch, eine aus mehreren Einzelmerkmalen zusammengesetzte Beschreibung von Leistungsprogrammen zu entwickeln, auf der anderen Seite um die Erfassung eines formalen Teilaspektes, nämlich des *Diversifikationsgrades* von Leistungsprogrammen.

(2) Der Operationalisierungsversuch von Pugh u. a.

Unter dem Begriff „*Charter*" verstehen Pugh u. a. die Ziele, die gesellschaftlichen Funktionen, die Ideologie und das Wertsystem von Organisationen, die ihre Aktivitäten und ihre Struktur bestimmen (1969a, S. 99). Es handelt sich also um Organisationsziele und -zwecke im weitesten Sinne. Um diesen recht komplexen Aspekt zu operationalisieren und auf vergleichbare Teildimensionen zurückzuführen, sind insgesamt sieben Merkmale definiert worden, die a priori in zwei Gruppen gegliedert waren. Vier Merkmale charakterisieren die Ziele oder Zwecke hinsichtlich des *Outputs* von Organisationen im Sinne der angebotenen oder zu erstellenden Leistungen, und drei Merkmale beziehen sich auf die „ideologischen" Aspekte der Zielsetzung, die man auch als *Unternehmungsphilosophie* bezeichnen kann (vgl. Abb. 4–10). Alle diese Merkmale sind so skaliert, daß höhere Werte eine höhere Komplexität des Organisationszieles ausdrücken. So erhält eine Zugehörigkeit zum Investitionsgütersektor beispielsweise einen höheren Wert als eine Zugehörigkeit zum Konsumgütersektor, da angenommen wird, daß die Zielsetzungen im Investitionsgütersektor grundsätzlich komplexer sind.

Merkmale des Outputs
(1) Anzahl der unterschiedlichen Leistungen,
(2) Leistungstyp I: Sachgüter oder Dienstleistungen,
(3) Leistungstyp II: Konsum- oder Investitionsgüter,
(4) Ausmaß der Kundenorientierung (von standardisierten Massengütern für einen anonymen Markt bis zur Auftragsarbeit nach spezifizierten Kundenwünschen).

Merkmale der Unternehmungsphilosophie
(5) Wertbezug (Betonung der Qualitäten der Organisation selbst und/oder ihres Outputs),
(6) Programmpolitik (Verringerung oder Ausweitung des Programmumfanges),
(7) Ausmaß der Kundenselektion (Lieferung an jedermann, an bestimmte oder an genau vorgeschriebene Kunden).

Abb. 4–10. Teildimensionen des Leistungsprogramms („charter") nach Pugh u. a. (1969a)

In der Stichprobe von Pugh u. a., die z. B. Unternehmungen der Metall-, Elektro-, Automobil-, Nahrungsmittel- und Papierindustrie sowie Versicherungen, Banken, Verkehrsbetriebe, Handelsketten und kommunale Behörden umfaßt (vgl. Pugh u. a. 1968, S. 68), korrelierten diese Merkmale teilweise erheblich miteinander (vgl. Pugh u. a. 1969a, S. 100). Daher wurden sie einer Faktorenanalyse unterzogen, um die insgesamt sieben Merkmale ihren Korrelationen entsprechend zu wenigeren Faktoren zusammenzufassen. Dabei wurden zwei Faktoren gebildet. Im ersten Faktor, den Pugh u. a. *Variabilität des Leistungsprogramms* („operating variability") nennen, dominieren die Merkmale (2), (3), (4) und (5). Die Autoren interpretieren die hohen Korrelationen zwischen diesen Skalen damit, daß alle diese Skalen Tatbestände einer durch *Kundenorientierung hervorgerufenen Variabilität des Angebotsprogramms* erfassen. Den höchsten Wert auf einer Skala, die durch eine gewichtete Addition der vier Teilfaktoren gebildet wurde, nahm eine Unternehmung ein, die Bauteile für Investitionsgüter herstellt, und den niedrigsten Wert wies eine lokale Schulbehörde auf. Der zweite Faktor wurde „operating diversity" *(Diversifikation des Leistungsprogramms)* genannt. In ihm dominierten die Merkmale (1), (5), (6) und (7), die sich auf die Anzahl der angebotenen Leistungen und die entsprechende Unternehmungspolitik beziehen.

Mit diesem Ansatz haben Pugh u. a. eine ganze Reihe von inhaltlichen und formalen Aspekten des Leistungsprogramms zu zwei Dimensionen zusammengefaßt. Die Entscheidung darüber, ob ein solcher komplexer Operationalisierungsversuch geeignet ist, die wichtigen Aspekte des Leistungsprogramms einzufangen, hängt letztlich davon ab, ob diese beiden Dimensionen mit den organisatorischen Strukturmerkmalen korrelieren und ihre Varianz erklären. Mit einem Blick auf die übrigen in diesem Kapitel behandelten Bestimmungsfaktoren ist festzustellen, daß die als Variabilität des Leistungsprogramms bezeichneten Aspekte sehr eng mit den jeweiligen Marktverhältnissen zusammenhängen, die bei der Behandlung des Bestimmungsfaktors Konkurrenzintensität angesprochen werden. Es stellt sich daher die Frage, ob der Aspekt der Variabilität des Leistungsprogramms nicht unter dieser marktbezogenen Perspektive erfaßt werden sollte – eine Perspektive, die Pugh u. a. nicht berücksichtigt haben – und ob die Behandlung des Leistungsprogramms nicht auf den Diversifikationsaspekt zu beschränken ist.

(3) Ansätze zur Operationalisierung des Diversifikationsgrades

Auf die Bedeutung des Diversifikationsgrades des Leistungsprogramms für die Organisationsstruktur hat vor allem Chandler (1962) hingewiesen. In einer Analyse der Entwicklung großer amerikanischer Konzerne wie Du

Pont, General Motors, Standard Oil u. a. hat er gezeigt, daß die tiefgreifenden Änderungen in der Organisationsstruktur (insbesondere Divisionalisierung) stets auf eine Ausweitung des Leistungsprogramms auf neue Produktarten folgten. Solche Ausweitungen des Leistungsprogramms sind strategische Reaktionen auf Absatzschwierigkeiten in den jeweils bestehenden Märkten einer Unternehmung oder antizipative Strategien der Risikostreuung und Risikovermeidung. In diesem Sinne spricht man von einer *Produktdiversifikation*. Daneben wird teilweise auch von einer *geographischen Diversifikation* gesprochen, wenn Unternehmungen ihre bisherigen Produkte auf neuen (Auslands-)Märkten absetzen. Ein typisches Beispiel für Unternehmungen mit einem hohen Ausmaß an geographischer Diversifikation sind die multinationalen Unternehmungen. Im folgenden wollen wir uns jedoch auf die Produkt-Diversifikation beschränken, da in der organisationstheoretischen Literatur fast ausschließlich nur dieser Aspekt behandelt wird.

Das einfachste Maß zur Erfassung des Ausmaßes an Produkt-Diversifikation ist die Feststellung der Anzahl unterschiedlicher Produkte im Leistungsprogramm einer Unternehmung. Jedoch wirft dieses Maß eine Reihe von Problemen auf. Zunächst ist zu klären, wann Produkte „unterschiedlich" sind. Einfache Variationen in der Größe und Farbe werden in der Regel nicht als Unterschiede aufgefaßt. Abgrenzungsschwierigkeiten bereitet die Tatsache, daß mehrere Produkte vom Rohmaterial, von der Fertigungstechnik und/oder vom Kunden bzw. von der Verwendung her verwandt sein können. Zu einem sehr engen Diversifikationsbegriff gelangt man, wenn man eine Unterschiedlichkeit hinsichtlich aller drei Verwandtschaftsaspekte fordert. Wrigley (1970) hat einen Versuch unternommen, anhand dieser unterschiedlichen Verwandtschaftsaspekte insgesamt sieben Arten der Diversifikation zu unterscheiden. Ein Weg, um diese Abgrenzungsschwierigkeiten zu überwinden, besteht darin, Bezug auf die Branchenklassifikation der Statistischen Ämter zu nehmen und die Anzahl der Klassen zu bestimmen, auf die sich das Leistungsprogramm erstreckt (Berry 1971).

Neben diesen inhaltlichen Abgrenzungsschwierigkeiten besteht ein weiteres Problem darin, daß die verschiedenen Produkte sehr *unterschiedliche Anteile am Gesamtumsatz* einnehmen können und damit unterschiedliche Bedeutung für die Unternehmung und ihre Struktur erlangen. Erforderlich erscheint daher eine Gewichtung der einzelnen Produktarten mit ihren jeweiligen Umsatzanteilen. Um bei einer solchen Gewichtung noch zu einer einzigen Kennzahl für den Diversifikationsgrad zu gelangen, sind verschiedene Ansätze möglich. In der Untersuchung von Kieser (1973) wurden die folgenden zwei Maße berechnet: Das erste besteht in einer Subtraktion des Umsatzanteiles des umsatzstärksten Produktes von Hundert. Ein ähnliches Maß wurde auch von Franko verwendet, das er „percent of sales outside main industry" nennt (vgl. Franko 1974). Auf diese Weise wird der Diversifikationsgrad nicht mehr direkt über die Anzahl der Produkte, sondern über den Umsatzanteil aller Produkte außer dem umsatzstärksten erfaßt. Unternehmungen, deren Angebotsprogramm nur ein Produkt umfaßt, weisen dann einen Wert von Null auf, und Unternehmungen mit einem Hauptprodukt, das einen hohen Umsatzanteil einnimmt, und mehreren anderen, die insgesamt einen geringen Umsatzanteil auf sich vereinigen, gelten dabei als wenig diversifiziert. Etwas komplexer ist das zweite Maß, das die fünf umsatzstärksten Produkte mit ihren Umsatzanteilen erfaßt und nach der folgenden Formel errechnet wird:

Produkt-Diversifikation (komplex) = 1000 − Umsatzanteil des umsatzstärksten Produktes in % · 10 − Umsatzanteil des zweitstärksten Produktes in % · 8 − ... − Umsatzanteil des fünft-umsatzstärksten Produktes in %.

Durch dieses Maß wird sichergestellt, daß bei gleicher Zahl von Produkten diejenige Unternehmung einen höheren Wert erhält, bei der die Umsätze der einzelnen Produkte relativ gleich verteilt sind.

Einen Versuch, solche Abgrenzungs- und Gewichtungsprobleme zu umgehen, stellt die Operationalisierung des Diversifikationsgrades durch Channon dar. Er geht diesen Problemen dadurch aus dem Wege, daß er die von ihm erfaßten Unternehmungen in die folgenden vier Klassen einteilt (vgl. Channon 1973, S. 12 f.):

a) *Ein-Produkt-Unternehmungen (E):* Unternehmungen, in denen mindestens 95% des Umsatzes auf eine Produktgruppe entfallen;

b) *Haupt-Produkt-Unternehmungen (H):* Unternehmungen, deren Angebotsprogramm neben einer Haupt-Produktgruppe noch andere Produktgruppen umfaßt. Diese anderen Produktgruppen können bis zu 30% des Gesamt-Umsatzes auf sich vereinigen; sie können mit der Haupt-Produktgruppe verwandt sein, müssen aber nicht;

c) *Unternehmungen mit verwandten Produktgruppen (V):* Unternehmungen, deren Angebotsprogramm mehrere Produktgruppen umfaßt, die technologisch oder vom Markt her verwandt sind und von denen keine mehr als 70% des Umsatzes ausmacht;

d) *Unternehmungen mit nicht-verwandten Produktgruppen (N):* Unternehmungen, deren Angebotsprogramm Produktgruppen umfaßt, die technologisch und marktlich nicht miteinander verwandt sind und von denen keine einen Umsatzanteil von mehr als 70% aufweist.

4.2.1.3. Zum Zusammenhang zwischen Leistungsprogramm und Organisationsstruktur

Von den im vorangegangenen Abschnitt genannten Operationalisierungen des Angebotsprogramms wurde in Analysen zum Einfluß des Leistungspro-

gramms auf die Organisationsstruktur vor allem der Diversifikationsgrad
berücksichtigt. Für die beiden von Pugh u. a. (1969a) verwendeten komplexen Operationalisierungen konnte kein signifikanter Einfluß auf den Spezialisierungsgrad festgestellt werden (vgl. Child 1973a). Bei den Einflüssen des
Diversifikationsgrades selbst ist zwischen zwei Aspekten des Spezialisierungsgrades zu unterscheiden. Zum einen geht es um den Umfang der
verrichtungsorientierten Spezialisierung und zum anderen um die Art der
Spezialisierung der größten organisatorischen Einheiten. Ein Einfluß des
Diversifikationsgrades auf den Gesamtumfang an verrichtungsorientierter
Spezialisierung konnte nicht festgestellt werden (Kieser 1973).

Hinsichtlich der *Art der Spezialisierung* auf der obersten oder zweitobersten
Hierarchieebene *(Suprastruktur)* wurde vor allem von Chandler (1962) herausgestellt, daß Unternehmungen, die eine Diversifikationsstrategie angewendet haben, von einer Gliederung nach Funktionen zu einer Gliederung
nach Produktbereichen wechseln und somit *divisionalisieren.* Aufgrund seiner historischen Analyse der Divisionalisierungsprozesse großer amerikanischer Unternehmungen wie General Motors, Standard Oil, Sears, Roebuck &
Co., General Electric u. a. in den Jahren 1925, 1927, 1929 bzw. 1934
begründet er diesen Strukturwechsel damit, daß bei stark diversifizierten
Unternehmungen eine Spezialisierung der Unternehmungsführung nach einzelnen Funktionen (Beschaffung, Produktion, Absatz usw.) über alle Produktgruppen hinweg einen zu hohen Koordinationsaufwand erzeugt, der die
Effektivität der Diversifikationsstrategie durch zu lange Kommunikationswege beeinträchtigt. Wie wir bereits ausgeführt haben (S. 71 f.) kann in
diversifizierten Unternehmungen der Koordinationsaufwand dadurch reduziert werden, daß quasi-autonome organisatorische Einheiten für die einzelnen Produktgruppen geschaffen werden und die Instanzen an der Spitze
dieser Bereiche jeweils die Verantwortung für alle auf eine Produktgruppe
bezogenen Funktionen übernehmen. Auf diese Weise kann jeder Divisions-
oder Spartenmanager den jeweiligen Markterfordernissen seiner Produktgruppe entsprechend Beschaffung, Produktion und Absatz koordinieren und
schnell auf Marktänderungen reagieren. Diese Befunde faßt Chandler zu der
These „structure follows strategy" zusammen und nimmt insbesondere an,
daß diversifizierte Unternehmungen als Folge ihrer Diversifikationsstrategie
eine divisionale Organisationsstruktur einführen.

4.2.1.4. Der Einfluß des Leistungsprogramms auf die Spezialisierung: Diver-
sifikation und Divisionalisierung

Der von Chandler behauptete Zusammenhang zwischen Diversifikation und
Divisionalisierung wurde in vielen empirischen Untersuchungen bestätigt,
die mit teilweise sehr unterschiedlichen Diversifikationsmaßen und Divisio-

nalisierungsmaßen gearbeitet haben, und er wurde auch konzeptionell ausführlich begründet (vgl. Poensgen 1973, Welge 1975). Chandler selbst hat eine Querschnittsanalyse der 70 größten US-amerikanischen Unternehmungen des Jahres 1948 durchgeführt und seine Vermutung bestätigt gefunden (vgl. Chandler 1962, S. 324 ff.). Und in der deutschen Untersuchung von Kieser (1973) ergab sich eine positive Korrelation zwischen den beiden genannten Diversifikationsmaßen und der Produktspezialisierung (zur Definition der Produktspezialisierung vgl. Abschnitt 3.3.2.). Ausgehend von der Harvard Universität wurde sogar eine ganze Serie von empirischen Studien gestartet, die mit weitgehend gleichen Methoden und Maßen den Zusammenhang zwischen Diversifikation und Divisionalisierung in verschiedenen Ländern untersuchten. Im einzelnen erstrecken sich diese Untersuchungen auf die jeweils 100 bis 200 größten Industrieunternehmungen in Großbritannien (Channon 1973), den Vereinigten Staaten (Rumelt 1974), der Bundesrepublik Deutschland (Thannheiser 1972), Frankreich (Pooley-Dyas 1972) und Italien (Pavan 1972). Das Ausmaß der Diversifikation wurde in diesen Studien mit der oben erwähnten vierstufigen Klassifikation von Channon erfaßt. Divisionalisierung wurde grundsätzlich in dem von uns im dritten Kapitel definierten Sinne der Spezialisierungsart der größten organisatorischen Einheiten (Suprastrukturen) verstanden. Zusätzlich unterscheidet Channon noch die Holding-Struktur als Übergangsform und die geographisch-divisionalisierte Struktur. Für unsere Zwecke genügt es jedoch, den Anteil der Unternehmungen mit einer Gliederung nach Produktbereichen zu betrachten.

Alle genannten Untersuchungen versuchen, den Zusammenhang zwischen Diversifikation und Divisionalisierung zumindest zunächst aufgrund komparativ-statischer Vergleiche über zwei Jahrzehnte hinweg zu analysieren (vgl. die Zusammenfassung einiger Ergebnisse dieser Studien bei Scott 1973 sowie die zusammenfassende Analyse bei Fahrtmann 1976). Sie vergleichen die Verteilung der Großunternehmungen über die einzelnen Diversifikations- und Strukturklassen in den Jahren 1950, 1960 und 1970 (bzw. 1949, 1959, 1969 bei Rumelt). In Tab. 4–1 sind die Anteile der divisionalisierten Unternehmungen und der diversifizierten Unternehmungen zu diesen Zeitpunkten in den fünf Ländern wiedergegeben. Als diversifiziert bezeichnen wir dabei die Unternehmungen mit mehreren verwandten oder nicht verwandten Produktgruppen, von denen keine mehr als 70% des Gesamtumsatzes ausmacht. Wir betrachten also die beiden letzten Klassen der Klassifikation von Channon. Lediglich der Vollständigkeit halber sind in der Tabelle in einer anderen Spalte auch die Unternehmungen der Haupt-Produkt-Kategorie einbezogen worden, die nach unserer Auffassung jedoch nicht als diversifiziert eingestuft werden sollten.

Aus der Tabelle wird zunächst deutlich, daß in allen Ländern der *Anteil diversifizierter Unternehmungen* und der *Anteil divisionalisierter Unterneh-*

mungen im Betrachtungszeitraum zugenommen hat. Um die Entwicklungen im einzelnen transparenter zu machen, haben wir sie in Abb. 4–11 für jedes Land graphisch dargestellt. Hier wird sichtbar, daß 1950 noch in allen Ländern der Anteil diversifizierter Unternehmungen größer war als der Anteil divisionalisierter Unternehmungen. Gegen Ende der 50er Jahre überstieg der Anteil divisionalisierter Unternehmungen in den USA den der diversifizierten, und die gleiche Entwicklung stellt sich etwa 1965 in Großbritannien und 1969 in Frankreich ein.

Land	Jahr	Anteil diversif. Unternehmungen V+N* H+V+N*		Anteil divis. Unternehmungen	Größe der Stichprobe	Quelle
USA	1949	32%	71%	20%	1 9	Rumelt
	1959	44%	84%	50%	207	(1974)
	1969	57%	88%	77%	183	
GB	1950	25%	66%	13%	92	Channon
	1960	45%	80%	34%	92	(1973)
	1970	60%	94%	72%	96	
BRD	1950	39%	65%	5%	99	Thannheiser
	1960	50%	78%	15%	99	(1972)
	1970	56%	78%	50%	100	
F	1950	37%	58%	6%	100	Pooley-Dyas
	1960	45%	72%	21%	100	(1972)
	1970	52%	84%	54%	100	
I	1950	46%	70%	6%	94	Pavan
	1960	57%	77%	17%	94	(1972)
	1970	60%	90%	48%	100	

* Die Bezeichnungen beziehen sich auf die Klassifikation von Channon (1973), die auf S. 212 dieses Buches wiedergegeben wurde.

Tab. 4–1. Die Zunahme der Diversifikation in verschiedenen Ländern 1950–1970

In der Bundesrepublik Deutschland und in Italien gab es hingegen 1970 noch eine Anzahl diversifizierter Unternehmungen, die nicht divisionalisiert waren. Wie Franko (1974, S. 493) anhand einer anderen Stichprobe europäischer Großunternehmen zeigt, setzte die Divisionalisierungswelle in Deutschland in vollen Umfang erst in der Zeit von 1968 bis 1972 ein. Insgesamt zeigen die Schaubilder, daß es in jedem Land über einen mehr oder weniger langen Zeitraum hinweg Unternehmungen gegeben hat und teilweise

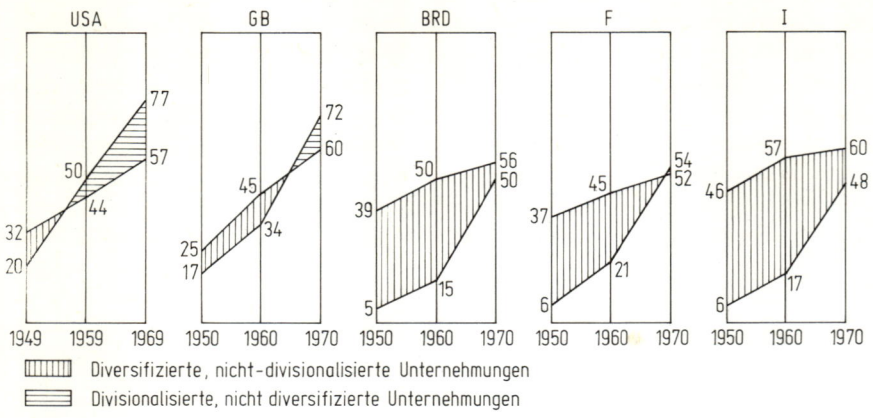

Diversifizierte, nicht-divisionalisierte Unternehmungen
Divisionalisierte, nicht diversifizierte Unternehmungen

Abb. 4–11. Diversifikation und Divisionalisierung in fünf Ländern

heute noch gibt, die trotz ihrer Diversifikation *keine* divisionale Struktur eingeführt haben, und daß es vor allem in den USA und Großbritannien auch Unternehmungen mit einer divisionalen Struktur gibt, die nicht zu den beiden Diversifikationskategorien, sondern zu der Haupt-Produkt-Kategorie gehören. Beide Befunde lassen Zweifel an der These Chandlers aufkommen.

Eine gewisse Bestätigung kann in der Tatsache gesehen werden, daß der Anteil diversifizierter, aber nicht divisionalisierter Unternehmungen ständig abnimmt. Daraus könnte man ableiten, daß schließlich doch alle diversifizierten Unternehmungen divisionalisieren, daß sie dies nur mit einer mehr oder weniger großen *zeitlichen Verzögerung* tun. Wie groß diese Verzögerungen im einzelnen sein können, wird am Beispiel der deutschen Unternehmungen Hoechst und Bayer deutlich, die bereits in den 20er Jahren stark diversifiziert waren, aber erst gegen Ende der 60er Jahre eine divisionale Struktur einführten.

Franko (1974) interpretiert solche time-lags anders: Seiner Ansicht nach zeigen sie an, daß die Diversifikation *keine hinreichende Bedingung für eine Divisionalisierung* ist. Vielmehr müssen andere Bedingungen hinzutreten, bevor eine diversifizierte Unternehmung auch divisionalisiert. Um diese zusätzlichen Bedingungen zu identifizieren, wollen wir die Gründe für eine Divisionalisierung noch einmal betrachten.

Der Hauptgrund für die Einführung einer divisionalen Organisationsstruktur bei starker Diversifikation wird allgemein in der Möglichkeit einer besseren Koordination im Hinblick auf eine *schnellere Anpassung an die*

Entwicklung auf den Märkten für die einzelnen Produktgruppen gesehen. Offensichtlich wird in einer funktional gegliederten Unternehmung die Unternehmensführung mit Abstimmungsproblemen bezüglich der einzelnen Produkte stark in Anspruch genommen, und bezogen auf das einzelne Produkt kann eine Reaktion auf Marktänderungen daher durchaus länger dauern als es innerhalb einer ausschließlich auf dieses Produkt bezogenen Division der Fall wäre. Eine diversifizierte Unternehmung wird daher um so eher divisionalisieren, je mehr sie ihre Koordination als zu aufwendig und zu langsam empfindet. Was bedeutet aber *»zu langsam«?* – Ob ein Koordinationsprozeß zu langsam abläuft oder nicht, kann sicherlich nicht generell entschieden werden, sondern hängt für industrielle Unternehmungen unter anderem von den jeweiligen *Erfordernissen des Marktes* ab. Wenn der Markt aufgrund einer hohen Änderungsrate in den Produkten und Verfahren und aufgrund eines starken Wettbewerbs kurzfristige Reaktionen erfordert, kommt es auch auf schnelle Koordination an. Ist die Umwelt hingegen stabil, so dürften auch längere Abstimmungsprozesse durchaus noch akzeptabel sein. Hinzu kommt, daß Unternehmungen – wie wir betont haben – ihre Umwelt durchaus nicht machtlos ausgeliefert sind, sondern diese oft auch in ihrem Sinne beeinflussen können.

Unter diesen Aspekten hat Franko (1974) die Umwelt diversifizierter Unternehmungen in Europa analysiert und kommt zu dem Ergebnis, daß in den USA der Wettbewerb schon zu Anfang dieses Jahrhunderts wesentlich stärker war als in Europa und daß amerikanische Unternehmungen wesentlich weniger Möglichkeiten hatten, diesen Wettbewerb zu vermindern oder gar ganz auszuschalten. Im Gegensatz zu den Vereinigten Staaten verfügten europäische Unternehmungen lange Zeit über eine *berechenbare und in ihrem Sinne gestaltbare Umwelt* („negotiable environment"). Ihre Situation ist bis in die 60er Jahre hinein gekennzeichnet durch:

- eine große räumliche Nähe der einzelnen Unternehmungen untereinander und zum Abnehmer, die eine Informationsgewinnung vereinfacht,
- vielfältige Möglichkeiten zu Absprachen, Kartellen und Zusammenschlüssen aufgrund fehlender oder nicht streng gehandhabter Wettbewerbsgesetze,
- einen Schutz vor ausländischen – vor allem amerikanischen und japanischen – Konkurrenten.

Erst gegen Ende der 60er Jahre brach diese berechenbare und gestaltbare Umwelt zusammen. Handelsschranken wurden abgebaut, und Wettbewerbsgesetze wurden verschärft sowie vor allem erst in vollem Umfang angewendet. Hinzu kommt ein genereller Nachfragerückgang gegenüber den Boom-Phasen der Nachkriegszeit, der ebenfalls zu einer Intensivierung des Wettbewerbs geführt hat.

Die Wettbewerbsbedingungen erklären im übrigen nicht nur die unterschiedlichen *Zeitpunkte* der Divisionalisierung in den einzelnen Ländern, sondern auch *branchenspezifische Unterschiede.* Wie Franko zeigt, entfiel beispielsweise der größte Teil der von den Europäischen Behörden verhängten Urteile und Strafen wegen Wettbewerbsverstößen auf die chemische Industrie, und gerade in dieser Branche ist der Anteil divisionalisierter Unternehmungen besonders hoch (vgl. Franko 1974, S. 501).

Wir können daher festhalten, daß erst unter den Bedingungen eines verschärften Wettbewerbs und mangelnder Möglichkeiten, diesen Wettbewerb auszuschalten, ein Zwang zu schnelleren Reaktionen und damit ein ausreichender Grund für eine Divisionalisierung vorliegt. Hinzukommen dürfte auch ein gewisser Einfluß amerikanischer Unternehmungsberater, die dieses amerikanische Organisationskonzept gegen Ende der 60er Jahre in Europa in zunehmendem Maße „verkauft" haben. Daß sich die Einführung divisionalisierter Unternehmungen dabei über einen längeren Zeitraum verteilt hat, kann darauf zurückzuführen sein, daß der Divisionalisierungsprozeß selbst bis zu sieben Jahren dauern kann (vgl. Kirsch u. a. 1975, S. 59) und daß oft erst ein Personalwechsel in der Unternehmungsführung den konkreten Anlaß oder die Möglichkeit zur Durchführund dieser Änderung schafft (vgl. zu den hier genannten und weiteren Faktoren Fahrtmann 1976).

4.2.1.5. Der Einfluß des Leistungsprogramms auf die Koordination

Betrachten wir auch hier zunächst die komplexe Operationalisierung des Angebotsprogramms von Pugh u. a. (1968), so ist folgendes festzustellen: Für den Faktor Variabilität des Angebotsprogramms, der das Ausmaß an Kundenbezogenheit erfassen soll, ergab sich eine hohe negative Korrelation mit einem Strukturmerkmal, das Pugh u. a. „line-control of work flow" nennen und das sich auf das Ausmaß an Steuerung der Arbeitsprozesse im Fertigungsbereich durch Meister im Gegensatz zu einer Steuerung durch Vorgaben der Arbeitsvorbereitung bezieht. Wenn das Angebotsprogramm in erster Linie die Fertigung von nichtstandardisierten Investitionsgütern umfaßt, ist das Ausmaß einer solchen personenbezogenen Steuerung durch Meister wesentlich geringer als in Unternehmungen, die standardisierte Dienstleistungen anbieten. Für den Faktor Diversifikation des Angebotsprogramms stellten Pugh u. a. (1969a) einen positiven Zusammenhang mit dem Ausmaß an organisatorischer *Programmierung* und einen positiven Zusammenhang mit dem Grad der *Entscheidungsdelegation* fest.

Konkretere Zusammenhänge liefern auch hier die Untersuchungen über den Einfluß des *Diversifikationsgrades,* und zwar ebenfalls im Zusammenhang mit dem Konzept der Divisionalisierung. Das Konzept der Divisionalisierung, so wie es von Alfred P. Sloan für General Motors und Pierre Du Pont

für Du Pont entwickelt und eingeführt wurde, zeichnet sich durch drei
Merkmale aus (vgl. Chandler 1962, Kapitel 2 und 3, sowie Sloan 1963,
S. 52 f.):
- Die Divisions- und Spartenmanager stehen weitgehend autonomen organi-
  satorischen Einheiten vor und tragen die Gewinnverantwortung. Als
  Minimum umfassen die Sparten die Marketing- und die Produktionsfunk-
  tion.
- Die oberste Unternehmungsführung konzentriert sich auf die strategische
  Planung für die Gesamtunternehmung und die Verteilung der Ressourcen
  auf die einzelnen Sparten sowie deren Bewertung.
- Der obersten Unternehmungsführung sind Zentralbereiche („general offices") zugeordnet, die die einzelnen Divisionen beraten, überwachen (vor
  allem in Form der Revision) und bestimmte Dienstleistungen für sie
  übernehmen.

Hinter dieser Lösung steht der Wunsch, den einzelnen Sparten so viel
Autonomie wie möglich zu geben und sie dennoch zu einer einzigen Organisation zusammenzufügen. Das charakteristischste Merkmal neben der pro-
duktbezogenen Gliederung ist dabei, daß die oberste Unternehmungsführung und die Zentralbereiche eindeutig und ausschließlich auf das Wohl der
gesamten Organisation verpflichtet sind und aus den Einzelentscheidungen
sowie der Einzelverantwortung für die jeweiligen Divisionen entlassen werden. Die Koordination der Sparten erfolgt in erster Linie durch eine Budge-
tierung und nach einer Bewertung ihrer Leistungen aufgrund von Kennzahlen wie Return on Investment, Return on Assets, Return on Sales (vgl.
Poensgen 1973, Welge 1975). In unserer Terminologie handelt es sich dabei
um eine *Koordination durch Planung*.

Wie Franko betont, haben europäische Unternehmungen in der Regel das
ursprüngliche Modell der divisionalen Struktur in einem wesentlichen Punkt
abgewandelt (Franko 1974): Sie schaffen zwar auch Zentralbereiche, setzen
aber zumeist *keine ressortlose Unternehmungsführung* ein, die sich auf die
Strategien für die Gesamtunternehmung konzentrieren könnte. Vielmehr
besteht der Vorstand divisionalisierter Aktiengesellschaften zumeist aus den
Spartenleitern und den Leitern einiger oder aller Zentralbereiche. Die Schaffung der Zentralbereiche, die die Unternehmungsführung und die Sparten
unterstützen sowie die Sparten überwachen sollen, führt auch hier tendenziell zu einer verstärkten *Koordination durch Planung*. Die Tatsache, daß die
Spartenleiter jedoch gleichzeitig Vorstandsmitglieder sind und als solche
gemeinsam auch die Gesamtverantwortung tragen, läßt vermuten, daß wichtige Abstimmungsfragen zwischen den Sparten oder zwischen Sparten und
Zentralbereichen durch eine *Koordination durch Selbstabstimmung* in Form
von Vorstandssitzungen oder bilateralen Kontakten gelöst werden. Einen
indirekten Hinweis auf eine verstärkte Koordination durch Planung liefert

die deutsche Untersuchung von Kieser (1973), in der sich der Diversifikationsgrad als einer der stärksten Einflußfaktoren für die *Anzahl unterstützender Stellen* erwies.

Bisher haben wir nur die Koordination *zwischen* den einzelnen Sparten
behandelt. Wie der Diversifikationsgrad die Koordination innerhalb der
einzelnen Sparten beeinflußt, ist dabei offen geblieben. Es ist auch durchaus
fraglich, ob ein solcher Zusammenhang überhaupt angenommen werden
kann. Da jede Sparte de facto einer weitgehend selbständigen Tochterunternehmung gleichkommt, dürfte ihre interne Koordination ebenso wie die
Koordination in Tochterunternehmungen nur zum Teil von bestimmten
generellen Strategien abhängen, die sich aus einer Unternehmungsgesamtpolitik ergeben. In erster Linie ist zu erwarten, daß sie von der Größe der
Sparte, den eingesetzten Technologien und den jeweiligen Konkurrenzverhältnissen abhängen. Da diese Faktoren für die einzelnen Sparten sehr
verschieden sein können, ist es durchaus möglich, daß in den einzelnen
Sparten auch unterschiedliche Koordinationsstrtrategien angewendet werden. Zu vermuten ist allerdings, daß im Interesse einer möglichst einfachen
Koordination der Sparten durch die Unternehmungsführung und die Zentralbereiche eine weitgehende *Vereinheitlichung in den angewendeten Planungs- und Abrechnungsverfahren* erfolgt. Wenn jede Sparte nach ihrem
eigenen Belieben Planinhalte sowie Planungs- und Abrechnungsverfahren
auswählen würde, so wären die einzelnen Sparten für die Zentrale nicht mehr
vergleichbar und damit weniger leicht steuerbar. Daher ist anzunehmen, daß
eine Vereinheitlichung durch die *Vorgabe gleicher Programme an alle Sparten* bewirkt wird. Bei der Analyse der Beziehungen zwischen Tochtergesellschaften und Konzernmüttern im nächsten Abschnitt werden wir auf diesen
Aspekt noch einmal zurückkommen (vgl. auch Wollnik und Kubicek 1976).

4.2.2. Organisationsgröße

Wenn Sie aus Ihrer Alltagserfahrung heraus große und kleine Organisationen vergleichen, welche Unterschiede fallen Ihnen da auf?

Sicher sind Sie auf einige der folgenden Unterschiede gestoßen: Große
Organisationen sind mehr formalisiert als kleine, sie haben eher schriftlich
fixierte Stellenbeschreibungen und Planungssysteme. Die Spezialisierung in
großen Organisationen scheint auch größer zu sein als in kleinen. Der großen
Unternehmung wird auch oft ein überproportonal großer Verwaltungsaufwand nachgesagt, der sich etwa in der Relation von Angestellten zu Arbeitern
ausdrückt. Im folgenden Abschnitt wollen wir anhand empirischer Untersuchungen nachprüfen, inwieweit sich diese Alltagserfahrungen und „folklori-

stischen" Meinungen über den Einfluß der Größe einer Organisation auf ihre Organisationsstruktur bestätigen lassen.

4.2.2.1. Die Erfassung der Organisationsgröße

Für die Überprüfung des Zusammenhangs zwischen Organisationsgröße und Organisationsstruktur benötigen wir zunächst ein Maß zur Erfassung der Organisationsgröße.

Wie könnte die Größe einer Organisation gemessen werden?

Nun, eine ganze Reihe von Maßen oder Indikatoren der Organisationsgröße bietet sich an: *die Zahl der Mitarbeiter, der Umsatz, das Anlagevermögen, die Bilanzsumme usw.* Unsere Untersuchung wäre nun sehr erschwert, wenn wir jeden einzelnen dieser Größenindikatoren einzeln in seinem Zusammenhang mit der Organisationsstruktur analysieren müßten. Diese Umständlichkeit können wir uns sparen, wenn die einzelnen Indikatoren sehr stark miteinander korrelieren. In einem solchen Fall ist jeder Indikator ein guter Näherungswert für jeden anderen Indikator und kann als Maß für den abstrakten Begriff „Größe der Organisation" verwendet werden. Da eine solche starke Interkorrelation zwischen verschiedenen Größenindizes für eine Stichprobe von 82 englischen Unternehmungen nachgewiesen wurde (Child 1973a) und kein Grund besteht, für deutsche Unternehmungen hier einen anderen Zusammenhang anzunehmen, können wir uns bei der Analyse des Einflusses der Größe auf die Organisationsstruktur also auf einen Indikator beschränken. Am nächstliegenden für unsere Fragestellung ist der Indikator „Zahl der Mitarbeiter", denn Organisationsstrukturen werden für Menschen gemacht, und die Frage, welchen Einfluß eine Erhöhung der Mitarbeiterzahl auf die Organisationsstruktur hat, erscheint sinnvoller als die Frage, wie sich eine Erhöhung des Anlagevermögens auf die Struktur auswirkt. Wenn wir aber die erste Frage beantworten, haben wir, da die Indikatoren Mitarbeiterzahl und Anlagevermögen relativ stark miteinander korrelieren, gleichzeitig auch eine Näherungslösung für die zweite Frage geliefert.
Nun hat die Organisation aber *zwei Möglichkeiten* zu wachsen oder neue Mitarbeiter anzugliedern: Sie kann sich *an einem geographischen Ort* erweitern oder an verschiedenen geographischen *Orten mehrere kleinere Einheiten* errichten. Da die Kommunikation und der Austausch materieller Güter über weite Entfernungen hinweg Kosten verursachen, müssen die geographisch von der Zentrale getrennten Einheiten solche Aufgaben zugeteilt bekommen, die sie relativ autonom, d. h. ohne intensive Kontakte mit der Mutterorganisation, erfüllen können. Sie müssen *tendenziell den Charakter selbständiger*

Organisationen erhalten. Es ist anzunehmen, daß diese Bedingung die Organisationsstruktur beeinflußt. Wenn wir also den Zusammenhang zwischen Größe der Unternehmung und ihrer Struktur untersuchen, müssen wir dabei berücksichtigen, auf wieviele geographisch getrennte Untereinheiten sich die Mitarbeiterzahl verteilt. Diesen Aspekt der Unternehmungsgröße wollen wir *geographische Diversifikation* nennen.

Man würde es sich nun aber wahrscheinlich zu einfach machen, wenn man von der Annahme ausginge, daß eine Tochterorganisation dieselbe Struktur aufweist wie eine selbständige Organisation in einer im übrigen identischen Situation. Es ist vielmehr zu vermuten, daß die Mutterorganisation bestimmte Organisationspraktiken auf die Tochter überträgt. Das hätte zur Folge, daß verschiedene Struktureigenschaften der Tochterorganisation denen der Mutter angeglichen würden. Relativ kleine Tochterorganisationen könnten dann Struktureigenschaften aufweisen, wie sie sonst nur bei größeren Organisationen anzutreffen sind. Bei der Analyse der Zusammenhangs zwischen Größe und Organisationsstruktur in Tochterorganisationen ist also diese *Abhängigkeit von der Mutterorganisation* zu berücksichtigen. Da angenommen werden kann, daß diese Abhängigkeit um so stärker ist, je größer, d. h. mächtiger die Mutterunternehmung ist, dürfte die *Größe der Mutterunternehmung* einen brauchbaren Indikator für diese Abhängigkeit bilden.

4.2.2.2. Zum Zusammenhang zwischen Größe und Organisationsstruktur

Es liegt eigentlich auf der Hand, daß eine große Organisation mehr Möglichkeiten zur Spezialisierung hat als eine kleine. Wenn 1000 Arbeiter eingesetzt werden, um Autos zusammenzubauen, dann können die Arbeitsinhalte der einzelnen Stellen so gestaltet werden, daß sie weniger Verrichtungen umfassen als wenn nur 100 Arbeiter eingesetzt werden. Auch die Personalverwaltung für die 1000 Arbeiter kann spezialisierter sein als eine Personalverwaltung für 100 Arbeiter. Da sowieso eine größere Zahl von Personalverwaltern benötigt wird, kann man eine oder mehrere Stellen speziell für die Verwaltung von Angestellten, von Lehrlingen, für gewerbliche Arbeitnehmer usw. vorsehen. Stehen nur wenige Personalstellen zur Verfügung, gibt es entsprechend auch weniger Möglichkeiten zur Spezialisierung. Die gleiche Tendenz läßt sich auch für andere Verwaltungsbereiche – Verkauf, Einkauf, Fertigungsplanung – aufzeigen.

Große Unternehmungen haben auch eher die Möglichkeit, für besondere Aufgabenstellungen, die hohe Anforderungen stellen, qualifizierte Spezialisten einzusetzen. So ist beispielsweise eine kleinere Unternehmung gezwungen, auftauchende juristische Probleme einem Anwaltsbüro zu übertragen. Eine große Unternehmung kann sich eher einen „Hausjuristen" leisten, da in ihr ein größeres Volumen an Rechtsfragen auftritt und das Problem der Auslastung dieser Stelle daher weniger akut ist. Ein „eigener" Jurist bringt verschiedene Vorteile mit sich: Er löst die anfallenden Rechtsprobleme u. U. kostengünstiger als ein Anwaltsbüro, er kann sich auf die Rechtsprobleme der Unternehmung spezialisieren und damit effizienter sein, und er kann – da er ständig zur Verfügung steht – alle Aktivitäten der Unternehmung, die juristische Konsequenzen haben könnten, schon in ihrem Planungsstadium mitgestalten.

Daher ist zu erwarten, daß größere Organisationen mehr spezialisierte *unterstützende Stellen* schaffen und diese mit Spezialisten besetzen. Sie weisen dann nicht nur einen höheren Spezialisierungsgrad, sondern auch einen höheren Professionalisierungsgrad auf (zum Unterschied zwischen Spezialisierung und Professionalisierung vgl. S. 55).

Wenn wir auch recht gut aufzeigen können, daß größere Unternehmungen sehr wahrscheinlich eine höhere Spezialisierung aufweisen als kleinere, so ist die genaue empirische Verfolgung dieses Zusammenhangs dennoch kein müßiges Unterfangen. Uns interessiert ja auch, *wie stark* dieser Zusammenhang ist. Ließen sich empirisch viele große Unternehmungen mit relativ geringer Spezialisierung feststellen, so wäre der Zusammenhang nur schwach, wir müßten dann davon ausgehen, daß die Effizienzvorteile der Spezialisierung doch nicht so groß sind, wie in unseren Überlegungen angenommen, oder daß die Praxis diese Vorteile nicht ausnutzt. Uns interessiert weiter, welchem „Gesetz" oder funktionalem Verlauf die Spezialisierung folgt: Wächst sie linear, degressiv oder progressiv mit der Unternehmungsgröße oder folgt sie einer komplexeren Funktion? Diese Fragen lassen sich nur auf der Basis empirischer Ergebnisse klären.

Darüber hinaus interessiert uns, wie die Größe einer Organisation direkt oder indirekt – über den Spezialisierungsgrad – auf den Koordinationsbedarf und den Einsatz der Koordinationsinstrumente wirkt. Zunächst ist davon auszugehen, daß mit der Spezialisierung auch die Koordinationsanforderungen zunehmen (vgl. S. 169 ff.). Je mehr Stellen mit *unterschiedlichen Aufgabeninhalten* gebildet werden, um so schwieriger ist die Koordination zwischen diesen Stellen. Nun ist aber auch noch folgende Annahme zu berücksichtigen: Größere Organisationen haben relativ mehr verschiedene Stellenkategorien als kleinere, aber innerhalb einer bestimmten Stellenkategorie sind relativ mehr Personen tätig als in einer Stellenkategorie einer kleineren Organisation. Dieses Phänomen läßt sich durch folgendes Beispiel illustrieren: Eine kleine Unternehmung weist innerhalb der Funktion Buchhaltung nur eine Stellenkategorie auf – Buchhalter – und diese Stellenkategorie ist mit zwei Personen besetzt. Eine größere Unternehmung verfügt dagegen über 5 Debitoren-, 4 Kreditoren- und 3 Lohnbuchhalter.

Je ähnlicher aber die Aufgaben sind, die eine Gruppe von Personen verrichtet, um so geringer ist der zusätzliche Koordinationsaufwand für eine Person (Schneider 1972). Es ist leichter, 5 Debitorenbuchhalter zu koordinieren als eine gleichgroße Gruppe, die sich aus Debitoren-, Kreditoren- und Lohnbuchhaltern zusammensetzt, und diese ist wiederum leichter zu koordinieren als eine Fünf-Personen-Gruppe, die Buchhalter, Einkäufer und Personalverwalter umfaßt.

Wenn wir also die Koordinationsanforderungen in kleineren und größeren Organisationen vergleichen, so müssen wir zwei Tendenzen im Auge behalten (vgl. Abb. 4–12): Zunächst einen Trend wachsender Koordinationsanforderungen, der seine Ursache in der *zunehmenden Anzahl* an Stellen und in der *Unterschiedlichkeit – Heterogenität –* dieser Stellen hat, dann aber auch einen Trend, der dem Anwachsen der Koordinationsanforderungen entgegenwirkt und der auf die größere *Ähnlichkeit – Homogenität –* der Stellen zurückzuführen ist (vgl. zu dieser Argumentation Blau und Schoenherr 1971, S. 318 ff.). Diese beiden Trends werden wir bei der Analyse der einzelnen Koordinationsinstrumente berücksichtigen müssen.

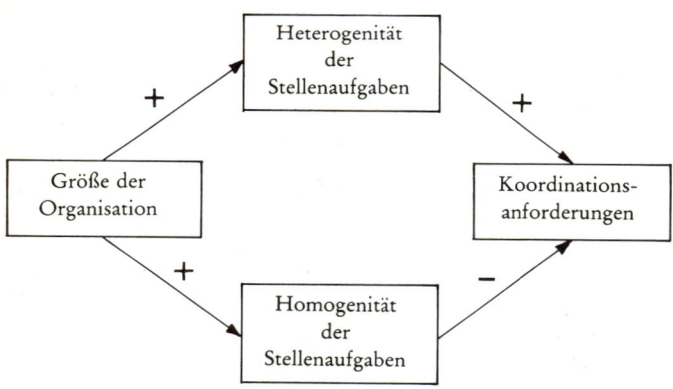

Abb. 4–12. Auswirkungen der Größe der Organisation auf die Koordinationsanforderungen

Wenden wir uns zunächst der Koordination durch *persönliche Weisungen* zu. Der Aufwand für dieses Koordinationsinstrument ist u. a. ein Problem der *Leitungsspanne.* Da der Vorgesetzte nur über eine bestimmte Kapazität verfügt, kann er nur eine begrenzte Zahl von Stellen durch persönliche Weisungen koordinieren. Wieviele, das hängt vor allem auch von der Ähnlichkeit der ihm nachgeordneten Stellenaufgaben ab – je ähnlicher die Aufgabe, um so einfacher ist die Koordination durch Weisungen, und um so größer kann tendenziell die Leitungsspanne sein (Schneider 1972, Carzo und Yanou-zas 1967).

Wie groß die Leitungsspannen sein können, hängt natürlich auch noch davon ab, in welchem Ausmaß die anderen Koordinationsmechanismen eingesetzt werden – je mehr durch Selbstabstimmung, durch Programmierung und Planung koordiniert wird, um so weniger Bedarf besteht an persönlichen Weisungen der Vorgesetzten. Wir müssen uns also auch fragen, auf welche Weise die anderen Koordinationsmechanismen mit der Unternehmensgröße zusammenhängen, um zu bestimmteren Aussagen über die Koordination durch persönliche Anweisungen zu gelangen.

Was die *Koordination durch Programmierung* betrifft, so ist die *Annahme durchaus plausibel, daß mit der Größe einer Organisation die Möglichkeiten zur Programmierung zunehmen* und der relative Aufwand für dieses Instrument abnimmt. Wenn eine Unternehmung nur eine Buchhalterstelle aufweist, kommen sehr viele unterschiedliche Buchhaltungsaufgaben auf diese Stelle zu. Es wäre dann sehr aufwendig, detaillierte Verfahrensrichtlinien und eine ausführliche Stellenbeschreibung zu erstellen, und der Nutzen solcher generellen Vorgaben wäre auch nicht sehr groß: Bei weiterer Expansion der Unternehmung würde die Stelle ja sowieso auf mehrere Stellen mit spezialisierten Buchhaltungsaufgaben aufgeteilt, und es müßten dann jeweils neue Vorgaben erstellt werden. Bei geringer Spezialisierung ist es wahrscheinlich günstiger, den Nachfolger jeweils einzuarbeiten, zumal wenn man bedenkt, daß sich auch der Inhalt der Stelle wahrscheinlich im Zeitablauf ändert und auch deswegen Anpassungen der Regelungen erforderlich werden. Verfügt die Unternehmung jedoch über mehrere Debitoren-, Kreditoren- und Lohn-buchhalter, so ist die Wahrscheinlichkeit einer weiteren Spezialisierung bei Expansion geringer. Hinzu kommt, daß eine Stellenbeschreibung und Verfahrensrichtlinien für eine Stellenkategorie in mehreren Stellen eingesetzt werden können. Die Fluktuation nimmt ebenfalls mit der Zahl der Stellen zu und damit der Nutzen, der aus der Anwendung von generellen Vorgaben zu ziehen ist – die Stellenbeschreibungen und Richtlinien sorgen dafür, daß neue Stelleninhaber den Aufgabeninhalt zuverlässig übermittelt bekommen und auf eine Art und Weise wahrnehmen, die eine Koordination mit anderen Stellen von vornherein sicherstellt.

Auch die *Koordination durch Planung* dürfte in der größeren Organisation in breiterem Umfang und detaillierter angewendet werden. Sie setzt qualifizierte Fachkräfte voraus; wenn komplexere Planungsalgorithmen eingesetzt werden sollen, sogar Computer. Beides kann sich die größere Organisation eher „leisten", weil die Auslastung in höherem Maße sichergestellt ist. *Wir erwarten also, daß sowohl die Programmierung als auch die Planung mit der Größe der Organisation und in Verbindung damit der Formalisierungsgrad zunehmen.* Der Einsatz dieser technokratischen Koordinationsinstrumente könnte die *Zahl der Instanzen reduzieren:* Die persönliche Koordination durch Weisungen wird entlastet, und dies könnte zu einer Vergrößerung der Leistungsspannen führen.

4.2.2.3. *Der Einfluß der Organisationsgröße auf den Spezialisierungsgrad*

Die Spezialisierung einer Organisation schlägt sich tendenziell in ihren Stellenbezeichnungen nieder. Eine Unternehmung, die nur „Buchhalter" als Stellen ausweist, ist in diesem Bereich weniger spezialisiert als eine Unternehmung, die „Lohnbuchhalter", „Debitorenbuchhalter" und „Kreditorenbuchhalter" aufführt. Ein erstes Bild des Zusammenhangs zwischen Organisationsgröße und Spezialisierung läßt sich nun sehr gut aus einer Untersuchung von Blau und Schoenherr gewinnen (1971), die unterschiedliche Stellenbezeichnungen als Indikator der Spezialisierung und die Gesamtzahl an Mitarbeitern als Indikator der Größe für 53 staatliche Sozialversicherungsanstalten der Vereinigten Staaten erfaßten. Die ermittelten Beziehungen zwischen Organisationsgröße und Zahl der Stellenbezeichnungen sind auf dem Achsenkreuz der Abb. 4–13 abgetragen.

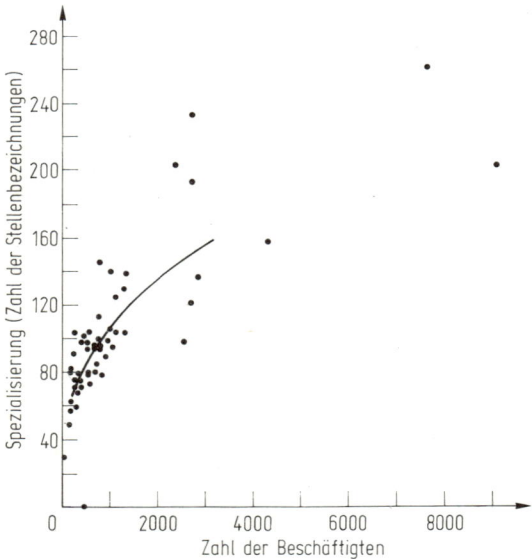

Abb. 4–13. Der Zusammenhang zwischen Größe und Spezialisierung

Die in diesem Achsenkreuz eingezeichneten Beobachtungen lassen durch bloße Inspektion erkennen, daß der Zusammenhang zwischen Größe und Spezialisierung relativ stark ist. Eine Korrelation von r = 0,78 bestätigt diesen Eindruck. Weiter geht aus der Abbildung hervor, daß die Spezialisierung mit der Größe nicht linear, sondern *degressiv* zunimmt. Wenn wir die horizontale Achse logarithmisieren, wird diese degressive Kurve einer Geraden angenähert. Da das Modell der einfachen Korrelation von einer linearen Beziehung zwischen zwei Variablen ausgeht, müßte eine solche Transformation auch die Korrelation zwischen Größe und Spezialisierung verbessern. Diese Vermutung wird bestätigt; die Korrelation zwischen den logarithmisch transformierten Werten der Größe und der Spezialisierung beträgt r = 0,82.

Blau und Schoenherr untersuchten zwar Behörden, für Unternehmungen ergibt sich aber in etwa der gleiche Zusammenhang: In Abb. 4–14 sind neben der Kurve, die die Werte von Blau und Schoenherr am besten annähert, noch die entsprechenden Kurven für Untersuchungen von Child (1972a) in 82 britischen Fertigungs- und Dienstleistungsunternehmungen, von Kieser (1973) in 51 Fertigungsunternehmungen Nordrhein-Westfalens, und von

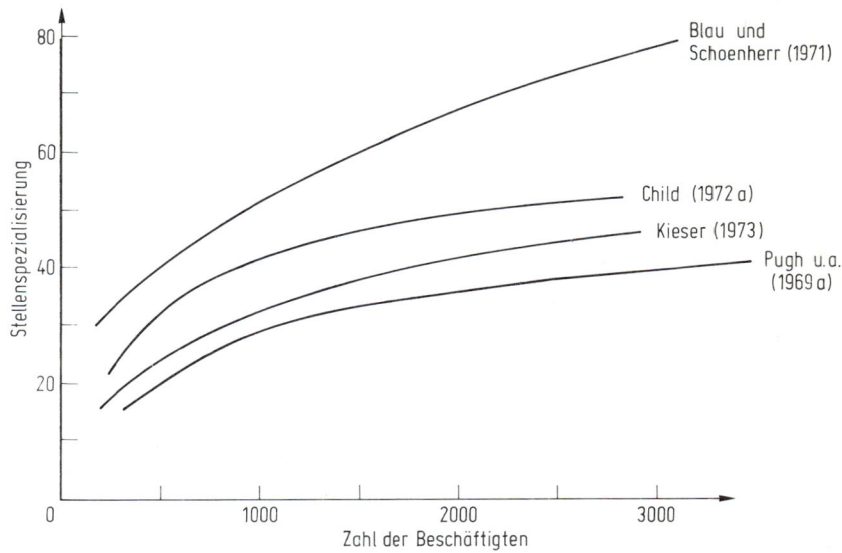

(Quelle: Blau und Schoenherr 1971, S. 64)

Abb. 4–14. Stellenspezialisierung als Funktion der Organisationsgröße für verschiedene Stichproben

Pugh u. a. (1969a) in 46 Industrie-, Dienstleistungs- und Verwaltungsbetrie-
ben Großbritanniens wiedergegeben. In den Studien von Child, Kieser und
Pugh u. a. wurde die Spezialisierung nicht durch eine Zählung aller Stellenbezeichnungen gewonnen, sondern durch Registrierung aller in einer Unternehmung vorkommenden Spezialisierungen im Verwaltungsbereich (Pugh
u. a. 1968, Kieser 1974a). Die Maße sind aber grob vergleichbar. In diesen
Untersuchungen wurden folgende Korrelationen zwischen dem Logarithmus
der Größe und der Spezialisierung ermittelt: Child: r = 0,72, Kieser: r =
0,85, Pugh u. a.: r = 0,74. Abb. 4–13 zeigt nicht nur, daß die Beziehung
zwischen Größe und Spezialisierung für öffentliche Betriebe, Dienstlei-
stungs- und Fertigungsunternehmungen ungefähr denselben funktionalen
Verlauf nimmt, sondern auch, daß dieser Zusammenhang über verschiedene
Länder hinweg – USA, Großbritannien und BRD – durchaus vergleichbar
ist.

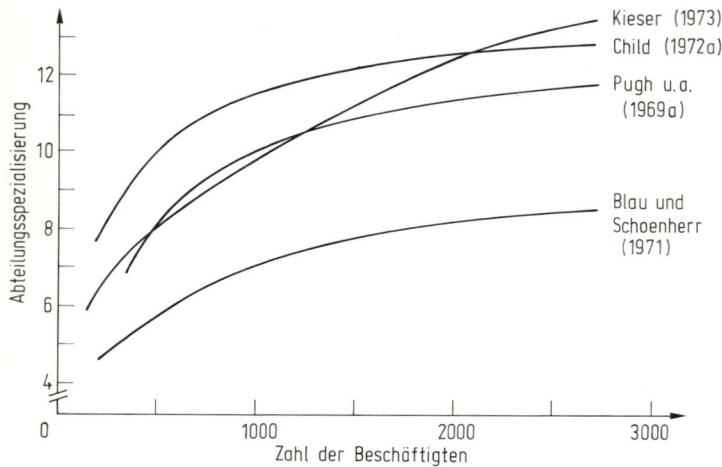

Abb. 4–15. Funktionale Spezialisierung als Funktion der Organisationsgröße für verschiedene
        Stichproben

Aus Abb. 4–15 geht nun hervor, welcher Zusammenhang sich für diese
Untersuchungen zwischen der Größe und der Spezialisierung auf der Abtei-
lungsebene ergibt. Auf der vertikalen Achse ist in dieser Abbildung die
Abteilungsspezialisierung abgetragen (vgl. zu diesem Maß S. 151). Eine
Organisation, die die Abteilungen „Personal" und „Schulung" aufweist,
enthält – unter der Voraussetzung, daß die Zahl der sonstigen Abteilungen
gleich ist – einem um eins höheren Wert als eine Organisation, die nur eine

Personalabteilung hat, in der die Schulung mitverwaltet wird, oder die überhaupt keine internen Schulungsaktivitäten aufweist. Auch hier zeigt sich ein degressiver Verlauf der Funktionen. Die entsprechenden Korrelationen betragen bei Blau und Schoenherr 0,55, bei Child 0,72, bei Kieser 0,83, bei Pugh u. a. 0,67.

Es gibt bisher noch keine Untersuchung, die die Beziehung zwischen Organisationsgröße und der *produktorientierten Spezialisierung* bwz. der *Divisionalisierung* einer ähnlich rigorosen Analyse unterzieht. Fallstudien (Chandler 1962, Channon 1973) und konzeptionelle Untersuchungen (Eisenführ 1970, Poensgen 1973, Welge 1975) deuten lediglich darauf hin, daß Divisionalisierung eine gewisse Mindestgröße der Unternehmung voraussetzt. Die Argumentation für diese Mindestgröße geht dabei von der Überlegung aus, daß die Einrichtung eigener Produktions-, Verkaufs- und gegebenenfalls weiterer Abteilungen für einzelne Produkte oder Produktgruppen sich nur „rentiert", wenn das in diesen Divisionen erzielte Absatzvolumen einen gewissen Größenvorteil bei der Aufgabenteilung gestattet; wenn die Divisionen ungefähr denselben Größenvorteil wie größere Einprodukt- oder Einproduktgruppenunternehmungen realisieren können. Bei einer Analyse des Zusammenhangs zwischen Organisationsgröße und Divisionalisierung muß aber berücksichtigt werden, daß eine Divisionalisierung stufenweise entsteht: Zunächst werden nur einzelne Stellen nach Produkten differenziert – beispielsweise Verkäufer für Produkt A, Verkäufer für Produkt B usw. Bei weiterer Expansion mag die Einrichtung getrennter Verkaufsabteilungen für verschiedene Produkte oder Produktgruppen, auch bei Berücksichtigung von Wirtschaftlichkeitsüberlegungen, gerechtfertigt sein. Schließlich erhalten die Produkte oder Produktgruppen mehrere funktionale Abteilungen – etwa Verkauf, Produktion und Einkauf – zugeordnet, und dies mag dann zur „offiziellen" Einführung von Divisionen führen. Dieser „Titel" markiert dann aber nur einen Punkt in einer mehr oder weniger kontinuierlichen Entwicklung. Die Untersuchung Kiesers, in der ein kontinuierliches Maß der Divisionalisierung verwendet wurde (vgl. S. 152 f.), erbrachte eine Korrelation von r = 0,48 zwischen diesen beiden Größen. Allerdings gingen nur Unternehmungen mit weniger als 3000 Mitarbeitern in diese Untersuchung ein, so daß der Aspekt der Divisionalisierung, der zumeist erst jenseits dieser Größenordnung interessant wird, nicht genauer untersucht werden konnte.

Wir haben jetzt noch zu prüfen, ob Organisationen, die über mehrere *geographisch getrennte Niederlassungen* verfügen, einen *niedrigeren Spezialisierungsgrad* aufweisen und ob *Tochterorganisationen* in Abhängigkeit von der Größe ihrer Mutter einen höheren *Spezialisierungsgrad* aufweisen. Diese Vermutungen, die bereits bei der Diskussion der Größenmaße aufgestellt wurden, konnten in den Untersuchungen von Child (1973a) und Kieser (1973) bestätigt werden.

Schließlich ist noch anhand empirischer Daten der oben aufgestellten Annahme nachzugehen, daß der *Professionalisierungsgrad* ebenfalls mit der Unternehmensgröße zunimmt. Hierzu liegen folgende Ergebnisse vor: Child ermittelte eine Korrelation zwischen dem Logarithmus der Größe und der durchschnittlichen Qualifikation von Angestellten von $r = 0,53$; Kieser eine von $r = 0,65$.

4.2.2.4. Der Einfluß der Organisationsgröße auf die Koordination

Unsere konzeptionellen Überlegungen mündeten in die Erwartung, daß technokratische Koordinationsinstrumente in großen Organisationen stärker eingesetzt werden als in kleinen. Diese Erwartung wird in einer Reihe von empirischen Untersuchungen durch Korrelationen verschiedener Variablen der technokratischen Koordination mit der Organisationsgröße (logarithmische Transformation) bestätigt: Blau und Schoenherr ermittelten (1971, S. 381 f. und S. 416) für die Variable „Ausmaß schriftlich fixierter Regelungen für die Personalverwaltung" einen Koeffizienten von $r = 0,57$, Pugh u. a. (1969a) für die Variable „Standardisierung", einen von $r = 0,56$ und für die Variable „Formalisierung" einen von $r = 0,56$; Child (1972a), der dieselben Maße wie Pugh u. a. verwendete, berechnete für diese beiden Variablen $r = 0,63$ und $r = 0,58$, und Kieser (1973) erhielt für eine Variable „Planung" $r = 0,23$.

Für alle diese Daten waren die Korrelationen für die logarithmische Transformation des Größenmaßes höher als für die nicht transformierten Werte. Wir haben es also auch bei diesen Variablen mit *degressiven funktionalen Verläufen* zu tun. Unsere obige Argumentation, daß die Möglichkeiten zum Einsatz dieser Koordinationsinstrumente von der Spezialisierung abhängen, wird durch dieses Ergebnis gestützt.

Maße, die mit dem Koordinationsmechanismus der *Selbstabstimmung* zusammenhängen, wurden nur in der Untersuchung von Kieser (1973) erhoben, in der sich kein stärkerer Zusammenhang dieser Variablen mit der Größe ermitteln ließ. Zumindest für diese Stichprobe gilt demnach, daß größere Organisationen keine Tendenz zu einem stärkeren Einsatz dieses Koordinationsinstrumentes aufweisen.

Um zu prüfen, welcher *Verwaltungsaufwand* mit dieser Konstellation der Koordination verbunden ist, können wir die Relation zwischen „nicht-produktiven" bzw. indirekt produktiven Stellen, d. h. allen Instanzen und unterstützenden Stellen, und den Ausführungsstellen in der Linie berechnen (vgl. zu dieser Relation S. 161). Eine solche Analyse bietet auch die Möglichkeit, die von Parkinson (1957) provozierend vorgebrachte These zu prüfen, daß der Verwaltungsapparat von Organisationen überproportional zur Linie wachse, weil die Instanzen zur Erhöhung ihres persönlichen Prestiges ständig neue Verwaltungsstellen schaffen.

Ein Test dieser Hypothese wurde in einer Reihe empirischer Untersuchungen durchgeführt, die mit großer Übereinstimmung negative Korrelationen zwischen der Größe und dieser Stellenrelation ermittelten. Dieses Ergebnis wurde von den Autoren als ein Indiz für einen mit der Größe abnehmenden Verwaltungsaufwand, als Widerlegung Parkinsons gewertet (Blau und Schoenherr 1971, Tosi und Patt 1967). Leider ist dieser Test, so plausibel er scheint, in seiner statistischen Argumentation angreifbar. Wenn die Größe, die sich ja als Addition von produktiven und „nicht-produktiven" Mitarbeitern ergibt, mit einer Relation korreliert wird, die diese Komponenten des Größenwertes im Nenner und gleichzeitig auch im Zähler aufweist, so entstehen Scheinkorrelationen (Freeman und Kronenfeld 1972, Mayhew 1972, Budde i. V.).

Eine organisatorische Größe haben wir noch nicht in ihrer Abhängigkeit von der Unternehmensgröße untersucht: das *Ausmaß der Entscheidungsdelegation*. Es ist einsichtig, daß eine große Organisation mehr Entscheidungen delegieren muß als eine kleine: Die Unternehmungsleitung einer großen Unternehmung wäre sicherlich überlastet, wenn sie alle Entscheidungen von der Einstellung eines Mitarbeiters bis zur Bestellung von Büroklammern selbst durchführen wollte, während die „Unternehmungsleitung" eines Fünf-Mann-Betriebes alle diese Entscheidungen durchaus noch selbst abwickeln kann. Wir erwarten also, daß die Entscheidungsdelegation, gemessen an Klassen von Entscheidungen, die auf der unteren Ebene der Unternehmung durchgeführt werden, mit der Unternehmensgröße *positiv* korreliert. Diese Erwartung wird in den bisher aufgeführten Untersuchungen durch folgende Korrelationen zwischen der Unternehmensgröße und der Entscheidungsdelegation bestätigt: Child (1973a): $r = 0,58$; Blau und Schoenherr (1971): $r = 0,27$ für Einstellungsentscheidungen und $r = 0,21$ für Budgetentscheidungen, Kieser (1973): $r = 0,35$.

Da diese Korrelationen nicht besonders hoch sind, liegt es nahe zu fragen, ob nicht besondere Bedingungen vorliegen müssen, bevor Entscheidungsdelegation durchgeführt wird. Um dieser Fragen nachgehen zu können, empfiehlt es sich, zunächst einmal den Standpunkt der Organisationsleitung einzunehmen, von der die Entscheidungsdelegation ja ausgeht – sie muß Entscheidungskompetenzen abgeben. Für die Organisationsleitung bringt nun aber Entscheidungsdelegation das *Risiko* mit sich, daß die nachgelagerten Ebenen Entscheidungen anders fällen, als sie die Organisationsleitung selbst fällen würde, und daß die generelle Unternehmungspolitik unterlaufen wird. Sie wird also an Mechanismen interessiert sein, die die dezentral durchgeführten Entscheidungen steuern. Mechanismen dieser Art sind Programmierung und Planung, die Entscheidungen einen Rahmen vorgeben und damit das Risiko

der Abweichung vermindern. Es ist demnach zu erwarten, daß die *Bereit-schaft der Organisation, Entscheidungen zu delegieren, zunimmt, wenn ein hoher Anteil von technokratischen Koordinationsmechanismen realisiert ist.*
Diese Vermutung wird von allen bisher erwähnten Untersuchungen gestützt, die den Zusammenhang zwischen Größe und Entscheidungsdelegation ana-lysieren. Teilt man in diesen Studien Organisationen ungefähr gleicher Größe in eine Gruppe mit einem relativ hohen Anteil und in eine Gruppe mit einem relativ niedrigen Anteil an technokratischer Koordination ein, dann weist die erste Gruppe relativ mehr Entscheidungsdelegation auf (vgl. insbesondere Blau und Schoenherr 1971, S. 111 ff.). Die Folgerung aus diesem Ergebnis ist, daß Entscheidungsdelegation – wie bereits erwähnt (vgl. S. 173) – in der Praxis nicht immer bedeutet, daß Mitarbeiter auf den unteren Ebenen mehr Einfluß erhalten; sie bekommen oft lediglich die Kompetenz, innerhalb eines gesteckten Rahmens Entscheidungen formal abzuwickeln.
Es ist nun noch zu klären, ob die *Aufspaltung einer Organisation in Nieder-lassungen* oder die *Abhängigkeit von einer Mutterorganisation* die festgestell-ten Beziehungen zwischen Größe und Koordination verändern. Die Unter-suchungen von Child (1973a) und Kieser (1973) zeigen auf, daß nur die Abhängigkeit von einer Muttergesellschaft einen stärkeren Einfluß auf den Einsatz technokratischer Koordinationsmechanismen hat. Child ermittelte für die logarithmisierte Größe der Muttergesellschaft folgende Korrelatio-nen: $r = 0,61$ für die Variable „Standardisierung", $r = 0,57$ für die Variable „Formalisierung". Kieser errechnete zwischen der logarithmisierten Größe der Muttergesellschaft und der Variable „Planung" einen Korrelationskoeffi-zienten von $r = 0,46$. Je größer die Mutterorganisation ist, um so größer ist die Wahrscheinlichkeit, daß sie ihre technokratischen Koordinationsmecha-nismen auf ihre Töchter überträgt. Die Zahl der Niederlassungen hat keinen Einfluß auf den Einsatz technokratischer Koordinationsinstrumente, wohl aber auf die Entscheidungsdelegation: Pugh u. a. ermittelten eine Korrelation von $r = 0,39$ zwischen der Anzahl der Niederlassungen und der Konzentra-tion von Entscheidungsbefugnissen, d. h. um so mehr Niederlassungen eine Organisation hat, um so weniger Entscheidungen delegiert sie tendenziell.

4.2.3. Fertigungstechnologie

Stellen wir uns zwei Fertigungen für Damenoberbekleidung vor: In der einen werden Mäntel und Kleider an Fließbändern gefertigt; in der anderen liegt eine mehr handwerkliche Produktion vor: Jede Näherin verrichtet mehrere Arbeitsgänge, und die Verrichtungen sind zeitlich nicht aufeinander abgestimmt.

Welche Unterschiede dürften aufgrund dieser verschiedenen Technologien in den formalen Strukturen dieser beiden Organisationen festzustellen sein?

Sicher sind Sie auf folgende recht plausible Unterschiede gestoßen: Die Fließfertigung dürfte zunächst mit einem höheren *Spezialisierungsgrad* verbunden sein. In Abhängigkeit davon und auch in direkter Abhängigkeit von den beiden Technologien sind auch unterschiedliche *Koordinationssysteme* zu erwarten. Die Fließfertigung läßt den Meistern oder Meisterinnen *wenig Raum für Koordination durch Weisungen.* Auch für eine Selbstabstimmung bieten sich wenig Ansatzpunkte. Koordination ist hier entweder in die Fertigungstechnologie „hineinprogrammiert" oder sie wird durch vorgelagerte Planung bewerkstelligt. Eine sorgfältige *Planung* der der Fließbandfertigung vorausgelagerten oder nahegelagerten Aktivitäten ist deshalb notwendig, weil bei Stockungen des Materiallusses sofort hohe Kosten auftreten. Die Arbeiter können nicht wie bei anderen Fertigungsarten durch ad-hoc getroffene Umdispositionen an anderen Produkten arbeiten, wenn etwa bestimmte Materialien ausbleiben, sondern das gesamte Fließband steht still.

Unsere Alltagserfahrung kann uns nur sagen, *daß* zwischen Fertigungstechnologie und Organisationsstruktur Beziehungen bestehen müssen. *Welche* Beziehungen im einzelnen vorliegen und wie stark diese sind, können wir nur durch empirische Untersuchungen herausfinden. Für empirische Untersuchungen benötigen wir aber Maße zur Erfassung der Fertigungstechnologie.

4.2.3.1. Die Erfassung der Fertigungstechnologie

Um Mißverständnisse zu vermeiden, müssen wir zunächst darauf hinweisen, daß der Begriff Fertigungstechnologie *mit zwei sehr unterschiedlichen Bedeutungen verwendet wird.* In unseren bisherigen Ausführungen haben wir mit diesem Begriff die konkreten, in einer Organisation angewendeten *Fertigungsverfahren* bezeichnet. Andere Autoren beziehen sich hingegen auf die wörtliche Bedeutung des Wortes „Technologie" und verstehen hierunter die *Gesamtheit des Wissens über Fertigungsverfahren* (vgl. z. B. Kast und Rosenzweig 1970, S. 141, sowie Schiller 1973, S. 14). Offensichtlich macht es einen Unterschied, ob wir sagen, daß das Fertigungsverfahren der Unternehmung sich in den letzten 10 Jahren häufig geändert hat und immer komplexer geworden ist, oder ob wir sagen, daß sich unser Wissen über die möglichen Fertigungsverfahren in den letzten zehn Jahren stark gewandelt hat und immer komplexer geworden ist. Wir wollen Fertigungstechnologie im *konkreten, engen Sinne* verstehen und auf die in Organisationen realisierten Verfahren beziehen. In englischsprachigen Untersuchungen wird in diesem Zusammenhang auch oft von „*operations technology*" gesprochen. Das *tech-*

nologische Wissen betrachten wir hingegen als einen Aspekt der *Umwelt der Organisation* und behandeln seine Auswirkungen auf die Organisationsstruktur dementsprechend in Abschnitt 4.2.6.

Nach diesen Vorbemerkungen wollen wir nun untersuchen, wie die Fertigungstechnologie im engeren Sinne (operations technology) konkret gemessen werden kann. Ein Blick in Lehrbücher der Industriebetriebslehre (Beste 1956, Gutenberg 1968, S. 96 und 107 ff., Kern 1970, S. 25 ff., Adamczyk 1969, Aggteleky 1970) fördert vor allem *Typologien* von Fertigungsverfahren zutage. So werden Fertigungstechnologien etwa eingeteilt:

- nach der Art der Aufstellung der Betriebsmittel in Werkstattfertigung, Reihenfertigung, Fließfertigung und kontinuierliche Prozeßfertigung,
- nach der Auflagenhöhe der produzierten Stücke in Einzelfertigung, Serienfertigung und Massenfertigung,
- nach dem Mechanisierungs- bzw. Automatisierungsgrad in manuelle Fertigung, manuelle Fertigung mit Werkzeugen, Einsatz von einfachen Aggregaten, Einsatz von sich selbst kontrollierenden Aggregaten, Einsatz programmgesteuerter Aggregate, Einsatz selbststeuernder Aggregate, Integration (mechanische Kopplung) manueller Fertigungsstellen, Integration einfacher Aggregate, Integration sich selbst kontrollierender Aggregate, Integration programmgesteuerter Aggregate, Integration selbststeuernder Aggregate.

Die *erste* Gliederung umfaßt folgende Formen der Fertigungstechnologie: Bei der *Werkstattfertigung* sind die einzelnen *Fertigungsstellen in der Regel nach Verrichtungen gebildet* – sie bearbeiten mehrere Objekte. Gleiche Maschinen werden räumlich zu „Werkstätten" zusammengefaßt, und zwischen ihnen werden *Zwischenläger* gebildet, durch die einzelnen Werkstätten „entkuppelt" werden. Die Fertigung erstreckt sich auf Lose, d. h. auf eine bestimmte Stückzahl gleicher Produkte, die von einem vorgelagerten Lager entnommen, bearbeitet und an das nachgeordnete Lager weitergegeben werden (vgl. Abb. 4–16a).

Geht man bei der räumlichen Anordnung der Fertigungsstellen nicht von gleichartigen Verrichtungen der Stellen oder Maschinen, sondern von der Reihenfolge der Verrichtungen an den einzelnen Produkten aus, so führt dies zu einer *Reihenfertigung*. Da die Reihenfolge, in der die einzelnen Verrichtungen vorgenommen werden müssen, bei den verschiedenen Produkten oft recht unterschiedlich ist, führt das Bestreben, den Fertigungsfluß der Produkte auch in der räumlichen Anordnung der Stellen zu realisieren, in der Regel dazu, daß in einer Fertigungsreihe nur eine begrenzte Zahl von Produkten – Produkte, die sich im Produktionsprozeß ähnlich sind – gefertigt werden kann. Meist werden dann *mehrere* Reihen eingerichtet. Diese auf die Produktgruppen bezogenen Reihen bilden dann in der Regel die Ausgangsbasis für die Abteilungsbildung. Es entstehen keine Werkstätten für

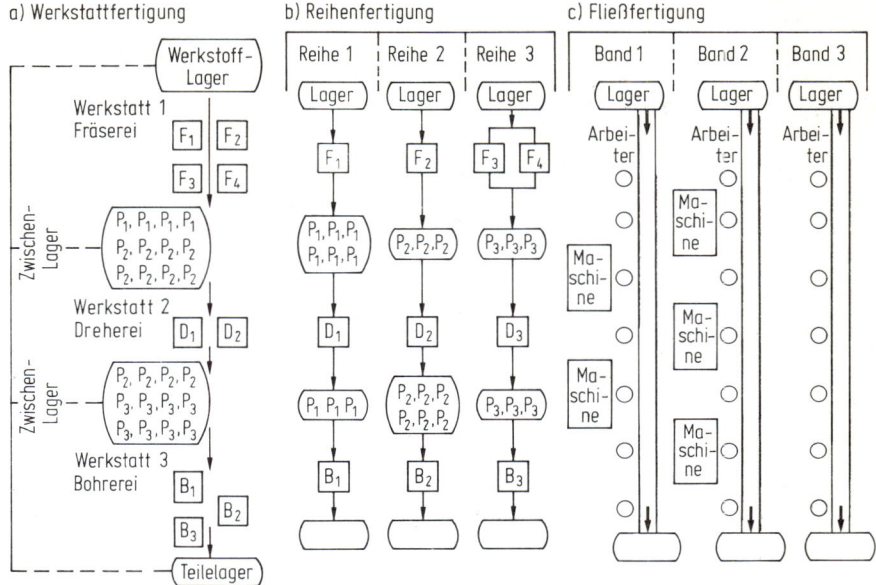

Abb. 4–16. Schematische Darstellung verschiedener Fertigungsverfahren

bestimmte Verrichtungen, sondern Abteilungen für Produkte oder Produktteile. Auch in dieser Fertigungsform werden zwischen den Fertigungsstellen noch kleine Zwischenlager gebildet, da die Fertigungsstellen in der Bearbeitungsdauer nicht exakt aufeinander abgestimmt sind. In der Regel werden die verschiedenen Produkte, auf die eine Fertigungsreihe eingerichtet ist, nicht gleichzeitig in dieser Reihe hergestellt, sondern die ganze Reihe wechselt nach Fertigstellung eines Loses auf ein anderes Produktlos um. Es finden sich dann jeweils nur Zwischenlager *eines* Produktes in jeder Reihe. Diese Fertigungsform ist in Abb. 4–16b skizziert.

Der Unterschied zwischen *Fließfertigung* und Reihenfertigung besteht darin, daß die Verrichtungen bei der Fließfertigung *zeitlich aufeinander abgestimmt* sind. Zwischenlager entfallen. Das Werkstück kann von Verrichtung zu Verichtung weitergegeben werden – es fließt. Die Forderung nach zeitlicher Abstimmung macht es noch schwieriger, verschiedenartige Produkte in einer Reihe von Stellen zu fertigen. Verschiedenartige Produkte nehmen die einzelnen Verrichtungen unterschiedlich lange in Anspruch und gefährden so die zeitliche Abstimmung. Deshalb sind Fließfertigungen in der Regel nur für ein Produkt oder ein Produktteil eingerichtet. Allerdings ist es möglich, gewisse

Variationen (Farben, Ausstattung) zuzulassen. Diese Fertigungsform ist schematisch in Abb. 4–16c wiedergegeben. Besonders bekannt ist die Fließ-*band*fertigung, bei der der Transport der Werkstücke zwischen den einzelnen Arbeitsplätzen mechanisch mit Hilfe des Fließbandes oder anderer Transporteinrichtungen erfolgt.

Bei der *kontinuierlichen Prozeßfertigung* entfallen *direkte* Eingriffe des Menschen in den Fertigungsprozeß. Maschinen sind direkt aneinandergekoppelt oder der Produktionsprozeß wird von einer einzigen Maschine bewerkstelligt. Menschen treten nur als Maschinenbediener oder -kontrollierer auf, wobei Bedienungshandgriffe nicht mit der Herstellung einzelner Stücke in Verbindung stehen. Ein Beispiel für eine solche Fertigung ist die Raffinerie, wie überhaupt diese Form für die Herstellung chemischer Substanzen typisch ist. Aber auch voll automatisierte Fertigungsstraßen für nicht-chemische Produkte wie etwa Walzstraßen fallen unter diese Kategorie.

Betrachtet man die Fertigung einer Unternehmung, so sind möglicherweise mehrere *Fertigungsverfahren* gleichzeitig anzutreffen: Bestimmte Produkte oder Produktteile werden in Werkstattfertigung hergestellt, andere in Reihen- oder Fließfertigung (vgl. das Beispiel der Abb. 4–17). Selten ist eine ganze Fertigung als „reine" Werkstatt-, Reihen- oder Fließfertigung einzustufen. Bestenfalls kann festgestellt werden, daß eine bestimmte Form *dominiert* (eine ausführliche, anschauliche Darstellung unterschiedlicher Fertigungsformen findet sich in REFA 1975, Teil 3, S. 171 ff.).

Die zweite der oben aufgezeigten Typologien von Fertigungsformen – Einzelfertigung, Serienfertigung und Massenfertigung – stellt auf die *Stückzahlen der Ausbringung* ab. Bei Einzelfertigung werden einzelne Produkte

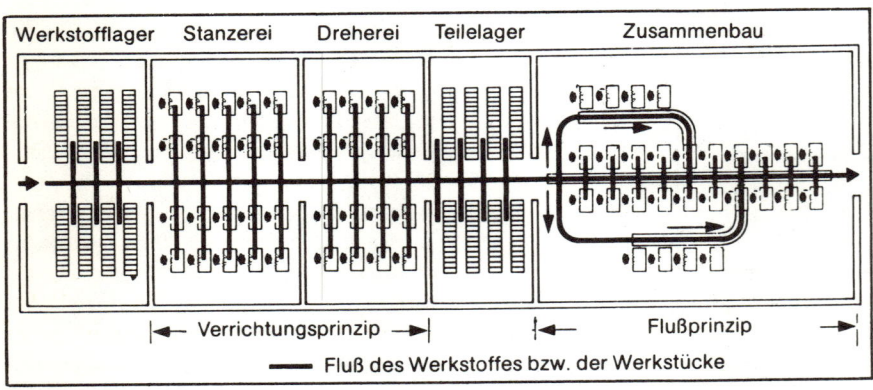

Abb. 4–17. Verschiedene Fertigungsverfahren in einer Fertigung

nach Kundenaufträgen gefertigt, die sich stark unterscheiden können, bei Serienfertigung größere Serien und bei Massenfertigung sehr hohe Auflagen. Die Stückzahlen der Ausbringung korrelieren nun stark mit unserer ersten Typologie. Einzelfertigung erfolgt in der Regel nach dem Werkstattprinzip. Je höher die Auflagen werden, um so eher sind Reihenfertigung, Fließfertigung oder kontinuierliche Prozeßfertigung rentabel einzusetzen. Ob der Sprung von der Fließfertigung zur kontinuierlichen Prozeßfertigung durchgeführt wird, hängt allerdings weitgehend von den technologischen Möglichkeiten ab: Eine kontinuierliche Prozeßfertigung für die Autoproduktion ist nicht möglich. Gewisse Teile eines Autos können jedoch durchaus automatisch gefertigt werden.

Das dritte Klassifikationsmerkmal beinhaltet genau genommen zwei Kriterien. Von einer *Mechanisierung* wird gesprochen, wenn Maschinen zur Bearbeitung von Werkstücken eingesetzt werden. Von einer *Automatisierung* spricht Grochla (1966), wenn zwei zusätzliche Bedingungen vorliegen:
(1) die Steuerung und Überwachung der Maschinen erfolgt durch technische Aggregate *(Selbsttätigkeit)*,
(2) der Transport zwischen den einzelnen Maschinen erfolgt durch Maschinen und verkettet diese miteinander *(realtechnische Integration)*.

Teilweise wird allerdings nur der Aspekt der Selbsttätigkeit als Automatisierung bezeichnet und die Integration der Fertigungsstellen als zusätzliches Merkmal betrachtet. Hinsichtlich der *Mechanisierung* und der *Selbsttätigkeit* ist festzustellen, daß *jede* Fertigungsform der ersten Typologie – Werkstattfertigung, Reihenfertigung, Fließfertigung und kontinuierliche Prozeßfertigung – unterschiedliche Grade der Mechanisierung und Selbsttätigkeit aufweisen kann. In allen Formen können beispielsweise numerisch gesteuerte Maschinen (NC-Maschinen) eingesetzt werden, die die Ausführung einzelner Arbeitsgänge selbst steuern und überwachen. Das *Kriterium der Integration* korreliert hingegen weitgehend mit der ersten Typologie: Bei schwacher Kopplung von Verrichtungsstellen, die sich auf eine räumliche Anordnung beschränkt, entsteht eine Reihenfertigung, bei Kopplung durch Fließbänder liegt Fließfertigung vor und bei einer direkten Kopplung von Aggregaten kontinuierliche Prozeßfertigung.

Wie kann man die Fertigungstechnologie nun für empirische Untersuchungen erfassen? – Einige Autoren wie z. B. Woodward (1965), Burack (1967) und Drumm (1970) arbeiten direkt mit Typologien. Sie klassifizieren Organisationen nach ihrer dominierenden Fertigungsform und untersuchen dann die so gebildeten Klassen von Organisationen auf Unterschiede in den Strukturen. Woodward (1965, S. 39) setzt beispielsweise folgende Klassifikation ein: (1) Einzelfertigung einfacher Produkte nach Kundenaufträgen, (2) Einzelfertigung technisch komplexer Produkte, (3) Fabrikation größerer Güter in Stufen, (4) Fertigung in kleinen Serien, (5) Fertigung von Einzeltei-

len in großen Serien, individueller Zusammenbau, (6) Großserienfertigung
nach dem Fließprinzip, (7) Massenproduktion, (8) Prozeßfertigung in Kombination mit Großserien- oder Massenfertigung, (9) Prozeßfertigung von
Chemikalien in Serien, (10) kontinuierliche Prozeßfertigung flüssiger, gasför-
miger oder kompakter Substanzen. Sie nennt die Skala, die in der Reihenfolge
dieser Klassen zum Ausdruck kommt, „Komplexität der Fertigung“. Es ist
fraglich, was die Skala Woodwards oder auch weniger detaillierte Klassifikationen dieser Art wirklich messen. Die von Woodward verwendete Skalenbe-
zeichnung „Komplexität“ ist irreführend, weil Fertigungstypen am unteren
Ende der Skala nicht unbedingt komplexer sind als solche am oberen Ende.
Im Hinblick auf die Koordination wirft die Einzelfertigung oft größere
Probleme auf als die kontinuierliche Prozeßfertigung.

Khandwalla (1974, S. 81 f.) gab den Unternehmungsführungen der von ihm
untersuchten Unternehmungen die folgenden Kategorien vor: (1) Produktion einzelner oder weniger Einheiten nach Spezifikationen der Kunden, (2)
Produktion in kleinen Serien, (3) Produktion in großen Serien, (4) Massenproduktion nach dem Fließprinzip, (5) kontinuierliche Prozeßfertigung von
Gasen, Flüssigkeiten oder festen Stoffen. Jeder Kategorie war die folgende
Skala beigegeben: 1 = diese Technologie kommt für die wichtigsten Produkte der Unternehmung nicht zur Anwendung, 2 = sie wird in sehr geringem
Umfang eingesetzt, 3 = sie wird in geringem Umfang eingesetzt, 4 = sie
wird in einem bescheidenen Umfang eingesetzt, 5 = sie wird in beträchtli-
chem Umfang eingesetzt, 6 = sie wird in großem Umfang eingesetzt, 7 = sie
wird fast ausschließlich für die wichtigsten Produkte der Unternehmung
eingesetzt. Die einzelnen Skalen werden zu einer Gesamtskala der „Orientierung der Unternehmung zur Massenfertigung“ aggregiert.

Khandwallas Maß hat gegenüber dem von Woodward den Vorteil, daß
Mischtechnologien besser Rechnung getragen werden kann. Außerdem sind
Intervallskalen für statistische Analysen praktischer als klassifikatorische
Skalen. Daß Khandwalla die Technologie nicht direkt, sondern indirekt
durch die Einschätzungen der Unternehmungsführungen erfaßt, birgt aller-
dings die Gefahr von Verzerrungen in sich.

Einen anderen Weg, Technologien mit Intervallskalen zu messen, schlagen
Hickson u. a. (1969) ein. Sie gehen davon aus, daß unterschiedliche Fertigungstechnologien durch folgende Dimensionen zu charakterisieren sind:

(1) Der Automatisierungsgrad der Fertigung. Dieses Teilkonzept berücksichtigt, welchen Grad an Mechanisierung und an Automatisierung die
maschinelle Ausrüstung im Extremfall erreicht und in welchem Umfang
die gesamte Fertigung technisiert und automatisiert ist.

(2) Die Starrheit des Fertigungsflusses. In diesem Teilkonzept des Gesamt-
konzeptes der Fertigungstechnologie wird erfaßt,
   a) in welchem Ausmaß das vorhandene Wissen, die vorhandenen Roh-

materialien und die vorhandene Ausrüstung für verschiedene Produkte eingesetzt werden können,

b) in welchem Ausmaß bestimmte Reihenfolgen durch die Technologie unveränderbar vorgegeben sind.

(3) *Spezifikationsgrad der Kontrollen.* In diesem Teilkonzept wird festgehalten, wie genau der Output kontrolliert wird, ob beispielsweise nur durch bloßes In-Augenschein-Nehmen oder durch mechanische Kontrollprozeduren. Dieses Konzept wird offensichtlich unter der Annahme eingeführt, daß die Art der Kontrolle auch etwas über die Variabilität der Produktion aussagt – eine sehr variable Produktion erlaubt gegenüber einer standardisierten Produktion nur einen relativ geringen Spezifikationsgrad.

(4) *Interdependenzen der Fertigungssegmente.* Müssen alle Produkte durch alle Fertigungssegmente oder -abteilungen wandern, dann liegt eine stärkere Interdependenz der Fertigungssegmente vor, als wenn einzelne Fertigungssegmente nur für bestimmte Produkte eingerichtet sind und diese Produkte herstellen können, ohne auf die Leistung anderer Segmente zurückgreifen zu müssen. In gewisser Weise spiegelt dieses Unterkonzept wider, inwieweit die Fertigung verrichtungs- oder objektorientiert angelegt ist.

Die Teildimension *Starrheit* gibt vor allem Sachverhalte wieder, die auch in der Typologie Werkstattfertigung, Reihenfertigung, Fließfertigung, kontinuierliche Prozeßfertigung zum Ausdruck kommen: Je stärker die Fertigungstechnologie an der Abfolge der Verrichtungen für einzelne Produkte oder Produktgruppen orientiert ist, um so schwieriger wird es, diese Fertigung auf andere Produkte oder Produktgruppen umzustellen, um so *starrer* wird sie. Der Mechanisierungs- und Automatisierungsgrad ist dagegen nicht notwendigerweise mit diesen Fertigungstypen verbunden. Grundsätzlich kann sich auch die Einzelfertigung hochautomatisierter Aggregate bedienen.

Hickson u. a. (1969) entwickelten für die aufgeführten Dimensionen der Technologie Skalen und erhoben sie für 46 Organisationen Großbritanniens, von denen 31 Fertigungsunternehmungen waren. In einer Faktorenanalyse ergab sich ein *starker Zusammenhang zwischen allen diesen Skalen.* Dies bedeutet etwa, daß der Mechanisierungs- und Automatisierungsgrad mit der Starrheit der Fertigung korreliert, obwohl auch die flexible Einzelfertigung grundsätzlich mit hochautomatisierten Aggregaten ausgestattet werden kann. Die empirische Erhebung von Hickson u. a. zeigt mithin, daß tendenziell stark mechanisierte und automatisierte Aggregate eher in der Reihen-, Fließ- und Prozeßfertigung anzutreffen sind. Aufgrund dieser hohen Korrelationen zwischen den Skalen sahen es Hickson u. a. als gerechtfertigt an, die Skalen zu einem Gesamtmaß der Technologie zu aggregieren, das sie „*Integration des Fertigungsflusses*" nannten. In Untersuchungen von Child und Mansfield

(1972) sowie von Kieser (1974 b) korrelierten dagegen nur die Mechanisierungs- und Automatisierungsskalen mit der Skala, die Starrheit des Fertigungsflusses erfaßt.

Welcher Art sind nun die Einflüsse der Fertigungstechnologie auf die Organisationsstruktur? – Stellen wir zu dieser Frage zunächst einmal einige konzeptionelle Überlegungen an, um empirische Ergebnisse gezielter auswerten zu können.

4.2.3.2. *Zum Zusammenhang zwischen Fertigungstechnologie und Organisationsstruktur*

Versuchen wir zunächst, um unsere Betrachtung zu vereinfachen, die wichtigen Punkte auf den Kontinuen der fertigungstechnologischen Möglichkeiten herauszuarbeiten. Vereinfachend können wir dabei drei kritische Zustände der Fertigungstechnologie herausstellen:

- die relativ flexible Werkstattfertigung mit relativ niedriger Mechanisierung,
- die stark mechanisierte Reihenfertigung und Fließbandfertigung mit ihrer vergleichsweise höheren Starrheit,
- die automatisierte Fertigung mit selbsttätigen Aggregaten, die realtechnisch integriert sind.

Der Übergang von einer fertigungstechnologischen Möglichkeit zu einer anderen bedeutet einen tiefgreifenden Wandel in den Leistungserstellungsprozessen und ist mit mehr oder weniger großen Änderungen in der formalen Organisationsstruktur verbunden. Tab. 4–2 gibt die hierbei zu erwartenden Zusammenhänge wieder.

Fertigungs-technologie:	Werkstattfer-tigung, geringe Mechanisierung	Fertigung nach dem Fließprinzip, hohe Mechanisierung, hohe Starrheit	automatisierte Fertigung
Spezialisierungsgrad:	(1) niedrig	(4) hoch	(7) niedriger
Koordinations-bedarf:	(2) hoch	(5) innerhalb der Fertigung: niedrig, zwischen unter-stützenden Abtei-lungen und der Fertigung: hoch	(8) innerhalb der Fertigung: hoch
Wie wird Koordinations-bedarf befriedigt?	(3) persönliche Weisungen, Selbstabstimmung	(6) Programmierung, Planung	(9) Selbstabstimmung persönliche Wei-sungen, Planung

Tab. 4–2. Annahmen über Auswirkungen der Fertigungstechnologie auf die Organisationsstruktur

Wie würden Sie diese Annahmen im einzelnen begründen?

Diese Annahmen lassen sich aufgrund unserer bisherigen Kenntnisse wie folgt begründen (die Numerierung folgt den Feldern der Tabelle):
Die geringen Stückzahlen der *Werkstattfertigung* bedingen eine niedrige Spezialisierung: Die einzelnen Stellen müssen mit einer Vielzahl unterschiedlicher Anforderungen fertig werden, das verbietet eine weitgehende Aufsplitterung der Verrichtungen (1). Die Unterschiedlichkeit der zu fertigenden Produkte schafft einen relativ hohen Koordinationsbedarf (2), erschwert aber eine detaillierte Vorausplanung der Fertigung. Die Koordination dürfte weitgehend den persönlichen Anweisungen der Meister und Vorarbeiter und/oder der Selbstabstimmung der Arbeiter überlassen bleiben (3).
Fertigungen nach dem Fließprinzip spezialisieren tendenziell Verrichtungen auf einzelne Produkte. Dies bedingt eine hohe Spezialisierung (4). Der durch eine hohe Spezialisierung generell ausgelöste höhere Koordinationsbedarf wird jedoch weitgehend durch die in die Fertigung hineinprogrammierte Koordination befriedigt. Für die Meister in der Fertigung oder auch für die Arbeiter bleiben so nur noch wenige Koordinationsprobleme übrig (5). Überlegt man, welche Koordinationsaufgaben ein Meister in der Fließfertigung noch durchzuführen hat, so ist diese Annahme direkt einsichtig. Anders verhält es sich mit den Verrichtungen, die mit der Fertigung in einem mittelbaren Zusammenhang stehen. Fertigungen nach dem Fließprinzip stellen hohe Anforderungen an die Materialwirtschaft – Stockungen können sehr schnell sehr kostspielig werden – und, soweit verschiedene Produktarten in einer Fließfertigung gefertigt werden, an die Arbeitsvorbereitung. Auch der Umfang und die Bedeutung solcher Abteilungen wie Instandhaltung, Fertigungseinrichtung und Qualitätskontrolle dürften mit zunehmender Mechanisierung steigen. Im Hinblick auf diese unterstützenden Abteilungen ist von einem steigenden Koordinationsbedarf auszugehen (5). Dieser Koordinationsbedarf dürfte zum Teil durch Programmierung befriedigt werden – die technologische Programmierung findet ihre Ergänzung in einer organisatorischen Programmierung – und zum Teil durch Planung (6).
Bei *automatisierter Fertigung* (Prozeßfertigung) kann eine niedrigere Spezialisierung angenommen werden: Die automatisierten Aggregate fassen jeweils mehrere Verrichtungen zusammen, die bei anderen Fertigungsformen noch Arbeitern übertragen sind. Die Automaten und nicht mehr der direkte Fertigungsfluß sind Gegenstand der Arbeit. Die durch Automaten bedingten personellen Verrichtungen lassen sich aber nicht so stark spezialisieren. Betreuung eines Automaten bedeutet Kontrolle dieses Automaten, Beseitigung von Störungen, Sicherung der Materialbereitstellung usw. – ein Bündel von Verrichtungen, d. h. weniger Spezialisierung (7). Die größere Komplexität der Aufgaben in der Fertigung bringt einen höheren Koordinationsbedarf

mit sich (8). Aus der Art der Verrichtungen der Arbeiter bei automatisierter Fertigung kann geschlossen werden, daß dieser Koordinationsbedarf *in der Fertigung* durch Planung nicht befriedigt werden kann. Auch persönliche Weisungen als Koordinationsinstrumente dürften weniger effizient sein: Es kommt auf schnelle Reaktion des einzelnen Automatenkontrollers an, und die wird durch autonomes Handeln und schnelle gegenseitige Verständigung eher garantiert als durch hierarchische Weisungen, denen aber wegen ihrer Flexibilität ebenfalls große Bedeutung zukommt. Was die Koordination zwischen der Fertigung und unterstützenden Abteilungen betrifft, so ist weiter von einer relativ großen Bedeutung der Planung auszugehen: Die automatisierte Fertigung erfordert einen reibungslosen Materialzu- und abfluß.

4.2.3.3. Der Einfluß der Fertigungstechnologie auf den Spezialisierungsgrad

Die Auswirkungen der Fertigungstechnologie auf den Spezialisierungsgrad *auf der Ebene der Arbeiter* ist schwierig abzuschätzen, da zwei gegenläufige Tendenzen festzustellen sind. Hinter der Fertigungsform der *Fließarbeit* steht zweifelsohne das Konzept, den Arbeitsprozeß in solche Stellen aufzuteilen, die eine *minimale Anlernzeit* bedingen und die eine Abstimmung erlauben, bei der die *Leerzeiten minimiert* werden. Diese beiden Bedingungen sind nur dann zu erfüllen, wenn die Spezialisierung sehr weit getrieben wird, wenn sehr wenige Handgriffe zu den Aufgaben einer Stelle zusammengefaßt werden. Fließfertigung bringt also eine weitgetriebene Spezialisierung mit sich.

Hochgradige Automatisierung in Verbindung mit einer verstärkten Integration einzelner Aggregate kann dagegen zu einer *Reduzierung des Spezialisierungsgrades* führen. Dieser Effekt tritt dann ein, wenn die direkten Operationen am Produkt, insbesondere die Eingabe- und Entnahmeprozesse weitgehend auf Aggregate übertragen werden und der Arbeiter in erster Linie *Aufgaben der Kontrolle, der Materialbereitstellung und der Instandhaltung* zu erledigen hat. Das von einem Arbeiter zu übernehmende Aufgabenspektrum wird dann größer – die Spezialisierung in der Fertigung nimmt ab. Gleichzeitig steigen die an den Arbeiter zu stellenden *Qualifikationserfordernisse*. Daß eine solche Entwicklung im Zuge einer Automatisierung auftreten *kann*, steht außer Frage und bedarf nicht der empirischen Überprüfung. Empirisch zu überprüfen ist jedoch, *in welchem Umfang* eine solche Entwicklung durch die bisher in der industriellen Fertigung durchgeführte Automatisierung ausgelöst wurde.

Die wohl gründlichste Untersuchung, die auf diese Frage eingeht, haben Kern und Schumann (1970) vorgelegt. Auf der Basis einer Analyse von 20

Fertigungsprozessen unterschiedlichen Mechanisierungs- und Automatisierungsgrades kommen sie zu folgenden Schlüssen (S. 138 ff):

> „Keineswegs lassen sich aber alle Arbeitsplätze eines Aggregats denjenigen Arbeitstypen zuschreiben, die für das technische Niveau des Produktionsmittels charakteristisch erscheinen. Die Arbeitsplatzstruktur ist durchweg „konservativer" als der Mechanisierungsgrad. Jede neue Mechanisierungsstufe bringt neue Formen industrieller Arbeit, gleichzeitig perpetuiert sie aber auch einen Teil der konventionellen Arbeitsformen. (. . .)
> Interessant ist, welche der konventionellen Arbeitsformen auf die höheren Mechanisierungsstufen übertragen werden. Meist sind es – das deuten unsere Ergebnisse an – einfache Handarbeiten und repetitive Teilarbeiten, die trotz fortschreitender Mechanisierung bestehen bleiben – seltener die qualifizierten Varianten herkömmlicher Industriearbeit. Nach unseren Ergebnissen impliziert die technische Entwicklung demzufolge nicht nur eine Differenzierung der Gesamtgruppe der Industriearbeiter, sie führt gleichzeitig auch zu einer Polarisierung der Belegschaften an den technisch fortgeschrittenen Aggregaten. (. . .)
> Am Beispiel der Anlagen mit weitgehender Mechanisierung – den teilautomatisierten Aggregatsystemen – wird die Tendenz zur Polarisierung besonders deutlich: Hier sind im Schnitt *47 Prozent* der Beschäftigten der Anlagenkontrolle und der Meßwartentätigkeit zuzuordnen, also jenen relativ autonomen und qualifizierten Arbeitsformen, die auf dieser Mechanisierungsstufe erstmalig auftreten; die restlichen Arbeitskräfte üben in der Mehrzahl restriktive und qualitativ anspruchslose Tätigkeiten aus (*36 Prozent* der Beschäftigten sind einfache Handarbeiter und repetitive Teilarbeiter)."

Der relativ optimistischen These Blauners (1964), die Entfremdung in der Industrie verändere sich im Prozeß fortschreitender Mechanisierung und Automatisierung in Form eines umgekehrten „U", d. h. sie sei gering in der handwerklichen Produktion, groß in der mechanisierten Produktion (Fließarbeit) und wieder klein unter den Bedingungen der Automation – kann im Hinblick auf diese Ergebnisse nicht zugestimmt werden. Auf die Konsequenzen der Fertigungstechnologie für das Verhalten in der Unternehmung ist in Kapitel 5 zurückzukommen. Hier sollen nur die Auswirkungen der Fertigungstechnologie auf den *Spezialisierungsgrad der Gesamtorganisation* analysiert werden.

Zu diesem Problemkomplex liegen recht widersprüchliche Befunde vor. Wir hatten oben die Hypothese aufgestellt, daß mit dem Übergang von der Werkstattfertigung mit niedriger Mechanisierung zu einer Fertigung nach dem Fließprinzip mit hoher Mechanisierung und entsprechend höherer Starrheit der Spezialisierungsgrad im Hinblick auf der Fertigung vor- oder nachgelagerten Funktionen wie Fertigungsplanung, Arbeitsvorbereitung oder Qualitätskontrolle zunehmen würde. Woodward (1965, S. 59) fand in ihrer Untersuchung, die sich auf 100 Fertigungsunternehmungen mit mehr als 100 Beschäftigten in South-Essex, England erstreckte, daß der relative

Anteil der indirekt produktiven Arbeiter mit der „Komplexität der Fertigung" (vgl. S. 238) zunahm. Auch die Relation der Verwaltungsstellen zu den direkt produktiven Arbeitern stieg an (Woodward 1965, S. 60). Wie stark spezialisiert die indirekten Arbeiter oder die Verwaltung in Abhängigkeit von der Technologie war, untersuchte sie jedoch nicht. Sie weist lediglich relativ pauschal darauf hin, daß die Stab-Linienorganisation in der Massenproduktion am ausgeprägtesten war, d. h. daß bei dieser Technologie Verwaltungsstellen am ehesten in spezialisierten Stabsabteilungen anzutreffen waren (S. 64). Burack und Cassell (1967) sowie Burack (1967) weisen in verschiedenen Fallstudien darauf hin, daß die *Bedeutung* unterstützender Abteilungen im Zuge einer starken Mechanisierung und Automatisierung der Fertigung zugenommen hatte und daß komplexere Planungs- und Kontrolltechniken zum Einsatz kamen. In welchem Umfang dies mit einer starken Spezialisierung in diesen Bereichen einherging, zeigen sie nicht auf. Das von ihnen vorgelegte Material läßt aber den Schluß zu, daß sich der Spezialisierungsgrad der Gesamtorganisation von Fall zu Fall in recht unterschiedlicher Weise veränderte.

Auf jeden Fall findet eine *Verlagerung von der Fertigung vor- und nachgelagerten Aktivitäten auf unterstützende Einheiten* statt. Ob diese Verlagerung aber zu einer Ausweitung der relativen Zahl an unterstützenden Stellen führt und ob sich der Spezialisierungsgrad der Gesamtorganisation dadurch ändert, hängt in starkem Maße von der Art der gefertigten Produkte ab. In vielen Fällen kann die Verlagerung durch Einsatz leistungsfähiger Planungs- und Kontrolltechniken sowie durch eine Erhöhung der Qualifikation der Mitarbeiter bewältigt werden.

Untersuchungen von Hickson u. a. (1969), Child und Mansfield (1972) in englischen Organisationen und von Kieser (1974b) in deutschen Organisationen, die dieselben Maße für die Technologie und für die Spezialisierung einsetzten, unterstützen die von den Fallstudien nahegelegten Schlußfolgerungen. Die *prozentualen Anteile der Stellen in 8 verschiedenen Funktionen* – Entwicklung, Fertigungsplanung, Fertigungskontrolle, Fertigungsorganisation, Personalwesen, Einkauf, Transport und Instandhaltung – und die *Spezialisierungsgrade* dieser Funktionen wurden mit Maßen der Fertigungstechnologie korreliert. Einigermaßen übereinstimmende hohe positive Korrelationen sowohl für das Maß Integration des Fertigungsflusses als auch für das Maß Kontinuität des Fertigungsflusses, das in etwa dem Technologiemaß Woodwards entspricht, ergaben sich lediglich für die relative Größe der *Transportfunktion* und für den Spezialisierungsgrad dieser Funktion. Für das Maß Kontinuität des Fertigungsflusses stimmen auch die Korrelationen für die *Spezialisierungsgrade der Funktionen Personalwesen und Instandhaltung* überein. Für alle anderen Funktionen ergaben sich zwischen den Studien erhebliche Abweichungen. *Für die auf die Gesamtorganisation bezogenen*

*Maße der verrichtungsorientierten Abteilungsspezialisierung und der Stellen-
spezialisierung ergaben sich bei Kontrolle der Größe der Organisation in allen
drei Untersuchungen keine höheren Korrelationen mit den Maßen der Fertigungstechnologie.*

4.2.3.4. Der Einfluß der Fertigungstechnologie auf die Koordination

Wir haben oben die Hypothese aufgestellt, daß der *Koordinationsbedarf
innerhalb der Fertigung* bei der Werkstattanfertigung mit geringer Mechanisierung und bei der automatisierten Fertigung relativ hoch ist. Bei der
Fertigung nach dem Fließprinzip gingen wir – da ein Großteil der notwendigen Koordination schon in die Fertigung hineinprogrammiert ist – von einem
niedrigen Koordinationsbedarf aus. Wir nahmen weiter an, daß der Koordinationsbedarf bei Werkstattfertigung weitgehend durch persönliche Weisungen befriedigt wird, bei Fließfertigung vorwiegend durch Programmierung
und Planung und bei automatisierter Fertigung innerhalb des Fertigungsbereiches überwiegend durch Selbstabstimmung und persönliche Weisungen.
Diese Annahmen würden durch eine Beziehung in Form eines umgekehrten
„U" zwischen der so skalierten Technologie und der Leitungsspannengröße
der Meister in der Fertigung unterstützt: Muß der Meister viel Koordination
durch persönliche Weisungen leisten, so reicht seine Leitungskapazität nur
für wenige Arbeiter. Erfolgt die Koordination vorwiegend durch Programmierung und Planung, so kann der einzelne Meister eine relativ große Zahl an
Arbeitern überwachen.
Eine *derartige Beziehung zwischen Technologie und der durchschnittlichen
Leitungsspanne der Meister* in der Fertigung ergab sich in den Untersuchungen von Woodward (1965, S. 62), Harvey (1968), Hickson u. a. (1969), Child
und Mansfield (1972, S. 381). Trägt man die Durchschnittswerte, die Woodward für die verschiedenen Klassen von Unternehmungen ermittelte, in ein
Achsenkreuz ein, ergibt sich die in Abb. 4–18 wiedergegebene Funktion der
durchschnittlichen Leitungsspannen der Meister in Abhängigkeit von der
Technologie.
Die *Verschiebungen in den Aufgabeninhalten* der Meister, die eine Änderung
der durchschnittlichen Leitungspannengrößen in verschiedenen Fertigungstechnologien herbeiführen, gehen aus der Tab. 4–3 hervor, die Burack (1975,
S. 117) aus den Ergebnissen verschiedener Untersuchungen zusammenstellte.
In der Einzelfertigung sind nach den in der vorliegenden Tabelle wiedergegebenen Befunden die Leitungsspannen der Meister niedrig, weil sie mit der
Koordination der Arbeiter stark belastet sind, in der automatisierten Fertigung dagegen, weil sie relativ stark mit der Koordination der Fertigung
vorgelagerten Aktivitäten beschäftigt sind bzw. weil sie Ausführungsarbeiten

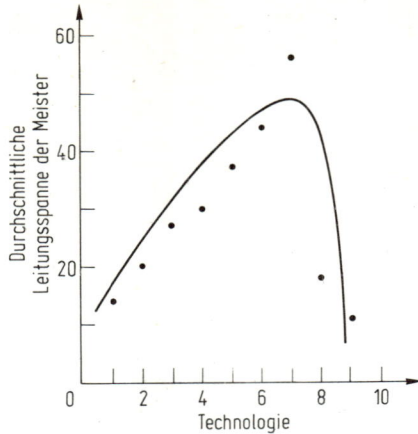

Abb. 4–18. Durchschnittliche Leitungsspannen der Meister in Abhängigkeit von der Fertigungstechnologie nach Woodward (die gemischten Technologien 10 und 11 wurden aus der Betrachtung ausgeklammert)

	Einzel-fertigung	Fließ-fertigung	Mittlerer Automatisie-rungsgrad (Großbäk-kerei)	Hoher Auto-matisierungs-grad (Groß-bäckerei)
Direkte Interaktionen des Meisters mit Arbeitern zur Anleitung ihrer Aktivitäten	33,7	18,3	1,6	0,8
Direkte Interaktionen des Meisters mit Kollegen, Vorgesetzten und unter-stützenden Stellen	25,1	23,9	26,7	9,5
Aushilfe bei ausführenden Tätigkeiten und Verwal-tungstätigkeiten	41,2	57,8	71,7	90,5

Tab. 4–3. Durchschnittliche zeitliche Inanspruchnahme der Meister durch verschiedene Funktionen in Prozent

mit übernehmen müssen und ihnen so wenig Zeit für die Koordination der Arbeiter bleibt. Der letzte Befund korrigiert unsere, in Abschnitt 4.2.3.2. getroffenen Annahmen etwas.

Die Frage ist nun, *wie weit hinauf in die Hierarchie dieser Einfluß der Fertigungstechnologie auf den Koordinationszusammenhang reicht.* Hier liegen recht widersprüchliche Ergebnisse vor. Woodwards empirische Analyse weist auf einen *starken Einfluß der Fertigungstechnologie auf den Koordinationszusammenhang der gesamten Organisation* hin. Die *Zahl der Hierarchieebenen* nahm mit der „Komplexität der Fertigung" zu. Die Durchschnittswerte für die wichtigsten Technologiegruppen von Unternehmungen sind in Abb. 4–19 wiedergegeben (nach Woodward 1965, S. 52).

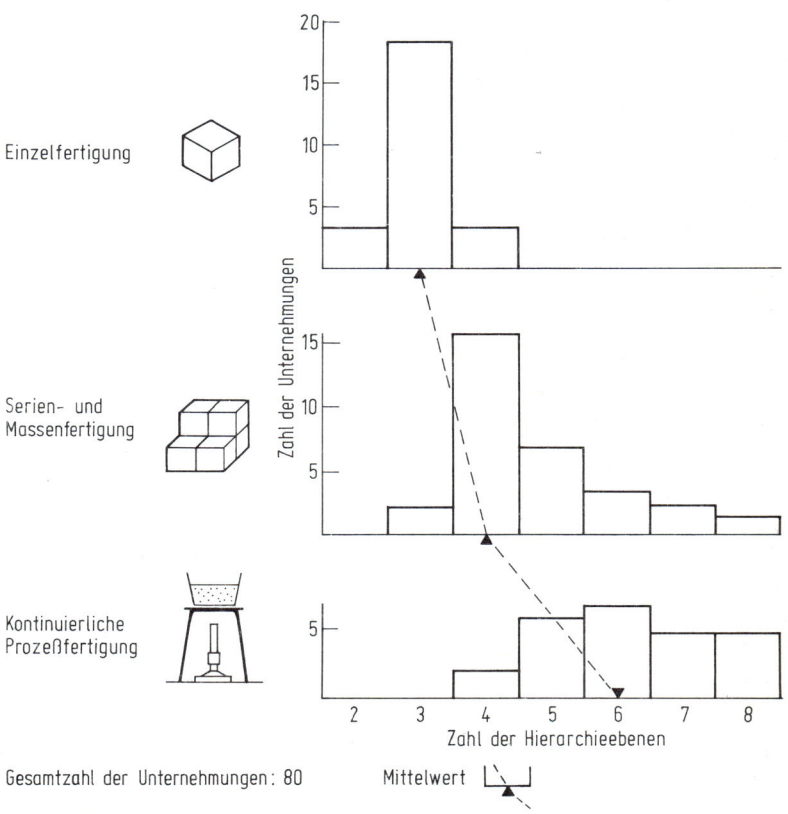

Abb. 4–19. Der Zusammenhang zwischen Fertigungstechnologie und Zahl der Hierarchieebenen

Auch die *Leitungsspanne an der Spitze der Organisation* war positiv mit der Technologie korreliert: In der Gruppe der Unternehmungen mit Einzelfertigung variierte sie von zwei bis neun bei einem Mittelwert von vier, in der Gruppe Großserien- und Massenfertigung variierte sie von vier bis dreizehn bei einem Mittelwert von sieben, und in der Prozeßfertigung varrierte sie von fünf bis neunzehn bei einem Mittelwert von zehn (S. 53). „Management by committee" auf der obersten Ebene – ein Indikator für *Selbstabstimmung* – nahm ebenfalls mit der Komplexität der Fertigung zu (S. 53). Die mit der Massenorientierung der Fertigung zunehmende Leitungsspanne der Organisationsspitze könnte auf eine zunehmende Differenzierung der Aktivitäten als Folge einer vertikalen Integration hindeuten.

Sowohl in der *Einzelfertigung* als auch in der *Prozeßfertigung* war eher eine „organische" Struktur anzutreffen, während in Organisationen mit Massenfertigung eine „mechanistische" Struktur dominierte (S. 64) (zu diesen beiden Strukturtypen vgl. S. 37 f.). Dieser Befund stimmt tendenziell mit unserer Konzeption zur Abhängigkeit der Struktur von der Technologie überein. Wir hatten eine stärkere Bedeutung persönlicher Koordinationsmechanismen in der Einzel- und in der automatisierten Fertigung angenommen. Auch der Befund Woodwards, daß *Spezialisten in der Einzel- und in der Prozeßfertigung eher in Stabsstellen bzw. in unterstützenden Abteilungen* anzutreffen waren, während sie in der Massenfertigung Linienpositionen einnahmen (S. 64), läßt sich mit dieser Interpretation vereinbaren: Der Koordinationsbeitrag von Spezialisten kann nur bei indirekten, unpersönlichen Mechanismen von unterstützenden Stellen her erfolgen.

Untersuchungen von Harvey (1968) und Zwerman (1970) liefern Ergebnisse, die denen Woodwards fast in allen Punkten entsprechen, obwohl sie mit recht unterschiedlichen Technologiemaßen arbeiten. Alle diese Untersuchungen konnten keine stärkere Abhängigkeit der Organisationsstruktur von der Größe der Organisation feststellen.

Eine Reihe von empirischen Studien kommt allerdings zu *recht abweichenden Befunden*. In den Untersuchungen von Hickson u. a. (1969), Child und Mansfield (1972), Kieser (1974b) und Schiller (1973) konnten *keine hohen Korrelationen der Technologie mit irgendwelchen globalen Maßen zum Koordinationszusammenhang* festgestellt werden. Wesentlich stärker als der Einfluß der Fertigungstechnologie war der Einfluß der *Organisationsgröße auf die Maße der Organisationsstruktur. Einzige Ausnahme: Die Leitungsspanne an der Spitze der Organisation* war in den Untersuchungen von Child und Mansfield sowie Kieser positiv mit dem Integrationsgrad der Fertigung korreliert, bei Child und Mansfield wies jedoch ein spezieller Test eher auf einen Zusammenhang in Form eines umgekehrten „U" hin.

Wie ist der Widerspruch zwischen diesen beiden Gruppen von Untersuchungen zu erklären? – Hickson u. a. (1969) gehen dieser Frage nach und kommen zu einer recht plausiblen Interpretation: Sie argumentieren, daß strukturelle Einflüsse der Fertigungstechnologie sich weitgehend nur auf den Fertigungsbereich erstrecken. Wenn nun der Fertigungsbereich einen großen Teil der gesamten Organisationsstruktur bildet, so korrelieren auch globale Maße der Organisationsstruktur stärker mit der Fertigungstechnologie. Vor allem in kleineren Organisationen nimmt der Fertigungsbereich einen großen Teil der gesamten Organisation ein. Überprüft man nun Woodwards Stichprobe, so stellt man fest, daß kleinere Unternehmungen überwiegen. Dies könnte den dominanten Einfluß der Technologie auf strukturelle Größen erklären. Auch Child und Mansfield (1972) konstatieren bei den kleineren Unternehmungen ihrer Stichprobe einen stärkeren Einfluß der Technologie auf die Organisationsstruktur.

Diese Überlegungen und empirischen Befunde legen nun folgenden Schluß nahe: die Untersuchung von Woodward gibt die in der Realität vorliegenden Tendenzen richtig wieder, sie übertreibt nur die Stärke dieser Tendenzen, wenn sie die gesamte Organisationsstruktur als von der Technologie geprägt ansieht. Einige Fallstudien bieten die Möglichkeit, dieser Vermutung nachzugehen.

Drumm (1970) untersuchte in den Jahren 1966 bis 1967 fünf Werke von vier Unternehmungen verschiedener Branchen (Nahrungsfette, Zigaretten, Dauerbackwaren und Pumpen). In diesen Werken fand – zumindest in Teilbereichen der Fertigung – während des Beobachtungszeitraums ein Übergang zu stärker automatisierten Fertigungsformen statt, oder es waren Verfahren unterschiedlichen Automationsgrades gleichzeitig realisiert. Drumms Studie fällt demnach in den zweiten Abschnitt unseres Technologiekontinuums – in den Übergang von Fließfertigungsformen zur automatischen Fertigung. Die Ergebnisse wurden sowohl durch Zeitreihenvergleiche, wobei die Entwicklung bis 1959 zurückverfolgt wurde, als auch durch Querschnittsanalysen gewonnen. In allen Werken waren umfangreiche Freisetzungen festzustellen – am stärksten bei den Arbeitsgängen der Verpackung, schwächer in den Verarbeitungsprozessen und am wenigsten in der Rohstoffbearbeitung (S. 126 ff.). In der Regel wurden die Freisetzungen jedoch durch Kapazitätserweiterungen kompensiert. Die Aufgaben der Ausführungsstellen wurden komplexer – mit zunehmender Mechanisierung mußten die Stelleninhaber eine größere Zahl unterschiedlicher Aufgabenelemente übernehmen. Der Arbeiter mußte somit ein größeres Spektrum von Aufgaben beherrschen. Dies ist vor allem darauf zurückzuführen, daß einzelne Arbeiter in höherem Ausmaß an integrierten Aggregaten unterschiedlicher Art eingesetzt wurden.

Auf den untersten Instanzenstufen, bei den Vorarbeitern und Meistern, traten Stelleneinsparungen erst bei größeren Freisetzungen auf der Ausführungsebene auf, und dann auch nur in geringem Umfang. Dies führte dazu, daß die Leitungsspannen der Vorarbeiter teilweise auf vier bis sechs absanken. Der schon vor der Automatisierung geringe Anteil an Leitungsaufgaben verminderte sich noch weiter: Die Stellen der Vorarbeiter bekamen weitgehend ausführenden Charakter, wobei sich die Ausführungsaufgaben vor allem auf die Reparatur und Wartung der Aggregate an Fertigungsstraßen, die Kontrolle dieser Aggregate und die Kontrolle von Rohstoffen und Erzeugnissen während der verschiedenen Be- und Verarbeitungsphasen erstreckten. Die Verringerung der Zahl der Ausführungsstellen führte zu einem Abbau der Leitungsaufgaben, diese Entlastung wurde aber kompensiert durch die Zuweisung zusätzlicher Ausführungsaufgaben.

Auf den beiden der Meisterebene übergeordneten Instanzenebenen – Obermeister, Abteilungsleiter – zeigten sich ebenfalls nur leichte Freisetzungstendenzen. Stärker änderte sich die Aufgabenstruktur. Die Planungsaufgaben wurden wesentlich komplexer. Planungsbesprechungen zwischen verschiedenen Instanzen auf dieser Ebene – wenn man so will „Management by Committee" – fanden häufiger statt. Diese Änderungen waren begleitet von einer Verringerung des Programmierungsgrades. Die Studie Drumms ist zwar auf den Fertigungsbereich begrenzt, es wird aus ihr aber deutlich, daß *strukturelle* Auswirkungen in Bereichen außerhalb der Fertigung nicht zu erwarten sind. Zu stark ist die Abschwächung der strukturellen Effekte von Ebene zu Ebene.

Auch die Fallstudien von Burack und Cassell (1967) sowie von Burack (1967) deuten an, daß strukturelle Änderungen bei einem Übergang von der hochmechanisierten Massenfertigung auf stärker automatisierte Fertigungsformen weitgehend auf den Fertigungsbereich beschränkt bleiben, daß sich aber die *Aufgabeninhalte* auch auf Hierarchieebenen außerhalb der Fertigung verändern können. Die Stärke dieser Änderungen ist allerdings abhängig von der Branche: In Fleisch- und Wurstfabriken und in Großbäckereien waren offensichtlich mehr organisatorische Umstellungen außerhalb des Fertigungsbereiches als Folge technologischer Änderungen zu verzeichnen als in Stahlwerken, Kraftwerken oder Raffinerien.

Daß die *Aufgabeninhalte* auch *des Top Managements* mit der Fertigungstechnologie korrelieren, zeigen Untersuchungen von Child (1973c) und Kieser (1974b). Je integrierter der Fertigungsfluß war, desto stärker empfanden die Top-Manager in den Organisationen dieser beiden Studien ihre Arbeit routinisiert und problemlos. Die „empfundene Genauigkeit der Kompetenzabgrenzung" korrelierte ebenfalls positiv mit den Technologiemaßen: In der Unterschung von Child ergab sich zwischen der Integration des Fertigungsflusses und der empfundenden Genauigkeit der Kompetenzabgrenzung eine Korrelation von 0,26, in der von Kieser eine von 0,28; die Korrelation für das Maß Kontinuität des Fertigungsflusses war 0,42. Eine statistische Kontrolle anderer Faktoren der Situation veränderte diese Korrelationen nicht. Interessant sind vor allem auch die negativen Korrelationen der Integration des Fertigungsflusses mit der empfundenden Entscheidungskompetenz: bei Child −0,39, bei Kieser −0,32 (Zu den Maßen der Rollenperzeption siehe S. 351).

Diese Befunde deuten darauf hin, daß sich *Aufgabeninhalte über die gesamte Hierarchie hinweg in Abhängigkeit von der Fertigungstechnologie verändern können*, auch wenn diese Änderungen nicht auf die Struktur durchschlagen.

4.2.4. Informationstechnologie

Ebenso wie der Begriff „Fertigungstechnologie" zwei verschiedene Bedeutungen besitzt, wird auch der Begriff „Informationstechnologie" zum einen auf die konkreten, in Organisationen angewendeten Verfahren zur Datenverarbeitung bzw. Informationsverarbeitung und zum anderen auf die Gesamtheit des Wissens über diese Verfahren bezogen. Wir wollen auch hier nur *die in Organisationen realisierten Verfahren* betrachten und fragen, welchen Einfluß sie auf die formale Struktur dieser Anwender-Organisationen ausüben.

4.2.4.1. Die Informationstechnologie als Einflußgröße formaler Organisationsstrukturen

Grundsätzlich fällt unter den Begriff „Informationstechnologie" *jedes* Verfahren der Datenverarbeitung bzw. Informationsverarbeitung – beide Bezeichnungen sollen hier synonym verwendet werden. Sowohl bei dem Einmeißeln von Schriftzeichen in die antiken Steinplättchen als auch bei der Eintragung von Geschäftsvorfällen in Journale mit Hilfe von Federkielen bis hin zu den technischen Hilfsmitteln im modernen Büro handelt es sich um solche Verfahren. Interesse haben die Verfahren der Informationsverarbeitung in der Organisationstheorie jedoch erst mit dem Einsatz von *Lochkartenanlagen* in den 50er Jahren und vor allem dann mit dem Einsatz *programmgesteuerter elektronischer Datenverarbeitungsanlagen* (Computer, EDV-Anlagen, ADV-Anlagen) gefunden. Es ist also der Aspekt der *Mechanisierung und Automatisierung der Datenverarbeitung*, der als organisatorisch relevant erachtet wird.

Genaugenommen handelt es sich schon bei dem Einsatz von *Büromaschinen* (Schreibmaschinen, Rechenmaschinen, Buchungsmaschinen) um eine Mechanisierung der Datenverarbeitung. Diese Mechanisierung hat zwar innerhalb des Zweiges der Organisationslehre, der sich unmittelbar auf die praktische Organisationsarbeit bezieht, unter der Bezeichnung *Büroorganisation* von jeher große Beachtung gefunden, und jeder Organisator in der Praxis muß Kenntnisse über derartige mechanische Hilfsmittel besitzen; im Zusammenhang mit der Analyse von Einflußgrößen formaler Organisationsstrukturen sind diese ersten Mechanisierungsstufen hingegen weitgehend vernachlässigt worden, da von ihnen keine Einflüsse auf die formale Organisationsstruktur erwartet wurden. Tatsächlich hat der Einsatz solcher mechanischer Hilfsmittel zwar die einzelnen Arbeitsplätze verändert; die generellen Regelungen zur Arbeitsteilung und Koordination wurden hingegen jedoch nicht berührt. Es handelt sich um punktuelle Veränderungen in einzelnen Arbeitsgängen unter grundsätzlicher Beibehaltung der Arbeitsstrukturen. Erst mit der Realisierung einer höheren Mechanisierungsstufe durch den Einsatz von Lochkartenanlagen und mit der Automatisierung der Datenverarbeitung im Sinne einer selbsttätigen Aufgabenerfüllung durch programmgesteuerte maschinelle Aggregate und ihrer realtechnischen Integration (vgl. Grochla 1966), wurde ein Stand erreicht, dessen organisatorische und soziale Konsequenzen vielfältige Diskussionen auslösten (vgl. den Überblick bei Sadler 1968).

> Worin liegen die Unterschiede zwischen dem Einsatz von Büromaschinen, dem Einsatz von Lochkartenanlagen und dem Einsatz von Computern in Organisationen?

Büromaschinen erfordern eine gewisse Fingerfertigkeit und eine Umstellung in der Art der Aufnahme von Informationen; sie stehen dem einzelnen Angestellten jedoch an seinem Arbeitsplatz als Hilfsmittel zur Verfügung, und er kann sie mehr oder weniger nach seinem Belieben einsetzen. Die Maschine nimmt ihm einzelne Arbeitsschritte ab oder erhöht seine Leistungsfähigkeit, wenn er sich ihrer bedient. Da der Angestellte dabei die Maschine vollkommen beherrscht und der Einsatz der Maschinen kaum die Arbeitsstrukturen verändert, stellt sie für den Angestellten weder direkt noch indirekt eine Bedrohung dar.

Dieses Verhältnis zwischen dem Angestellten und der Maschine hat sich mit dem Einsatz von Lochkartenanlagen grundlegend geändert. Lochkartenanlagen sind noch relativ einfache Maschinen, die große Mengen von Daten in kürzester Zeit sortieren und auflisten sowie die vier Grundrechenarten an ihnen vornehmen können. Abgesehen von ihrer wesentlich höheren Leistungskapazität und Arbeitsgeschwindigkeit unterscheiden sie sich in technischer Hinsicht kaum von „konventionellen" Büromaschinen. Wieso haben sie dann aber das Verhältnis des Angestellten zur Maschine grundlegend verändert?

Bei näherer Betrachtung zeigt sich, daß ein mehr oder weniger großer Teil der Sachbearbeiter im Verwaltungsbereich auch nur Daten sortiert, auflistet und die vier Grundrechenarten anwendet.

> Die Aufgabe eines Buchhalters in der Lohn- und Gehaltsabteilung besteht beispielsweise darin, für die Angestellten einmal im Monat die Bruttogehälter minus der einzelnen Abzüge aufzulisten, jede Zeile auf einen Gehaltsstreifen zu übertragen und die einzelnen Positionen über alle Angestellten hinweg zu addieren, um die Beträge zu ermitteln, die an das Finanzamt, die Sozialversicherung, an die Kasse, an verschiedene Banken und andere Organisationen abzuführen sind. Bei den Arbeitern verfährt er grundsätzlich gleich, nur muß er hier erst den Bruttolohn durch eine Addition der geleisteten Arbeitsstunden oder der bearbeiteten Stücke bei Akkordlohn ermitteln. Alle diese Tätigkeiten, die bei 500 Beschäftigten mehrere Tage in Anspruch nehmen, können auf einer Lochkartenanlage in einigen Stunden abgewickelt werden.

Während eine konventionelle Büromaschine einen Sachbearbeiter nicht ersetzen kann, ist das bei einer Lochkartenanlage durchaus der Fall. Zwar muß auch die Lochkartenanlage noch bedient und auf jeden neuen Arbeitsgang eingerichtet werden. Ist sie jedoch einmal eingerichtet, so erfüllt sie die Arbeit einer großen Zahl von Sachbearbeitern.

Nun gibt es eine Reihe von Aufgaben im Verwaltungsbereich, bei denen repetitive Tätigkeiten nur einen mehr oder weniger großen Teil ausmachen. Wenn solchen Sachbearbeitern diese für sie sicherlich langweiligen Teilaufgaben abgenommen werden, wo besteht dann der Unterschied zu einer konventionellen Büromaschine? – Der Unterschied besteht nicht in den Maschinen selbst, sondern in der Art und Weise, in der sie in Organisationen eingesetzt werden. Bei der großen Leistungskapazität einer Lochkartenanlage wäre es ökonomisch nicht vertretbar, beispielsweise den verschiedenen Gruppen im Rechnungswesen jeweils eine eigene Anlage hinzustellen. Statt dessen schafft man eine *Lochkartenabteilung*, die dann die repetitiven Teilaufgaben aus allen Bereichen übernimmt. In dieser Abteilung werden beispielsweise Lohn- und Gehaltsabrechnungen, Kundenbuchhaltung, Lagerfortschreibungen, Produktionsstatistiken und Absatzstatistiken erstellt. Es kommt also zu einer *Zentralisation von Datenverarbeitungsaufgaben,* die zuvor dezentral in den entsprechenden Abteilungen erfüllt wurden. Die Lochkartenabteilung wird zur zentralen Dienstleistungsstelle, die die anderen Abteilungen „benutzen". Aus der Sicht dieser Benutzerabteilungen stellt sich eine solche Informationszentralisation nicht nur als Entlastung dar – durch sie wandeln sich die Arbeitsstrukturen und Kommunikationswege. Der einzelne Sachbearbeiter muß Belege, Listen u. a. m. an eine andere Abteilung weitergeben, die diese verarbeitet und die Ergebnisse an ihn zurückgibt oder an eine andere Stelle weiterleitet. Dies bedeutet im einzelnen, daß der Arbeitsfortschritt des Sachbearbeiters unterbrochen wird, daß er zusätzliche Formalien und Termine einhalten muß, daß er nicht mehr kontrollieren kann, wer „seine" Daten in die Hand bekommt und daß er bei einem Ausfall der Datenverarbeitung oder bei Verarbeitungsfehlern zusätzliche Belastungen erfährt, obwohl er für die Ursachen nicht verantwortlich ist. Für Sachbearbeiter, die nur bestimmte Ergebnisse der maschinellen Datenverarbeitung wie Bestelllisten oder Überwachungslisten erhalten, kommt hinzu, daß sie nun von einer „Maschine" *Weisungen* empfangen. Da die Lochkartenanlage zudem die Erstellung von Statistiken erlaubt, die zuvor aus Kosten- oder Zeitgründen nicht erstellt wurden, fühlen sich viele Organisationsmitglieder nun auch von einer Maschine *überwacht.*

Diese Tendenzen verstärken sich erheblich, wenn an die Stelle einer Lochkartenanlage ein *Computer* tritt. Computer können grundsätzlich auch nur logische Operationen – vor allem Vergleiche – und die vier Grundrechenarten durchführen. Von Lochkartenanlagen unterscheiden sie sich jedoch dadurch, daß sie noch um ein Vielfaches schneller sind, da sie nicht mechanisch, sondern elektronisch arbeiten. Ein noch wichtigerer Unterschied besteht darin, daß Computer nicht nur einzelne Arbeitsgänge, sondern auch aus vielen Teilschritten bestehende Aufgaben selbsttätig erfüllen können. Dies wird dadurch möglich, daß einem Computer ein Programm vorgegeben werden kann, in dem eine so komplizierte Aufgabe wie etwa ein Jahresabschluß, ein Maschinenbelegungsplan oder eine statische Berechnung soweit in einzelne Teilschritte zerlegt wird, daß jeder Schritt entweder ein Vergleich, eine Addition oder eine Subtraktion ist. Ein solches Programm, das aus mehreren tausend Anweisungen bestehen kann, wird einmal erstellt und kann dem Computer immer wieder vorgegeben werden. Erst durch eine solche *Programmsteuerung* kommt es zu einer Automatisierung von Datenverarbeitungsaufgaben. Moderne Großcomputer können dabei sogar eine Vielzahl von Programmen nebeneinander bearbeiten. In dieser als *Time-sharing* bezeichneten Arbeitsweise von Computern, werden mehrere Programme gleichzeitig ausgeführt. Der Computer prüft ständig alle Programme daraufhin, welchen Arbeitsschritt er aus welchem Programm auf den einzelnen Teilaggregaten durchführen kann. Während beispielsweise die Personaldaten für die Gehaltsabrechnung eingelesen werden, stehen das Rechenwerk und die Ausgabegeräte für andere Aufgaben zur Verfügung. Daher können gleichzeitig technische Berechnungen erfolgen und Bestelllisten ausgedruckt werden. Diese Möglichkeit eines „*Multiprogramming*" beruht zum einen auf einer fast unvorstellbar großen Speicherkapazität und zum anderen auf der sog. *Systemsoftware* (Betriebssystem). Als Systemsoftware bezeichnet man – im Gegensatz zu den Anwendungsprogrammen – solche Programme und Schaltungen, die den Betrieb des Systems steuern. Während Anwendungsprogramme beispielsweise vorgeben, daß von dem Bruttogehalt erst die Lohnsteuer und dann die Sozialversicherung abzuziehen sind, gibt die Systemsoftware vor, welche Daten wo zu speichern sind, nach welchen Kriterien und in welcher Reihenfolge Schritte aus den einzelnen Anwendungsprogrammen auszuführen sind usw.

An dieser Stelle wollen wir die vorwiegend technische Beschreibung von Computern vorläufig abbrechen (zu präzisieren und umfassenderen Schilderungen vgl. Grochla und Meller 1974). Der Unterschied solcher Computersysteme zu Büromaschinen und Lochkartenanlagen dürfte bereits deutlich geworden sein. Durch die größeren Kapazitäten und die Programmsteuerung können wesentlich kompliziertere Aufgaben auf die Datenverarbeitungsanlage übertragen werden. Daher können Stellen aufgelöst werden, die von einer Lochkartenanlage nicht bedroht waren. Auf jeden Fall erhöht sich der Anteil der aus den einzelnen Abteilungen ausgegliederten Teilaufgaben in quantitativer und qualitativer Hinsicht. Die Stellung der Datenverarbeitungsabteilung (EDV-Abteilung, Rechenzentrum) wird auch dadurch verstärkt, daß die Programmierung größerer Aufgabenkomplexe nun speziell ausgebildeten Organisationsmitgliedern (Programmierern) übertragen wird. Diese begnügen sich zumeist jedoch nicht damit, die bisher angewendeten Methoden und Verfahren einfach zu übersetzen, sondern führen oft neue Verfahren ein. Die Übernahme einer Aufgabe auf den Computer beginnt mit einer *Systemanalyse,* die die zu erfüllenden Aufgaben unter der Perspektive des technisch Möglichen und des ökonomisch Sinnvollen betrachtet und zu computergerechten Lösungen führt. Diese Systemanalyse wird zumeist ebenfalls von speziell ausgebildeten Organisationsmitgliedern (Systemanalytikern) durchgeführt. Der Computereinsatz führt daher nicht nur zu einer räumlichen Ausgliederung mehr oder weniger umfangreicher Teilaufgaben und damit zu einer räumlichen Distanz zwischen dem „Benutzer" und dem Computer. Er führt auch zu einer geistigen, psychischen Distanz, da für den Benutzer die neuen Verfahren oft nicht mehr transparent und nachvollziehbar sind. Es werden nicht nur neue Kommunikationswege, sondern auch neue Abkürzungen, Kennzahlensysteme geschaffen, es sind neue Formulare zu verwenden, und es ist eine Vielzahl neuer Regeln zu beachten, die sich auf die Aufbereitung von Daten für den Computer (Inputerstellung) und die Auswertung und Weiterverarbeitung der maschinell erstellten Ergebnisse (Outputverwendung) beziehen. Im Zuge des Computereinsatzes kann es auch dazu kommen, daß zwar getrennt voneinander erfüllte Aufgaben durch ein Programm miteinander verbunden („integriert") werden, daß erstellte Daten in anderen Programmen weiterverarbeitet und an andere Stellen weitergegeben werden, die diese zuvor nicht erhalten haben. Der einzelne Sachbearbeiter weiß oft gar nicht mehr, was mit seinen Arbeitsergebnissen im einzelnen noch geschieht, und das Gefühl, von der Maschine Anweisungen zu erhalten und/oder überwacht zu werden, verstärkt sich. Während er die Büromaschine vollkommen beherrschte, besteht nun der nicht unberechtigte Eindruck, daß er von der Maschine beherrscht wird. In diesem Sinne charakterisiert

Whisler (1970b, S. 15) die Informationstechnologie als eine *Steuerungstech-nologie* („technology of control") und Blau und Schoenherr (1971, S. 126) kennzeichnen sie als ein *unpersönliches Steuerungsinstrument* („impersonal mechanism of control").

Diese Perspektive ist fundamental für das Verständnis moderner Verfahren der Informationsverarbeitung in Organisationen und ihre Auswirkungen auf deren formale Struktur. Bisher haben wir den Automatisierungsprozeß der Informationsverarbeitung jedoch einseitig aus der Sicht der Sachbearbeiter betrachtet. Um unser Bild zu vervollständigen, müssen wir auch den Standpunkt der Unternehmungsführung, der Kerngruppe, kennen.

Wie stellt sich der Computereinsatz aus der Sicht der Kerngruppe dar?

Für die Kerngruppe bieten die technischen Möglichkeiten des Computers ein beinahe unerschöpfliches Potential für Rationalisierung, Strukturierung und Leistungsverbesserung. Indem Aufgaben auf den Computer übertragen werden, können vorhandene Stellen aufgelöst werden, und die Schaffung neuer Verwaltungsstellen, die im Zuge eines Wachstums ansonsten erforderlich wären, kann unterbleiben. Die Aufgabenerfüllung unterstüzender Stellen kann stärker strukturiert und transparenter gemacht werden, die Arbeitsergebnisse vieler Stellen können zu jedem beliebigen Zeitpunkt festgestellt werden, und viele andere gewünschten Informationen können schnell und mühelos beschafft werden, wenn das Computersystem entsprechend gestaltet wird. Zwar ist auch den meisten Mitgliedern der Kerngruppe die Funktionsweise großer Computersysteme im Detail nicht vertraut, und sie müssen sich darauf verlassen, daß die Systemgestalter das System in der gewünschten Weise gestalten. Im Gegensatz zu den Sachbearbeitern haben die obersten Instanzen jedoch die Möglichkeit, selbst darüber zu entscheiden, wie das System im einzelnen aussehen soll. Lange Zeit war es so, daß die oberen Instanzen bei ihrer Arbeit mit dem Computersystem selbst gar nicht in Berührung kamen. Sie haben es fast ausschließlich eingesetzt, um die Arbeit von Stellen auf den unteren Ebenen effizenter zu machen oder um Stellen einzusparen. Mit der zunehmenden Ausdehnung des Computereinsatzes wurde es dann möglich, Kontrolldaten über die Aufgabenerfüllung dieser unteren Stellen bei den eigenen Entscheidungen heranzuziehen und Aufgaben der Entscheidungsvorbereitung ebenfalls maschinell abzuwickeln.

Wenn das Management selbst den Computer zu Kontroll- und Unterstützungszwecken anwendet, so beginnt die Systemanalyse hier in aller Regel mit der *Analyse der Informationsbedürfnisse der Benutzer*. Der Manager kann bestimmen, welche Informationen er haben will, und es kommt dann darauf an, ob die Erfüllung dieses Wunsches technisch möglich und ökonomisch vertretbar ist. Zwar muß auch der Manager in gewissen Grenzen umdenken und umlernen. Seitdem jedoch Manager selbst Computersysteme benutzen und nicht nur untergeordneten Stellen die Benutzung vorschreiben, bemühen sich Computerhersteller und Informatiker sehr um *benutzerfreundliche Systeme,* die ihrem Benutzer einen möglichst großen Bewegungsspielraum verschaffen und die Kommunikation mit dem Computersystem soweit wie möglich der menschlichen Sprache angleichen. Während für den Sachbearbeiter mit dem Computereinsatz tendenziell eine stärkere Strukturierung und Kontrolle verbunden ist, wird für das obere Management eine Erweiterung und Verbesserung seiner Leitungs-, Entscheidungs- und Überwachungsaufgaben geschaffen. Wenn das Management die entsprechenden Wünsche äußert und die damit verbundenen Kosten in Kauf nehmen will, so wird der Computer in seiner Hand zu einem *perfekten Steuerungs- und Kontrollinstrument.* Die Charakterisierung der Informationstechnologie, die wir aus der Sicht der Sachbearbeiter vorgenommen haben, wird somit eindeutig bestätigt. Zusätzlich erkennen wir jedoch, daß es letztlich auf die Intentionen der Kerngruppe ankommt, wie sich der Computereinsatz im einzelnen auswirkt.

Generell können wir unsere bisherigen Ausführungen dahingehend zusammenfassen, daß die Informationstechnologie in Gestalt von Computersystemen ein äußerst flexibles Instrument zur Steuerung der Aufgabenerfüllung in der Hand der Kerngruppe ist. Ähnlich wie organisatorische Regelungen kann sie dazu verwendet werden, das aufgabenbezogene Verhalten von Organisationsmitgliedern zu steuern (vgl. Kubicek 1975b). Diese Steuerung erfolgt zum Teil durch in die Technologie einprogrammierte Vorgaben und zum Teil durch ergänzende Benutzungsregeln *(informationstechnologische Regeln),* die den Organisationsmitgliedern vorgeben, wie die Daten für den Computer aufzubereiten und sein Output weiterzuverarbeiten ist. Durch diese Regelungen soll ein reibungsloser Ablauf der Aufgaben in der von den Systemgestaltern konzipierten Weise gesichert werden.

Das bisher von uns skizzierte Bild charakterisiert die *gegenwärtig* in der Wirtschaft und Verwaltung vorherrschende Form des Computereinsatzes. Es gibt Anlaß zu einer technologie-kritischen Haltung. Um dieses Bild, das auch in der Praxis zunehmend Kritik und Zweifel an dem Nutzen des technischen Fortschritts hervorruft, abzurunden, müssen wir noch auf zwei Aspekte hinweisen. Zum einen deutet sich in der jüngsten Entwicklung der Computertechnik eine grundsätzliche Wende an, die zu einer *Dezentralisation der maschinellen Datenverarbeitung* führt, und zum anderen hat es von jeher *Anwendungen des Computers im technisch-wissenschaftlichen Bereich* gegeben, in denen ein grundlegend anderes Verhältnis zwischen Mensch und Maschine vorherrscht.

Während der Trend der Computertechnik lange Zeit zu immer größeren

Anlagen und damit zu der Möglichkeit einer immer stärkeren Zentralisation der Informationsverarbeitung in Rechenzentren ging, hat die jüngste Entwicklung zu der Möglichkeit geführt, mehrere kleinere Computer an unterschiedlichen Orten einzusetzen und sie miteinander sowie mit einem zentralen Computer zu verbinden. Verschiedene Gründe sind für eine solche Abkehr von einem zentralen Großcomputer verantwortlich. Je stärker die Zentralisation der Datenverarbeitung ist, um so schwerwiegender wirken sich Ausfälle der Anlage und Verarbeitungsfehler aus, um so anfälliger wird die Organisation gegen Schäden durch Feuer oder Sabotage, um so größer wird der Verwaltungsaufwand des Rechenzentrums sowie der Änderungsdienst von Daten und Programmen und um so unübersichtlicher wird das System schließlich auch für die Kerngruppe und teilweise sogar für die Systemspezialisten (vgl. zu den Vor- und Nachteilen der Informationszentralisation Kolsky 1963, Allen 1968, Radford 1969). Durch mehrere kleine dezentrale Computer soll in dieser Hinsicht eine *Entflechtung* bewirkt werden. Um dennoch eine gewisse Integration herzustellen und Vorteile eines Kapazitätsausgleichs und einer Kostendegression zu nutzen, operieren die dezentralen Computer jedoch nicht unabhängig voneinander, sondern werden durch Kabel, durch Fernsprechleitungen oder durch die Weitergabe von Datenträgern miteinander verbunden. Die Entwicklung zu solchen *Computerverbundsystemen* oder *Computernetzen* ist dadurch noch verstärkt worden, daß auch Büromaschinen so weiterentwickelt worden sind, daß sie heute in solche Netze eingebaut werden können. Derartige weiterentwickelte Büromaschinen werden unter der Bezeichnung *Mittlere Datentechnik* zusammengefaßt (vgl. Grochla 1973b).

> Ein Beispiel für ein solches Computerverbundsystem bietet etwa der Computereinsatz in einem Selbstbedienungswarenhauskonzern. Jedes Selbstbedienungswarenhaus als Konzernfiliale verfügt über eine größere Anzahl von Kassen, die mit einem kleinen Computer in der jeweiligen Filiale verbunden sind. Diese Kassen, die als Datenendstationen oder Terminals bezeichnet werden, liefern entweder direkt die Verkaufserlöse nach Produktgruppen gegliedert an den Filialcomputer oder sie speichern diese Daten während eines Tages, und die Tagesergebnisse jeder Kasse werden dann abends auf den Filialcomputer überspielt. Der Filialcomputer erledigt dann nicht nur die Kassenabrechnung, sondern führt auch Kundenkonten und vergleicht die Umsätze pro Artikelgruppe mit den Lagerbeständen und schafft so die Grundlage für die Lagerkontrolle und die Neubestellung. Jeder Filialcomputer ist selbst wiederum entweder direkt, über Fernmeldeleitungen im sog. On-line-Betrieb mit dem Großcomputer in der Konzernzentrale verbunden oder der Kontakt wird durch die Übermittlung von Datenträgern (Lochkarten, Lochstreifen, Magnetbändern) indirekt als Off-line-Verbindung hergestellt. In dem zentralen Großcomputer laufen dann die verdichteten Ergebnisse der einzelnen Filialen zusammen, und diese Daten werden zu Buchhaltungszwecken, zum Zwecke zentraler Beschaffungsdispositionen sowie zum Zwecke einer Kontrolle der einzelnen Filialen und ihrer Abteilungen durch die Zentrale verwendet.

Ebenso ist es heute möglich, daß jede Abteilung in einer Unternehmung über einen kleinen Computer verfügt, der speziell auf ihre Aufgaben zugeschnitten ist und den sie selbst bedient, der jedoch gleichzeitig mit einem zentralen Großcomputer verbunden ist, zu dem bestimmte Daten fließen und der auch besonders aufwendige Arbeitsgänge übernimmt, um die dezentralen kleinen Computer zu entlasten.

Offensichtlich ergeben sich in einem solchen Verbundsystem teilweise vollkommen andere Situationen als wir sie weiter oben geschildert haben. In gewisser Hinsicht findet eine Rückkehr zu der am Arbeitsplatz eingesetzten Büromaschine statt. Je leistungsfähiger die Datenendstation oder der Kleincomputer am Arbeitsplatz ist, um so unabhängiger werden die Benutzergruppen von der zentralen Datenverarbeitungsabteilung, um so weniger wird der personelle Arbeitsfluß unterbrochen und um so größer ist der Dispositionsspielraum der Benutzergruppe. Im Vergleich zu den Büromaschinen übernimmt das dezentrale Aggregat auch wesentlich kompliziertere Aufgaben und liefert auch Informationen aus anderen Abteilungen. In einer Hinsicht ändert sich gegenüber den zentralisierten Systemen jedoch nichts: Da die eingegebenen Daten und die Verarbeitungsergebnisse im Verbundsystem auch weiterhin anderen Stellen und vor allem höheren Instanzen zugänglich sind, bieten auch diese Systeme eine Überwachungsmöglichkeit. Aufgrund der Dezentralisation und der größeren Flexibilität des Gesamtsystems ist diese Möglichkeit nur weniger sichtbar.

Unsere bisherige Schilderung bezog sich auf die Anwendung von Computern im Verwaltungsbereich erwerbswirtschaftlicher Organisationen, kurz: auf kommerzielle Anwendungen. Seit jeher werden Computer jedoch auch zu *technisch-wissenschaftlichen Zwecken* eingesetzt. Ist auch bei dieser Verwendungsart ihr Charakter als Steuerungs- und Kontrollinstrument so zu betonen, wie wir das bisher getan haben?

Wenn wir selbst empirische Untersuchungen auswerten, so wäre die manuelle Durchführung von Korrelations-, Regressions- und Faktoranalysen so aufwendig, daß wir wahrscheinlich oft auf sie verzichten müßten. Den Computer in Universitätsrechenzentren können wir gezielt für solche Berechnungen einsetzen, und er liefert uns die gewünschten Ergebnisse innerhalb von Minuten. Von einer Beherrschung oder Steuerung des Forschers durch den Computer kann hier offensichtlich keine Rede sein. Im Gegenteil, der Computer erweitert seine Möglichkeiten in einem vor wenigen Jahren noch nicht geahnten Ausmaß.

Ähnliche Beispiele lassen sich auch bei der Computeranwendung durch einzelne Stellen in Organisationen wie etwa Planungsabteilungen, Forschungs- und Entwicklungs- oder Konstruktionsabteilungen finden. Der Unterschied zu der Computeranwendung im Rahmen der laufenden Erfüllung von Abrechnungs- und Dispositionsaufgaben besteht darin, daß der

Computereinsatz in solchen Fällen auf die Bedürfnisse der Benutzer angelegt ist und die Benutzer nicht nur die Möglichkeit, sondern auch die Fähigkeit besitzen, ihn ihren Bedürfnissen entsprechend zu nutzen. Ähnlich wie bei den Computeranwendungen für das Management steht hier also nicht der *Steuerungsaspekt*, sondern der *Unterstützungsaspekt* im Vordergrund.

Dieser kleine Exkurs bestätigt noch einmal unsere Auffassung von dem Computer als einem äußerst flexiblen Gestaltungsinstrument. Die neuen Möglichkeiten der Dezentralisation vergrößern dabei nur noch das Spektrum der Gestaltungsalternativen, und der kurze Blick auf die technisch-wissenschaftlichen Anwendungen läßt die berechtigte Vermutung aufkommen, daß eine vergleichbare Systemgestaltung auch im kommerziellen Bereich möglich ist. Die somit vorhandene Vielfalt von Einsatzformen des Computers zeigt im übrigen auch, daß ihm keine „Sachzwänge" in Form bestimmter zwangsläufiger organisatorischer und sozialer Konsequenzen immanent sein können, und macht die Frage nach den tatsächlich bisher eingetretenen organisatorischen Auswirkungen interessant. Um diese Frage beantworten zu können, müssen wir jedoch zunächst untersuchen, wie wir die Einsatzformen des Computers für empirische Untersuchungen erfassen können.

4.2.4.2. Die Erfassung der Informationstechnologie

Da uns in erster Linie der Mechanisierungs- oder Automatisierungsgrad der Informationstechnologie in Organisationen interessiert, können wir eine erste grobe Erfassung durch die Unterscheidung zwischen mehreren *Mechanisierungs-* oder *Automatisierungsstufen* vornehmen. So könnten wir etwa zwischen einer rein manuellen Informationsverarbeitung, einer Informationsverarbeitung mit „konventionellen" Büromaschinen, mit Lochkartenanlagen und mit elektronischen Computern unterscheiden. Selbst wenn wir noch mehr Stufen bilden würden, wäre eine solche Vorgehensweise sicherlich zu pauschal, da heute fast alle größeren Organisationen Computer einsetzen. Während eine solche Erfassung der Informationstechnologie für die ersten empirischen Studien noch sinnvoll war, die in einer Zeit durchgeführt wurden, als noch sehr wenige Organisationen Computer einsetzten, benötigen wir heute Maße, die *Unterschiede zwischen Computeranwendern* präziser sichtbar werden lassen.

Eine solche Differenzierung zwischen Compteranwendern erfolgt in fast allen empirischen Untersuchungen durch die Bestimmung des *Umfanges des Computereinsatzes*, der als Indikator für den Automatisierungsgrad der Informationsverarbeitung angesehen wird. Die einfachste und gröbste Messung des Umfanges des Computereinsatzes besteht in einer Unterscheidung zwischen kleinen, mittleren und großen Anlagen, die sich an der *Kernspei-*

chergröße der Zentraleinheit orientiert (vgl. McKinsey & Co. 1964 sowie Ministry of Labour 1965). Differenziertere Messungen beziehen sich hingegen auf die monatlichen oder jährlichen *Computerkosten* in Form von Maschinen- und/oder Personalkosten (vgl. Booz, Allen & Hamilton Inc. 1966, McKinsey & Co, 1969, Whisler 1970a, S. 25, De Brabander u. a. 1972, Kieser 1973, Kubicek u. a. 1975), die *Anzahl der installierten Input- und Outputeinheiten* (vgl. Klatzky 1970b, Blau und Schoenherr 1971, S. 374) oder die *Anzahl der auf den Computer übernommenen Aufgaben* (De Brabander u. a. 1972). Ob solche Maße jedoch die für die Erklärung organisatorischer Änderungen relevanten Aspekte des Computereinsatzes erfassen, muß bezweifelt werden,

> Warum ist eine Erfassung des Umfanges des Computereinsatzes für die Erklärung organisatorischer Auswirkungen wenig sinnvoll?

Wie wir weiter oben gesehen haben, erstreckt sich der Computereinsatz in Organisationen stets auf mehre Aufgaben. Vergleicht man beispielsweise eine große Organisation mit 2000 Beschäftigten, die nur ihre Lohn- und Gehaltsabrechnung und ihr Buchhaltung auf dem Computer abwickelt, mit einem Konstruktionsbüro, das 300 Beschäftigte hat und nicht nur seine gesamten Abrechnungsaufgaben, sondern auch technische Berechnungen, die Kalkulation von Aufträgen, die Personaleinsatzplanung und die Überwachung der einzelnen Projekte computergestützt erfüllt, so kann es durchaus sein, daß beide Organisationen eine gleich große Anlage einsetzen und auch gleich hohe Computerkosten aufweisen, und dennoch würden wir kaum behaupten, daß der Computereinsatz in beiden Organisationen gleich ist. Maße, die sich auf die Anlagengröße und die Computerkosten beziehen, sind also für unsere Zwecke wenig aussagefähig, da sich hinter diesen Größen sehr unterschiedliche Sachverhalte verbergen können. Bezogen auf unser Beispiel würde lediglich das Maß, das sich auf die Anzahl der maschinell abgewickelten Aufgaben bezieht, die bestehenden Unterschiede näherungsweise berücksichtigen. In ähnlicher Weise könnte auch erfaßt werden, in welchem prozentualen Verhältnis sich der gesamte Computereinsatz auf Abrechnungsaufgaben, Planungsaufgaben und technisch-wissenschaftliche Aufgaben verteilt (vgl. Anagnostopoulos u. a. 1974).
Bei näherer Betrachtung erweisen sich aber auch solche Maße als wenig aussagefähig. Zwei Organisationen, die die gleichen Aufgaben auf dem Computer abwickeln, können dies – wie wir gezeigt haben – auf sehr unterschiedliche Weise tun. Sie können einen zentralen Großcomputer, mehrere dezentrale Kleincomputer oder ein Computerverbundsystem einsetzen, sie können den Anteil der maschinell erfüllten Teilfunktionen erheblich variieren, sie können die Aufgabenerfüllung entweder im On-line-Betrieb

oder im Off-line-Betrieb abwickeln u. a. m. Gerade von solchen *Unterschie-*
den in der Organisation der Datenverarbeitung dürfte es abhängen, welche
Änderungen in der formalen Organisationsstruktur der Benutzerabteilungen
und der gesamten Organisation auftreten. Der bloße Hinweis auf die maschinelle Erfüllung von bestimmten Aufgaben ist daher offensichtlich unzureichend.

Die Ausführungen im ersten Abschnitt dürften deutlich gemacht haben, daß
die Auswirkungen der Informationstechnologie *nicht* als die Auswirkungen
des Computers *im Sinne eines physischen Aggregates (Hardware)* verstanden
werden dürfen, sondern daß sie als die Auswirkungen *bestimmter Einsatz-*
formen oder *Anwendungsformen* zu begreifen sind. Diese Anwendungsformen beziehen sich auf die Art der maschinell erfüllten Aufgaben, die hierzu
eingesetzten Programme, die daraus resultierende Stellung der maschinellen
Datenverarbeitung im gesamten Prozeß der Informationsverarbeitung und
die im Zusammenhang mit dem Computereinsatz aufgestellten Benutzerre-
geln *(informationstechnologische Regelungen)* (vgl. Kubicek 1975b). Dann ist
jedoch festzustellen, daß Informationstechnologie und Organisation gar
nicht mehr exakt voneinander getrennt werden können. Wenn die von uns
skizzierten Tendenzen unter anderem darauf basieren, daß eine spezielle
Datenverarbeitungsabteilung eingerichtet und in den Informationsfluß zwischen anderen Stellen eingeschaltet wird, so liegen die Ursachen für die
daraus resultierenden Konsequenzen nicht in dem Computer als Maschine,
sondern zumindest teilweise in der Organisation seiner Anwendung. Bei der
Analyse der Auswirkungen der Informationstechnologie auf die formale
Organisationsstruktur handelt es sich dann zumindest teilweise um die
Analyse der Auswirkungen der Organisation der Datenverarbeitung auf die
formale Struktur der übrigen Bereiche und die Gesamtstruktur.

Entsprechende Ansätze zur Beschreibung unterschiedlicher Formen der
Organisation der maschinellen Datenverarbeitung liegen bisher jedoch noch
nicht vor. Kenntnisse über relevante Aspekte können jedoch aus Analysen
von Fallstudien gewonnen werden, in denen die Organisation der Datenverarbeitung jeweils verbal beschrieben wird (vgl. vor allem die Sammlung von
Fallstudien bei Stewart 1971).

Dem aufmerksamen Leser müßten auch noch in anderer Hinsicht Zweifel an
dem Sinn einer Messung des Gesamtumfanges der maschinellen Datenverarbeitung gekommen sein! Wie wir gesehen haben, werden insgesamt stets
mehrere Aufgaben auf einem Computer abgewickelt. Eine Messung des
Gesamtumfanges des Computereinsatzes oder auch eine Charakterisierung
der *Gesamtorganisation* der Datenverarbeitung wäre dann ausreichend, wenn
der Computereinsatz in Organisationen als ein *relativ homogenes Phänomen*
begriffen werden kann. Wenn jedoch auf einem zentralen Großcomputer
beispielsweise die Kundenbuchhaltung fast automatisch abgewickelt wird,

die Kontrolle der Vertreter in den einzelnen Verkaufsbezirken durch eine Statistik ihrer wöchentlichen Umsätze unterstützt wird, die Verteilung des Werbebudgets mit Hilfe eines maschinell implementierten Optimierungsmodells erfolgt und die Planung größerer Investitionsvorhaben auf ebenfalls maschinell implementierten Simulationsmodellen basiert, so kann der Computereinsatz in einer solchen Organisation kaum als homogen betrachtet werden. Der gesamte Computereinsatz in den meisten Organisationen stellt sich vielmehr als *eine Menge mehr oder weniger stark miteinander verbundener Computeranwendungen* dar, die jeweils unterschiedliche Bereiche (Benutzergruppen) in teilweise sehr verschiedener Weise tangieren. Es bedarf keiner fundierten empirischen Analyse, um festzustellen, daß in unserem Beispiel die Buchhaltungsabteilung in anderer Weise von dem Computereinsatz betroffen wird als die Absatzabteilung oder die für die Investitionsplanung zuständige Stelle, und auch innerhalb der Absatzabteilung bestehen in dieser Hinsicht deutliche Unterschiede zwischen der Gruppe, die für die Vertreterüberwachung verantwortlich ist, und der Gruppe, die für die Aufstellung des Werbebudgets zuständig ist. Neben einer Charakterisierung des Gesamtsystems müssen wir daher auch, oder sogar vor allem, die *einzelnen Computeranwendungen* betrachten und die diesbezüglichen *Anwendungsformen* erfassen. Wichtig erscheint es auch hier, nicht technische Merkmale in den Vordergrund zu stellen, sondern die Computeranwendung aus der Sicht der Benutzer zu beschreiben. Relevante Merkmale dürften zu sehen sein in der Art der Aufgabe, die in Zusammenarbeit mit dem maschinellen Datenverarbeitungssystem zu erfüllen ist, sowie in der Arbeitsteilung und der Interaktion zwischen den Benutzern und dem System. Indikatoren zur Erfassung der Arbeitsteilung sind beispielsweise in der Art und dem Umfang inputbezogener und outputbezogener Tätigkeiten sowie dem Ausmaß an Selbsttätigkeit des maschinellen Systems zu sehen; Indikatoren zur Erfassung der Interaktion – *Mensch-Maschine-Kommunikation* im weitesten Sinne – sind etwa die Häufigkeit der Interaktion, die direkte Verständlichkeit (Lochkarte, Lochstreifen usw.) der verwendeten Kommunikationsmedien und die Dispositionsfreiheit der Benutzer (vgl. zu diesen Maßen im einzelnen Kubicek 1975b sowie einen ähnlichen Ansatz bei Eason u. a. 1974). Solche Maße sind bisher allerdings nur vereinzelt eingesetzt worden.

4.2.4.3. Zum Zusammenhang zwischen Informationstechnologie und Organisationsstruktur

In den ersten Spekulationen, die im Zuge des beginnenden Computereinsatzes in Organisationen aufgestellt wurden, wurden tiefgreifende Änderungen in der Gesamtstruktur erwartet. Von manchen Autoren wurde diese technische Entwicklung mit der Einführung der Dampfmaschine oder des Fließbandes in der Produktion verglichen, und es wurde von einer *weißen Automation* (Neuloh 1966) oder von einer zweiten industriellen Revolution gesprochen (vgl. den Überblick bei Sadler 1968). Überschriften wie „This Machine Foreshadows a Revolution in Management" (Casey 1954), „The Corporation: Will It Be Managed by Machines?" (Simon 1960) oder „Sind die Computer wirklich die Totengräber der mittleren Betriebsführer?" (Schwitter 1964) charakterisieren diese Phase der wissenschaftlichen Diskussion. Die Autoren gingen davon aus, daß der Computer nicht nur die ausführenden Aufgaben im Verwaltungsbereich, sondern auch Planungs- und Steuerungsaufgaben automatisch erfüllen und daher zu einem tiefgreifenden Wandel im gesamten System der Steuerung der Aufgabenerfüllung in Organisationen führen wird. Die düstersten Prognosen gipfelten in der Vorstellung von einer fast vollkommen automatisierten und weitgehend entseelten Fabrik, in der nur noch wenige Hilfsarbeiten von Menschen zu erfüllen sind, die ihre Anweisungen von einem Computer erhalten, der auch die Maschinen in der Produktion steuert und überwacht. Ein solches Datenverarbeitungssystem würde die meisten unterstützenden Stellen und Instanzen fast vollkommen ersetzen und nur von einer kleinen Gruppe von Top Managern und Spezialisten gelenkt. In dem wohl einflußreichsten Artikel mit dem Titel „Management in the 1980's" trafen Leavitt und Whisler (1958, S. 41 f.) folgende Prognosen über die organisatorischen Auswirkungen der Informationstechnologie:

- Die Trennung zwischen planenden und ausführenden Stellen verlagert sich auf höhere Hierarchieebenen. So wie die Planungsaufgaben in der Fertigung vom Arbeiter und Vorarbeiter im Zuge der Mechanisierung und Automatisierung der Fertigung auf hierarchisch höher eingeordnete Spezialisten verlagert worden sind, so werden auch die Planungsaufgaben der Instanzen auf den mittleren Ebenen an Spezialisten auf höheren Ebenen abgegeben werden. Die Aufgaben des heutigen Middle-Managements werden stärkeren Routinecharakter erlangen, da sie ihre fortlaufenden Entscheidungen nach vorgegebenen Programmen zu treffen haben werden.
- In Verbindung damit werden große Organisationen die Entscheidungsbefugnisse, die aus Kapazitätsgründen delegiert werden mußten, wieder auf die obersten Ebenen konzentrieren, sie werden rezentralisieren, da die obersten Instanzen mit Hilfe des Computers mehr Entscheidungen fällen und die Arbeit der ihnen untergeordneten Organisationsmitglieder besser steuern und überwachen können.
- Die oft verschwommenen Grenzen zwischen lower, middle und top management werden wesentlich klarer gezogen werden, da die Anforderungen für einen großen Teil der Inhaber von Leitungsstellen sinken und nur für einen kleinen Teil ansteigen werden.

Andere Autoren zeichneten hingegen ein vollkommen entgegengesetztes Bild (vgl. z. B. Anshen 1960 und Burlingame 1961): Ihrer Meinung nach wird der verstärkte Computereinsatz dazu führen,

- daß Entscheidungen so weit delegiert werden, daß sie an dem Ort getroffen werden können, an dem auch die Probleme auftreten, da jede Stelle mit den für eine qualifizierte Entscheidung notwendigen Informationen versorgt werden kann;
- daß die Arbeit aller Instanzen dadurch aufgewertet werde, daß sie von ihren Routinearbeiten entlastet werden und Zeit für die eigentlichen Planungs- und Leitungsaufgaben gewinnen.

Für alle diese Prognosen (vgl. im einzelnen die Zusammenstellung bei Kubicek 1975b, S. 158 ff.) finden sich bestätigende Hinweise in empirischen Untersuchungen. Dennoch ist es äußerst schwierig, den Einfluß der Informationstechnologie auf die Gesamtstruktur exakt zu bestimmen. Das liegt daran, daß kaum Untersuchungen vorliegen, die eine größere Anzahl von Organisationen vergleichen und versuchen, Strukturunterschiede durch Unterschiede in dem Umfang und/oder der Art des Computereinsatzes zu erklären (Querschnittsanalysen). Die vergleichende Organisationsforschung, auf die wir uns in diesem Kapitel stützen, hat die Informationstechnologie als Einflußgröße formaler Organisationsstrukturen weitgehend vernachlässigt. Die meisten vorliegenden empirischen Befunde über den Einfluß der Informationstechnologie stammen aus Untersuchungen, die Organisationen vor und nach dem Computereinsatz vergleichen und sich gezielt mit den dabei auftretenden Änderungen befassen (Vorher-Nachher-Vergleich, komparativ-statischer Vergleich).

Welcher Unterschied besteht zwischen der Aussagefähigkeit von Querschnittsanalysen und Vorher-Nachher-Analysen?

Auf den ersten Blick mag es relativ unerheblich erscheinen, ob man mehrere Organisationen zu einem Zeitpunkt oder die gleichen Organisationen zu unterschiedlichen Zeitpunkten vergleicht. Dies wäre auch grundsätzlich richtig, wenn bei dem Vorher-Nachher-Vergleich nicht ganz gezielt nach Veränderungen gefragt würde. Oft erfolgen zudem nicht zwei getrennte Erhebungen, einmal vor und einmal nach der Computereinführung, sondern die Forscher gehen nach der Computereinführung in die Organisationen und versuchen festzustellen, wie es vorher war und was sich geändert hat, oder sie fragen die Organisationsmitglieder nach den eingetretenen Veränderungen. Wenn irgendwo in der Organisation dann eine Veränderung festgestellt wird, so liegt gleich ein empirischer Befund über die Auswirkungen auf die Organisationsstruktur vor. Bei einem Querschnittsvergleich würden solche Aspekte hingegen zumeist gar nicht auffallen, da sie zu keiner typischen Veränderung in der Gesamtstruktur führen. Ein Beispiel soll diesen Unterschied verdeutlichen.

In einem Vorher-Nachher-Vergleich würde man die Leitungsspannen vor und nach der Computereinführung in mehreren Organisationen vergleichen oder direkt fragen, ob sie

sich vergrößert oder verkleinert haben. Angenommen, das Ergebnis wäre in den über-
wiegenden Fällen eine Vergrößerung. Kann man daraus schließen, daß Organisationen,
die den Computer überhaupt oder in einer bestimmten Weise einsetzen, größere
Leitungsspannen aufweisen als Organisationen, die ihn nicht bzw. in einer anderen
Weise einsetzen? – Dieser Schluß ist nur dann gültig, wenn sich die Situationen der
untersuchten Organisationen ansonsten nicht verändert haben, d. h. der Schluß basiert
auf einer ceteris-paribus-Bedingung. Die Problematik von Vorher-Nachher-Vergleichen
liegt also in ihrer monokausalen Ausrichtung. Sie können lediglich zeigen, daß es unter
sonst nicht näher bekannten Bedingungen möglich ist, im Zuge des Computereinsatzes
bestimmte Änderungen der Organisationsstruktur vorzunehmen, sie können uns hingegen nicht auf systematische Unterschiede zwischen Computeranwendern hinweisen,
solange sie eine Kontrolle anderer Dimensionen der Situation nicht vornehmen.

Bevor wir auf die wenigen vorliegenden empirischen Ergebnisse aus Querschnittsanalysen eingehen, wollen wir jedoch noch eine andere Frage stellen:

Ist aufgrund unserer bisherigen Kenntnisse damit zu rechnen, daß der
Computereinsatz bei Berücksichtigung weiterer Dimensionen überhaupt einen deutlichen Einfluß auf die gesamte Organisationsstruktur
ausübt?

Diese Frage ist leicht als Suggestivfrage zu erkennen, und die Antwort lautet:
Nein! Warum sind solche Auswirkungen nicht zu erwarten? Vor allem zwei
Gründe erscheinen uns hier erwähnenswert:
Betrachten wir die Entwicklung in einer Organisation, die sich entschließt,
einen Computer einzusetzen. Sie installiert eine Anlage, richtet eine Datenverarbeitungsabteilung ein und beginnt damit, die erste Aufgabe – zumeist
die Lohn- und Gehaltsabrechnung – auf den Computer zu übernehmen. Dies
dauert einige Monate, und anschließend begibt man sich daran, eine weitere
Aufgabe zu übernehmen. Nachdem mehrere Aufgaben maschinell abgewik-
kelt werden, stellt man fest, daß die Kapazität für die Übernahme weiterer
Aufgaben nicht ausreicht; es wird eine neue, größere Anlage angeschafft, und
der Prozeß der schrittweisen Übernahme wird fortgesetzt.
Ohne Zweifel ist mit der Übernahme einer jeden Aufgabe eine mehr oder
weniger große Änderung in der jeweiligen Benutzergruppe zu verzeichnen.
Ob diese Änderungen jedoch so tiefgreifend sind, daß sie auf die Gesamtstruktur durchschlagen, ist fraglich. Sicherlich *kann* eine Entscheidung als
Folge des Computereinsatzes auf eine höhere Ebene verlagert werden, sie
kann aber auch auf eine niederigere Ebene geschoben werden. Und ebenso
können Veränderungen in verschiedener Richtung bei den anderen Strukturdimensionen auftreten. Ob und wie der Computereinsatz die Gesamtstruktur verändert, hängt sicherlich von der Anzahl und dem Ausmaß der Änderungen in den einzelnen Gruppen und den sonstigen Dimensionen der

Situation ab (vgl. Kubicek 1975b). Hofer (1970) vertritt in diesem Zusammenhang die These, daß der Computereinsatz um so eher zu Änderungen in der Organisationsstruktur führt, je größer der Anteil an programmierbaren Datenverarbeitungsaufgaben in einem Bereich oder einer ganzen Organisation ist und je weniger Bedeutung andere Einflußgrößen besitzen. Mit dieser These kann beispielsweise erklärt werden, warum der Computereinsatz im Rechnungswesen zu vergleichsweise größeren Strukturänderungen geführt hat als im Absatzbereich: Im Rechnungswesen ist der Anteil programmierbarer Datenverarbeitungsaufgaben zweifellos größer, und hier sind kaum andere Einflußgrößen wirksam, während die Struktur des Absatzbereiches sicherlich von dem Diversifikationsgrad des Leistungsprogramms, der Kundenstruktur, den Konkurrenzverhältnissen und anderen Faktoren beeinflußt wird. Ob diese These auch in bezug auf ganze Organisationen etwa in dem Sinne zutrifft, das beispielsweise Versicherungen stärker von dem Computereinsatz betroffen sind als Industrieunternehmungen, werden wir gleich noch untersuchen. Zuvor ist noch auf den zweiten Grund einzugehen, der gegen die Erwartung eindeutiger Auswirkungen der Informationstechnologie auf die Gesamtstruktur spricht.

Wir haben die Informationstechnologie weiter oben als ein flexibles Gestaltungsinstrument charakterisiert, das sowohl eine Substitution von Mitarbeitern als auch eine bessere Steuerung und Überwachung der Organisationsmitglieder ermöglicht. Jedes Gestaltungsinstrument wird jedoch stets aus bestimmten Gründen oder zu bestimmten Zwecken eingesetzt, und diese Gründe oder Zwecke liegen beim Computereinsatz oft in der Situation einer Organisation begründet. Ein Computer wird beispielsweise eingesetzt, um bei zunehmender Organisationsgröße den Verwaltungsaufwand in tragbarem Rahmen zu halten oder um bei hoher Konkurrenzintensität möglichst schnell Entscheidungen fällen zu können. Wenn im Zuge solcher Maßnahmen nun Entscheidungsbefugnisse delegiert werden, ist dann der Computereinsatz oder die Größe bzw. die Konkurrenzintensität als maßgeblicher Einflußfaktor anzusehen? Würden wir den Computereinsatz mit dem Ausmaß an Entscheidungsdelegation korrelieren und dabei die Größe bzw. die Konkurrenzintensität statistisch kontrollieren, so wäre die partielle Korrelation mit Sicherheit wesentlich niedriger als die einfache Korrelation, und daraus müßte geschlossen werden, daß nicht der Computereinsatz, sondern die Größe bzw. die Konkurrenzintensität der maßgebliche Einflußfaktor war. Aus der detaillierten Kenntnis des Gestaltungsprozesses, über die wir bei Querschnittsanalysen zumeist jedoch nicht verfügen, könnten wir präzisierend hinzufügen, daß die Größe bzw. die Konkurrenzintensität sowohl den Computereinsatz als auch die Verteilung der Entscheidungsbefugnisse beeinflußt hat.

Wenn wir uns nun den vorliegenden empirischen Ergebnissen über die

Auswirkungen der Informationstechnologie auf die Organisationsstruktur zuwenden, so müssen wir als Ergebnis unserer vorangegangenen Ausführungen dabei folgendes beachten:

- Die Messung des Computereinsatzes ist in allen Fällen unbefriedigend. Die meisten empirischen Untersuchungen, auf die wir eingehen, erfassen nur den *Umfang des Computereinsatzes.*
- Die Ergebnisse stammen teilweise aus *Vorher-Nachher-Vergleichen,* die aufgrund ihrer monokausalen Orientierung und ihrer gezielten Suche nach Veränderungen zu einem übertriebenen Bild von den Auswirkungen der Informationstechnologie führen.
- Aus verschiedenen Gründen sind zwar Auswirkungen des Computereinsatzes auf die *einzelnen Benutzergruppen,* nicht jedoch in gleichem Umfang auf die Gesamtstruktur zu erwarten. Über die Auswirkungen auf die Gruppenebene liegen jedoch kaum Ergebnisse aus vergleichenden Untersuchungen vor.

4.2.4.4. Der Einfluß der Informationstechnologie auf den Spezialisierungsgrad

In einem Vorher-Nachher-Vergleich wird als erste Veränderung im Spezialisierungsgrad von Anwenderorganisationen stets die erwähnte Einrichtung einer Datenverarbeitungsabteilung sowie die Schaffung spezieller Stellen für Systemanalytiker, Programmierer, Operator (Bedienungspersonal), Datentypistin (Lochpersonal) festgestellt. Aus einer komparativ-statischen Sicht handelt es sich dabei zunächst um eine Erhöhung der Abteilungs- und Stellenspezialisierung. Kann man daraus auch unmittelbar schließen, daß Organisationen, die den Computer überhaupt oder in größerem Umfang einsetzen, grundsätzlich stärker spezialisiert sind?

In der Querschnittsunterschung von Kieser (1973) ergaben sich tatsächlich positive Korrelationen zwischen dem Umfang des Computereinsatzes und der Abteilungsspezialisierung sowie der Stellenspezialisierung in Höhe von r = 0,48 bzw. r = 0,46. Dennoch muß ein solcher Schluß aus zwei Gründen zweifelhaft erscheinen.

Wie wir weiter oben gesehen haben, kann es sehr gut sein, daß dieser Zusammenhang von anderen Dimensionen der Situation produziert wird. Bei einer statistischen Kontrolle der Unternehmungsgröße in einer partiellen Korrelation reduzieren sich dementsprechend die erwähnten Korrelationen auf r = −0,02 bzw. r = −0,16. Nicht der Computereinsatz hat zu einer höheren Spezialisierung geführt, sondern große Organisationen sind grundsätzlich stärker spezialisiert *und* setzen den Computer auch in größerem Umfang ein. Der Zusammenhang zwischen Größe und Spezialisierung wird von dem Computereinsatz nicht berührt. Zu bedenken ist dabei allerdings, daß die Messung des Spezialisierungsgrades sich nur auf die Anzahl unterschiedlicher Stellenkategorien bezieht. Ob insgesamt mehr oder weniger Buchhaltungsstellen existieren, kann auf der Basis dieser Daten nicht festgestellt werden.

Aber auch abgesehen von den Einflüssen anderer Situationsdimensionen kann aus der Einrichtung einer Datenverarbeitungsabteilung und entsprechender Stellen nicht auf eine grundsätzliche Erhöhung des Spezialisierungsgrades geschlossen werden, da in den übrigen Teilbereichen sowohl eine Verringerung als auch eine Erhöhung des Spezialisierungsgrades möglich ist. Wenn beispielsweise Silver (1962), Whisler (1970a) und Vergin (1971) feststellen, daß im Zuge des Computereinsatzes Gruppen oder ganze Abteilungen zusammengelegt werden, so kann es sich hierbei um eine Verringerung des Spezialisierungsgrades handeln, die eine Erhöhung durch die Einrichtung einer Datenverarbeitungsabteilung kompensiert. Zu beachten ist, daß wir uns hier auf Vorher-Nachher-Vergleiche beziehen, die lediglich verschiedene *Möglichkeiten von Veränderungen* aufzeigen. Für eine regelmäßig auftretende bestimmte Richtung solcher Veränderungen, die auf die Gesamtstruktur durchschlagen würde, gibt es weder empirische Befunde noch plausible Argumente. In gleicher Weise gilt dies für den Spezialisierungsgrad in den einzelnen Benutzergruppen, so daß auch von daher keine einheitlichen Auswirkungen auf die Gesamtstruktur festzustellen sind.

Offenlassen mußten wir weiter oben die Frage, ob mit zunehmendem Computereinsatz eine Veränderung in der Anzahl von Stellen derselben Kategorie erfolgt. Damit wird die Frage nach dem *Freisetzungseffekt der Informationstechnologie* angesprochen. Entgegen den vielfältigen Prognosen im Zuge des beginnenden Computereinsatzes ergaben sich nur in wenigen Untersuchungen empirische Bestätigungen (vgl. Whisler 1970a). In den meisten Fällen konnte eine größere Freisetzung nicht festgestellt werden (vgl. US-Bureau of Labor Statistics 1958, G. M. Smith 1959, C. E. Weber 1959a, Lee 1964, Ministry of Labour 1965, Schwitter 1965). Diese Befunde müssen zunächst verwundern, da eines der Hauptziele des Computereinsatzes nach wie vor die Personaleinsparung ist (vgl. Zuberbühler 1972, S. 38 ff.). Personaleinsparung liegt jedoch auch vor, wenn mit der gleichen Mitarbeiterzahl ein größeres Aufgabenvolumen bewältigt wird. Hinzu kommt, daß viele Anwender-Organisationen aus arbeitsrechtlichen Gründen und zu Zwecken der Sicherung eines guten Betriebsklimas versuchen, freiwerdende Mitarbeiter an anderen Stellen einzusetzen und die natürliche Fluktuation zu nutzen. Daher führt der Computereinsatz zwar oft zu einer Freisetzung vom einzelnen Arbeitsplatz, nicht jedoch zu einer Freisetzung von der Organisation.

4.2.4.5. Der Einfluß der Informationstechnologie auf die Koordination

Vorher-Nachher-Analysen zeigen, daß der Computereinsatz regelmäßig mit einer verstärkten Formalisierung, Standardisierung und Programmierung verbunden ist (vgl. Mann und Williams 1960, Lee 1963, S. 59 ff., Stewart 1971, S. 215 u. 225). Solche Feststellungen sind jedoch wie die meisten Aussagen über nachweisbare generelle „Auswirkungen" des Computereinsatzes beinahe trivial. Mit einem Computer kann man – noch – nicht sprechen, sondern man muß mit ihm über formalisierte Medien kommunizieren. Eine Formalisierung des Informationsflusses zwischen Computer und Benutzern ist daher eine zwangsläufige Folge des Computereinsatzes, und diese Formalisierung erstreckt sich zumeist auch auf die Kommunikation zwischen den Benutzern. Etwas weniger offensichtlich ist die Tatsache, daß der Computereinsatz oft auch zu einer *Strukturformalisierung* führt. Organisationen, die vor dem Computereinsatz über keine Stellenpläne, Organisationsschaubilder und andere Formalisierungsinstrumente verfügt haben, sehen sich im Zuge der Rationalisierungsüberlegungen, die die Einsatzplanung des Computers bestimmen, gezwungen, ihre Struktur eindeutig zu fixieren, um einen reibungslosen Systemablauf zu gewährleisten.

In ähnlicher Weise ist auch eine gewisse *Standardisierung* eine Voraussetzung für den Computereinsatz. Soll beispielsweise die Materialwirtschaftung automatisiert werden, so müssen als erstes Materialschlüssel in Form von Nummernsystemen, Bestellkategorien u. ä. entwickelt werden. Und auch eine *Programmierung* im Sinne der Aufstellung genereller Verfahren für die Aufgabenerfüllung ist – zumindest was die maschinelle Aufgabenerfüllung betrifft – eine unverzichtbare und daher triviale Voraussetzung für den Computereinsatz. Inwieweit eine solche Formalisierung, Standardisierung und Programmierung zu einer Änderung in den eingesetzten Koordinationsinstrumenten führt, ist hingegen eine vollkommen andere Frage, die differenzierter beantwortet werden muß.

Relativ klar ist, daß der Computereinsatz mit *informationstechnologischen Benutzungsregeln* verbunden ist, die die Abstimmung zwischen dem Computersystem und den Benutzern generell regeln und die zusammen mit den technischen Geräten selbst eine Art von Programmen für die Benutzer darstellen. In diesem Sinne haben Blau und Schoenherr (1971) wie erwähnt die Informationstechnologie selbst als ein *unpersönliches Steuerungsinstrument* charakterisiert. Zu einem *Koordinationsinstrument* wird sie jedoch erst dann, wenn bei der Konezption der Computeranwendungen eine Abstimmung zwischen Teilaufgaben angestrebt wird. Eine solche Abstimmung kann zum einen innerhalb der maschinellen Aufgabenerfüllung durch eine entsprechende Programmierung des Computers – durch eine *integrierte Datenverarbeitung* – erfolgen, oder sie wird durch entsprechende Benutzungsregeln und ergänzende Programme für die Benutzer erreicht. Da man bei der Planung von Computeranwendungen nicht nur die maschinell zu erfüllenden Teilaufgaben im Auge hat, sondern in einem Zuge auch die weiterhin personell zu erfüllenden Teilaufgaben mitberücksichtigt, ist eine solche weitergehende Programmierung zu Koordinationszwecken relativ oft zu erwarten. Vor allem um einen reibungslosen Ablauf der maschinellen Aufgabenerfüllung zu sichern, erfolgt im Input- und Outputbereich in aller Regel eine Abstimmung aller mit dem System in Beziehung stehenden Benutzer. Entsprechende Formulare und Benutzerhandbücher sind der Ausdruck dieser Bemühungen.

Eine ähnlich enge Beziehung läßt sich zwischen dem Computereinsatz und der Koordination durch Planung herstellen. Wie wir im dritten Kapitel gesehen haben, erfordert eine Koordination durch Planung in der Regel die Verarbeitung einer großen Menge von Daten und ist teilweise mit der Anwendung rechenintensiver Planungsverfahren verbunden. Um diese Datenmengen bewältigen und anspruchsvolle Planungsverfahren wie Optimierungsmodelle oder Simulationsmodelle überhaupt mit vertretbarem Aufwand anwenden zu können, bedarf es eines Computers. Dementsprechend ist es nicht verwunderlich, wenn empirische Untersuchungen eine verstärkte Koordination durch Planung im Zuge des Computereinsatzes feststellen (vgl. Emery 1971, Vergin 1971).

Um feststellen zu können, inwieweit sich diese Veränderungen in grundsätzlich anderen Strukturen niederschlagen, müssen wir auch wiederum Querschnittsanalysen betrachten. In der Untersuchung von Kieser (1973) ergaben sich nur leichte Korrelationen zwischen dem Umfang des Computereinsatzes einerseits und dem Ausmaß an Formalisierung sowie Programmierung der Aufgabenerfüllung der Organisationsmitglieder andererseits von jeweils $r = 0.23$. Bei einer Kontrolle der Unternehmungsgröße reduzierten sich jedoch auch diese Korrelationen auf $r = -0.07$ bzw. $r = 0.09$. Auch hier scheinen also andere Dimensionen der Situation die Gesamtstruktur zu bestimmen. Der Computer führt bestenfalls zu einer anderen Art der Formalisierung und Programmierung. Daß er die *Möglichkeit* bietet, eine Koordination durch Programme und Pläne zu verbessern, steht außer Frage (vgl. Kieser und Kubicek 1974), daß er jedoch grundsätzlich eine Verlagerung von personenorientierten zu technokratischen Koordinationsinstrumenten bewirkt, kann weder empirisch belegt noch plausibel begründet werden. Wie wir betont haben, können technokratische Koordinationsinstrumente nur für eine Vorauskoordination eingesetzt werden, die jedoch stets nur einen mehr oder weniger großen Teil der gesamten Koordinationsbemühungen ausmacht. Somit erscheint überhaupt nur eine partielle Substitution personenorientierter Koordinationsmechanismen durch technokratische möglich. Und diese Möglichkeiten wurden bisher offensichtlich noch lange nicht in vollem Umfang realisiert.

Empirische Ergebnisse über die Veränderungen in der Art und dem Umfang personenorientierter Koordinationsinstrumente auf der Ebene der Gesamtstruktur liegen nicht vor. Gewisse Hinweise finden sich jedoch im Zusammenhang mit der Diskussion um die Auswirkungen des Computereinsatzes auf das Ausmaß der Delegation von Entscheidungsbefugnissen. In den ersten Spekulationen wurde sowohl eine verstärkte Delegation als auch eine Rezentralisation behauptet; und empirische Vorher-Nachher-Vergleiche zeigen, daß in der Praxis beide Möglichkeiten realisiert worden sind. Während Whisler (1970a, S. 76 ff.), Emery (1971) und Vergin (1971) Veränderungen in Richtung einer verstärkten Konzentration der Entscheidungsbefugnisse feststellten, weisen die Untersuchungen von Silver (1962) und Parisi (1966) auf eine Zunahme der Delegation hin. Vergleichende Untersuchungen zeigen demgegenüber übereinstimmende positive Korrelationen zwischen dem Umfang des Computereinsatzes und dem Ausmaß der Entscheidungsdelegation (vgl. Klatzky 1970b, Blau und Schoenherr 1971, S. 123 ff., Kieser 1973). Blau und Schoenherr begründen ihren Befund damit, daß der Computer als technokratisches Steuerungs- und Kontrollinstrument das Risiko einer Delegation aus der Sicht der oberen Instanzen mindert, da diese zum einen über die Gestaltung des Computersystems die Entscheidungen der unteren Instanzen vorstrukturieren und indirekt beeinflussen können und zum anderen die Entscheidungsergebnisse besser kontrollieren können.

Auf einen weiteren Aspekt weist Klatzky bei der Erklärung der von ihr festgestellten Dezentralisationstendenzen hin. Sie nennt den ihrer Meinung nach der Delegation zugrundeliegenden Mechanismus „*Kaskadeneffekt*" und meint damit folgenden Zusammenhang: Die Übernahme von Routineaufgaben auf den untersten hierarchischen Ebenen auf den Computer schafft dort ein kapazitatives Vakuum, das es den jeweiligen Vorgesetzten erlaubt, ihre Teilaufgaben mit dem stärksten Routinecharakter zu delegieren. Ein Anreiz hierzu besteht jedoch nur dann, wenn diese Vorgesetzten überlastet sind oder andere Aufgaben von ihren Vorgesetzten übertragen bekommen. Nach Klatzkys Interpretation setzt der gesamte Delegationsprozeß auf der Ebene der Unternehmungsführung ein, die zumeist zuwenig Zeit hat, sich strategischen Aufgaben zu widmen. In dem durch den Computereinsatz geschaffenen kapazitativen Vakuum auf den untersten hierarchischen Ebenen sieht die Unternehmungsführung nun die Möglichkeit, Zeit für strategische Aufgaben zu gewinnen, indem sie die Teilaufgaben mit dem höchsten Routinecharakter an die nächst tiefere Ebene delegiert. Die betreffenden Manager reagieren auf die ihnen neu übertragenen Aufgaben, indem sie ihrerseits die am stärksten strukturierten Teilaufgaben delegieren. Auf diese Weise setzt ein kaskadenförmiger Fluß der Delegation von Entscheidungen über alle hierarchischen Ebenen ein, der das Vakuum auf der untersten Ebene schließlich füllt. Zusammengenommen bilden die von Klatzky herausgestellten kapazitativen

Aspekte und die von Blau und Schoenherr betonten risikobezogenen Aspekte eine plausible Erklärung für die festgestellten Dezentralisationstendenzen.

Einen weiteren Einblick in die Möglichkeiten von Veränderungen in der Koordination gewinnen wir bei einer Betrachtung einzelner Benutzergruppen. In einem Vorher-Nachher-Vergleich von sechs Benutzergruppen in zwei Unternehmungen stellte Kubicek (1975b) folgende Tendenzen fest (vgl. Tab. 4–4):

- In den meisten Gruppen hat der Umfang vertikaler Kommunikation zugenommen. Dabei hat sich das Ausmaß an Instruktionen und direkten persönlichen Kontrollen durch den Vorgesetzten zumeist verringert, während die Besprechung persönlicher Probleme teilweise zugenommen hat.
- Daraus kann jedoch noch nicht auf eine grundsätzliche Veränderung in der Rolle des Vorgesetzten geschlossen werden. Seine eigentliche Position kommt in seiner Funktion als konfliktlösende Instanz zum Ausdruck, und diese Funktion ist zumeist unverändert geblieben.
- Die Benutzer empfinden weitgehend eine verstärkte materielle Abhängigkeit von Kollegen der eigenen Abteilung und anderen Abteilungen im Sinne von Interdependenzen im Arbeitsfluß; ebenso hat in allen Gruppen die informationelle Abhängigkeit von anderen Abteilungen zugenommen, der Koordinationsbedarf ist insgesamt also gestiegen.
- Dem gestiegenen Koordinationsbedarf entspricht eine weitgehende Zunahme interaktiver Tätigkeiten, wobei der Anteil abteilungsexterner Interaktion in einigen Gruppen überproportional gestiegen ist. Zumeist ist die Abstimmung sogar institutionalisiert, was in einer gestiegenen Teilnahme an Konferenzen und anderen offiziellen Zusammenkünften zum Ausdruck kommt.

Diese Ergebnisse stehen teilweise in Übereinstimmung mit den Befunden vergleichbarer Untersuchungen von Lee (1963) und Parisi (1966). Hinsichtlich der Teilnahme an Konferenzen kommt Lee (1963, S. 247 und 251) jedoch zu dem entgegengesetzten Ergebnis. Dies zeigt noch einmal, daß eine solche Analyse von Veränderungen nur *Möglichkeiten* aufzeigt. Insgesamt kann daher nur in begrenztem Umfang von „Auswirkungen" des Computereinsatzes im Sinne regelmäßiger Reaktionen der Organisationsgestalter gesprochen werden. Zum Zusammenhang zwischen Informationstechnologie und Organisationsstruktur können gegenwärtig nur Möglichkeiten oder *Potentiale* festgestellt werden, die der Computereinsatz für organisatorische Änderungen bietet (vgl. Stewart 1971, S. 19 sowie Kubicek 1975b). Solche Möglichkeiten werden jedoch offensichtlich *in unterschiedlicher Weise genutzt*. Hinzu kommt, daß die vorliegenden Messungen des Computereinsatzes unbefriedigend sind.

Schließlich ist noch einmal darauf hinzuweisen, daß der „Einfluß" des Computers zumeist nicht auf die Gesamtstruktur durchschlägt. Dies liegt zum einen daran, daß auf dieser Ebene andere Kontextfaktoren wirksam

Durchschnittliche Veränderungen in Benutzergruppen

	Unternehmung 1 Gruppe				Unternehmung 2 Gruppe	
	11	12	13	14	21	22
a) Kommunikation mit Vorgesetzten	+ +	+ +	+	−	+	+ +
b) Kommunikation mit Untergebenen	+ +	+	+ +	−	+ +	○
c) Instruktionen durch den Vorgesetzten	○	− −	−	− −	−	+
d) Persönliche Kontrollen durch den Vorgesetzten	+	−	−	− −	− −	○
e) Besprechung persönlicher Probleme mit dem Vorgesetzten	+ +	○	+ +	+ +	○	○
f) Konfliktlösung durch den Vorgesetzten	○	− −	− −	○	○	○
g) Materielle Abhängigkeit von Kollegen der eigenen Abteilung	+ +	−	+ +	+ +	+	+ +
h) Informationelle Abhängigkeit von Kollegen der eigenen Abteilung	+	○	+	− −	− −	− −
i) Materielle Abhängigkeit von anderen Abteilungen	+ +	+ +	+ +	+	+ +	+
j) Informationelle Abhängigkeit von anderen Abteilungen	+	+	+ +	+	+ +	+
k) Umfang interaktiver Tätigkeiten	+ +	−	+ +	○	+ +	+ +
l) Relativer Anteil abteilungsexterner Interaktionen	○	−	+ +	+	+ +	−
m) Teilnahme an Konferenzen	+ +	−	+	+	+ +	+

Legende: + + = überdurchschnittliche Zunahme; + = unterdurchschnittliche Zunahme; ○ = keine Veränderung; − = unterdurchschnittliche Abnahme; − − = überdurchschnittliche Abnahme

Tab. 4–4. Organisatorische Veränderungen in 6 Benutzergruppen im Zuge des Computereinsatzes

sind. Die bereits erwähnte plausible Hypothese von Hofer (1970), daß der Einfluß des Computers sich um so eher auf die Gesamtstruktur niederschlage, je größer der Anteil programmierbarer Datenverarbeitungsaufgaben ist, konnte in empirischen Untersuchungen nicht bestätigt werden. In einer deutschen Replikation der Untersuchung von Whisler (1970a) wurde das Ausmaß an organisatorischen Änderungen in Lebensversicherungen und Industrieunternehmungen verglichen (Kubicek u. a. 1975). Dabei zeigte sich, daß in der Industrie sowohl der Umfang des Computereinsatzes als auch das Ausmaß organisatorischer Veränderungen im Durchschnitt größer ist als in den Lebensversicherungen.

Ein weiterer Grund für fehlende eindeutige Auswirkungen auf die Gesamtstruktur liegt auch darin, daß die Veränderungen innerhalb der einzelnen
Benutzergruppen derselben Organisation, wie die Ergebnisse aus Tab. 4–4
zeigen, teilweise unterschiedlich sind, so daß auch von daher keine einheitlichen Veränderungen der Gesamtstruktur zu erwarten sind.

4.2.5. Rechtsform und Eigentumsverhältnisse

Es ist in der Literatur oft darüber spekuliert worden, ob eine *Ablösung der
Eigentümer in den Spitzenpositionen der Unternehmungen* durch professionelle Manager, wie sie in den letzten Jahrzehnten zunehmend stattfindet,
auch eine Verschiebung der *Ziele der Unternehmung* bedeutet. Die professionellen Manager, so wird argumentiert, verfolgten andere Ziele als die
Eigentümer: Sie seien weniger stark an Profitmaximierung als an der Steigerung der Wohlfahrt ihrer Mitarbeiter und der Gesellschaft interessiert. Berle
(1959) spricht von der Entwicklung eines „Gewissens der Unternehmung"
(corporate conscience) und Kaysen (1959) gar von einer „seelenvollen Unternehmung" (soulful corporation). Der wohl prominenteste Vertreter der
Änderungsthese ist J. K. Galbraith (1968), der davon ausgeht, daß die Zielsetzung der Eigentümer – die Profitmaximierung – durch die Ziele der
Technokraten ersetzt wird, für die das Funktionieren des Systems im Vordergrund steht. Andere Autoren nehmen dagegen an, daß sich die persönlichen
Ziele der professionellen Manager nicht wesentlich von denen der Eigentümer unterscheiden (Earley 1957; Baldwin 1964; vgl. hierzu auch die empirische Untersuchung von Pross, 1965, und von Pross und Boetticher 1971)
oder – das ist die marxistische Position – daß die professionellen Manager gar
keine anderen Ziele verfolgen könnten, selbst wenn sie wollten, da beide
Gruppen Gefangene des kapitalistischen Systems seien (Blackburn 1972).
Hier geht es uns weniger um diese weitreichende Debatte – die empirische
Evidenz ist im übrigen relativ schwach (vgl. Child 1969, S. 44 ff.) –, sondern
um ihren „organisatorischen Ableger". Es wird nämlich in diesem Zusam-
menhang auch die These vorgetragen, daß professionelle Manager quasi als
Konsequenz ihrer unterschiedlichen Einstellung zum Gewinn auch andere
Ziele bezüglich der Gestaltung der Organisationsstruktur aufweisen. Dieses
Argument wird beispielsweise von Pondy (1969, S. 50) vertreten:

> „Die Orientierung der Manager ist bei Trennung von Eigentum und Management nicht
> unbedingt streng am Gewinn ausgerichtet. Das Management kann beispielsweise das
> Verwaltungspersonal über den Punkt des maximalen Gewinns hinaus erhöhen. Die
> Nichteigentümer sind nicht direkt an der Erhöhung des Gewinns beteiligt; sie können
> aber direkt davon profitieren, indem sie diese Gewinne für mehr Verwaltungspersonal
> ausgeben und dadurch ihr Prestige erhöhen, ihre Aufgabe einfacher gestalten usw., d. h.

sie bewerten Ausgaben für die Hierarchie *per se* ebenso wie Gewinn. Auf der anderen Seite kann das Management auch eine *negative* ‚Ausgabenpräferenz' bezüglich des Verwaltungspersonals aufweisen. Beispielsweise können Eigentümer-Manager etwas dagegen haben, die Kontrolle über die Unternehmung durch die Hineinnahme von Nicht-Familienmitgliedern in die Organisationsstruktur zu schwächen. U. U. sind sie sogar bereit, einen niedrigeren Gewinn als Folge einer unzureichenden Verwaltung zu akzeptieren, um dafür eine strikte persönliche oder familiäre Kontrolle über die Unternehmung ausüben zu können."

Ähnliche Überlegungen werden auch von Williamson (1964) angestellt. Die *Hypothese lautet also, daß von Eigentümern gemanagte Unternehmungen eine geringere Delegation von Entscheidungsbefugnissen und eine schwächer bürokratisierte Organisationsstruktur aufweisen.* Empirische Ergebnisse zu dieser Hypothese liegen aus den Untersuchungen von Pugh u. a. (1969a) und Kieser (1973) vor.

Pugh u. a. (1969a) erfaßten die *Beziehungen zwischen Eigentümern und Management* durch fünf Indikatoren, die sie durch einfache Addition zu einer Skala zusammenfaßten:

(1) Prozentsatz des Kapitals in den Händen von maximal 20 Anteilseignern mit dem größten Kapitalanteil,
(2) Prozentsatz von Individuen im Gegensatz zu Gesellschaften unter den 20 Anteilseignern mit dem größten Kapitalanteil,
(3) Prozentsatz an „Direktoren" der Organisation unter den 20 Anteilseignern mit dem größten Kapitalanteil,
(4) Prozentsatz des Kapitals, das die „Direktoren" insgesamt in den Händen halten,
(5) Prozentsatz der in der Unternehmensleitung aktiv tätigen Direktoren.

In ihrer Stichprobe ermittelten sie für dieses Maß zunächst eine Korrelation von $r = 0,29$ mit dem Maß *„Konzentration der Autorität"* – eine zusammengesetzte Größe, in die die Konzentration der Entscheidungsbefugnisse, der relative Anteil an Linienmanagern zur Gesamtbeschäftigung und ein Programmierungsmaß eingingen; für eine um acht öffentlich-rechtliche Organisationen bereinigte Stichprobe fiel diese Korrelation jedoch auf $r = -0,08$. Die These, daß die Delegation mit dem verstärkten Auftreten von professionellen Managern zunimmt, konnte also nicht bestätigt werden.

Als weitere Größe des rechtlichen Status einer Organisation erfaßten Pugh u. a. (1969a) auch das *Ausmaß an öffentlicher Kontrolle* mittels einer dreiwertigen Skala. Den niedrigsten Wert auf dieser Skala erhielten Organisationen, die nicht an den öffentlichen Kapitalmarkt herantraten, den zweithöchsten Kapitalgesellschaften und der höchste Wert wurde öffentlich-rechtlichen Anstalten zugeteilt. Für diese Skala wurden relativ *hohe Korrelationen für den Programmierungsgrad der Personalpolitik (r = 0,56) für die Konzentration der Autorität (r = 0,63) und für die Linienkontrolle des Fertigungsflusses*

– eine zusammengesetzte Größe, die berücksichtigt, inwieweit die Fertigungssteuerung durch Linieninstanzen im Gegensatz zur indirekten Steuerung durch solche Stellen wie Arbeitsvorbereitung oder Fertigungsplanung bewerkstelligt wird, (r = 0,47) – ermittelt. Es ist jedoch anzunehmen, daß auch diese Korrelationen stark durch den Anteil an öffentlich-rechtlichen Anstalten geprägt waren.

In der Untersuchung von Kieser (1973) wurde das Ausmaß an öffentlicher Kontrolle, soweit es in der Rechtsform zum Ausdruck kommt, durch folgende Skala gemessen:

Rechtsform	*Skalenwert*
Einzelkaufmann	1
Stille Gesellschaft	2
KG	3
OHG	4
GmbH	5
AG	6

Bei gemischten Rechtsformen wurde jeweils die Rechtsform mit der stärksten öffentlichen Kontrolle codiert.

Die *Professionalisierung des Managements* wurde durch folgende Frage erfaßt: „Wieviel Prozent des Kapitals befindet sich in Händen des Managements?" Diese beiden Maße korrelierten sehr stark miteinander (r = 0,47), weshalb sie zu einem Maß „*Rechtlicher Status*" zusammengefaßt wurden (Skala für Rechtsform – Prozentsatz des Kapitals in Händen des Managements /10. Die Division durch 10 erfolgte, um die Dimensionen der beiden Skalen in etwa vergleichbar zu machen).

Die ermittelten Korrelationen zeigen einen *relativ starken positiven Einfluß des rechtlichen Status auf den Formalisierungsgrad*, (r = 0,42), *auf den Einsatz des Koordinationsmechanismus Planung* (r = 0,43) *und auf die Programmierung* (r = 0,40) auf.

Unternehmungen mit einer Rechtsform, die eine stärkere öffentliche Kontrolle bedingt, und mit einem professionellen Management neigen in dieser Stichprobe stärker zu einer *Bürokratisierung* als Unternehmungen, die in ihrer Rechtsform und ihrem Management stärker eigentümerorientiert sind. Auf die *Entscheidungsdelegation* hatte der rechtliche Status keinen *Einfluß*.

4.2.6. Umwelt der Organisation

Der folgende Fall ist geeignet, einen ersten Eindruck von den Bedingungen zu vermitteln, die der Organisation von ihrer Umwelt gesetzt werden (der Fall ist Newman 1963, S. 13–15 entnommen).

L. M. Barren u. Co. ist ein bekannter Anbieter von chirurgischen Instrumenten. Die Firma war der Pionier in der Entwicklung eines Verfahrens für chirurgische Nadeln, das seit 1921 unter der Marke Eyless gehandelt wurde. Nach dem Zweiten Weltkrieg nahmen die Anwendungen dieses Verfahrens in der Chirurgie und damit die Nachfrage rapide zu. Ungefähr 60 unterschiedliche Nadelarten und -größen wurden entwickelt, und die Umsätze bildeten einen beträchtlichen Teil des Gesamtumsatzes von L. M. Barren.

Starke Konkurrenz in der Nachkriegs-Periode hielt die Preise auf dem Einführungs-Niveau.

Von 1921 bis vor zwei Jahren wurden die Nadeln, die L. M. Barren verkaufte, nach seinen Spezifikationen von der Trent Company in Trent, Connecticut, gefertigt. Trent ist ein führender Produzent von Nadeln für die Textilindustrie. Einer von Trents Ingenieuren hatte die Eyless Nadeln ursprünglich entwickelt und die Patentrechte 1921 an L. M. Barren verkauft. Da L. M. Barren über keine Kapazität für Metallfertigung verfügte, entwickelte er die Nadeln in Kooperation mit Trent. Nach dem Ablauf des Patentes verkaufte Trent die Nadeln auch an Konkurrenten von L. M. Barren.

Vor drei Jahren erlebte Trent einen Streik, der zu erheblichen, lange andauernden Terminüberschreitungen bei L. M. Barren führte. Nach dem Streik erhöhte Trent die Preise. Zur gleichen Zeit entwickelte der wichtigste Konkurrent von L. M. Barren Nadeln, die qualitativ überlegen waren.

Vor zwei Jahren hatte L. M. Barren noch mit der Fa. Allen Company in Allentown, Pennsylvanien, Verbindung aufgenommen, um für Trent die Situation einer Preiskonkurrenz zu schaffen. Allen produzierte Nadeln nach den Angaben von Barren. Diese Strategie war erfolgreich: Ein Jahr später zeigte es sich, daß Barren bessere Nadeln zu niedrigeren Preisen von Allen und von Trent erwerben konnte.

Zur gleichen Zeit entwickelte sich ein heftiger Konkurrenzkampf mit dem wichtigsten Mitbewerber von L. M. Barren um den ständig wachsenden Markt. Dieser Konkurrenzkampf verhinderte einen Preisanstieg. Die Preise deckten nun kaum noch die Kosten.

Der steigenden Umsatz veranlaßte das Management von L. M. Barren, noch mit einem dritten Hersteller, Hack Company in Hackensack, New Jersey, Kontakt aufzunehmen. Hack war bekannt für niedrige Preise, aber auch für schlechtere Qualität. Die Hinzunahme von Hack als Lieferant führte zu einer Preisreduzierung bei Trent und bei Allen. Darüber konnte sich das Management von Barren nicht lange freuen, denn einige neue Probleme tauchten auf:

(1) Der Hauptkonkurrent kam mit Qualitätsverbesserungen auf den Markt, die weder Trent, noch Allen, noch Hack ohne zeit- und kostenaufwendige Entwicklungen realisieren konnte.

(2) Die unterschiedlichen Produktionsverfahren der drei Nadellieferanten erhöhten die Kosten der Qualitätsüberprüfung und den Ausschuß erheblich.

(3) Die Fa. Trent, die als einziger Lieferant alle 60 Nadeltypen produzierte, kündigte an, daß sie ihre Preise für alle Nadeln mit niedrigen Umsätzen um 20% erhöhen würde und daß sie die Produktion überhaupt einstellen würde, wenn sie nicht eine Abnahmegarantie von monatlich 600 000 Nadeln erhielte.

Welche unterschiedlichen Probleme ergeben sich für die Fa. L. M. Barren aus ihrer Umwelt? Wie lassen sich diese Probleme kategorisieren?

Welche Auswirkungen dürften diese Probleme der Umwelt auf die Organisationsstruktur der Fa. L. M. Barren haben?

Wir können diese Fragen hier nicht in Kürze beantworten – dafür benötigen wir den Rest dieses Abschnittes. Der Fall ist aber geeignet, viele Aspekte der Beziehung zwischen Umwelt und Organisation zu konkretisieren, auf die nun in systematischer Weise einzugehen ist. Wenn Sie sich die Mühe machen, über die aufgeworfenen Fragen nachzudenken, so erleichtert dies sicher das Verständnis der folgenden Ausführungen.

4.2.6.1. Die Erfassung der Umwelt

Untersuchungen zur Analyse der Beziehungen zwischen Umwelt und Organisationsstruktur heben recht unterschiedliche Dimensionen zur Beschreibung der Umwelt hervor und verwenden auch – soweit sie empirisch angelegt sind – stark voneinander abweichende Maße (vgl. zum folgenden auch Kubicek und Thom 1976). Zunächst ist zu unterscheiden zwischen Konzepten, die auf die *Ungewißheit der Entscheidungsträger* im Hinblick auf die Umwelt abstellen, und solchen, die die Umwelt anhand von *objektiven Bedingungen* oder *Einschätzungen objektiver Bedingungen durch Organisationsmitglieder* zu erfassen versuchen. Betrachten wir zunächst die Konzepte, die von Bedingungen der Umwelt ausgehen. Versucht man aus der Vielfalt dieser Konzepte die Dimensionen herauszuschälen, die wirklich unterschiedliche Sachverhalte bezeichnen, so kommt man zu folgenden (einen Überblick über verschiedene Dimensionen vermittelt Jurkovich 1974):

(1) Die Dimension *Komplexität* umfaßt die folgenden Bedingungen der Umwelt (Duncan 1972):
   a) die *Zahl* der externen Faktoren, die bei der Entscheidungsfindung berücksichtigt werden müssen,
   b) die *Verschiedenheit* dieser Faktoren,
   c) die *Verteilung der Faktoren in verschiedenen Umweltsegmenten.*

Ein Handelsbetrieb mit einem kleinen Sortiment einer Warengruppe bildet ein Beispiel für eine Unternehmung mit einer geringen Umweltkomplexität. Für die meisten der in die Umwelt hineinragenden Entscheidungen dieser Unternehmung ist nur eine begrenzte Anzahl von Faktoren zu beachten. Die wichtigsten Umweltsegmente – Lieferantenmarkt und Kundenmarkt – weisen zudem gewisse Ähnlichkeiten auf. Eine Fertigungsunternehmung, die Produktions-, Absatz-, Forschungs- und Entwicklungsaktivitäten unterhält, muß mehr Faktoren beobachten, die einer größeren Zahl von Umweltsegmenten zuzuordnen und mithin heterogener sind. Auch wenn vorausgesetzt wird, daß die nicht erwähnten Umweltsegmente – etwa Arbeitsmarkt und Konkurrenzaktivitäten – einen vergleichbaren Komplexitätsgrad für die beiden Unternehmungen aufweisen, so ist insgesamt die Umwelt der Fertigungsunternehmung komplexer als die des erwähnten Handelsbetriebes.

(2) Die *Dynamik der Umwelt* resultiert
   a) aus der *Häufigkeit von Änderungen* in den relevanten Umweltfaktoren,
   b) aus der *Stärke der Änderungen,*
   c) aus der *Irregularität,* mit der die Änderungen anfallen (Child 1972b).
(3) Die Dimension *Abhängigkeit* gibt wieder, wie stark die Organisation von bestimmten Partnern in der Umwelt – Individuen, Gruppen oder anderen Organisationen –, die Ressourcen zur Verfügung stellen, abhängig ist (Thompson 1967, S. 31; Jacobs 1974). Die Abhängigkeit ist um so größer,
   a) je *weniger potentielle Partner* eine bestimmte Ressource zur Verfügung stellen,
   b) je höher der *Organisierungsgrad* zwischen den Partnern für eine bestimmte Ressource ist. Haben sich verschiedene Rohstofflieferanten zu einem Kartell zusammengeschlossen, so ist die Abhängigkeit der auf diesen Rohstoff angewiesenen Unternehmung größer als wenn die Lieferanten einzeln operieren.
Die Dimension Abhängigkeit bezeichnet einen anderen Sachverhalt als die Dimension Dynamik. Eine Organisation kann von einer anderen Organisation stark abhängig sein, wenn diese Organisation aber ein stabiles Verhalten über die Zeit demonstriert, so ist diese Abhängigkeit nicht mit einer hohen Dynamik verbunden.
Konzepte, die auf die *Ungewißheit der Entscheidungsträger gegenüber der Umwelt* abstellen, gehen von der Überlegung aus, daß die Dimensionen Umweltdynamik, -komplexität und Abhängigkeit Ungewißheit bei den Entscheidungsträgern hervorrufen und daß die empfundene Ungewißheit als ein aggregierter Indikator für die von der Umwelt ausgehenden Anforderungen an die Organisation angesehen werden kann.
Betrachten wir nun einige *Maße*, die in empirischen Untersuchungen eingesetzt worden sind, etwas genauer: Burns und Stalker (1961) erfassen die *Dynamik der Umwelt* von Unternehmungen, indem sie auf der Basis ihrer subjektiven Einschätzung Organisationen in solche mit dynamischen und solche mit statischen Umwelten einstufen. Aiken und Hage (1971) stellen die Umweltdynamik von Gesundheits- und Sozialorganisationen mittels der Zahl von im Laufe von drei Jahren erfolgreich eingeführten neuen Programmen oder Dienstleistungen fest. Dieses Maß gibt eine von den Organisationsmitgliedern durch die Produktinnovationspolitik selbst geschaffene Dynamik wieder, die jedoch als eine Reaktion auf die in der Umwelt herrschende Dynamik verstanden werden kann. Tosi u. a. (1973) berechnen die Varianzen der Umsätze, der Forschungs- und Entwicklungsaufwendungen plus Investi-

tionen und der Gewinne von Unternehmungen über 10 Jahre hinweg als
Maßgröße für die marktliche, technologische und einkommensmäßige Unbe-
ständigkeit der Umwelt. Downey u. a. (1975) verwenden die Variation in den
jährlichen Umsatzschätzungen der Handelskammer der Vereinigten Staaten
für verschiedene Branchen als Indikatoren der Dynamik dieser Branchen.
Während die gerade genannten Maße vergleichsweiße objektive Eigenschaften der Umwelt erfassen, da sie von offiziellen oder für die Untersuchungen
speziell erstellten Experteneinschätzungen ausgehen, basieren andere Maße
auf *Einschätzungen der Umwelt durch Organisationsmitglieder*. Khandwalla
(1972) läßt Unternehmensführungen die Intensitäten von Preis-, Verkaufs-
förderungs- und Distributionskonkurrenz skalieren. Außerdem ermittelt er
die Einschätzungen der Unternehmensführung über die Geschwindigkeit des
technologischen Wandels für neue Produkte und neue Produktionsverfahren.
Kieser (1974c) erfaßt, wie stark die Unternehmensführungen generell die
Konkurrenz auf ihren Absatzmärkten beurteilen, wie stark sie die Preisempfindlichkeit ihres Absatzmarktes einstufen und wie häufig nach ihrem Urteil
Umstellungen im Produktionsprogramm, im Absatzinstrumentarium, in den
Fertigungsverfahren, in Forschung und Entwicklung und in der Organisationsstruktur erforderlich sind. Duncan (1972) befragt mehrere Mitglieder
einer Organisation nach der Häufigkeit von Änderungen in wichtigen Entscheidungsgrößen und nach der Häufigkeit, mit der neue Faktoren in Entscheidungen zu berücksichtigen sind. Downey u. a. (1975) erbitten von den
Unternehmungsführungen Auskunft über die Zahl wichtiger Konkurrenten
und über die Varianz in den Jahresumsätzen für die wichtigsten Produkte
während der letzten 10 Jahre und über die Varianz in den Preisen im Verlauf
eines Jahres.
Auch das einzige bisher vorliegende Maß zur *Komplexität der Umwelt* baut
auf subjektiven Schätzungen der Organisationsmitglieder auf. Duncan (1972)
gibt den Befragten eine Liste mit 25 Faktoren vor und bittet sie, diejenigen
anzukreuzen, die sie als wichtige Größe ihrer Entscheidungen ansehen.
Ähnliche Faktoren sind zu Gruppen zusammengefaßt. Der Komplexitätsin-
dex wird ermittelt durch die Multiplikation der Zahl angekreuzter Faktoren
mit dem Quadrat der Zahl der verschiedenen Gruppen, in denen die ange-
kreuzten Faktoren zu finden sind.
Pfeffer (1972a) erfaßte die *Abhängigkeit* von Unternehmungen von Finanzorganisationen durch ihren Verschuldungsgrad. In einer anderen Untersuchung (1973) mißt er die Abhängigkeit von Krankenhäusern vom Staat durch
den Anteil der staatlichen Finanzierung am Gesamtbudget der Krankenhäuser. Außerdem bittet er die Verwaltungsleitungen, Einschätzungen über den
staatlichen Einfluß auf wichtige Entscheidungen im Krankenhaus abzugeben.
Aiken und Hage (1968) erfassen die Abhängigkeit zwischen Gesundheits-
und Sozialorganisationen durch die Zahl an gemeinsam durchgeführten

Programmen. Dieses Maß gibt im Gegensatz zu unserer obigen Konzeptualisierung und zu den anderen Maßen nicht eine einseitige Ressourcenabhängig-
keit, sondern eher eine gegenseitige Abhängigkeit in bezug auf einen gemeinsamen Output wieder.

Pugh u. a. (1969a) unterscheiden zwei Aspekte der Abhängigkeit: Abhängigkeit von einer Mutterorganisation und Abhängigkeit von anderen Organisationen. *Abhängigkeit von der Mutterorganisation* messen sie durch fünf
Skalen: (1) relative Größe der Organisation im Verhältnis zur Mutterorganisation, (2) Status der Tochterorganisation – rechtlich unabhängig, abhängig
aber mit einer eigenen Verwaltung, ohne eigene Verwaltung, (3) Repräsentation der Mutterorganisation in Entscheidungsgremien der Tochterorganisation, (4) die Zahl an funktionalen Spezialisierungen, die an die Mutterorganisation oder an andere Organisationen abgegeben werden (beispielsweise kann
die Spezialisierung „Public Relations" von der Mutterorganisation oder von
anderen Organisationen wahrgenommen werden), (5) die Öffentlichkeit der
Rechnungslegung. Die *Abhängigkeit von anderen Organisationen* wurde
durch folgende Skalen erfaßt: (1) Integration mit Lieferanten durch vertragliche Bindungen oder Eigentum, (2) Reaktion der Organisation auf Kunden-
einflüsse – Produktion auf Lager oder nach Kundenauftrag, (3) Integration
mit Kunden durch vertragliche Bindung oder Eigentum, (4) Anteil des vom
größten Kunden abgenommenen Outputs an Gesamtoutputs, (5) Prozentsatz
des von größtem Lieferanten gelieferten Rohstoffs an der Gesamtrohstoff-
menge, (6) Gründungsmodus der Organisation (durch Individuum oder
durch eine andere Organisation). Skalen der *beiden* Abhängigkeitsmaße
wurden nach Maßgabe einer Faktorenanalyse zu einem globalen Maß der
Abhängigkeit zusammengefaßt. In diesem aggregierten Maß überwiegen
allerdings die Skalen, die die Abhängigkeit von der Mutterorganisation
betreffen. Diese Aggregation wird von Aldrich (1975) heftig kritisiert. Seiner
Meinung nach bildet die Abhängigkeit von Ressourcen einen ganz anderen
Tatbestand als eine Abhängigkeit von einer Mutterorganisation. Die beiden
Aspekte der Abhängigkeit werfen seiner Meinung nach recht unterschiedliche Probleme für die Organisation auf, entsprechend dürften auch die
strukturellen Konsequenzen unterschiedlich sein.

Maße zur Erfassung der *Ungewißheit der Entscheidungsträger* liegen von
Lawrence und Lorsch (1969) und von Duncan (1972) vor. Das Maß von
Lawrence und Lorsch erfaßt drei Aspekte der Ungewißheit: (1) mangelnde
Klarheit von Informationen, (2) Unklarheit über kausale Beziehungen und
(3) die Länge der Zeitspanne, die verstreicht, bis sich Entscheidungen in
Ergebnissen niederschlagen. Diese drei Aspekte werden mit drei Fragen
erfaßt, wobei diese Fragen jeweils für die Umwelt des Absatzbereiches, für
die Umwelt des Produktionsbereiches und für die Umwelt des Forschungs-
und Entwicklungsbereichs zu beantworten sind. Insgesamt besteht dies

Meßinstrument somit aus neun Fragen. Der Gesamtindex der Unsicherheit ergibt sich aus der Summation aller neun Skalen.

Duncan (1972) erfaßt drei Aspekte der Unsicherheit: (1) Fehlen von Informationen über die Umweltfaktoren, (2) Unwissenheit über die Konsequenzen möglicher Entscheidungsalternativen, (3) Unvermögen, möglichen unterschiedlichen Auswirkungen der externen Einflußfaktoren Wahrscheinlichkeiten zuzuordnen. Zu diesen Aspekten legt Duncan jeweils mehrere Fragen vor. Insgesamt weist sein Meßinstrument 12 Fragen auf. Diese 12 Fragen müssen jeweils für diejenigen Umweltgrößen aus der Liste von 25 beantwortet werden, die bereits bei der Erfassung der Komplexität angekreuzt wurden.

Wir können also *drei Gruppen von Maßen zur Erfassung der Umwelt unterscheiden: (1) Maße, die von objektiv feststellbaren Größen ausgehen, (2) Maße, die auf subjektiven Einschätzungen von Organisationsmitgliedern über Dynamik, Komplexität oder Abhängigkeit aufbauen und (3) Maße, die die empfundene Ungewißheit von Organisationsmitgliedern im Hinblick auf die Umwelt erfassen.* Vergleicht man Vorgehen (1) und (2), so könnte man zu dem Schluß kommen, daß subjektive Einschätzungen immer die Gefahr der Verzerrung in sich bergen und daß deshalb dem Vorgehen (1) der Vorzug zu geben sei. Ist diesem Argument zuzustimmen?

Wenn wir an den Auswirkungen der Umwelt auf die Organisationsstruktur interessiert sind, so wollen wir letztlich untersuchen, welche organisatorischen Maßnahmen die Organisationsgestalter ergreifen, wenn sie sich bestimmten Umweltbedingungen gegenübersehen. *Ausschlaggebend für solche organisatorischen Maßnahmen sind nicht die objektiven Sachverhalte, sondern die subjektiven Einschätzungen.* Dieselben Umweltbedingungen können von einem Entscheidungsträger oder von einer Gruppe – der Kerngruppe – als stabil und wenig komplex und von einem anderen Entscheidungsträger bzw. einer anderen Kerngruppe als dynamisch und sehr komplex eingestuft werden. Unterschiedliche Erfahrungen der Subjekte und unterschiedliche Risikopräferenzen sind u. a. ausschlaggebend für die Abweichungen in den Einschätzungen. Bildet der Einsatz von Selbstabstimmung beispielsweise eine Möglichkeit, mit dynamischen und komplexen Entscheidungssituationen fertig zu werden, so wird sie von der Kerngruppe bei der zweiten Einschätzung eingesetzt werden, bei der ersten dagegen nicht. Abgesehen von der Schwierigkeit, rein objektive Kriterien zur Erfassung von Dynamik und Komplexität aufzuspüren, hat die Erfassung mittels subjektiver Einschätzung also auch noch einige konzeptionelle Argumente für sich.

Maße zur Erfassung der Ungewißheit gehen von der *Annahme* aus, daß *sich die Umweltdimensionen in der Ungewißheit der Entscheidungsträger niederschlagen.* Diese Annahme ist überprüfungsbedürftig. Aber selbst wenn sie stimmt, sind Ungewißheitsmaße weniger aussagefähig als Maße, die sich auf einzelne Dimensionen beziehen. Unterstellt man, daß die *verschiedenen Dimensionen der Umwelt unterschiedliche Auswirkungen auf die Organisationsstruktur* haben, so ist ein einziges, aggregiertes Maß der Umwelt weniger vorteilhaft als mehrere disaggregierte Maße. Und es ist auch denkbar, daß die Ungewißheit der Entscheidungsträger einen Beeinflussungsfaktor der Organisationsstruktur erfaßt, der mit den Dimensionen der Umwelt nur bedingt zusammenhängt – daß *Ungewißheit der Entscheidungsträger* eine *andere Dimension* konstituiert. Sollte sich diese Vermutung als richtig herausstellen, so würde sich das Problem ergeben, ob diese neue Dimension der Umwelt oder der Persönlichkeit der Organisationsmitglieder zuzuordnen wäre (vgl. Starbuck 1973 sowie Kubicek und Thom 1976).

Solche Fragen nach dem Aussagegehalt und nach dem Zusammenhang zwischen verschiedenen Maßen der Umwelt lassen sich nur auf der Basis empirischer Tests und Gegenüberstellungen der Maße beantworten. Untersuchungen dieser Art wurden von Duncan (1972), Tosi u. a. (1973) und von Downey u. a. (1975) durchgeführt. Tosi u. a. korrelierten ihre objektiven Maße der Umweltdynamik mit den Ungewißheitsmaßen von Lawrence und Lorsch (1969), wobei sie die auf den Absatzbereich, den Forschungs- und Entwicklungsbereich und den Fertigungsbereich bezogenen Subskalen der Ungewißheit getrennt in Ansatz brachten. Die Korrelationen schwankten zwischen −0,294 und +0,036. Die überwiegend negativen bzw. die äußerst niedrigen Korrelationen weisen darauf hin, daß *Ungewißheit der Entscheidungsträger und objektive Maße der Umweltdynamik unterschiedliche Dimensionen* erfassen. Allerdings steht diese Schlußfolgerung nicht auf sehr festen Füßen, da Verläßlichkeitstests, die Tosi u. a. (1973) und Downey u. a. (1975) mit den Maßen von Lawrence und Lorsch durchführten, negativ verliefen. Als verläßlich gingen dagegen zwei der drei Ungewißheitsmaße von Duncan (1972) aus den von Downey u. a. durchgeführten Tests hervor. Korrelationen zwischen Duncans Ungewißheitsmaßen und Maßen der Dynamik und Komplexität wurden von Duncan selbst (1972) und von Downey u. a. (1975) berechnet. Während bei Duncan Dynamik und Komplexität positiv mit der Ungewißheit korrelieren, wobei die Korrelation zwischen Dynamik und Ungewißheit wesentlich stärker war als die Korrelation zwischen Komplexität und Ungewißheit, ergab sich bei Downey u. a. nur für die Dynamik ein positiver Einfluß auf die Ungewißheit; die Komplexität wies eine negative Korrelation mit der Ungewißheit auf. Konkret bedeutet dies, daß Individuen, die mehr Umweltfaktoren in ihren Entscheidungen berücksichtigen, weniger Ungewißheit empfinden als Individuen, die nur wenige Faktoren in ihre Entscheidungen einfließen lassen. Downey u. a. bieten zwei Argumente zur Interpretation dieses Ergebnisses an: Die Berücksichtigung einer größeren Zahl von Umweltfaktoren kann die Abschätzung von Wahrscheinlichkeiten erleichtern. Es ist aber auch möglich, daß Individuen, die das

Gefühl haben, Wahrscheinlichkeiten von Entscheidungsgrößen seien schlecht zu schätzen, von vornherein auf die Berücksichtigung einer großen Zahl von Einflußfaktoren dieser Entscheidungsgrößen verzichten. Das zweite Argument halten Downey u. a. für plausibler. Wie auch immer, die Korrelationen zwischen Dynamik- und Komplexitätsmaßen einerseits sowie Ungewißheitsmaßen andererseits sind so niedrig, daß davon ausgegangen werden muß, daß *Ungewißheit von anderen Faktoren stärker beeinflußt wird als von Umweltdynamik oder -komplexität.* Korrelationen zwischen Abhängigkeit und Ungewißheit liegen bisher noch nicht vor.

Aus diesen Betrachtungen ist der Schluß abzuleiten, daß empirische Untersuchungen zum Zusammenhang zwischen Umwelt und Organisationsstruktur, die von Ungewißheitsmaßen ausgehen, nicht vergleichbar sind mit Untersuchungen, die Dimensionen der Umwelt durch objektive Kriterien oder durch subjektive Einschätzungen objektiver Kriterien erfassen. Über die Vergleichbarkeit der beiden letzten Kategorien von Maßen kann gegenwärtig noch nichts ausgesagt werden, da empirische Gegenüberstellungen ausstehen.

4.2.6.2. *Zum Zusammenhang zwischen Umwelt und Organisationsstruktur*

In diesem Abschnitt soll zunächst gezeigt werden, wie sich die Konzeptionen der Beziehung zwischen Umwelt und Organisationsstruktur von einfachen Modellen, die in empirischen Untersuchungen eine nur schwache Bestätigung erfuhren, zu komplexeren Modellen entwickelt haben.

(1) Die These von der Starrheit bürokratischer Strukturen

Die bisher in der Literatur vorliegenden Aussagen konzentrieren sich auf die *Dynamik* der Umwelt. Es ist eine in der nicht-empirischen Organisationsliteratur oft vertretene These, daß *bürokratische Strukturen* sich für *statische Umwelten* eignen, während *unbürokratische* in *dynamischen Umwelten* effizienter sind (Thompson 1969). Die Begründung für diese These knüpft an mehreren Eigenschaften einer bürokratischen Struktur an (Merton 1940, Gouldner 1954): Von den *Entscheidungsregeln oder Routineprozessen*, die in der Bürokratie überwiegen, wird angenommen, daß sie eine Erkennung und Berücksichtigung von Umweltprozessen, die nicht in diese Regeln „einprogrammiert" sind, verhindern. Hage und Aiken sehen in der *Zentralisation der Macht* eine Ursache für Anpassungsschwierigkeiten. Sie argumentieren, daß *Änderungen immer eine Bedrohung des status quo* darstellen und daß sich folglich bei einer starken Machtzentralisation die einflußreichen Stellen in der

Organisation gegen Änderungen wenden, um ihre Machtposition nicht zu gefährden (Hage und Aiken 1970, S. 38 f.). Schließlich verhindert nach Thompson die *Betonung formaler Kommunikationswege* in der bürokratischen Organisation eine Gruppendiskussion (Thompson 1969, S. 11 ff.). Es spricht aber einiges dafür, daß Gruppendiskussionen eine Voraussetzung für kreative Lösungen der Probleme sind, wie sie dynamische Umwelten stellen (Zepf 1972).

Die These von der Starrheit bürokratischer Strukturen und der Flexibilität nichtbürokratischer wurde in einigen empirischen Studien gestützt: Burns und Stalker (1961) führten Studien in einer Reihe britischer Unternehmungen der Elektroindustrie durch. Ihr Interesse richtete sich vor allem darauf, in welchem Maße Eigenschaften der Organisationsstruktur durch die Dynamik der technologischen Entwicklung und der Absatzmärkte bedingt sind. Das Ergebnis ihrer Untersuchungen war, daß sich die Organisationsstrukturen von *erfolgreichen* Unternehmungen in dynamischen Umwelten einerseits und in statischen Umwelten andererseits wesentlich unterscheiden. Jeder der beiden Gruppen von Unternehmungen ließ sich ein ganz bestimmter Typ der Organisationsstruktur zuordnen, für die Burns und Stalker (1961) die Bezeichnung *„organisch"* und *„mechanistisch"* prägten. Die angesprochenen organisatorischen Eigenschaften lassen sich jedoch auch mit den Idealtypen „entbürokratisiert" und „bürokratisiert" umschreiben. Unter anderem weisen die beiden Typen die in Abb. 2–2 bereits erwähnten Eigenschaften auf.

Eine Studie von Aiken und Hage (1971) in Gesundheits- und Sozialorganisationen der Vereinigten Staaten konnte die These von der Starrheit bürokratischer Strukturen nicht voll bestätigen. In dieser Untersuchung wiesen einige Variablen, die mit Bürokratisierung assoziiert werden können, wie „Umfang der Stellenbeschreibung" und „Ausmaß der Befolgung der Organisationshandbücher und Stellenbeschreibungen" *positive* Korrelationen mit der Innovationsrate auf. Dieses Ergebnis deutet an, daß die Beziehung zwiscpen Organisationsstruktur und Umwelt nicht ganz so unkompliziert ist, wie es die These von der Starrheit der bürokratischen Struktur und der Flexibilität der unbürokratischen unterstellt.

(2) Komplexere Modelle der Beziehung zwischen Umweltdynamik und Organisationsstruktur

Wilson (1966) unterteilt den Vorgang der organisatorischen Anpassung an geänderte Umweltbedingungen in die zwei Phasen *Generierung neuer Ideen* und *Implementierung neuer Lösungen* und kommt über dieses Konzept zu einer differenzierteren Betrachtung der Abhängigkeit der Innovationsaktivität von der Organisationsstruktur. Als *organisatorisches Dilemma* bezeichnet er das Problem, daß organisatorische Eigenschaften, die der Ideenfindung und der Konzipierung förderlich sind, die Phase der Implementierung behindern und umgekehrt. Die kritische organisatorische Größe für die Begründung dieser These ist die „*organisatorische Differenzierung*" (organizational diversity). Unter diese Größe faßt Wilson mehrere Komponenten: Eine Organisationsstruktur ist um so differenzierter, *je größer die Zahl unterschiedlicher Anreizquellen, je höher der Grad der Aufgabenteilung* (Zahl der unterschiedlich spezialisierten Stellen und Abteilungen) *und je größer der Anteil nicht programmierter Aufgaben* ist. Auf die *Ideenfindung und Konzipierung* wirkt sich nach Wilson ein hoher Differenzierungsgrad positiv aus, weil unter dieser Bedingung die Organisationsmitglieder eine größere Freiheit bei der Definition und Ausführung ihrer Aufgaben haben. In differenzierten Organisationen werden neue Ideen auch eher durch entsprechende *Anreize* gefördert. So findet ein Wissenschaftler innerhalb der Forschungs- und Entwicklungsabteilung durch innovative Ideen eher Anerkennung und Möglichkeiten zur Selbstverwirklichung als in einer Umgebung von vorwiegend produktionstechnisch und an schnell erzielbaren ökonomischen Resultaten orientierten Mitarbeitern.

Auf die *Phase der Implementierung* übt ein hoher Differenzierungsgrad nach Meinung Wilsons hingegen einen negativen Einfluß aus, weil diese Phase zum Teil politische Prozesse bedingt, die mehrere Abteilungen der Unternehmung miteinbeziehen. Die an der Ideenfindung nicht beteiligten Abteilungen entwickeln mit hoher Wahrscheinlichkeit Widerstand oder bringen Alternativvorschläge ein, da diese Aktivitäten durch entsprechende Anreize gefördert werden. Je *differenzierter* die Organisation ist, um so höher ist der für die Innovation erforderliche Zeitaufwand, denn *um so schwieriger gestaltet sich die Koordination der Sicherung der notwendigen Zusammenarbeit.* Sapolsky (1967) interpretiert die Schicksale von drei innovativen Vorschlägen in einem großen amerikanischen Kaufhauskonzern – ein Vorschlag für eine organisatorische Neugliederung und zwei Vorschläge für den Einsatz computergestützter Planungstechniken – als Evidenz für die Hypothesen Wilsons. Offensichtlich gingen diese Vorschläge letzlich auf die Spezialisierung und Professionalisierung der Einkaufsabteilung zurück; der Versuch, diese Vorschläge zu realisieren, scheiterte jedoch vor allem an der starken Dezentralisation der Entscheidungskompetenzen und an dem Vorhandensein vieler gleichartiger Abteilungen, unter denen ein Konsens nicht herzustellen war. Eine graphische Darstellung des Modells gibt Abb. 4–20 wieder.

Daß sich ein organisatorischen Dilemma, so wie es von Wilson skizziert wird, in der Praxis nicht ergibt, zeichnet sich im theoretischen Modell von Lawrence und Lorsch (1969) ab, für dessen Überprüfung die Autoren in sechs Organisationen der Kunststoffindustrie und in je zwei Organisationen der Nahrungsmittelindustrie sowie der Containerfertigung einige Daten

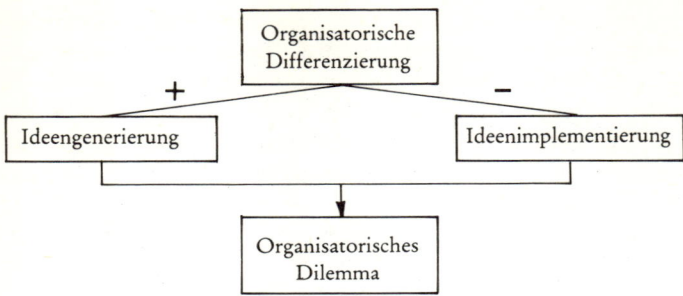

Abb. 4–20. Das Modell Wilsons

sammelten. Die Mängel in den von Lawrence und Lorsch verwendeten Maßen, auf die wir oben hingewiesen haben und die kleine Stichprobe lassen diese Untersuchung jedoch eher als Konzeptualisierungsansatz erscheinen denn als Untersuchung zur Überprüfung von Hypothesen. Lawrence und Lorsch weisen darauf hin, daß die *Ideengeneration* in industriellen Organisationen in der Regel in *anderen Untereinheiten* stattfindet *als die Implementierung* der Innovationen. Dies bedeutet, daß die pauschale Betrachtung und Charakterisierung der gesamten Organisationsstruktur in Abhängigkeit von einer umfassend definierten Umweltdynamik dem Problem nicht gerecht werden kann. In den Mittelpunkt der Betrachtung sind vielmehr zunächst die *formalen Strukturen der einzelnen Abteilungen* in Abhängigkeit von ihren spezifischen Umweltsegmenten zu stellen. Den Kern des Modells von Lawrence und Lorsch bilden zwei Hypothesen:

a) Die *Organisationsstruktur der Untereinheiten* ist *von der Dynamik ihrer spezifischen Umwelt*segmente geprägt: Abteilungen in dynamischen Umwelten weisen größere Leitungsspannen, weniger Hierarchieebenen, einen geringeren Formalisierungsgrad und einen geringeren Programmierungsgrad auf als Abteilungen in statischen Umwelten.

b) Je unterschiedlicher die Organisationsstrukturen der verschiedenen Abteilungen und damit je unterschiedlicher die Orientierungen ihrer Mitglieder, um so *aufwendigere Koordinationsmechanismen* müssen eingesetzt werden, um ein Zusammenwirken der verschiedenen Abteilungen hinsichtlich des gesamten Anpassungsprozesses zu erreichen.

Mit anderen Worten: Sind die Abteilungen der Ideengeneration – beispielsweise die Forschungs- und Entwicklungsabteilung und die Marketingabteilung – und die Abteilungen, auf die Aufgaben der Ideenimplementierung entfallen – die Produktionsabteilung etwa –, in ihrer Organisationsstruktur sehr unterschiedlich, was vorwiegend durch unterschiedliche Umwelten bedingt ist, so reichen Organisationshierarchie und Programmierung als Abstimmungsinstrumente für die Sicherstellung eines Innovationserfolges nicht aus, sondern es müssen neben sie zusätzliche Koordinationsmechanismen treten. Zusätzliche Koordinationsmechanismen werden insbesondere dadurch geschaffen, daß eine bestimmte organisatorische Einheit, etwa ein Stab oder ein Ausschuß, ausschließlich mit der Koordinationsaufgabe betraut wird, oder eine bestimmte funktionale Einheit, etwa der Verkauf, erhält zusätzlich zu ihrer sonstigen Aufgabe die Aufgabe der Koordination zugeteilt. Nach den Ergebnissen der empirischen Untersuchungen von Lawrence und Lorsch zeichnen sich *erfolgreiche Koordinationsstellen* durch *folgende Eigenschaften* aus:

- Die Ausprägung der relevanten strukturellen Eigenschaften ist so beschaffen, daß die Koordinationsstelle innerhalb der zu koordinierenden Einheiten eine *mittlere Position* einnimmt. Das heißt, ihre Leitungsspannen, ihre Standardisierungsgrade, ihre Kommunikationsintensität usw. nehmen etwa den Mittelwert der zu koordinierenden Abteilungen ein.
- Der Einfluß der Koordinatoren stützt sich vor allem auf *Fachkompetenz.*
- Ein Großteil der *formalen Entscheidungsbefugnisse* ist auf der Ebene angesiedelt, auf der sich die zu koordinierenden Abteilungen befinden.
- Die bevorzugte Konfliktlösungsmethode im Rahmen der Koordination ist die direkte, *offene problembezogene Konfrontation.* Bei weniger erfolgreichen Koordinatoren sind auch Konfliktlösungsmethoden anzutreffen, die sich einerseits als „Durchsetzung kraft höherer Position" oder als „Beilegungsstrategien" beschreiben lassen.

Ein Diagramm des Modells von Lawrence und Lorsch ist in Abb. 4–21 wiedergegeben. Die Ergebnisse einer empirischen Untersuchung Duncans (1971) zeigen auf, daß bei der Betrachtung des Umwelteinflusses nicht nur zwischen verschiedenen Abteilungen differenziert werden muß, sondern *daß auch eine Abteilung in der Lage sein kann, zeitweise von einer mehr bürokratischen Struktur zu einer mehr unbürokratischen Struktur „überzuwechseln",* wenn aufgrund der Umweltanforderungen ein Wechsel von routinisierten Entscheidungen ohne Unsicherheit zu unsicheren Entscheidungen erfolgen muß.

Das umfassendste Modell der Beziehungen zwischen Umweltdynamik und Organisationsstruktur legt Khandwalla vor (1972). In Anlehnung an Leavitt (1965) unterscheidet er drei generelle Vorgehensweisen oder *Mechanismen, um die aus der Umweltdynamik resultierende Unsicherheit zu reduzieren: personenorientierte, strukturelle und technokratische.* Ein personenorientiertes Vorgehen zur Ungewißheitsreduktion wählt die Organisation beispielsweise dann, wenn sie eine partizipative Entscheidungsfindung einsetzt. „Strukturelle" Ungewißheitsreduktion im Sinne Khandwallas liegt beispiels-

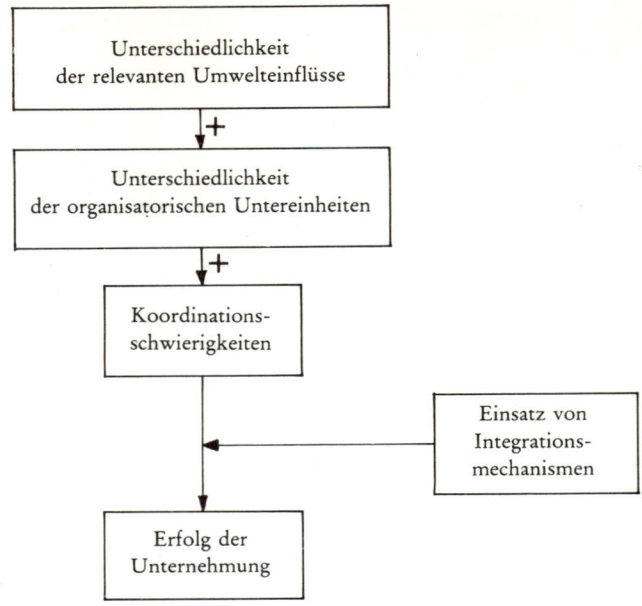

Abb. 4–21. Das Modell von Lawrence und Lorsch

weise dann vor, wenn die Organisation durch Absprachen versucht, Roh-
stoff- und Absatzmarktsegmente unter ihre Kontrolle zu bringen oder
zumindest prognostizierbar zu machen. Die Unternehmung kann auch durch
vertikale Integration Aktivitäten zur Erstellung von solchen Dienstleistungen
oder Gütern angliedern, die bisher von anderen Organisationen bezogen
wurden. Unter technokratisches Vorgehen zur Ungewißheitsreduktion fällt
der Einsatz von spezifischen änderungsorientierten Aktivitäten wie Marktforschung, Forschung und Entwicklung, Prognose der technologischen Entwicklung usw. Die Anwendung dieser Mechanismen hat mehrere Konsequenzen: Partizipative Entscheidungsfindung reduziert die Ungewißheit,
indem sie den Informationsstand verbessert. Die im Hinblick auf die Organisationsstruktur weitreichendsten Konsequenzen gehen aber von der Anwendung technokratischer Mechanismen aus: Die Anwendung spezifischer ände-
rungsorientierter Prognose- und Planungsverfahren impliziert, daß die gesamte Umwelt in Ungewißheitsbereiche segmentiert wird. Für diese Ungewißheitsbereiche – Umweltsegmente – kann die Organisation dann spezialisierte Einheiten einrichten. Die *Anwendung technokratischer Mechanismen*

führt also zur Bildung spezialisierter Abteilungen, *zur organisatorischen Differenzierung.* Die beiden miteinander verbundenen Maßnahmen haben den Zweck, die aus der Umweltdynamik resultierende Ungewißheit zu strukturieren und damit zu reduzieren. Es werden organisatorische Segmente gebildet, die mit den Segmenten der Umwelt korrespondieren: Die Marketing-Abteilung widmet sich der Lösung der mit Ungewißheit behafteten Probleme, die mit dem Absatz zusammenhängen, die Forschungs- und Entwicklungsabteilung wendet sich der Ungewißheit des wissenschaftlich-technischen Segmentes zu, die Finanzabteilung der des Finanzsegmentes usw. Auch die vertikale Integration erhöht die Zahl spezialisierter Abteilungen. Eine weitere Form der organisatorischen Differenzierung zur Reduktion der Unsicherheit bildet die *Dezentralisation von Entscheidungen.* Delegation von Entscheidungen bedeutet, daß ein Teil der gesamten Ungewißheit auf den unteren Ebenen der Hierarchie absorbiert wird; die oberen Ebenen der Hierarchie werden nur noch mit einem Teil der gesamten Ungewißheit konfrontiert. Verstärkt wird die Entscheidungsdezentralisation durch vertikale Integration: Die Unterschiedlichkeit der Abteilungsaktivitäten verhindert eine zentrale Koordination – die Übersicht der Zentrale reicht nicht aus, um direkt in allen Bereichen intervenieren zu können. Eine weitere Reduzierung der Ungewißheit findet statt, wenn sich die organisatorische Differenzierung nicht nur an Funktionen, sondern auch an Produkt- oder Produktgruppenmärkten orientiert. Es entsteht dann eine *divisionalisierte Organisationsstruktur.* Eine Reduzierung der Ungewißheit wird dadurch bewirkt, daß jedem Produktmarktsegment spezifische Organisationseinheiten gegenüberstehen.

Die organisatorische Differenzierung ist von einer *personenbezogenen und von einer technokratischen Differenzierung* begleitet. Die personenbezogene Differenzierung hat ihre Ursache zunächst darin, daß für die differenzierten Abteilungen Personen mit ganz bestimmten Einstellungen, Normen, Ausbildungen und Fertigkeiten rekrutiert werden. Beispielsweise weisen für den Fertigungsbereich eingestellte Mitarbeiter in vielen Hinsichten andere Eigenschaften auf als etwa für den Marketingbereich rekrutierte. Die Strukturen der verschiedenen Abteilungen, in die die rekrutierten Personen eintreten, wirken dann noch weiter auf die Bildung von Einstellungen, Normen und Fertigkeiten ein und führen somit eine Verstärkung der personenbezogenen Differenzierung herbei (vgl. hierzu auch Walker und Lorsch 1968, Child und Ellis 1973). Die technokratische Differenzierung ergibt sich aus den unterschiedlichen Aufgabenstellungen der Untereinheiten, die unterschiedliche Verfahren und Abteilungsstrukturen bedingen.

Khandwalla folgt in seinem Modell der Hypothese von Lawrence und Lorsch, die besagt, daß mit steigendem Differenzierungsgrad die Koordinationsprobleme zunehmen. *Je differenzierter* also *die Organisationsstruktur, um so mehr integrierende oder koordinierende Mechanismen* müssen zusätzlich zu der durch die Hierarchie und durch die Programmierung gewährleisteten Koordination eingesetzt werden, um die Erreichung der Unternehmungsziele sicherzustellen. Auch diese Mechanismen können wieder in personenorientierte, strukturelle und technokratische unterteilt werden. Unter *personenorientierte integrierende Mechanismen* fallen alle Ansätze zur Verbesserung des „Betriebsklimas", zur Erhöhung der Kooperationsbereitschaft. Insbesondere gehören dazu partizipativer Führungsstil und Trainingsprogramme zur Verbesserung der Gruppenarbeit. Partizipative Führung kann also sowohl als Mechanismus für die Ungewißheitsreduktion eingesetzt werden, worauf bereits oben eingegangen wurde, als auch als Koordinationsmechanismus. *Strukturelle Integrationsmechanismen* umfassen solche Maßnahmen wie Einrichtung von Abstimmungskollegien, Einsatz von Stäben mit der Aufgabe der Koordination, Schaffung von Matrixbeziehungen usw. Als *technokratische Integrationsmechanismen* können Maßnahmen im Rahmen des Planungs- und Kontrollsystems der Unternehmung wie die Einführungen von Budgets, Kennzahlensysteme zur Lenkung von Untereinheiten usw. bezeichnet werden. Die integrierende Wirkung dieser Maßnahmen liegt zum einen in der Schaffung allgemeinverbindlicher Kriterien und Normen, ist zum anderen jedoch auch darin begründet, daß durch ihren Einsatz das Verhalten von Untereinheiten prognostizierbar gemacht wird.

Der Übersicht halber sei das Modell noch einmal kurz skizziert: Unsicherheit der Umwelt führt in der Organisation zum *Einsatz von Mechanismen zur Reduktion der Ungewißheit.* Mechanismen zur Unsicherheitsreduktion sind etwa partizipative Entscheidungsfindung und Marktforschung und eine Angliederung neuer Aktivitäten im Wege der vertikalen Integration. Das Resultat ist eine *Strukturierung und Segmentierung der Unsicherheit, die ihre Entsprechung in einer stärkeren Differenzierung der Organisation, d. h. in einer stärkeren Spezialisierung, Dezentralisation und in divergierenden persönlichen Einstellungen und Verhaltensweisen findet.* Die stärkere Differenzierung bedingt *Koordinationsprobleme.* Um diese bewältigen zu können, setzt die Organisation die Hierarchie ergänzende Mechanismen wie partizipative Entscheidungsfindung, Komitees und anspruchsvolle Planungssysteme ein. Eine graphische Darstellung des Modells ist in Abb. 4–22 wiedergegeben.

(3) Die Beziehung zwischen Abhängigkeit und Organisationsstruktur

Abhängigkeit bedroht das Überleben der Organisation. Es ist anzunehmen, daß die Organisation sich in ihrer Struktur auf eine solche Bedrohung einstellt. Zwei Reaktionsweisen sind denkbar: (a) Die Organisation richtet sich mit ihrer Organisationsstruktur auf ein Akutwerden der Abhängigkeit ein; (b) die Organisation ergreift *Maßnahmen zur Reduzierung der Abhängigkeit.* Natürlich kann die Organisation beide Reaktionen auch zugleich entfalten. Die erste Reaktion beeinflußt die Organisationsstruktur direkt, die zweite kann indirekte Konsequenzen für die Organisationsstruktur haben – die nicht-strukturellen Maßnahmen zur Abhängigkeitsreduzierung bedingen

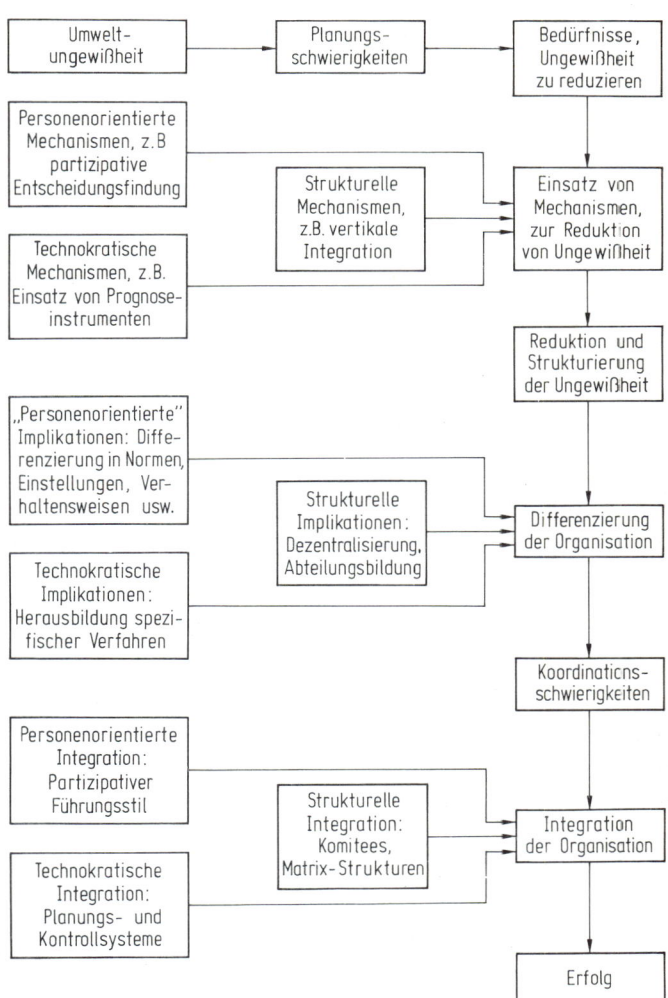

Abb. 4–22. Das Modell von Khandwalla (1972)

strukturelle Änderungen. Demnach haben wir uns mit drei Fragen zu beschäftigen: (a) Zu welchen strukturellen Anpassungen kann Abhängigkeit führen; (b) welche Maßnahmen zur Reduzierung der Abhängigkeit stehen der Organisation zur Verfügung; (c) welche Konsequenzen haben die verschiedenen Maßnahmen auf die Organisationsstruktur? Beschäftigen wir uns zunächst mit der ersten Frage.

(a) Strukturelle Konsequenzen der Abhängigkeit

Auch wenn die Abhängigkeit einen anderen Sachverhalt als die Dynamik konstituiert, so sind doch ähnliche *direkte* organisatorische Konsequenzen zu erwarten. Immerhin stellt die *Abhängigkeit eine potentielle Quelle der Dynamik* dar. Partner, die bisher ein stabiles Verhalten zeigten, können ihr Verhalten plötzlich ändern. Eine derartige Verhaltensänderung der Rohöllieferanten bescherte der Welt die Ölkrise und den Ölgesellschaften eine hohe Dynamik in einem bis dahin recht stabilen Umweltsegment. Organisationen, die sich prophylaktisch auf eine derartige Verhaltensänderung bei Partnern, von denen sie abhängig sind, einstellen, müssen dieselben strukturellen Maßnahmen zur Flexibilitätssicherung ergreifen wie Organisationen in einer dynamischen Umwelt. Die oben dazu getroffenen Annahmen lauteten: Einsatz von Spezialisten und spezialisierten Abteilungen, die sich dem von Dynamik bedrohten Umweltsegment widmen, Entscheidungsdezentralisation, Einsatz zusätzlicher Koordinationsmechanismen usw. Es ist anzunehmen, daß bei einem Zusammentreffen von Dynamik und Abhängigkeit – die Partner, von denen eine Organisation abhängig ist, zeigen permanent ein unstabiles Verhalten – Auswirkungen der Dynamik auf die Organisationsstruktur besonders stark sind (Aldrich and Mindlin 1975).

(b) Strategien zur Reduzierung der Abhängigkeit und ihre strukturellen Konsequenzen

Eine Strategie zur Reduzierung der Abhängigkeit stellt *Diversifikation des Angebotsprogramms* dar (zu den verschiedenen Strategien vgl. Pfeffer 1972a, Child und Kieser i. V.). Neue Produkte oder Dienstleistungen schaffen neue Abnehmer und neue Lieferanten. Sie können damit die Abhängigkeit von den bisherigen Lieferanten oder Abnehmern reduzieren. Die Auswirkungen der Diversifikation auf die Organisationsstruktur wurden bereits an anderer Stelle diskutiert (S. 213 ff.).
Strategien zur Reduzierung der Abhängigkeit können aber auch darauf abzielen, die *Abhängigkeitsbeziehungen zu stabilisieren*. Hier sind mehrere Vorgehensweisen möglich. Einmal kann versucht werden, die Abhängigkeit

durch *Absprachen* unter Kontrolle zu bringen. Auch *vertikale Integration* ist in der Lage, die Abhängigkeit zu verringern – die Unternehmung übernimmt Aktivitäten, die eine Abhängigkeit konstituierten, in eigene Regie. *Vertikale Integration ist somit eine Strategie, die sowohl bei Massenproduktion, bei Umweltdynamik und bei Abhängigkeit zum Einsatz kommen kann.* Die Organisation erhöht ihre Autonomie und reduziert dadurch ihre *Verletzbarkeit,* die durch Inflexibilität der Technologie, durch hohe Umweltdynamik oder durch Abhängigkeit von anderen Organisationen bedingt sein kann. Die Annahmen über die Wirkungen der vertikalen Integration auf die Organisationsstruktur wurden bereits im Zusammenhang mit der Technologie und der Umweltdynamik diskutiert (S. 240 ff. und S. 286 ff.).

Vertikale Integration und Diversifikation können durch interne Herausbildung neuer Aktivitäten oder durch *Fusion* mit anderen Organisationen erfolgen. Oft behalten die fusionierenden Organisationen weitgehende Selbständigkeit. Die jeweils übergeordnete Organisation, der „Übernehmer", oder – im Falle einer gleichgewichtigen Fusion – ein übergeordnetes Entscheidungsgremium behalten sich in den meisten Fällen jedoch Eingriffsmöglichkeiten bei wichtigen Entscheidungen vor. Für die Strategie der vertikalen Integration und der Diversifikation mittels Fusionen stellt sich somit die Frage, *inwieweit die Abhängigkeit von einer Mutterorganisation die Organisationsstruktur der Tochterorganisationen beeinflußt.* Es ist anzunehmen, daß das Bedürfnis der dominierenden Organisation nach Kontrolle der Töchter zu einer *Erhöhung der Entscheidungszentralisation* sowie zu einem *verstärkter Einsatz unpersönlicher Kontrollen und zu einer Erhöhung der Formalisierung führt* – die Mutterorganisation – u. U. größer als die Tochterorganisationen – oktroyiert ihre Organisationsstruktur den Töchtern auf (vgl. zu dieser Argumentation auch S. 221 f.).

In der *Durchführung von gemeinsamen Projekten oder Programmen* (joint ventures) kann ebenfalls eine Strategie zur Reduzierung der Abhängigkeit gesehen werden: Für bestimmte Vorhaben schließen Organisationen vertragliche Abkommen, um ihre Ressourcen für diese Projekte zu erweitern. Organisationen, die viele Vorhaben gemeinsam mit anderen Organisationen durchführen, dürften *spezialisierte Stellen zur Pflege der Beziehungen* mit anderen Organisationen herausbilden. Da eine solche intensive Kopplung mit anderen Organisationen eine *Quelle der Dynamik* sein kann, ist mit strukturellen *Maßnahmen zur Sicherung der Flexibilität* zu rechnen – u. a. mit Entscheidungsdezentralisation und mit dem Einsatz zusätzlicher Koordinationsmechanismen (Aiken und Hage 1968b).

Die *Kooptation* bildet schließlich eine weitere Strategie zur Reduzierung der Abhängigkeit: Die Organisation wählt Repräsentanten der Organisationen, von denen sie abhängig ist, in Entscheidungsgremien. Dadurch erhöht sie den Einfluß und die Kontrollmöglichkeiten des mächtigen Partners und verpflichtet ihn, seine Macht nicht zu mißbrauchen. Es ist anzunehmen, daß Kooptation die Struktur der relevanten Entscheidungsgremien in einer Organisation verändert. Darüber hinaus ist davon auszugehen, daß der Zwang zur *verstärkten Dokumentation* der inneren Verhältnisse für die kooptierten Partner den *Formalisierungsgrad* und den *Einsatz unpersönlicher Koordinationsinstrumente* erhöht.

4.2.6.3. Der Einfluß der Konkurrenzintensität auf die Organisationsstruktur

Verschiedene empirische Untersuchungen haben gezeigt, daß die aus der technologischen Entwicklung resultierende Dynamik – Änderungen in den Produktionsverfahren und Produktionnovationen – andere Auswirkungen hat als die durch Konkurrenzverhalten verursachte. Aus diesem Grunde sollen diese beiden Einflußbeziehungen getrennt abgehandelt werden.

Rose (1955) führte strukturierte Interviews mit den Vorständen von 91 freiwilligen Organisationen im Gebiet von Minneapolis durch. 24 dieser Organisationen hatten an ihrem Ort aktiv opponierende Konkurrenzorganisationen, 19 hatten Konkurrenzorganisationen, die jedoch nicht aktiv opponierten. Der Rest traf auf keine Konkurrenz. Für diese drei Gruppen ermittelte Rose die folgenden Ergebnisse:

(1) Freiwillige Organisationen mit opponierenden oder nicht opponierenden Konkurrenten verfolgten *sekundäre Aktivitäten* – vor allem Geselligkeit – intensiver als Organisationen ohne Konkurrenz.

(2) Die *Vorstandsmitglieder von Organisationen mit Konkurrenz trafen sich häufiger.*

(3) Die Organisationen mit Konkurrenten wiesen *mehr bürokratische Eigenschaften* auf als die Organisationen ohne Konkurrenz. Beispielsweise hatte ein größerer Prozentsatz der Gruppe ohne Konkurrenten weder bezahltes Personal noch ein Ablagesystem.

(4) Die Organisationen mit Konkurrenten schienen *innovativer.* Sie griffen neue Aktivitäten, die mit ihren Zielsystemen übereinstimmten, und neue Methoden zur Verfolgung ihrer Ziele früher auf.

(5) Die Vorstände von Organisationen mit Konkurrenten schienen einen sehr großen Einfluß auf die Mitglieder zu haben.

Die Befunde von Rose legen den Schluß nahe, daß *Organisationen bei hoher Dynamik aus Konkurrenzverhalten Selbstabstimmung, Programmierung und Formalisierung verstärken, die Diversifikation organisatorischer Aktivitäten erhöhen* (vgl. auch S. 216 f.) *und Entscheidungen stärker zentralisieren.*

Crotty (1967) untersuchte die Auswirkungen der Konkurrenz zwischen der Demokratischen und der Republikanischen Partei auf die Strukturen der Parteiorganisationen von Landkreisen in North Carolina. Die Erhebung

erstreckte sich auf eine postalische Umfrage bei 195 örtlichen Parteivorstän-
den sowie auf persönliche Interviews, Besuche von Parteiveranstaltungen
und Auswertungen veröffentlichten Materials. Konkurrenz wurde gemessen
durch die relative Stimmenmehrheit auf drei Wahlebenen – Landkreis, Staat
und Föderation – bei der letzten Wahl. Auf der Basis der durchschnittlichen
prozentualen Mehrheiten wurden die Landkreise in solche mit starker (34)
und schwacher Konkurrenz (66) eingeteilt. Auch Crotty ermittelte, daß
starke Konkurrenz mit einer hohen „Bürokratisierung" verbunden war. Eine
hohe Bürokratisierung lag vor, wenn (1) zusätzlich zu der Parteiorganisation
des Landkreises spezielle Wahlkreisorganisationen existierten, (2) der Partei-
vorsitzende des Landkreises Wahlkampfaktivitäten und andere Maßnahmen
der Partei in einem Ablagesystem festhielt, (3) einige der Wahlkreisorganisationen ein Ablagesystem eingerichtet hatten, (4) das Parteikomitee in Wahl-
jahren vier oder mehr ordentliche Versammlungen abhielt und (5) alle
Wahlkreisorganisationen ein Ablagesystem unterhielten. Diese fünf Items
konstituierten eine Guttman-Skala (Reproduktionskoeffizient 0,91). Crottys
Befunde legen den Schluß nahe, daß die *Konkurrenzintensität die Formalisierung erhöht, sowie die Selbstabstimmung* und die *geographische Diversifikation von Aktivitäten fördert.*
In einer Untersuchung von Kieser (1974c) in 51 Fertigungsunternehmungen
Nordrhein-Westfalens ergaben sich die in Tab. 4–5 wiedergegebenen Korrelationen zwischen Preisempfindlichkeit und Konkurrenzintensität (nur Korrelationen über 0,2 sind ausgewiesen).

Strukturelle Größen	Umweltvariablen	
	Preisempfind-lichkeit	Konkurrenz-intensität
Abteilungsspezialisierung	0,25	0,29
Formalisierungsgrad	0,24	
Programmierung der Ausführungsaufgaben	0,32	
Entscheidungsdelegation	0,33	
Gliederungstiefe	0,30	
Kommunikation mit Kollegen		0,24
Kommunikation mit Vorgesetzten	0,29	− 0,23
Unterstützende Stellen/ Gesamtbeschäftigte	− 0,28	

Tab. 4–5. Korrelationen von Umweltvariablen mit strukturellen Größen in der Untersuchung
von Kieser (1974c)

Die Messung von Preisempfindlichkeit und Konkurrenzintensität beruht auf
subjektiven Schätzungen der Unternehmungsführung. In Übereinstimmung
mit den bisher diskutierten Untersuchungen wurde in dieser Studie also
festgestellt, daß *Umweltdynamik durch Konkurrenz die Bürokratisierung in
Form der Programmierung, Formalisierung und Abteilungsspezialisierung
erhöht.* Preisempfindlichkeit der Absatzmärkte und Konkurrenzintensität
haben ansonsten jedoch unterschiedliche Auswirkungen auf den Koordinationszusammenhang. Die positiven Korrelationen der *Preisempfindlichkeit*
mit der Kommunikation mit Vorgesetzten und die negative Korrelation mit
der Relation zwischen unterstützenden Stellen und Gesamtbeschäftigung
deuten eine *verstärkte Koordination durch Weisungen* über die Linie an, die
die Linie belastet und so zu einer Verringerung der Leitungsspanne, bzw. zu
einer Erhöhung der Ebenenzahl und zu einer Erhöhung der Entscheidungsdelegation führt. Bei *Konkurrenzintensität* scheint hingegen die *Selbstabstimmung* verstärkt zu werden.
Khandwallas Modell wurde von Khandwalla selbst (1972 und von Kieser
(1974c) getestet. Der Überlegung folgend, daß die angenommenen Zusammenhänge bei erfolgreichen Unternehmungen stärker ausgeprägt sein
müßten – Unternehmungen, die sich nicht strukturell an die Umweltdynamik anpassen, „zahlen" mit geringeren Gewinnen und Umsätzen –
teilten sie ihre Stichproben in eine Gruppe der erfolgreicheren und in
eine Gruppe der weniger erfolgreichen Unternehmungen. Bei Khandwalla
diente der Gewinn „für die besten und schlechtesten vergangenen Jahre"
(1975, S. 148) als Einteilungskriterium, bei Kieser die durchschnittlichen
Umsatzzuwächse über die letzten vier Jahre. Die Ergebnisse für die Daten
von Khandwalla und Kieser sind in den Tabellen 4–6 und 4–7 dargestellt. Die
in Ansatz gebrachten Variablen der Ungewißheitsreduktion, der Differenzierung und der Integration unterscheiden sich in den beiden Untersuchungen.
Einmal wurden teilweise unterschiedliche Variablen in Ansatz gebracht. So
dient bei Khandwalla die Einrichtung von Stabsstellen, bei Kieser der Aufwand für Kundendienst und für Forschung und Entwicklung als Indikator
technokratischer Ungewißheitsreduktion. Zum anderen unterscheiden sich
die Meßverfahren. Dennoch wurden in den beiden Untersuchungen für die
Variablen der Umweltdynamik, Konkurrenzintensität bzw. Preisempfindlichkeit, die sich beide auf Preiskonkurrenz beziehen, weitgehend übereinstimmende Ergebnisse erzielt: *Bei preisempfindlichen Märkten sind offenbar
diejenigen Unternehmungen erfolgreicher, die eine teamorientierte Kommu-
nikationsstruktur unterhalten, Entscheidungen in einem relativ starken Umfang delegieren und sich eine produktorientierte Abteilungsgliederung geben.*
Größere Abweichungen in den Korrelationen für erfolgreiche und weniger
erfolgreiche Unternehmungen sowie übereinstimmende hohe Korrelationen
sind in den Tabellen durch Umkreisung deutlich gemacht. Interessant ist, daß

der aufgrund der Korrelationen innerhalb der gesamten Stichprobe entstehende Eindruck, eine verstärkte Koordination durch persönliche Weisungen sei bei preisempfindlichen Märkten angebracht, modifiziert wird: *Insgesamt reagieren wohl die Unternehmungen mit einer Verstärkung der persönlichen*

	Konkurrenz-Intensität	Technologische Dynamik
Variablen der Ungewißheitsreduktion		
Partizipative Entscheidungsfindung	39* -15	01 15
Vertikale Integration	33 16	06 21
Einrichtung von Stabsstellen	20 -14	39 -04
Variablen der Differenzierung		
Entscheidungsdelegation	37 06	28 01
Divisionalisierungsgrad	22 03	38 15
Abteilungsspezialisierung	27 -08	-08 -22
Variablen der Integration		
Partizipative Entscheidungsfindung	39 -15	01 15
Planungs- und Kontrollmechanismen	24 36	35 43

* Die oberen Zahlen geben die Korrelationen für die Gruppe der erfolgreichen Unternehmungen wieder, die unteren die für die Gruppe der weniger erfolgreichen Unternehmungen.
(Quelle: Khandwalla 1973)

Tab. 4–6. Korrelationen von Umweltvariablen mit strukturellen Größen (die ersten beiden Stellen hinter dem Komma)

	Preisempfind-lichkeit	Technologische Dynamik
Variablen der Ungewißheitsreduktion		
Teambildung	39* −07	− 02 00
Kommunikation mit Kollegen (Selbstabstimmung)	34 − 30	44 21
Aufwand für Kundendienst und Forschung und Entwicklung	− 22 − 02	59 − 16
Variablen der Differenzierung		
Entscheidungs-delegation	43 − 21	32 73
Divisionalisierungs-grad	29 02	03 15
Abteilungs-spezialisierung	29 21	− 09 36
Stellen-spezialisierung	24 13	− 5 37
Variablen der Integration		
Teambildung	39 − 07	− 02 00
Kommunikation mit Kollegen	34 − 30	44 21
Planung	15 04	70 22

* Die oberen Korrelationen gelten für die Gruppe der Unternehmungen mit überdurchschnittlichen Umsatzzuwächsen, die unteren für die mit unterdurchschnittlichen Umsatzzuwächsen.

(Quelle: Kieser 1974c).

Tab. 4–7.   Korrelationen von Umweltvariablen mit strukturellen Größen für Unternehmungen mit stärkeren Umsatzzuwächsen (N = 23) und für Unternehmungen mit schwächeren Umsatzzuwächsen (N = 26) (die ersten beiden Stellen hinter dem Komma)

Weisungen auf die durch Konkurrenz ausgelöste Dynamik. Diejenigen, die stattdessen oder zusätzlich die Selbstabstimmung intensivieren sind aber erfolgreicher.

4.2.6.4. Der Einfluß der technologischen Dynamik auf die Organisationsstruktur

Unter technologischer Dynamik wird in der Regel die *Häufigkeit von Änderungen in der Verfahrens- und/oder Produkttechnologie* verstanden. Aiken und Hage (1971) korrelierten Eigenschaften der Organisationsstruktur mit der innerhalb von drei Jahren herausgebrachten Zahl an neuen Programmen in 16 Gesundheits- und Sozialorganisationen der Vereinigten Staaten. Höhere Korrelation ergab sich für die folgenden strukturellen Größen: Spezialisierungsgrad (0,59), Zahl der Komitees (0,46), Häufigkeit der Zusammenkünfte der Komitees (0,53), Kommunikation mit Personen auf höheren Hierarchieebenen in anderen Abteilungen (0,45), Kommunikation mit Personen auf höheren Hierarchieebenen in der eigenen Abteilung (0,61), Existenz von Organisationshandbüchern für die Leiter (− 0,68), Umfang der Stellenbeschreibungen (0,29). Technologische Dynamik war also in diesen Organisationen mit einer *Erhöhung der Spezialisierung* und – im Falle der Stellenbeschreibungen – mit einer *Erhöhung der Formalisierung* verbunden. Die verstärkte vertikale Kommunikation deutet eine *Intensivierung des Koordinationsinstrumentes hierarchischer, persönlicher Weisungen* an und die regere Komiteetätigkeit eine *Intensivierung der Selbstabstimmung.*

Ein Test des Modells von Khandwalla für die technologisch bedingte Umweltdynamik – in beide Maße gingen sowohl die Häufigkeiten von Produkt- als auch von Verfahrensänderungen ein – mit den Daten Khandwallas (1972) und Kiesers (1974c), wieder getrennt für erfolgreiche und weniger erfolgreiche Unternehmungen durchgeführt, ergibt folgendes Bild (vgl. Tab. 4–6 und 4–7):

Technokratische Instrumente der Ungewißheitsreduktion werden von erfolgreichen Unternehmungen bei technologischer Umweltdynamik verstärkt eingesetzt. In den Daten von Kieser zeichnet sich darüber hinaus auch noch eine *Intensivierung der Selbstabstimmung* in Form der horizontalen Kommunikation ab. Während sich in der Untersuchung Khandwallas keine stärkere Differenzierung in Abhängigkeit von der technologischen Dynamik zeigt, weisen in der Untersuchung von Kieser erfolgreiche Unternehmungen eine *geringere Spezialisierung* auf. Für die *Entscheidungsdelegation* ergibt sich sowohl für die erfolgreichen als auch für die weniger erfolgreichen Unternehmungen eine stärkere positive Korrelation. In beiden Untersuchungen zeigte sich, daß *Planung bei technologischer Dynamik verstärkt als Integra-*

tionsinstrument eingesetzt wird. Die Abweichung in der Korrelation zwischen erfolgreichen und weniger erfolgreichen Unternehmungen ist bei Kieser größer. Über die gesamte Stichprobe hinweg ergab sich für die Daten von Kieser eine stärkere Korrelation mit dem *Formalisierungsgrad* (0,27).

Fast alle der bisher aufgezeigten *Ergebnisse empirischer Untersuchungen widersprechen der These von der Starrheit bürokratischer Strukturen.* In vielen Fällen ergeben sich *positive* Korrelationen der konkurrenz- oder technologieinduzierten Dynamik mit der Spezialisierung, der Formalisierung oder dem Einsatz unpersönlicher Koordinationsinstrumente. Diese Befunde könnten damit erklärt werden, daß Organisationen in einer hohen Umweltdynamik die Funktion der Unsicherheitsbewältigung in bestimmten Stellen oder Abteilungen spezialisieren und die Aufgabenkategorien, die nicht von diesen Änderungen betroffen sind, stärker strukturieren, um die Instabilität innerhalb der Organisation insgesamt so niedrig wie möglich zu halten. Eine Überprüfung dieser Interpretation, die vor allem durch das Konzept von Lawrence und Lorsch (1969) nahegelegt wird, ist jedoch nicht möglich, weil die vorliegenden Untersuchungen die Organisationsstruktur nur global erfassen und Aussagen über einzelne Bereiche nicht zulassen.

4.2.6.5. Der Einfluß der Abhängigkeit auf die Organisationsstruktur

Wie bereits oben aufgezeigt, sind direkte und indirekte – aus Strategien zur Reduzierung der Abhängigkeit resultierende – Auswirkungen zu unterscheiden. Wir wollen uns nachfolgend zunächst mit Untersuchungen zu den direkten Auswirkungen beschäftigen, um dann Befunde zu den organisatorischen Konsequenzen der Strategien zu diskutieren, soweit sie nicht – wie im Falle der Diversifikation – bereits bei anderen situativen Faktoren analysiert wurden.

(1) Direkte Auswirkungen der Abhängigkeit auf die Organisationsstruktur

Das von Pugh u. a. (1969a) verwendete Maß der Abhängigkeit aggregiert, wie bereits oben aufgezeigt, Maße der Abhängigkeit von anderen Organisationen und Maße der Abhängigkeit von einer Mutterorganisation in konzeptionell nicht vertretbarer Weise. Aus diesem Grunde eliminierten Aldrich und Mindlin (1975) die Maße, die die Abhängigkeit von der Mutterorganisation betrafen, aus dem Gesamtmaß der Abhängigkeit und führten eine Analyse mit den Daten von Pugh u. a. durch. Sie ermittelten eine *negative Korrelation zwischen dem neuen Abhängigkeitsmaß einerseits sowie der Standardisierung und Formalisierung* andererseits. In einer Untersuchung von Child (1973a), die sich auf 82 Unternehmungen in England erstreckte, ergaben sich für die Subskala des Abhängigkeitsmaßes „Zahl an funktionalen Spezialisierungen, die an andere Organisationen vergeben wurden" (einschließlich Mutterorganisation *positive Korrelationen für die Stellenspezialisierung* (0,35), *die Abteilungsspezialisierung* (0,48) *und den Professionalisierungsgrad* (0,41). In einer multiplen Regression mit diesen drei Variablen erhielt die Stellenspezialisierung das relativ größte Gewicht, gefolgt vom Professionalisierungsgrad. Von diesen Spezialisierungsgrößen gingen dann *starke positive Einflüsse auf die Standardisierung und Formalisierung* aus. Weitere Untersuchungen liegen zu den direkten Auswirkungen der Abhängigkeit nicht vor. Wir hatten oben die Vermutung geäußert, daß Abhängigkeit den Professionalisierungsgrad erhöhe und im übrigen ähnliche Konsequenzen für die Organisationsstruktur habe wie die Umweltdynamik. Die Ergebnisse Childs unterstützen diese Vermutung. Auch für die Umweltdynamik wurde in den meisten Untersuchungen eine positive Beziehung zur Spezialisierung, Standardisierung und Formalisierung festgestellt.

(2) Auswirkungen der Abhängigkeit von einer Mutterorganisation auf die Organisationsstruktur

Eine Untersuchung von Pfeffer (1972b) gibt uns zunächst Gelegenheit, die Frage zu verfolgen, ob *Fusionen* tatsächlich als *Reaktion auf Abhängigkeit* stattfinden. Er analysierte Statistiken der Federal Trade Commission der Vereinigten Staaten über Fusionen in den Jahren 1948 1969. Die Untersuchung zeigt, daß das Muster von Fusionen über Branchen und über Gruppierungen innerhalb der einzelnen Branchen hinweg stark mit dem Muster der Leistungsbeziehungen assoziiert ist.

Zwischen fusionierenden Organisationen bestehen Abhängigkeitsbeziehungen. Entweder ist eine Organisation die übernehmende, dann wird sie zur Mktterorganisation, die Einfluß auf die Tochterunterorganisationen geltend machen will, oder die beiden fusionierenden Organisationen formen eine Superstruktur, die dann eine Mutterorganisation für beide abgibt.

In der Studie von Pugh u. a. (1969) korrelierte das Maß der Abhängigkeit, das in erster Linie Abhängigkeit von der Mutterorganisation wiedergibt, positiv mit dem strukturellen Maß „Konzentration der Autorität", das die Maße Entscheidungszentralisation, Autonomie der Organisation und Standardisierung von Personalauswahl und Personaleinsatz aggregiert. Die Korrelation mit der Entscheidungszentralisation belief sich auf 0,57. Das Untermaß „Repräsentation der Mutterorganisation in Entscheidungsgremien der Tochterorganisationen" war allerdings negativ mit der Konzentration der Autorität korreliert. Eine Repräsentation in wichtigen Entscheidungsgremien ermöglicht es offenbar der Mutterorganisation auch bei dezentralisierten Entscheidungen eine effektive Kontrolle auszuüben.

(3) Auswirkungen der gemeinsamen Durchführung von Programmen auf die Organisationsstruktur

Aiken und Hage (1968b) untersuchten die Auswirkungen von gemeinsamen Programmen auf die Organisationsstruktur von 26 Gesundheits- und Sozialorganisationen der Vereinigten Staaten. Zunächst gingen sie der Frage nach, weshalb Organisationen überhaupt gemeinsam Vorhaben durchführen. In ihrer Stichprobe zeigte sich ein starker Zusammenhang zwischen der Einführung neuer Programme, der Innovationsrate und der gemeinsamen Durchführung von Programmen. Sie interpretieren diesen Zusammenhang damit, daß eine rege Innovationstätigkeit die Ressourcen verknappt. Durch eine Zusammenarbeit mit anderen Organisationen kann diese Knappheit beseitigt werden.

Für eine Reihe struktureller Größen konnten hohe Korrelationen mit der Zahl an gemeinsamen Programmen festgestellt werden: 0,87 für den *Spezialisierungsgrad*, 0,60 für die *Intensität professioneller Aktivitäten der Organisationsmitglieder* (was auf einen hohen Professionalisierungsgrad hindeutet), 0,47 für die *Zahl an Komitees*, 0,83 für die *Zahl der Komiteesitzungen in einem Monat*. Auch zwischen der Zahl an gemeinsamen Programmen und der *Entscheidungsdelegation* ließen sich – allerdings recht schwache – positive Beziehungen feststellen.

Aiken und Hage führen den Zusammenhang zwischen der Zahl an gemeinsamen Programmen und der Spezialisierung darauf zurück, daß durch die Verbindungen mit anderen Organisationen und durch die höhere Zahl an Innovationen die *Umwelt komplexer* geworden ist. Für die Gestaltung der komplexeren Austauschbeziehungen mit der Umwelt sind *spezialisierte, zum Teil professionalisierte Stellen* erforderlich; die größere Ressourcenbasis macht ihre Finanzierung auch möglich. Die vielfältigeren und intensiveren Beziehungen mit der Umwelt erfordern eine größere *Flexibilität*. Dem dient der *verstärkte Einsatz von Komitees und die stärkere Entscheidungsdelegation*.

(4) Die Auswirkungen der Kooptation auf die Organisationsstruktur

Pfeffer (1972a) untersuchte die *Zusammensetzung der Aufsichtsräte* (boards) amerikanischer Unternehmungen im Hinblick auf ihre Abhängigkeit. Er ging dabei von folgender Überlegung aus: Unter der Bedingung der Abhängigkeit kommt dem Aufsichtsrat vor allem die Funktion zu, als *Kooptationsinstru-*

ment zu dienen. Die Organisation wählt Mitglieder von Organisationen, zu denen eine Abhängigkeitsbeziehung besteht, in ihren Aufsichtsrat. So schafft sie Einfluß- und Kontrollmöglichkeiten für den mächtigen Partner und verpflichtet ihn, die Beziehungen aufrecht zu erhalten. Für die von ihm untersuchten Unternehmungen postuliert Pfeffer u. a., daß Unternehmungen mit einem relativ großen Finanzbedarf größere Aufsichtsräte aufweisen und daß ein größerer Teil dieser Aufsichtsräte mit Repräsentanten von Finanzorganisationen (Banken u. ä.) besetzt ist als in Unternehmungen mit einem geringen Finanzbedarf. Entsprechend nimmt er an, daß Aufsichtsräte von Unternehmungen in Branchen mit starker staatlicher Intervention größer sind und relativ mehr externe Mitglieder aufweisen als Aufsichtsräte in Branchen ohne Staatsinterventionen. Bis auf die Annahme, daß Aufsichtsräte in Branchen mit Staatsinterventionen größer sind, konnten diese Hypothesen durch die von Pfeffer ausgewerteten Daten gestützt werden. *Zwischen dem Finanzbedarf, gemessen am Verschuldungsgrad und der Größe des Aufsichtsrats, dem Anteil an internen Aufsichtsratsmitgliedern und dem Anteil an Aufsichtsratsmitgliedern aus Finanzorganisationen ergaben sich signifikante Korrelationen* von 0,18, – 0,34 und 0,21. Zwischen der Staatsintervention und dem Anteil an internen Aufsichtsratsmitgliedern wurden Korrelationen von – 0,37 (für Interventionen durch lokale Behörden) und – 0,32 (für Interventionen durch staatliche Instanzen) ermittelt. Pfeffer zeigte auch auf, daß *Unternehmungen, die sich den spezifizierten Abhängigkeitsbedingungen nicht durch eine entsprechende Kooptationspolitik anpaßten, eine geringere Rentabilität aufwiesen.*

Hypothesen zur Zusammensetzung des Aufsichtsrats im Hinblick auf die Abhängigkeitssituation wurden von Pfeffer (1973) auch mit Daten von 57 Krankenhäusern der Vereinigten Staaten getestet. Die für unsere Betrachtung interessanteren Hypothesen lauten:

(1) Je größer der Anteil privater Spenden am Gesamtbudget des Krankenhauses, für um so wichtiger schätzt die Verwaltung die Aufgabe des Aufsichtsrates ein, private Mittel zu sichern, und für um so geringer die Aufgabe, an der Verwaltung mitzuwirken.

(2) Je mehr Mittel das Krankenhaus von privater Seite erhält, um so größer ist sein Aufsichtsrat.

(3) Je wichtiger die Verwaltung die Aufgabe des Aufsichtsrats einschätzt, Spenden zu sichern, um so größer ist der Aufsichtsrat.

(4) Je wichtiger die Verwaltung die Aufgabe des Aufsichtsrats einschätzt, Einfluß auf lokale Behörden auszuüben, um so größer ist der Aufsichtsrat.

(5) Die öffentliche Unterstützung des Krankenhauses ist um so größer, je stärker der Aufsichtsrat als Instrument zur Pflege der Beziehungen nach außen gesehen wird.

(6) Das Krankenhaus ist in der Sicherung finanzieller Ressourcen um so effizienter, je stärker seine Rolle in der Mittelsicherung und nicht in der Verwaltung gesehen wird.

(7) Das Krankenhaus ist in der Sicherung finanzieller Ressourcen um so erfolgreicher, je stärker die Zusammensetzung des Aufsichtsrats den sozialen Kontext repräsentiert.

Diese Hypothesen wurden von den Daten Pfeffers tendenziell gestützt (allerdings ergeben sich für die Hypothesen (2), (3) und (4) Abweichungen zwischen dem Text und den in Tabellen ausgewiesenen Korrelationen. Pfeffer erwähnt im Text Korrelationen als positiv, die in den Tabellen negative Vorzeichen haben).

Pfeffers Analyse liegt die Frage zugrunde, ob Organisationen unter Bedingungen der Abhängigkeit Kooptationsstrategien, soweit sie in der Zusammensetzung des Aufsichtsrates zum Ausdruck kommen, verfolgen und wie erfolgreich diese Kooptationsstrategien sind. Er bezieht so nur eine kleine Zahl struktureller Variablen – Größe des Aufsichtsrats, seine Aufgaben und seine Zusammensetzung in die Ungersuchung mit ein. Die Frage, welche Auswirkungen Kooptation auf globale strukturelle Variablen – beispielsweise auf den Einsatz der Koordinationsinstrumente, auf die Formalisierung und auf die Entscheidungsdelegalisation hat, wird nicht nachgegangen. Da andere Untersuchungen zu diesem Problem nicht vorliegen, muß diese Frage offen bleiben.

4.3. Die Organisationsstruktur in ihrer Abhängigkeit von den wichtigsten Situationsdimensionen

Zu Beginn dieses Kapitals haben wir uns aus didaktischen Gründen dafür entschieden, den Einfluß der wichtigsten Situationsdimensionen auf die formale Organisationsstruktur für jede Dimension der Situation getrennt zu behandeln. Gleichzeitig haben wir jedoch betont, daß der Einfluß der Situation eigentlich in multivariablen Analysen untersucht werden müßte, da auf jede Strukturdimension stets mehrere Dimensionen der Situation einwirken und diese Einflüsse dabei zum Teil unterschiedliche Vorzeichen aufweisen. In Tab. 4–8, in der die wichtigsten Einflußbeziehungen aus den vorangegangenen Abschnitten noch einmal zusammengefaßt sind, wird dies deutlich. Liest man die Tabelle spaltenweise, so wird sichtbar, welche Situationsdimensionen die jeweilige Strukturdimension in welcher Richtung beeinflussen.

Wenn die einzelnen Situationsdimensionen die gleiche Strukturdimension in entgegengesetzter Richtung beeinflussen, so müßte der Nettoeffekt mit Hilfe

Situations-dimensionen \\ Struktur-dimensionen	Verrichtungsorientierte Spezialisierung	Produktspezialisierung	Persönliche Weisungen	Selbstabstimmung	Programmierung	Planung	Entscheidungsdelegationen	Formalisierung	Anmerkungen
Diversifikation		+			+	+	+		nur auf die Koordination zwischen Sparten bezogen
Größe	+				+	+	+	+	
Geographische Diversifikation	−					−			
Größe der Mutterorganisation	+				+	+		+	
Integration des Fertigungsflusses	+	−		+	+	−			auf den Fertigungsbereich begrenzt
Computereinsatz		−			+		+	+	auf den Benutzerbereich begrenzt
Öffentliche Kontrolle					+	+		+	
Konkurrenzintensität		+	−	+			+	+	
Preisempfindlichkeit			+	+	+		+	+	
Technologische Dynamik	−	+		+		+	+		

Tab. 4–8. Zusammenfassung der wichtigsten Einflußbeziehungen zwischen Situation und Organisationsstruktur

multivariater Analysen ermittelt werden. Dies ist in vielen Fällen jedoch nicht möglich, da die wiedergegebenen Befunde aus unterschiedlichen Studien stammen, von denen viele nur einen einzigen Einflußfaktor betrachten. Wo multivariate Analysen möglich sind, haben wir auf entsprechende Ergebnisse in den einzelnen Abschnitten zumeist auch schon hingewiesen. Hier kann und soll es daher nur darum gehen, die Trends aufzuzeigen, die sich bei einer Zusammenschau aller Faktoren herauskristallisieren. Sie sind weniger als exakte Ergebnisse, sondern eher als ein Bezugsrahmen zu verstehen, von dem multivariable Untersuchungen auf breiter Basis ausgehen können und der gleichzeitig eine Orientierungshilfe für die praktische Gestaltung von Gesamtstrukturen zu bieten vermag.

Bei der Konstruktion eines solchen Bezugsrahmens müssen wir uns auch daran erinnern, daß zwischen den einzelnen Arten organisatorischer Regelungen, den Strukturdimensionen, substitutive und komplementäre Beziehungen bestehen (vgl. Abschnitt 3.4.). Vor allem zwischen der Spezialisierung und den Koordinationsinstrumenten sowie zwischen Programmierung

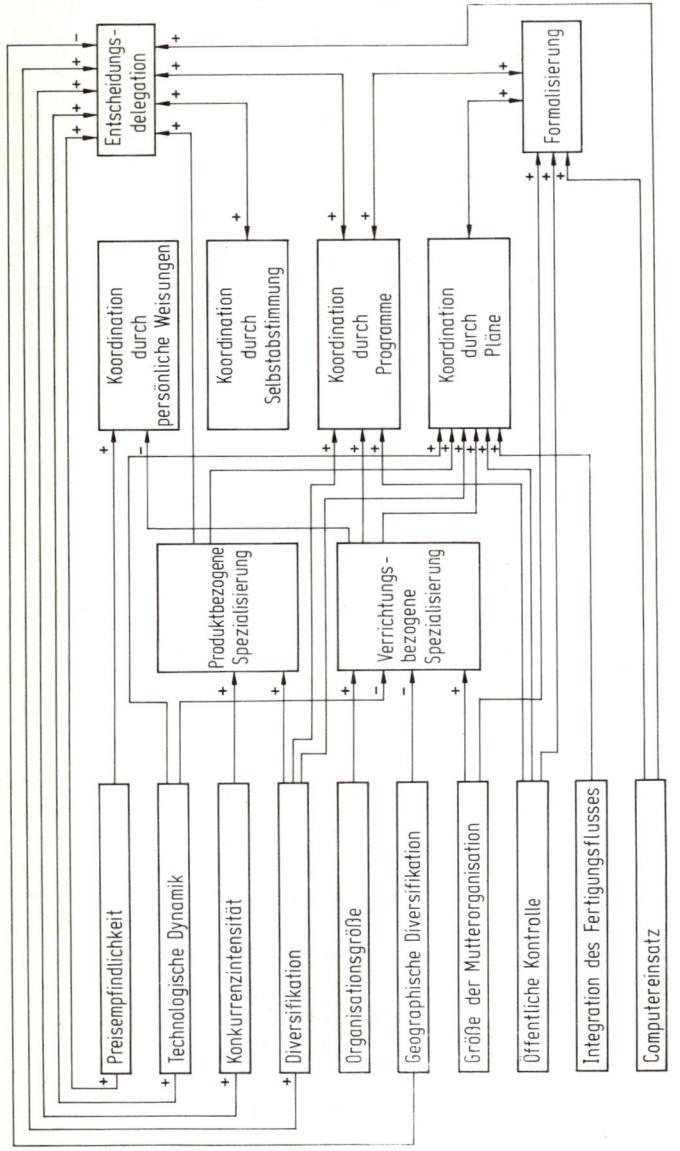

Abb. 4–23. Ein Bezugsrahmen für die multivariable Analyse der Einflußfaktoren formaler Organisationsstrukturen

und Entscheidungsdelegation bestehen solche Beziehungen, die bei dem Versuch einer Gesamtschau berücksichtigt werden müssen.

Abb. 4–23 gibt den Versuch der Konstruktion eines solchen Bezugsrahmens für die multivariable Analyse der Einflußgrößen formaler Organisationsstrukturen wieder. Die Vielfalt von eingezeichneten Pfeilen, die jeweils auf empirischen Befunden beruhen, stellt ein sicherlich verwirrendes Bild dar. Dies ist jedoch nicht – oder zumindest nicht nur – ein darstellungstechnisches Problem. Bei einer Gesamtschau der vorliegenden empirischen Untersuchungen kann kein Zweifel mehr daran bestehen, daß die Analyse der Einflußgrößen formaler Organisationsstrukturen zu einem äußerst komplexen Netz von Beziehungen führt, und genau diese Komplexität deutet die Abbildung an. Dabei ist zu berücksichtigen, daß eine ganze Reihe von Beziehungen gar nicht erwähnt wurde. Dies gilt insbesondere für die Zusammenhänge zwischen den einzelnen Situationsdimensionen, die natürlich *nicht* – wie es das Diagramm glauben machen könnte – unabhängig voneinander sind. So besteht beispielsweise eine positive Korrelation zwischen der Größe und dem Computereinsatz sowie der Öffentlichkeit der Kontrolle. In den meisten Untersuchungen sind solche Beziehungen zwischen den Dimensionen der Situation noch nicht analysiert worden, obwohl dies Bestandteil einer multivariablen Analyse der Einflußgrößen formaler Organisationsstrukturen sein müßte. Ebenso ist erst in Ansätzen geklärt, inwiefern die Koordinationsinstrumente, die Entscheidungsdelegation und die Formalisierung von der Situation direkt oder indirekt, über den Spezialisierungsgrad, beeinflußt werden. Die wenigen vorliegenden Analysen (Child 1973a, Kieser 1973, Wollnik und Kubicek 1976) zeigen, daß beispielsweise der Einfluß der Größe vor allem indirekter Natur ist und durch den Spezialisierungsgrad vermittelt wird. Dies alles macht deutlich, daß multivariable Analysen dringend benötigt werden, daß wir uns gegenwärtig jedoch noch am Anfang der Ausschöpfung der Möglichkeiten des situativen Ansatzes befinden. Die vorliegenden, zumeist monokausalen Untersuchungen sind dabei aber keinesfalls wertlos. Im Gegenteil, erst auf ihrer Grundlage sind multivariable Analysen konzeptionell und methodisch realisierbar geworden.

Fragen

1. Warum ist es falsch, Unterschiede in Organisationsstrukturen nur auf einen bestimmten Faktor zurückführen zu wollen?
2. Wie lassen sich Einflüsse der Organisationsmitglieder auf die Organisationsstruktur berücksichtigen?
3. Inwiefern unterscheiden sich Dimensionen der internen von Dimensionen der externen Situation?
4. Ist die Situation eher als Determinante oder eher als Restriktion der Organisationsstruktur zu sehen?

5. Welche inhaltlichen Unterschiede bestehen zwischen dem betriebswirtschaftlichen Begriff der Betriebsaufgabe (Sachziel) und dem soziologischen Begriff des Organisationszieles?
6. Ist die Diversifikation eine hinreichende Bedingung für eine Divisionalisierung der Organisation?
7. Warum sind große Organisationen stärker spezialisiert als kleine?
8. Inwiefern nimmt mit der Größe einer Organisation sowohl die Homogenität als auch die Heterogenität von Stellenaufgaben zu?
9. Welche Unterschiede weisen Koordinationssysteme von großen und kleinen Organisationen auf?
10. Wieso sind Tochterorganisationen tendenziell „bürokratischer" als selbständige Organisationen von vergleichbarer Größe?
11. Führt eine Automatisierung der Fertigungstechnologie zu einer durchgängigen Reduzierung des Spezialisierungsgrades in der Fertigung?
12. Welche Auswirkungen haben eine zunehmende Mechanisierung und Automatisierung
    a) auf die Leistungsspannen der Meister,
    b) auf die Selbstabstimmung,
    c) auf die Programmierung,
    d) auf die Planung,
    e) auf die Aufgabeninhalte der den Arbeitern übergeordneten Hierarchieebenen?
13. Warum ist die Annahme nicht richtig, daß von der Informationstechnologie bestimmte Sachzwänge ausgehen?
14. Warum ist es wenig sinnvoll, für die Analyse der Auswirkungen der Informationstechnologie auf die Organisationsstruktur von einer Messung des Umfangs des Computereinsatzes auszugehen?
15. Warum sind empirische Vergleiche von Organisationsstrukturen vor und nach Einführung eines Computers wenig aussagefähig?
16. Erhöht die Einführung eines Computers die Spezialisierung?
17. Warum lassen sich eindeutig Auswirkungen des Computereinsatzes auf die Organisationsstruktur nicht feststellen?
18. Welche Auswirkungen haben Rechtsform und Eigentumsverhältnisse auf die Organisationsstruktur?
19. Welche Dimensionen der Umwelt lassen sich unterscheiden?
20. Sind bürokratische Organisationen weniger felxibel als unbürokratische?
21. Über welche Strategien zur Reduzierung der Abhängigkeit verfügt die Organisation?
22. Inwiefern unterscheiden sich die Auswirkungen einer aus den Konkurrenzverhältnissen und einer aus der technologischen Entwicklung resultierenden Dynamik der Umwelt auf die Organisationsstruktur?

Literatur

Umfassende Diskussionen empirischer Untersuchungen zum Einfluß der Situation auf die Organisationsstruktur finden sich bei Hall (1972) und Burack (1975). Die mehrfach zitierten Untersuchungen von Pugh u. a., Hickson u. a. sowie Child sind zusammen mit mehreren anderen vergleichbaren Studien zusammengefaßt in Pugh und Hickson (1976) sowie Pugh und Hinings (1976). Eine deutschsprachige Zusammenfassung wichtiger Untersuchungen liefert Staehle (1973).

5. Die Wirkungen von Organisationsstruktur und Kontext auf die Organisationsmitglieder

Die kritische Lektüre dieses Kapitels soll den Leser dazu anregen und befähigen, die konzeptionelle und methodische Vorgehensweise des situativen Ansatzes bei der Erklärung des Verhaltens von Organisationsmitgliedern zu erkennen sowie die wichtigsten vorliegenden empirischen Ergebnisse kritisch zu würdigen. Im einzelnen sollten folgende Fragen beantwortet werden können:
- Auf welche Weise beeinflussen formale Organisationsstrukturen das Verhalten der Organisationsmitglieder?
- Auf welche Weise beeinflussen einzelne Dimensionen des Kontextes (Situation der Organisation) das Verhalten der Organisationsmitglieder?
- Welche Aspekte des Verhaltens von Organisationsmitgliedern werden in vorliegenden empirischen Untersuchungen betrachtet?

Mit den Wirkungen der Organisationsstruktur auf das Verhalten der Organisationsmitglieder haben sich viele Autoren in spekulativer Weise beschäftigt. Empirische Untersuchungen sind wesentlich rarer. Schauen wir uns zunächst die Spekulation an, um sie dann mit den empirischen Befunden konfrontieren zu können.

Obwohl Weber in der Bürokratie die technisch effizienteste Form der Verwaltung sah, hat dieser Begriff heute in der Umgangssprache einen negativen Bedeutungsinhalt. Dieser kam zustande, weil viele Soziologen (Presthus 1966, Merton 1940, Argyris 1966), gesellschaftskritische Philosophen (Adorno 1953) und Literaten (Kafka 1958) vor allem negative Auswirkungen der Bürokratie auf ihre Mitglieder in den Vordergrund ihrer Abhandlungen stellten, die Weber im übrigen – was weitgehend unbeachtet geblieben ist – auch selbst betont hat (vgl. Weber 1972 sowie Kieser und Kubicek 1977). Die *Bürokratie* erlaubt ihrer Ansicht nach ihren Mitgliedern nur ein *Minimum an Entscheidungsfreiheit*, sie *tötet Eigeninitiative und Kreativität*, und sie *steht der Selbstverwirklichung des Menschen in seiner Arbeit entgegen*. Daß die Organisationsmitglieder nicht gegen die Bedingungen der Bürokratie revoltieren, liegt daran, daß auch ihre Denkweise von der Bürokratie beeinflußt wird – sie können gar nicht mehr Anstoß nehmen, weil ihnen Alternativen unbekannt sind. So schreibt Adorno:

„Sie (die Menschen, d. V.) werden nicht nur objektiv mehr stets zu Bestandstücken der Maschinerie geprägt, sondern sie werden auch für sich selber, ihrem eigenen Bewußtsein nach zu Werkzeugen, zu Mitteln anstatt zu Zwecken" (1953, S. 31).

Da weiter unterstellt wird, daß alle Unternehmungen und Verwaltungen zur Bürokratie tendieren, wird angenommen, daß praktisch alle Berufstätigen den oben beschriebenen Zwängen unterworfen sind.

Was können wir an dieser Annahme schon aufgrund unseres bisher erworbenen Wissens über Organisationen kritisieren?

Es gibt den Idealtyp der Bürokratie in der Realität nicht und auch keinen generellen Trend zur Bürokratie. Wir haben gesehen, daß die Organisationsstruktur sich durch eine Reihe von „Bürokratievariablen" kennzeichnen läßt und daß die Stärke, in der diese Variablen ausgeprägt sind, von der Situation der Organisation, von ihrem Kontext, abhängt. Dies bedeutet, daß wir bei der Analyse der Auswirkungen dieser strukturellen Merkmale auf das Verhalten der Individuen nicht pauschal auf den Typ der Bürokratie zurückgreifen können. *Wir müssen die Wirkungen der einzelnen Strukturvariablen auf das Verhalten untersuchen und dies möglichst auf der Basis empirischer Befunde.*

Empirische Untersuchungen zum Einfluß der Bürokratie auf das Verhalten der Organisationsmitglieder weisen jedoch den Mangel auf, daß sie jeweils nur einzelne Variablen aus dem Gesamtzusammenhang herausgreifen. Wir müssen diese Befunde wie in einem Puzzle zusammenfügen, um das Gesamtbild zu erhalten. Zunächst benötigen wir aber eine Art Anleitung für das Puzzle – eine *Konzeption für die integrierende Interpretation der Ergebnisse.*

5.1. Konzeptionelle und methodische Grundlagen

Im ersten Kapitel haben wir formale Organisationsstrukturen als Instrumente zur Ausrichtung des individuellen Verhaltens der Organisationsmitglieder auf das Organisationsziel oder kurz als *Instrumente der zweckbezogenen Verhaltenssteuerung* charakterisiert. Bei der kurzen Diskussion des Bürokratie-Ansatzes im zweiten Kapitel haben wir weiter gesehen, daß Organisationsstrukturen auch als ein *Instrument der Herrschaftsausübung in Form der legalen Ordnung* betrachtet werden können (vgl. im einzelnen Kieser und Kubicek 1977). Nachdem wir im dritten Kapitel dann verschiedene Arten von organisatorischen Regeln unterschieden haben, wollen wir nun näher untersuchen, auf welche Weise diese organisatorischen Regeln und damit die gesamte formale Organisationsstruktur das individuelle Verhalten der Organisationsmitglieder beeinflussen. Dabei interessiert uns auch, welche Bedeutung der Situation zukommt, in der sich eine Organisation befindet, ob diese Situation (Kontext) das Verhalten der Organisationsmitglieder *direkt* oder indirekt über die formale Struktur beeinflußt.

5.1.1. Formale Organisationsstrukturen als Instrumente zur Definition von Handlungsspielräumen

Die Hauptfunktion von Organisationsstrukturen besteht darin, der Organisation eine *stabile Grundlage für die Abwicklung der zur Zielerreichung notwendigen Aktivitäten* zu verleihen. Sie weist den einzelnen Organisationsmitgliedern bestimmte Positionen zu, legt ihre Rechte und Pflichten fest und ermöglicht die Bildung relativ stabiler Erwartungen über das Verhalten eines jeden Organisationsmitgliedes innerhalb der Organisation. Darüber hinaus schafft sie, ebenso wie das Recht in der Gesellschaft, eine *Beurteilungsbasis für die einzelnen Handlungen der Organisationsmitglieder*, indem durch sie festgelegt wird, welche Handlungen *ordnungsgemäß* und welche *ordnungswidrig* sind. Wenn bei der Unterscheidung zwischen ordnungsgemäßen und ordnungswidrigen Handlungen auch sicherlich ethische Aspekte eine Rolle spielen, so ist es für Organisationen typisch, daß sie mit Hilfe ihrer formalen Struktur die Frage der *Ordnungsmäßigkeit* in erster Linie nach der *Wirkung von Handlungen auf das Organisationsziel* entscheiden. In diesem Sinne wird anstelle von ordnungsmäßigen und ordnungswidrigen Handlungen auch von *funktionalem* und *dysfunktionalem Verhalten der Organisationsmitglieder* gesprochen. Daß es vor allem um die Zielerreichung und weniger um die Einhaltung genereller ethischer Standards geht, wird besonders deutlich, wenn wir Organisationen wie ein Rauschgiftsyndikat, ein Konzentrationslager, ein Bordell oder auch ein Gefängnis betrachten. Die formalen Strukturen solcher Organisationen qualifizieren Handlungen ihrer Mitglieder als ordnungsgemäß oder funktional, die die Mehrheit kaum als ethisch gut bezeichnen würde.

Um die genannten Funktionen zu erfüllen, fordern formale Organisationsstrukturen von den Mitgliedern bestimmte Handlungen und verbieten andere, indem sie jedem Mitglied Ziele in Form von Aufgaben vorgeben und seine Rechte und Pflichten festlegen. Die Einhaltung dieser zweckbezogenen Ordnung sichern sie dadurch, daß sie zielkonforme Handlungen durch Entgelt, Statussymbole und/oder durch die Zusicherung von Aufstiegsmöglichkeiten belohnen und andererseits ordnungswidrige Handlungen durch Verweigerung entsprechender Vorteile oder gar durch den Ausschluß aus der Organisation „bestrafen". Bezogen auf die dem einzelnen Mitglied dabei überlassene Anzahl von Handlungsalternativen können wir feststellen, daß

Organisationsstrukturen die *individuellen Handlungsspielräume oder Verhaltensspielräume* begrenzen und definieren (vgl. vor allem Hickson 1966). Stabilität und Ordnung werden also durch Einengung der individuellen Handlungsfreiheit oder der Autonomie erzielt. Die Analyse der Art und Weise, in der diese individuellen Handlungsspielräume begrenzt werden, erweist sich daher als zentraler Aspekt bei der Untersuchung der Auswirkungen von formalen Organisationsstrukturen auf das individuelle Verhalten der Organisationsmitglieder. Eine ähnliche Betrachtung findet sich mit anderer Terminologie im übrigen auch in entscheidungsorientierten Ansätzen der Betriebswirtschaftslehre, in denen von der „Dispositionselastizität" (Wittmann 1959, S. 189), dem „Entscheidungsspielraum" (Frese 1970, S. 11 f.) oder den „Entscheidungsprämissen" (Kirsch 1971, Bd. 2, S. 97 f. und Bd. 3, S. 105 f.) der Entscheidungsträger gesprochen wird.

Eine solche Begrenzung der individuellen Handlungsspielräume ist notwendig, wenn ein größerer Kreis von Personen arbeitsteilig gemeinsame Leistungen erbringen soll. Sie ist daher grundsätzlich *funktional in bezug auf die Erreichung des Organisationszieles.* Davon zu unterscheiden ist die Frage, ob sie auch *funktional in bezug auf die Erreichung der individuellen Ziele der Organisationsmitglieder* ist. Ob die Erreichung individueller Ziele durch die Organisationsstruktur beeinträchtigt wird, hängt grundsätzlich davon ab, ob die Organisationsmitglieder die Organisationsziele und die durch die Organisationsstruktur bewirkte Ordnung akzeptieren oder sich sogar damit identifizieren, ob es sich in der Terminologie Webers um eine *paktierte* oder *oktroyierte Ordnung* handelt (vgl. Weber 1972, S. 191). Decken sich die individuellen Ziele nicht mit den Organisationszielen und wird die Ordnung den Organisationsmitgliedern von einer kleinen Gruppe aufoktroyiert, so ist damit zu rechnen, daß eine in bezug auf die Organisationsziele funktionale Organisationsstruktur dysfunktionale Wirkungen in bezug auf die Erreichung der individuellen Ziele der Organisationsmitglieder besitzt. Entscheidend dürfte auch hier der von Weber herausgestellte *Glaube an die Legitimität der legalen Ordnung und den Herrschaftsanspruch der dominierenden Koalition* sein.

Diese grundsätzlichen Bemerkungen reichen keineswegs aus, um die Wirkungen formaler Organisationsstrukturen diskutieren zu können. Dazu benötigen wir noch ein entsprechendes Begriffssystem und einen gedanklichen Bezugsrahmen sowie empirische Ergebnisse. Die bisherigen Bemerkungen zeigen jedoch, in welche Richtung unsere Überlegungen gehen. Da wir den Begriff des individuellen Handlungsspielraumes als wichtig erkannt haben, wollen wir uns ihm zunächst zuwenden und untersuchen, auf welche Weise die Organisationsstruktur die Handlungsspielräume der Organisationsmitglieder definiert und begrenzt. Dabei wird es sich als sinnvoll erweisen, von dem *soziologischen Rollenkonzept* auszugehen.

5.1.1.1. Grundlagen der Rollenanalyse in Organisationen

Die Regeln, die Organisationsstrukturen konstituieren, definieren die individuellen Handlungsspielräume der Organisationsmitglieder. Durch die Spezialisierung werden dem einzelnen Mitglied bestimmte Teilaufgaben vorgegeben, die es erfüllen soll und für deren Erreichung es verantwortlich ist; durch die rangmäßige Differenzierung im Rahmen der Festlegung der Konfiguration werden Weisungsrechte und Gehorsamspflichten zugeordnet; die Regeln zur Koordination schreiben bestimmte Handlungen zur Abstimmung mit anderen Organisationsmitgliedern vor usw. Alle diese Regeln dienen dazu, das Verhalten eines jeden Mitgliedes so zu beeinflussen und zu steuern, daß die Organisationsziele erreicht werden können.

Die meisten Ansätze der Organisationstheorie heben diesen Aspekt der *Verhaltenssteuerung* hervor. Vor allem die Managementlehre und die betriebswirtschaftliche Organisationslehre gehen dabei von einer mechanistischen Betrachtungsweise aus, die March und Simon (1958) als das *Maschinen-Modell des Verhaltens in Organisationen* bezeichnen. Explizit oder implizit wird angenommen, daß das Verhalten der Organisationsmitglieder durch die Organisationsstruktur ebenso gesteuert wird wie das „Verhalten" der einzelnen Teile einer komplizierten Maschine. Wenn sich jedes Mitglied an die ihm vorgegebenen Regeln hält und bei der Vorgabe dieser Regeln keine „Konstruktionsfehler" aufgetreten sind, so muß das Organisationsziel automatisch erreicht werden. Die in diesem Modell enthaltenen Annahmen, daß organisatorische Regeln das Verhalten der Organisationsmitglieder bis ins letzte Detail strukturieren und daß sich Organisationsmitglieder auch grundsätzlich regelkonform verhalten, können als heroisch bezeichnet werden. Sie sind durch die Ergebnisse der verhaltenstheoretischen Ansätze und auch schon durch unsere eigene Alltagserfahrung widerlegt.

Um den Aspekt der Verhaltenssteuerung genauer untersuchen zu können, erscheint es wesentlich sinnvoller, von dem *Rollenkonzept* der Soziologie auszugehen, wie es von einigen verhaltenswissenschaftlich orientierten Organisationswissenschaftlern vorgeschlagen wird (vgl. z. B. Jacobson u. a. 1951, Hickson 1966, Pugh 1966, Katz und Kahn 1966). In einem solchen Konzept stellen organisatorische Regelungen lediglich *Verhaltenserwartungen* dar, die von den Organisationsmitgliedern aufgenommen, akzeptiert und in tatsächliches Verhalten umgesetzt werden müssen. Die Regelungen sind als ein *Stimulus* für das tatsächliche Verhalten zu begreifen, und das tatsächliche Verhalten ist als Reaktion auf diese Stimuli zu verstehen. Bei Kenntnis der organisatorischen Regelungen kann das tatsächliche Verhalten der betroffenen Organisationsmitglieder nur unter Bezugnahme auf psychologische und soziologische Erkenntnisse prognostiziert werden. Organisatorische Regeln als Verhaltenserwartungen und tatsächliches Verhalten der Organisations-

mitglieder sind zwei eigenständige Kategorien organisationstheoretischer Analysen, die durch ein Netz komplexer Beziehungszusammehängen miteinander verbunden sind. Die *Regelkonformität (Rollenkonformität)* als Verhältnis zwischen Verhaltenserwartungen und tatsächlichem Verhalten wird nicht einfach unterstellt, sondern zum Untersuchungsgegenstand der Organisationstheorie gemacht (vgl. Popitz 1967, S. 41 f.). Wenn wir davon sprechen, daß organisatorische Regeln das individuelle Verhalten der Organisationsmitglieder steuern, so meinen wir damit *keine Steuerung im technischen Sinne*, sondern eine *nach dem Stimulus-Respons-Konzept erfolgende Verhaltensbeeinflussung, bei der die Stimuli manipuliert werden.*
Ein weiterer Vorteil des Rollenkonzeptes besteht darin, daß es ähnlich dem Stellenbegriff der betriebswirtschaftlichen Organisationslehre eine Verbindung zwischen der Organisation als sozialem System oder Kollektiv und dem einzelnen Individuum herstellt, ebenso wie es in der allgemeinen Soziologie die Schnittstelle zwischen Gesellschaft und Individuum kennzeichnet (vgl. Dahrendorf 1968). Auf diese Weise schafft das Rollenkonzept eine Möglichkeit, strukturelle und individuelle Aspekte miteinander zu verbinden (vgl. Pugh 1966) und die Auswirkungen von Organisationsstrukturen systematisch zu untersuchen, indem von einer dreigliedrigen Kette – *formale Organisationsstruktur – Rolle – Verhalten* – ausgegangen wird (vgl. Abb. 5–1).
Aus diesen Gründen wollen wir im folgenden bei unserer Analyse auf einem Rollenkonzept aufbauen. Nun bietet die Soziologie keine generell akzeptierte Rollentheorie an, vielmehr gibt es mehrere, recht unterschiedliche Ansätze,

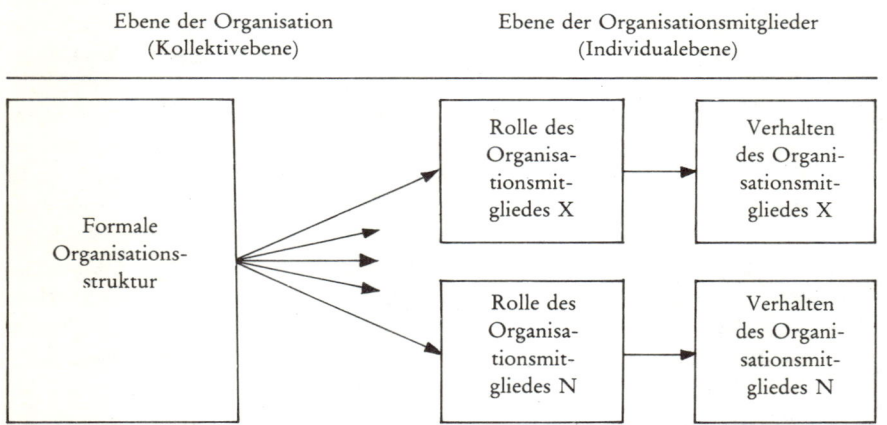

Abb. 5–1. Ausgangsmodell zur Analyse von Auswirkungen der Organisationsstruktur auf die Organisationsmitglieder

die den Rollenbegriff in teilweise unterschiedlichen Bedeutungen verwenden (vgl. Joas 1973). Auch ist das Rollenkonzept in der Soziologie keineswegs unumstritten. Die meisten Kritikpunkte richten sich dagegen, daß eine rollenbezogene Erklärung des Verhaltens von Individuen die Außeneinflüsse auf das Verhalten überbetont und zu dem Bild eines übersozialisierten Menschen (oversocialized man, vgl. Wrong 1961) führt, das bis zur Fiktion vom sog. homo sociologicus stilisiert wird (vgl. Dahrendorf 1968). Bei der Analyse des Verhaltens in Organisationen stehen diese Außeneinflüsse auf das Verhalten jedoch im Vordergrund, so daß diese Schwerpunktbildung des Rollenkonzeptes für organisationstheoretische Analysen nicht als Nachteil, sondern als Vorteil anzusehen ist. Die Beurteilung des Rollenkonzeptes als Ansatz zur Erklärung des generellen Verhaltens von Individuen ist also von der Beurteilung seiner Fruchtbarkeit für die Klärung organisationstheoretischer Fragen zu trennen.

(1) Organisatorische und soziale Rollen

Der *Rollenbegriff* wird in organisationstheoretischen Studien stets im Zusammenhang mit dem Begriff *Position* verwendet. Eine Position charakterisiert allgemein den Ort oder die Stellung eines Individuums in einem Feld sozialer Beziehungen und in einer Organisation speziell eine bestimmte Stellung innerhalb der Konfiguration. Jedes Individuum nimmt in der Gesellschaft insgesamt *mehrere Positionen* ein, und auch viele Organisationsmitglieder haben mehrere Positionen innerhalb der Organisation inne. So kann ein Individuum gleichzeitig Vorarbeiter in einem Fertigungsabschnitt und Betriebsratsmitglied sein oder gleichzeitig Leiter des Absatzbereiches, Geschäftsführer einer Tochtergesellschaft und Vorsitzender des innerbetrieblichen Sozialausschusses sein. Darüber hinaus können Individuen außerhalb einer bestimmten Organisation noch eine Reihe weiterer Positionen innehaben als Familienvater, als Mitglied eines Skatvereins oder Tennisclubs, als Mitglied von politischen Parteien, von Berufsorganisationen u. v. a. m. Jede dieser Positionen ist mit einer *sozialen Rolle* verbunden, die Ansprüche der „Gesellschaft" an den Positionsinhaber beinhaltet (Dahrendorf 1968, S. 31). Den Positionen innerhalb der Organisation entspricht eine *organisatorische Rolle,* die Ansprüche und Erwartungen der Organisation an das Verhalten der Positionsinhaber bei der Erfüllung ihrer Aufgaben beinhaltet.
Position und Rolle sind dabei grundsätzlich *unabhängig von der Persönlichkeit konkreter Individuen.* Darin liegt ihre theoretische Fruchtbarkeit. Praktisch kommt diese Personenunabhängigkeit darin zum Ausdruck, daß Organisationen Positionen (oder Stellen) planen, diese ausschreiben und aus den Bewerbern eine Person auswählen, die für die ausgeschriebene Position

besonders geeignet erscheint. Mit dieser Person wird dann die Position besetzt, und an diese Person richten sich dann auch die Erwartungen der Organisation über das Verhalten des neuen Positionsinhabers. Position und Rolle liegen in diesem Beispiel schon lange fest, bevor das neue Mitglied in die Organisation eintritt.

Bei organisationstheoretischen Analysen interessiert uns das Verhalten von Individuen in Organisationen als Organisationsmitglieder, d. h. ihr Verhalten als Inhaber bestimmter Positionen in einer Organisation bei der Erfüllung der ihnen übertragenen Aufgaben. In diesem Sinne sprechen wir von einem *aufgabenbezogenen Verhalten* und der *organisatorischen Rolle*, die die auf die Aufgabe bezogenen Anforderungen und Erwartungen beinhaltet. Gleichzeitig sind wir uns jedoch bewußt, daß wir damit nur einen Verhaltensausschnitt betrachten und daß das gleiche Individuum in derselben Organisation noch weitere Rollen besitzt, die es nicht als Organisationsmitglied, sondern als Freund, persönlicher Vertrauter oder Liebhaber anderer Organisationsmitglieder einnimmt. Diesen Verhaltensbereich wollen wir als das *soziale Verhalten von Organisationsmitgliedern in Organisationen* bezeichnen. Die Erwartungen anderer Organisationsmitglieder in bezug auf das soziale Verhalten nennen wir die *organisationsinterne soziale Rolle*. Und schließlich wissen wir, daß jedes Individuum auch außerhalb der Organisation weitere Rollen besitzt, sei es in anderen Organisationen (Vereinen, Verbänden) oder in nicht organisierten sozialen Beziehungen (Familie, Freundschaften u. ä.). Aus der Sicht der jeweils betrachteten Organisation wollen wir diesen dritten Verhaltensbereich als das *soziale Verhalten außerhalb der Organisation* und die entsprechenden Erwartungen als die *organisationsexternen sozialen Rollen* bezeichnen. Diese verschiedenen Verhaltensbereiche und Rollen, die in Abb. 5–2 zusammenfassend wiedergegeben sind, können gar nicht unabhängig voneinander sein, da sie sich ja auf dasselbe Individuum beziehen. Das Rollenkonzept erlaubt es uns aber, zunächst jede Rolle einzeln zu studieren und anschließend zu untersuchen, welche Beziehungen zwischen den einzelnen Rollen oder zwischen den Verhaltensweisen des Individuums in den einzelnen Verhaltensbereichen bestehen. So können wir beispielsweise analysieren, wie sich die organisatorische Rolle auf die übrigen Rollen auswirkt und wie diese übrigen Rollen umgekehrt die organisatorische Rolle beeinflussen.

Was haben wir nun genau unter einer *organisatorischen* Rolle zu verstehen? Jacobson u. a. (1951) definieren die *Rolle* eines Organisationsmitgliedes als *eine Menge von Erwartungen, die andere Organisationsmitglieder in bezug auf das Verhalten dieses Mitgliedes als Positionsinhaber gemeinsam hegen.* Dahrendorf unterscheidet etwas differenzierter zwischen Erwartungen, die sich auf das Verhalten eines Individuums (sein *Rollenverhalten*) und auf sein Aussehen sowie seinen „Charakter" beziehen (seine *Rollenattribute*) (vgl.

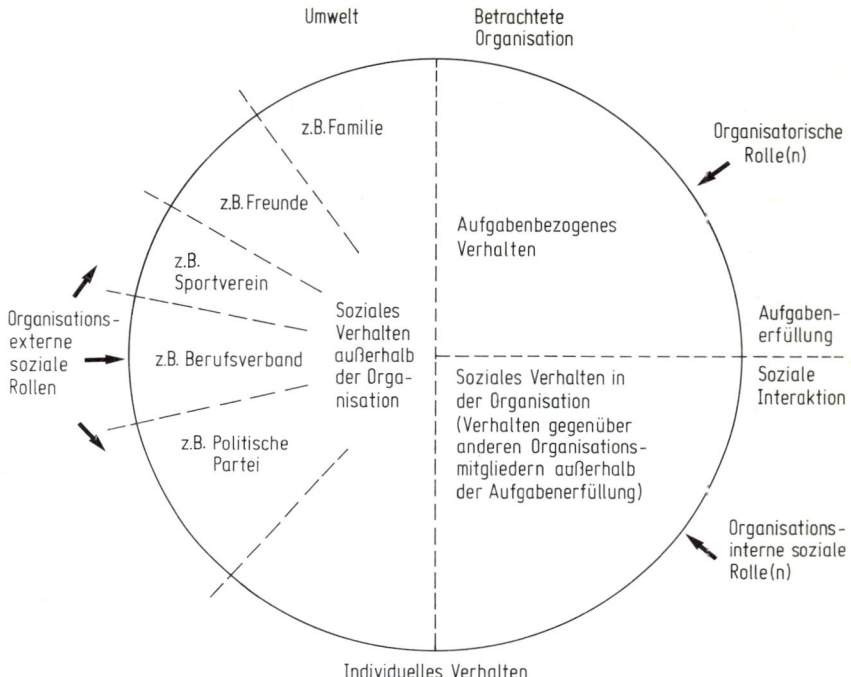

Abb. 5–2. Verhaltensbereiche und Rollen eines Individuums

Dahrendorf 1968, S. 33, sowie Gross u. a. 1958). Wer sind jedoch diese „anderen" Organisationsmitglieder und welche Bedeutung kommt der formalen Organisationsstruktur in diesem Zusammenhang zu?

(2) Bestimmungsfaktoren der organisatorischen Rolle

Jacobson u. a. nennen diese „anderen" *„criterion population"*, und Dahrendorf spricht von *Bezugsgruppen*. Relevante Personen oder Bezugsgruppen in der Organisation sind nach Jacobson u. a.

a) Organisationsmitglieder, die die gleiche Position innehaben,
b) Personen, zu denen eine unmittelbare arbeitsbezogene Beziehung besteht (vor allem Vorgesetzte und Untergebene, aber auch organisationsexterne Personen wie Kunden oder Lieferanten), und
c) Personen, die mit einem Organisationsmitglied dadurch in Beziehung

stehen, daß sie zur Definition von Organisationszielen und zur Aufstellung und Durchführung von Verhaltensrichtlinien sowie von Belohnungs- und Bestrafungsmaßnahmen berechtigt sind (wir würden hier von der Kerngruppe und den durch sie autorisierten Organisationsmitgliedern sprechen).

Organisatorische Rollen entstehen bei dieser Betrachtung also ausschließlich durch die Erwartungen bestimmter Personen. Um die *Bedeutung der formalen Organisationsstruktur* in diesem Zusammenhang zu erkennen, müssen wir uns daran erinnern, daß diese formalen Strukturen auch von Personen gestaltet werden. Daher können wir feststellen, daß die dominierende Koalition oder Kerngruppe zumindest einen Teil ihrer Erwartungen in Form organisatorischer Regeln formuliert und diese Regelungen nur deswegen zur organisatorischen Rolle gehören, weil hinter ihnen die offiziellen Erwartungen der dominierenden Koalition stehen.

Betrachten wir das Verhältnis zwischen organisatorischen Regeln und den organisatorischen Rollen der einzelnen Mitglieder näher, so stellen wir insgesamt drei Beziehungen fest:

a) Organisatorische Regeln der Spezialisierung und Konfiguration bestimmen die Position der Organisationsmitglieder, die ihrerseits die Basis für die Rollendefinition schafft.

b) Organisatorische Regeln beinhalten darüber hinaus teilweise unmittelbare Verhaltenserwartungen, indem sie Ziele, Handlungsprogramme, Kommunikationswege u. ä. festlegen. Bei schriftlich fixierten Regeln ergeben sich diese Erwartungen der dominierenden Koalition unmittelbar aus den verbindlichen Dokumenten.

c) Organisatorische Regeln tragen schließlich dadurch zur Rollenbildung bei, daß sie andere Organisationsmitglieder dazu ermächtigen, offizielle und verbindliche Erwartungen zu formulieren, indem beispielsweise ein Organisationsmitglied zum Vorgesetzten eines anderen bestimmt und ihm gegenüber mit Weisungsbefugnissen ausgestattet wird.

Gemeinsam ist diesen drei Aspekten der Rollenbildung, daß es sich um *offizielle und legitimierte Erwartungen* handelt. Daher sprechen wir auch davon, daß organisatorische Regeln das *formale Rollensegment* der Organisationsmitglieder bilden. Diesem formalen Rollensegment entspricht die *Stelle* in der betriebswirtschaftlichen Organisationslehre. Es ist jedoch nicht mit der gesamten organisatorischen Rolle eines Organisationsmitgliedes identisch. Die von Jacobson u. a. genannten Bezugsgruppen hegen Erwartungen an das aufgabenbezogene Verhalten von Individuen, die über die organisatorischen Regeln hinausgehen und diesen sogar widersprechen können.

- *Vorgesetzte* tragen nicht nur dadurch zur Rollenbildung ihrer Untergebenen bei, daß sie von ihrem offiziellen Recht Gebrauch machen, in nicht generell geregelten Fragen verbindliche Anforderungen und Erwartungen zu formulieren. Maßgeblich sind auch ihre *Erwartungen über die Befolgung offiziell formulierter Regelungen.* Oft messen die Vorgesetzten den einzelnen offiziell vorgegebenen Regelungen unterschiedliche Bedeutung bei und bestehen daher mit unterschiedlicher Intensität auf ihrer Einhaltung. Der eine Vorgesetzte mag beispielsweise großen Wert auf die Einhaltung der Arbeitszeit- und Pausenregelungen legen, während er die Regelungen zur Kompetenzabgrenzung zwischen seinen Untergebenen weniger genau nimmt; ein anderer Vorgesetzter sieht hingegen über Verspätungen und Pausenzeitüberschreitungen hinweg, während er genau darauf achtet, daß die individuellen Kompetenzen nicht überschritten werden. Je größer der Einfluß des Vorgesetzten auf die Belohung und Bestrafung seiner Untergebenen ist (disziplinarische Kompetenzen) und je weniger andere Kontrollsysteme existieren, desto stärker bestimmen die jeweiligen Einstellungen der Vorgesetzten das Ausmaß, in dem offizielle Regeln befolgt werden. Die gesamten Erwartungen von Vorgesetzten für das aufgabenbezogene Verhalten ihrer Mitarbeiter und die Art ihrer Vermittlung wollen wir als *Führung* bezeichnen.

Kollegen tragen zunächst dadurch zur Rollenbildung bei, daß sie oft neueintretende Mitglieder mit den formalisierten und vor allem den nicht formalisierten organisatorischen Regeln vertraut machen. Darüber hinaus bilden sich unter Kollegen auch Normen in bezug auf die Einhaltung offizieller Regelungen. Wie die mittlerweile klassischen Hawthorne-Experimente gezeigt haben, kann es hierbei durchaus zu Situationen kommen, in denen sich das einzelne Organisationsmitglied, um die soziale Anerkennung innerhalb der Gruppe nicht zu verlieren, den Gruppennormen entsprechend verhält, obwohl diese den offiziellen Regelungen und den Erwartungen der Vorgesetzten widersprechen (vgl. Roethlisberger und Dickson 1939 und auch Kosiol 1966, S. 99). Die gesamten Erwartungen von Kollegen an das aufgabenbezogene Verhalten gleichgestellter Organisationsmitglieder wollen wir als *Gruppennormen* bezeichnen.

- *Untergebene* bringen ihren Vorgesetzten auch Rollenerwartungen entgegen. In dem Maße, in dem der Vorgesetzte auf diese Erwartungen eingeht, tragen auch Untergebene zur Rollenbildung bei. Ein Eingehen auf Rollenerwartungen der Untergebenen ist insbesondere dann zu erwarten, wenn der Vorgesetzte ein Bedürfnis nach sozialer Anerkennung oder zumindest nach konfliktfreien sozialen Beziehungen zeigt.
- Für Organisationsmitglieder, deren Aufgabenstellung einen Kontakt mit der Umwelt der Organisation (Kunden, Lieferanten, Behörden usw.) mit sich bringt, tragen schließlich auch die entsprechenden *organisationsexternen Partner* zur Rollenbildung bei. Dies gilt vor allem dann, wenn der Arbeitserfolg oder gar das eigene Einkommen direkt oder indirekt von dem Verhalten dieser Interaktionspartner abhängt.

Zusammenfassend ist festzustellen, daß organisatorische Regelungen das formale Rollensegment bilden und daß dieses formale Rollensegment nur einen Teil der organisatorischen Rolle ausmacht. Als weitere Komponente der organisatorischen Rolle sind die Erwartungen von Bezugsgruppen an das aufgabenbezogene Verhalten der Organisationsmitglieder zu nennen.

Ist mit diesen beiden Komponenten die organisatorische Rolle vollständig beschrieben oder müssen wir noch weitere Komponenten unterscheiden, beispielsweise Faktoren der Situation bei der Rollenbildung berücksichtigen?

Aspekten der Situation einer Organisation wird zum Teil Rechnung getragen, wenn wir zu den relevanten Bezugsgruppen auch etwaige organisationsexterne Interaktionspartner zählen (Kunden, Lieferanten, Behörden usw.). Von Faktoren wie Angebotsprogramm, Größe, Rechtsform ist anzunehmen, daß sie die organisatorischen Rollen nur *indirekt* beeinflussen, indem sie bei der Formulierung organisatorischer Regeln berücksichtigt werden. Von der *Fertigungstechnologie* und der *Informationstechnologie* dürften jedoch direkte Einflüsse auf das aufgabenbezogene Verhalten derjenigen Organisationsmitglieder ausgehen, die mit diesen Technologien in Berührung kommen. Wenn aufgrund organisatorischer Regeln festgelegt ist, daß ein Organisationsmitglied sich bestimmter Technologien bedienen soll oder wenn ihm gar eine Position in einem technologischen System (beispielsweise an einem Fließband) zugewiesen wird, so erübrigt sich vielfach die Vorgabe von Programmen und anderen Regelungen. Die Technologie erfordert ein bestimmtes Verhalten, wenn die Aufgabenerfüllung mit ihrer Hilfe erwartungsgemäß funktionieren soll. Der Arbeiter an einer Maschine muß diese in einer bestimmten Art und Weise handhaben, und Benutzer eines Computers müssen Daten in einer bestimmten Art und Weise eingeben und erhalten Daten nach Maßgabe der Computerprogramme. Insofern beeinflußt die Technologie das Verhalten von Organisationsmitgliedern *direkt*. Darüber hinaus wissen wir aus dem vierten Kapitel, daß mit der Einführung neuer Technologien auch zusätzliche spezielle Regeln (Benutzungsregeln) aufgestellt werden und daß bestehende organisatorische Regelungen auf die Technologie ausgerichtet und geändert werden. Insofern bilden Technologien oder technologische Arbeitsbedingungen eine wichtige weitere Komponente der organisatorischen Rolle. Sie stellen *technisch festgeschriebene Erwartungen von Fertigungsingenieuren, Computerspezialisten und anderen „Konstrukteuren"* dar, die dadurch offiziellen Charakter erlangen, daß einem Organisationsmitglied vorgeschrieben wird, mit oder innerhalb einer bestimmten Technologie zu arbeiten.

Unsere Ausführungen können wir nun dahingehend zusammenfassen, daß organisatorische Rollen drei Komponenten aufweisen: Organisatorische Regelungen bilden das formale Rollensegment. Die aufgabenrelevanten Technologien, die Bedingungen für das aufgabenbezogene Verhalten schaffen, bilden die zweite Komponente der organisatorischen Rolle. Erwartungen von Bezugsgruppen an das aufgabenbezogene Verhalten bilden schließlich die dritte Komponente. Wenn wir die Auswirkungen formaler Organisationsstrukturen auf das aufgabenbezogene Verhalten untersuchen wollen, so dürfte das formale Rollensegment dabei die größte Beachtung verdienen. Unsere vorangegangenen Analysen haben jedoch gezeigt, daß wir die übrigen Komponenten der organisatorischen Rolle dabei auf keinen Fall außer Acht lassen dürfen. Abb. 5–3 gibt die Bestimmungsfaktoren der gesamten organisatorischen Rolle daher zusammenfassend wieder.

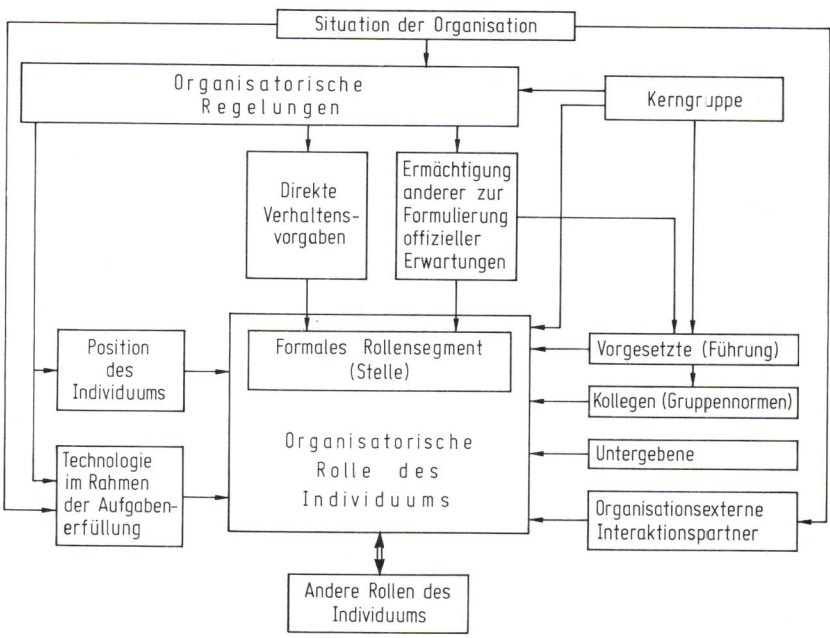

Abb. 5–3. Der Zusammenhang zwischen organisatorischen Regeln und der organisatorischen Rolle

(3) Rollenerwartung, Rollenperzeption und Rollenkonflikte

Jacobson u. a. (1951) haben das Rollenkonzept in einer empirischen Untersuchung von Vorarbeitern in der Automobilindustrie angewendet. Diese Untersuchung ist geeignet, verschiedene Aspekte der Wirkungsweise organisatorischer Rollen in der Realität zu erhellen. Die Forscher befragten Vorarbeiter, Meister, Arbeiter und gewerkschaftliche Vertrauensleute (union stewards) danach, welche Erwartungen sie in bezug auf das Verhalten der Inhaber jeder dieser Positionen als Positionsinhaber hegen *(Rollenerwartungen)*, und danach, was diese einzelnen Personengruppen nach Ansicht der Befragten von ihnen selbst als Positionsinhaber erwarten *(Rollenperzeption)*. Der Bezug zum Rollenkonzept wird dadurch hergestellt, daß sich die Frage nach den Erwartungen nicht auf Herrn X oder Y und auch nicht auf das generelle Verhalten von Vorarbeitern, sondern auf das Verhalten von Vorarbeitern *als Vorarbeiter*, d. h. als Inhaber einer bestimmten Position, bezieht. In diesem Sinne sprechen Jacobson u. a. erst von einer sozialen Rolle. Ihr stellen sie eine „personenbezogene Rolle" gegenüber, die sich auf die Erwartungen an ein Organisationsmitglied als Individuum bezieht.

In der Untersuchung wurde die Notwendigkeit deutlich, zwischen *Rollenerwartungen* und *Rollenperzeption* deutlich zu trennen. Rollenerwartungen werden von Bezugsgruppen gehalten und beziehen sich auf das Verhalten anderer. Als Rollenperzeption werden die Annahmen eines Individuums über die auf das eigene Verhalten bezogenen Erwartungen von Bezugspersonen bezeichnet. Ein Vergleich von Rollenerwartungen und Rollenperzeptionen zeigte, daß sich rund ein Viertel der Befragten in seinen Annahmen über die Erwartungen anderer irrte. Obwohl die Gefahr eines solchen Irrtums bei den offiziellen Erwartungen in Form organisatorischer Regeln geringer sein dürfte, legt dieses Ergebnis es doch nahe, auch dort zwischen den offiziellen Erwartungen und ihrer Perzeption durch die Betroffenen zu unterscheiden. Verhaltenswirksam ist stets nur die Rollenperzeption und nicht der „objektive" Inhalt organisatorischer Regeln, und erst recht nicht die Absicht der Organisationsgestalter bei der Formulierung dieser Regeln. Wenn wir Organisationsstrukturen über den „objektiven" Inhalt von Regelungen messen und ihre Auswirkungen auf die Organisationsmitglieder untersuchen wollen, so müssen wir nicht nur zwischen Struktur, Rolle und Verhalten, sondern differenzierter zwischen Struktur, Rollenerwartung, Rollenperzeption und Verhalten unterscheiden. Diese Unterschiede werden bei der Messung von Organisationsstrukturen oft übersehen. So kann das Ausmaß an Entscheidungsdelegation beispielsweise auf drei verschiedene Arten gemessen werden:

a) Stellenbeschreibungen, Richtlinien u. a. werden daraufhin analysiert welche Entscheidungskompetenzen sie den einzelnen Organisationsmitgliedern übertragen,

b) Vorgesetzte werden gefragt, welche Kompetenzen ihre Untergebenen haben,

c) die Organisationsmitglieder werden selbst darüber befragt, welche Kompetenzen sie ihrer eigenen Ansicht nach besitzen.

Wie sind diese Vorgehensweisen vor dem Hintergrund unserer Unterscheidung zwischen Rollenerwartung und Rollenperzeption zu beurteilen?

Die beiden ersten Vorgehensweisen beziehen sich offensichtlich auf *Rollenerwartungen*, während sich die dritte Vorgehensweise auf die *Rollenperzeption* erstreckt. Daher können die Ergebnisse mehrerer Untersuchungen, die mit verschiedenen Vorgehensweisen arbeiten, nicht unmittelbar verglichen werden. Wir müssen sie vielmehr ihrer Vorgehensweise entsprechend an unterschiedlichen Stellen unseres Konzeptes berücksichtigen.

Ein weiteres wichtiges Ergebnis der Untersuchung von Jjcobson u. a. bestand in der Identifikation von Unterschieden zwischen den Erwartungen verschiedener Bezugsgruppen in bezug auf die gleichen Positionsinhaber. Auf diese *Rollenkonflikte* haben wir oben schon kurz hingewiesen, als wir die verschiedenen Determinanten der organisatorischen Rolle diskutierten. Wir haben gesehen, daß die Erwartungen der Vorgesetzten von den offiziellen Regelungen abweichen können (Rollenkonflikt zwischen Struktur und Führung) und daß die Erwartungen der Kollegen von den offiziellen Regeln und den Erwartungen von Vorgesetzten differieren können (Rollenkonflikt zwischen Gruppennormen und Struktur bzw. Führung).

Die Untersuchung von Jacobson u. a. (1951) ist in diesem Zusammenhang insofern von besonderem Interesse, als sie zeigt, daß ein Teil der Befragten diese Unterschiede und Widersprüche gar nicht wahrnimmt. Rollenkonflikte in dem hier definierten Sinne als Widersprüche zwischen Rollenerwartungen sind also nicht zwangsläufig auch psychologische Konflikte. Sie stellen nur eine *Quelle für mögliche psychologische Konflikte* dar. Konflikte treten erst dann auf, wenn das betroffene Individuum Widersprüche im Rahmen seiner Rollenperzeption wahrnimmt (vgl. zum Rollenkonflikt ausführlich Kahn u. a. 1964 Katz und Kahn 1966 sowie Gerhardt 1973). Wir müssen daher auch hier zwischen *konfligierenden Rollenerwartungen* und *perzipierten Rollenkonflikten unterscheiden*.

Im Zusammenhang mit der Rollenperzeption ist schließlich noch auf einen weiteren Aspekt hinzuweisen. Rollen allgemein und organisatorische Rollen im besonderen werden zumeist als relativ stabile Muster von Verhaltenserwartungen angesehen. Einige Autoren betonen demgegenüber, daß Rollenperzeption und Rollenverhalten als ein ständiger Prozeß der Interaktion von Individuen mit ihrer sozialen Umwelt betrachtet werden sollten, in dessen Verlauf Individuen ihre Umwelt fortlaufend interpretieren, Erfahrungen über die Erwartungen sammeln und sich diesen Erfahrungen entsprechend anpassen. Die Rollenperzeption ändert sich nicht nur dadurch, daß die Interaktionspartner ihre Erwartungen ändern, sondern auch dadurch, daß das Individuum aufgrund von Lernprozessen diese Erwartungen anders interpretiert. Sie hängt ab von der permanenten Bestätigung und Neuformulierung der Erwartungen der Interaktionspartner (vgl. Turner 1962 und Gerhardt 1973). Wenn diese Interpretations- und Lernprozesse bei den generell nicht sehr komplexen organisatorischen Rollen auch weniger ins Gewicht fallen dürften als bei anderen sozialen Rollen, so sollten wir sie bei organisationstheoretischen Analysen jedoch nicht vernachlässigen. Im übrigen wird an dieser Stelle auch ein Unterschied zwischen Positionen einerseits und Rollen andererseits sichtbar. Während Positionen grundsätzlich dauerhaften Charakter haben und ihre Änderung einen tiefgreifenden Wandel einer Organisation darstellt, sind organisatorische Rollen wesentlich variabler.

5.1.1.2. Merkmale formaler Rollensegmente (Stellenmerkmale)

Nach diesen grundsätzlichen Ausführungen zur Rollenanalyse in Organisationen müssen wir weiter fragen, wie wir das formale Rollensegment oder die Stelle von Organisationsmitgliedern konkreter beschreiben und messen können. Ähnlich der Definition von Dimensionen der formalen Organisationsstruktur müssen wir verschiedene Rollen- oder Stellenmerkmale bilden, die es uns erlauben, Unterschiede zwischen den formalen Rollensegmenten oder Stellen in der Realität zu erfassen.

Wie Hickson (1966) gezeigt hat, betonen die meisten organisationstheoretischen Arbeiten eine bestimmte Dimension von formalen Rollensegmenten oder Stellen, die er *Spezifizität der Rollenvorschrift* (specificity of role prescription) nennt. Diese Dimension bezieht sich auf den *Umfang* der individuellen Handlungsspielräume bzw. auf das *Ausmaß* an individueller Handlungsfreiheit oder Autonomie, das organisatorische Regelungen gewähren. Weitgehend unbeachtet ist, daß auch die betriebswirtschaftliche Organisationslehre diesen Aspekt betont. So spricht Kosiol von dem *Bestimmtheitsgrad* oder *Konkretisierungsgrad von Aufgaben oder Stellen:*

> „Sämtliche Bestimmungselemente einer Aufgabe können bis in alle Einzelheiten ausführlich festgelegt sein ... Meist sind jedoch die Bestimmungselemente in einem gewissen Umfang offen; die Aufgaben werden dadurch unterschiedlich präzisiert und oft sogar mehrdeutig oder ungenau fixiert. Vielfach werden die Bestimmungselemente bewußt in

das Ermessen des ausführenden oder anordnenden Aufgabenträgers gestellt. Durch ihre nur generelle oder globale Formulierung will man dem Aufgabenträger einen entsprechend weiten Spielraum für die selbständige Aufgabensetzung und ihre Wahlmöglichkeiten verschaffen. Dieser für eine Gesamtaufgabe und alle ihre Teilaufgaben charakteristische Bestimmtheits- und Konkretisierungsgrad ist für die Organisationsprobleme von grundlegender Bedeutung" (Kosiol 1962, S. 44).

Die meisten Autoren, die Hickson anführt, begnügen sich bei der Bestimmung des Umfanges von Handlungsspielräumen mit einer Unterscheidung zwischen jeweils zwei alternativen Strukturtypen, die jeweils große oder geringe Spielräume zulassen. Darüber hinaus haben einige Autoren versucht, einzelne Teilaspekte von Handlungsspielräumen zu messen. Zu nennen ist hier vor allem Jaques (1956), der zwischen vorgeschriebener und freier (discretionary) Arbeit unterscheidet und als empirischen Indikator für den Umfang von Handlungsspielräumen die bereits erwähnte *zeitliche Kontrollspanne* verwendet (S. 163). Die Messung von Handlungsspielräumen bezieht sich hier weniger auf den Umfang und die Genauigkeit von offiziellen Vorgaben und Erwartungen als vielmehr auf die Kontrolle der Arbeitsergebnisse sowie auf mögliche nachträgliche Belohnungen und Bestrafungen. Der Handlungsspielraum ist um so größer, je länger die Zeitspanne ist, in der mangelhafte Arbeitsergebnisse unentdeckt bleiben.
Ein umfassender Versuch zur Messung von Handlungsspielräumen wurde von Inkson, Hickson und Pugh entwickelt und u. a. von Child und Kieser in empirischen Untersuchungen verwendet (vgl. Inkson u. a. 1968, Inkson u. a. 1970, Child 1973, Child und Ellis 1973, Child und Kieser 1975). Dieser Ansatz, auf dem wir bei unserer Analyse empirischer Ergebnisse über die Auswirkungen von Organisationsstrukturen aufbauen werden, unterscheidet insgesamt sechs Stellenmerkmale (work role variables). Diese Merkmale wurden durch die Zusammenfassung jeweils mehrerer Indikatoren auf der Basis einer Faktorenanalyse gebildet. Im einzelnen handelt es sich um die folgenden Merkmale:

(1) *Stellenformalisierung* (role formalization): das Ausmaß, in dem Aufgaben, hierarchische Stellung und Verfahren zur Aufgabenerfüllung in offiziellen Schriftstücken festgelegt sind;
(2) *Genauigkeit der Kompetenzabgrenzung* (role definition): das Ausmaß, in dem Organisationsmitglieder ihre Aufgabenstellungen, Verantwortlichkeiten und Entscheidungsbefugnisse als exakt abgegrenzt ansehen;
(3) *Routinisierung der täglichen Arbeit* (everyday routine): das Ausmaß, in dem Organisationsmitglieder ihre Aufgaben als wenig variabel, wenig komplex und weitgehend programmiert ansehen; (man könnte auch von einem Programmierungsgrad der Aufgaben oder, bei inverser Definition, von einem Komplexitätsgrad der Aufgaben sprechen, vgl. Müller 1975);

(4) *Stellenroutine – Mangel an Problemgehalt* (role routine – problems and skills): das Ausmaß, in dem nach dem Empfinden der Organisationsmitglieder bei der Aufgabenerfüllung bekannte Probleme auftreten und keine neuen Lösungstechniken erforderlich werden;

(5) *Langfristige Stabilität* (long term stability): das Ausmaß, in dem Organisationsmitglieder ihre Aufgaben als von Jahr zu Jahr unverändert ansehen;

(6) *Empfundene Entscheidungskompetenzen* (perceived authority): das Ausmaß an Entscheidungsbefugnissen, das Organisationsmitglieder selbst zu besitzen glauben.

Kritisch ist zu diesem Operationalisierungsversuch anzumerken, daß er sich ebenso wie ein neuer Ansatz von Müller (1975) auf die *perzipierten Handlungsspielräume* bezieht. Mit Ausnahme des ersten Merkmals (Rollenformalisierung) wird in allen Fällen die Einschätzung der Organisationsmitglieder erfaßt. Wenn bei den englischen Bezeichnungen von Rollenvariablen (work role variables) gesprochen wird, so sind damit also nicht die formalen Rollen im Sinne von offiziellen Rollenerwartungen, sondern die Rollenperzeptionen gemeint. Wie wir bereits betont haben, sind diese *Rollenperzeptionen* ein sicherlich wichtiger Faktor zur Erklärung des individuellen Verhaltens in Organisationen, und es ist ohne Zweifel interessant, den Zusammenhang zwischen Eigenschaften der formalen Organisationsstruktur und der Rollenperzeption zu untersuchen. Die ebenfalls interessante Frage nach der Regel- oder Rollenkonformität kann alleine auf der Basis von Rollenperzeptionen jedoch nicht beantwortet werden. Um dieser Frage nachzugehen, müßten neben den Rollenperzeptionen auch die offiziellen Rollenerwartungen im Sinne intendierter Stelleneigenschaften operationalisiert und empirisch erfaßt werden.

Ein weiteres Problem dieses Operationalisierungsversuches liegt darin, daß die Merkmale (3), (4) und (5) nicht unmittelbar in eine Beziehung zur formalen Organisationsstruktur gesetzt werden können und daher auch nicht als direkt aus der formalen Organisationsstruktur resultierende Begrenzungen der individuellen Handlungsspielräume zu interpretieren sind. Der Routinisierungsgrad der Arbeit wird nämlich nicht unmittelbar von der Organisationsstruktur bestimmt, sondern hängt auch mit der Situation zusammen in der sich eine Organisation befindet. Zwar wird über die Zuweisung von Positionen bestimmt, ob ein Organisationsmitglied eine weniger oder stärker routinisierte Aufgabe erhält; wie groß der Routinisierungsgrad ist, hängt dann aber u. a. von der Technologie und von den Marktverhältnissen ab. Zwar charakterisieren diese drei auf den Routinisierungsgrad bezogenen Merkmale ohne Zweifel wichtige Aspekte der individuellen Arbeitssituation, die für die Erklärung des individuellen Verhaltens relevant sein dürften. Zur Messung formaler Rollensegmente und damit zur Messung von Auswirkungen der Organisationsstruktur auf das individuelle Verhalten sollten sie jedoch nicht ohne Einschränkung verwendet werden.

Gegenwärtig ist der Stand der Messung von Handlungsspielräumen und formalen Rollensegmenten konzeptionell keineswegs befriedigend. Wenn das formale Rollensegment durch organisatorische Regeln definiert wird, so müßte für jede Strukturdimension festgestellt werden, wie sich die entsprechenden Regeln dem einzelnen Organisationsmitglied darstellen. Die auf die einzelne Stelle oder Rolle bezogenen Vorschriften müßten dann in einem zweiten Schritt daraufhin untersucht werden, wieviel Handlungsfreiheit sie dem Rollenträger überlassen. Die Diskussion der verschiedenen Koordinationsinstrumente in Abschnitt 3.2. liefert uns erste Anhaltspunkte für eine solche Bestimmung unterschiedlicher Detaillierungsgrade bei der Definition von Handlungsspielräumen. Die schwächste Stufe des Detailliertheitsgrades ist gegeben, wenn den einzelnen Organisationsmitgliedern lediglich mitgeteilt wird welche Ziele sie erreichen sollen, d. h. welche Aufgaben ihnen übertragen sind. Diese Aufgaben selbst können wiederum unterschiedlich detailliert vorgegeben sein. So kann die Aufgabe eines Vertreters z. B. lauten „Besuche monatlich alle Kunden der Stadt X drei mal" oder „Sorge für einen Auftragseingang von DM Y". Detaillierter wird die Definition von Handlungsspielräumen, wenn neben der Aufgabenstellung auch die Methoden und Verfahren zur Aufgabenstellung vorgegeben werden. Neben inhaltlichen Festlegungen in Form von Handlungsprogrammen können auch die Kommunikationspartner fest vorgegeben sein. Am detailliertesten sind Handlungsspielräume dann definiert, wenn die Aktivitäten nicht nur inhaltlich, sondern auch räumlich und zeitlich festgelegt sind.

Wenn die Auswirkungen unterschiedlich starker Begrenzungen von Handlungsspielräumen auf das individuelle Verhalten untersucht werden sollen, so kommt es nicht nur darauf an, welche Begrenzungen objektiv vorliegen, sondern auch oder vor allem darauf, *wie* diese Begrenzungen wahrgenommen und interpretiert werden. Daher sollten die verschiedenen Maßnahmen zur Begrenzung von Handlungsspielräumen auch nach ihrer *Sichtbarkeit* oder *Wahrnehmbarkeit* unterschieden werden. Bei der Diskussion technokratischer und personenorientierter Koordinationsinstrumente haben wir auf diese Unterschiede schon hingewiesen. Begrenzungen können auch verhaltenswirksam werden, ohne daß sie als Begrenzungen *empfunden* werden. Ein Sachbearbeiter an einem Computerterminal nimmt oft kaum wahr, daß dieses Gerät und die dahinter stehenden Programme seinen Handlungsspielraum begrenzen, und dennoch steuert dieses Gerät seine Aktivitäten. Es geht also bei der Wahrnehmbarkeit nicht darum, ob eine bestimmte Maßnahme wahrgenommen wird (natürlich nimmt der Sachbearbeiter das Terminal wahr), sondern darum, ob sie als *Begrenzung* wahrgenommen wird.

5.1.2. Formales Rollensegment und individuelles Verhalten

Nachdem wir uns mit den Grundlagen der Rollenanalyse und den Möglichkeiten der Messung formaler Rollensegmente beschäftigt haben, wollen wir uns nun dem Zusammenhang zwischen formalen Rollensegmenten und individuellem Verhalten zuwenden. Unser Ziel besteht darin, das aufgabenbezogene Verhalten der Organisationsmitglieder zu erklären und dabei vor allem die Einflüsse unterschiedlicher formaler Organisationsstrukturen herauszustellen. Zu diesem Zweck muß jedoch zunächst geklärt werden, was wir überhaupt unter dem Verhalten von Organisationsmitgliedern verstehen. Hickson hat in dem bereits zitierten Aufsatz (1966, S. 232 ff.) die wichtigsten Hypothesen von Organisationstheoretikern über den Zusammenhang zwischen Rollenspezifität und individuellem Verhalten von Organisationsmitgliedern zusammengestellt (vgl. Abb. 5–4). Seine Aufstellung zeigt, daß sich diese Hypothesen teilweise widersprechen und daß die insgesamt genannten Verhaltensdimensionen auf unterschiedlichen gedanklichen Ebenen liegen. Konfusion, Motivation und Unsicherheit beziehen sich auf Empfindungen der Organisationsmitglieder, während Innovation und Machtkonflikte sich auf das beobachtbare Verhalten erstrecken.

Hypo-thesen	Hohe Spezifität	Niedrigere Spezifität der Rollenvorschriften			
	reduziert Konfusion	motiviert stärker	führt mehr zu Innovationen	führt zu Unsicherheit	führt zu Machtkonflikten
Autoren	Taylor Fayol Urwick Brech Brown Weber	Likert McGregor Argyris Barnes Bennis	Burns und Stalker Thompson Frank Bennis Hage	Presthus Burns und Stalker	Crozier Gordon und Becker Litwak

Abb. 5–4. Begleiterscheinungen der Rollenspezifität (nach Hickson, 1966, S. 233)

Eine Klarstellung vermittelt eine Unterscheidung von Biddle (1964). Wie er zeigt, wird der Begriff „Verhalten" in organisationstheoretischen Untersuchungen in drei verschiedenen Weisen oder auf drei verschiedenen Ebenen verwendet, die deutlich voneinander abgegrenzt werden müssen, wenn Mißverständnisse vermieden werden sollen:

(1) *beobachtbares Verhalten,* das alle durch Beobachtung feststellbaren Handlungen umfaßt („overt system");

(2) *kognitives Verhalten*, das Perzeptionen, Einstellungen u. ä. umfaßt („cognitive system"); es kann selbst auf dreierlei Weise erfaßt werden:
    a) durch Annahmen, die aufgrund des Vorliegens von Stimuli von anderen Personen getroffen werden,
    durch Berichte der betroffenen Personen,
    c) durch Schlußfolgerungen aufgrund von beobachteten Handlungen, die als Ergebnis bestimmter Perzeptionen und Einstellungen gedeutet werden;
(3) *offizielle Verhaltensvorschriften und -erwartungen*, die sich aus verbindlichen Dokumenten, aus „Riten" und aus den Erwartungen maßgeblicher Bezugsgruppen ergeben („official system").

Für die Analyse der Wirkungen formaler Organisationsstrukturen auf das aufgabenbezogene Verhalten der Organisationsmitglieder sind zweifellos alle drei Ebenen zu berücksichtigen. Wenn wir uns an die Ausführungen zum Rollenkonzept erinnern, so stellen wir fest, daß diese drei Ebenen mit Begriffen korrespondieren, die wir dort unterschieden haben. Die drei Verhaltensebenen können auch wie die entsprechenden Elemente des Rollenkonzeptes als Glieder einer Beeinflussungskette dargestellt werden (vgl. Abb. 5–5).

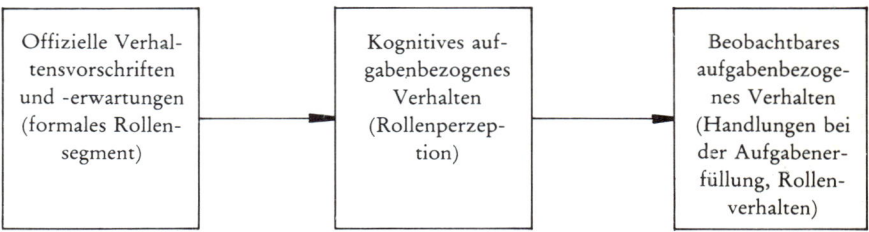

Abb. 5–5. Ebenen des individuellen Verhaltens

Ausgangspunkt sind die offiziellen Verhaltensvorschriften und -erwartungen, die das kognitive Verhalten (die Rollenperzeption) beeinflussen, und dieses kognitive Verhalten seinerseits beeinflußt das beobachtbare Verhalten. Auf dieser Basis müssen wir nun entscheiden, welche *konkreten Aspekte* wir auf jeder Ebene betrachten wollen. Und wir müssen uns entschließen, *aus welcher Richtung* wir unsere Analyse beginnen wollen. Zwei Möglichkeiten kommen dabei in Betracht:
(1) Wir können von einzelnen beobachtbaren Handlungen ausgehen und fragen, warum ein Organisationsmitglied diese Handlungen ausgeführt hat,

(2) wir können von dem formalen Rollensegment ausgehen und fragen, wie Organisationsmitglieder darauf reagieren.

Die *erste Perspektive* entspricht dem Ziel, das *aufgabenbezogene Verhalten von Organisationsmitgliedern umfassend zu erklären*. Bei einem entsprechenden Versuch würde sehr schnell sichtbar, daß eine simple Aktivität wie das Schreiben eines Briefes oder das Festdrehen einer Schraube sehr viele Ursachen haben kann, die sich teilweise überlagern. Wenn wir uns auf derart detaillierte Analysen einlassen, verlieren wir den Einfluß der Organisationsstruktur sehr schnell aus den Augen. Die Beantwortung dieser Frage fällt in das Gebiet der *Organisationspsychologie* oder der *Arbeitspsychologie*.

Wenn wir die Auswirkungen der formalen Organisationsstruktur auf das individuelle Verhalten analysieren wollen, sollten wir daher von den formalen Rollensegmenten ausgehen. Unser Interesse an einem bestimmten Einflußfaktor zwingt uns zu einer Einengung. Wir konzentrieren uns auf die *Reaktion der Organisationsmitglieder auf das formale Rollensegment*. Gleichzeitig sehen wir jedoch, daß wir zumindest ansatzweise auch andere Faktoren wie Führung und Technologie berücksichtigen müssen, da Verhalten nicht monokausal erklärt werden kann. Das Problem, uns dabei nicht in den Details einzelner Handlungen zu verlieren, können wir dadurch lösen, daß wir uns auf die *kognitive Verhaltensebene* konzentrieren, dort bestimmte *formale Aspekte* betrachten und zumindest zunächst von den einzelnen Handlungsinhalten abstrahieren. Wenn wir die Reaktionen von Organisationsmitgliedern auf offizielle Verhaltensvorschriften und -erwartungen untersuchen wollen, so ist es sicherlich von besonderem Interesse festzustellen, in welchem Umfang Individuen die offiziellen Vorschriften und Erwartungen befolgen und inwieweit ihre Handlungen mit den Vorgaben und Erwartungen übereinstimmen. Diesen Aspekt bezeichnen wir als *Rollenkonformität*. Wenn es uns lediglich darum geht, das Ausmaß an Konformität festzustellen, so können wir uns mit einem Vergleich der offiziellen Vorgaben und der tatsächlichen Handlungen begnügen und die kognitive Ebene vernachlässigen. Wenn wir jedoch erklären wollen, *warum* sich Individuen mehr oder weniger konform verhalten, müssen wir die kognitive Ebene zum zentralen Aspekt unserer Analyse erheben. Wir unterscheiden dann zwischen der Neigung zur Konformität als Element der kognitiven Ebene und der tatsächlichen Konformität als Element der Beobachtungsebene (vgl. Abb. 5–6).

Verschiedene Autoren untersuchen Teilaspekte dieses Zusammenhanges. So wird beispielsweise analysiert, welche Mechanismen dazu führen, daß sich ein Organisationsmitglied trotz einer Neigung zu nichtkonformem Verhalten letztlich doch konform verhält und welche Konsequenzen nicht-konformes Verhalten nach sich zieht (vgl. etwa Gouldner 1954, March und Simon 1958). In diesen Zusammenhang gehören auch alle motivationstheoretischen Unter-

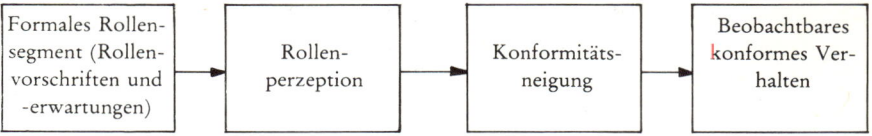

Abb. 5–6. Grundschema zur Analyse der Rollenkonformität

suchungen, da Motivation letztlich immer als Antrieb zu rollenkonformem Verhalten zu verstehen ist. Gemeinsam ist allen diesen Untersuchungen, daß sie das formale Rollensegment nicht näher betrachten. Sie interessieren sich nicht dafür, welche Rechte und Pflichten einem Organisationsmitglied übertragen sind, sondern nur dafür, ob und warum es diese Vorgaben befolgt oder nicht befolgt. Daher erlauben es diese Untersuchungen nicht, die Einflüsse unterschiedlicher Strukturen zu analysieren.

Ein Konzept, das es uns gestattet, diesen Zusammenhang herzustellen, wurde von Inkson u. a. (1968) entwickelt und von Child sowie Kieser in empirischen Untersuchungen über das Verhalten englischer und deutscher Manager verwendet (vgl. Child 1973, Child und Ellis 1973 Child und Kieser 1975). In seinem gegenwärtigen Stand geht das Konzept allerdings noch nicht auf die einzelnen psychologischen Prozesse ein, die in den vorliegenden organisationspsychologischen Arbeiten mit ihrer engeren Fragestellung behandelt wurden. Es bietet jedoch eine gute Grundlage dafür, zunächst den Gesamtzusammenhang zwischen Struktur, Rolle, Rollenperzeption und Verhalten zu erfassen und sich in weiteren Schritten dann den Detailprozessen zuzuwenden. Daher wollen wir dieses Modell zunächst kurz darstellen, es anschließend kritisch analysieren und schließlich auf seiner Basis die gegenwärtig vorliegenden empirischen Ergebnisse diskutieren.

5.1.3. Das Modell der organisatorischen Steuerung des individuellen Verhaltens

Child nennt dieses von Inkson u. a. entwickelte Konzept ein „Modell zur administrativen Reduktion der Verhaltensvarianz" (model of administrative reduction of variance in behavior) (1973, S. 17). Dieses Modell enthält Dimensionen der Situation einer Organisation (contextual variables), Dimensionen der formalen Organisationsstruktur (structural variables), Dimensionen der formalen Rollensegmente und der Rollenperzeption (work role variables) und schließlich Dimensionen des kognitiven aufgabenbezogenen

Verhaltens (behavioral variables) (vgl. Abb. 5–7). Ihm liegt die zentrale Annahme zugrunde, daß in der Reihenfolge der Nennung jede Klasse von Variablen die Variablen der nächsten Klasse erklärt und Variablen anderer Klassen dabei nur eine untergeordnete Rolle spielen. Es unterstellt also eine stufenweise Beeinflussung.

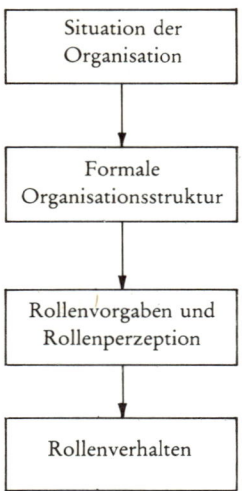

Abb. 5–7. Betrachtungsebenen des Modells von Inkson u. a.

Wir wollen uns mit diesem Modell in drei Schritten beschäftigen. Zuerst werden die bisher noch nicht eingeführten Variablen des Modells definiert, dann setzen wir uns mit der Annahme der strengen stufenweisen Beeinflussungsbeziehungen auseinander, und schließlich untersuchen wir, welche anderen Einflüsse bei der Erklärung des Verhaltens auf jeden Fall noch berücksichtigt werden müssen.

(1) Definition der Variablen

Die im Modell enthaltenen Dimensionen der Situation und der formalen Organisationsstruktur entsprechen weitgehend den Größen, die wir im dritten und vierten Abschnitt behandelt haben. Die Dimensionen der formalen Rollensegmente und der Rollenperzeption wurden bereits in Abschnitt 5.1.1.2. definiert. Daher können wir uns hier auf die Definition der Verhaltensvariablen konzentrieren. Das Modell erfaßt sowohl Aspekte des tatsächlichen Verhaltens als auch Aspekte der kognitiven Ebene (Einstellungen und Haltungen). Im einzelnen werden folgende Verhaltensdimensionen unterschieden (zur Messung vgl. Child 1973 sowie Child und Kieser 1975):

a) *Tatsächliches Verhalten*

   (i) *Wahrgenommene Konformität*
   (questioning authority): das Ausmaß, in dem Kollegen nach Angaben der Befragten offizielle Regeln und Anweisungen in Frage stellen,

   (ii) *Wahrgenommene Innovationsfreudigkeit*
   (pressing for change): das Ausmaß, in dem sich Kollegen nach Angabe der Befragten innovativ und risikofreudig verhalten,

   (iii) *Konfliktintensität*
   (conflict): das Ausmaß an Schwierigkeiten, das es nach Angabe der Befragten bereitet, im Rahmen der Aufgabenerfüllung Einigung über die Diagnose von Situationen, die Zuweisung von Verantwortlichkeiten, die Auswahl von Maßnahmen und die Zuordnung von Aktivitäten zu erzielen.

b) *Kognitives Verhalten* (Einstellungen und Neigungen)

   (i) *Nonkonformitätsneigung*
   (questioning authority): das Ausmaß, in dem die befragten Organisationsmitglieder bei ihren Kollegen ein Infragestellen offizieller Regeln und Anweisungen wünschen und befürworten,

   (ii) *Innovationsneigung*
   (pressing for change): das Ausmaß, in dem die befragten Organisationsmitglieder bei ihren Kollegen ein innovatives und risikofreudiges Verhalten wünschen und befürworten,

   (iii) *Empfundene Befähigung zur Aufgabenerfüllung*
   (perceived job competence): das Ausmaß an Befähigung zur Aufgabenerfüllung, das sich Organisationsmitglieder im Vergleich mit ihren Kollegen selbst zusprechen und angeben,

   (iv) *Empfundene Arbeitszufriedenheit*
   (perceived job satisfaction): das Ausmaß an Zufriedenheit mit der Position und der Arbeit, das Organisationsmitglieder im Vergleich mit ihren Kollegen empfinden und angeben,

   (v) *Präferenz für eine abwechslungsreiche Tätigkeit*
   (preference for a varied work environment): das Ausmaß, in dem Organisationsmitglieder neue und/oder unstrukturierte Probleme bei ihrer Aufgabenerfüllung bevorzugen.

Mit Hilfe dieser Verhaltensdimensionen können wir eine Vielzahl von Hypothesen über die Auswirkungen formaler Organisationsstrukturen prüfen, die in der Aufstellung der Abb. 5.4. enthalten sind. So können wir untersuchen, welche Auswirkungen Strukturen besitzen, die die Handlungsspielräume der

Organisationsmitglieder sehr eng definieren, *ob* sie und vor allem in *welchem Umfang* sie beispielsweise Innovationen beeinträchtigen, mit weniger Konflikt und einer höheren empfundenen Befähigung zur Aufgabenerfüllung (geringerer Konfussion) verbunden sind.

Diesen und anderen Hypothesen werden wir in Abschnitt 5.2. nachgehen. Zuvor wollen wir uns mit dem Modell von Inkson u. a. jedoch näher auseinandersetzen.

(2) Zur Annahme stufenweiser Beeinflussungsbeziehungen

Wie wir bereits betont haben, unterstellt das Modell von Inkson u. a., daß die Situation die Struktur direkt, die formalen Rollensegmente und das individuelle Verhalten daher nur indirekt über die Struktur beeinflußt. Diese Annahme wird von Korrelationsanalysen auch teilweise bestätigt. Zum einen sind die Korrelationen zwischen Struktur und Verhalten im Durchschnitt größer als die Korrelationen zwischen der Situation und dem Verhalten, und zum anderen sinken die Korrelationen zwischen Situation und Verhalten noch erheblich, wenn die Struktur durch die Berechnung partieller Korrelationen statistisch kontrolliert wird, was bedeutet, daß die Struktur die gefundenen Zusammenhänge zwischen Situation und Verhalten vermittelt. Andererseits haben wir bei unserer Diskussion der Determinanten organisatorischer Rollen jedoch plausible Argumente kennengelernt, die dafür sprechen, daß die Technologie das Verhalten der Organisationsmitglieder auch direkt beeinflußt. Wie ist dieser Widerspruch zu erklären?

Direkte Verhaltenswirkungen der Technologie haben wir für diejenigen Organisationsmitglieder angenommen, die unmittelbar mit dieser Technologie arbeiten oder in sie eingebettet sind – beispielsweise für Benutzer von Computern und Arbeiter in der Fertigung. Die Untersuchungen von Inkson, Child und Kieser beziehen sich auf Manager der oberen Hierarchieebenen. Diese Manager kommen zumeist nicht direkt mit den eingesetzten Technologien in Berührung. Für ihre Aufgabenstellung ist die Technologie ebenso wie die Größe oder die Marktverhältnisse höchstens indirekt relevant. Diese Faktoren bestimmen u. U. die Komplexität der zu fällenden Entscheidungen und der aufzustellenden Pläne, die wahrzunehmenden Führungsaufgaben usw. Bei einer solchen „Distanz" zur Technologie wird ihr Einfluß jedoch von der Organisationsstruktur überlagert oder zurückgedrängt.

Aus diesem Beispiel sehen wir, daß nicht generell zu entscheiden ist, ob die Situation das Verhalten der Organisationsmitglieder direkt oder indirekt beeinflußt. Die gleiche Situationsdimension kann vielmehr einige Organisationsmitglieder direkt und andere indirekt beeinflussen. Dies gilt nicht nur für die Technologie, sondern auch für einige andere Dimensionen der

Situation. So wirken die Eigentumsverhältnisse beispielsweise unmittelbar auf das Verhalten der Organisationsmitglieder auf der obersten Hierarchieebene, indem sie die Art und Weise festlegen, in der die Organisationsspitze selbst kontrolliert wird; die übrigen Organisationsmitglieder werden jedoch nur indirekt über die Struktur von den Eigentumsverhältnissen beeinflußt. *Es kommt stets darauf an, ob die Situationsdimensionen in einem Bezug zu den Positionen und Rollen der einzelnen Organisationsmitglieder stehen.* Diese Frage kann nicht generell für alle Situationsdimensionen und Positionen entschieden werden. Manche Situationsdimensionen mögen nur einzelne Organisationsmitglieder direkt, die meisten jedoch indirekt betreffen. In Industriebetrieben wird jedoch ein großer Anteil der Organisationsmitglieder in der Fertigung eingesetzt und kommt unmittelbar mit der Fertigungstechnologie in Berührung. Im Zuge des zunehmenden Computereinsatzes werden auch immer mehr Organisationsmitglieder auf den unteren und mittleren Ebenen im Verwaltungsbereich zu Benutzern dieser Informationstechnologien. Im Hinblick auf diese große Zahl von Organisationsmitgliedern wollen wir bei der Diskussion empirischer Ergebnisse in Abschnitt 5.2. auf die direkten Einflüsse der Fertigungs- und Informationstechnologie näher eingehen. Zuvor müssen wir jedoch klären, ob das Modell nicht noch erweiterungsbedürftig ist.

(3) Notwendige Erweiterungen des Modells

Dce Analyse der Auswirkungen formaler Organisationsstrukturen auf das individuelle Verhalten der Organisationsmitglieder muß, wie wir gesehen haben, von einer *multikausalen* Fragestellung ausgehen. Ob sich ein Organisationsmitglied konform und innovationsfreudig verhält, sich kompetent und zufrieden fühlt, hängt auch – aber nicht nur – von seinem formalen Rollensegment ab. Das formale Rollensegment soll zwar solche Verhaltensweisen herbeiführen, die der Kerngruppe willkommen sind; um zu beurteilen, ob und in welchem Ausmaß diese Wirkungen aber tatsächlich eintreten, sind weitere Variablen zu berücksichtigen. Dabei sind grundsätzlich alle Variablen von Interesse, die den Zusammenhang zwischen den Gliedern unserer Beeinflussungskette tangieren.

Auf einige solcher zusätzlichen Variablen haben wir bei der Diskussion der Rollendeterminanten schon hingewiesen. Formale Rollensegmente werden ergänzt durch Vorgaben und Erwartungen von Vorgesetzten (Führung) und bei vielen Organisationsmitgliedern auch durch die Technologie. Erwartungen von Vorgesetzten, Kollegen sowie Untergebenen und organisationsexternen Personen können diesen offiziellen Erwartungen teilweise widersprechen. Sie beeinflussen dann die Rollenperzeption und das tatsächliche Verhalten dadurch, daß sich das Organisationsmitglied in einem Rollenkonflikt befindet und entscheiden muß, welchen Erwartungen es folgt. Aufgrund dieser Überlegungen müssen wir das Modell von Inkson u. a. also um die Einflüsse der Technologie, der Führung und anderer relevanter Gruppenprozesse erweitern. Ist es dann hinreichend formuliert?

Betrachten wir die Rollenperzeption näher, so dürfte kaum anzunehmen sein, daß beispielsweise alle Arbeiter an einem Fließband oder alle Buchhalter in einem Büro, die objektiv die gleiche Rolle besitzen, diese Rolle auch gleich wahrnehmen. Wahrscheinlich ist vielmehr, daß die Perzeption einer Rolle auch von der *Persönlichkeit des Positionsinhabers oder Rollenträgers* abhängt.

Was sollen wir aber unter dem Begriff „Persönlichkeit" verstehen? Dieser Begriff ist in der Psychologie noch keineswegs eindeutig geklärt. Es kann uns in dem hier diskutierten Zusammenhang auch gar nicht darum gehen, die Persönlichkeit von Organisationsmitgliedern umfassend zu definieren und zu berücksichtigen. Wichtig ist es, überhaupt den Übergang von grundsätzlich personenunabhängigen Rollen bzw. Stellen zur Perzeption dieser Rollen durch ihre jeweiligen Träger herzustellen und die Vorstellung von einer totalen Fremdbestimmung des Verhaltens der Organisationsmitglieder zu überwinden. Um die Rollenträger zu charakterisieren, können wir mit demographischen Merkmalen wie Geschlecht und Alter beginnen. Wir müssen auch an soziologische Kategorien wie soziale Herkunft, Erziehung, Arbeitserfahrung denken. Genaugenommen handelt es sich bei solchen Merkmalen nicht um Persönlichkeitsmerkmale im psychologischen Sinne, sondern um *personale Merkmale*.

Aufgrund verschiedener empirischer Untersuchungen erweisen sich vor allem drei solche personenbezogenen Merkmalskomplexe bei der Analyse von Strukturwirkungen als besonders relevant:

a) *Ausbildung* (das Ausmaß an generellen und positionsbezogenen beruflichen Qualifikationen, das in organisationsexternen Ausbildungsinstituten erworben wurde und zu offiziellen Abschlüssen führte),

b) *Soziale Herkunft und Erziehung* (frühe Sozialisation),

c) *Arbeitserfahrung* (berufliche Sozialisation).

Allen drei Komplexen ist gemeinsam, daß sie sich auf frühere Erfahrungen der Organisationsmitglieder beziehen. Die Bedeutung dieser früheren Erfahrungen liegt darin, daß sie in die Interpretation gegenwärtiger Rollen einfließen, indem sie als Vergleichsmaßstab dienen (vgl. Jacobson u. a. 1951). Mit diesen früheren Erfahrungen werden dann bestimmte gegenwärtige Einstellungen und Zielvorstellungen in Verbindung gebracht. In gewisser Weise spiegeln diese Merkmale auch die *gesellschaftlichen Bedingungen* wider, in der sich Organisationen und ihre Mitglieder befinden.

Die Einstellungen und Zielvorstellungen von Organisationsmitgliedern kön-

nen auch unmittelbar berücksichtigt werden. Relevante Merkmale in bezug
auf die Rollenperzeption und das Rollenverhalten wären dann beispielsweise
die Einstellungen zu bestimmten Arten organisatorischer Regelungen, Technologien und dem Organisationsziel, die Karriereorientierung und insbesondere die Bindung der Karriere an die jeweilige Organisation, das Streben nach
sozialer Anerkennung, Autonomie und Selbstverwirklichung (Kubicek
1975b, S. 79 ff).

Personenbezogene Merkmale beeinflussen zum einen die Art und Weise, in
der Rollenvorgaben und -erwartungen perzipiert werden, und zum anderen
die Umsetzung dieser Perzeption in kognitives und in beobachtetes Verhalten. In dieser Hinsicht müssen wir unser Modell also ebenfalls erweitern.
Insgesamt ergibt sich dann das in Abb. 5–8 wiedergegebene Modell, von dem
wir bei unserer Analyse der Auswirkungen formaler Organisationsstrukturen auf das Verhalten der Organisationsmitglieder ausgehen wollen. Wie an
verschiedenen Stellen deutlich wurde, reicht dieses Modell allerdings noch
nicht für eine umfassende Erklärung und Prognose des konkreten Verhaltens
von Individuen in Organisationen. Zu diesem Zweck müßten psychologische
und sozialpsychologische Aspekte noch stärker berücksichtigt werden. Dann
würde das Modell jedoch noch wesentlich komplexer; außerdem ist es bisher
nicht gelungen, vorwiegend strukturorientierte Betrachtungen wie die unsere
mit organisationspsychologische Studien in empirischen Untersuchungen
vollständig zu integrieren. Die Integration, die unser Modell in dieser Hinsicht leistet, ist nur aufgrund seines relativ globalen Charakters möglich. Für
eine Einführung in unsere Fragestellung schafft es eine brauchbare Basis, für
stärker psychologisch orientierte Fragestellungen ist es hingegen erweiterungsbedürftig.

Wenn wir uns nun aber empirischen Untersuchungen zuwenden, so müssen
wir feststellen, daß es gegenwärtig noch *keine* Studie gibt, die auch nur
annähernd die in unserem Bezugsrahmen insgesamt enthaltenen Größen
umfaßt. Die vorliegende Literatur ist durch eine *starke Spezialisierung auf
Teilaspekte* gekennzeichnet. Da unser Ziel in diesem Kapitel vor allem darin
besteht, einen gewissen Überblick über die vorliegenden Studien zu vermitteln, müssen wir uns dieser Spezialisierung anschließen. Daher beginnen wir
zunächst mit der Diskussion derjenigen Untersuchungen, die den *Zusammenhang zwischen der formalen Struktur und dem Verhalten der Organisationsmitglieder* in den Vordergrund stellen und dabei teilweise auch die
Situation der Organisation, den *Kontext*, berücksichtigen. Einflüsse der
Technologie auf das individuelle Verhalten spielen in diesen Untersuchungen
jedoch nur eine untergeordnete Rolle oder werden ganz ausgeklammert. Sie
werden vorwiegend in einer anderen Richtung der Organisationstheorie
behandelt, der wir uns anschließend zuwenden werden. Als dritten Schwerpunkt betrachten wir dann abschließend den Zusammenhang zwischen *Füh-*

rung und individuellem Verhalten, der ebenfalls in einer eigenständigen Literaturrichtung und unter weitgehender Vernachlässigung der formalen Organisationsstruktur behandelt wird.

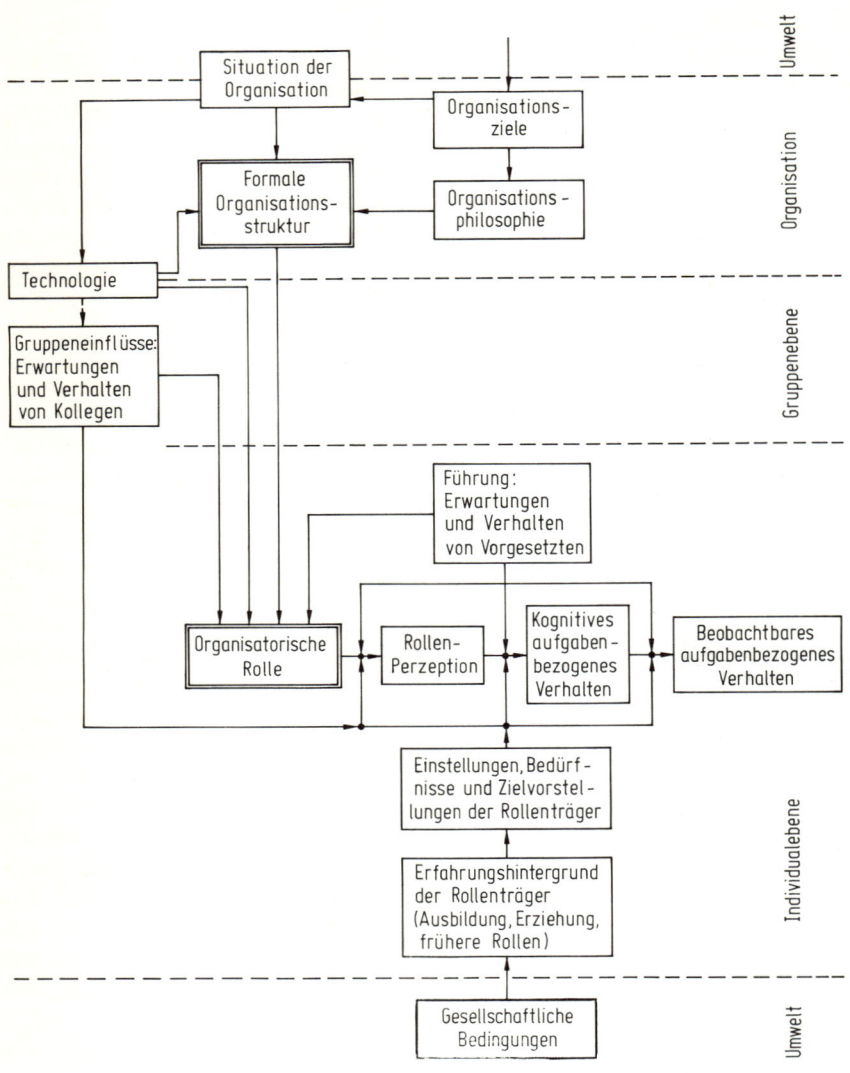

Abb. 5–8 Ein gedanklicher Bezugsrahmen zur Analyse der Auswirkungen formaler Organisationsstrukturen auf das Verhalten der Organisationsmitglieder

5.2. Organisationsstruktur, Kontext und Verhalten der Organisationsmitglieder

Die zu Beginn dieses Kapitels wiedergegebenen Annahmen über die Auswirkungen stark bürokratisierter Organisationsstrukturen auf das Verhalten der Organisationsmitglieder liefen darauf hinaus, daß zunehmende Bürokratisierung das einzelne Organisationsmitglied zu einem kleinen Rädchen in einer großen, unübersehbaren Maschinerie werden lasse, seinen Handlungsspielraum extrem einenge und seinem Bedürfnis nach Selbstverwirklichung in der Arbeit diametral entgegenstehe. Rollenkonformes Verhalten ist unter solchen Bedingungen – wenn überhaupt – nur aufgrund zusätzlicher Zwangsmechanismen sowie eines fehlenden Bewußtseins für die eigene Lage und für mögliche Alternativen zu erwarten. Aus einer umfassenden *historischen Sicht* spricht tatsächlich einiges dafür, daß der arbeitende Mensch in der modernen Industriegesellschaft größeren Zwängen ausgesetzt ist, die seinen Freiheitsspielraum stärker und vor allem weniger sichtbar einengen als es in früheren Epochen der Fall war. Somit vermitteln uns derartige Betrachtungen zwar einen Blick für historische Entwicklungen und schaffen die Voraussetzung für eine kritische Analyse der Gegenwart. Ein realistisches und präzises Bild der Gegenwart geben sie aufgrund ihres pauschalen Charakters jedoch nicht wieder. Um zu einem solchen Bild zu gelangen, benötigen wir, wie gezeigt wurde, einen wesentlich differenzierteren Ansatz und entsprechende empirische Daten.

Unsere Vorbehalte gegen den pauschalen Charakter der genannten Annahmen richten sich zunächst gegen die Bezugnahme auf die *Bürokratie als den die Gegenwart beherrschenden Strukturtyp*. Wie wir in den vorangegangenen Kapiteln gesehen haben, setzen Organisationen in Abhängigkeit von ihrer Situation die einzelnen Arten organisatorischer Regelungen in sehr unterschiedlichem Ausmaß ein. Wir können daher bestenfalls von einem Bürokratisierungsgrad sprechen, der in der Realität sowohl sehr hohe als auch sehr niedrige Ausprägungen aufweist. Hinzu kommt, daß der Einfluß einer bestimmten Struktur auf die Organisationsmitglieder unter anderem davon abhängen dürfte, in welchem Ausmaß es diese Struktur den Organisationsmitgliedern ermöglicht, mit den aus der Umwelt resultierenden Problemen fertig zu werden. Ebenso spielen andere Faktoren eine Rolle, die das Verhalten neben der Organisationsstruktur beeinflussen, und schließlich sind auch die unterschiedlichen Persönlichkeiten der Organisationsmitglieder zu berücksichtigen. Daher kommt für die Überprüfung der genannten Annahmen letztlich nur ein *mehrstufiges Modell* in Frage, das zwischen Kontext, Struktur, Rollenerwartungen, Rollenperzeptionen und Verhaltensweisen differenziert. Im folgenden wollen wir zunächst die in vergleichsweise großer Zahl vorliegenden Untersuchungen betrachten, die den Zusammenhang zwischen jeweils zwei Variablenklassen behandeln. Ihre Ergebnisse bestätigen unsere Skepsis gegen die genannten Annahmen. Im Anschluß an die Diskussion solcher zweistufiger Analysen wenden wir uns dann den wenigen umfassenderen Studien zu.

5.2.1. Empirische Ergebnisse zweistufiger Analysen

Bei unserer Diskussion zweistufiger Analysen betrachten wir zunächst diejenigen Untersuchungen, die direkte Zusammenhänge zwischen der formalen Organisationsstruktur und dem individuellen Verhalten der Organisationsmitglieder behandeln. Im Anschluß daran diskutieren wir kurz Ergebnisse über den Zusammenhang zwischen der Organisationsgröße und dem Verhalten. Dabei beschränken wir uns jeweils auf die Analysen einiger typischer Studien, ohne Anspruch auf Vollständigkeit zu erheben.

5.2.1.1. Direkte Zusammenhänge zwischen Struktur und individuellem Verhalten

Kohn (1971) hat den Zusammenhang zwischen dem Bürokratisierungsgrad der formalen Organisationsstruktur und dem individuellen Verhalten der Organisationsmitglieder direkt untersucht. Der Bürokratisierungsgrad wurde dabei mittels der Zahl der Hierarchieebenen erfaßt. Als Verhaltensgrößen gingen in die Untersuchung u. a. ein: die Bewertung der Eigenbestimmung im Gegensatz zur Fremdbestimmung, Aufgeschlossenheit, Offenheit gegenüber Innovationen und Flexibilität des Denkens. Befragt wurden 3101 berufstätige Männer in den Vereinigten Staaten. Alle diese Maße waren mit der Bürokratisierung in einer Weise korreliert, die den Spekulationen über Bürokratien widerspricht. *In stark bürokratisierten Organisationen arbeitende Männer bewerteten Eigenbestimmung höher als Fremdbestimmung, sie waren „aufgeschlossener", offener gegenüber Innovationen und flexibler bei Problemlösungstests.* Diese Beziehungen wurden sowohl für Manager als auch für Arbeiter festgestellt.

Die Ergebnisse von Kohn liefern darüber hinaus auch Befunde über die Zusammenhänge zwischen Kontext und Verhalten der Organisationsmitglieder. Sie stützen die Vermutung, daß bürokratische Strukturen, die, wie wir aus den vorangegangenen Kapiteln wissen, unter den Bedingungen großer Organisationen und starker Abhängigkeit von großen Mutterorganisationen sehr wahrscheinlich werden, nicht mit den angenommenen negativen Konsequenzen für das Verhalten der Manager verbunden sind. Die Untersuchung von Kohn läßt allerdings offen, ob das a-bürokratische Verhalten der Mitglieder von Bürokratien auf die Arbeitsbedingungen zurückzuführen ist. Wir müssen demnach diese Untersuchung um Studien ergänzen, die exaktere Strukturmaße einsetzen.

Porter und Lawler (1965, S. 25 ff.) analysieren in einem Überblicksartikel eine Reihe von emprischen Untersuchungen und stellen fest, daß die *Hierarchiehöhe einen starken Einfluß auf die Zufriedenheit und auf die Rollenperzeptionen* hat. Mit der Hierarchiehöhe steigt die Zufriedenheit. Auch die Auffassungen über das, was die Aufgabe verlangt, ändern sich. Manager auf den höheren Ebenen sind im Gegensatz zu Managern auf den unteren Ebenen und Arbeitern der Auffassung, daß ihre Aufgabe mehr Eigenbestimmung als Fremdbestimmung voraussetzt. Werden allerdings Manager verschiedener Ebenen aus unterschiedlich großen Organisationen verglichen, so zeigt sich der *Einfluß der Größe* als *dominierend:* Manager großer Unternehmungen auf mittleren und niederen Ebenen bezeichnen ihre Aufgabe eher als interessant und herausfordernd als ihre Kollegen, die vergleichbare Positionen in kleinen Organisationen innehaben (Porter 1964).

Zu ähnlichen Ergebnissen führte auch die Analyse des Zusammenhanges zwischen Gliederungstiefe (Hierarchisierung) und individuellem Verhalten in einem internationalen Forschungsprojekt (vgl. Tannenbaum u. a. 1974). In der deutschen Teilstudie, die über 300 Beschäftigte aus 10 Werken von 10 Industriebetrieben umfaßte, zeigte sich u. a., daß mit zunehmender Höhe der Stellung in der Hierarchie der empfundene Einfluß, die Entfaltungsmöglichkeiten bei der Aufgabenerfüllung die empfundenen Qualifikationsanforderungen sowie das Ausmaß empfundener Partizipation an Entscheidungen zunahmen (vgl. Bartölke 1975). Diese Feststellungen decken sich vollkommen mit unseren Ausführungen über die Bildung hierarchisch strukturierter Stellensysteme im dritten Kapitel. Interessant ist die empirische Untersuchung jedoch insofern, als sie nicht nur die von den Organisationsmitgliedern als gegeben empfundenen Zustände, sondern auch die von ihnen gewünschten Zustände erfaßt. Entsprechende Analysen zeigen, daß die Diskrepanz zwischen Soll und Ist auf den einzelnen Ebenen recht unterschiedlich ist (vgl. Abb. 5–9).

Unterschiede wurden auch im Hinblick auf die Kriterien der Leistungsbewertung und die Konsequenzen guter oder schlechter Arbeit festgestellt. Das Hauptinteresse galt jedoch Unterschieden in der Arbeitszufriedenheit, der Zufriedenheit mit der Bezahlung, der Entfremdung von der Arbeit (im Sinne eines Mangels an Selbstverwirklichung und Eigenkontrolle bei der Aufgabenerfüllung) und psychologischen Anpassungsschwierigkeiten. Die Ergebnisse in bezug auf die drei ersten Aspekte sind in Tab. 5–1 wiedergegeben.

Bei der Erklärung dieser Unterschiede wurde berücksichtigt, daß die Hierarchisierung auch mit entsprechenden Verteilungen „*demographischer*" Merk-

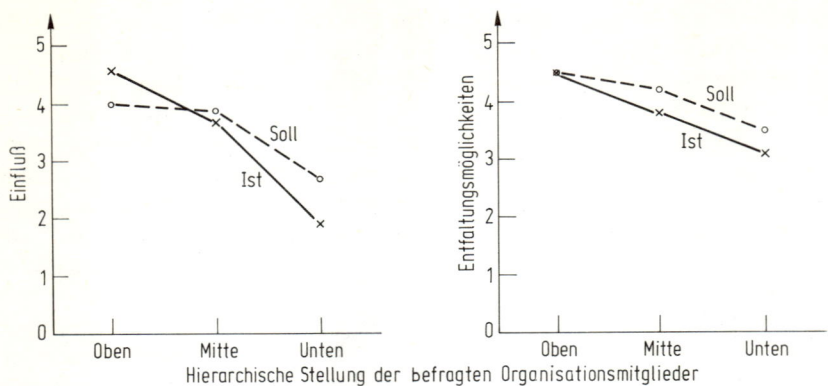

Abb. 5–9. Differenzen zwischen den als gegeben empfundenen und dem gewünschten Einfluß- und Entfaltungsmöglichkeiten von Organisationsmitgliedern auf unterschiedlichen Hierarchieebenen (Quelle: Bartölke 1975, S. 18a).

male verbunden ist, die grundsätzlich bei einer Analyse von Verhaltenswirkungen berücksichtigt werden sollten (vgl. Tab. 5–1). So wurde etwa festgestellt, daß Arbeitszufriedenheit und Ausbildungsstand negativ miteinander korrelieren, wenn andere Faktoren wie Gehalt, hierarchische Position, Alter u. a. m. statistisch kontrolliert werden.

| | Hierarchische Stellung der Befragten | | |
	Oben	Mitte	Unten
Arbeitszufriedenheit	4,4	3,9	3,5
Zufriedenheit mit der Bezahlung	3,9	3,2	3,1
Entfremdung von der Arbeit	2,3	2,6	3,0
Monatsgehalt (DM) (nur Vollzeitbeschäftigte)	4799,–	1728,–	867,–
Ausbildungsstand	5,1	4,6	4,2
Alter (Jahre)	50	40	36
Betriebszugehörigkeit (Jahre)	5,9	5,9	4,6
Anteil weiblicher Beschäftigter (%)	0	7,7	39,4

Tab. 5–1. Verteilung von Einstellungen und demographischen Merkmalen über verschiedene Hierarchieebenen (Quelle: Bartölke 1975, S. 21 und 49)

Schließlich wurde im Rahmen dieser Analysen – ebenso wie in den zuvor genannten Studien – auch auf mögliche direkte Einflüsse der Organisationsgröße eingegangen. Diesem direkten Zusammenhang zwischen Kontext und Verhalten wollen wir uns nun kurz zuwenden.

5.2.1.2. Direkte Zusammenhänge zwischen Organisationsgröße und individuellem Verhalten

Mehrere Untersuchungen stellen fest, daß die *Organisationsgröße im Verwaltungsbereich positiv mit der Zufriedenheit der Organisationsmitglieder* korreliert. So registrierte Porter (1963a und 1964), daß Manager in großen Organisationen ihre Aufgaben eher als „herausfordernd", „interessant" und „kompetitiv" bezeichnen als Manager in kleinen Unternehmungen. Auch Talacchi (1960) berichtet von einem positiven Zusammenhang zwischen Organisationsgröße und Zufriedenheit. In einer Untersuchung von Payne und Mansfield (1973) waren die Kontextfaktoren Organisationsgröße, Größe der Mutterorganisation und Abhängigkeit positiv mit solchen Verhaltensgrößen wie „Infragestellung der Autorität", „Aufgeschlossenheit", „Altruismus", „Geselligkeit", „Innovationsbereitschaft" und negativ mit „Aggression" korreliert.

Für die Arbeiterebene ergibt sich hingegen kein einheitliches Bild. Eine Reihe von Untersuchungen konstatiert mit der Organisationsgröße eine zunehmende Streikhäufigkeit, einen höheren Krankheitsstand, eine höhere Unfallhäufigkeit und mehr Fluktuation (vgl. die Übersicht bei Ingham 1970, S. 16–25). Andererseits stellte Ingham (1970) in einer empirischen Untersuchung englischer Unternehmungen fest, daß zwar die Arbeitsbedingungen in großen Unternehmungen relativ schlechter waren als in kleinen – geringere soziale Interaktionsmöglichkeiten, repetitive, eintönige Arbeit –, daß sich aber keine niedrigere Arbeitszufriedenheit und auch keine Unterschiede für solche Variablen wie Fluktuation oder Krankheitsstand ergaben. Er führt dies zum einen darauf zurück, daß große Unternehmungen schlechtere Arbeitsbedingungen durch bessere Bezahlung und größere Arbeitsplatzsicherheit kompensieren, und zum anderen darauf, daß Arbeiter mit einer instrumentellen Arbeitsorientierung eher in große Unternehmungen gehen, solche mit Bedürfnissen nach Selbstverwirklichung eher in kleine. Er trifft also die Annahme, daß große und kleine Unternehmungen unterschiedliche Bedürfnisstrukturen befriedigen.

Nun sind direkte Zusammenhänge zwischen Kontextfaktoren und Verhaltensvariablen vor dem Hintergrund unserer Konzeption nicht sehr aussagefähig. Sie abstrahieren von Strukturgrößen, Rollenperzeptionen, Gruppenvariablen und Einflüssen der Persönlichkeit. Bemerkenswert ist aber, daß

Kontextfaktoren, von denen wir wissen, daß sie mit einer starken „Bürokrati-
sierung" zusammenhängen, mit positiven Verhaltensreaktionen der Manager
verbunden sind. Dieser Befund ist geeignet, unsere Skepsis gegenüber den in
spekulativen Abhandlungen beschworenen negativen Auswirkungen der Bürokratie noch weiter zu verstärken.

In der deutschen Untersuchung von Bartölke wurde u. a. auch der Frage
nachgegangen, ob die Größe das Verhalten der Organisationsmitglieder
direkt oder vor allem über die Struktur beeinflußt. Die Stichprobe wurde von
vornherein so angelegt, daß in jeder Branche ein großes Werk (zwischen 250
und 742 Beschäftigten) einem kleinen Werk (zwischen 50 und 84 Beschäftigten) gegenübersteht. Bei einem Vergleich der einzelnen hierarchischen Gruppen für beide Größenklassen zeigte sich, daß die Organisationsmitglieder der
untersten Ebenen in großen Werken mehr Einfluß empfanden als ihre
Kollegen in kleinen Werken, während die Mitglieder der obersten Gruppe in
kleineren Werken einen stärkeren Einfluß für sich sahen. Größenbedingte
Unterschiede im Hinblick auf die individuellen Einstellungen (Arbeitszufriedenheit, Zufriedenheit mit der Bezahlung, Entfremdung) konnten nur für die
Mitglieder der untersten Ebenen festgestellt werden. In kleinen Werken war
die Arbeitszufriedenheit im Durchschnitt höher als in großen Werken.
Hinsichtlich der Entfremdung zeigten sich größenbedingte Unterschiede nur
bei den weiblichen Beschäftigten. Sie sind in großen Werken wesentlich
stärker entfremdet als in kleinen.

Aufgrund verschiedener multipler Regressionsanalysen kommt Bartölke zu
dem Schluß, daß die Größe nur teilweise indirekt über die Struktur wirkt. So
besteht beispielsweise zwischen Betriebszugehörigkeit und Arbeitszufriedenheit in kleinen Werken eine negative Korrelation, während sich in großen
Werken eine positive Korrelation ergibt. Dieser Unterschied wird von dem
Autor auf Unterschiede in den Aufstiegschancen und Beurteilungskriterien
zurückgeführt. Offensichtlich bestehen zwischen großen und kleinen Organisationen Unterschiede in der Personalpolitik, dem Betriebsklima und ande-
ren Faktoren, die neben der Struktur auf das Verhalten wirken. Große
Organisationen bieten auch schon alleine von der Stellenzahl her eher die
Möglichkeit für einen Aufstieg. Umfassend konnten diese eigenständigen
Einflüsse der Größe auf das Verhalten jedoch nicht erklärt werden (vgl.
Bartölke 1975, S. 64).

5.2.1.3. Zusammenhänge zwischen Rollenperzeption und individuellem Ver-
halten

Ein detailliertes Bild von den Faktoren, die das Verhalten in Organisationen
prägen, hoffen wir zu gewinnen, wenn wir nun auf Untersuchungen ein-

gehen, die einen Zusammenhang zwischen Rollenperzeptionen und Verhalten herzustellen versuchen.

Aiken und Hage (1966) wollten in ihrer Studie die Auswirkungen von zwei Strukturvariablen – Zentralisation und Formalisierung – auf die Entfremdung untersuchen. Da sie aber Zentralisierung und Formalisierung maßen, indem sie Organisationsmitglieder befragten, als wie zentralisiert und formalisiert sie ihre Rollen empfinden, analysieren sie eher den Zusammenhang zwischen bestimmten Rollenperzeptionen und Entfremdung. Befragt wurden 314 Organisationsmitglieder aller Ebenen von 16 privaten und staatlichen Wohlfahrtsorganisationen der Vereinigten Staaten. Der Zentralisierungsgrad wurde mittels zweier Fragenbatterien erfaßt. Die eine stellte auf die Partizipation bei Entscheidungen ab (Beispielfrage: „Wie oft werden Sie gewöhnlich bei Entscheidungen über die Einstellung von Angestellten hinzugezogen?"), die andere auf die empfundene Entscheidungskompetenz (Beispielfrage: „Bei jeder Entscheidung, die ich treffe, muß ich die Zustimmung meines Vorgesetzten einholen."). Auch für die Erfassung der Formalisierung wurden zwei Fragenbatterien entwickelt. Die eine bezog sich auf die Vorgabe von offiziellen Regeln (Beispielfrage: „Die meisten Leute hier machen sich ihre eigenen Regeln für ihre Aufgabe"), die andere auf die Befolgung der Regeln (Beispielfrage: „Die Leute hier werden ständig daraufhin überprüft, ob sie die Regeln befolgen"). Für die Erfassung der Entfremdung schließlich wurden ebenfalls zwei Skalen entworfen. Die eine sollte die Arbeitsentfremdung messen (Beispielfrage: „Wie zufrieden sind Sie mit der Erreichung der Ziele, die Sie sich selbst in Ihrer jetzigen Position gesetzt haben?") und die andere die Entfremdung von sozialen Beziehungen (Beispielfrage: „Wie zufrieden sind Sie mit Ihren Kollegen?"). Die Korrelationen zwischen diesen Maßen sind in Tab. 5–2 wiedergegeben.

Entfremdung / Rollenperzeption	Arbeitsentfremdung	Entfremdung von sozialen Beziehungen
A Zentralisation		
empfundene Entscheidungskompetenz	–,49	–,45
Partizipation	–,59	–,17
B Formalisierung		
Vorgabe offizieller Regeln	–,51	–,23
Befolgung von Regeln	–,55	–,65

Tab. 5–2. Korrelationen zwischen Rollenperzeptionen und Entfremdung nach Aiken und Hage (1966)

Werden Rollen in Organisationen als bürokratisiert – hier als mit wenig Entscheidungskompetenzen und Einflußmöglichkeiten ausgestattet – und als formalisiert empfunden, so lassen sich also durchaus negative Auswirkungen auf das Verhalten, hier durch Entfremdungsmaße erfaßt – feststellen.

Dies ist in der Tendenz auch das Ergebnis einer Untersuchung von Bonjean und Grimes (1970). Sie erfaßten neben den oben geschilderten Maßen der empfundenen Entscheidungskompetenz und der Befolgung von Regeln noch drei weitere: Spezialisierung, Vorliegen schriftlicher Regeln und Unpersönlichkeit der Führung. Die Erfassung dieser Strukturgrößen erfolgt mittels Fragen, die die Eindrücke der Organisationsmitglieder wiedergeben. Es wurden also auch in dieser Untersuchung Rollenperzeptionen gemessen. Für die Erfassung der Entfremdung wurden sechs Fragenbatterien eingesetzt: Gefühl der Machtlosigkeit, Normlosigkeit, soziale Isolation, allgemeine Entfremdung, Anomie (mangelnde soziale Integration in die Gesellschaft), Selbstentfremdung (das Gegenteil von Selbstverwirklichung). Befragt wurden 104 Geschäftsleute (selbständig, oder mehr als die Hälfte ihres Einkommens in Form von Gewinnen verdienend), 108 Manager und 120 Arbeiter einer amerikanischen Industriestadt. Interessant ist zunächst, daß *über alle Entfremdungsmaße hinweg sich Manager weniger entfremdet zeigten als Geschäftsleute und diese wiederum weniger als Arbeiter. Für die Manager ergab sich keine einzige signifikante Beziehung zwischen den Maßen der Rollenperzeption und den Maßen der Entfremdung. Für Geschäftsleute korrelierte die Bürokratisierung (eine Zusammenfassung aller verwendeten Perzeptionsmaße) signifikant mit der Selbstentfremdung; für die Arbeiter korrelierte sie mit der Anomie.* Das Maß der empfundenen Entscheidungskompetenz war für die Arbeiter mit fünf der sechs Entfremdungsmaße korreliert (wenig Entscheidungskompetenz führte zur Entfremdung), das Maß für die Vorgabe von Regeln mit dreien. Das wesentliche Ergebnis ihrer Untersuchung ist für Bonjean und Grimes, daß aufgrund der wenigen signifikanten Korrelationen zwischen Bürokratisierungs- und Entfremdungsmaßen die *These von dem entfremdenden Effekt der Bürokratie nicht generalisiert* werden könne.

Diese beiden Untersuchungen über den Zusammenhang zwischen Rollenperzeptionen und Entfremdung lassen uns einigermaßen verwirrt zurück. Einmal sind wir verwirrt, weil in einer Untersuchung relativ starke Beziehungen zwischen empfundener Bürokratisierung und Entfremdung festgestellt wurden, in einer anderen dagegen nur schwache. Diese Diskrepanz können wir jedoch einigermaßen plausibel interpretieren, wenn wir berücksichtigen, daß die Entfremdungsmaße von Aiken und Hage auf die interne Situation der Organisation abstellen, die von Bonjean und Grimes aber auf die generelle Entfremdung in der Gesellschaft. Man kann aus diesen beiden Untersuchungen somit den *Schluß ziehen, daß das Empfinden, unter bürokratischen*

Arbeitsbedingungen zu arbeiten, zu Entfremdungserscheinungen innerhalb der Bürokratie führt, daß diese Entfremdungserscheinungen aber nur bei den Arbeitern in größerem Umfang auf den außerorganisatorischen Erfahrungsbereich ausstrahlen. Da die Untersuchungen aber in den Vereinigten Staaten durchgeführt wurden, lassen sich diese Aussagen im übrigen nur mit starken Vorbehalten auf außeramerikanische Gesellschaften übertragen.

Schwieriger auszuräumen ist die Verwirrung, die sich aus den Diskrepanzen zwischen den eben betrachteten Untersuchungen und den Studien zu den Beziehungen zwischen Kontext (vor allem Größe) und Verhalten sowie zwischen Struktur und Verhalten ergibt.

Wir hatten festgestellt, daß sowohl Kontextbedingungen, die die Entwicklung bürokratischer Strukturen fördern – viele Organisationsmitglieder, starke Abhängigkeit, große Muttergesellschaften – als auch die Bürokratisierung selbst von den Organisationsmitgliedern nicht mit „bürokratischem Verhalten" assoziiert werden, sondern eher mit a-bürokratischem Verhalten. Auf der anderen Seite haben wir eben gesehen, daß die Perzeption bürokratischer Bedingungen durchaus zu negativen Konsequenzen im Verhalten der Organisationsmitglieder führen kann – die Organisationsmitglieder fühlen sich entfremdet und sind unzufrieden.

Unter welchen Bedingungen sind diese Befunde auf eine konsistente Weise mit unserer Konzeption vereinbar?

Nkr unter der Bedingung, daß *Organisationsmitglieder in bürokratischen Strukturen ihre Arbeitsbedingkngen als nicht bürokratisch empfingen,* stehen die bisher wiedergegebenen Befunde nicht im Widerspruch. Dieser Frage wollen wir im folgenden besondere Aufmerksamkeit widmen.

5.2.1.4. Zusammenhänge zwischen Kontext und Rollenperzeption

Aus einer Untersuchung von Hall (1963) ergibt sich ein Hinweis darauf, daß die zunächst paradox erscheinende Annahme, bürokratisierte Rollen würden von den Organisationsmitgliedern nicht als bürokratisch wahrgenommen, zutrifft. So konnte er *keine signifikanten Korrelationen zwischen der Größe der Organisation einerseits sowie den Rollenperzeptionen für die Entscheidungskompetenz, den Spezialisierungsgrad, die Standardisierung, die Unpersönlichkeit der Führung und die Professionalisierung andererseits* feststellen. Aus den im Kapitel 4 ausgewerteten empirischen Untersuchungen wissen wir aber, daß zwischen der Organisationsgröße und den objektiv, d. h. nicht durch Befragungen der Betroffenen gewonnenen Maßen für den Spezialisierungsgrad, den Entscheidungsdelegationsgrad, den Standardisierungsgrad usw. starke Korrelationen bestehen. Somit legen auch die Befunde von Hall den Schluß nahe, daß *„bürokratisierte Rollen" nicht als bürokratisch empfunden* werden. Diese Schlußfolgerung können wir anhand von Untersuchungen überprüfen, die Auswirkungen der „objektiv" erfaßten Organisationsstruktur auf die Stellenperzeption und das Verhalten analysieren und somit von einem mehrstufigen Modell ausgehen.

5.2.2. Empirische Ergebnisse zum Zusammenhang zwischen Kontext, Organisationsstruktur, Rollenperzeption und Verhalten

Zwei Studien untersuchen, wie die Struktur, die vom Kontext beeinflußt ist, die Rollenperzeption und das Verhalten prägt. Leider wurden aber nur Rollen und Verhalten im oberen Managementbereich erfaßt. Child (1973c) befragte 198 Manager in 82 britischen Dienstleistungs- und Fertigungsunternehmungen, Kieser 201 Manager in 51 Fertigungsunternehmungen Nordrhein-Westfalens (Child und Kieser 1975). Die in diesen Untersuchungen zwischen Kontext und Struktur festgestellten Beziehungen wurden bereits in Kapitel 4 dargestellt (vgl. auch Child 1972a, Kieser 1974b und c).
Welche *Rollenperzeptionen* wurden nun in diesen beiden Untersuchungen wie erfaßt? An die Manager der beiden Ebenen nach der Unternehmensführung wurden Fragebogen verteilt, die 14 Fragen zur Erfassung der Rollenperzeption im Hinblick auf die Routinisierung und Standardisierung der Aufgabe enthielten (Beispielfragen: Wie genau sind Ihre Kompetenzen und Ihre Verantwortung festgelegt? Sehr genau, ziemlich genau, nicht sehr genau, sehr ungenau, überhaupt nicht). Eine Analyse der Antworten ergab, daß sich aus diesen 14 Fragen durch Zusammenfassung verschiedener Fragen vier Variablenkomplexe bilden ließen. Diese Zusammenfassung beruhte auf einer Faktorenanalyse, die übrigens für die beiden Stichproben ungefähr dasselbe Ergebnis erbrachte (vgl. Child und Kieser 1975). Darüber hinaus enthielt der Fragebogen einige Fragen, die sich auf die empfundenen Entscheidungskompetenzen bezogen und von Stogdill und Shartle (1955) übernommen worden sind. Somit wurden insgesamt die folgenden fünf Aspekte der Rollenperzeption erfaßt, die wir in Abschnitt 5.1.1.2. schon erwähnt haben:
– Genauigkeit der Kompetenzabgrenzung,
– Mangel an Problemgehalt,
– Routinisierung der täglichen Arbeit
  (im Sinne von Gleichförmigkeit),
– langfristige Stabilität der Aufgaben,
– empfundene Entscheidungskompetenzen.
Von Interesse ist nun, wie Kontext und Organisationsstruktur diese Rollen-

perzeption beeinflussen. Die Korrelationen für die beiden Untersuchungen sind in Tab. 5–3 wiedergegeben. Was zeigen diese Korrelationen?

Tab. 5–3. Korrelationen von Variablen des Kontextes und der Organisationsstruktur mit Variablen der Rollenperzeption (Die ersten beiden Stellen hinter dem Komma)
GB Stichprobe: N = 78 Unternehmungen   BRD Stichprobe: N = 47 Unternehmungen

Variablen des Kontextes und der Organisationsstruktur	Variablen der Rollenperzeption									
	Genauigkeit d. Kompetenzabgrenzung		Mangel an Problemgehalt		Routinisierung der täglichen Arbeit		langfristige Stabilität der Aufgaben		empfundene Entscheidungskompetenzen	
	GB	BRD	GB	BRD	GB	BRD	GB	BRD	GB	BRD
Kontext										
Unternehmensgröße (Log. Gesamtbeschäftigtenzahl)	05	19	−22*	−36*	−38***	−25	−20	−20	29**	02
Größe der Muttergesellschaft	16	44**	−15	00	−25*	−04	−20	−32*	22*	01
Integration des Fertigungsflusses	26*	10	17	−10	15	12	−10	−13	−39***	−13
Organisationsstruktur										
Abteilungsspezialisierung	27*	20	−11	−30*	−21	−25	−25*	−23	07	09
Stellenspezialisierung	35**	04	−04	−39**	−22*	−38**	−28*	−17	14	04
Standardisierung (GB) bzw. Planung (BRD)	28*	−03	−20	−14	−21	−27	−27*	−38+	24*	15
Delegation	−08	30*	−45***	−32*	−51***	−14	−32**	−07	57***	25

* p < .05
** p < .01
*** p < .001

5.2.2.1. *Der Einfluß des Kontextes und der Struktur auf die Rollenperzeption*

Zunächst können wir feststellen, daß die *Rollenperzeptionen mit Variablen der Struktur im Schnitt stärker korrelieren als mit Variablen des Kontextes.* Dies stützt unsere Konzeption, die davon ausging, daß die Rollen der Manager relativ stärker von der Struktur als vom Kontext abhängen, daß die indirekten Wirkungen des Kontextes auf die Rollenperzeptionen stärker sind als die direkten. Wir sehen weiter, daß die verschiedenen Aspekte der

Rollenperzeption recht unterschiedlich beeinflußt werden. Während die Genauigkeit der Kompetenzabgrenzung mit der Bürokratisierung – mit Spezialisierung Standardisierung und Planung – zunimmt, nehmen die Rollenperzeptionen, die mit der Routinisierung assoziiert sind – Mangel an Problemgehalt, Routinisierung, langfristige Stabilität – mit der Bürokratisierung ab. *Die Annahme, die wir oben einführen mußten, um die Einzelbefunde in einen konsistenten Zusammenhang zu bringen, nämlich die Annahme, daß eine bürokratische Struktur zu nicht-bürokratischen Rollenperzeptionen führen kann, erfährt hier eine empirische Stützung* in dem Sinne, daß Manager in bürokratischen Organisationen ihre Rollen zwar als exakt definiert, ihre Arbeit jedoch nicht als routinisiert empfinden.

> Dieses Ergebnis widerspricht sicherlich unserer Intuition – und auch den über die Bürokratie angestellten Spekulationen. Läßt es sich plausibel interpretieren?

Für die Interpretation ist sicherlich die empfundene Entscheidungskompetenz wichtig. *Die befragten Manager haben bei hoher Standardisierung (Planung) und bei starker Delegation das Empfinden, über viele Entscheidungskompetenzen zu verfügen.* Obwohl die indirekten Steuerungsmechanismen, wie Programme und Planungssysteme und die damit verbundene Strukturformalisierung durch Organisationsbücher, Stellenbeschreibungen, usw. den Handlungsspielraum der Manager klar umgrenzen – die Genauigkeit der Kompetenzabgrenzung nimmt ja unter diesen Bedingungen zu – haben sie den Eindruck, über mehr Entscheidungskompetenzen zu verfügen. Es ist offensichtlich *nicht unwichtig auf welche Weise Entscheidungsspielräume abgegrenzt* werden. Werden die Manager bei starker Entscheidungszentralisation und bei weitgehender Abwesenheit von technokratischen Koordinationsmechanismen vorwiegend durch ad-hoc Anweisungen der Unternehmungsführung gesteuert, so empfinden sie ihre Entscheidungskompetenzen schlecht abgegrenzt und ihre Arbeit als routinehaft. Weil die Unternehmungsführung jederzeit in ihre Arbeit intervenieren kann und sich die endgültige Entscheidung in vielen Angelegenheiten vorbehält, haben sie zudem das Gefühl, nur über wenige Entscheidungskompetenzen zu verfügen. Technokratische Koordinationsmechanismen, die zumeist mit einer stärkeren Formalisierung verbunden sind, legen den Inhalt von Entscheidungen oder zumindest die Regeln, nach denen entschieden werden muß, zwar weitgehend fest, dennoch haben die Manager das Gefühl, Entscheidungskompetenzen zu besitzen, und die Anwendung von vorgeschriebenen Verfahren auf jeweils wechselnde Aufgabenstellungen empfinden sie nicht als Routine. Es ist also festzustellen, daß die *Abhängigkeit von schriftlich fixierten Richtlinien als weniger „einschnürend" empfunden wird als die direkte Abhängigkeit von hierarchisch übermittelten Weisungen, auch wenn objektiv der Entscheidungsspielraum nicht unbedingt größer sein muß* (vgl. auch Gouldner 1963 sowie Blau und Schoenherr 1971). Soweit dies in den Rollenperzeptionen zum Ausdruck kommt, ziehen die Manager eine Steuerung durch generelle Regeln einer Steuerung durch Weisungen der Vorgesetzten vor.

5.2.2.2. *Der Einfluß der Struktur und der Rollenperzeptionen auf das Verhalten*

Als nächstes ist zu fragen, wie die Rollenperzeptionen das Verhalten beeinflussen. Um dieser Frage nachgehen zu können, müssen wir wissen, welche Aspekte des Verhaltens in den hier besprochenen Untersuchungen erfßt wurden. Auf die in den Untersuchungen von Child und Kceser behandelten Verhaltensaspekte sind wir in Abschnitt 5.1.3. bereits eingegangen. Wie erwähnt, wurde dabei ansatzweise zwischen dem tatsächlich beobachteten Verhalten und der Neigung zu einem bestimmten Verhalten unterschieden. Das Interesse konzentriert sich dabei auf den Aspekt der *Regelkonformität.* In diesem Zusammenhang wurden die Manager gebeten, anhand desselben Fragenkataloges, der zweimal präsentiert wurde, zum einen aufzuzeigen, welches Verhalten Manager zeigen *sollten,* und zum anderen, welches Verhalten sie bei ihren Kollegen *tatsächlich beobachten;* es werden also die *erwartete Nonkonformität* und die *tatsächlich beobachtete Nonkonformität* gemessen. Eine weitere Fragenbatterie erfaßt die *Präferenz für eine abwechslungsreiche Tätigkeit.* Darüber hinaus wurden auch Fragen zum Ausmaß des in der Untersuchung festzustellenden *Konfliktes* gestellt. Die Korrelationen für diese Verhaltensgrößen mit Variablen der Struktur und der Rollenperzeption sind in Tab. 5–4 wiedergegeben.
Welche Aussagen lassen sich aufgrund dieser Korrelationen machen? – Einmal ist festzustellen, daß die erwartete Nonkonformität und die Präferenz für eine abwechslungsreiche Tätigkeit mit der Genauigkeit der Kompetenzabgrenzung und mit der Routinisierung der Arbeit (Mangel an Problemgehalt, Routinisierung der täglichen Arbeit, langfristige Stabilität) abnehmen. *Je genauer die Manager ihre Kompetenzen als abgegrenzt empfinden und je routinehafter ihnen ihre Arbeit vorkommt, desto weniger erwarten sie nonkonformes Verhalten von ihren Kollegen* (und desto geringer ist ihr Wunsch nach abwechslungsreicher Tätigkeit).

Können wir daraus schließen, daß Manager in stärker bürokratisierten Organisationen von ihren Kollegen konformes Verhalten erwarten?

	Verhaltensvariablen							
Organisatorische Variablen	Erwartete Nonkonformität[1]		Beobachtete Nonkonformität		Präferenz für eine abwechslungsreiche Tätigkeit		Konflikte	
	GB	BRD	GB	BRD	GB	BRD	GB	BRD
Struktur:								
Abteilungsspezialisierung	−04	14	07	05	37***	24*	33**	01
Stellenspezialisierung	07	22	08	−10	39***	16	23*	05
Standardisierung (GB) bzw.								
Planung (BRD)	15	25*	22	−21	43***	07	31**	10
Delegation	46***	22	−19	01	−52***	20	−01	−18
Rollenperzeption								
Genauigkeit der Kompetenz-abgrenzung	−27*	07	06	10	n. v.	−18	08	−16
Routine: Mangel an Probl.-Geh.	−48***	−42**	−37**	04	−33***	−46***	−03	−15
Routinisierung der tägl. Arbeit	−34***	−04	−22	04	−37***	−57***	13	−18
Langfristige Stabilität	−33*	−19	−21	−09	−18***	−54***	−20	07
Empfundene Entscheidungs-kompetenz	46***	10	43	19	n. v.	21	−03	06

[1] Die Maße für die Nonkonformität sind nicht völlig identisch, da die Faktorenanalyse zu unterschiedlichen Gruppierungen für die Fragen in den beiden Stichproben führte.
[2] Nicht veröffentlicht.
  * p < 0,05
 ** p < 0,01
*** p < 0,001

Tab. 5–4. Korrelationen zwischen organisatorischen Variablen und Verhaltensgrößen (die ersten beiden Stellen hinter dem Komma)

Wie wir weiter oben (S. 352) gesehen haben, wird die Arbeit in stark bürokratisierten Organisationen von den Organisationsmitgliedern *nicht* als routinisiert empfunden. Dann ist es auch plausibel, daß unter *bürokratischen Bedingungen nonkonformes Verhalten erwartet wird und der Wunsch nach abwechslungsreicher Tätigkeit stärker ausgeprägt ist.* Dies deuten auch die positiven Korrelationen der erwarteten Nonkonformität mit der Standardisierung an. Insgesamt führen diese Befunde zu dem Schluß, daß erwartete Nonkonformität nicht als Reaktion auf eine starke Bürokratisierung, sondern als Folge von als entroutinisiert empfundenen Rollen bei objektiv starker Bürokratisierung zu verstehen ist (vgl. Abb. 5–10).

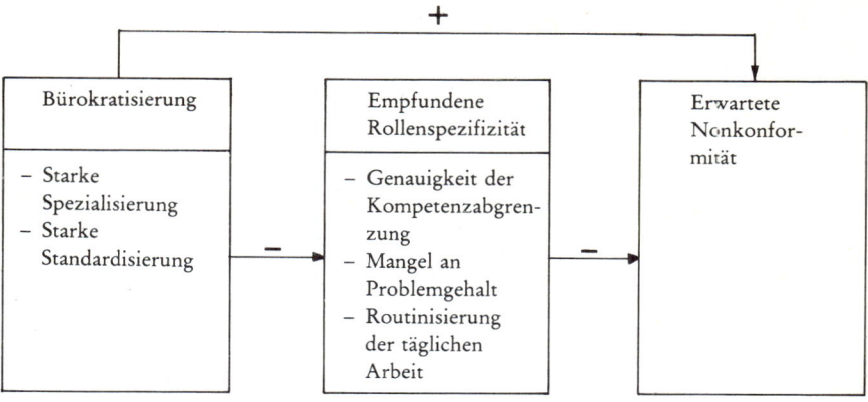

Abb. 5–10. Der Zusammenhang zwischen Bürokratisierung und erwarteter Nonkonformität

Während nun aber in der englischen Stichprobe die Erwartungen auf das tatsächlich beobachtete Verhalten durchschlagen – die Korrelation mit den Rollenvariablen haben bis auf eine Ausnahme dieselben Vorzeichen –, sind die Korrelationen in der deutschen Stichprobe erheblich reduziert oder sogar in der Richtung verändert. *Während also in der englischen Stichprobe die Entroutinisierung der Arbeit und die Erhöhung der empfundenen Entscheidungskompetenz nicht nur den Wunsch nach Nonkonformität wecken, sondern auch in tatsächlich beobachtetem nonkonformen Verhalten resultieren, verstärken sie in der deutschen Stichprobe nur den Wunsch nach nonkonformem Verhalten; das tatsächliche Verhalten wird nicht beeinflußt.* Interessant ist vor allem der Unterschied zwischen den Korrelationen der Standardisierung mit der erwarteten Nonkonformität (r = −0,25) und mit der beobachteten Nonkonformität (r = 0,21). Standardisierung erhöht den Wunsch nach Nonkonformität, stellt aber auch gleichzeitig konformes Verhalten sicher. Da die Korrelationen nicht sehr hoch sind, dürfen wir diese Interpretation nicht überbewerten, aber die zum Ausdruck kommenden Tendenzen sind sehr interessant.

Die Korrelationen mit der Variablen „Konflikt" stimmen mit den bisherigen Interpretationen überein. Während sie in der englischen Stichprobe relativ hoch mit den Variablen korreliert, die auch beobachtete Nonkonformität erzeugen (Standardisierung, Formalisierung), ergeben sich in der deutschen Stichprobe keine stärkeren Korrelationen. Hier war Konflikt mit der Dauer der Organisationszugehörigkeit am stärksten korreliert (r = −0,29). Offensichtlich reduziert die Internalisierung der Rolle, die als eine Funktion der

Dauer der Organisationszugehörigkeit gesehen werden kann, Konflikt am nachhaltigsten.
Die in den beiden Stichproben festgestellten Beziehungen sind in Abb. 5–11 noch einmal zusammengefaßt.

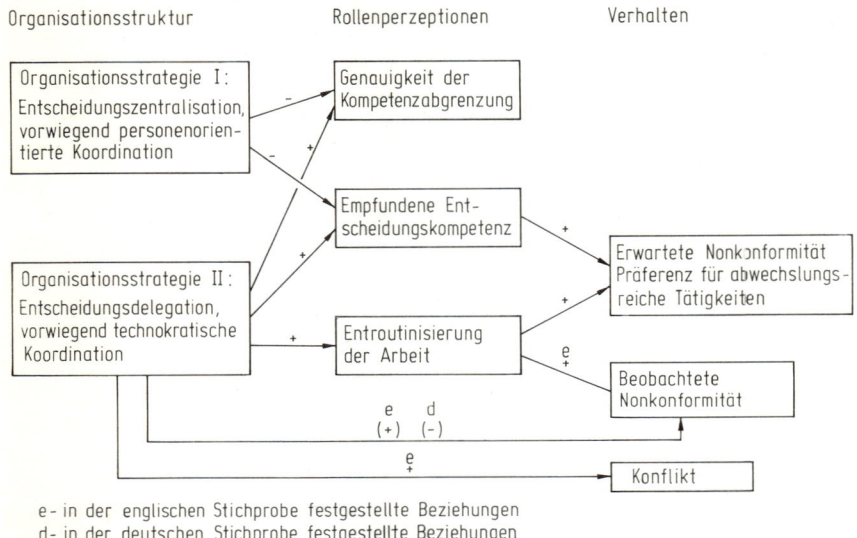

e - in der englischen Stichprobe festgestellte Beziehungen
d - in der deutschen Stichprobe festgestellte Beziehungen

Abb. 5–11. Beziehungen zwischen Organisationsstruktur, Rollenperzeptionen und Verhalten

5.3. Technologie, organisatorische Regelungen und Verhalten der Organisationsmitglieder

In den bisher diskutierten empirischen Untersuchungen haben die in Organisationen eingesetzten Technologien keine große Beachtung gefunden. In den Untersuchungen von Child und Kieser ergaben sich überwiegend nur sehr geringe und nicht signifikante Korrelationen zwischen der Integration des Fertigungseinflusses und den Rollenperzeptionen (vgl. Tab. 5–3). Andererseits gibt es eine umfangreiche Literatur, die einen deutlichen Einfluß der Fertigungstechnologie und der Informationstechnologie auf das Verhalten von Arbeitern bzw. Angestellten und ihren Vorgesetzten konstatiert. Wie ist diese Diskrepanz zu erklären?
In den Untersuchungen von Child und Kieser wurden nur Manager auf den

oberen Hierarchieebenen befragt. Offensichtlich spielt es selbst im Produktionsbereich für das Verhalten von Instanzeninhabern auf den oberen Ebenen keine große Rolle, welche Technologie eingesetzt wird, da sie selbst mit der Technologie direkt kaum in Berührung kommen. Für sie wird die Technologie vor allem indirekt relevant, indem sie die Möglichkeiten zu technokratischer Koordination mitbestimmt. Ganz anders dürfte es hingegen bei den Meistern und Arbeitern in der Fertigung aussehen. Ob ein Meister einer Werkstatt oder einem Fließbandabschnitt vorsteht, ist für sein Verhalten zweifellos maßgeblich.

Ähnlich verhält es sich auch mit der Informationstechnologie. Ob die ausführenden Stellen in den einzelnen Verwaltungsbereichen mit einem Computer zusammenarbeiten (müssen) oder nicht, hat zwar Konsequenzen für die Steuerung, Koordination und Überwachung der gesamten Aufgabenerfüllung in einer Organisation; unmittelbare verhaltensbezogene Auswirkungen sind jedoch kaum auf einen Manager zu erwarten, der sich zwei oder sogar drei Ebenen oberhalb der eigentlichen „Benutzer" befindet, sondern in erster Linie auf die unmittelbaren Benutzer und deren direkte Vorgesetzte. Trotz des Schlagwortes von Management-Informationssystemen ist es heute noch weitgehend so, daß das obere Management den Computer nicht direkt, sondern indirekt benutzt und sich von Mitarbeitern die maschinell erstellten Informationen mitteilen und interpretieren läßt. Vor allem die besonders restriktiven Anforderungen an die Dateneingabe betreffen das obere und auch das mittlere Management kaum. Wenn Manager überhaupt in einer direkten Beziehung zur maschinellen Datenverarbeitung stehen, so befinden sie sich in aller Regel auf der Outputseite.

Somit wird verständlich, warum sich bei einer Analyse des Verhaltens von Managern oberer Ebene keine Einflüsse der Technologie zeigen. Da Organisationen jedoch nicht nur aus Managern bestehen, wollen wir in diesem Abschnitt untersuchen, welche Beziehungen zwischen der Technologie und dem Verhalten bestimmter Gruppen von Organisationsmitgliedern bestehen, die mit der Technologie direkt in Berührung kommen. Dies wollen wir getrennt für die Fertigungstechnologie und die Informationstechnologie tun.

5.3.1. Fertigungstechnologie und individuelles Verhalten

In Abschnitt 4.2.3. und 5.1.1.1. haben wir darauf hingewiesen, daß die Fertigungstechnologie selbst verhaltenssteuernde Bedingungen für die mit ihr oder in ihrem Rahmen arbeitenden Organisationsmitglieder beinhaltet. Diesen Zusammenhang zwischen Technologie und Arbeitsbedingungen müssen wir als erstes betrachten, wenn wir die Auswirkungen der Technologie auf das individuelle Verhalten diskutieren wollen.

5.3.1.1. Fertigungstechnologie und Arbeitsbedingungen

Die folgenden vier Aspekte sind sicherlich wichtig zur Charakterisierung von Arbeitsbedingungen, die durch die Fertigungstechnologie geschaffen werden:

(1) der Autonomiegrad (das Ausmaß, in dem der einzelne Arbeiter seinen Arbeitsprozeß selbst bestimmen kann),

(2) der Umfang der erforderlichen Qualifikationen (durch Training und Ausbildung zu erwerbende Fertigkeiten, die der Arbeiter zur Ausführung seiner Aufgaben benötigt),

(3) die Belastung (das Ausmaß körperlicher und psychischer Inanspruchnahme),

(4) die sozialen Interaktionen (das Ausmaß aufgabenbedingter Interaktionen mit Kollegen und Vorgesetzten und die Möglichkeit zur informalen Kontaktaufnahme).

Was mit diesen Begriffen konkret gemeint ist, machen die zugehörigen Variablen in Abb. 5–12 deutlich (nach Kern und Schumann, 1970, II, S. 87).

Aspekte und Variablen der Arbeitsbedingungen

---

(1) Grad der Autonomie

Grad der Vorbestimmtheit des Arbeitseinsatzes
Grad der Vorbestimmtheit der Arbeitstechniken
        Wahl des Arbeitsgegenstandes
        Wahl der Arbeitsmittel
        Wahl der Arbeitsmethoden
Grad der Vorbestimmtheit der Arbeitsgeschwindigkeit
Grad der Vorbestimmtheit der Produktqualität
        Wahl der Produktform
        Wahl der Produktstruktur
Grad der Vorbestimmtheit der Produktquantität
Grad der Vorbestimmtheit der räumlichen Bewegung

---

(2) Umfang der Qualifikationen

Umfang der handwerklichen Fertigkeiten
        Materialgefühl
        Materialkenntnisse
        manuelle Geschicklichkeit
Umfang der technischen Qualifikationen
        Kenntnisse über abstrakte technische Funktionszusammenhänge
        Kenntnisse der Anatomie und Geographie technischer Einrichtungen
        Kenntnisse der Bedienungs- und Wirkungsweise von Apparaten und Maschinen

Umfang der prozeßunabhängigen Fähigkeiten
    Flexibilität
    technische Intelligenz (kausales, abstrahierendes und hypothetisches Denken)
    Perzeption
    technische Sensibilität
    Verantwortung (Gewissenhaftigkeit, Zuverlässigkeit, Selbständigkeit)

---

(3) Höhe der Belastungen

Höhe der muskulären Belastungen
    Konstitution der zu bewegenden Gegenstände
    Wegstrecken und Bewegungsgeschwindigkeit
    Belastungsdauer
    zeitliche Verteilung der Belastung
    Einfluß der Umgebungseinflüsse
Höhe der nervlichen Belastung
    Wahrnehmungsleistungen (Erkennbarkeit der Wahrnehmungsobjekte, Geschwindigkeit der Wahrnehmungsobjekte, Belastungsdauer, zeitliche Verteilung der Belastung)
    Reaktionsleistungen (Reaktionsgeschwindigkeit, Vorhersehbarkeit der Interventionen, Häufigkeit der Interventionen)
    Einfluß der Verantwortung
    Einfluß der Unfallgefahr
    Einfluß der Umgebungseinflüsse

---

(4) Intensität der sozialen Interaktionen

Intensität der Kooperation
    gegenseitige Determinierung der Arbeit (gegenseitige Determinierung des Arbeitseinsatzes, gegenseitige Determinierung des Arbeitsinhaltes)
    gegenseitige Hilfeleistung (Beteiligung an fremder Arbeit, Modifikation der eigenen Arbeit)
    Informationsaustausch
Intensität der informellen Beziehungen

Abb. 5–12. Schema zur Erfassung der verhaltensrelevanten Arbeitsbedingungen in der Fertigung

Fertigungstechnologien lassen sich, so haben wir oben (S. 233 ff.) gesehen, vor allem durch die Variablen Mechanisierungsgrad, Automatisierungsgrad und Flexibilität des Fertigungsflusses kennzeichnen. Die *handwerkliche Einzelfertigung* etwa ist charakterisiert durch einen *niedrigen Mechanisierungsgrad, niedrigen Automatisierungsgrad und hohe Flexibilität; die Fließfertigung durch einen hohen Mechanisierungsgrad, niedrigen Automatisierungsgrad und geringe Flexibilität und die Prozeßfertigung schließlich durch einen hohen Mechanisierungsgrad, hohen Automatisierungsgrad und geringe Flexibilität.* Es gibt natürlich noch eine ganze Reihe von Zwischenformen, wir wollen unsere Analyse aber zunächst auf diese drei Typen beschränken.

Daß die *Arbeitsbedingungen* im Hinblick auf alle der oben herausgestellten Dimensionen *bei Fließfertigung schlechter* sind *als bei handwerklicher Einzelfertigung,* darüber ist man sich weitgehend einig: Die Autonomie des Arbeiters, die von ihm geforderte Qualifikation und die Möglichkeit zur sozialen Interaktion sind geringer bei Fließfertigung, die Belastungen, vor allem psychischer Art, sind höher (vgl. z. B. Walker und Guest 1952, Turner 1958, Friedmann 1956).

Wie sich die Arbeitsbedingungen der automatisierten Fertigung (Prozeßfertigung) von der Fließfertigung unterscheiden, ist dagegen recht umstritten. Da mit dem technologischen Fortschritt immer mehr Prozesse der Fließfertigung und auch der handwerklichen Einzelfertigung automatisierbar werden, geht es bei diesem Streit darum, ob die Arbeitsbedingungen im Zeitablauf mit zunehmender Automatisierung generell besser oder schlechter werden. Die *optimistische These* zu dieser Entwicklung besagt, daß die *Automatisierung eine Erhöhung der Qualifikationsanforderungen, eine Reduzierung der Belastung und mehr Autonomie bei der Arbeit sowie mehr Möglichkeiten zu sozialer Interaktion* mit sich bringt und zwar *für alle Tätigkeiten* in der automatisierten Fertigung.

Insbesondere Blauner gibt dieser Erwartung Ausdruck:

> „. . . Mit der automatisierten Industrie gibt es einen Gegentrend, von dem wir glücklicherweise annehmen dürfen, daß er in der Zukunft noch an Bedeutung gewinnen wird . . . Die Entfremdungskurve beginnt ihre einmal erreichte Höhe zu verlassen, denn Arbeiter in automatisierten Industrien entwickeln eine neue Würde durch Verantwortung und ein Gefühl für ihre individuelle Funktion . . .“ (Blauner 1964, S. 182).

Die *pessimistische Gegenthese* besagt, daß *die Automatisierung die Arbeitsbedingungen nur für einige Stellen verbessert* und für die übrigen Stellen entweder gleich läßt oder sogar noch verschlechtert. Die Vertreter dieser These sehen also eine *Polarisierung der Arbeitssituationen als Folge der Automatisierung:* Für einige Arbeiter verbessern sich die Arbeitsbedingungen, für die anderen verschlechtern sie sich oder bleiben gleich (Kern u. Schumann 1970, Band I, S. 138). Die beiden Thesen sind graphisch in Abb. 5–13 verdeutlicht.

Welche These dürfte sich bei einer empirischen Überprüfung als die stichhaltigere herausstellen?

Einige Anhaltspunkte für die Antwort auf diese Frage erhalten wir, wenn wir auf die Ergebnisse zum Zusammenhang zwischen Fertigungstechnologie und

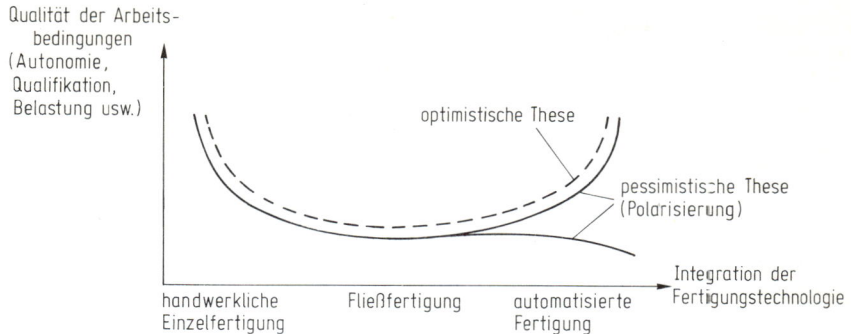

Abb. 5–13. Hypothetische Entwicklungen der Arbeitssituationen in Abhängigkeit von der technologischen Entwicklung

Spezialisierungsgrad zurückgreifen. Empirische Ergebnisse zeigen zunächst auf, daß die Automatisierung Arbeitsbedingungen verbessern *kann*. So wurde festgestellt, daß im Zuge der Automatisierung des Fertigungsbereichs die Qualifikationsanforderungen an die Arbeiter zunahmen (Faunce 1958, Bright 1958, Landwehrmann 1970). Allerdings erfordern die empirischen Ergebnisse eine differenzierte Betrachtung: Die Qualifikationsanforderungen steigen im Instandhaltungsbereich insgesamt stärker als im Produktionsbereich. Die Veränderung der Qualifikationsanforderungen im Produktionsbereich ist recht unterschiedlich: *Nur selten ist eine umfangreiche Steigerung der Qualifikationsanforderungen festzustellen;* in den meisten Fällen wird lediglich eine gewisse technische Sensibilität gefordert (Bright 1958, Friedmann 1961, Kern und Schumann 1970). Zumindest aber steigt die Zahl der Verrichtungen, die ein Arbeiter im Durchschnitt in der automatisierten Fertigung durchzuführen hat. Auch seine Verantwortlichkeit im Hinblick auf eine prompte Beseitigung von Störquellen wächst.
Die Autonomie des Arbeiters nimmt in dem Maße zu, in dem die direkte Mitarbeit im mechanisierten Produktionsprozeß zugunsten von indirekten Tätigkeiten wie Kontrolle der Aggregate, Materialbereitstellung und Instandhaltung zurückgeht (Kern und Schumann 1970, Landwehrmann 1970). Die so gewonnene Autonomie erhöht auch die Chance zur *informalen sozialen Interaktion*. Hinzu kommt, daß die Automatisierung eine Reihe von Verrichtungen hervorbringt, die eine *enge Zusammenarbeit* bedingen (Kern u. Schumann 1970). Es wurde auch beobachtet, daß die Größe der Arbeitsgruppe in der automatisierten Fertigung zurückgeht, wodurch die *Identifikation mit der Arbeitsgruppe* erleichtert wird (Fullan 1970).
Da die Meister zunehmend mit Aufgaben der Materialbereitstellung und

Störungsbeseitigung betraut werden und die Arbeiter ebenfalls Aufgaben dieser Art zugewiesen erhalten, *gleichen sich die Arbeitsinhalte zwischen Vorgesetzten und Nachgeordneten immer mehr an* (Drumm 1970). Dem entspricht eine *Verringerung der Unterschiede in den Qualifikationsanforderungen:* Die Qualifikationsanforderungen an die Meister steigen nicht in demselben Maße wie die an die Arbeiter. Verschiedene Arbeitsgruppen in der Automatisierung ähneln so dem Vorgesetzten-Nachgeordneten-Verhältnis in der handwerklichen Fertigung, in der der Meister vor allem die Funktion hat, der erfahrenste der Arbeiter seiner Gruppe zu sein.

Diese Befunde können nicht pauschal als Bestätigung der oben vorgetragenen optimistischen These von der quasi „automatischen" Verbesserung der Arbeitsbedingungen durch die Automatisierung gewertet werden. Die empirischen Ergebnisse zeigen lediglich auf, daß durch die Automatisierung neue Stellentypen geschaffen werden, die bessere Arbeitsbedingungen aufweisen als die in der Fließfertigung anzutreffenden. Sie sagen aber nichts darüber aus, in welchem *Umfang* diese neuen Stellentypen innerhalb einer automatisierten Fertigung oder innerhalb einer Volkswirtschaft im Zuge des technischen Fortschritts entstehen. Mit dieser Frage setzten sich vor allem Bright (1958) sowie Kern und Schumann (1970) auseinander. Bright kommt aufgrund einer empirischen Untersuchung zu folgendem Schluß:

> „(Es) soll keineswegs geleugnet werden, daß es viele Beispiele für automationsbedingte Qualifikationszunahmen gibt. Mir scheint jedoch, daß ihre Bedeutung oft falsch eingeschätzt worden ist. Das entscheidende Ergebnis dieser Studie ist, daß Automation . . . nicht notwendig unqualifizierte Arbeit auflöst und/oder mit übergroßen Umschulungsproblemen verbunden ist. Im Gegenteil reduziert die Automation oftmals den Einfluß des einzelnen Arbeiters an der Maschine" (S. 188).

Die Befunde von Kern und Schumann, auf die bereits oben im Zusammenhang mit der Spezialisierung hingewiesen wurde, unterstützen diese Schlußfolgerungen. Demnach führt Automatisierung also nicht, wie in der optimistischen These angenommen, zu einer Verbesserung der Arbeitsbedingungen, die alle Stellen der Produktion umfaßt, sondern sie führt zu einer *Polarisierung der Arbeitssituation:* Für einen Teil der Stellen werden die Arbeitsbedingungen verbessert, der übrige Teil bleibt auf dem bisherigen Niveau stehen oder weist sogar schlechtere Arbeitsbedingungen auf. Die meisten Automatisierungsbemühungen lassen bestimmte Tätigkeiten zurück, für die eine *Automatisierung technisch nicht möglich* oder *unrentabel* ist. Diese Tätigkeiten führen dann zur Einrichtung von Stellen mit schlechten Arbeitsbedingungen. Ein einprägsames Beispiel für eine solche dequalifizierte, streßvolle Tätigkeit in einer ansonsten hoch automatisierten Produktion ist der bei Kern und Schumann (1970, I, S. 119) beschriebene Automatenkontrolleur in der Weberei.

Nun sind technologische Arbeitsbedingungen nicht unabänderlich vorgegeben. Wenn man Arbeitsbedingungen verbessern will, braucht man nicht zu warten, bis die Automatisierung alle Stellen erfaßt. Durch entsprechende Gestaltung der Arbeitsabläufe ist es möglich, Arbeitsbedingungen auch bei einem bestimmten technologischen Entwicklungsstand zu verbessern. Bemühungen in dieser Richtung werden unter dem Stichwort *„Humanisierung der Arbeitswelt"* zusammengefaßt (Herbst 1962, RKW 1973, Ulich u. a. 1973, Vilmar 1973, Klein 1975, Fricke 1975). Die fertigungsorganisatorischen Maßnahmen, auf die bei der Verwirklichung dieses Programms zurückgegriffen wird, sind *Job Rotation, Job Enlargement, Job Enrichment,* Einrichtung *autonomer Arbeitsgruppen.* Eine schematische Darstellung dieser Maßnahmen vermittelt Abb. 5–14 (aus Vilmar 1973, S. 110 f.).

Der Einsatz dieser Maßnahmen ist eine organisatorisch-fertigungstechnologische Aufgabe. Wie umfangreich sie eingesetzt werden können, hängt von der Fertigungstechnologie ab. Bestimmte Fertigungstechnologien bieten einen größeren Spielraum als andere. *Arbeitsbedingungen sind also nicht nur technologisch vermittelt.* Zu ihrer Verbesserung bieten sich zwei Vorgehensweisen an: Entweder die weitgehende Automatisierung, bei der die nicht automatisierbaren Resttätigkeiten möglichst wenig restriktiv ausgelegt werden, oder die Auflösung der Fließfertigung zugunsten einer Klein-Serien- oder Einzelfertigung, bei der den Arbeitsgruppen Entscheidungen über die Arbeitseinteilung und die Kontrolle der Tätigkeiten übertragen werden. *Welcher Weg unter Beachtung ökonomischer Kriterien beschritten werden kann, hängt vom technologischen Entwicklungsstand der jeweiligen Fertigung und vom Produktionsvolumen ab.* Die Technologie gibt die Arbeitsbedingungen also nicht absolut vor, sie setzt aber gewisse Restriktionen. Dieser Zusammenhang ist in Abb. 5–15 veranschaulicht (vgl. auch Lawler 1973, S. 169). Die Wahl einer bestimmten Form der Fertigungstechnologie hat natürlich wieder Konsequenzen für die umfassende Organisationsstruktur (vgl. S. 263 ff.).

Maßnahmen zur Humanisierung der Arbeit gehen von einer bestimmten Einstellung der Arbeiter gegenüber ihrer Arbeit und von einer bestimmten Beziehung zwischen Arbeitsbedingungen und Verhalten aus. Sie *unterstellen, daß der Arbeiter ein Bedürfnis nach herausfordernder Tätigkeit und nach Selbstverwirklichung in seiner Arbeit entfaltet* und daß er, wenn ihm Gelegenheit zu einer solchen Entfaltung geboten wird, mit *Zufriedenheit* und *Leistungsbereitschaft* reagiert. Diese Annahmen blieben nicht unwidersprochen. Ein Grund, sich mit den Beziehungen zwischen Arbeitsbedingungen, Einstellung zur Arbeit und Verhalten der Arbeiter auf der Basis empirischer Untersuchungen näher zu beschäftigen.

Typ der Arbeitsorganisation	Merkmale
(1) Konventionelle, hochmechanisierte Arbeitsorganisation (hochgradige Zerlegung der Arbeitsaufgabe)	monotone Wiederholung kleiner Arbeitsvollzüge; fremde Kontrolle; stark differenzierte (Akkord- oder Prämien-)Löhne
(2) Arbeits(platz)wechsel in der Arbeitsorganisation (systematische Rotation) „Job Rotation"	durch Ausweitung der Anlernprozesse Ermöglichung der wechselnden Ausführung verschiedener Arbeitsvollzüge – bei vollem Lohnausgleich; sonst wie (1)
(3) Vergrößerung der individuellen Arbeitsaufgaben in der Arbeitsorganisation „Job Enlargement"	durch Ausweitung der Anlernprozesse und Umstellung (Reduzierung) der Arbeitsteilung Ermöglichung weniger monotoner, komplexerer Arbeitsvollzüge; neue Lohnformen; Kontrolle wie (1); eventuell quantitativ vermindert
(4) Vergrößerung und Verselbständigung der individuellen Arbeitsaufgaben in der Arbeitsorganisation „Job Enrichment"	durch betriebliche Ausbildungsprogramme und Umstellung der Arbeitsorganisation Ermöglichung a) größerer Arbeitsaufgaben, b) selbständige Wartung und (teilweise) Reparatur der Anlagen c) selbständige Kontrolle der Produkte.
(5) Teilautonome Gruppen in der Arbeitsorganisation	Maßnahmen wie (4), zusätzlich Arbeitsplatzwechsel und Übertragung aller übertragbaren Entscheidungen – eventuell einschließlich Lohnverteilung – in die Kompetenz der für einen abgrenzbaren Produktionsprozeß zuständigen Gruppen.

Abb. 5–14. Modelle des Abbaus der Monotonie und Fremdbestimmung in der Fertigungsorganisation (nach Vilmar 1973)

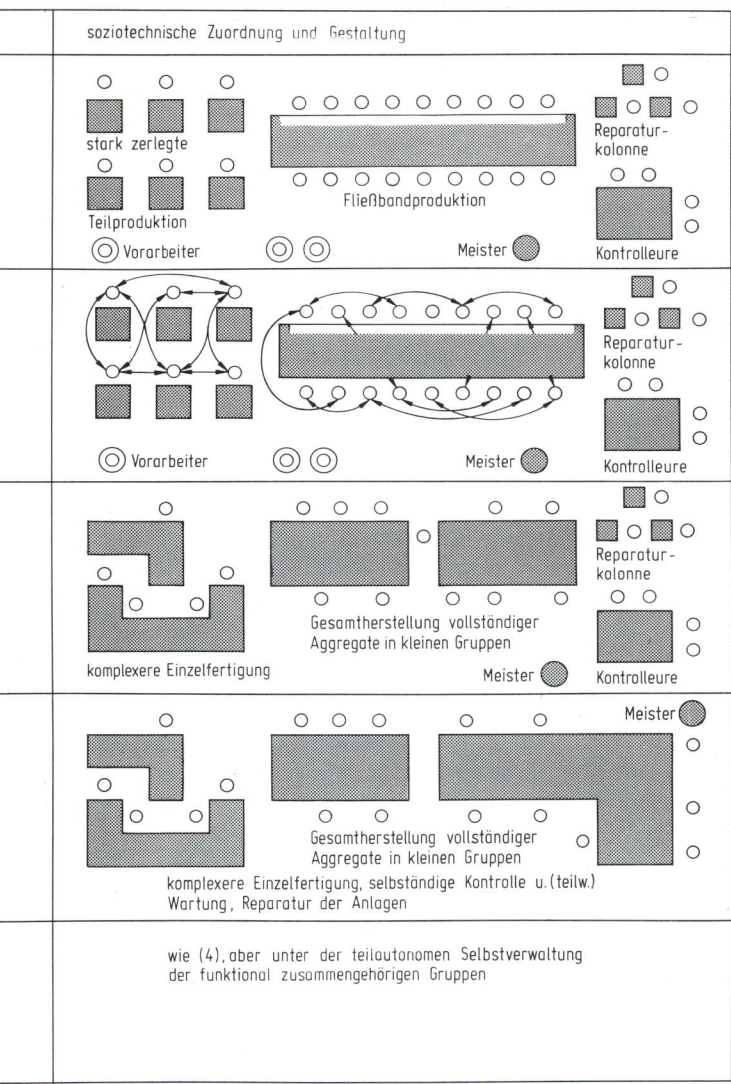

soziotechnische Zuordnung und Gestaltung

stark zerlegte
Teilproduktion
Vorarbeiter

Fließbandproduktion

Meister

Reparatur-
kolonne

Kontrolleure

Vorarbeiter

Meister

Reparatur-
kolonne

Kontrolleure

komplexere Einzelfertigung

Gesamtherstellung vollständiger
Aggregate in kleinen Gruppen

Meister

Reparatur-
kolonne

Kontrolleure

Meister

Gesamtherstellung vollständiger
Aggregate in kleinen Gruppen

komplexere Einzelfertigung, selbständige Kontrolle u.(teilw.)
Wartung, Reparatur der Anlagen

wie (4), aber unter der teilautonomen Selbstverwaltung
der funktional zusammengehörigen Gruppen

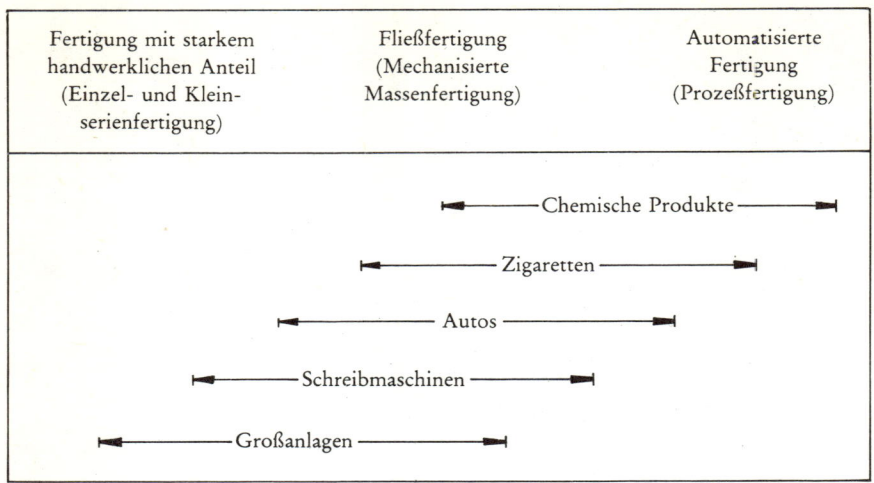

Abb. 5–15. Tendenzen des technologischen Spielraumes bei der Auswahl von Fertigungsverfahren

5.3.1.2. Arbeitsbedingungen, Einstellungen zur Arbeit und Verhalten der Arbeiter

Über die Auswirkungen der Fertigungstechnologie auf Arbeitsorientierung und Verhalten gibt es eine Reihe widersprüchlicher Thesen, die zu allem Unglück auch noch jeweils empirische Evidenz für sich in Anspruch nehmen können. Unsere Aufgabe wird es sein, durch eine kritische Analyse einzelner wichtiger Studien diese Widersprüche so weit wie möglich aufzulösen.

Die grundlegende Frage ist, ob dem Arbeiter ein *Bedürfnis nach Selbstverwirklichung* in der Arbeit immanent ist, ob er höher qualifizierte Arbeit repetitiver Arbeit generell vorzieht. Von einer Reihe von Autoren wird nämlich auch die Meinung vertreten, der Arbeiter strebe nicht nach Selbstverwirklichung in der Arbeit, sondern eher nach *Selbstverwirklichung in der Familie und in seiner Freizeit.* Die Arbeit sei nur ein *Instrument,* um im Wege des Erwerbs einer gesicherten Existenz und Kaufkraft diese primären Ziele zu verwirklichen (vgl. hierzu etwa Hoffmann 1976, S. 118 ff.).

Ein empirischer Test dieser Frage könnte nun darin bestehen, die Zufriedenheitsniveaus von Arbeitern in repetitiven Aufgabenstellungen der Fließarbeit einerseits und in anspruchsvolleren Aufgabenstellungen der automatisierten Fertigung andererseits zu vergleichen. Solche Vergleiche wurden durchgeführt und zeigten auch zum Teil einen positiven Zusammenhang zwischen

Anspruch der Arbeit und Zufriedenheit auf (Blauner 1964, Mallet 1963, Fullan 1970). Ergebnisse dieser Art sagen jedoch nicht allzuviel aus, da sie nicht aufzeigen können, daß der höhere Grad an Selbstverwirklichung als der *entscheidende Faktor* für die größere Zufriedenheit angesehen werden muß. Arbeitszufriedenheit in relativ autonomen Aufgabenstellungen der automatisierten Fertigung kann auch durch bessere Bezahlung, höheren Status, bessere Karrieremöglichkeiten usw. herbeigeführt worden sein. Auch Vergleiche der Zufriedenheit von Arbeitern vor und nach der Einführung automatisierter Fertigungsformen, wie sie etwa von Walker (1957) durchgeführt wurden, sagen nicht allzuviel aus, wenn die oben erwähnten intervenierenden Größen nicht konstant gehalten werden.

Es verwundert daher nicht, daß verschiedene solcher einfachen Tests eines positiven Zusammenhangs zwischen Arbeitsbedingungen und Zufriedenheit scheitern (Faunce 1958). Besonders aufschlußreich ist das Scheitern von Turner und Lawrence (1965) bei dem Versuch, diesen Zusammenhang für Produktionsarbeiter generell nachzuweisen. Der Nachweis gelang lediglich für die Gruppe von Arbeitern aus *ländlichen Gebieten.* Für Arbeiter aus Großstädten ergab sich eher der entgegengesetzte Zusammenhang. Hulin und Blood (1968) fanden in einer anderen empirischen Untersuchung, daß neben dem *Urbanisierungsgrad* noch das *Einkommen* den angenommenen Zusammenhang zwischen Arbeitssituation und Zufriedenheit beeinflußt: Arbeiter mit höheren Einkommen fanden repetitive Arbeit mit geringer Autonomie nicht unbefriedigend. Diese Ergebnisse deuten möglicherweise darauf hin, daß die Zufriedenheit nicht aus der Arbeitssituation *allein* erklärt werden kann. Möglicherweise müssen *gesellschaftliche Variablen* mit berücksichtigt werden.

Entsprechend dieser Einsicht argumentieren Goldthorpe u. a. (1968), daß nicht die Arbeitssituation, sondern die *Arbeitsorientierung* letztlich über die Arbeitszufriedenheit entscheide:

> „Die Frage der *Arbeitszufriedenheit* kann letztlich nicht sinnvoll diskutiert werden außer in Beziehung zu der grundlegenden Frage nach dem, was wir als *‚Arbeitsorientierung'* bezeichnen würden. Solange man nicht weiß, welche Wünsche und Erwartungen die Arbeiter ihrer Arbeit entgegenbringen – solange man nicht weiß, welche *Bedeutung* Arbeit für sie hat –, ist man nicht in der Lage zu verstehen, welche Arbeitseinschätzung ihrer Situation angemessen sein wird" (1968) S. 36).

Auf der Basis ihrer empirischen Untersuchung führen Goldthorpe u. a. aus, daß die Mehrzahl der Arbeiter eine rein *instrumentelle Arbeitsorientierung* aufweise. Sie sähen in der Arbeit lediglich ein Mittel zur Erhaltung oder Erhöhung ihres Lebensstandards. Es gehe ihnen vor allem darum, ein *Maximum an ökonomischem Gewinn mit möglichst geringem körperlichen und geistigen Aufwand* zu erzielen. Diese Orientierung kann nach Ansicht der Autoren *nicht als Reaktion auf eine unbefriedigende Arbeitssituation,* sondern ausschließlich als Konsequenz der *gesamtgesellschaftlichen* Stellung der Arbeiter erklärt werden. Die wichtigsten Ergebnisse der Studie von Goldthorpe u. a. waren:

> „(1) Daß es als Lohnarbeitern – ganz unabhängig von ihren sonstigen Lebensbedingungen – allen Befragten hauptsächlich darum geht, auf dem Arbeitsmarkt ihre Arbeitskraft nach ‚Stunde‘ oder ‚Stück‘ zu verkaufen; mehr als z. B. freiberuflich Tätige, Beamte oder Angestellte in leitender Stellung sind sie daher gezwungen, Arbeit in erster Linie instrumentell zu sehen und primär an ihrem ökonomischen Nutzen interessiert zu sein.
>
> (2) Daß . . . Arbeiter in allen Gruppen unseres Samples tendenziell besonders motiviert sind, lieber Konsumkraft und ihren familiären Lebensstandard zu erhöhen als ihre Befriedigung als Produzenten und den Grad ihrer Selbstverwirklichung in der Arbeit" (S. 68).

Nach diesem Erklärungsmodell ist die *Arbeitsorientierung und damit auch die Arbeitszufriedenheit weitgehend unabhängig von der Arbeitssituation.* Eine Requalifizierung der Arbeit kann folglich auch keine Auswirkungen auf die Arbeitszufriedenheit haben.

In Abweichung von den Befundenen Goldthorpes u. a. kommen zwei Untersuchungen mit recht unterschiedlichen Methoden zu dem Ergebnis, daß die *technologisch vermittelte Arbeitssituation einen wichtigen Einflußfaktor für Arbeitsorientierung* und Arbeitszufriedenheit darstellt. Kohn und Schooler (1969) erfaßten in einer schriftlichen Befragung 3101 männliche Beschäftigte der Vereinigten Staaten in einer repräsentativen Stichprobe. Neben der Arbeitssituation wurden die *Ausbildung*, die *Schichtzugehörigkeit* und die *finanzielle Entlohnung* als Einflußfaktoren der Arbeitsorientierung und Arbeitszufriedenheit untersucht. Ihre Ergebnisse lassen sich etwa wie folgt wiedergeben:

(1) *Je niedriger die soziale Schicht, um so höher wird Konformität gegenüber extern gesetzten Regeln bewertet.*

(2) *Beschäftigte höherer sozialer* Schichten nehmen die extrinsischen Komponenten der Entlohnung (ausreichende Bezahlung zur Sicherung des Lebensunterhalts und Sicherheit des Arbeitsplatzes) als garantiert und *richten ihre Aufmerksamkeit insbesondere auf die intrinsischen Komponenten* – eine *herausfordernde Tätigkeit mit der Chance zur Selbstverwirklichung.* Oder, anders ausgedrückt: Je höher seine soziale Schicht, um so mehr schätzt der Beschäftigte die Gelegenheit, seine Fähigkeiten entfalten und anderen bei ihrer Arbeit helfen zu können. *Je niedriger seine soziale Schicht, um so größer ist die Bedeutung, die der Beschäftigte der Höhe seines Lohnes, den Sozialleistungen, der Arbeitszeit usw. beimißt.*

(3) Die festgestellten Beziehungen verlaufen *linear.* Sprünge oder kurvenartige Beziehungen lassen sich nicht feststellen.

(4) *Ausbildung und die Art der ausgeübten Beschäftigung haben unabhängig*

*voneinander einen Einfluß auf wichtige Aspekte der Arbeitsorientierung:
Mit der Ausbildung und mit dem Qualifikationsgrad der ausgeübten
Beschäftigung geht die Konformität gegenüber extern gesetzten Regeln
zurück;* das eigene Verhalten wird zunehmend nach selbst gesetzten
Kriterien gesteuert. Gleichzeitig nehmen mit der Ausbildung und mit der
Qualifikation der ausgeübten Tätigkeit die Wertschätzung der intrinsi-
schen Bestandteile der Entlohnung und – allerdings in geringerem Aus-
maß – das Selbstvertrauen zu.

(5) *Einkommen und die Selbsteinordnung bezüglich der Schichtzugehörigkeit*
haben keinen Einfluß auf die in (4) festgestellten Beziehungen.

Übereinstimmend mit Goldthorpe u. a. stellen Kohn und Schooler demnach
fest, daß die selbstempfundene Klassenzugehörigkeit die Arbeitsorientierung
nicht beeinflußt, konstatieren aber im Gegensatz zu Goldthorpe u. a., daß die
ökonomische Motivation die Arbeitsorientierung auch nicht erklärt. Sie kommen vielmehr zu dem Schluß, daß die *Arbeitsorientierung vor allem durch die
Erfahrung am Arbeitsplatz – die ausgeübte Tätigkeit –* und durch die
Ausbildung beeinflußt wird. Von diesen beiden Faktoren erweist sich die
Erfahrung am Arbeitsplatz als der weit wichtigere.

Die Divergenz zwischen Goldthorpe u. a. auf der einen und Kohn und
Schooler auf der anderen Seite kann nun damit erklärt werden, daß Arbeiter,
die nur geringe Möglichkeiten haben, qualifizierte Arbeit zu erfahren, auch
nicht das Bedürfnis nach qualifizierter Arbeit entwickeln (Argyris 1972, S.
60). Und die meisten Arbeiter in der Stichprobe von Goldthorpe hatten auch
keine Erfahrung mit qualifizierter Arbeit sammeln können.

Auch Kern und Schumann kamen nach ausführlichen unstrukturierten Interviews mit 981 Arbeitern zu dem Schluß, daß die Arbeitserfahrung den
wichtigsten Faktor der Arbeitsorientierung darstellt. Gleichzeitig erweist
sich die Arbeitserfahrung als wichtige Bestimmungsgröße für die Einschätzung der eigenen Position in der Gesellschaft:

„Dieser Zusammenhang zwischen Arbeitssituation und Einstellung zur technischen
Entwicklung wird bei den Extremgruppen besonders plastisch. Die Automatenkontrol-
leure, die die Konsequenzen des technischen Wandels als zunehmende Steigerung der
Restriktivität der Arbeit erfahren haben, neigen am ehesten zu einer pessimistischen
Haltung, erwarten am häufigsten Arbeitserschwerung und eine Verschlechterung der
gesellschaftlichen Position des Arbeiters. Eine Polarisierung der Gesellschaft, verstärkte
Arbeitsplatzunsicherheit und generell zunehmende Outcast-Position der Arbeiterschaft
erscheint ihnen am ehesten als plausible, weil den eigenen Erfahrungen entsprechende
Entwicklungsperspektive. Anders die meß- und regeltechnischen Instandhaltungsarbei-
ter. Die technische Entwicklung brachte sie in eine Arbeits- und Betriebsposition, die
nur noch wenig mit der des herkömmlichen Arbeiters gemein hat und eine reale
Angleichung an die technischen Angestellten-Kader bedeutete. Sie erwarten entsprechend diesen Erfahrungen sowohl für die Arbeit wie für ihre Stellung in der Gesellschaft
nahezu durchweg Verbesserungen. Ihre betriebliche Position, ihrerseits Ausdruck der

hochqualifizierten Tätigkeit und der daraus resultierenden Expertenrolle, läßt ihnen eine reale gesellschaftliche Integration möglich erscheinen" (S. 270).

Die Heterogenität der Arbeitssituationen führt demnach zu recht unterschiedlichen Interpretationen der eigenen Situation bei den verschiedenen Gruppen. Die Untersuchungen von Kohn und Schooler sowie von Kern und Schumann führen also beide zu dem Ergebnis, daß trotz der Bedeutung gesellschaftlicher Faktoren, wie sie etwa bei Turner und Lawrence oder bei Hulin und Blood zum Ausdruck kommen, *der wichtigste Einfluß auf Arbeitsorientierung und Arbeitszufriedenheit von der Arbeitserfahrung innerhalb der Unternehmung ausgeht.*

Welche Folgerungen sind aus diesen Befunden abzuleiten? Die wichtigste ist wohl, daß die Behauptung, die Arbeiter seien nicht an qualifizierter Arbeit interessiert, entscheidend entkräftet ist. Viele Arbeiter sind offensichtlich an anspruchsvoller Tätigkeit interessiert, sobald sie die Gelegenheit erhalten haben, solche auszuführen. Experimente mit job enlargement, job enrichment und mit autonomen Arbeitsgruppen (Vilmar 1973) zeigen, daß ein beträchtliches Reservoir an Techniken zum Abbau unqualifizierter repetitiver Arbeit vorhanden ist. Die Frage ist nur, ob dieses Potential genutzt wird. Allerdings kann auch nicht davon ausgegangen werden, daß *alle* Arbeiter in der Lage sind, ein Bedürfnis nach Selbstverwirklichung in der Arbeit zu entwickeln. In vielen Fällen dürfte sich eine durch Erziehung, Ausbildung und bisherige Arbeitserfahrung geschaffene instrumentelle Arbeitsorientierung als relativ stabil erweisen.

5.3.1.3. Arbeitssituationen in der Fertigung als Gestaltungsaufgabe

Diese Überlegungen führen zu der Erkenntnis, daß bei der Gestaltung der Arbeitsbedingungen eine Vielzahl von Bedingungen zu beachten ist: einmal die Bedingungen, die vom technologischen Entwicklungsstand und von dem spezifischen Kontext der Organisation ausgehen, und zum anderen die Bedingungen, die in den Arbeitsorientierungen der Mitarbeiter und ihrer Entwicklungsfähigkeit liegen. Unter Ausnutzung des Spielraums, den die technologischen und kontextgebundenen Bedingungen belassen, müssen Stellen an die Personen und – durch Schulung und geeignete Auswahlverfahren – Personen an Stellen angepaßt werden (vgl. zu dieser Sichtweise Lawler 1973, S. 163 ff.; Lorsch und Morse 1974). Diese Zusammenhänge sind in Abb. 5–16 angedeutet. In welchem Umfang eine solche Abstimmung der Arbeitsbedingungen auf die Personen tatsächlich durchgeführt wird, ist letztlich eine Frage der *Werte* der Organisations- und Technologiegestalter und der Gesellschaft, in der sie sich bewegen. Eine ausschließliche Konzentration auf Arbeitsproduktivität und Gewinn führt tendenziell stets zu einer Unterordnung des Menschen unter die ökonomisch günstigsten Produktionsbedingungen. In den letzten Jahren deutete sich – vor allem aus dem skandinavischen Raum kommend – in dieser Hinsicht ein gewisser Wandel an. Die *Qualität des Arbeitslebens* wird teilweise heute als ein eigenständiger Wert neben rein ökonomischen Werten gesehen (zur Definition dieses Begriffs und entsprechenden Experimenten vgl. Davis und Cherns 1975). Im Moment handelt es sich allerdings vorwiegend noch um Experimente, die von Wissenschaftlern und/oder Regierungen in Zusammenarbeit mit einzelnen Unternehmungen durchgeführt werden. Es hängt letztlich von jedem einzelnen von uns ab, ob die sich dabei zeigenden Möglichkeiten zu einer Verbesserung der Qualität des Arbeitslebens genutzt werden. Heute sind Unternehmungen vor allem dann bereit, den Bedürfnissen der Arbeiter nachzukommen, wenn mit entsprechenden Maßnahmen nachweislich eine Verringerung des Krankenstandes, der Fluktuation und/oder eine Erhöhung der Effizienz auf andere Weise verbunden sind. Unserer Meinung nach muß es jedoch auch dazu kommen, daß gesellschaftliche Folgekosten der Entfremdung, die die einzelne Unternehmung allenfalls indirekt und kaum kalkulierbar betreffen, bei der Gestaltung der Arbeitsbedingungen berücksichtigt werden.

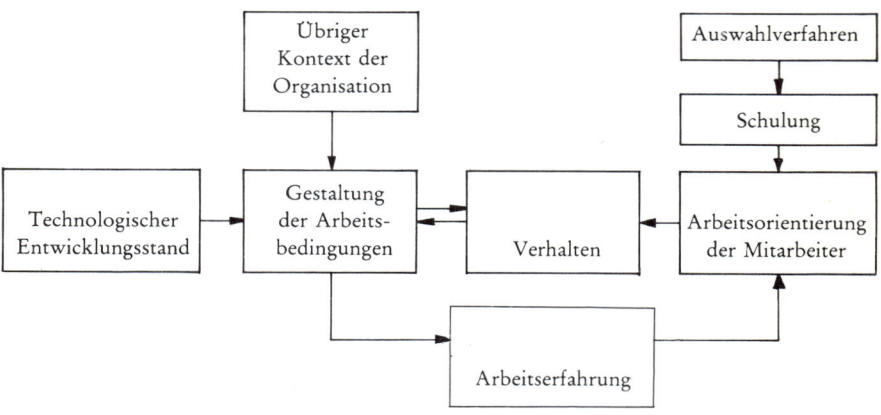

Abb. 5–16. Einflußfaktoren der Gestaltung der Arbeitsbedingungen

5.3.2. Informationstechnologie und individuelles Verhalten

5.3.2.1. Informationstechnologie und Arbeitsbedingungen

Seit dem Einsatz der ersten Computer gegen Ende der 50er Jahre stehen zwei Aspekte im Vordergrund der Diskussion um die Veränderungen in den Arbeitsbedingungen, zu denen von Anfang an gegensätzliche Spekulationen vorgelegt wurden. Zum einen geht es um die Frage, ob die *Stellen von Managern der unteren Ebene (Gruppenleiter o. ä.) in ihrem Aufgabengehalt zu- oder abnehmen werden, und zum anderen um die Frage, ob sich die Häufigkeit sozialer Kontakte verändert.* Im Zusammenhang mit der ersten Frage beschäftigen sich die Autoren entweder mit den im Zuge des Computereinsatzes erforderlichen Fähigkeiten, den Anforderungen an die Individuen, oder sie gehen von einer qualitativen Analyse der Veränderungen in den individuellen Aufgabenstellungen aus. In beiden Fällen werden die Veränderungen im Hinblick auf eine Auf- oder Abwertung von Aufgaben bzw. Fähigkeiten untersucht. Als Bewertungskriterien dienen der Schwierigkeitsgehalt und/oder der Gehalt an Reizen und herausfordernden Tätigkeiten. Im einzelnen stehen sich folgende Argumente gegenüber:

– *Aufwertungsargumente:* Der Computereinsatz befreit Gruppenleiter von Routineaufgaben, indem diese entweder maschinell erfüllt oder aber an Sachbearbeiter delegiert werden können. Daher bleibt ihnen mehr Zeit zur Lösung schlecht definierter Probleme, zur Abstimmung mit anderen Gruppen und zur Motivation der Mitarbeiter. Die Aufgaben von Gruppenleitern nähern sich im Zuge des Computereinsatzes denen ihrer Vorgesetzten an und entfernen sich im Charakter von denen ihrer Untergebenen. Diese Prognose wurde z. B. von Weber (1959b), Shaul (1964), Lee (1965) und Parisi (1966) aufgestellt.

– *Abwertungsargumente:* Die Vertreter dieser These gehen davon aus, daß der größte Teil der Entscheidungen, die Gruppenleiter zu fällen haben, wohl-strukturiert ist. Daher können diese Entscheidungen programmiert und automatisiert werden. Da dies in gewissem Maße auch für die Vorgesetzten dieser Manager gilt und diese also auch von Routineaufgaben befreit werden, können sie die wenigen schlecht-strukturierten Entscheidungen, die Gruppenleiter zuvor gefällt haben, nun (wieder) übernehmen. Daher wird angenommen, daß die Aufgaben von Gruppenleitern im Zuge des Computereinsatzes denen ihrer Untergebenen ähnlicher werden als denen ihrer Vorgesetzten (Hoos 1961).

Auch über die *Beeinflussung der interpersonalen Kommunikation* gibt es *konträre Thesen:*

– *Intensivierungsargumente:* Durch die Befreiung von Routineaufgaben können sich die Individuen auf allen hierarchischen Ebenen den interpersonalen Aspekten der Aufgabenerfüllung intensiver zuwenden, die der Computer in der Regel nicht übernehmen kann. Sachbearbeiter können sich intensiver um Kunden, Lieferanten u. ä. kümmern, und Manager haben mehr Zeit, ihre Aufgaben durch gegenseitige Abstimmung besser zu koordinieren und sich um die persönlichen Probleme sowie den innerbetrieblichen Aufstieg ihrer Mitarbeiter zu kümmern (Parisi 1966 oder Whisler 1970a).

– *Enthumanisierungsargumente:* Vertreter dieser These gehen davon aus, daß der Computer als neuer Kommunikationspartner in der Aufgabenerfüllung auftritt und die bisherige interpersonale Kommunikation teilweise ersetzt. Erwartet wird ein Trend zu Kommunikationsstrukturen, in denen die einzelnen Individuen mit der zentralen Datenverarbeitungsanlage, aber kaum noch untereinander kommunizieren. Diese verringerte aufgabenbezogene interpersonale Kommunikation reduziert zwangsläufig die Möglichkeiten zu sozialen Kontakten im Betrieb (Hedberg 1970).

Wie bei der Untersuchung der Einflüsse der Fertigungstechnologie auf die Arbeitsbedingungen treffen wir auch hier auf pessimistische und optimistische Spekulationen.

Welche Interpretation – die pessimistische oder die optimistische – dürfte die Realität eher wiedergeben?

Zunächst ist festzustellen, daß sich alle der spekulativ aufgezeigten Zusammenhänge empirisch feststellen lassen. Eine Erhöhung der erforderlichen Qualifikation bzw. der Anforderungen an die Manager bei Computereinsatz stellen Weber (1959b), Shaul (1964), Lee (1965) und Parisi (1966) auf der Basis empirischer Untersuchungen fest. Auch die oben (S. 272) diskutierten Effekte der Informationstechnologie auf die Entscheidungsdelegation können als Evidenz für die Erhöhung der Autonomie gewertet werden. Hoos (1960) zeigt dagegen auf, daß die Autonomie und der Gehalt an herausfordernder Tätigkeit sowie die sozialen Interaktionen zurückgehen (vgl. auch Hedberg 1970). Eine Zunahme der sozialen Interaktionen konstatieren Parisi (1966) und Whisler (1970a).

Aus diesen Ergebnissen kann der Schluß gezogen werden, daß bei der Gestaltung von Stellen im Benutzerbereich computergestützter Informationstechnologien ein erheblicher Gestaltungsspielraum besteht, der es dem Systemgestalter und Organisator erlaubt, sehr unterschiedliche Arbeitsbedingungen zu schaffen (Mumford und Hedberg 1974, Kubicek 1975b). Da es bei den von der Informationstechnologie betroffenen Stellen nur zu einem geringen Teil um Maschinenbedienung, sondern in erster Linie um die Input-Erstellung und Output-Verwendung geht, ist dieser *Gestaltungsspielraum in der Regel größer als im Fertigungsbereich.* Für den Input- und Outputbereich sind nicht in erster Linie Maschinenkonfigurationen, sondern Benutzungsregeln maßgebend, die bei gleichen Maschinenkonfigurationen variieren können. Die direkte Abhängigkeit der Stellen von der Technologie ist geringer.

Ganz anders sieht es hingegen bei den Stellen aus, die im Zuge des Computereinsatzes überhaupt erst geschaffen werden. Vor allem das Bedienungspersonal und das Lochpersonal finden Arbeitsbedingungen vor, die denen am Fließband weitgehend entsprechen und für den Verwaltungsbereich ein zuvor nicht bekanntes Ausmaß an Monotonie, Zeitdruck und physischer Belastung durch Lärm mit sich bringen. Hinzu kommt, daß das Streben, den Computer soweit wie möglich auszulasten, zur erstmaligen Einführung von Schichtarbeit im Verwaltungsbereich geführt hat. Wenn auch der Anteil dieser Stellen an der Gesamtzahl unterstützender Stellen relativ gering ist, so muß doch davon ausgegangen werden, daß der Computereinsatz insgesamt gesehen ebenfalls zu einer *Polarisierung der Arbeitsbedingungen* führen kann, wie sie von Kern und Schumann als Auswirkung der Fertigungstechnologie konstatiert worden ist (vgl. oben S. 360 f.).

5.3.2.2. Arbeitsbedingungen und Verhalten der Benutzer

Trotz teilweise sehr unterschiedlicher Feststellungen über die Arbeitsbedingungen und Rollenperzeptionen von Benutzern computergestützter Informationstechnologien wurde in fast allen empirischen Vorher–Nachher-Vergleichen festgestellt, daß der überwiegende Teil der Benutzer nach der Einführung einer neuen Technologie eine Zunahme der Arbeitszufriedenheit oder keine Veränderung angab (vgl. z. B. Hardin 1960a und 1960b; Silver 1962, S. 217; Lee 1965; Parisi 1966, S. 173; Kubicek 1975b, S. 334 f.). Dies kann teilweise dadurch erklärt werden, daß die Befragten nicht ihre wahren Einstellungen wiedergeben, sondern Aussagen machen, die ihrer Meinung nach von ihnen erwartet werden. Hierfür spricht beispielsweise, daß in den gleichen Untersuchungen teilweise festgestellt wurde, daß ein Teil der Befragten eine Verschlechterung in den Aufstiegschancen angab, was kaum zu größerer Arbeitszufriedenheit führen dürfte (vgl. Hardin 1960a, Jacobson u. a. 1959). In der Untersuchung von Kubicek (1975b) zeigte sich darüber hinaus, daß die Benutzergruppen, die eine starke Zunahme der Zufriedenheit angaben, gleichzeitig durchaus einen stärkeren Wunsch nach mehr Abwechslung, größeren Entscheidungsbefugnissen und mehr Zeit für persönliche Kontakte im Vergleich zur Situation vor Einführung der neuen Technologie äußerten. Die Zunahme der Arbeitszufriedenheit dürfte sich jedoch nicht allein auf die mangelhafte Messung zurückführen lassen.
Betrachten wir Fallstudien, die sich über den gesamten, oft mehrere Jahre dauernden Prozeß der Einführung computergestützter Informationstechnologien erstrecken, so ist in Abweichung von den oben erwähnten Vorher-Nachher-Vergleichen durchaus eine Abnahme der Zufriedenheit festzustellen (vgl. Hoos 1960 und 1961, Mann und Williams 1960; Jaeggi und Wiedemann 1963; Wiedemann 1975). Die Befragungen in Vorher-Nachher-Vergleichen fanden zumeist mehrere Monate nach Inbetriebnahme der neuen Technologie statt. Ihre Gegenüberstellung mit echten Längsschnittanalysen

führt uns zu dem Schluß, daß der *Zeitpunkt der Befragung* nicht unwichtig ist. Die Ankündigung des Computereinsatzes führt allgemein zu Unsicherheit, und die Umstellung ist stets mit zusätzlicher Arbeit verbunden, da das alte und das neue Verfahren entweder einige Zeit nebeneinander praktiziert werden und/oder das neue Verfahren zunächst noch Fehler aufweist. Dies alles beeinflußt die Arbeitszufriedenheit negativ. Funktioniert das neue System dann und haben sich die Ängste nicht bewahrheitet, so stellt sich nach einigen Monaten die zuvor empfundene Arbeitszufriedenheit wieder ein, die nicht zuletzt aus dem Gefühl resultieren dürfte, daß man noch einmal davon gekommen ist; und weiß man nach einigen Erfahrungen das System erst einmal richtig zu nutzen und sich eventuell sogar einen neuen Freiheitsspielraum zu verschaffen, so kann sich die Arbeitszufriedenheit sogar durchaus erhöhen.

Ob diese etwas pauschale Argumentation voll und ganz zutrifft, mag dahingestellt bleiben. Auf jeden Fall führt sie uns zu der Erkenntnis, daß neben den neuen Arbeitsbedingungen noch andere, vorwiegend historische Faktoren bei der Erklärung der Arbeitszufriedenheit zu berücksichtigen sind.

Nähere Analysen von Fallstudien zeigen, daß solche Faktoren etwa in der Art der Einführung der Technologie, der Größe des informationstechnologischen Sprungs, dem Verhalten des Vorgesetzten bei der Umstellung und der Grundeinstellung zur Arbeit (Arbeitsorientierung) und zur Informationstechnologie im allgemeinen zu sehen sind (vgl. Kubicek 1975b, S. 342 ff.). In bezug auf die *Art der Einführung* der neuen Technologie kommt es vor allem darauf an, in welchem Ausmaß die späteren Benutzer durch *Information und Schulung* auf die bevorstehenden Veränderungen vorbereitet worden sind. Da es sich bei Computern wegen der relativ kurzen Erfahrungszeit mit diesen Maschinen und ihrer auf mangelndem Wissen beruhenden Mystifizierung für die meisten Betroffenen um schwer durchschaubare Phänomene handelt, ruft die bloße Ankündigung der Computereinführung vielfältige Ängste und Befürchtungen hervor (vgl. Mann und Williams 1960, Sheldrake 1971, Wiedemann 1975). Je früher und je umfassender die späteren Benutzer informiert werden, je mehr ihnen die Angst vor einem Arbeitsplatzverlust durch entsprechende Garantien genommen wird und je stärker sie selbst an der Systemplanung beteiligt sind, desto positiver sind die Einstellungen zum Computereinsatz (zur Auswirkung der Benutzerbeteiligung vgl. Lucas 1974). Große Bedeutung besitzt auch das *Verhalten des Vorgesetzten* der unmittelbaren Benutzer während der Systemeinführung. Oft wird nur er an den entsprechenden Vorüberlegungen beteiligt, und ihm fällt die Aufgabe zu, seine Mitarbeiter auf die Umstellung vorzubereiten. Steht er selbst nicht hinter der Änderung oder erfüllt er seine Vermittlerrolle nicht richtig, so ist es nicht verwunderlich, wenn auch seine Mitarbeiter eine negative Einstellung gewinnen (vgl. Stewart 1971, S. 57).

Wichtig erscheint des weiteren der *informationstechnologische Sprung*, d. h. der Abstand zwischen der zuvor eingesetzten und der neuen Technologie. Organisationsmitglieder, die vor der Computereinführung bereits mit Lochkartenanlagen gearbeitet haben, empfinden die Veränderung in der Regel als weniger gravierend als Individuen, die zuvor rein manuell gearbeitet haben, und weisen dementsprechend eine höhere Arbeitszufriedenheit auf (vgl. Mann und Williams 1960).

Ebenso wie bei den Auswirkungen der Fertigungstechnologie auf das Verhalten ist auch bei der Analyse der Wirkungen der Informationstechnologie die *Arbeitsorientierung* als wichtige intervenierende Variable zu berücksichtigen. Angestellte mit einem Bedürfnis nach Selbstverwirklichung in der Arbeit werden auf eine Routinisierung eher mit negativen Reaktionen wie Unzufriedenheit, Entmotivierung, Konflikt usw. reagieren als Angestellte, bei denen diese Bedürfnisse nicht ausgeprägt sind (vgl. Jaeggi und Wiedemann 1963). Aber auch hier ist wieder zu berücksichtigen, daß das Bedürfnis nach Selbstverwirklichung keine statische Größe ist – es kann durch neue Erfahrungen in der Arbeit und durch Schulung entwickelt werden. Der Schulung kommt in diesem Zusammenhang eine noch größere Bedeutung zu als bei der Fertigungstechnologie, da eine Kenntnis der Funktionsweise des Computers und seiner Programmierung eine unabdingbare Voraussetzung für die Entfaltung von Eigeninitiative ist.

Schließlich ist zu berücksichtigen, daß die im Zuge des Computereinsatzes häufig vorzufindende Veränderung in den Funktionen des Vorgesetzten (vgl. Abschnitt 4.2.4.5.) als eine Verringerung persönlicher Abhängigkeiten empfunden werden kann und die als Ersatz für persönliche Weisungen eingesetzte technokratische Koordination sowie die indirekte Steuerung und Überwachung als solche nicht wahrgenommen werden (vgl. Blau und Schoenherr 1971, S. 126 ff. und 136 ff.). Diese Erklärung steht nicht nur in Übereinstimmung mit den geschilderten Befunden über die Veränderungen in den Koordinationsmechanismen einerseits und der generellen Zunahme der Arbeitszufriedenheit andererseits. Sie erfährt auch eine Bestätigung durch eine Untersuchung von Wiedemann (1975) in der Geschäftsstelle einer Versicherung, in der Terminals mit einer Verbindung zur Datenverarbeitungsabteilung in der Verwaltungszentrale eingesetzt wurden. Im Gegensatz zu den bisher zitierten Untersuchungen, die fast ausschließlich aus den 60er Jahren stammen, zeigte sich hier, daß die betroffenen Sachbearbeiter sich durchaus der Tatsache bewußt waren, daß sie nun stärker gesteuert und von der Zentrale genauer überwacht wurden, und äußerten dementsprechend eine Verringerung der Arbeitszufriedenheit. Der Unterschied zwischen diesen jüngsten Ergebnissen und den zuvor zitierten älteren Studien dürfte nicht zuletzt darauf zurückzuführen sein, daß die Benutzer mittlerweile generell bessere Kenntnisse der Computertechnik besitzen und daher

die hinter den neuen Technologien stehenden Intentionen besser durch-
schauen.

5.3.2.3. Computerabhängige Arbeitssituationen als Gestaltungsaufgabe

Die Gestaltung der Arbeitsbedingungen bei Computereinsatz ist – ebenso
wie die Gestaltung der Fertigung – als komplexe Aufgabe zu interpretieren,
bei der technologische Bedingungen, Bedingungen des übrigen Kontextes der
Organisation und die Bedürfnisstruktur der betroffenen Individuen zu berücksichtigen sind. Es gibt aber einen bedeutenden Unterschied im Charakter
der Aufgabenstellung: Der durch die Computertechnologie gegebene Bedingungsrahmen ist erheblich weiter als der Bedingungsrahmen der meisten
Fertigungstechnologien. Die Computertechnologie erweist sich als äußerst
vielseitig einsetzbar. Der Gestalter des Informationssystems hat also einen
wesentlich größeren Spielraum, um die Technologie an die durch den Kontext der Organisation und die Bedürfnisstruktur der Individuen gegebenen
Bedingungen anzupassen (vgl. Hedberg 1973a und 1973b sowie Mumford
und Hedberg 1974).
Hinzu kommt, daß die Auswirkungen der Informationstechnologie in der
Regel nicht von den Auswirkungen der organisatorischen Änderungen getrennt werden können, die im Zuge des Computereinsatzes vorgenommen
werden (vgl. Meyer 1969) und daß sich daher zumeist zwei Rollendeterminanten, die organisatorischen Regelungen und die informationstechnologischen Benutzungsregeln, mehr oder weniger gleichzeitig ändern (vgl. Abschnitt 4.2.4.). Dieser Zusammenhang bietet die *Möglichkeit, durch organisatorische Änderungen restriktive Wirkungen der technologischen Benutzungsregeln zu kompensieren.* Voraussetzung hierfür ist, daß die Planung neuer
Informationstechnologien (Systemplanung) als Aufgabe einer umfassenden
Stellenbildung und nicht nur als maschinenbezogene Systemplanung mit
Schwerpunkt bei der Programmierung des Computers gesehen wird (vgl.
Mann und Williams 1958 und 1960 sowie Kubicek 1975b). Bei der Diskussion der Auswirkungen des Kontextes auf die Organisationsstruktur im
Kapitel 4 wurde gezeigt, daß den Bedingungen des Kontextes zunächst durch
die Spezialisierung und durch die Abteilungsbildung entsprochen wird.
Spezialisierung und Abteilungsbildung ergeben zusammen mit den Kontextbedingungen den spezifischen Koordinationsbedarf einer Organisation. Diesem Koordinationsbedarf wird durch Einsatz der Koordinationsinstrumente
(persönliche Weisungen, Selbstabstimmung, Programme und Pläne) entsprochen. Die Informationstechnologie kann nun aufgrund ihrer technischen
Vielgestaltigkeit zur Erhöhung der Effizienz aller vier Koordinationsinstrumente eingesetzt werden (vgl. hierzu wesentlich ausführlicher Kieser und

Kubicek 1974). Sie erlaubt eine Erhöhung des Informationsstandes der Vorgesetzten und damit eine Verbesserung ihrer Weisungen, sie ermöglicht den Einsatz komplexer Planungsmodelle, und sie gestattet auch die Erhöhung des Informationsstandes hierarchisch Gleichgeordneter sowie die Kommunikationsmöglichkeiten zwischen ihnen und damit einen verstärkten Einsatz der Selbstabstimmung. Auch wenn der Computer eingesetzt wird, um die Entscheidungsdelegation zu erhöhen (S. 272), nehmen die Möglichkeiten zur Selbstabstimmung zu.

Wie wir schon im Zusammenhang mit der Betrachtung der Fertigungstechnologie festgestellt haben, ist die Realisierung solcher Möglichkeiten letztlich von den *Intentionen und Werten der Systemgestalter* abhängig. Hinzu kommt noch, daß für die Planung und Gestaltung von Computeranwendungen einerseits und die organisatorische Gestaltung des Benutzerbereiches andererseits zumeist unterschiedliche Instanzen verantwortlich sind und daß die Computerspezialisten oft nur geringe Kenntnisse über eine verhaltenswissenschaftlich fundierte Organisationsgestaltung besitzen. Aus ihrer technischen Orientierung heraus bemerken sie oft noch nicht einmal, wie sie durch die Gestaltung der Technologie die Rollen der Benutzer verändern, und erst recht ist ihnen der Gedanke fremd, die informationstechnologischen Benutzungsregeln mit kompensierenden organisatorischen Regelungen abzustimmen. Erst die jüngste Diskussion um Fragen des Datenschutzes und Konsequenzen gesamtgesellschaftlicher Informationssysteme hat den Blick der Informatiker auf diese Fragen gerichtet und zur Öffnung gegenüber verhaltenswissenschaftlichen Aspekten der Systemgestaltung geführt. Wann und wie sich diese in der Wissenschaft einsetzende erweiterte Sicht in der Praxis der Systemgestaltung niederschlagen wird, muß abgewartet werden.

5.4. Die Auswirkungen von Organisationsstruktur und Führung auf das Verhalten der Organisationsmitglieder

Daß Verhaltensgrößen durch die bisher analysierten Studien nur relativ schwach erklärt werden konnten, liegt wohl daran, daß Verhalten in der Organisation nicht nur von der Organisationsstruktur, sondern auch von der Führung und von Gruppenvariablen beeinflußt wird. Wir haben das in unserer Konzeption für dieses Kapitel bereits angedeutet. Nun gibt es eine sehr große Zahl von Untersuchungen zum direkten Einfluß der Führung und der Gruppe auf das individuelle Verhalten von Organisationsmitgliedern, die wir nicht auswerten können und wollen. Die meisten dieser Untersuchungen konzentrieren sich auf die sozialen Beziehungen zwischen Führer und Gruppe sowie zwischen den Gruppenmitgliedern. Sie stammen zumeist aus

der Kleingruppenforschung und vernachlässigen Aspekte der formalen Organisationsstruktur weitgehend. Sie gehören also in den Bereich der *Analyse
von Prozessen in Organisationen,* den wir in diesem Buch ja ausklammern
möchten. Unser Interesse in diesem Abschnitt beschränkt sich daher auf
diejenigen Untersuchungen, die *sowohl Strukturvariablen als auch Variablen
der Führung* berücksichtigen. Bevor wir uns diesen Untersuchungen zuwenden, müssen wir jedoch noch klären, was unter „Führung" genau zu verstehen ist, d. h. wir müssen festlegen, wie wir das Führungsverhalten von
Vorgesetzten in Organisationen charakterisieren wollen.

5.4.1. Dimensionen der Führung

Eine weit verbreitete Vorgehensweise ist es, Führungsverhalten in drei
Kategorien einzuteilen: autoritär, laissez-faire und demokratisch. Eine Reihe
von Autoren arbeitet nur mit zwei Klassen: autoritär-partizipativ oder
sachbezogen-personenbezogen. Nur wenige verwenden Skalen, so wie Tannenbaum und Schmidt (1958) (Abb. 5–17, nach Zepf 1972, S. 28).

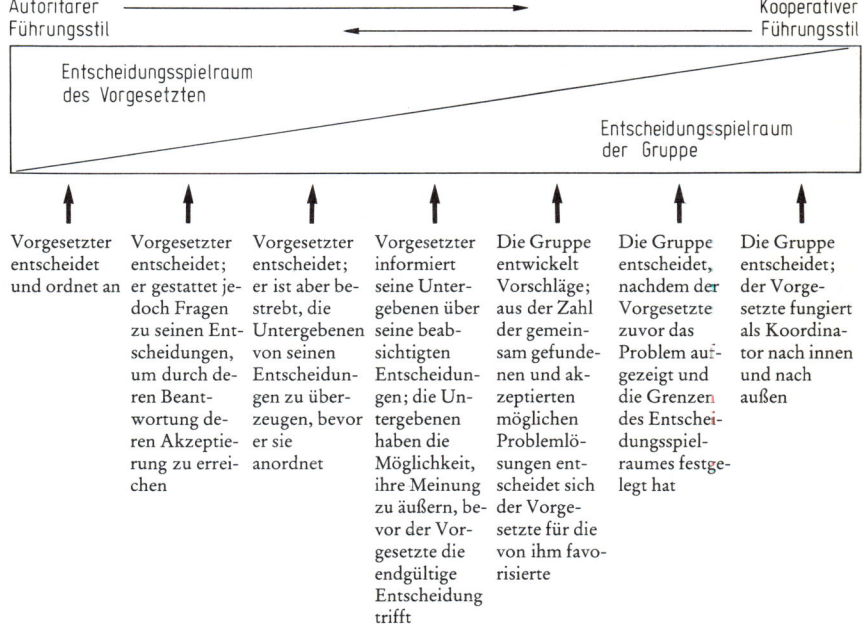

Abb. 5–17. Skala zur Erfassung des Führungsstils

Diese Begriffe zur Charakterisierung von Führungsstilen sind im allgemeinen nicht klar voneinander abgegrenzt. Wir meinen, daß es *vor allem drei Dimensionen* sind, *mit denen Führungsstile charakterisiert werden müssen* (vgl. auch Yukl 1971, Lawler 1973, S. 176 ff.):
(1) *Personenorientiertheit*,
(2) *Strukturierung*,
(3) *Partizipation*.
Personenorientiertheit bezeichnet das Ausmaß, in dem der Führer auf persönliche Probleme seiner Mitarbeiter eingeht, sich um ihr psycho-soziales Wohlbefinden kümmert. Unter *Strukturierung* verstehen wir, wie stark den Untergebenen von den Vorgesetzten der Lösungsweg zur Erfüllung ihrer Aufgaben durch Regeln vorgegeben wird, und unter *Partizipation*, die Art und Weise, wie die Strukturierung erfolgt: partizipativ oder autoritär, d. h. ob die Untergebenen bei der Aufstellung dieser Regeln beteiligt werden oder nicht. Diese drei Dimensionen sind relativ unabhängig voneinander. So kann ein Führer personenorientiert und autoritär-strukturierend zugleich sein. Partizipation ist auch bei geringer Personenorientierung des Führers möglich. Wir erhalten so für die Charakterisierung der Führung einen dreidimensionalen Merkmalsraum (Abb. 5–18).

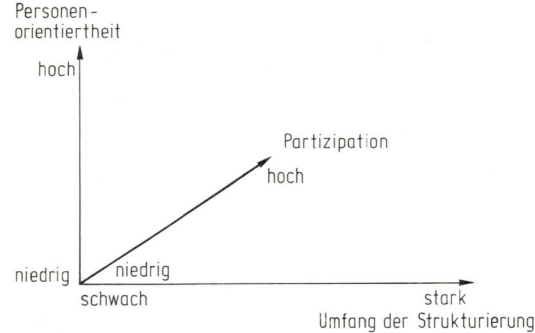

Abb. 5–18. Dimensionen der Führung

Die meisten Ansätze zur Führung konzentrieren sich auf nur jeweils eine dieser Dimensionen, die oft auch noch nur in zwei extremen Ausprägungen betrachtet wird – autoritär – demokratisch, sachorientiert-personenorientiert, laissez-faire-strukturiert. Aus dieser Vorgehensweise resultieren viele Verwirrungen.

5.4.2. Die situative Bedingtheit des Führungsverhaltens

So wie in der Organisationsliteratur teilweise bestimmte Organisationsformen als für alle Organisationen optimal herausgestellt und empfohlen werden, wird auch in der Führungsliteratur oft ein bestimmter Führungsstil als der beste Führungsstil vorgestellt. Der Human-Relations-Ansatz propagiert einen Führungsstil mit starker Personenorientiertheit, später wurde oft – vor dem Hintergrund eines emanzipatorischen Menschenbildes – ein partizipativer oder kooperativer Führungsstil propagiert (Likert 1975, Zepf 1972). Versuche, die Überlegenheit dieser Führungsstile empirisch nachzuweisen, scheiterten jedoch häufig. So beschließt Kormann (1966) eine Übersicht über eine Reihe empirischer Untersuchungen mit der Bemerkung, daß kein Führungsstil konsistent mit Produktivität korreliert. Morse und Reimer (1956) stellten in einem Experiment fest, daß sowohl ein demokratischer als auch ein autoritärer Führungsstil in der Lage ist, Produktivität von Angestellten zu erhöhen. Auch Vroom (1964, S. 214) kommt zu dem Schluß, daß es wohl von der „Situation der Arbeitsgruppe" abhängt, welcher Führungsstil sich als effizient erweist.

Bevor wir auf empirische Untersuchungen eingehen, die den Führungsstil in Abhängigkeit von der Situation der Arbeitsgruppe analysieren, wollen wir einige konzeptionelle Überlegungen zu diesem Problem anstellen (sie lehnen sich eng an Lawler 1973, S. 41 ff. an). *Motivation der Mitarbeiter, die Voraussetzung für Produktivität, ist nur dann zu erwarten, wenn ihre Anstrengungen zu Ergebnissen führen, die von den Individuen als wertvoll angesehen werden,* d. h. wenn diese Ergebnisse Bedürfnisse der Individuen befriedigen. Ein an den Output gekoppelter Akkordlohn hat in diesem Sinne von vornherein ein größeres Motivationspotential als ein Studenlohn. *Personenorientiertheit des Führers,* die in der Lage ist, die sozialen Bedürfnisse der Untergebenen zu befriedigen und somit auch eine Belohnung darstellt, hat dann ein *geringes Motivationspotential, wenn sie unabhängig von der Leistung gewährt wird* und der Betroffene sie nicht als Belohnung für seine Leistungen ansehen kann. Um aber Personenorientierung differenziert einsetzen zu können, ist eine gewisse Strukturierung der Aufgabe erforderlich. Ist die Arbeit schon organisatorisch strukturiert, so muß die Strukturierung nicht mehr von der Gruppe geleistet werden. Ist sie es nicht, so kann sie einmal durch den Führer erfolgen, zum anderen partizipativ durch alle Mitglieder der Arbeitsgruppe. Es liegt auf der Hand, daß das *partizipative Vorgehen größere Anforderungen an Führer und seine Mitarbeiter stellt.* Partizipation bedeutet nämlich, daß verschiedene Interessen artikuliert werden können, die zu einem Ausgleich zu bringen sind. Es ist daher anzunehmen, daß *Partizipation bei einem hohen Ausbildungsstand der Gruppenmitglieder und bei guten sozialen Beziehungen besser zu praktizieren* ist. Andererseits kann *Partizipation* auch *motivierend wirken,* wenn sie auf entsprechende Bedürfnisse der Mitarbeiter trifft. In diesem Fall werden durch diese Art der Strukturierung Bedürfnisse befriedigt, es entsteht Motivation.

5.4.3. Empirische Ergebnisse zum Zusammenhang zwischen Führungsstil und Führungssituation

Wir haben nun aufgrund unserer konzeptionellen Überlegungen schon eine ganze Reihe von *Faktoren* aufgezeigt, *die für die Bestimmung des Führungsstils prinzipiell von Bedeutung sein können: die organisatorische Strukturiertheit der Aufgabe, die Beziehungen zwischen Vorgesetzten und Mitarbeitern, die Bedürfnisstruktur der Mitarbeiter,* die wir zusammenfassend als die relevante Situation bezeichnen wollen. Wir wollen uns nun mit einigen empirischen Untersuchungen beschäftigen, die die Einflüsse dieser Faktoren auf die Führung näher analysieren. Da keine dieser Studien alle Dimensionen des Führungsverhaltens untersucht, wollen wir uns zunächst einige Ergebnisse zur Personenorientierung und zur Strukturierung ansehen und uns dann der Partizipation zuwenden.

5.4.3.1. Personenorientierung und Strukturierung

Fiedler erfaßte in seiner Untersuchung drei Faktoren der Arbeitssituation (Fiedler 1967 und 1975, Fiedler und Chemers 1974): die Strukturiertheit der Aufgabe (gemessen an der Eindeutigkeit des Zieles, der Zahl der Lösungswege und der Überprüfbarkeit der Lösung), die Beziehungen zwischen dem Führer und seinen Mitarbeitern (die Mitarbeiter wurden gefragt, inwieweit sie ihren Führer akzeptieren oder ablehnen) und die disziplinarischen Kompetenzen des Führers (eine Skala, die sich aus Fragen wie: „Kann der Führer seine Mitarbeiter selbst belohnen oder bestrafen?", „Kann der Führer Beförderungen oder Rückstufungen seiner Mitarbeiter vorschlagen?" u. a. m. zusammensetzt). Das Führungsverhalten wurde durch die Einstellung des Führers gegenüber dem am wenigsten bevorzugten Mitarbeiter erfaßt (least preferred coworker – LPC-Skala). Die Vorgesetzten wurden gebeten, den Mitarbeiter, mit dem sie bei der Arbeit bisher die größten Schwierigkeiten hatten, mit Hilfe eines Polaritätsprofils zu charakterisieren. Ein hoher LPC-Wert bedeutet, daß der Führer dem Mitarbeiter, der ihm bisher die größten Schwierigkeiten gemacht hatte, relativ viele positive Persönlichkeitscharakteristika zubilligt. Bringt man die Führungssituationen, die durch unterschiedliche Ausprägungen der Beziehungen zwischen Führer und Mitarbeitern, Aufgabenstruktur und Macht der Führerposition gekennzeichnet sind, in eine Ordnung, die *zunehmende Schwierigkeit der Führungssituation* zum Ausdruck bringt – eine Situation, in der die Beziehung zwischen Führer und Mitarbeitern gut, die Aufgabe strukturiert und die disziplinischen Kompetenzen hoch sind, dürfte einfacher zu bewältigen sein als eine, in der diese Faktoren gegenteilig ausgeprägt sind –, so zeigt sich, daß *in verschiedenen Situationen Führer mit hohen LPC Werten effizienter sind, in anderen dagegen Führer mit niedrigen LPC-Werten* (Abb. 5–19). Und zwar sind Führer mit niedrigen LPC-Werten sowohl in günstigen als auch in ungünstigen Situationen erfolgreich. In Führungssituationen mit einem mittleren Schwierigkeitsgrad erzielen dagegen Führer mit einem hohen LPC-Wert bessere Ergebnisse. Die aufgezeigten Beziehungsmuster konnten in einer großen Zahl von Empirischen Untersuchungen in verschiedenen Kulturen festgestellt werden (Fiedler und Chemers 1974, S. 81 ff.) Fiedler nennt die in Abb. 5–19 zum Ausdruck kommenden Zusammenhänge das *Kontingenzmodell der Führung.* Fiedlers Ergebnisse sind schwierig zu interpretieren, da man nicht so genau weiß, was die LPC-Skala überhaupt mißt. Neuere Untersuchungen zeigen auf, daß Personen mit hohen LPC-Werten soziale Anerkennung durch andere höher bewerten als Personen mit niedrigen LPC-Werten (Fiedler 1972 und 1975). Diese Feststellung sagt aber noch nichts über das *Führungsverhalten* aus. Weit stärker als die Persönlichkeiten

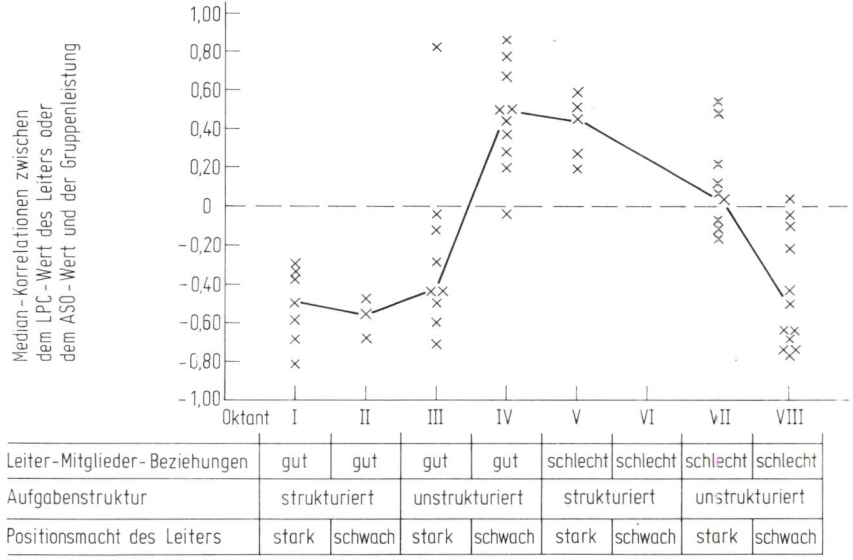

Abb. 5–19. Das Kontingenzmodell Fiedlers – Korrelationen zwischen LPC-Werten und Gruppenleistung (Quelle: Fiedler 1975)

der Führer interessiert uns, welches Verhalten die erfolgreichen Führer in den verschiedenen Situationen an den Tag legen. Gibt es eine Beziehung zwischen LPC-Wert und Führungsverhalten?

In zwei Untersuchungen wurde festgestellt, daß Führer mit hohen und niedrigen LPC-Werten ihre Führungsverhalten im Hinblick auf Personenorientiertheit und Strukturierung in Abhängigkeit von der Führungssituation nach dem in Abb. 5–20 wiedergegebenen Muster variieren (Fiedler 1971, S. 15 ff.). Der Partizipationsgrad wurde in diesen Untersuchungen nicht geändert. *In dem Maße, in dem die Schwierigkeiten der Führungssituation zunehmen, verstärken die Führer mit hohen LPC-Werten ihre Personen-*

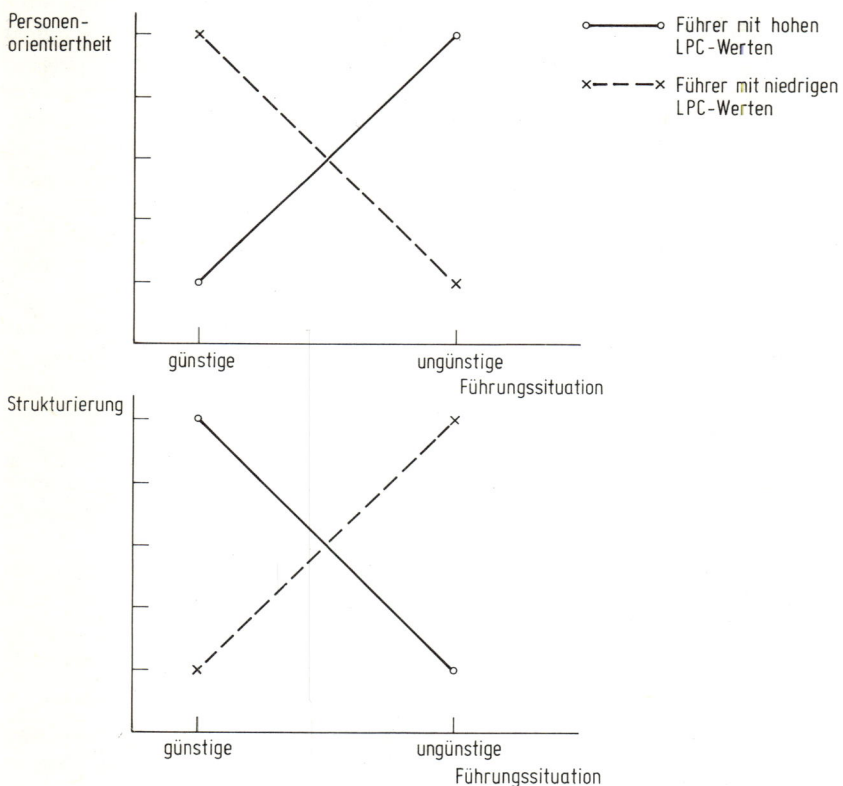

Abb. 5–20. Beziehungen zwischen LPC-Werten und Führungsverhalten nach Fiedler (1971, S. 15)

orientiertheit und reduzieren die Strukturierung; die Führer mit niedrigen LPC-Werten reagieren in der entgegengesetzten Weise.

Können wir mit den nun festgestellten Beziehungen zwischen LPC-Werten und Führungsverhalten die Befunde des Kontingenz-Modells (Abb. 5–19) plausibel interpretieren?

In günstigen Führungssituationen ist die Aufgabe strukturiert. Die Führer mit niedrigen LPC-Werten dürften erfolgreich sein, weil sie in diesen Situationen unter diesen Umständen ein höheres Maß der Personenorientiertheit zeigen und die sowieso schon strukturierte Aufgabe nicht noch weiter zu strukturieren versuchen. In ungünstigen Führungssituationen, die durch unstrukturierte Aufgaben gekennzeichnet sind, ist der Erfolg der Führer mit niedrigen LPC-Werten wohl darauf zurückzuführen, daß sie unter diesen Bedingungen die Aufgaben relativ stärker strukturieren. Strukturierung ist unter diesen Umständen ein Verhalten, das von den Mitarbeitern mehr geschätzt wird als Personenorientiertheit. Die mittleren Führungspositionen sind schwieriger zu interpretieren, da sich hier das Verhalten von Führern mit hohen und niedrigen LPC-Werten nach den oben wiedergegebenen Befunden nicht mehr so stark unterscheidet. Für Interpretationen in diesen Bereichen müssen wir auf genauere Messungen des Führungsverhaltens warten.

Die Interpretation, daß das erfolgreiche Führungsverhalten von der Führungssituation abhängig ist, wird noch durch eine Reihe anderer Untersuchungen gestützt. Higgins (1972) versuchte, die Effizienz des Führungsverhaltens von Filialleitern einer Supermarktkette in den Vereinigten Staaten zu erfassen. Versuche, den Erfolg der Filialleiter auf Personenorientierung, Strukturierung oder Partizipationsgrad zurückzuführen, schlugen fehl. Die einzige Variable, die signifikant mit der Effizienz korrelierte, war das „Bedürfnis, der Autorität zu entsprechen – eine Tendenz, sich der Führung und der Kontrolle höherer Ebenen zu fügen".
Diese Führungseigenschaft entsprach offensichtlich der strukturierten Aufgabenstellung der Filialleiter am ehesten. Jedenfalls ist dies die Interpretation von Higgins. In einer anderen empirischen Untersuchung hatte Vroom (1960, S. 125 ff.) konstatiert, daß Arbeiter mit voneinander unabhängigen Aufgaben einen strukturierenden Führungsstil bevorzugten, Arbeiter, deren Arbeit hoch interdependent war, dagegen einen personenorientierten.

5.4.3.2. Partizipation

Vroom (1960) stellte in einer empirischen Untersuchung fest, daß Organisationsmitglieder mit einem starken Bedürfnis nach Unabhängigkeit durch

Partizipation motiviert werden können. Das Bedürfnis nach Unabhängigkeit bewies sich als ein stärkerer Bestimmungsfaktor als eine autoritäre Grundeinstellung. Autoritär eingestellte Organisationsmitglieder mit einem Bedürfnis nach Unabhängigkeit, die ansonsten einen autoritären Führungsstil bevorzugten, zeigten sich bei partizipativer Entscheidungsfällung motivierter und zufriedener. Autoritär eingestellte Organisationsmitglieder, die kein Bedürfnis nach Unabhängigkeit hatten, ließen sich aber durch Partizipation nicht motivieren und zufriedenstellen. Auch eine Studie von French u. a. (1960) demonstriert, daß Organisationsmitglieder mit nur geringen Bedürfnissen nach Unabhängigkeit durch Partizipation kaum motiviert werden können.

Weitere Bedingungen der Führungssituation wurden von Vroom und Yetton (1973, S. 71 ff.) in einer Befragung erhoben, die sich auf 268 Manager verschiedener Nationalitäten erstreckte, und mit der Partizipation korreliert. In dieser Untersuchung erwiesen sich der Informationsstand des Führers (r = −0,36) und der Informationsstand der Mitarbeiter (r = 0,43) als die beiden am stärksten mit der Partizipation korrelierenden Variablen. Der Führer ist offensichtlich geneigt, mehr Partizipation zu demonstrieren, wenn er selbst nicht über die zur Problemlösung notwendige Information verfügt und wenn er der Ansicht ist, daß seine Mitarbeiter das erforderliche Wissen beherrschen. Dieses Ergebnis stimmt mit der Feststellung Hellers (1971) überein, daß Manager unter dem Eindruck eines geringen Wissens- und Geschicklichkeitsunterschiedes zwischen ihnen und ihren Mitarbeitern eher bereit sind, Entscheidungen partizipativ zu fällen. Die von den befragten Führern angenommene Wahrscheinlichkeit der Akzeptierung autokratischer Entscheidungen korreliert negativ mit der Partizipation (r = −0,23): Nahmen die Manager an, daß auch eine autokratisch gefällte Entscheidung akzeptiert würde, so waren sie eher geneigt, auch autokratisch zu entscheiden. Die Bedeutung, die die Führer der Akzeptierung der Entscheidung beimaßen, war positiv mit der Partizipation korreliert: Wird die Akzeptierung für sehr wichtig gehalten, dann sind die Manager eher bereit, partizipativ entscheiden zu lassen. Partizipation wird weiter dann eher eingesetzt, wenn die Qualität der Entscheidung wichtig ist (r = 0,12), wenn das Problem unstrukturiert ist (r = 0,25) und wenn die Mitarbeiter das Vertrauen ihrer Vorgesetzten genießen, daß sie im Sinne der Organisationsziele entscheiden.

Soweit Bedingungen der Führungsmotivation und ihre Beziehungen zur Partizipation. Als Effizienzmaße der Führung wurden Akzeptanz der Entscheidungen und Qualität der Entscheidungen eingesetzt. Beide Maße waren positiv mit der Partizipation korreliert.

Fassen wir unseren kurzen Streifzug durch empirische Untersuchungen zur Partizipation zusammen, so können wir feststellen, daß die Partizipation unter bestimmten Bedingungen, insbesondere bei starken Bedürfnissen der

Mitarbeiter nach Unabhängigkeit, bei geringem Informationsgefälle zwischen Vorgesetzten und Nachgeordneten und bei unstrukturierter Aufgabenstellung, die Motivation der Mitarbeiter erhöhen und zugleich Qualität und Akzeptanz der Entscheidungen verbessern kann.

Fragen

1. Welche Auswirkungen besitzt eine starke Bürokratisierung nach Ansicht vieler Autoren auf das Verhalten der Organisationsmitglieder (Bürokratiekritik)?
2. Was ist zu diesen Annahmen kritisch anzumerken?
3. Wie kann das Rollenkonzept zur Analyse der Auswirkungen formaler Organisationsstrukturen herangezogen werden?
4. Kann man von „der" Rolle eines Individuums sprechen, und wenn nein, warum nicht?
5. Welcher Unterschied besteht zwischen Rollenerwartungen und Rollenperzeptionen?
6. Was verstehen wir unter dem formalen Rollensegment, und wie tragen organisatorische Regelungen zur Bildung dieses formalen Rollensegmentes bei?
7. Welche weiteren Komponenten bilden die organisatorische Rolle?
8. Nennen Sie einige Beispiele für Rollenkonflikte innerhalb der organisatorischen Rolle.
9. Skizzieren Sie das Modell von Inkson u. a. Kann auf der Basis dieses Modells Verhalten in Organisationen prognostiziert werden?
10. Was spricht gegen die Annahme, daß der Kontext das individuelle Verhalten ausschließlich indirekt über die formale Struktur beeinflußt? Nennen Sie drei Beispiele für direkte Kontexteinflüsse.
11. Welche Unterschiede im individuellen Verhalten wurden empirisch für Organisationsmitglieder auf verschiedenen hierarchischen Ebenen festgestellt?
12. Wie lassen sich die Befunde interpretieren, daß Manager in „bürokratischen" Organisationen ihre Rollen als wenig „bürokratisiert" empfinden?
13. Skizzieren Sie kurz die Variablen, die in der deutsch-englischen Untersuchung von Child und Kieser erfaßt worden sind.
14. Was war der signifikanteste Unterschied zwischen dem Verhalten deutscher und englischer Manager?
15. Was ist gemeint, wenn von einer Polarisierung der Arbeitsbedingungen bei automatisierter Fertigung gesprochen wird?
16. Inwiefern sind Arbeitssituationen durch die Fertigungstechnologie nicht determiniert, und welche fertigungsorganisatorischen Möglichkeiten zur Verbesserung der Arbeitssituation kennen Sie?
17. Inwiefern unterscheiden sich die Auswirkungen der Informationstechnologie auf Sachbearbeiter und Manager?
18. Skizzieren Sie kurz den Zusammenhang zwischen Computereinsatz und Arbeitszufriedenheit der Benutzer.
19. Inwiefern kann der Computereinsatz zu einer Verbesserung der strukturellen Koordinationsinstrumente führen?
20. Warum unterbleibt in der Praxis häufig eine Abstimmung zwischen der Gestaltung von Computeranwendungen und organisatorischen Regelungen für die Benutzer?
21. Durch welche Hauptdimensionen lassen sich Führungsstile kennzeichnen?

22. Skizzieren Sie kurz das Kontingenzmodell von Fiedler.
23. Welcher Zusammenhang besteht zwischen der Führungsdimension Strukturierung und organisatorische Regelungen?
24. Welcher Unterschied besteht zwischen der Führungsdimension Partizipation und der Strukturdimension Entscheidungsdelegation?
25. Ist damit zu rechnen, daß in Organisationen ein einheitlicher Führungsstil praktiziert wird? Begründen Sie Ihre Antwort.
26. Kann ein systematischer Zusammenhang zwischen den Eigenschaften der formalen Organisationsstruktur und den praktizierten Führungsstilen angenommen werden?
27. Stellen Sie einige Hypothesen über den Zusammenhang zwischen Fertigungstechnologie und dem Führungsstil von Vorgesetzten im Fertigungsbereich auf.
28. Lassen sich diese Hypothesen auch auf den Zusammenhang zwischen Informationstechnologie und den Führungsstil der Vorgesetzten der Benutzer übertragen?

Literatur

Leider gibt es keinen Literaturbeitrag, der alle in diesem Kapitel angesprochenen Fragen auch nur annähernd umfaßt. Zusammenhänge zwischen Struktur, Führung und individuellem Verhalten werden auch erörtert in Rosenstiel u. a. (1972). Zum Zusammenhang zwischen Fertigungstechnologie sowie Verhalten und Einstellungen von Arbeitern ist die umfangreiche Arbeit von Kern und Schumann (1970) zu empfehlen.

6. Schlußbetrachtung

Wenn sich unsere Ausführungen in einigen wenigen Worten zusammenfassen lassen, so in der Feststellung, *daß es gegenwärtig keine geschlossene Organisationstheorie und auch kein gesichertes Wissen über bestimmte Teilkomplexe gibt.* Der Eindruck der Geschlossenheit kann nur durch eine erhebliche Beschränkung der Perspektive erweckt werden, und der Eindruck eines gesicherten Wissens kann nur entstehen, wenn man beide Augen vor der Realität verschließt.

Welche Konsequenzen sind aus diesem Resümee zu ziehen? – Bedeutet es, daß die Organisationstheorie in ihrem gegenwärtigen Stand ohne Sinn und Nutzen für die Praxis ist und ihre Lehre an Schulen und Hochschulen akademische Spielerei? – Wer das Buch aufmerksam gelesen hat, wird an vielen Stellen gespürt haben, daß wir einer präzisen Beschreibung und Erklärung der Realität zum Greifen nahegekommen sind. Manchmal haben einige widersprüchliche Untersuchungsergebnisse das Gefühl einer sicheren Erkenntnis im letzten Moment verhindert, und in anderen Fällen wußten wir nicht so recht, wie wir widersprüchliche Ergebnisse erklären und interpretieren sollten, und haben teilweise etwas kühne Schlüsse gezogen. Genaugenommen müssen wir sagen: Wir wußten es *noch* nicht genau. Diejenigen Erscheinungen und Zusammenhänge, die wir heute einigermaßen befriedigend erklären können, ließen Wissenschaftler vor einigen Jahren zumeist noch ratlos zurück. Einem intensiven Streben, vorliegende Widersprüche durch weitere Forschungen aufzulösen, verdanken wir den heute erreichten Wissensstand. Messen wir dieses Wissen nicht an einem Maßstab, der sich am Erkenntnisstand der um einige Jahrhunderte älteren Naturwissenschaften orientiert, sondern an den jeweils hinter uns liegenden Jahren, so können wir zwar nicht zufrieden, aber durchaus optimistisch sein. Zufrieden dürfen wir deswegen nicht sein, weil Zufriedenheit keinen Anstoß zu weiteren Anstrengungen liefert. Was wir benötigen, ist *konstruktive Kritik* und *intensive Forschung.*

6.1. Organisationstheorie als Studienfach

Was dies für Organisationswissenschaftler bedeutet, ist offensichtlich. Was bedeutet es aber für den Studenten, der sich mit der Organisationstheorie befassen will oder muß? – Wenn er sich einer so jungen und noch mitten in der Entwicklung befindlichen Disziplin wie der Organisationstheorie zuwendet, so muß er sich in seinem Studium *passiv oder sogar aktiv in den laufenden Forschungsprozeß einschalten.* Passive Teilnahme bedeutet, daß er sich nicht mit der Lektüre eines Lehrbuches begnügt, sondern die laufende Diskussion in Zeitschriften verfolgt. Er sollte dabei kritisch vorgehen, d. h. Untersuchungsergebnisse nicht auswendig lernen, sondern sie einander gegenüberstellen und sich aufgrund von Vergleichen der Methoden, Intentionen und Randbedingungen mehrerer ähnlicher Untersuchungen selbst ein Urteil über die wahrscheinlichsten Zusammenhänge bilden. Eine aktive Teilnahme würde darin bestehen, daß im Rahmen von Projektgruppen oder bei der Anfertigung von Diplomarbeiten der eigenständige Versuch unternommen wird, vorliegende Widersprüche auszulösen – sei es durch den kritischen Vergleich mehrerer vorliegender Untersuchungen, der in einem neuen Bezugsrahmen endet, oder durch die Beteiligung an laufenden Forschungsprojekten.

Ein solches Studium ist sicherlich mit einem großen *Aufwand* verbunden, und es gibt ohne Zweifel andere organisationstheoretische Ansätze, in denen man leichter zu einer gewissen „Beherrschung" des Faches kommen kann. Andererseits spricht vieles dafür, daß die Beschäftigung mit einer empirisch orientierten Organisationstheorie eine *bessere Vorbereitung auf das spätere Berufsleben* bietet als das Erlernen realitätsfremder Organisationsprinzipien. Dabei kommt es gar nicht darauf an, daß der Student die speziellen inhaltlichen Fragen, mit denen er sich während des Studiums beschäftigt hat, später unmittelbar praktisch verwenden kann, sondern daß er gelernt hat, sich in bezug auf ein relativ unübersichtliches Gebiet eine einigermaßen geordnete Vorstellung und ein eigenes kritisches Urteil zu bilden. Genau diese Fähigkeit kann ein Studium der empirisch orientierten Organisationstheorie durch eine passive oder aktive Teilnahme am Forschungsprozeß vermitteln.

Vor dem Hintergrund dieser Ausbildungsziele dürfte auch die Intention dieses Buches deutlich werden. Wir konnten und wollten nicht gesichertes Wissen bieten, sondern wir wollten die *Voraussetzungen für eine Einschaltung des Studenten in den Forschungsprozeß* schaffen. Zu diesem Zweck haben wir der Diskussion empirischer Ergebnisse jeweils konzeptionelle Überlegungen vorangestellt, die den Zugang zu den Einzelergebnissen ermöglichen sollten und oft über den Stand der empirischen Forschung hinausgingen. Auch haben wir bei der Diskussion von Einzelergebnissen mit Kritik nicht gespart sowie auf notwendige Ergänzungen und Modifikationen hingewiesen. Wer diese Bemühungen um eine *gedankliche Ordnung* und *konstruktive Kritik* nachvollzogen hat, dürfte dieses Buch mit Gewinn gelesen haben.

Wer einer kritischen Auseinandersetzung mit widersprüchlichen empirischen Ergebnissen ausweichen möchte, sollte sich einem nicht-empirischen und damit weniger verwirrenden Ansatz der Organisationstheorie zuwenden.

Der Hinweis auf andere Ansätze ist vor allem deswegen angebracht, weil der diesem Buch zugrunde gelegte empirisch orientierte situative Ansatz und die soeben skizzierte Auffassung von den Ausbildungszielen und -schwerpunkten bei weitem nicht von allen Vertretern der Organisationstheorie geteilt wird. Aus verschiedenen Gründen wird der empirisch orientierte situative Ansatz und die dahinter stehende vergleichende Organisationsforschung von einigen Wissenschaftlern abgelehnt. Nachdem wir diesen Ansatz in diesem Buch ausführlich dargestellt haben, wollen wir auf einige dieser Einwände kurz eingehen, denn auch dies gehört zu der kritischen Auseinandersetzung mit einem Fach.

6.2. Einwände gegen den empirisch orientierten situativen Ansatz

Häufig wird eingewendet, daß die bisher vorgelegten empirischen Ergebnisse wenig überzeugen und/oder nicht praktisch verwendbar sind und daß sich daher der große Aufwand, der hinter diesen Ergebnissen steht, nicht lohne. Ebenso werden die verwendeten Maße und Erhebungs- und Auswertungsmethoden kritisiert. Solche Einwände sind sehr ernst zu nehmen. Wir müssen ihnen aufmerksam zuhören, wenn möglich auf Beispiele hinweisen, in denen einige dieser Mängel in geringerem Umfang oder gar nicht vorliegen, und auf jeden Fall alles versuchen, um es in Zukunft besser zu machen.

Andere Einwände wiegen deswegen weniger schwer, weil sie auf Mißverständnissen des situativen Ansatzes beruhen, an denen einige seiner Vertreter allerdings nicht ganz unschuldig sind. So wird kritisiert, daß die vergleichende Organisationsforschung nach sozialen Gesetzmäßigkeiten suche, die es offensichtlich nicht gebe. Daß empirisch ermittelte Beziehungen zwischen verschiedenen Größen in Form von Korrelationen nicht als Gesetzmäßigkeiten im naturwissenschaftlichen Sinne, sondern als mehr oder weniger weit zu verallgemeinernde Regelmäßigkeiten im Verhalten von Individuen und Gruppen zu verstehen sind, das haben wir in den Vorbemerkungen zum vierten Kapitel deutlich gemacht. Vielleicht sind Begriffe wie „Einflußfaktoren", „Determinanten" oder „Auswirkungen" dazu angetan, den Eindruck des Naturwissenschaftlich-Deterministischen entstehen zu lassen. Hat man sich jedoch einmal über die Bedeutung dieser Begriffe im Zusammenhang mit sozialwissenschaftlichen Studien geeinigt, so ist in der Terminologie kein grundsätzliches Problem mehr zu sehen.

Wesentlich schwerwiegender ist der Vorwurf, daß die vergleichende Organisationsforschung durch ihre Konzentration auf die Erfassung und Analyse

bestehender realer Verhältnisse eben diese Verhältnisse festschreibe und eine
Weiterentwicklung in einem emanzipatorischen Sinne verhindere (vgl. Argyris 1972, insbes. S. 73). Diese – zumeist unbeabsichtigte – Konsequenz ist vor
allem darauf zurückzuführen, daß empirische Forschungsergebnisse in die
Managementausbildung eingehen, die Manager von morgen also die Bedingungen von heute als natürliche Gegebenheit oder gar als unabwendbare
Gesetzmäßigkeiten kennenlernen und später nach diesen „Gesetzmäßigkeiten" handeln werden.
Dieser Vorwurf mag einen Teil der bisherigen Forschungsarbeiten mit Recht
treffen. Tatsächlich wurden vielfach empirische Befunde verallgemeinert und
nicht kritisch diskutiert, indem z. B. nicht untersucht wurde, *warum* bestimmte Bedingungen oder Beziehungszusammenhänge vorgefunden worden
sind. Nach unserem Verständnis von empirischer Forschung ist die Sammlung und Analyse von Daten jedoch nur ein Teil des gesamten Forschungs-
prozesses, den wir als die *verfahrenstechnische Komponente* bezeichnen.
Sowohl die Vorbereitung von Erhebungen als auch die Auswertung der
gewonnenen Daten werden dabei jedoch von einem gedanklichen Bezugsrahmen geleitet. Die in ihm enthaltenen gedanklichen Annahmen und die aus
ihnen im Zusammenhang mit den gewonnenen Daten abgeleiteten Interpretationen und Folgerungen bezeichnen wir als die *konzeptionelle Komponente*
der empirischen Forschung (vgl. Kubicek 1975a). Entscheidend für die
Qualität empirischer Untersuchungen ist nun, daß die Daten stets kritisch
vor dem Hintergrund einer Konzeption reflektiert sowie zum Anlaß genommen werden, bei der Dateninterpretation über bloße faktische Feststellungen
hinauszugehen, indem der ursprüngliche Bezugsrahmen erweitert und modifiziert wird. In diesem Sinne verstehen wir empirische Forschung vor allem
als einen systematischen, erfahrungsgestützten Lernprozeß, der in seiner
konzeptionellen Komponente keineswegs an die jeweils vorliegenden Daten
gebunden ist, sondern über diese hinausgehen muß.
Die Verfügbarkeit von Daten erlaubt uns dabei im Gegensatz zu einer rein
intuitiven Spekulation eine systematischere, präzisere und weitgehend über-
prüfbare Spekulation. Durch die Möglichkeit, die Daten mit Hilfe statistischer Verfahren zu analysieren, vergrößern wir unsere Interpretationskapazi-
tät erheblich, da erst auf diese Weise Zusammenhänge sichtbar gemacht
werden können, die wir aufgrund der beschränkten Aufnahmekapazität
unserer Sinne bei einer direkten Betrachtung der Realität oder ihres Abbildes
in Form von Daten zumeist nicht erkennen können. Wir dürfen nur nicht
den Fehler machen, unser eigenes Urteil von vornherein den Daten und
statistisch ermittelten Ergebnissen unterzuordnen, sondern wir müssen uns
von ihnen stimulieren lassen. Unter diesen Voraussetzungen bietet die vergleichende empirische Organisationsforschung eine sonst nicht vorhandene
Chance zu einer erfolgreichen Auseinandersetzung mit der Realität im

Hinblick auf die Gewinnung theoretisch und praktisch wertvoller Erkenntnisse (vgl. Kieser 1974a). Sie zwingt durch die Notwendigkeit der Operationalisierung zu größerer Präzision der Aussagen, führt im Zusammenhang mit den Erhebungen in Form von persönlichen Interviews und Beobachtungen zu einem stimulierenden unmittelbaren Kontakt mit der Realität und läßt den Forscher spätestens bei der Analyse der Daten die Grenzen seiner Modelle erkennen (vgl. Kubicek und Wollnik 1975).

Dies alles macht deutlich, daß nicht generell von *zwangsläufigen Konsequenzen empirischer Forschung* gesprochen werden kann, sondern daß diese Konsequenzen von der jeweiligen *Art der Durchführung empirischer Untersuchungen und der Verwendung der gewonnen Daten* abhängen. Betrachten wir empirische Studien als ein Mittel zu einer präzisen Diagnose der Realität, so haben wir eine gute Chance, dieses Realitätsbild vor dem Hintergrund gedanklicher Annahme und Idealvorstellungen zu kritisieren und Alternativen zu entwickeln. Oft werden nämlich erst durch eine intensive Datenanalyse die Ursachen oder Bedingungen für bestimmte Zustände sichtbar, an denen Kritik und Verbesserungsvorschläge ansetzen müssen, wenn ein bloßes Kurieren an Symptomen vermieden werden soll.

Allerdings können vergleichende empirische Untersuchungen selbst nicht unmittelbar und automatisch zur *Entwicklung neuer Organisationsformen* beitragen. Neue Organisationsformen müssen vielmehr in einem experimentähnlichen Forschungsprozeß ausprobiert und als Pilotunternehmen realisiert werden. Einen hierzu besonders geeigneten Forschungsansatz stellt die sogenannte *Aktionsforschung* (action research, research by development) dar, in der Wissenschaftler und Praktiker gemeinsam Gestaltungsprojekte in der Praxis durchführen und die Wissenschaftler anschließend versuchen, die dabei gewonnenen Erfahrungen zu systematisieren und zu verallgemeinern (vgl. Clark 1972). Die Aktionsforschung kann jedoch vergleichende Untersuchungen nicht ersetzen. Es ist nicht möglich, Aktionsforschung ohne Wissen über organisatorische Zusammenhänge durchzuführen, und vergleichende Untersuchungen bieten einen wichtigen Weg zur Gewinnung eben dieses Wissens. Außerdem wird durch Aktionsforschung stets nur eine Einzellösung unter ganz bestimmten Bedingungen geschaffen, und es it mit Hilfe vergleichender Analysen anschließend zu prüfen, inwieweit diese Einzellösung auf andere Situationen übertragen werden kann.

Als Konsequenz auf den Vorwurf der „Zementierung" bestehender Verhältnisse wollen wir also festhalten, daß vergleichende Untersuchungen nicht das einzige, wohl aber das bedeutendste Element der empirischen Organisationsforschung darstellen. Den gesamten Forschungsprozeß sollte man sich als eine Kombination unterschiedlicher Forschungsdesigns (Fallstudien, Laborexperimente, vergleichende Untersuchungen, Aktionsforschung) vorstellen (vgl. Kubicek 1975a), die alle ihre spezifischen Vor- und Nachteile haben und so kombiniert werden müssen, daß die jeweiligen Vorteile am besten zur Geltung kommen (Abb. 6–1).

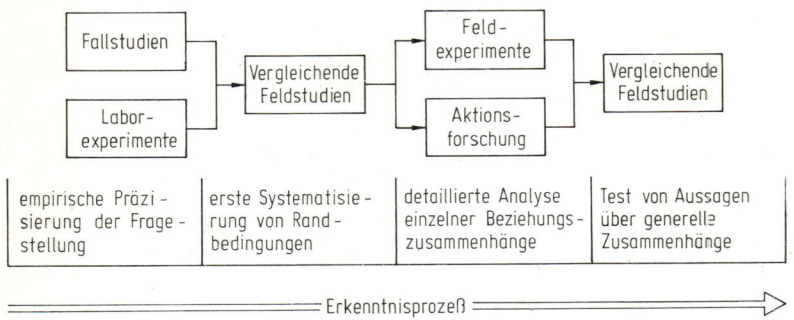

Abb. 6–1. Prozeßzusammenhang einzelner empirischer Forschungsmethoden

Die kurze Auseinandersetzung mit den Einwänden gegen den empirisch orientierten situativen Ansatz können wir dahingehend zusammenfassen, daß sie auf eine unkritische Durchführung und Verwendung empirischer Untersuchungen voll und ganz zutreffen, daß sie einer konstruktiv-kritischen und distanzierten Haltung jedoch nicht den Boden entziehen können, sondern im Gegenteil selbst als konstruktive Hinweise auf eine Verbesserung der Forschung aufzufassen sind.

Nachdem wir nun soviel von Kritik gesprochen haben, erscheinen abschließend noch einige generelle Anmerkungen zum gegenwärtigen Forschungsstand innerhalb des empirisch orientierten situativen Ansatzes erforderlich. Aus einer konstruktiven Sicht kann man dabei auch von zukünftigen Erfordernissen oder Entwicklungsrichtungen sprechen.

6.3. Entwicklungsrichtungen des situativen Ansatzes

Erinnern wir uns daran, daß eines der entscheidendsten Kriterien für die Güte empirisch gestützter Erklärungen das *Ausmaß an reduzierter Varianz* ist, so müssen wir feststellen, daß wir bei fast allen Erklärungsversuchen von der Erreichung dieses Zieles noch weit entfernt geblieben sind. Dies kann grundsätzlich drei Gründe haben:

(1) Erstens kann es sein, daß in der Realität überhaupt keine Regelmäßigkeiten vorliegen und daß daher jeder Einzelfall nur durch seine individuellen Konstellationen „erklärt" werden kann und daß jeder Versuch einer generellen Erklärung mehrerer Fälle daher von vornherein

zum Scheitern verurteilt ist. Die niedrigeren Korrelationen spiegeln dann die Zusammenhänge in der Realität richtig wider.

(2) Zweitens kann es sein, daß wir bei unserer Konzeptualisierung nicht die tatsächlich relevanten Dimensionen ausgewählt haben und/oder daß die bei der Operationalisierung entwickelten Maße nicht zuverlässig oder nicht gültig sind, d. h. daß sie in verschiedenen objektiv gleichen Fällen unterschiedliche Meßergebnisse liefern oder sogar etwas ganz anderes messen als wir von ihnen erwarten. Existierende Zusammenhänge würden dann durch die Maße nicht erfaßt.

(3) Drittens kann es daran liegen, daß wir wichtige Variablenkategorien noch gar nicht erkannt haben und/oder bei unseren Fragestellungen von falschen Bezugsebenen ausgegangen sind.

Den ersten Grund wollen wir ausklammern, da offensichtlich doch Regelmäßigkeiten im Verhalten von Organisationsgestaltern vorzufinden sind und es keinen überzeugenden Anhaltspunkt dafür gibt, daß nicht noch stärkere Regelmäßigkeiten gefunden werden können, wenn die beiden anderen Gründe ausgeräumt worden sind. Der zweite Grund dürfte hingegen unmittelbar überzeugen. Jeder Leser hat sich wahrscheinlich an verschiedenen Stellen in diesem Buch gefragt, ob die verwendeten Maße wirklich das messen, was sie messen sollen und ob nicht andere Dimensionen relevanter sind. Aus solchen Feststellungen müssen wir daher die Konsequenz ziehen, intensiv an der Weiterentwicklung unserer Maße zu arbeiten. Im Gegensatz zu anderen Disziplinen hat man auf diese Fragen in der Organisationstheorie bisher vergleichsweise wenig Mühe verwendet, und empirische Untersuchungen arbeiteten zumeist mit ad-hoc entwickelten Maßen. Auch wenn wir nie einen letzten Beweis für die Gültigkeit unserer Maße finden werden, so müssen wir doch erreichen, daß wir an ihre Gültigkeit glauben können und daß sie vor allem stets denselben Sachverhalt messen, d. h. daß sie zuverlässig sind.

Ebenso viel Arbeit ist mit der Ausräumung des dritten Punktes verbunden. Auf die Notwendigkeit der Erweiterung unserer gedanklichen Bezugsrahmen haben wir an vielen Stellen in diesem Buch hingewiesen. Zur grundsätzlichen Ausrichtung des situativen Ansatzes erscheinen uns im Zusammenhang mit der *Analyse von Einflußgrößen formaler Organisationsstrukturen* zusammenfassend die folgenden Entwicklungen notwendig:

a) In Fallstudien und anderen explorativen Untersuchungen muß noch nach weiteren relevanten Dimensionen der Situation gesucht werden.

b) Neben den „objektiven" situativen Bedingungen müssen auch die Werte, Intentionen und Wahrnehmungen der maßgeblichen Organisationsgestalter bei der Erklärung von Strukturunterschieden berücksichtigt werden, da die Situation nur als Stimulus zu verstehen ist, der aufgenommen und umgesetzt wird.

c) Im Zusammenhang damit müssen wir auch den Prozessen von Gestaltungsentscheidungen nachgehen und den institutionellen Rahmen betrachten, in dem sie ablaufen. So könnte es beispielsweise relevant sein, ob die Kompetenzen für Gestaltungsentscheidungen auf wenige Instanzen konzentriert oder stärker delegiert sind und in welchem Ausmaß Widerstände gegen Strukturänderungen vorliegen, die eine Anpassung an die Situation verzögern oder verhindern.

d) Da Strukturänderungen stets einen längeren, teilweise mehrere Jahre dauernden Zeitraum in Anspruch nehmen, kann es sein, daß die zu einem bestimmten Zeitpunkt vorliegende Struktur noch auf eine gar nicht mehr bestehende Situation ausgerichtet ist, sondern daß lediglich der Änderungsprozeß noch nicht abgeschlossen ist, der die Struktur auf die neue Situation ausrichten soll. Ebenso kann es sein, daß im Zuge einer Umstrukturierung gleichzeitig eine Anpassung an eine für die Zukunft erwartete Situation erfolgt, die zum Untersuchungszeitpunkt dann noch gar nicht vorliegt. Daher kann nicht von vornherein die Beziehung zwischen der jeweils vorliegenden Situation und der gleichzeitig bestehenden Struktur als maßgeblich betrachtet werden. Bei Untersuchungen muß vielmehr auch nach Hinweisen für verzögerte und vorweggenommene Beziehungen gesucht werden.

e) Zu berücksichtigen ist auch die direkte oder indirekte Beeinflußbarkeit der meisten Situationsdimensionen. Daher muß auch geklärt werden, ob zwischen der Situation und der Struktur eine Diskrepanz empfunden wurde oder empfunden wird, die durch eine Veränderung der Situation behoben werden soll. Darüber hinaus sind grundsätzliche Analysen auf einer höheren, strategischen Ebene notwendig, die die Möglichkeiten und Notwendigkeiten einer gegenseitigen Abstimmung zwischen Situation und Struktur klären, so wie wir es im Zusammenhang mit der Fertigungstechnologie und der Informationstechnologie hier bereits ansatzweise getan haben. In diesem Sinne ist die Analyse von Organisationsstrukturen von Unternehmungen in den umfassenderen Bereich der Unternehmungsstrategie zu integrieren (Child 1972).

f) Schließlich ist zu untersuchen, ob es wirklich zweckmäßig ist, stets von der Gesamtstruktur einer Organisation auszugehen. Im Zusammenhang mit der Beschreibung formaler Organisationsstrukturen wurde verschiedentlich sichtbar, daß etwa Gesamtmaße für die Koordinationsinstrumente und die Formalisierung oder Maße wie die durchschnittliche Gliederungstiefe und die durchschnittliche Leitungsspanne oft nicht sinnvoll sind, da in dieser Hinsicht zwischen den einzelnen organisatorischen Teilbereichen erhebliche Unterschiede bestehen können. Ebenso wurde deutlich, daß einige Dimensionen der Situation kaum die Gesamtstruktur, sondern nur die Struktur einzelner Teilbereiche beeinflussen. So beschränkt sich der Einfluß der Fertigungstechnologie weitgehend auf den Fertigungsbereich und der Einfluß der Informationstechnologie auf die einzelnen Benutzergruppen im Verwaltungsbereich. Ebenso spricht einiges dafür, die Umwelt in mehrere Segmente zu untergliedern und dann deren Eigenschaften mit der Struktur einzelner Teilbereiche in Beziehung zu setzen (etwa Konkurrenzintensität und Struktur des Absatzbereichs).

Für die *Analyse des Zusammenhangs zwischen Struktur und individuellem Verhalten* ist festzustellen, daß eine befriedigende Erklärung durch strukturelle Einflüsse alleine auch bei starken Verbesserungen im Detail kaum möglich erscheint. Selbst wenn man die in unseren konzeptionellen Überlegungen erwähnten Bedingungen wie Technologie, Führung, Gruppennormen neben der Struktur berücksichtigt, ist zu vermuten, daß die sozialpsychologischen und psychologischen Prozesse eine so entscheidende Rolle spielen, daß ihre Ausklammerung in rein strukturellen und grundsätzlich statischen Analysen nicht in der Lage ist, die Varianz im Verhalten von Organisationsmitgliedern in einem befriedigenden Umfang zu reduzieren. Die in diesem Buch nicht behandelten sozialen Prozesse in Organisationen, zu denen Führung und Gruppennormen im Grunde schon zu zählen sind, sind daher als eine unabdingbare Ergänzung rein struktureller Analysen anzusehen.

Mit diesen Hinweisen ist das Potential zu Verbesserungen des situativen Ansatzes bei weitem nicht erschöpft, da konstruktiver Kritik, wie gesagt, keine Grenzen gesetzt sind. Ihre Erwähnung erschien uns auch nicht nur deswegen wichtig, weil an dieser Stelle neue Impulse gesetzt werden sollten, die wir teilweise gegenwärtig selbst in neuen empirischen Untersuchungen aufgreifen. Sie erschienen uns vor allem wichtig, um abschließend zu verdeutlichen, wie stark sich die vergleichende Organisationsforschung und damit der situative Ansatz in nächster Zukunft ändern können.

Anhang A: Korrelation

Nehmen wir an, Sie vermuten, daß zwischen dem Formalisierungsgrad einer Organisation und ihrer Größe ein Zusammenhang besteht. Wie können Sie diese Vermutung überprüfen? Eine solche Überprüfung besteht generell aus drei Schritten:
(1) Entwicklung von Meßverfahren für die interessierenden Größen,
(2) Messung der interessierenden Größen bei einer gewissen Zahl von Organisationen – der Stichprobe,
(3) Statistische Analyse der erhobenen Werte.
Die Messung der Organisationsgröße erfolge in unserem Beispiel mittels der Zahl der Mitarbeiter und die Messung der Formalisierung durch eine Zählung der in einer Organisation anzutreffenden unterschiedlichen Arten von Schriftstücken zur Steuerung der Aufgabenerfüllung. Um das Beispiel überschaubar zu halten, nehmen wir an, daß diese Maße bei fünf Organisationen erhoben wurden – um aussagefähige Analysen zu erhalten, benötigt man in der Regel größere Stichproben. Folgende Werte seien für die Organisationsgröße und die Formalisierung ermittelt worden:

Größe	Formalisierung
90	75
95	80
100	105
105	110
110	125

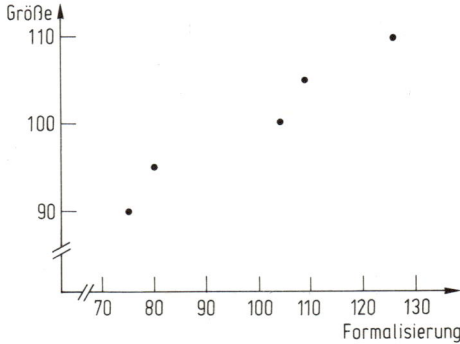

Abb. A–1. Beobachtete Spezialisierungs- und Größenwerte für fünf Organisationen

Offensichtlich besteht ein Zusammenhang zwischen Größe und Foemalisie-rung – je größer die Organisation, um so mehr unterschiedliche Formalisie-rungsinstrumente weist sie tendenziell auf. Aber wie können wir diesen Zusammenhang ausdrücken? Einen graphischen Eindruck des Zusammen-hangs erhalten wir, wenn die Werte – die Beobjchtungen – für die fünf Organisationen in einem Achsenkreuz als *Punktmenge* abgetragen werden (Abb. A–1).

Die graphische Darstellung macht den Zusammenhang zwischen Organisa-tionsgröße und Formalisierung vielleicht etwas anschaulicher, ist aber immer noch nicht praktisch. Praktisch wäre eine Kennziffer, die die *Stärke* des Zusammenhangs so beschreibt, daß er mit anderen Zusammenhängen vergli-chen werden kann – etwa mit dem in einer anderen Stichprobe festgestellten Zusammenhang zwischen Größe und Formalisierung oder mit dem Zusam-menhang zwischen Größe und Spezialisierung.

Der *Korrelationskoeffizient* ist eine solche Kennziffer. Seine Berechnung geht von den *Varianzen oder Streuungen* der beiden interessierenden Größen aus. Vergleicht man die beiden Zahlenreihen für die Größe unseres Beispiels, so ist zunächst festzustellen, daß die Werte für die Formalisierung breiter streuen – ihre Varianz ist größer.

Das läßt sich mathematisch fassen. Zunächst errechnet man die arithmeti-schen Mittelwerte. Die Zahlenreihe für die Organisationsgröße hat einen Mittelwert von 100, die Zahlenreihe für die Formalisierung einen von 99. Dann berechnet man den Abstand der Einzelwerte zum Mittel, multipliziert jede dieser Differenzen mit sich selbst, addiert die so erhaltenen Werte und dividiert die Summe durch die Zahl der berücksichtigten Einzelfälle. So ergibt sich bei der ersten Gruppe eine Varianz von 50 22 + 5^2 + 0 + 5^2 + 10^2 = 250 : 5), bei der zweiten von 1770. Es sind unhandlich große Zahlen. Um sie handlicher zu machen, ohne ihre Aussagekraft zu verwischen, zieht man aus ihnen die Quadratwurzel – und erhält die *Standardweichung*. Sie bildet die Meßzahl für die Varianz. Bei der ersten Gruppe beträgt sie 7,07, bei der zweiten 42,07.

Die *Kovarianz* zweier Zahlenreihen ist nun ein Meßwert dafür, in welchem Ausmaß diese beiden Zahlenreihen miteinander variieren. Was „miteinander variieren" bedeutet, geht aus der Berechnung der Kovarianz hervor: Die Meßzahl Kovarianz ist eine Relation, ein Bruch. Betrachten wir zunächst den Zähler. Er wird berechnet, indem man – Beobachtung für Beobachtung – die Abweichung vom Mittelwert der einen Variablen mit der Abweichung vom Mittelwert der anderen Variablen multipliziert.

Der Zähler der Meßgröße Kovarianz erhält einen sehr hohen – positiven oder negativen – Wert, wenn starke Abweichungen für die eine Variable jeweils mit starken Abweichungen *in derselben Richtung* für die andere Variable zusammentreffen.

Treffen etwa die folgenden Abweichungen aufeinander:
Variable 1: − 10, + 6, + 9, + 3, + 5
Variable 2: + 2, + 10, − 1, − 10, + 2
so ergibt sich ein niedrigerer Wert − 11 − als wenn die folgenden Abweichungspaare jeweils miteinander multipliziert werden:
Variable 1: − 10, − 5, 0, + 5, + 10
Variable 2: − 24, − 19, + 6, + 11, + 26
Dies sind übrigens die Abweichungen der Beobachtungen unseres Beispiels für Organisationsgröße und Formalisierung von ihren Mittelwerten. Wir erhalten für die Summe aller dieser Produkte den Wert 650.
Die Meßzahl Kovarianz soll die durchschnittliche Abweichung wiedergeben. Also teilt man die Summe aller Abweichungs-Produkte durch die Zahl der Fälle minus eins. Für unser Beispiel erhalten wir so eine Kovarianz von 162,5.
Sie fragen sich nun bestimmt, warum nicht durch die Zahl der Fälle, sondern durch die Zahl der Fälle minus eins dividiert wird. Nun, im Hinblick auf die Durchschnittsbildung wurden die einzelnen Werte bei den Berechnungen der Abweichungen vom Mittelwert ein Fünftel mal „zuviel" berücksichtigt; jeder Wert war ja auch in dem Mittelwert, der von dem ursprünglichen Wert abgezogen wurde, zu einem Fünftel enthalten. Jede einzelne Abweichung oder das Produkt zweier Abweichungen kann also nur mit der Gewichtung von vier Fünftel bei der Durchschnittsbildung berücksichtigt werden. Das heißt, wir behalten nur vier Fälle für Durchschnittsbildung übrig.
Der Korrelationskoeffizient, r, wird nun errechnet, indem die Kovarianz in Relation zur Standardabweichung der *beiden* Zahlenreihen gesetzt wird:

$$r = \frac{\text{Kovarianz}}{\text{Standardabweichung}}$$

Für unser Beispiel ergibt sich:

$$r = \frac{162,5}{297,44} = 055$$

Die Standardabweichung ist, wie wir gesehen haben, eine Meßzahl für die Varianz. Um den Aussagegehalt des Korrelationskoeffizienten deutlich zu machen, können wir auch schreiben:

$$r = \frac{\text{Kovarianz zweier Meßreihen}}{\text{Kennziffer für die Gesamtvarianz zweier Meßreihen}}$$

Der Korrelationskoeffizient kann nur zwischen −1 und +1 liegen. Null bedeutet: kein Zusammenhang − die Abweichungen der Werte der Beobachtungen von den Mittelwerten lassen sich nur durch reinen Zufall erklären. +1: perfekte positive Korrelation − in genau dem gleichen Grad, in dem sich das eine Merkmal verändert, verändert sich auch das andere. −1: perfekte negative Korrelation. Die Wippe ist ein anschauliches Beispiel für einen

Korrelationskoeffizienten von −1: In genau dem gleichen Maß, in dem sich das eine Ende von der Erde entfernt, nähert sich ihr das andere.

Die meisten Korrelationen sind weniger perfekte Zusammenhänge. Es sind Dezimalbrüche zwischen −1 und +1.

Theoretisch wäre es möglich, alle möglichen Merkmale auf diese Weise zu vergleichen. Im Frühling ist es wärmer geworden; im Frühling sind die Preise gestiegen. Es ergäbe sich also mit Sicherheit eine Korrelation, und zwar ein positiver Dezimalbruch. Trotzdem wäre er absurd: Die Korrelationsrechnung hat nur Sinn, wenn beide Merkmale in einem *plausiblen Zusammenhang* stehen, sei es, daß das eine von dem anderen (mit)verursacht ist, sei es, daß beide auf eine gleiche Ursache zurückgehen. Über die Art dieses Zusammenhangs sagt die Korrelationsrechnung nichts aus; er muß auf andere Weise ermittelt werden.

Der Korrelationskoeffizient ist also die Meßzahl für den Grad, in dem zwei statistische Variablen miteinander variieren. Was ist damit anzufangen?

Nun, aus dem Korrelationskoeffizienten läßt sich ersehen, *zu welchem Teil ein Merkmal für das von ihm als abhängig betrachtete verantwortlich gemacht werden kann.* Dazu multipliziert man den Korrelationskoeffizienten mit sich selber und das Ergebnis mit 100. Daß Unternehmungsgröße und Formalisierungsgrad mit 0,55 miteinander korrelieren, besagt also, daß die bei Formalisierungsgraden beobachteten Unterschiede zu 30 Prozent (0,55 × 0,55 × 100) auf die Unterschiede in den Unternehmungsgrößen zurückzuführen sind; die übrigen 70 Prozent der Unterschiede müssen andere Ursachen haben.

Der Begriff „Ursache" wird hier jedoch nicht in einem kausal-deterministischen Sinne verwendet. Eine bestimmte Unternehmungsgröße führt nicht automatisch und zwangsläufig zu einem bestimmten Formalisierungsgrad. Angemessener erscheint es vielmehr, davon auszugehen, daß viele Organisationsgestalter auf eine bestimmte Unternehmungsgröße mit einem weitgehend ähnlichen Formalisierungsgrad reagieren. Korrelationen zwischen organisatorischen Größen sind also als Regelmäßigkeiten im Verhalten von Organisationsgestaltern zu interpretieren.

Oft kovariiert eine Größe mit zwei oder mehreren anderen Größen gleichzeitig. Korreliert man diese Größe dann mit einer anderen Größe, so ist man nicht sicher, ob die festgestellte Korrelation nicht auch Einflüsse der anderen Größen enthält. Nehmen wir an, neben der Organisationsgröße korreliere noch die Diversifikation des Angebotsprogramms positiv mit dem Formalisierungsgrad, der Korrelationskoeffizient betrage 0,4. Da Organisationsgröße und Diversifikation des Angebotsprogramms untereinander eine Korrelation von 0,3 erreichen, ist anzunehmen, daß die Korrelation der Organisationsgröße mit dem Formalisierungsgrad von dem Zusammenhang zwischen Angebotsprogramm und Organisationsgröße mit beeinflußt wird. Wie kann man die „Nettokorrelation" zwischen der Organisationsgröße und dem Formalisierungsgrad berechnen? Eine Möglichkeit bietet die *partielle Korrelation*. Dieses Verfahren arbeitet wie folgt:

In die Berechnung der Korrelation zwischen der Organisationsgröße und dem Formalisierungsgrad gehen nicht die ursprünglichen beobachteten Werte für den Formalisierungsgrad und für die Organisationsgröße ein. Vielmehr werden zuerst von den Werten für den Formalisierungsgrad die Werte abgezogen, die sich aufgrund der Korrelation zwischen Diversifikationsgrad und Formalisierungsgrad prognostizieren lassen. Danach werden von den beobachteten Organisationsgrößen ebenfalls die Werte abgezogen, die sich aufgrund der Korrelation zwischen Diversifikationsgrad und Größe prognostizieren lassen.

Wie man eine Variable aufgrund einer anderen Variable, die mit ihr korreliert ist, prognostizieren kann, werden wir gleich noch bei der Regressionsrechnung zeigen.

Nehmen wir als Beispiel eine Beobachtung: eine Organisation habe bei einer Größe von 120 Mitarbeitern einen Formalisierungsgrad von 140. Außerdem weise sie einen Diversifikationsgrad von 20 auf. Es wird nun der Formalisierungsgrad berechnet, den die Organisation allein aufgrund ihres Diversifikationsgrades haben müßte. Diese Prognose ergäbe 50. In die partielle Korrelation zwischen Organisationsgröße und Formalisierung geht nun nur der korrigierte Formalisierungsgrad 90 ein. Auf dieselbe Weise wird die beobachtete Organisationsgröße um den auf der Grundlage der Korrelation zwischen Organisationsgröße und Diversifikationsgrad zu prognostizierenden Wert reduziert.

Nachdem diese Prozedur für alle Fälle – alle Organisationen der Erhebung – durchgeführt wurde, wird die einfache Korrelation zwischen den bereinigten Werten für die Organisationsgröße und den Formalisierungsgrad berechnet. Die so ermittelte Korrelation stellt die partielle Korrelation zwischen der Organisationsgröße und dem Formalisierungsgrad bei Kontrolle der Diversifikation dar.

In partiellen Korrelationen können auch mehrere Variablen kontrolliert werden.

Anhang B: Regression

Die Korrelationsrechnung sagt uns, ob zwischen zwei Variablen ein Zusammenhang besteht und wie stark dieser ist. Die Information, die uns der Korrelationskoeffizient gibt, erlaubt es uns aber nicht, abzuschätzen oder zu prognostizieren, welchen Wert die eine Variable für einen bestimmten Wert der anderen Variablen annimmt. Beispielsweise können wir mit dem Korrelationskoeffizient von 0,55 nicht auf systematische Weise abschätzen, welche Formalisierung eine Unternehmung mit 150 Mitarbeitern wahrscheinlich aufweisen wird.

Die graphische Darstellung unserer Beobachtungen legt es nun nahe, den Zusammenhang zwischen Größe und Formalisierung durch eine Gerade auszudrücken, nämlich durch eine Gerade, an der alle Punkte am dichtesten „dranliegen". (Abb. A–2) Eine Gerade wird durch die allgemeine Funktion

$$Y = a + b\,X$$

wiedergegeben. In unserem Beispiel lautet die entsprechende Gleichung
Formalisierung = a + b · Organisationsgröße.

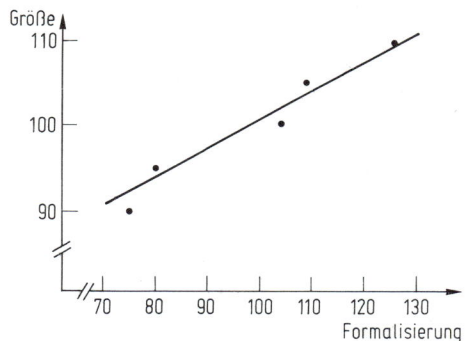

Abb. A–2. Regressionsgerade

Sind a und b bestimmt, kann man durch Einsatz der uns interessierenden Organisationsgröße – 150 – leicht die entsprechende Formalisierung ermitteln.

Die Ermittlung der Geraden, die am dichtesten an den Punkten „dranliegt", ist die Aufgabe der Regressionsrechnung. In ihr wird diejenige Funktion als die den Punkten am besten angepaßte definiert, für die die Summe der ins Quadrat genommenen Abstände zu den einzelnen Punkten minimiert wird.

Regressionen können auch für Gleichungen durchgeführt werden, bei der eine Variable – die abhängige Variable – von mehreren anderen Variablen – unabhängigen Variablen – bestimmt wird. Eine Gleichung für eine solche *multiple Regression* hat die folgende allgemeine Form:

$$Y = a + b_1\,X_1 + b_2\,X_2 + b_3 X_3 + \ldots + b_n X_n.$$

Um zu unserem Beispiel zurückzukehren: Für den Formalisierungsgrad könnten wir die folgende Gleichung berechnen, wenn wir die Vermutung hätten, daß neben der Organisationsgröße und Diversifikation des Angebotsprogramms auch noch die Dynamik der Umwelt und der Computereinsatz auf die Formalisierung einwirken und wenn wir für diese Größe Messungen durchgeführt hätten:

Formalisierungsgrad = a + b_1 · Organisationsgröße + b_2 · Diversifikation + b_3 · Umweltdynamik + b_4 Computereinsatz

Ein Vorteil der Regressionsrechnung gegenüber der Korrelationsrechnung besteht, wie wir bereits aufgezeigt haben, darin, daß wir die abhängige Variable auch für solche Werte der unabhängigen Variablen abschätzen können, für die wir keine Messungen haben.

Nehmen wir an, wir hätten für die obige Regressionsgleichung des Spezialisierungsgrades die folgenden Werte ermittelt:

Formalisierungsgrad = − 1,5 + 0,45 Organisationsgröße + 1,3 Diversifikation + 0,15 Umweltdynamik − 0,25 Computereinsatz

Die Organisationsgröße wird durch die Zahl der Mitarbeiter, die Diversifikation durch die Zahl der unterschiedlichen angebotenen Produktgruppen, die Umweltdynamik durch die Zahl der in den letzten fünf Jahren notwendig gewordenen fertigungs- und produkttechnologischen Änderungen und der Computereinsatz durch die Monatsmiete für elektronische Datenverarbeitung in Tsd. DM gemessen. Wir können nun mit unserer Regressionsgleichung abschätzen, welche Formalisierung eine Organisation mit 180 Mitarbeitern, 9 Produktgruppen, 8 fertigungs- und produkttechnologischen Änderungen in den letzten fünf Jahren und 40 000 DM Monatsmiete für elektronische Datenverarbeitung wahrscheinlich aufweist.

Nämlich 83,9:

Formalisierung = − 1,5 + 0,45 · 180 + 1,3 · 9 + + 0,15 · 8 − 0,25 · 40 = − 1,5 + 81 + 11,7 + 1,2 − 10 = 83,9

Die Regressionsrechnung liefert auch noch *Kennziffern für die Güte der Regression*. Kennziffern, die uns sagen, wie sehr wir unserer Schätzung vertrauen können. Auf diese Kennziffern wollen wir hier nicht näher eingehen. Sie werden in allen gängigen Statistiklehrbüchern behandelt (z. B. in Kriz 1973 S. 211 ff.).

Wir können die Regressionsrechnung aber auch einsetzen, um Aussagen über die *Richtung* und die *relative Stärke des Einflusses der einzelnen unabhängigen Variablen* – in unserem Beispiel Organisationsgröße, Diversifikation, Umweltdynamik und Computereinsatz – auf die abhängige Variable – Formalisierung in unserem Beispiel – zu erhalten.

Zunächst sagen die *Vorzeichen* der Koeffizienten etwas über die Richtung des Einflusses aus. Organisationsgröße, Angebotsprogramm und Umweltdynamik haben in unserem Beispiel positive Vorzeichen – sie sind positiv mit der Formalisierung korreliert. Je höher die Werte für diese Variablen in einer

Organisation, um so höher ist tendenziell ihre Formalisierung. Der Computereinsatz weist ein negatives Vorzeichen auf. Er ist negativ korreliert, d. h. je höher der Computereinsatz, um so weniger Formalisierung weist eine Unternehmung tendenziell auf.

Die Regressionskoeffizienten spiegeln nun auch die Stärke des Einflusses der jeweiligen unabhängigen Variablen auf die abhängige Variable wider. Allerdings nicht in der Form, in der sie in der ursprünglichen Regressionsgleichung enthalten sind. Der Koeffizient von 1,3 für die Diversifikation bedeutet *nicht* daß von der Diversifikation ein wesentlich stärkerer Einfluß auf die Spezialisierung ausgeht als von dem Computereinsatz mit seinem Regressionskoeffizient von 0,25. Schließlich hat der Index für den Computereinsatz – die Monatsmiete – einen ganz anderen Wertebereich als die Variable Diversifikation, die an der Zahl der angehobenen Produktgruppen gemessen wird.

Anders wäre es, wenn man die Messungen für die einzelnen Variablen so unformulieren würde, daß sie alle in demselben Wertebereich variieren. Eine solche Umformulierung oder Transformation wird in der *standardisierten Regressionsrechnung* durchgeführt. Ihre Koeffizienten sind vergleichbar. Für unser Beispiel könnten sich die folgenden standardisierten Koeffizienten ergeben:

$$\text{Formalisierung} = + \, 0{,}61 \, Z_{\text{Organisationsgröße}} + 0{,}25 \, Z_{\text{Angebotsprogramm}} + 0{,}21 \, Z_{\text{Umweltdynamik}} - 0{,}31 \, Z_{\text{Computereinsatz}}$$

Aus dieser Regressionsgleichung können wir u. a. entnehmen, daß der stärkste Einfluß auf die Formalisierung von der Organisationsgröße ausgeht und daß der negative Einfluß des Computereinsatzes stärker ist als der positive Einfluß des Angebotsprogramms.

Ein gewisser Nachteil der Korrelations- und Regressionsrechnung liegt darin, daß stets von *linearen Zusammenhängen* zwischen den betrachteten Größen ausgegangen wird, d. h. es wird stets nach einer Geraden gesucht. Es kann aber auch sein, daß Organisationsgröße und Formalisierungsgrad in einem s-förmigen Zusammenhang stehen oder daß sich bei einem umgekehrten U die geringsten Abweichungen von den einzelnen Punkten ergeben würden. In einem solchen Fall würden wir niedrigere Korrelationen erhalten, obwohl objektiv ein systematischer Zusammenhang besteht. Wenn wir weiter oben gesagt haben, eine Korrelation von o bedeute keinen Zusammenhang, so müssen wir uns daher berichtigen und sagen: keinen linearen Zusammenhang. Diese sehr wichtige Ergänzung ist auch bei allen Interpretationen empirischer Ergebnisse in diesem Buch vorzunehmen.

Literaturverzeichnis

Abkürzungsverzeichnis

Ac. of Man. J.	Academy of Management Journal
AER	American Economic Review
Am. J. Soc.	American Journal of Sociology
ASQ	Administrative Science Quarterly
ASR	American Sociological Review
HBR	Harvard Business Review
HR	Human Relations
HWB	Handwörterbuch der Betriebswirtschaft, 4. Aufl., hrsg. von E. Grochla und W. Wittmann
HWO	Handwörterbuch der Organisation, hrsg. von E. Grochla
JMS	The Journal of Management Studies
JoAP	Journal of Applied Psychology
JoB	Journal of Business
ILR	International Labour Review
Soc.	Sociology
ZfB	Zeitschrift für Betriebswirtschaft
ZfbF	Zeitschrift für betriebswirtschaftliche Forschung
ZfO	Zeitschrift für Organisation

Abell, P. (1975) (Hrsg.): Organizations as Bargaining and Influence Systems. London, New York.

Acker, H. B. (1969): Stelle. In: HWO, Stuttgart, Sp. 1577–1582.

Adamczyk, J. (1969): Der Fließzusammenbau elektronischer Bauteile und Erzeugnisse. Berlin.

Adorno, Th. W. (1954): Einleitungsvortrag. In: Individuum und Organisation. Darmstädter Gespräch 1953, hrsg. v. F. Neumark, Darmstadt, S. 21 ff.

Aggteleky, B. (1970): Fabrikplanung. München.

Aiken, M., und J. Hage (1968a): Organizational Alienation: A Comparative Analysis. ASR, Vol. 33, S. 497–507.

Aiken, M., und J. Hage (1968b): Organizational Interdependence and Intra-Organizational Structure. ASR, Vol. 33, S. 912–931.

Aiken, M., und J. Hage (1971): The Organic Organization and Innovation. Soc., Vol. 5, S. 63–81.

Albrow, M. (1972): Bürokratie. München.

Aldrich, H., und S. Mindlin (1975): Uncertainty and Dependence: Two Perspectives on Environment. Arbeitspapier, NYSSILR, Cornell University, Ithaka, USA.

von Alemann, U. (Hrsg.) (1975): Partizipation, Demokratisierung, Mitbestimmung. Problemstellung und Literatur in Politik, Wirtschaft, Bildung und Wissenschaft. Opladen.

Allen, B. (1968): Danger Ahead! Safeguard Your Computer. In: HBR, Vol. 46, Nr. 6, 97–101.

Anagnostopoulos, K., H. Kubicek, B. Schareck und G. Schütz (1974): Der Einfluß des Computereinsatzes auf die Organisationsstruktur. Eine Replikation der amerikanischen Untersuchung von Thomas L. Whisler in 32 Versicherungs- und Industrieunternehmungen Nordrhein-Westfalens. Arbeitspapier Nr. 6 des Seminars für Allgemeine Betriebswirtschaftslehre und Organisationslehre der Universität zu Köln.

Ansoff, H. I., und R. G. Brandenburg (1971): A Language for Organization Design: Part I and II. Management Science, Vol. 17, S. B-705-B-731.

Argyris, Ch. (1964): Integrating the Individual and the Organization. New York.

Argyris, Ch. (1972): The Applicability of Organizational Sociology. London.

Baldwin, W. L. (1964): The Motives of Managers, Environmental Restraints, and the Theory of Managerial Enterprises. Quarterly Journal of Economics, Vol. 78, S. 238–256.

Barnard, Ch. J. (1938): The Functions of the Executive. Cambridge, Mass.

Bartölke, K. (1975): The Importance of Membership in Top, Middle, and Bottom Groups in Selected Plants in the German Federal Republic. Arbeitspapiere des Fachbereichs Wirtschaftswissenschaft der Gesamthochschule Wuppertal, Nr. 6.

Barton, A. H. (1955): The Concept of Property Space in Social Research. In: Language of Social Research, hrsg. von P. F. Lazarsfeld und M. Rosenberg. New York, London, S. 40–57.

Bennis, W. G. (1959): Leadership Theory and Administrative Behavior. ASQ, Vol. 4, S. 259–301.

Bennis, W. G. (1966): Organizational Developments and the Fate of Bureaucracy. Industrial Management Review, Vol. 7, S. 41-55.

Bennis, W. G. (1969): Organization Development. It's Nature, Origins and Prospects. Reading, Mass.

Berger, K. H. (1961): Organisationspläne und Dienstanweisungen. In: Organisation. TFB Handbuchreihe, Bd. 1, hrsg. von Erich Schnaufer und Klaus Agthe. Berlin, Baden-Baden, S. 531–576.

Berle, A.A. (1959): Power without Property – A New Development in American Political Economy. New York.

Berry, Ch. H. (1971): Corporate Growth and Diversification. The Journal of Law and Economics, Vol. 14, S. 371–383.

Beste, Th. (1956): Fertigungsverfahren. In: HWB, 3. Aufl., hrsg. von Hans Seischab und Karl Schwantag, 1. Bd. Stuttgart, Sp. 1764–1774.

Biddle, B. J. (1964): Roles, Goals, and Value Structures in Organizations. In: New Perspectives in Organization Research, hrsg. von W. W. Cooper, H. J. Leavitt und M. W. Shelly II. New York, London, Sidney, S. 150 bis 172.

Blackburn, R. (1972): The New Capitalism. In: Ideology in Social Science, hrsg. von R. Blackburn. O. O., S. 164–186.

Blake, R. R., H. A. Shephard und J. S. Mouton (1964): Managing Intergroup Conflict in Industry. Houston.

Blau, P. M. (1955): The Dynamics of Bureaucracy. Chicago (auszugsweise auf deutsch abgedruckt in Mayntz 1971).

Blau, P. M., W. V. Heydebrand und E. Stauffer (1966): The Structure of Small Bureaucracies. ASR, Vol. 31, S. 179–191 (auf deutsch abgedruckt in Mayntz 1971).

Blau, P. M., und F. Schoenherr (1971): The Structure of Organizations. New York.

Blau, P. M., und R. W. Scott (1963): Formal Organizations – A Comparative Approach. London.

Blauner, R. (1964): Alienation and Freedom. Chicago.

Bleicher, K. (1969a): Abteilung. In: HWO, Stuttgart, Sp. 39–45.

Bleicher, K. (1969b): Koordinationsorgane. In: HWO, Stuttgart, Sp. 899–909.

Bleicher, K. (1975): Kollegien. In: HWB, 4. Aufl., 2. Bd., Sp. 2157–2169.

Blumberg, P. (1968): Industrial Democracy. London.

Bonjean, Ch. M., und M. D. Grimes (1970): Bureaucracy and Alienation: A Dimensional Approach. Social Forces, Vol. 48, S. 365–373.

Booz, Allen & Hamilton, Inc. (1966): The Computer's Role in Manufacturing Industry. Computers and Automation, Vol. 15, Nr. 12, S. 14–19.

De Brabander, B., D. Deschoolmeester, R. Leyder und E. Vanlommel (1972): The Effect of Task-Volume and Complexity upon Computer-Use. In: JOB, Vol. 45, S. 56–84.

Bright, J. R. (1958): Does Automation Raise Skill Requirements? HBR, Vol. 36, Nr. 4, S. 85–98.

Brown, A. (1947): Organization of Industry. Englewood Cliffs, N. J.

Budäus, D. (1975): Entscheidungsprozeß und Mitbestimmung. Wiesbaden.

Budde, A. (in Vorbereitung): Die Entwicklung des Verwaltungspersonals in wachsenden Unternehmungen.

Burack, E. (1967): Industrial Management in Advanced Production Systems: Some Theoretical Concepts and Preliminary Findings. ASQ, Vol. 12, S. 479–500.

Burack, E., und F. H. Cassell (1967): Technological Change and Manpower Developments in Advanced Production Systems. Ac. of Man. J., Vol. 10, S. 293–308.

Burack, E. (1975): Organizational Analysis: Theory and Applications. Hinsdale, Ill.

Burisch, W. (1973): Organisation als Ideologie. Stuttgart.

Burns, T., und G. M. Stalker (1961): The Management of Innovation. London (auszugsweise auf deutsch abgedruckt in Mayntz 1971).

Burns, T. (1971): Industry in a New Age. In: Organization Theory, hrsg. von D. S. Pugh. Harmondworth, S. 43–55.

Caplow, Th. (1956): The Effect of Increasing Size on Organizational Structure in Industry. In: Transactions of the Third World Congress of Sociology, Vol. I, S. 157–164.

Caplow, Th. (1964): Principles of Organizations. New York.

Carzo, R., und N. J. Yanouzas (1967): Formal Organizations. A Systems Approach. Homewood, Ill.

Casey, F. G. (1954): This Machine Foreshadows a Revolution in Management. In: Business. The Journal of Management in Industry, Vol. 84, Nr. 4, S. 55–57.

Chandler, A. D., Jr. (1962): Strategy and Structure. Chapters in the History of Industrial Enterprise. Cambridge, London.

Channon, D. F. (1973): The Strategy and Structure of British Enterprise. London, Basingstoke.

Child, J. (1969): The Business Enterprise in Modern Industrial Society. London.

Child, J. (1970): More Myths of Management Organizations? JMS, Vol. 7, S. 376–390.

Child, J. (1972a): Organization Structure and Strategies of Control: A Replication of the Aston Study. ASQ, Vol. 17, S. 163–177.

Child, J. (1972b): Organizational Structure, Environment and Performance: The Role of Strategic Choice. Soc., Vol. 6, S. 1–22.

Child, J. (1973a): Predicting and Understanding Organization Structure. ASQ, Vol. 18, S. 168–185 (deutsche Übersetzung: Prognose und Erklärung von Organisationsstrukturen. In: Organisationstheorie, 1. Teilband, hrsg. von E. Grochla, Stuttgart 1975).

Child, J. (1973b): Organization: A Choice for Man. In: Man and Organization, hrsg. v. J. Child. London, S. 234–257.

Child, J. (1973c): Strategies of Control and Organizational Behavior. ASQ, Vol. 18, S. 1–17.

Child, J., und T. Ellis (1973): Predictors of Variation in Managerial Roles. HR, Vol. 26, S. 227–250.

Child, J. und A. Kieser (1975): Organization and Managerial Roles in British and West German Companies – An Examination of the Culture-Free Thesis. Arbeitspapier Institut für Unternehmensführung, Freie Universität Berlin. Wird veröffentlicht in Lammers, C. und D. J. Hickson (Hrsg.): Organizations Alike and Unlike.

Child, J., und A. Kieser (in Vorbereitung): The Development of Organizations over Time. In: Handbook of Organizational Design, hrsg. von W. H. Starbuck, New York.

Child, J., und R. Mansfield (1972): Technology, Size and Organization Structure. Soc., Vol. 6, S. 369–393.

Clark, B. R. (1956): Organizational Adaption and Precarious Values. ASR, Vol. 21, S. 327–336.

Clauss, G., und H. Ebner (1970): Grundlagen der Statistik für Psychologen, Pädagogen und Soziologen. Frankfurt.

Clegg, St. R. (1975): Sociological Critique of an Organizational Theory of Power. Paper, European Group for Organizational Studies (EGOS), Kolloquium, April 3–5 1975, Bréau-sans-Nappe.

Cleland, D. J., und W. R. King (1968): Systems Analysis and Project Management. New York u. a.

Crotty, W. J. (1967): The Party Organization and its Activities. In: Approaches to the Study of Party Organization. New York.

Crozier, M. (1964): The Bureaucratic Phenomenon. Chicago (auszugsweise auf deutsch abgedruckt in Mayntz 1971).

Cyert, R. M., und J. G. March (1963): A Behavioral Theory of the Firm. Englewood Cliffs, N. J.

Daheim, J.-J. (1970): Der Beruf in der modernen Gesellschaft. Versuch einer soziologischen Theorie beruflichen Handelns. Köln, Berlin.

Dahrendorf, R. (1968): Homo Sociologicus. Ein Versuch zur Geschichte, Bedeutung und Kritik der Kategorie der sozialen Rolle. 7. Aufl. Köln, Opladen.

Dale, E. (1952): Planning and Developing the Company Organization Structure. American Management Association, Resarch Report No. 20. New York.

Davis, St. M. (1971): Comparative Management. Organizational and Cultural Perspectives. Englewood Cliffs, N. J.

Davis, K., und R. L. Blomstrom (1975): Business and Society: Environment and Responsibility. 3. Aufl. New York.

Davis, L. E., und A. B. Cherns (Hrsg.) (1975): The Quality of Working Life. 2 Bde. New York, London.

Dearborn, D. G., und H. A. Simon (1967): Selective Perception: A Note on the Departmental Identification of Executives. In: Organizational Decision Making, hrsg. v. M. Alexis und C. Z. Wilson. Englewood Cliffs, N. J., S. 91 ff.

Downey, H. K., D. Hellriegel und J. W. Slocum (1975): Environmental Unvertainty: The Construct and its Application. ASQ, Vol. 20, S. 613–629.

Downey, H. K. und J. Slocum (1975): Uncertainty: Measures, Research and Sources of Variation. Ac. of Man. J., Vol. 18, S. 562–578.

Drumm, H. J. (1970): Automation und Leitungsstruktur. Die organisatorischen Auswirkungen von Mechanisierung, Automatisierung und Automation auf Instanzen und Leitungszusammenhang von Herstellungs- und Reparaturabteilungen industrieller Unternehmungen. Ergebnisse einer empirischen Untersuchung. Berlin.

Duncan, R. B. (1971): Multiple Decision Making Structures in Adapting to Environmental Uncertainty: The Impact on Organizational Effectiveness. Working Paper No. 54–71, Graduate School of Management, North-Western University. Evanston, Ill.

Duncan, R. B. (1972): Characteristics of Organizational Environments and Perceived Environmental Unvertainty. ASQ, Vol. 17, S. 313–327.

Early, J. S. (1957): Critique of Paper by H. A. Simon on Economics, Organization Theory and Decision Making. AER, Vol. 47, S. 330 bis 335.

Eason, K. D., L. Damodaran und S. M. Stewart (1974): Mica-Survey. Report of a Survey on Man Computer Interaction in Commercial Applications. Department of Human Sciences, University of Technology. Loughborough, Leicestershire.

Eisenführ, F. (1970): Zur Entscheidung zwischen funktionaler und divisionaler Organisation. ZfB, 40. Jg., S. 725–746.

Eisenstadt, S. N. (1959): Bureaucracy, Bureaucratization and Debureaucratization. ASQ, Vol. 4, S. 302–320.

Emery, F. E., und E. Thorsrud (1969): Form and Content in Industrial Democracy. Assen, London.

Emery, J. C. (1969): Organizational Planning and Control Systems. Theory and Technology. London.

Emery, J. C. (1971): The Impact of Information Technology on Organization. In: The Impact of Information Technology on Management Operation, hrsg. von William C. House, Princeton u. a., S. 153–165.

Eschermann, A. (1971): Die Geschichte der betriebswirtschaftlichen Organisationslehre von ihrer Entstehung bis zur integrierten Organisationslehre. Diss., München.

Etzioni, A. (1961): A Comparative Analysis of Complex Organizations. New York.

Evan, W. M. (1963): Indices of the Hierarchical Structure of Industrial Organizations. Management Science, Vol. 9, S. 468–477.

Fahrtmann, Th. (1976): Ein multinationaler Ansatz zur Erklärung von Divisionalisierungsprozessen. Diplomarbeit, Seminar für Allgemeine Betriebswirtschaftslehre und Organisationslehre der Universität zu Köln.

Faunce, W. A. (1958): Automation in the Automobile Industry. ASR, Vol. 23, S. 401–407.

Fayol, Henri (1919): Administration industrielle et génerale. Paris (deutsch: Allgemeine und industrielle Verwaltung. München, Berlin 1929).

Fiedler, F. E. (1967): A Theory of Leadership Effectiveness. New York, Sydney u. a.

Fiedler, F. E. (1971): Leadership. Morristown, N. J.

Fiedler, F. E. (1972): Personality, Motivational Systems, and Behavior of High and Low LPC Persons. HR, Vol. 25, S. 391–412.

Fiedler, F. E. (1975): Persönlichkeits- und situationsbedingte Determinanten der Führungseffizienz. In: Organisationstheorie. 1. Teilband, hrsg. von E. Grochla, Stuttgart, S. 222–245.

Fiedler, F. E., und M. M. Chemers (1974): Leadership and Effective Management. Glenview, Ill.

Franko, L. G. (1974): The Move Toward Multidivisional Structure in European Organizations. ASQ, Vol. 19, S. 493–506.

Freemann, J. H. und J. E. Kronenfeld (1972): Standardization and Definitional Dependency. Working Paper, University of California, Riverside.

French, J. R. P., J. Israel und D. As (1960): An Experiment on Participation in a Nowegian Factory. HR, Vol. 13, S. 3–19.

Frese, E. (1968): Kontrolle und Unternehmungsführung. Wiesbaden.

Frese, E. (1969): Management by Exception. In HWO, Stuttgart, Sp. 956–959.

Frese, E. (1970): Die hierarchische Struktur des Entscheidungssystems in der Unternehmung. Habilitationsschrift Köln.

Frese, E. (1972): Organisation und Koordination. ZfO, Heft 8, S. 404–411.

Frese, E. (1975): Koordination. In: HWB, 2. Bd., Stuttgart, Sp. 2263–2274.

Fricke, E. (1975): Arbeitsorganisation und Qualifikation – Ein industriesoziologischer Beitrag zur Humanisierung der Arbeit. Bonn, Bad Godesberg.

Friedmann, G. (1956): The Anatomy of Work: The Implications of Specialization. London (deutsch: Grenzen der Arbeitsteilung. Frankfurt a. M. 1959).

Friedrichs, J. (1973): Methoden empirischer Sozialforschung. Reinbek bei Hamburg.

Fuchs-Wegner, G., und M. K. Welge (1974): Kriterien für die Beurteilung und Auswahl von Organisationskonzeptionen Teil 1 und II. ZfO, 43. Jg., S. 71–82 und S. 163–170.

Fullan, M. (1970): Industrial Technology and Worker Integration in the Organization. ASR, Vol. 35, S. 1028–1039.

Gabele, E., und G. Mayer (1974): Divisionalisierungsprozesse. Die Steuerung des geplanten Wandels durch Impulse. ZfO, 43. Jg., S. 83–94.

Galbraith, J. K. (1968) Die moderne Industriegesellschaft. München.

Galbraith, J. R. (1968): Achieving Integration Through Information Systems. Academy of Management Proceedings, Vol. 12, S. 111–120.

Galbraith, J. R. (1971): Matrix Organization Designs: How to Combine Functional and Project Forms. Business Horizon, Feb. 1971, S. 29 bis 40.

Galbraith, J. R. (1973): Designing Complex Organizations. Reading u. a.

Gerhardt, U. (1973): Interpretive Processes in Role Conflict Situations. Soc., Vol. 7, S. 225–240.

Goldthorpe, J. H., D. L. Lockwood, F. Bechofer und J. Platt (1968): The Affluent Worker. Industrial Attitudes and Behaviour. Cambridge (deutsch: Der „wohlhabende" Arbeiter in England. München 1970).

Golembiewski, R. T. (1967): Organizing Men and Power. Pattern of Behavior and Line-Staff Models. Chicago.

Gouldner, A. W. (1954): Pattern of Industrial Bureaucracy. Glencoe, Ill. (auszugsweise auf deutsch abgedruckt in Mayntz 1971).

Gouldner, A. W. (1955): Metaphysical Pathos and the Theory of Bureaucracy. American Political Science Review, Vol. 49, S. 493–507.

Gouldner, A. W. (1963): About the Functions of Bureaucratic Rules. In: Organizations. Structure and Behavior, hrsg. v. J. A. Litterer. New York u. a., S. 357–362.

Grochla, E. (1966): Automation und Organisation. Wiesbaden.

Grochla, E. (1969): Organisationstheorie. In: HWO, Stuttgart, Sp. 1236–1255.

Grochla, E. (1972): Unternehmungsorganisation. Reinbek b. Hamburg.

Grochla, E. (1973a): Der Beitrag Schmalenbachs zur betriebswirtschaftlichen Organisationslehre. ZfbF, 25. Jg., S. 555–578.

Grochla, E. (1973b): Gegenwärtige Bedeutung und Entwicklungstendenzen der MDT. Bürotechnik. Automation und Organisation, 21. Jg., S. 478–488.

Grochla, E. (1975a): Organisationstheorie. HWB, 2. Bd., Stuttgart, Sp. 2895–2920.

Grochla, E. (1975b): Organisation und Organisationsstruktur. HWB, 2. Bd., Stuttgart, Sp. 2846–2868.

Grochla, E., und F. Meller (1974): Datenverarbeitung in der Unternehmung. Grundlagen. Reinbek b. Hamburg.

Gross, N., W. S. Mason und W. McEachern (1958): Exploration in Role Analysis. New York.

Gulick, L. H. (1963): Structure and Co-ordination. In: Organizations. Structure and Behavior, hrsg. v. J. A. Litterer. New York, London, Sydney, S. 130–133.

Gulick, L. H., und L. Urwick (Hrsg.) (1937): Papers on the Science of Administration. New York.

Gutenberg, E. (1968): Grundlagen der Betriebswirtschaftslehre, 1. Bd.: Die Produktion. 14. Aufl. Berlin, Heidelberg, New York.

Haas, J. E., und Th. E. Drabek (1973): Complex Organizations: A Sociological Perspective. New York, London.

Haas, J. E., R. H. Hall, und N. J. Johnson (1966): Toward an Empirically Derived Taxonomy of Organizations. In: Studies on Behavior in Organizations, hrsg. von R. V. Bowers, Athens.

Hage, J. (1972): Techniques and Problems of Theory Construction in Sociology. New York.

Hage, J., und M. Aiken (1967a): Program Change and Organizational Properties: A Comparative Analysis. Am. J. Soc., Vol. 72, S. 503–519.

Hage, J. und M. Aiken (1967b): Relationship of Centralization to other Structural Properties. ASQ, Vol. 12, S. 72–92.

Hage, J. und M. Aiken (1970): Social Change in Complex Organizations. New York.

Hage, J., M. Aiken und C. Bagley (1971): Organization Structure and Communications. ASR, Vol. 36, S. 860–871.

Hall, R. H. (1962): Intraorganizational Structural Variation. Application of the Bureaucratic Model. ASQ, Vol. 7, S. 295–308.

Hall, R. H. (1963): The Concept of Bureaucracy. An Empirical Assessment. Am. J. Soc., Vol. 69, S. 32–40 (auf deutsch abgedruckt in Mayntz 1971).

Hall, R. H. (1968): Professionalization and Bureaucratization. ASR, Vol. 33, S. 92–104.

Hall, R. H. (1972): Organizations: Structure and Process. Englewood Cliffs, N. J.

Hall, R. H., und Ch. R. Tittle (1966): A Note on Bureaucracy and its „Correlates". Am. J. Soc., Vol. 72, S. 267–272.

Hardin, E. (1960a): The Reactions of Employees to Office Automation. Monthly Labor Review, Vol. 83, S. 925–932.

Hardin, E. (1960b): Computer Automation, Work Environment, and Employee Satisfaction. A Case Study. Industrial and Labor Relations Review, Vol. 13, S. 559–567.

Harvey, E. (1968): Technology and the Structure of Organizations. ASR, Vol. 33, S. 247–259.

Hauschildt, J. (1969): Verantwortung. In: HWO, Stuttgart, Sp. 1693–1702.

Hedberg, B. (1970): On Man-Computer Interaction in Organizational Decision-Making. A Behavioral Approach. Göteborg.

Hedberg, B. (1973a): Computer Systems and the Quality of Working Life. Arbeitsbericht Nr. I/73–26, Internationales Institut für Management und Verwaltung. Berlin.

Hedberg, B. (1973b): Computer Systems to Support Industrial Democracy. Arbeitsbericht Nr. I/73–50, Internationales Institut für Management und Verwaltung. Berlin.

Heller, F. A. (1971): Managerial Decision Making. London.

Herbst, P. G. (1962): Autonomous Group Functioning. London.

Hergst, S. (Hrsg.) (1973): Mitbestimmung. 35 Modelle und Meinungen zu einem gesellschaftspolitischen Problem. Opladen.

Hickson, D. J. (1966): A Convergence in Organization Theory. ASQ, Vol. 11, S. 224–237.

Hickson, D. J., D. S. Pugh und D. L. Pheysey (1969): Operations Technology and Organization Structure: an Empirical Reapraisal. ASQ, Vol. 14, S. 378–397.

Higgins, R. B. (1972): Managerial Behavior in Upwardly Oriented Organizations. California Management Review, Vol. 14, S. 49–59.

Hill, W., R. Fehlbaum und P. Ulrich (1974): Organisationslehre. Band 1 und 2. Bern.

Hinings, C. R. und G. L. Lee (1971): Dimension of Organization Structure and their Context: A Replication. Soc., Vol. 5, S. 83–93.

Höhn, R. (1961): Die Delegation der Verantwortung im Rahmen des Mitarbeiterverhältnisses. In: Organisation. TFB-Handbuchreihe, Bd. 1. Berlin, Baden-Baden, S. 339–354.

Höhn, R. (1969): Stabsstellen. In: HWO, Stuttgart, Sp. 1543–1556.

Höhn, R. (1973): Stellenbeschreibung und Führungsanweisung. Bad Harzburg.

Hofer, Ch. W. (1970): Emerging EDP Pattern. HBR, Vol. 48, Nr. 2, S. 16–31 und 169–171.

Hoffmann, F. (1976): Entwicklung der Organisationsforschung. 2. Aufl. Wiesbaden.

Hoos, J. R. (1960): The Impact of Office Automation. ILR, Vol. 82, S. 363–388.

Hoos, J. R. (1961): Automation in the Office. Washington.

Hulin, C. L., und M. R. Blood (1968): Job Enlargement. Individual Differences and Workers Responses. Psychological Bulletin, Vol. 69, S. 41–55.

Hummell, H. J. (1972): Probleme der Mehrebenenanalyse. Stuttgart.

Ingham, G. K. (1970): Size of Industrial Organization and Worker Behavior. Cambridge.

Inkson, J. H. K., D. J. Hickson und D. S. Pugh (1968): Administrative

Reduction of Variance in Organization and Behavior. Unveröffentlichtes Papier, eingereicht zur Jahreskonferenz der British Psychological Society.

Inkson, J. H. K., J. P. Schwitter, D. C. Pheysey und D. J. Hickson (1970): A Comparison of Organization Structure and Managerial Roles. Ohio, USA and The Midlands, England. JMS, Vol. 7, S. 347–363.

Jacobs, D. (1974): Dependency and Vulnerability: An Exchange Approach to the Control of Organizations. ASQ, Vol. 19. S. 45–59.

Jacobson, E., W. W. Charters Jr. und S. Lieberman (1951): The Use of the Role Concept in the Study of Complex Organizations. Journal of Social Issues, Vol. 7, Nr. 3, S. 18–27.

Jacobson, E., D. Trumbo, G. Cheek und J. Nangle (1959): Employee Attitudes Toward Technological Change in a Medium Sized Insurance Company. Joap, Vol. 43, S. 349–354.

Jaeggi, U., und H. Wiedemann (1963): Der Angestellte im automatisierten Büro. Stuttgart.

Jaques, E. (1956): Measurement of Responsibility. A Study of Work, Payment, and Individual Capacity. London.

Janger, A. (1960): Analyzing the Span of Control: How Many Subordinates Should Report to a Single Manager? Management Record, Vol. 22, S. 7–10.

Janowsky, B. (1969): Organisationslehre II. In: HWO, Stuttgart, Sp. 1168–1180.

Joas, H. (1973): Die gegenwärtige Lage der soziologischen Rollentheorie.

Jurkovich, R. (1974): A Core Typology of Organizational Environments. ASQ, Vol. 19, S. 380–394.

Kafka, F. (1958): Das Schloß. Frankfurt.

Kahn, R. L., D. M. Wolfe, R. P. Quinn, J. D. Spoeck und R. A. Rosenthal (1964): Organizational Stress. Studies in Role Conflict and Ambiguity. New York.

Kapoor, A., und Ph. D. Grub (1972): The Multinational Enterprise in Transition. Selected Readings and Essays. Princeton, N. J.

Kast, F. E., und J. E. Rosenzweig (1970): Organization and Management. A Systems Approach. New York.

Katz, E., und S. N. Eisenstadt (1960): Some Sociological Observations on the Response of Israeli Organizations to New Immigrants. ASQ, Vol. 5, S. 113–133.

Katz, D., und R. L. Kahn (1966): The Social Psychology of Organizations. New York.

Kaysen, C. (1959): The Social Significance of the Modern Corporation. AER, Vol. 47, S. 311–319.

Kern, W. (1970): Industriebetriebslehre. Stuttgart.

Kern, H., und M. Schumann (1970): Industriearbeit und Arbeiterbewußtsein. Frankfurt.

Khandwalla, P. N. (1972): Uncertainty and the „Optimal" Design of Organizations. Working Paper, vorgelegt zum TIMS XIX-th Meeting, Houston, Texas (deutsch: Unsicherheit und die „optimale" Gestaltung von Organisationen. In: Organisationstheorie, hrsg. von E. Grochla, 1. Teilband, Stuttgart 1975, S. 140–156).

Khandwalla, P. N. (1973): Effect of Competition on the Structure of Top Management Control. Ac. of Man. J., Vol. 16, S. 255–295.

Khandwalla, P. N. (1974): Mass Output Orientation of Operations Technology and Organizational Structure. ASQ, Vol. 19, S. 74–97.

Khandwalla, P. N. (1976): The Design of Organizations. New York.

Kieser, A. (1969a): Innovation. In: HWO, Stuttgart, Sp. 741–750.

Kieser, A. (1969b): Zur Flexibilität verschiedener Organisationsstrukturen. ZfO, 38. Jg., S. 273–282.

Kieser, A. (1971): Zur wissenschaftlichen Begründbarkeit von Organisationsstrukturen. ZfO, 40. Jg., S. 239–249.

Kieser, A. (1973): Einflußgrößen der Unternehmungsorganisation. Der Stand der empirischen Forschung und Ergebnisse einer eigenen Erhebung. Habilitationsschrift. Köln.

Kieser, A. (1974a): Klassische Organisationslehre, empirische Organisationsforschung und Organisationspraxis. WiSt, Heft 11, S. 510–514.

Kieser, A. (1974b): Der Einfluß der Fertigungstechnologie auf die Organisationsstruktur industrieller Unternehmungen. ZfbF, 26. Jg., S. 569 bis 590.

Kieser, A. (1974c): Der Einfluß der Umwelt auf die Organisationsstruktur der Unternehmung. ZfO, 43. Jg., S. 302–314.

Kieser, A., und J. Child (1975): Organization and Managerial Roles in British and West German Companies. An Examination of the Culture-Free Thesis. Arbeitspapier Nr. 7/75 des Instituts für Unternehmensführung der Freien Universität Berlin (wird veröffentlicht in Lammers, C. J., und D. J. Hickson [in Vorbereitung]).

Kieser, A., und H. Kubicek (1974): Organisationsstruktur und individuelles Verhalten als Einflußfaktoren der Gestaltung von Management-Informationssystemen. ZfB, 44. Jg., S. 449–474.

Kieser, A., und H. Kubicek (1977): Organisationstheorien. Eine kritische Analyse. Stuttgart.

Kirsch, W. (1971a): Entscheidungsprozesse. Band 1–3. Wiesbaden.

Kirsch, W. (1971b): Die Koordination von Entscheidungen in Organisationen. ZfbF, 23. Jg., S. 61–82.

Kirsch, W., E. Gabele, C. Börsig, R. Dumont du Voitel, W.-M. Esser und R. Knopf (1975): Reorganisationsprozesse in Unternehmen. Bericht aus einem empirischen Forschungsprojekt. Institut für Organisation, Universität München, Nr. 1.

Klatzky, S. R. (1970a): Relationship of Organizational Size to Complexity and Coordination. ASQ, Vol. 15, S. 428–438.

Klatzky, S. R. (1970b): Automation. Size, and the Locus of Decision Making: The Cascade Effect. Job, Vol. 43, S. 141–151.

Klein, L. (1975): Die Entwicklung neuer Formen der Arbeitsorganisation. Internationale Erfahrungen und heutige Problemstellungen. Göttingen.

Köhler, R. (1971): Informationssysteme für die Unternehmungsführung. ZfB, 41. Jg., S. 28–58.

Köhler, R. (1976): „Inexakte Methoden" in der Betriebswirtschaftslehre. ZfB, 46. Jg., S. 27–46.

Kohn, M. L. (1971): Bureaucratic Man. A Portrait and an Interpretation. ASR, Vol. 36, S. 461–474.

Kohn, M. L., und C. Schooler (1969): Class, Occupation, and Orientation. ASR, Vol. 34, S. 659–758.

Kolsky, M. G. (1963): Centralization. Good or Bad? In: Journal of Data Management, Vol. 1, Nr. 6, S. 14–19.

Kormann, A. K. (1966): „Consideration", „Initiating Structure", and Organizational Criteria – A Review. Personnel Psychology, Vol. 19, S. 349–362.

Kosiol, E. (1962): Organisation der Unternehmung. Wiesbaden.

Kosiol, E. (1966): Die Unternehmung als wirtschaftliches Aktionszentrum. Einführung in die Betriebswirtschaftslehre. Reinbek bei Hamburg.

Kosiol, E. (1969): Aufgabenanalyse. In: HWO, Stuttgart, Sp. 199–211.

Kriz, J. (1973): Statistik in den Sozialwissenschaften. Reinbek bei Hamburg.

Kubicek, H. (1972): Der Zusammenhang zwischen Informationstechnologie und Organisationsstruktur. ZfO, 41. Jg., S. 287–296.

Kubicek, H. (1973): Ein Konzept zur Berücksichtigung organisatorischer und sozialer Aspekte beim Einsatz moderner Informationstechnologien. Online, Zeitschrift für Datenverarbeitung, 5. Jg., S. 606–619.

Kubicek, H. (1975a): Empirische Organisationsforschung. Konzeption und Methodik. Stuttgart.

Kubicek, H. (1975b): Informationstechnologie und organisatorische Regelungen. Berlin.

Kubicek, H., B. Schareck und G. Schütz (1975): Zum Einfluß der Automatisierten Datenverarbeitung auf die Organisationsstruktur der Versicherungsunternehmen. Versicherungswirtschaft, 30. Jg., S. 208–218.

Kubicek, H., und N. Thom (1976): Umsystem, betriebliches. In: HWB, 3. Bd., Stuttgart, Sp. 3977–4017.

Kubicek, H., und M. Wollnik (1975): Zur Notwendigkeit empirischer Grundlagenforschung in der Organisationsforschung. ZfO, Heft 6, S. 301–312.

Lammers, C. J., und D. J. Hickson (Hrsg.) (in Vorbereitung): The Comparative Sociology of Organizations.

Landwehrmann, F. (1970): Industrielle Führung unter fortschreitender Automatisierung. Tübingen.

Lawler, E. E., III (1973): Motivation in Work Organizations. Belmont, Cal.

Lawrence, P. R., und J. W. Lorsch (1967a): Differentiation and Integration in Complex Organizations. ASQ, Vol. 12, S. 1–47.

Lawrence, P. R., und J. W. Lorsch (1967b): New Management Job: The Integrator. HBR, Vol. 45, Nr. 6, S. 142–151.

Lawrence, P. R., und J. W. Lorsch (1969): Organization and Environment. Homewood, Ill.

Learned, P., und T. Sproat (1966): Organization Theory and Policy. Homewood, Ill.

Leavitt, H. J. (1965): Applied Organizational Change in Industry: Structural, Technological and Humanistic Approaches. In: Handbook of Organizations, hrsg. von J. G. March, Chicago, S. 1144–1170.

Leavitt, H. J., und L. Whisler (1958): Management in the 1980's. HBR, Vol. 36, Nr. 6, S. 41–48.

Lee, H. C. (1963): Effect of Electronic Data Prozessing upon the Management Organization of a Large Shoe Manufacturing Company. Diss., Washington University.

Lee, H. C. (1964): On Information Technology and Organization Structure. Ac. of. Man. J., Vol. 7, S. 204–210.

Lee, H. C. (1965): Electronic Data Processing and Employee Perception of Changes in Work Skill Requirements and Work Characteristics. Personnel Journal, Vol. 44, S. 365–370.

Lehmann, H. (1969): Leitungssysteme. In: HWO, Stuttgart, Sp. 928–939.

Lehmann, H.: Organisationslehre I. In: HWO, Stuttgart 1969, Sp. 1150–1168.

Levy, P. M., und Pugh, D. S. (1969): Scaling and Multivariate Analyses in the Study of Organizational Variables. Soc., Vol. 3, S. 193–213.

Lewin, K. (1963): Feldtheorie in den Sozialwissenschaften. Ausgewählte theoretische Schriften, hrsg. v. Dorwin Cartwright. Bern, Stuttgart.

Lewin, K. (1963): Verhalten und Entwicklung als eine Funktion der Gesamtsituation. In: Feldtheorie in den Sozialwissenschaften, hrsg. von D. Cartwright, Bern, Stuttgart.

Likert, R. (1972): Neue Ansätze der Unternehmensführung. Bern, Stuttgart.

Likert, R. (1975): Die integrierte Führungs- und Organisationsstruktur. Frankfurt.

Litwak, E. (1961): Models of Bureaucracy which Permit Conflict. In: Am. J. of Soc., Vol. 67, S. 177–184 (auf deutsch abgedruckt in Mayntz 1971).

Lorsch, J. W. (1973): Environment, Organization and the Individual. In: Modern Organizational Theory, hrsg. von A. R. Negandhi, Kent, Ohio, S. 132–144.

Lorsch, J. W., und J. J. Morse (1974): Organizations and their Members: a Contingency Approach. New York u. a.

Lucas, C. (1974): Measuring Employee Reactions to Computer Operations. Sloan Management Review, Vol. 15, No. 3, S. 59–67.

Luhmann, N. (1968): Zweckbegriff und Systemrationalität. Tübingen.

Luhmann, N. (1971): Zweck-Herrschafts-System. Grundbegriffe und Prämissen Max Webers. In: Bürokratische Organisation, hrsg. v. R. Mayntz, Köln, Berlin, S. 36–55.

Mallet, S. (1963): La Nouvelle Classe Ouvière. Paris.

Mann, L., und W. K. Williams (1958): Organizational Impact of White Collar Automation. In: Industrial Relation Research Association. Proceedings of the Eleventh Annual Meeting, Chicago, December 28–29. (deutsch: Organisatorische Auswirkungen der Automatisierung im Bürobereich. In: Organisationstheorie, hrsg. v. Erwin Grochla, 2. Teilband, Stuttgart 1976).

Mann, L., und W. K. Williams (1960): Observations on the Dynamics of a Change to Electronic Data Processing Equipment. In: ASQ, Vol. 5, S. 217–256.

Mansfield, R. (1973): Bureaucracy and Centralization: An Examination of Organizational Structure. ASQ, Vol. 18, S. 477–488.

March, J. G., und A. Simon (1958): Organizations. New York.

Massie, J. L. (1965): Management Theory. In: Handbook of Organizations, hrsg. v. J. G. March, Chicago, S. 387–422.

Mayer, G. (1974): Divisionalisierung. Beispiel eines geplanten Wandels von Organisationen. Diss. Mannheim.

Mayhew, B. H. (1972): Structural Differentiation and Administration in Organizations of Given Size. Temple University, Department of Sociology, Working Paper.

McKinsey & Co (1964): Der optimale Einsatz elektronischer Datenverarbeitungsanlagen. ZfB, 34. Jg., S. 37–50.

McKinsey & Co (1969): Unlocking the Computer's Profit Potential. In: Computers and Automation, Vol. 18, Nr. 4, S. 24–33.

Mayntz, R. (1963) Soziologie der Organisation. Reinbek bei Hamburg.

Mayntz, R. (1965): Max Webers Idealtypus der Bürokratie und die Organisationssoziologie. Kölner Zeitschrift für Soziologie und Sozialpsychologie, 17. Jg., S. 493–502 (wiederabgedruckt in Mayntz 1971).

Mayntz, R. (1971): Max Webers Idealtypus der Bürokratie und die Organisationssoziologie. In Bürokratische Organisation, hrsg. von R. Mayntz, 2. Aufl. Köln, Berlin, S. 27–35.

Mayntz, R. (Hrsg.) (1971): Bürokratische Organisation. 2. Aufl. Köln, Berlin.

Mayntz, R. (1974): Bürokratie. In: HWB, 1. Bd. Stuttgart, Sp. 1058–1065.

Mayntz, R., K. Holm und P. Hübner (1971): Einführung in die Methoden der empirischen Soziologie. 2. Aufl. Opladen.

Mayntz, R., und R. Ziegler (1968): Soziologie der Organisation. In: Handbuch der empirischen Sozialforschung, hrsg. v. R. König, Stuttgart, 2. Bd., S. 444–513.

Mee, F. (1964): Matrix Organization. In: Business Horizons, Sommer 1964, S. 70.

Merton, R. K. (1936): The Unanticipated Consequences of Purposive Social Action. ASR, Vol. 1, S. 894–904.

Merton, R. K. (1940): Bureaucratic Structure and Personality. Social Forces, Vol. 18, S. 560–568 (auf deutsch abgedruckt in Mayntz 1971).

Merton, R. K. (Hrsg.) (1952): Reader in Bureaucracy. Glencoe, Ill.

Meyer, M. W. (1969): Automation and Bureaucratic Structure. Am. J. Soc., Vol. 74, S. 256–264.

Michels, R. (1925): Zur Soziologie des Parteiwesens in der modernen Demokratie. 2. Aufl. Stuttgart (Nachdruck 1970).

Miles, E., Ch. C. Snow und J. Pfeffer (1974): Organization and Environment: Concepts and Issues. Industrial Relations, Vol. 13, S. 244–264.

Ministry of Labour (Hrsg.) (1965): Computers in Offices. Manpower Studies No. 4, London.

Moberg, D., und J. L. Koch (1975): A Critical Appraisal of Integrated Treatments of Contingency Findings. Ac. of Man. J., Vol. 18, S. 109–124.

Mooney, J. D. (1947): The Principles of Organization. 2. Aufl. New York.

Morse, N. C., und E. Reimer (1956): The Experimental Change of a Major Organizational Variable. Journal of Abnormal Social Psychology, Vol. 52, S. 120–129.

Mueller, D. C. (1969): A Theory of Conglomerate Mergers. Quarterly Journal of Economics, Vol. 83, S. 643–659.

Müller, B. (1975): Die HSR-Skala. Ein Vorschlag zur Messung des Handlungsspielraumes personeller Aufgabenträger. Arbeitsbericht Nr. 7 des Seminars für Allgemeine Betriebswirtschaftslehre und betriebswirtschaftliche Planungslehre der Universität zu Köln.

Mumford, E., und B. Hedberg (1974): The Design of Computer Systems. Problems of Philosophy and Vision. Paper, vorgetragen auf der IFIP-Konferenz „Human Choice and Computers", Wien, April 1974. Erschienen als Arbeitsbericht Nr. I/74–4 des Internationalen Instituts für Management und Verwaltung, Berlin.

Naschold, F. (1972): Organisation und Demokratie. Untersuchung zum Demokratisierungspotential in komplexen Organisationen. Stuttgart u. a.

Neghandhi, A. R. (Hrsg.) (1973): Modern Organizational Theory, Kent.

Neghandhi, A. R., und S. B. Prasad (1975): The Frightening Angels. A Study of US Multinationals in Developing Nations. Kent.

Neuloh, O. (1966): Die weiße Automation.

Newman, W. H. (1963): Cases for Administrative Action. Englewood Cliffs, N. J.

Nordsieck, F., und H. Nordsieck-Schröer (1969): Aufgabe. In: HWO. Stuttgart, Sp. 191–199.

Osborn, R. N., und J. G. Hunt (1974): Environment and Organizational Effectiveness. ASQ, Vol. 19, S. 231–246.

Page, H. (1946): Bureaucracy's Other Face. In: Social Forces, Vol. 25, S. 88–94.

Parisi, D. G. (1966): The Impact of a Change in Information Technology on Management Organization Structure, Decision Making, and Interpersonal Relations in a Large Insurance Company. Diss., Northwestern University USA.

Parkinson, N. C. (1957): Parkinson Law. Boston u. Cambridge. (deutsch: Parkinsons Gesetz und andere Untersuchungen über die Verwaltung. Stuttgart 1958).

Parsons, T. (1949): The Structure of Social Action Glencoe, Ill.

Parsons, T. (1956): Suggestions for a Sociological Approach to the Theory of Organizations. In: ASQ, Vol. 1, S. 63–85.

Parsons, T. (1960): Structure and Process in Modern Society. New York.

Paran, R. J. (1972): The Strategy and Structure of Italian Enterprise. Diss. Harvard.

Payne, R. L., und R. Mansfield (1973): Organizational Structure, Organizational Context, Hierarchical Position, and Perceptions of Organizational Climate. ASQ, Vol. 18, S. 515–526.

Perridon, L.: Organisationslehre III. In: HWO, Stuttgart 1969, Sp. 1181–1192.

Perrow, Ch. (1961): The Analysis of Goals in Complex Organizations. In: ASR., Vol. 26, S. 854–866.

Perrow, Ch. (1970): Organizational Analysis: A Sociological View. London.

Perrow, Ch. (1972): The Radical Attack on Business. A Critical Analysis. New York.

Petry, W. (1959): Stabsstellen in der industriellen Großunternehmung. Diss. Köln.

Pfeffer, J. (1972a): Size and Composition of Corporate Boards of Directors: The Organization and its Environment. ASQ, Vol. 17, S. 218–228.

Pfeffer, J. (1972b): Merger as a Response to Organizational Interdependence. ASQ, Vol. 17, S. 382–394.

Pfeffer, J. (1973): Size, Composition, and Function of Hospital Boards of

Directors: A Study of Organization Environment Linkage. ASQ, Vol. 18, S. 349–364.

Poensgen, O. H. (1973): Geschäftsbereichsorganisation. Opladen.

Pondy, L. R. (1969): Effects of Size, Complexity, and Ownership on Administrative Intensity. ASQ, Vol. 14, S. 47–60.

Pooley-Dyas, G. (1972): The Strategy and Structure of French Enterprise. Diss. Harvard.

Popitz, H. (1967): Der Begriff der sozialen Rolle als Element der soziologischen Theorie. Tübingen.

Porter, L. W. (1963a): Job Attitudes in Management; II. Perceived Importance of Needs as a Function of Job Level. JoAP, Vol. 47, S. 141 bis 148.

Porter, L. W. (1963b): Job Attitudes in Management: III. Perceived Deficiencies in Need Fulfillment as a Function of Line vs. Staff Type of Job. JoAP, Vol. 47, S. 267–275.

Porter, L. W. (1964): Organizational Patterns of Managerial Job Attitudes. New York.

Porter, L. W., und E. E. Lawler III (1964): The Effect of Tall vs. Flat Organizational Structures on Managerial Job Satisfaction. Personnel Psychology, Vol. 17, S. 135–148.

Porter, L. W., und E. E. Lawler III (1965): Properties of Organization Structure in Relation to Job Attitudes and Job Behavior. Psychological Bulletin, Vol. 64, S. 23–51.

Presthus, R. (1966): Individuum und Organisation. Frankfurt.

Price, J. L. (1972): Handbook of Organizational Measurement. Lexington, Mass. u. a.

Prim, R., und H. Tilmann (1973): Grundlagen einer kritisch-rationalen Sozialwissenschaft. Heidelberg.

Pross, H. (1965): Manager und Aktionäre in Deutschland. Untersuchungen zum Verhältnis von Eigentum und Verfügungsmacht. Frankfurt.

Pross, H., und Boetticher, W. K. (1971): Manager des Kapitalismus. Frankfurt a. M.

Pugh, D. S. (1966): Modern Organization Theory: A Psychological and Sociological Study. Psychological Bulletin, Vol. 19, S. 235–251.

Pugh, D. S. und D. J. Hickson (1971): Eine dimensionale Analyse bürokratischer Strukturen. In: Bürokratische Organisation, hrsg. v. Mayntz. 2. Aufl. Köln, Berlin, S. 82–93.

Pugh, D. S., und D. J. Hickson (Hrsg.) (1976): Organizational Structure in its Context. The Aston Programme I. Westmead, Lexington.

Pugh, D. S., D. J. Hickson, C. R. Hinings, K. M. MacDonald, C. Turner und T. Lupton (1963): A Conceptual Scheme for Organizational Analysis. ASQ, Vol. 8, S. 289–315.

Pugh, D. S., D. J. Hickson, C. R. Hinings und C. Turner (1968): Dimensions of Organization Structure. ASQ, Vol. 13, 1968, S. 65–105.

Pugh, D. S., D. J. Hickson und C. R. Hinings (1969b): An Empirical Taxonomy of Work Organizations. ASQ, Vol. 14, S. 115–126.

Pugh, D. S., D. J. Hickson, C. R. Hinings und C. Turner (1969a): The Context of Organization Structures. ASQ, Vol. 14, 1969, S. 91 bis 114.

Pugh, D. S., und C. R. Hinings (Hrsg.) (1976): Organizational Structure. Extensions and Replications. The Aston Programme II. Westmead, Lexington.

Pugh, D. S., R. Mansfield und M. Warner (1975): Research in Organizational Behaviour. A Britisch Survey. London.

Radford, K. J. (1969): Organization of Computer Facilities. Centralization or Decentralization. In: Cost and Management, Vol. 43, März-April, S. 28–33.

REFA (1975): Methodenlehre des Arbeitsstudiums, Teil 3: Kostenrechnung, Arbeitsgestaltung. München.

Reid, S. R. (1968): Mergers, Managers and the Economy. New York.

RKW (Hrsg.) (1973): Humanisierung des Arbeitslebens. Frankfurt a. M.

Roethlisberger, F. J., und W. J. Dickson (1939): Management and the Worker. Cambridge, Mass.

Rose, A. M. (1955): Voluntary Associations Under Conditions of Competition and Conflict. Social Forces, Vol. 34, S. 159–163.

Rumelt, P. (1974): Strategy, Structure and Economic Performance. Boston.

Rushing, W. A. (1966): Organizational Size and Administration: The Problems of Causal Homogenity and a Heterogenous Category. Pacific Sociological Review, Vol. 9, S. 100–108.

Sadler, Ph. (1968): Social Research on Automation. Social Science Research Council, London.

Samuel, Y., und B. F. Mannheim (1970): A Multidimensional Approach toward a Typology of Bureaucracy. ASQ, Vol. 15, S. 216–228.

Sapolsky, H. M. (1967): Organizational Structure and Innovation. JoB, Vol. 40, S. 497–510.

Scheuch, E. K. (1967): Skalierungsverfahren in der Sozialforschung. In: Handbuch der Empirischen Sozialforschung, hrsg. v. R. König, 2. Aufl., Bd. 1, Stuttgart, S. 348–384.

Schiller, W. (1973): Der Einfluß der Technologie auf die Organisation industrieller Unternehmungen. Eine empirische Untersuchung. Bern, Stuttgart.

Schluchter, W. (1972): Aspekte bürokratischer Herrschaft. München.

Schmalenbach, E. (1948): Pretiale Wirtschaftslenkung. Bd. 2: Pretiale Lenkung des Betriebes. Bremen.

Schmalenbach, E. (1959): Über Dienststellengliederung im Großbetrieb. Köln, Opladen.

Schmidt, G. (1974): Organisation. Methode und Technik. Gießen.

Schneider, P. (1972): Kriterien der Subordinationsspanne. Berlin.

Schröder, H. J. (1970): Projekt-Management. Eine Führungskonzeption für außergewöhnliche Vorhaben. Wiesbaden.

Schwarz, H. (1968): Arbeitsplatzbeschreibung. Freiburg i. Br.

Schwarz, H. (1969a): Arbeitsteilung. In: HWO, Stuttgart, Sp. 154–161.

Schwarz, H. (1969b): Instanzen. In: HWO, Stuttgart, Sp. 750–758.

Schwarz, H. (1976): Stabsstellen. In: HWB, 3. Bd., Sp. 3656–3661.

Schwitter, J. P. (1964): Sind die Computer wirklich die Totengräber der mittleren Betriebsführer? In: Die Unternehmung, 18. Jg. S. 140 ff.

Schwitter, J. P. (1965): Computer Effects Upon Managerial Jobs. Ac. of Man. J., Vol. 8, S. 233–236.

Scott, B. R. (1973): The Industrial State: Old Myth and New Realities. In: HBR, Vol. 51, Nr. 2, S. 133–148.

Selznick, Ph. (1943): An Approach to a Theory of Bureaucracy. In: ASR, Vol. 8, S. 47–54.

Selznick, Ph. (1948): Foundations of the Theory of Organizations. In: ASR, Vol. 13, S. 25–35.

Selznick, Ph. (1949): TVA and the Grass Roots. Berkeley.

Selznick, Ph. (1957): Leadership in Administration. New York.

Shaul, D. R. (1964): The Effects of Data Processing on Middle Managers. Diss. University of California.

Sheldrake, P. F. (1971): Attitudes to the Computer and Its Uses. JMS, Vol. 8, Nr. 1, S. 39–62.

Siemens (1974): Organisationsplanung, Planung durch Kooperation. Siemens AG, Berlin, München.

Silver, M. A. (1962): An Evaluation of the Impact of an Integrated Data Processing System on the Organization of a Manufacturing Company. Diss. Columbia University.

Simon, H. A. (1957a): Administrative Behavior, 2. Aufl. New York.

Simon, H. A. (1957b): Causal Ordering and Identifiability. In: Models of Man, hrsg. v. H. A. Simon, New York und London, S. 10–36.

Simon, H. A. (1960): The Corporation: Will It be Managed by Machines? In: Management and Corporations 1985, hrsg. von M. Anshen and G. L. Bach. New York, S. 17–55.

Simon, H. A. (1964): On the Concept of Organizational Goal. ASQ, Vol. 9, S. 1–22.

Simon, H. A., H. Guetzkow, G. T. Kosmetsky (1954): Centralization in Organizing the Controller's Department. Working Paper, Graduate School of Industrial Administration, Carnegie Institute of Technology.

Sloan, A. P. (1963): My Years With General Motors. New York.

Smith, A. (1776): An Inquiry into the Wealth of Nations. (deutsch: Natur und Ursachen des Volkswohlstandes. Leipzig 1933).

Smith, G. M. (1959): Office Automation and White Collar Employment. New Brunswick.

Staehle, W. H. (1973): Organisation und Führung sozio-technischer Systeme. Grundlagen einer Situationstheorie. Stuttgart.

Staerkle, R. (1961): Stabsstellen in der industriellen Unternehmung. Bern.

Starbuck, W. H. (1973): Organizations and their Environments. Arbeitspapier, Internationales Institut für Management und Verwaltung, Berlin (wird veröffentlicht in Handbook of Industrial and Organizational Psychology, hrsg. von M. D. Dunette, Chicago).

Steinmann, H. (1975): Mitbestimmung, betriebliche. In: HWB, Stuttgart, Sp. 2681–2695.

Stewart, R. (1971): How Computers Affect Management. London.

Stinchombe, A. L. (1965): Social Structure and Organizations. In: Handbook of Organizations, hrsg., von J. G. March, Chicago 1965, S. 142–193.

Stogdill, R. M., und C. L. Shartle (1955): Methods in the Study of Administrative Leadership. Columbus, Ohio.

Stopford, J. M., und L. J. Wells (1972): Managing the Multinational Enterprise. Organization of the Firm and Ownership of the Subsidiaries. London.

Szyperski, N., und U. Winand (1974): Entscheidungstheorie. Stuttgart.

Talacchi, S. (1960): Organization Size, Individual Attitudes and Behavior: An Empirical Study. ASQ, Vol. 5, S. 398–420.

Tannenbaum, A. S. (1956): The Concept of Organizational Control. Journal of Social Issues, Vol. 12, No. 2, S. 50–59.

Tannenbaum, A. S. (1961): Control and Effectiveness in a Voluntary Organization. Am. J. Soc., Vol. 67, S. 33–46.

Tannenbaum, A. S. (Hrsg.) (1968): Control in Organizations. New York u. a.

Tannenbaum, R., und W. H. Schmidt (1958): How to Choose a Leadership Pattern, HBR, No. 2, S. 95–101.

Tannenbaum, A. S., B. Karčič, M. Rosner, M. Vianello und G. Wieser (1974): Hierarchy in Organizations. San Francisco u. a.

Taylor, W. (1911): The Principles of Scientific Management. New York (deutsch: Grundsätze wissenschaftlicher Betriebsführung. München 1919).

Thanheiser, H. T. (1972): The Strategy and Structure of German Enterprise. Diss. Harvard.

Thom, N. (1973): Zur Leistungsfähigkeit der Projekt-Matrix Organisation. In: Industrielle Organisation, 42. Jg. S. 123–128.

Thom, N. (1974): Innovationsfördernde Organisations- und Führungsformen: Projekt- und Produktmanagement. Der Betriebswirt, 15. Jg. S. 118–125.

Thompson, J. D. (1967): Organizations in Action. New York u. a.

Thompson, J. D., und A. Tuden (1959): Strategies and Processes of Organizational Decision. In: Comparative Studies in Administration, hrsg. v. J. D. Thompson u. a., Pittsburgh, S. 195–216.

Thompson, V. A. (1969): Bureaucracy and Innovation. Alabama.

Tosi, H., und H. Patt (1967): Administrative Ratios and Organizational Size. Ac. of Man. J., Vol. 10, S. 161–168.

Tosi, H., R. Aldag und R. Storey (1973): On the Measurement of the Environment: An Assessment of the Lawrence and Lorsch Environmental Uncertainty Subscale. ASQ, Vol. 18, S. 27–36.

Turner, A. N. (1955): Management and the Assembly Line. HBR, Vol. 33, No. 6, S. 40–48.

Turner, A. N. (1958): Impersonality and Group Membership. A Case Study of an Automobile Assembly Line. Diss. Graduate School, Cornell University, Ithaca, N. Y.

Turner, A. N. und P. R. Lawrence (1965): Industrial Jobs and the Worker. Boston.

Turner, R. (1962): Role-Taking Process vs. Conformity. In: Human Nature and Social Processes, hrsg. v. Arnold Rose. Boston.

Tyler, W. B. (1973): Measuring Organizational Specialization: The Concept of Role Variety. ASQ, Vol. 18, S. 383–392.

Udy, St. H., Jr. (1959): „Bureaucracy" and „Rationality" in Weber's Organization Theory. An Empirical Study. ASR, Vol. 24, S. 791–795 (deutsch abgedruckt in Mayntz 1971).

Udy, St. H. Jr. (1961): Technical and Institutional Factors in Production Organization: A Preliminary Model. am. J. Soc., Vol. 67, S. 247 bis 254.

Udy, St. H., Jr. (1964): Administrative Rationality, Social Setting, and Organizational Development. In: New Perspectives in Organization Research, hrsg. v. W. W. Cooper, J. J. Leavitt und M. W. Shelly II, New York, London, Sydney, S. 173–192.

Udy, St. H., Jr. (1965): The Comparative Analysis of Organizations. In: Handbook of Organizations, hrsg. von J. G. March, Chicago, S. 678–709.

Udy, St. H., Jr. (1969): Arbeitsteilung. In: Wörterbuch der Soziologie, 2. Aufl. hrsg. v. W. Bernsdorf, Stuttgart, S. 47–52.

Ulich, E., P. Großkurth und A. Brüggemann (1973): Neue Formen der Arbeitsorganisation. Frankfurt/a. M.

Ulrich, H. (1969): Delegation. In: HWO, Stuttgart, Sp. 433–437.

Urwick, L. (1963): Organization and Coordination: Principles. In: Organizations: Structure and Behavior, hrsg. von J. A. Litterer, New York, London, Sydney, S. 64–75.

US-Bureau of Labor Statistics (Hrsg.) (1958): Automation and Employment Opportunities for Office Workers. Bulletin Nr. 1241, Department of Labor. Washington.

Vergin, R. L. (1971): Computer-induced Organizational Changes. In: The Impact of Information Technology on Management Operation, hrsg. von W. C. House. Princeton u. a., S. 178–189.

Vilmar, F. (1973): Menschenwürde im Betrieb. Reinbek bei Hamburg.

Vroom, V. H. (1960): Some Personality Determinants of the Effects of Participation. Englewood Cliffs, N. J.

Vroom, V. H. (1964): Work and Motivation. New York.

Vroom, V. H., und W. Ph. Yetton (1973): Leadership and Decision-Making. University of Pittsburgh Press.

Wächter, H. (1969): Unternehmungs- und Unternehmerziele im sozioökonomischen Feld. Göttingen.

Walker, Ch. R. (1957): Towards the Automatic Factory. A Case Study of Men and Machines. New Haven.

Walker, Ch. R., und R. H. Guest (1952): The Man on the Assembly Line. Cambridge, Mass.

Walker, Ch. R., R. H. Guest und N. Turner (1956): The Foreman on the Assembly Line. Cambridge, Mass.

Walker, A. H., und J. W. Lorsch (1968): Organizational Choice: Product vs. Function. HBR, Vol. 46, No. 6, S. 129–138.

Webber, R. A. (1969): Culture and Management. Texts and Readings in Comparative Management. Homewood, Ill.

Weber, C. E. (1959a): Changes in Managerial Manpower with Mechanization of Data Processing. JoB, Vol. 32, S. 151–163.

Weber, C. E. (1959b): Impact of E. D. P. on Clerical Skills. Personnel Administration, Vol. 22, No. 1, S. 20–26.

Weber, M. (1924): Gesammelte Aufsätze zur Soziologie und Sozialpolitik. Tübingen.

Weber, M. (1972): Wirtschaft und Gesellschaft. 5. Aufl. Tübingen (1. Aufl. 1921).

Welge, M. K. (1975): Profit-Center-Organisation. Organisatorische Analyse von Strukturbewertungsproblemen in funktionalen und profit-center-orientierten Organisationen. Wiesbaden.

Whisler, Th. L. (1970a): The Impact of Computers on Organization. New York.

Whisler, Th. L. (1970b): Information Technology and Organizational Change. Belmont, Cal.

Whisler, Th. L., H. Meyer, B. H. Baum und P. F. Sorensen (1967) Centralization of Organizational Control: An Empirical Study of Its Meaning and Measurement. JoB, Vol. 40, S. 10–26.

Wiedemann, H. (1975): Sozialpsychologische Studie zum Einsatz eines Bildschirmsystems in einer Versicherung. Unveröffentlichtes Manuskript.

Wild, J. (1972): Product-Management. Ziele, Kompetenzen und Arbeitstechniken des Produktmanagements. München.

Wild, J. (1974): Grundlagen der Unternehmungsplanung. Reinbek bei Hamburg.

Williamson, O. E. (1964): The Economics of Discretionary Behavior. Englewood Cliffs, N. J.

Wilson, B. R. (1962): Analytical Studies of Social Institutions. In: Society. Problems and Methods of Study, hrsg. v. A. T. Welford u. a. London.

Wilson, J. Q. (1966): Innovation in Organization: Notes Toward a Theory. In: Approaches to Organizational Design, hrsg. v. J. D. Thompson, Pittsburgh, Pa, S. 193–218.

Witte, E. (1971): Das Informationsverhalten in Informationssystemen. Die These von der unvollkommenen Informationsnachfrage. In: Management-Informationssysteme, hrsg. v. E. Grochla und N. Szyperski, Wiesbaden, S. 831–842.

Witte, E. (1972): Das Informationsverhalten in Entscheidungsprozessen. Tübingen.

Witte, E. (1973): Organisation für Innovationsentscheidungen. Das Promotorenmodell. Göttingen.

Witte, E. (1974): Empirische Forschung in der Betriebswirtschaftslehre. In: HWB, 1. Bd., Sp. 1264–1281.

Wittmann, W. (1959): Unternehmung und unvollkommene Information. Köln, Opladen.

Wollnik, M., und H. Kubicek (1976): Einflußfaktoren der Koordination in Unternehmungen. Eine Neuformulierung der empirischen Ergebnisse von Pugh et. al. und Child. ZfbF, 28. Jg. (i. V.).

Woodward, J. (1958): Management and Technology. London.

Woodward, J. (1965): Industrial Organization: Theory and Practice. London. (auszugsweise auf deutsch abgedruckt in Mayntz 1971).

Worthy, J. C. (1949): Democratic Principles in Business Management. Advanced Management, Vol. 14, No. 1, S. 16–21.

Whrigley, L. (1970): Diversification and Divisional Autonomy. Diss. Harvard Business School, Cambridge, Mass.

Wrong, D. H. (1961): The Oversocialized Conception of Man in Modern Sociology, ASR, Vol. 26, S. 183–193.

Yukl, G. (1971): Toward a Behavioral Theory of Leadership. Organizational Behavior and Human Performance, Vol. 6, S. 414–440.

Zannetos, Z. S. (1965): On the Theory of Divisional Structures. Some

Aspects of Centralization and Decentralization of Control and Decision-Making. Management Science, Vol. 12, S. 1349–1368.

Zepf, G. (1972): Kooperativer Führungsstil und Organisation. Zur Leistungsfähigkeit und organisatorischen Vewirklichung einer kooperativen Führung in Unternehmungen. Wiesbaden.

Ziegler, R. (1975): Organisationssoziologie. In: HWB, Stuttgart, Sp. 2886–2895.

Zuberbühler, H. (1972): Elektronische Datenverarbeitung in der Industrie. Ergebnisse einer empirischen Untersuchung. Bern, Stuttgart.

Zwerman, W. L. (1970): New Perspectives on Organization Theory. An Empirical Reconsideration of the Marxian and Classical Analyses. Westport, Conn.

Sachregister